수정증보판

하나님의 구속사적 경륜으로 본

신묘한 영광의 비밀
성막과 언약궤

KB193199

Revised and Supplemented Edition

THE MYSTERY OF THE WONDROUS GLORY:

THE TABERNACLE AND THE ARK OF THE COVENANT

IN LIGHT OF
GOD'S ADMINISTRATION
IN THE HISTORY OF REDEMPTION

HUISUN
SEOUL, KOREA

*성경에 입각한 번제단, 물두멍, 등대와 기구들, 진설병을 두는 상, 분향단, 양장과 덮개를 세계 최초로 체계적 정리

 이해도움 2

번제단, 물두멍, 등대와 기구들, 진설병을 두는 상, 분향단, 양장과 덮개

THE ALTAR OF BURNT OFFERING, the LAVER, the LAMPSTAND AND UTENSILS, the TABLE OF THE BREAD OF THE PRESENCE, the ALTAR OF INCENSE, CURTAINS AND COVERINGS

מִזְבַּח הָעֹלָה, כִּיוֹר, מְנוֹרָה וְכֵלִים, שֻׁלְחָן הַטָּהוֹר נָתַן לֶחֶם פָּנִים, מִזְבַּח הַקְּטֹרֶת, יְרִיעַת וּמִכְסֵם הַמִּשְׁכָּן

燔祭の祭壇, 洗盤, 燭台と器具, 供えのパンを置く純金の机, 香をたく祭壇, 幕とおおい

---

*성경에 입각한 번제단의 모습
세계 최초로 체계적 정리

THE ALTAR OF BURNT OFFERING

번제단

출(Exod/出) 27:1-8, 38:1-7,
참고-출(Exod/出) 35:16, 39:39

מִזְבַּח הָעֹלָה 미즈바흐 하올라
燔祭の祭壇

번제단의 위치
location of the altar of burnt offering
燔祭の祭壇の位置
출(Exod/出) 29:42, 40:6

"이는 너희가 대대로 여호와 앞 회막문에서 늘 드릴 번제라 내가 거기서 너희와 만나고 네게 말하리라"(출/Exod/出 29:42)
"또 번제단을 회막의 성막 문 앞에 놓고"(출/Exod/出 40:6)

출애굽기(Exod/出) 38:1-2 "그가 또 조각목으로 번제단을 만들었으니 장이 오 규빗이요 광이 오 규빗이라 네모 반듯하고 고는 삼 규빗이며 ²그 네 모퉁이 위에 그 뿔을 만들되 그 뿔을 단과 연하게 하고 단을 놋으로 쌌으며"

층계가 아닌 경사면
Ant. 4.200
inclined plane, not steps
階段でない傾斜面
"너는 층계로 내 단에 오르지 말라 네 하체가 그 위에서 드러날까 함이니라"
(출/Exod/出 20:26)

제사장이 서서 제물을 바치는 곳(추정)
place where the priest stands to make offerings (conjectured)
祭司が立って、いけにえを捧げる所(推定)
"아론이 백성을 향하여 손을 들어 축복함으로 속죄제와 번제와 화목제를 필하고 내려오니라"
(레/Lev/レビ 9:22)

토단
מִזְבַּח אֲדָמָה 미즈바흐 아다마
altar of earth / 土の祭壇
출(Exod/出) 20:24

재를 담는 통
סִיר הַדֶּשֶׁן 시르 하다셴
pail for removing the ashes / 灰を取るつぼ
출(Exod/出) 27:3,
레(Lev/レビ) 1:16, 6:10-11,
참고-레(Lev/レビ) 4:11-12, 21

번제단 / מִזְבַּח הָעֹלָה 미즈바흐 하올라
altar of burnt offering / 燔祭の祭壇
출(Exod/出) 27:1-8, 38:1-7,
참고-출(Exod/出) 35:16, 39:39
"번제단을 회막의 성막 문 앞에 놓고"
(출/Exod/出 40:6)
"이는 너희가 대대로 여호와 앞 회막문에서 늘 드릴 번제라 내가 거기서 너희와 만나고 네게 말하리라"
(출/Exod/出 29:42)

고 3규빗
(1.37m)

광 5규빗
(2.28m)

장 5규빗
(2.28m)

출(Exod/出) 27:1, 38:1

희락의 날, 정한 절기, 월삭에 제사장이 번제물과 화목 제물의 위에 나팔을 불던 곳(추정)
place where the priests blew the trumpets over the burnt offerings and the sacrifices of peace offerings on the day of gladness, appointed feasts, and the first day of every month (conjectured)
喜びの日、祝いの時、および月々の第一日に、祭司が燔祭と酬恩祭の犠牲を捧げるに当って、ラッパを吹き鳴らす所(推定)

"또 너희 희락의 날과 너희 정한 절기와 월삭에는 번제물의 위에와 화목 제물의 위에 나팔을 불라 그로 말미암아 너희 하나님이 너희를 기억하리라 나는 너희 하나님 여호와니라"(민/Num/民 10:10)

네모 반듯한 단 / מִזְבַּח רָבַע 미즈바흐 라바 / square altar / 正方形の祭壇

출(Exod/出) 27:1-2, 7-8, 38:1-2, 7
단을 조각목으로 만들어 놋으로 쌈.
"너는 조각목으로... 그 단을 놋으로 쌀지며"(출/Exod/出 27:1-2, 38:1-2)
"단은 널판으로 비게 만들되"
(출/Exod/出 27:8, 38:7)

단 위의 뿔

קַרְנֹת הַמִּזְבֵּחַ
카르노트 하미즈베아흐
horns on the altar
祭壇の四すみの角

"그 네 모퉁이 위에
그 뿔을 만들되
그 뿔을 단과
연하게..."
(출/Exod/出 27:2,
38:2)

채를 꿸 놋고리

טַבְּעֹת נְחֹשֶׁת לַבַּדִּים
타브오트 네호쉐트 레바딤
bronze rings for the poles
かつぐさおを入れる青銅の環
출(Exod/出) 27:4, 38:5
"...네 모퉁이에 놋고리 넷을 만들고"
(출/Exod/出 27:4)
"그 놋그물 네 모퉁이에
채를 꿸 고리 넷을
부어 만들었으며"
(출/Exod/出 38:5)

놋그물

רֶשֶׁת נְחֹשֶׁת 레쉐트 네호쉐트
grating of
bronze network
青銅の網細工の格子
출(Exod/出) 27:4-5, 38:4-5

"놋으로 그물을 만들고"(출/Exod/出 27:4, 38:4)
위치: "...단 사면 가장자리 아래 곧 단 절반에
오르게 할지며"(출/Exod/出 27:5, 38:4)

단을 메게 할 채

בַּדִּים לָשֵׂאת אֶת-הַמִּזְבֵּחַ
바딤 라세트 에트 하미즈베아흐
poles for carrying the altar
祭壇をかつぐためのさお
출(Exod/出) 27:6-7, 38:6-7
"...조각목으로 만들고 놋으로 쌀지며"
(출/Exod/出 27:6, 38:6)
위치: "단 양편 고리에 그 채를 꿰어
단을 메게 할지며"(출/Exod/出 27:7, 38:7)

단의 모든 기구

כָּל־כְּלֵי הַמִּזְבֵּחַ 콜 켈레 하미즈베아흐 / All the utensils of the altar / 祭壇のすべての器
출(Exod/出) 27:3, 38:3, 30, 민(Num/民) 4:14 참고- 출(Exod/出) 31:9, 35:16, 40:10
*모두 놋으로 만듦 / all made of bronze / すべて青銅製

출애굽기(Exod/出) 27:3 "재를 담는 통과 부삽과 대야와 고기 갈고리와 불 옮기는 그릇을 만들되
단의 그릇을 다 놋으로 만들지며"

고기 갈고리 / מַזְלֵג 마즐레그
flesh hook / 肉叉

부삽 / יָע 야 / shovel / 十能

대야
מִזְרָק 미즈라크 / basin / 鉢

재를 담는 통
סִיר הַדֶּשֶׁן 시르 하다쉔
pail for removing the ashes
灰を取るつぼ

불 옮기는 그릇
מַחְתָּה 마흐타
firepan / 火皿

출(Exod/出) 27:3, 레(Lev/レビ) 1:16, 6:10-11,
참고-레(Lev/レビ) 4:11-12, 21

행진할 때 번제단의 운반을 위한 포장 민(Num/民) 4:13-14
The coverings used to carry the altar of burnt offering when the camp sets out
宿営が進むとき、燔祭の祭壇の運搬に使われたおおい

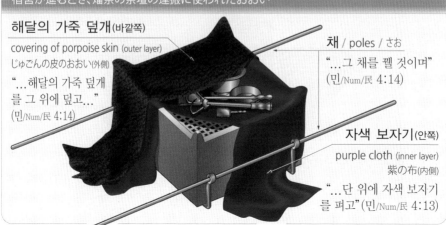

해달의 가죽 덮개(바깥쪽)
covering of porpoise skin (outer layer)
じゅごんの皮のおおい(外側)
"...해달의 가죽 덮개
를 그 위에 덮고..."
(민/Num/民 4:14)

채 / poles / さお
"...그 채를 꿸 것이며"
(민/Num/民 4:14)

자색 보자기(안쪽)
purple cloth (inner layer)
紫の布(内側)
"...단 위에 자색 보자기
를 펴고"(민/Num/民 4:13)

THE LAVER

물두멍

출(Exod/出) 30:17-21,
38:8

כִּיּוֹר 키요르 / 洗盤

출애굽기(Exod/出) 30:19-21 "아론과 그 아들들이 그 두멍에서 수
족을 씻되 20 그들이 회막에 들어갈 때에 물로 씻어 죽기를 면할 것
이요 단에 가까이 가서 그 직분을 행하여 화제를 여호와 앞에 사를
때에도 그리 할지니라 21 이와 같이 그들이 그 수족을 씻어 죽기를
면할지니 이는 그와 그 자손이 대대로 영원히 지킬 규례니라"

물두멍의 위치
location of the laver
洗盤の位置
출(Exod/出) 40:12, 30

"너는 또 아론과 그 아들들을 회막문으로
데려다가 물로 씻기고"(출/Exod/出 40:12)
"그가 또 물두멍을 회막과 단 사이에 두고…"
(출/Exod/出 40:30)

"그가 놋으로 물두멍을 만들고 그 받침도 놋으로
하였으니 곧 회막문에서 수종드는 여인들의 거울
로 만들었더라"(출/Exod/出 38:8)

받침 / כֵּן 켄 / base / 台

출(Exod/出) 30:18, 38:8,
참고-출(Exod/出)31:9, 35:16, 39:39

놋으로 만들고 그 속에 물을 담아 회막과 단 사이에 둠 / 출 30:18, 38:8, 40:30
Make the laver of bronze, put water in it and put it between the tent of meeting
and the altar / Exod 30:18; 38:8; 40:30
青銅で造り、その中に水を入れて会見の幕屋と祭壇との間においた(出30:18, 38:8, 40:30)。

수족을 씻어 죽기를 면할 규례, 대대로 영원히 지킬 규례 / 출 30:21
A statute for washing their hands and feet so that they will not die, a perpetual statute
throughout their generations / Exod 30:21
死なないように手足を洗う定め。代々にわたる永久の定め(出30:21)。

물두멍 주변에서 수족을 씻는 데 필요한 도구들
כְּלֵי הַכִּיּוֹר 켈레 하키요르 / utensils needed for washing hands and feet at the laver
手足を洗うために用いる器
참고-출(Exod/出) 30:17-21, 40:30-32, 왕상(1 Kgs/列王上) 7:38-39, 대하(2 Chr/歴代下) 4:6, 겔(Ezek/エゼ) 40:38

솔로몬 성전의 놋바다와 물두멍(10개)
The bronze sea and ten basins of Solomon's temple
ソロモンの宮にある青銅の海と洗盤(10個)
왕상(1 Kgs/列王上) 7:23-39, 43-44, 대하(2 Chr/歷代下) 4:2-6

1 놋바다 / bronze sea / 青銅の海
왕상(1 Kgs/列王上) 7:23-26, 44, 대하(2 Chr/歷代下) 4:2-5

크기는 직경이 10규빗(4.56m)이고, 둘레가 30
규빗(13.68m)이며, 높이가 5규빗(2.28m)이나
되는 거대한 크기이다(왕상 7:23, 대하 4:2).
바다는 성전 안뜰에서 제사장들이나 레위인
들이 몸을 씻는 데 사용되었다(대하 4:6, 참고-
출 29:4, 레 8:6). 이 바다는 열두 소가 받치고
있었는데, 각각 세 마리의 소가 그 꼬리를 안쪽
으로 두고 머리는 동서남북 사방을 향하고 있
었다(왕상 7:25, 대하 4:4). 바다에 담는 물의
양은 **2천 밧**인데, 1밧이 약 22.71리터이므로
총 45,420리터의 엄청난 용량이었다(왕상
7:26, 참고-대하 4:5).

2 열 개의 놋받침과 열 개의 물두멍
ten stands of bronze and ten basins of bronze / 十個の青銅の台と十個の洗盤
왕상(1 Kgs/列王上) 7:27-39, 43, 대하(2 Chr/歷代下) 4:6

물두멍은 성전 좌우 양편으로 다섯 개씩 두었다(왕상 7:39, 대하 4:6). 열 개의
놋받침은 물두멍을 각각 하나씩 받치기 위한 것으로(왕상 7:38, 43), 물두멍은
희생 제물을 씻는 데 사용되었다(대하 4:6). 물두멍 또한 놋으로 만들었으며 그
직경은 네 규빗이며, 물두멍마다 각각 **40밧(908.4리터,** 1밧=22.71리터)의 물을
담게 하였다(왕상 7:38). 물두멍을 받치는 놋받침의 크기는 길이와 폭이 각각 4
규빗(1.82m)이며, 높이가 3규빗(1.37m)으로(왕상 7:27), 그 부어 만든 법과
척수와 식양이 열 개 모두 동일하였다(왕상 7:37).

*성경에 입각한 등대와 기구들의 모습 세계 최초로 체계적 정리

THE LAMPSTAND AND UTENSILS

등대와 기구들

출(Exod/出) 25:31-40, 37:17-24, 민(Num/民) 8:1-4

מְנוֹרָה וְכֵלִים 메노라 베켈림

燭台と器具

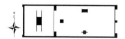

등대의 위치
location of the lampstand / 燭台の位置
출(Exod/出) 26:35, 27:21, 40:3-4, 24
"그 장 바깥 북편에 상을 놓고 남편에 등대를
놓아 상과 대하게 할지며"(출/Exod/出 26:35)

정금으로 쳐서 만든 등대 / מְנוֹרַת זָהָב טָהוֹר מִקְשָׁה 메노라트 자하브 타호르 미크샤
lampstand of pure gold made of hammered work / 純金を打って造った燭台

① 등대와 부속 기구인 불집게와 불똥 그릇을 만드는 데 사용된 정금은 1달란트 / 출/Exod/出 25:38-39,
② 밑판에서 그 꽃까지 금을 쳐서 만듦 / 출/Exod/出 25:31, 37:17, 민/Num/民 8:4   37:23-24
③ 밑판, 줄기, 잔, 꽃받침, 꽃을
한 덩이로 함. "이편 가지에 살
구꽃 형상의 잔 셋과 꽃받침
(단수: כַּפְתֹּר 카프토르)과 꽃(단
수: פֶרַח 페라흐)이 있게 하고
저편 가지에도 살구꽃 형상
의 잔 셋과 꽃받침(단수: כַּפְתֹּר
카프토르)과 꽃(단수: פֶרַח 페라흐)
이 있게 하여 등대에서 나온
여섯 가지를 같게 할지며"
(출/Exod/出 25:33, 37:19)

등대 줄기 / קְנֵי מְנוֹרָה 케네 메노라
shaft of the lampstand / 燭台の幹
출(Exod/出) 25:31, 34-36, 37:20-22

등대 곁에서 나온 여섯 가지
שִׁשָׁה קָנִים יֹצְאִים מִצִּדֵּי מְנוֹרָה
쉿샤 카님 요체임 밋치데 메노라
six branches going out from the sides
of the lampstand
燭台のわきから出た六つの枝
출(Exod/出) 25:32-33, 37:18-19
"가지 여섯을 등대 곁에서 나오게 하되
그 세 가지는 이편으로 나오고 그 세 가지는
저편으로 나오게 하며"(출/Exod/出 25:32, 37:18)

밑판 / יָרֵךְ 야레크 / base / 台
출(Exod/出) 25:31, 37:17, 민(Num/民) 8:4

출애굽기(Exod/出) 25:36-39 "그 꽃받침과 가지를 줄기와 연하게 하여 전부를 정금으로 쳐 만들고 ³⁷등잔 일곱을 만들어 그 위에 두어 앞을 비추게 하며 ³⁸그 불집게와 불똥 그릇도 정금으로 만들지니 ³⁹등대와 이 모든 기구를 정금 한 달란트로 만들되"

등대 줄기의 꽃, 꽃받침, 잔

נֵר, כַּפְתֹּרִים, פְּרָחִים 페라힘, 카프토림, 니르

Flowers, bulbs, and cups of the lampstand / 燭台の幹の花、節、萼

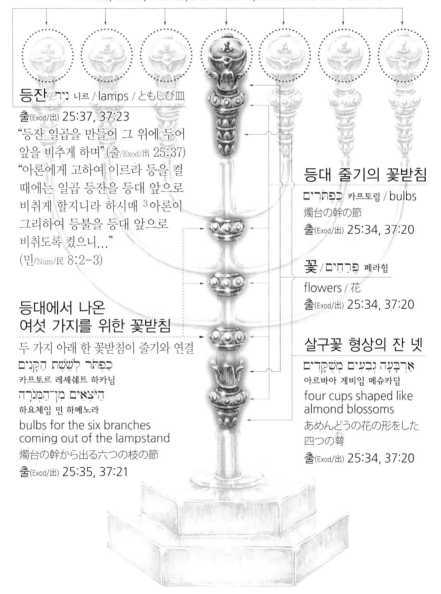

등잔 / נֵר 니르 / lamps / ともしび皿

출(Exod/出) 25:37, 37:23

"등잔 일곱을 만들어 그 위에 두어 앞을 비추게 하며"(출/Exod/出 25:37)
"아론에게 고하여 이르라 등을 켤 때에는 일곱 등잔을 등대 앞으로 비취게 할지니라 하시매 ³아론이 그리하여 등불을 등대 앞으로 비취도록 켰으니..."
(민/Num/民 8:2-3)

등대에서 나온 여섯 가지를 위한 꽃받침

두 가지 아래 한 꽃받침이 줄기와 연결

כַּפְתֹּר לְשֵׁשֶׁת הַקָּנִים
카프토르 레셰쉐트 하카님
הַיֹּצְאִים מִן־הַמְּנֹרָה
하요체임 민 하메노라
bulbs for the six branches coming out of the lampstand
燭台の幹から出る六つの枝の節
출(Exod/出) 25:35, 37:21

등대 줄기의 꽃받침

כַּפְתֹּרִים 카프토림 / bulbs
燭台の幹の節
출(Exod/出) 25:34, 37:20

꽃 / פְּרָחִים 페라힘

flowers / 花
출(Exod/出) 25:34, 37:20

살구꽃 형상의 잔 넷

אַרְבָּעָה גְבִעִים מְשֻׁקָּדִים
아르바아 게비임 메슈카딤
four cups shaped like almond blossoms
あめんどうの花の形をした四つの萼
출(Exod/出) 25:34, 37:20

등대 여섯 가지 위에 놓인 꽃, 꽃받침, 잔
נֵר, כַּפְתֹּרִים, פְּרָחִים 페라힘, 카프토림, 니르
Flowers, bulbs, and cups on the six branches of the lampstand
燭台の六つの枝の上にのせた花、節、萼

꽃/פְּרָחִים 페라힘/flowers/花
출(Exod/出) 25:34, 37:20

꽃받침
כַּפְתֹּרִים 카프토림/bulbs/節
두 가지 아래 한 꽃받침이
줄기와 연결
출(Exod/出) 25:35-36, 37:21-22

**살구꽃 형상의 잔
열여덟 개**
שְׁמוֹנָה עָשָׂר גְּבִעִים מְשֻׁקָּדִים
셀모나 아사르 게비임 메슈카딤
18 cups shaped like
almond blossoms
あめんどうの花の形をした十八の萼
출(Exod/出) 25:33, 37:19

출애굽기(Exod/出) 25:38 "그 불집게와 불똥 그릇도 정금으로 만들지니"

출애굽기(Exod/出) 37:23 "등잔 일곱과 그 불집게와 불똥 그릇을 정금으로 만들었으니"

기구들 / כֵּלִים 켈림 / utensils / 器具

출(Exod/出) 25:38-39, 37:23-24, 민(Num/民) 4:9-10,
참고-출(Exod/出) 30:27, 31:8, 35:14, 39:37
★재료: 정금 / made of pure gold / 純金製

불집게
מֶלְקָח 말카흐
snuffer (tongs)
芯切りばさみ

불똥 그릇
מַחְתָּה 마흐타
tray
芯取り皿

행진할 때 등대와 기구들의 운반을 위한 포장 민(Num/民) 4:9-10
The coverings used to carry the lampstand and utensils when the camp sets out
宿営が進むとき、燭台と器具の運搬に使われたおおい

청색 보자기(안쪽)

blue cloth (inner layer)
青色の布(内側)
"또 청색 보자기를 취하여
등대와 그 등잔들과
그 불집게들과 불똥 그릇들과
그 쓰는바 모든 기름 그릇을
덮고"(민/Num/民 4:9)

해달의 가죽 덮개(바깥쪽)

covering of porpoise skin
(outer layer)
じゅごんの皮のおおい(外側)
"등대와 그 모든 기구를
해달의 가죽 덮개
안에 넣어…"
(민/Num/民 4:10)

메는 틀

carrying bars
かつぐための担架
"…메는 틀 위에 두고"
(민/Num/民 4:10)

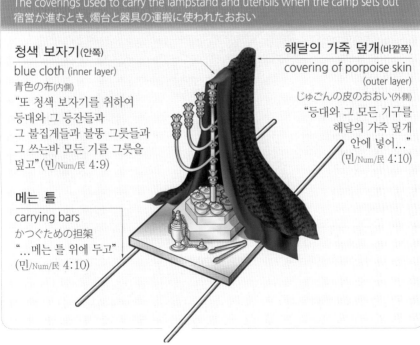

*성경에 입각한 진설병을 두는 상의 모습 세계 최초로 체계적 정리

THE TABLE OF THE BREAD OF THE PRESENCE

진설병을 두는 상

출(Exod/出) 25:23-30, 37:10-16,
레(Lev/レビ) 24:5-9

שֻׁלְחָן נֹתֵן לֶחֶם פָּנִים 슐한 노텐 레헴 파님
供えのパンを置く純金の机

"그 장 바깥 북편에
상을 놓고 남편에
등대를 놓아 상과
대하게 할지며"
(출/Exod/出 26:35)

진설병을 두는
상의 위치
location of the
table of the bread
of the Presence
供えのパンを置く
純金の机の位置
출(Exod/出) 26:35,
40:3-4, 22-24

대접
קְעָרָה 케아라
dishes / 皿
출(Exod/出)
25:29,
37:16

사면에 금으로
테를 만든,
손바닥 넓이만한 턱

מִסְגֶּרֶת טֹפַח עֹשֶׂה
미스게레트 토파흐 오세
זֵר זָהָב סָבִיב
제르 자하브 사비브
a rim of a handbreadth
with a gold border
around it
周囲に金の飾り縁が
ほどこされた手幅の桟
출(Exod/出) 25:25, 37:12

주위를 돌아가며
두른 금테

זֵר זָהָב סָבִיב
제르 자하브 사비브
gold molding all around
周囲の金の飾り縁
출(Exod/出) 25:24, 37:11

채를 꿰기 위한
금고리 넷

אַרְבַּע טַבְּעֹת זָהָב לְבָתִּים לַבַּדִּים
아르바 타브오트 자하브 레바팀 라바딤
four gold rings as holders
for the poles
さおを入れる四つの金の環
출(Exod/出) 25:26, 37:13
위치: 네 발 위 네 모퉁이 턱 곁
출(Exod/出) 25:26-27, 37:13-14

네 발
אַרְבָּעָה רְגָלִים
아르바아 레갈림
four feet / 四つの足
출(Exod/出) 25:26, 37:13

조각목으로 만들어
정금으로 쌈

עָשִׂיתָ עֲצֵי שִׁטִּים
아시타 아체 싯팀
וְצִפִּיתָ זָהָב טָהוֹר
베치피타 자하브 타호르
acacia wood overlaid
with pure gold
アカシヤ材で造り、純金でおおう
출(Exod/出) 25:23-24, 37:10-11

출 25:23, 37:10

고 1.5규빗(68.4cm)

장 2규빗(91.2cm)

광 1규빗
(45.6cm)

**매 줄 위에 정결한
유향을 둠**

נָתַן הַמַּעֲרֶכֶת לִבְנָה זַכָּה
노텐 하마아레케트 레보나 자카

pure frankincense is put
on each row

おのおのの重ねの上に純粋の
乳香を置く

레 24:7

진설병 / לֶחֶם פָּנִים, 레헴 파님

bread of the Presence
供えのパン

출 25:30, 35:13, 39:36,
40:23, 레 24:5-9

**상 위에 두 줄로,
한 줄에 여섯씩 진설**

שַׂמְתָּ אוֹתָם שְׁתַּיִם מַעֲרָכוֹת
사므타 오탐 셰타임 마아라코트

שֵׁשׁ הַמַּעֲרָכֶת עַל הַשֻּׁלְחָן
셰쉬 하마아라케트 알 하슐한

set on the table in two
piles, six in a pile (ESV)

机の上にひと重ね六個ずつ、
ふた重ねにして置く

"여호와 앞 순결한 상 위에
두 줄로 한 줄에 여섯씩
진설하고"(레 24:6)

에바 2/10로 만든 진설병 한 개의 크기 (약 4.6리터)

סֹלֶת שְׁנֵי עֶשְׂרֹנִים לַחַלָּה הָאֶחָת
솔레트 셰네 에세로님 라할라 하에하트

two-tenths of an ephah of fine flour in each cake

供えのパン一つ（菓子一個）に麦粉十分の二エパを用いる

"너는 고운 가루를 취하여 떡 열 둘을 굽되 매 덩이를 에바 십분 이로 하여"(레 24:5)

*1에바＝23리터, 오멜의 10배 / 출 16:36

상 위의 기구들

כֵּלִים עַל־הַשֻּׁלְחָן 켈림 알 하슐한 / Utensils on the table / 机の上の器

출(Exod/出) 25:29, 37:16, 민(Num/民) 4:7, 참고-출(Exod/出) 30:27, 31:8, 35:13, 39:36

*모두 정금으로 만듦 / all made of pure gold / すべて純金製

숟가락

כַּף 카프 / pan

杯、柄杓

대접

קְעָרָה 케아라

dish / 皿

(붓는) 병

קָשָׂה 카사

jar (to pour libations)

注ぐための瓶

(붓는) 잔

מְנַקִּית 메나키트 / bowl

注ぐための鉢

행진할 때 진설병을 두는 상의 운반을 위한 포장 민(Num/民) 4:7-8

The coverings used to carry the table of the bread of the Presence when the camp sets out

宿営が進むとき、供えのパンを置く純金の机の運搬に使われたおおい

홍색 보자기(가운데)

cloth of scarlet material (middle layer)

緋色の布(中側)

"홍색 보자기를 그 위에 펴고…" (민/Num/民 4:8)

상을 메기 위한 채

poles for carrying the table

机をかつぐためのさお

출(Exod/出) 25:28, 35:13, 37:15, 민(Num/民) 4:8

해달의 가죽 덮개(바깥쪽)

covering of porpoise skin (outer layer)

じゅごんの皮のおおい(外側)

"…해달의 가죽 덮개로 덮은 후에 그 채를 꿰고"(민/Num/民 4:8)

청색 보자기(안쪽)

blue cloth (inner layer)

青色の布(内側)

"또 진설병의 상에 청색 보자기를 펴고 대접들과 숟가락들과 주발들과 붓는 잔들을 그 위에 두고…"(민/Num/民 4:7)

*성경에 입각한 분향단의 모습 세계 최초로 체계적 정리

THE ALTAR OF INCENSE

분향단

출(Exod/出) 30:1-10, 37:25-29, 40:5, 26

מִזְבֵּחַ הַקְּטֹרֶת 미즈바흐 하케토레트

香をたく祭壇

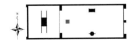

분향단의 위치
location of the altar of incense
香をたく祭壇の位置
출(Exod/出) 30:6, 40:3-5, 26
"그가 또 금향단을 회막 안 장 앞에 두고"
(출/Exod/出 40:26)

금향로 / מַחְתּוֹת זָהָב 마흐토트 자하브

golden censer / 金の香炉

"금향로와 사면을 금으로 싼 언약궤가 있고 그 안에 만나를 담은 금항아리와 아론의 싹 난 지팡이와 언약의 비석들이 있고"(히/Heb/ヘブ 9:4)
회막 안 증거궤 앞 장(פָּרֹכֶת 포레케트: 구별 지우는 것, 휘장) 앞에 있는 금향단 위에 향기로운 향을 사름 / burned fragrant incense (on the gold altar of incense that was in front of the veil) before the ark of the testimony / 会見の幕屋の中、あかしの箱の垂れ幕の前にある 金の祭壇の上に香ばしい薫香をたく
출(Exod/出) 30:34-38, 40:26-27, 레(Lev/レビ) 16:12-13

정금으로 싼 뿔

קֶרֶן צֻפֶּה זָהָב טָהוֹר 케렌 초페 자하브 타호르
horns overlaid with pure gold
純金でおおわれた角
출(Exod/出) 30:3, 37:26

주위에 두른 금테

זֵר זָהָב סָבִיב 제르 자하브 사비브
gold molding all around
周囲をおおった金の飾り縁
출(Exod/出) 30:3, 37:26

금고리 / טַבְּעֹת זָהָב 타브오트 자하브

gold rings / 金の環
위치: 금테 아래 양편에 단을 메는
　　　채를 꿸 고리를 만듦
position: placed the gold rings on opposite
　　　　sides under the gold molding, as
　　　　holders for the poles to carry the altar
位置：飾り縁の下の両側にさおを通して祭壇を
　　　担ぐための金の環を造る
출(Exod/出) 30:4, 37:27

레위기 16:12-13(Lev/レビ) "향로를 취하여 여호와 앞 단 위에서 피운 불을 그것에 채우고 또 두 손에 곱게 간 향기로운 향을 채워 가지고 장 안에 들어가서 13 여호와 앞에서 분향하여 향연으로 증거궤 위 속죄소를 가리우게 할지니 그리하면 그가 죽음을 면할 것이며"

향연을 피운 금향단

מִזְבֵּחַ הַזָּהָב לִקְטֹרֶת הַסַּמִּים

미즈바흐 하자하브 리크토레트 하삼밈

gold altar of incense on which fragrant incense is burned

薫香をたいた金の祭壇

출(Exod/出) 30:7-8, 37:29

대속죄일(7월 10일), 대제사장이 향연을 피워 지성소 안의 속죄소를 가리움

on the day of atonement (10th day of the 7th month), the high priest shall burn incense so that the cloud of incense may cover the mercy seat that is in the holy of holies

大贖罪日(7月10日)、大祭司が薫香をくべ、至聖所の中の贖罪所を煙でおおう

레(Lev/レビ) 16:12-13

출애굽기(Exod/出) 30:7-8 "아론이 아침마다 그 위에 향기로운 향을 사르되 등불을 정리할 때에 사르며 ⁸또 저녁 때 등불을 켤 때에 사를지니 이 향은 너희가 대대로 여호와 앞에 끊지 못할지며"

출애굽기(Exod/出) 30:36-37 "그 향 얼마를 곱게 찧어 내가 너와 만날 회막 안 증거궤 앞에 두라 이 향은 너희에게 지극히 거룩하니라 ³⁷네가 만들 향은 여호와를 위하여 거룩한 것이니 그 방법대로 너희를 위하여 만들지 말라"

네모 반듯한 분향단 / מִזְבַּח מִקְטַר קְטֹרֶת רָבוּעַ
미즈바흐 미크타르 케토레트 라부아

square altar of incense / 正方形の香の祭壇

조각목으로 만들고 정금으로 싸서 뿔과 단을 연결 / 출(Exod/出) 30:1-3, 37:25-26

"장이 일 규빗, 광이 일 규빗으로 네모 반듯하게 하고 고는 이 규빗으로 하며 그 뿔을 그것과 연하게 하고"
(출/Exod/出 30:2, 참고-출/Exod/出 37:25)

고 2규빗
(91.2cm)

광 1규빗
(45.6cm)

장 1규빗
(45.6cm)

출(Exod/出) 30:2, 37:25

단을 메는 채

בַּדִּים לָשֵׂאת מִזְבֵּחַ 바딤 라세트 미즈베아흐

poles for carrying the altar / 香の祭壇をかつぐためのさお

출(Exod/出) 30:4-5, 37:27-28

조각목으로 만들고 금으로 쌈 / 출(Exod/出) 30:5, 37:28

행진할 때 분향단의 운반을 위한 포장 민(Num/民) 4:11
The coverings used to carry the altar of incense when the camp sets out
宿営が進むとき、香の祭壇の運搬に使われたおおい

청색 보자기(안쪽)

blue cloth
(inner layer)
青色の布(内側)
"또 금단 위에 청색 보자기를 펴고…"
(민/Num/民 4:11)

해달의 가죽 덮개(바깥쪽)

covering of porpoise skin
(outer layer)
じゅごんの皮のおおい(外側)
"…해달의 가죽 덮개로 덮고 그 채를 꿰고"
(민/Num/民 4:11)

*성경에 입각한 앙장과 덮개의 모습 세계 최초로 체계적 정리

CURTAINS AND COVERINGS
앙장과 덮개

출(Exod/出) 26:1–14, 36:8–19

יְרִיעֹת וּמִכְסִים 예리오트 우미크심
幕とおおい

앙장과 덮개의 위치
location of curtains
and coverings
幕とおおいの位置

"또 성막 위에 막을 펴고 그 위에 덮개를 덮으니…"
(출/Exod/出 40:19)

1 내부앙장(성막) / מִשְׁכָּן 미쉬칸 / inner curtain (the tabernacle) / 内部の幕(聖なる幕)

가장 안쪽, 성소 내부의
천장은 그룹을 수놓은
앙장만 보임

가늘게 꼰 베실과 청색 자색 홍색 실로
그룹을 수놓은 앙장 출(Exod/出) 26:1-6, 36:8-13

יְרִיעֹת עֶשֶׂה שֵׁשׁ מָשְׁזָר וּתְכֵלֶת וְאַרְגָּמָן
예리오트 오쉐 셰쉬 모쉬자르 우테켈레트 베아르가만

וְתוֹלַעַת שָׁנִי כְּרֻבִים מַעֲשֵׂה חֹשֵׁב
베톨라아트 샤니 케루빔 마아세 호셰브

curtains of fine twisted linen and blue,
purple and scarlet material with embroidered
cherubim
亜麻の撚糸, 青糸, 紫糸, 緋糸でケルビムが織り出された幕

장 28규빗(12.77m), 광 4규빗(1.82m)의 앙장 10폭
/ 출(Exod/出) 26:1-3, 36:8-10

각각 5폭씩 두 부분으로 나누고 금갈고리로 연결
/ 출(Exod/出) 26:3-6, 36:10-13

금갈고리

קַרְסֵי זָהָב 카르쉐 자하브
gold clasps / 金の輪
출(Exod/出) 26:4-6, 36:11-13

2 외부앙장(막) / אֹהֶל 오헬 / outer curtain (the tent) / 外部の幕(天幕)

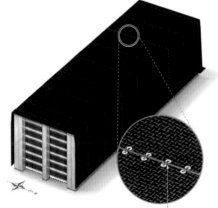

염소털로 만든 앙장
출(Exod/出) 26:7-13, 36:14-18

יְרִיעֹת עִזִּים 예리오트 잇짐 / curtains of goats' hair
やぎの毛糸で作った幕

장 30규빗(13.68m), 광 4규빗(1.82m)의 앙장 11폭
/ 출(Exod/出) 26:7-8, 36:14-15

각각 5폭과 6폭씩 두 부분으로 나누되,
6폭 절반은 성막 전면에 나머지 절반은
성막 뒤에 드리움, 놋갈고리로 연결
/ 출(Exod/出) 26:9-13, 36:16-18

놋갈고리 / קַרְסֵי נְחֹשֶׁת 카르세 네호쉐트

bronze clasps / 青銅の輪 / 출(Exod/出) 26:10-11, 36:17-18

출애굽기(Exod/出) 26:1-14 "너는 성막을 만들되 앙장 열 폭을 가늘게 꼰 베실과 청색 자색 홍색 실로 그룹을 공교히 수놓아 만들지니... ⁷그 성막을 덮는 막 곧 앙장을 염소털로 만들되... ¹⁴붉은 물들인 숫양의 가죽으로 막의 덮개를 만들고 해달의 가죽으로 그 웃덮개를 만들지니라"

3 막의 덮개 / מִכְסֶה 미크세 / covering for the tent / 天幕のおおい

붉은 물들인
숫양의 가죽으로 된 막의 덮개
מִכְסֶה לָאֹהֶל עֹרֹת אֵילִם מְאָדָּמִים
미크세 라오헬 오로트 엘림 메아다밈
covering of rams' skins dyed red
あかね染めの雄羊の皮で造った
天幕のおおい
출(Exod/出) 26:14, 36:19

4 웃덮개 / מִכְסֶה מִמָּעַל 미크세 미마알 / covering above / 上にかけるおおい

가장 바깥쪽
**해달의 가죽으로
만든 웃덮개**
מִכְסֶה עֹרֹת תְּחָשִׁים מִמָּעַל
미크세 오로트 테하쉼 미마알
covering of porpoise skins above
天幕の上にかけるじゅごんの皮で
造ったおおい
출(Exod/出) 26:14, 36:19

성소 입구(동편)에서 본 앙장과 덮개
Curtains and coverings viewed from the entrance of the sanctuary (east)
聖所の入口(東側)から見た幕とおおい

1 내부앙장(성막) / מִשְׁכָּן 미쉬칸
inner curtain (the tabernacle)
内部の幕(聖なる幕)
장 28규빗(12.77m), 광 4규빗(1.82m)
출(Exod/出) 26:1-6, 36:8-13

2 외부앙장(막) / אֹהֶל 오헬
outer curtain (the tent) / 外部の幕(天幕)
장 30규빗(13.68m), 광 4규빗(1.82m)
출(Exod/出) 26:7-13, 36:14-18

3 막의 덮개 / מִכְסֶה 미크세
covering for the tent
天幕のおおい
출(Exod/出) 26:14, 36:19

4 웃덮개 / מִכְסֶה מִמַּעַל 미크세 미마알
covering above / 上にかけるおおい
출(Exod/出) 26:14, 36:19

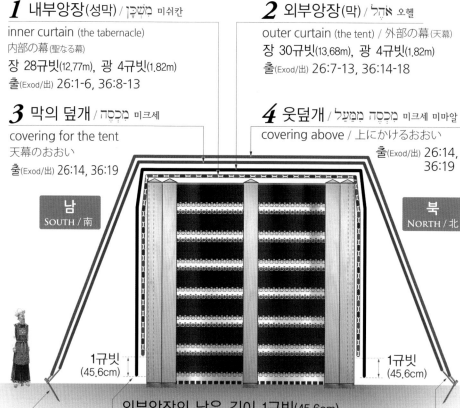

남 SOUTH / 南

북 NORTH / 北

1규빗 (45.6cm)

1규빗 (45.6cm)

외부앙장의 남은 길이 1규빗(45.6cm)
length of what is left over in the outer curtain is one cubit (45.6 cm)
外部の幕の余る部分 1 キュビト(45.6cm)
성막 좌우 양편에 덮어 드리움 / 출(Exod/出) 26:13

놋으로 만든 성막 말뚝
יְתֵדֹת נְחֹשֶׁת לַמִּשְׁכָּן
이트도트 네호쉐트 라미쉬칸
bronze pegs of the tabernacle
青銅で造った幕屋の釘
출(Exod/出) 27:19, 35:18, 38:20, 31

줄들 / מֵיתָרִים 메타림
cords / ひも
민(Num/民) 3:25-26, 36-37, 4:25-26, 31-32

앙장들과 덮개들의 펼친 크기 비교
Size comparison of the curtains and coverings
広げた幕とおおいの大きさの比較

외부앙장 연결 부분(놋갈고리)
part that joins the outer curtain (bronze clasps)
外部の幕を連ね合わせた部分(青銅の輪)

내부앙장 연결 부분(금갈고리)
part that joins the inner curtain (gold clasps)
内部の幕を連ね合わせた部分(金の輪)

2규빗
(91.2cm)

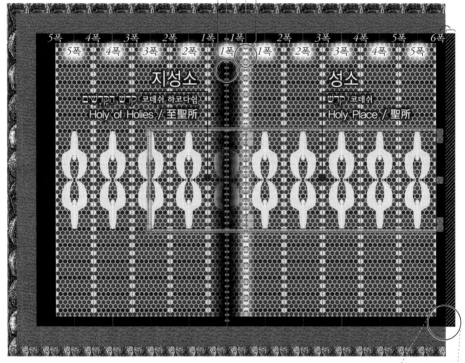

6 폭

여섯 째 폭의 절반은 성막 전면에 접어 드리움
לְכָפַל אֶת־הַיְרִיעָה הַשִּׁשִׁית אֶל־מוּל פְּנֵי הָאֹהֶל
리크폴 에트 하예리아 하쉬쉬트 엘 물 페네 하오헬
the sixth curtain was doubled over at the front of the tent
六枚目の幕を天幕の前で折り重ねる
출(Exod/出) 26:9

내부앙장을 만드는 순서
The order in making the inner curtain / 内部の幕を連ね合わせる順序

1 단계
step1 / 1段階

5폭 4폭 3폭 2폭 1폭   1폭 2폭 3폭 4폭 5폭

4규빗
(1.82m)

28규빗
(12.77m)
출(Exod/出)
26:2,
36:9

2 단계
step2 / 2段階

🌀 금갈고리 50개 / fifty gold clasps /
五十の金の輪
출(Exod/出)
26:4-6,
36:11-13

3 단계
step3 / 3段階

40규빗(18.24m / 10폭) 출(Exod/出) 26:1-3, 36:8-10

지성소
Holy of Holies / 至聖所

성소
Holy Place / 聖所

양편에 각각
청색 실로
만든 고 50개

fifty loops made of
blue on either side
両側にそれぞれ青い
糸で造った五十の輪
출(Exod/出) 26:4-5,
36:11-12

외부앙장을 만드는 순서
The order in making the outer curtain / 外部の幕を連ね合わせる順序

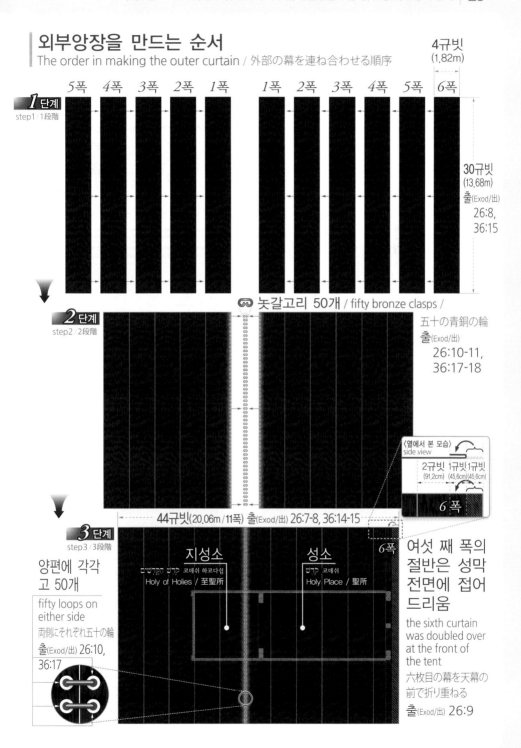

4규빗
(1.82m)

5폭 4폭 3폭 2폭 1폭 1폭 2폭 3폭 4폭 5폭 6폭

1단계
step1 / 1段階

30규빗
(13.68m)
출(Exod/出)
26:8,
36:15

2단계
step2 / 2段階

놋갈고리 50개 / fifty bronze clasps /
五十の青銅の輪
출(Exod/出)
26:10-11,
36:17-18

〈옆에서 본 모습〉
side view

2규빗 1규빗 1규빗
(91.2cm) (45.6cm)(45.6cm)

6폭

44규빗(20.06m /11폭) 출(Exod/出) 26:7-8, 36:14-15

6폭

3단계
step3 / 3段階

지성소
코데쉬 하코다쉼
Holy of Holies / 至聖所

성소
코데쉬
Holy Place / 聖所

양편에 각각
고 50개

fifty loops on
either side
両側にそれぞれ五十の輪
출(Exod/出) 26:10,
36:17

여섯 째 폭의
절반은 성막
전면에 접어
드리움

the sixth curtain
was doubled over
at the front of
the tent
六枚目の幕を天幕の
前で折り重ねる
출(Exod/出) 26:9

측면(남편)에서 본 성소
The sanctuary viewed from the side (south)
側面(南側)から見た聖所

금갈고리 / קַרְסֵי זָהָב 카르세 자하브
gold clasps / 金の輪

각 말폭 가에 청색 고(ה)לְלֻאָה 룰라아: 고리)
50개를 달고 금갈고리 50개로 연결
출(Exod/出) 26:4-6, 36:11-13

놋갈고리 / קַרְסֵי נְחֹשֶׁת 카르세 네호쉐트
bronze clasps / 青銅の輪

고를 만들어 놋갈고리 50개로 연결
출(Exod/出) 26:10-11, 36:17-18

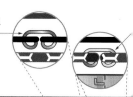

서 WEST / 西

4 윗덮개
מִכְסֵה מִמַּעַל
미크세 미마알
covering above
上にかけるおおい
출(Exod/出)
26:14,
36:19

3 막의 덮개
מִכְסֵה 미크세
covering for the tent
天幕のおおい
출(Exod/出) 26:14, 36:19

널판의 두께:
0.25규빗(11.4cm)
thickness of the board:
0.25 cubit (11.4 cm)
立枠の厚さ:0.25キュビト(11.4cm)
참고-출(Exod/出) 26:15-16,
22-25, 36:20-21, 27-30

줄들
מֵיתָרִים 메타림
cords / ひも
민(Num/民) 3:25-26, 36-37,
4:25-26, 31-32

외부앙장의 나머지 그 반 폭은
성막 뒤에 드리움
the remaining part of the outer
curtain, the half curtain that is
left over, shall hang over the
back of the tabernacle
幕の残りの半幕を幕屋の
うしろに垂れさせる
출(Exod/出) 26:12

놋으로 만든 성막 말뚝
יְתֵדֹת נְחֹשֶׁת לַמִּשְׁכָּן
이트도트 네호쉐트 라미쉬칸
bronze pegs for the tabernacle
青銅で造った幕屋の釘
출(Exod/出) 27:19, 35:18, 38:20, 29-31

띠를 꿸 금고리
טַבְּעֹת זָהָב בָּתִּים לַבְּרִיחַ
타브오트 자하브 바팀 라베리아흐
gold rings as holders for the bars
横木を通すための金の環
출(Exod/出) 26:29, 36:34

2 외부앙장(막) / אֹהֶל 오헬

ter curtain (the tent) / 外部の幕(天幕)

30규빗(13.68m), 광 4규빗(1.82m)

출(Exod/出) 26:7-13, 36:14-18

성소(회막)**과 덮개의 위치**
location of the sanctuary (the tent of meeting) and coverings
聖所(会見の幕屋)の位置

1 내부앙장(성막) / מִשְׁכָּן 미쉬칸

inner curtain (the tabernacle)
内部の幕(聖なる幕)

장 28규빗(12.77m),
광 4규빗(1.82m)

출(Exod/出) 26:1-6, 36:8-13

널판

קֶרֶשׁ 케레스
boards / 立枠

출(Exod/出) 26:15-25, 29,
36:20-30, 34

**여섯 째 폭의 절반은
성막 전면에 접어 드리움**

אֶל־מוּל פְּנֵי הָאֹהֶל לִכְפֹּל אֶת־הַיְרִיעָה הַשִּׁשִׁית

엘 물 페네 하오헬 리크폴 에트 하예리아 하쉬쉬트

the sixth curtain at the front of
the tent was doubled over

六枚目の幕を天幕の前で折り重ねる

출(Exod/出) 26:9

동
EAST / 東

장 10규빗(4.56m)

광 1.5규빗(68.4cm)

출(Exod/出) 26:16, 36:21

널판들을 두 축으로 은받침에 고정
the boards fixed into the sockets of silver
by the two tenons
立枠を二つの柄によって銀の座に固定

널판

두 촉

שְׁתֵּי יָדַיִם 셰테 야다임
two tenons / 二つの柄
출(Exod/出) 26:19, 36:24

널판 1개당 은받침 2개
two sockets of silver for each board
立枠一つあたり、銀の座二つ
출(Exod/出) 26:19, 21, 25, 36:24, 26, 30

각 널판들의 중앙을 통과하는
중간띠는 이 끝에서 저 끝에 미침

the middle bar passes through the
center of the boards from end to end
枠のまん中にある**中央の横木**は
端から端まで通るようにする
출(Exod/出) 26:28, 36:33

**조각목으로 만들어서
금으로 싼 띠**(5개)

בְּרִיחֵי עֲצֵי שִׁטִּים מְצֻפִּים זָהָב
베리헤 아체 쉿팀 메추핌 자하브
five bars of acacia wood overlaid with gold
アカシヤ材で造り、金でおおった五つの横木
출(Exod/出) 26:26-29, 36:31-34

 이해도움 3

THE ORDER OF ERECTING THE TABERNACLE

성막을 세우는 순서(출/Exod/出 40:17-33)

עֵרֶךְ הֲקָמַת הַמִּשְׁכָּן / 幕屋を建てる順序

출애굽기(Exod/出) **40:17**

"제 이년 정월 곧 그 달 초일일에 성막을 세우니라"

1 받침들을 놓고

וַיִּתֵּן אֶת־אֲדָנָיו 바이텐 에트 아다나이브

laid its sockets / 座をすえる

"모세가 성막을 세우되 그 받침들을 놓고…"
(출/Exod/出 40:18)

측면에서 바라본 은받침의 모습(추정)
side view of the silver sockets (conjectured)
側面から見た銀の座(推定)

널판 1개당 은받침 2개
two sockets of silver for each board
立枠一つあたり、銀の座二つ
출(Exod/出) 26:19, 21, 25,
36:24, 26, 30

은받침 1개당 은 1달란트 (34kg)
one talent (34 kg) of silver in
each socket of silver
銀の座一座あたり、一タラント(34kg)
출(Exod/出) 38:27

네 기둥을 세우기 위한 은받침(4개)
אַדְנֵי כֶסֶף עֹמֵד אַרְבָּעָה
아드네 케세프 오메드 아르바아
הָעַמֻּדִים
하암무딤
four sockets of silver for
the four pillars
四つの柱のための銀の座
출(Exod/出) 26:32, 36:36

다섯 기둥을 세우기 위한 놋받침(5개)
אַדְנֵי נְחֹשֶׁת עֹמֵד חֲמִשָּׁה הָעַמֻּדִים
아드네 네호쉐트 오메드 하밋샤 하암무딤
five sockets of bronze for the five pillars
五つの柱のための青銅の座
출(Exod/出) 26:37, 36:38

널판 밑의 은받침

אַדְנֵי כֶסֶף תַּחַת הַקֶּרֶשׁ 아드네 케세프 타하트 하케레쉬

Sockets of silver under the board / 立枠の下の銀の座

출(Exod/出) 26:19, 21, 25, 36:24, 26, 30

위에서 바라본 은받침의 모습(추정)

bird's eye view of the silver sockets (conjectured)

上から見た銀の座 (推定)

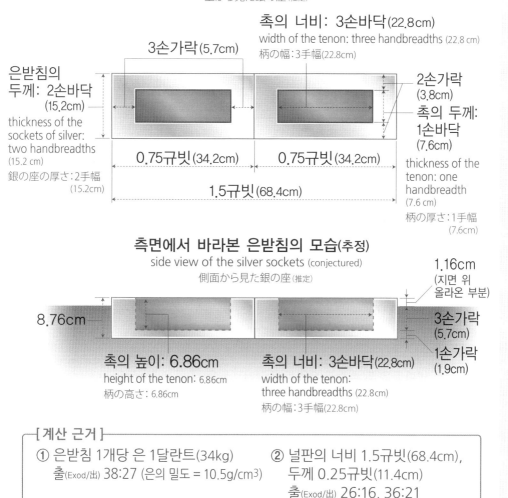

촉의 너비: 3손바닥(22.8cm)
width of the tenon: three handbreadths (22.8 cm)
柄の幅：3手幅(22.8cm)

3손가락(5.7cm)

은받침의
두께: 2손바닥
(15.2cm)
thickness of the
sockets of silver:
two handbreadths
(15.2 cm)
銀の座の厚さ：2手幅
(15.2cm)

2손가락
(3.8cm)

촉의 두께:
1손바닥
(7.6cm)
thickness of the
tenon: one
handbreadth
(7.6 cm)
柄の厚さ：1手幅
(7.6cm)

0.75규빗(34.2cm)　0.75규빗(34.2cm)

1.5규빗(68.4cm)

측면에서 바라본 은받침의 모습(추정)

side view of the silver sockets (conjectured)

側面から見た銀の座 (推定)

1.16cm
(지면 위
올라온 부분)

8.76cm

3손가락
(5.7cm)

1손가락
(1.9cm)

촉의 높이: 6.86cm
height of the tenon: 6.86cm
柄の高さ: 6.86cm

촉의 너비: 3손바닥(22.8cm)
width of the tenon:
three handbreadths (22.8cm)
柄の幅：3手幅(22.8cm)

[계산 근거]

① 은받침 1개당 은 1달란트(34kg)
　출(Exod/出) 38:27 (은의 밀도 = 10.5g/cm3)

② 널판의 너비 1.5규빗(68.4cm),
　두께 0.25규빗(11.4cm)
　출(Exod/出) 26:16, 36:21

---

*수치 재는 단위는 본 서 104-105쪽 참고

*Please refer to pages 104-105 of this book for information on measurement units.

*数値を測る単位については、本書の104-105ページ参考

2 널판들을 세우고

וַיָּשֶׂם אֶת־קְרָשָׁיו 바야셈 에트 케라샤이브
set up its boards / 枠を立てる

"…그 널판들을 세우고…"
(출/Exod/出 40:18)

성막 뒤편 양 모퉁이의 두 겹 널판

שְׁנֵי קְרָשִׁים לִמְקֻצְעֹת הַמִּשְׁכָּן בַּיַּרְכָתָיִם
셰네 케라쉼 림쿠츠오트 하미쉬칸 바야르카타임
double boards for the two corners of the
tabernacle at the rear
幕屋うしろの両すみの枠
출(Exod/出) 26:23-24,
36:28-29

윗고리

טַבַּעַת רֹאשׁ 타바아트 로쉬
ring at the top / 環
출(Exod/出) 26:24, 36:29

두 촉으로 널판들을 연결
the boards connected
by the two tenons
二つの柄で立枠を連結
출(Exod/出) 26:17, 36:22

널판

קֶרֶשׁ 케레쉬
boards / 立枠
출(Exod/出) 26:15-25, 29,
36:20-30, 34

두 촉

שְׁתֵּי יָדוֹת 셰테 야다임
two tenons / 二つの柄
출(Exod/出) 26:19, 36:24

널판들을 두 촉으로 은받침에 고정
the boards fixed into the sockets of
silver by the two tenons
立枠を二つの柄によって銀の座に固定

널판 밑의 은받침

אַדְנֵי כֶסֶף תַּחַת הַקֶּרֶשׁ
아드네 케세프 타하트 하케레쉬
sockets of silver under the board
立枠の下の銀の座
출(Exod/出) 26:19, 21, 25, 36:24, 26, 30

널판의 연결
The fitting of the boards
立枠の連結

조각목으로 만들어서 금으로 싼 띠(5개)
bars made of acacia wood and overlaid with gold (five)
アカシア材で造り、金でおおった横木(五つ)

출(Exod/出) 26:26-29, 36:31-34

널판 / קֶרֶשׁ 케레쉬 / boards / 立枠
출(Exod/出) 26:15-25, 29, 36:20-30, 34

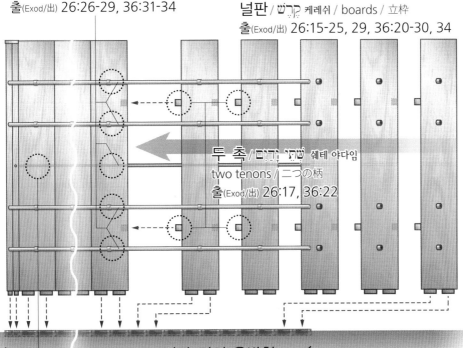

두 촉 / שְׁתֵּי יָדוֹת 쉐테 야다임
two tenons / 二つの柄
출(Exod/出) 26:17, 36:22

널판 밑의 은받침
אַדְנֵי כֶסֶף תַּחַת הַקֶּרֶשׁ 아드네 케세프 타하트 하케레쉬
sockets of silver under the board / 立枠の下の銀の座
출(Exod/出) 26:19, 21, 25, 36:24, 26, 30

각 널판들의 중앙을
통과하는 중간띠는
이 끝에서 저 끝에 미침
The middle bar passes through the center of the boards from end to end.
枠のまん中にある**中央の横木**は端から端まで通るようにする

출(Exod/出) 26:28, 36:33

3 띠를 띠우고

וַיִּתֵּן אֶת־בְּרִיחָיו 바이텐 에트 베리하이우
inserted its bars
横木をさし込む

"...그 띠를 띠우고..."
(출/Exod/出 40:18)

다섯 개의 띠

חֲמִשָּׁה בְרִיחִם 하밋샤 베리힘
five bars / 五つの横木
출(Exod/出)
26:26-27,
36:31-32

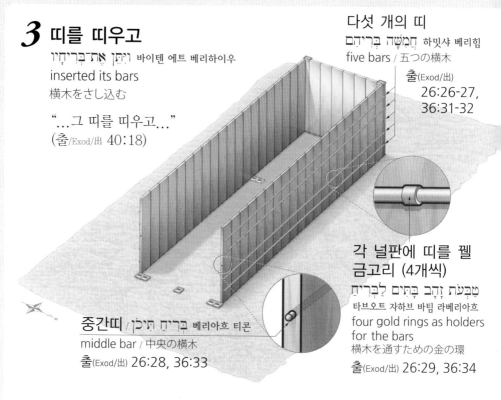

각 널판에 띠를 꿸 금고리 (4개씩)

טַבְּעֹת זָהָב בָּתִּים לַבְּרִיחִם
타브오트 자하브 바팀 라베리아흐
four gold rings as holders for the bars
横木を通すための金の環
출(Exod/出) 26:29, 36:34

중간띠 / בְּרִיחַ תִּיכֹן 베리아흐 티콘
middle bar / 中央の横木
출(Exod/出) 26:28, 36:33

성막 뒤편 양 모퉁이의 두 겹 널판

double boards for the two corners of the tabernacle at the rear
幕屋うしろの両すみの枠

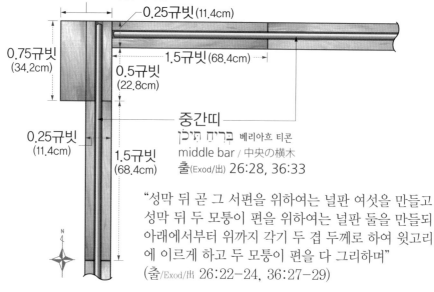

0.25규빗(11.4cm)
0.75규빗 (34.2cm)
0.5규빗 (22.8cm)
1.5규빗 (68.4cm)
0.25규빗 (11.4cm)
1.5규빗 (68.4cm)

중간띠 בְּרִיחַ תִּיכֹן 베리아흐 티콘
middle bar / 中央の横木
출(Exod/出) 26:28, 36:33

"성막 뒤 곧 그 서편을 위하여는 널판 여섯을 만들고 성막 뒤 두 모퉁이 편을 위하여는 널판 둘을 만들되 아래에서부터 위까지 각기 두 겹 두께로 하여 윗고리에 이르게 하고 두 모퉁이 편을 다 그리하며"
(출/Exod/出 26:22-24, 36:27-29)

4 기둥들을 세우고

וַיָּקֶם אֶת־עַמּוּדָיו 바야켐 에트 암무다이브
erected its pillars
柱を立てる

"…그 기둥들을 세우고"
(출/Exod/出 40:18)

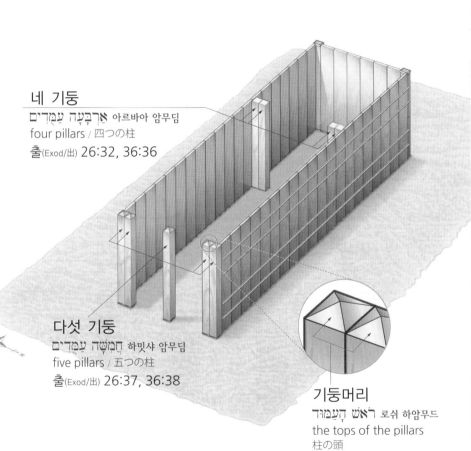

네 기둥
אַרְבָּעָה עַמֻּדִים 아르바아 암무딤
four pillars / 四つの柱
출(Exod/出) 26:32, 36:36

다섯 기둥
חֲמִשָּׁה עַמֻּדִים 하밋샤 암무딤
five pillars / 五つの柱
출(Exod/出) 26:37, 36:38

기둥머리
רֹאשׁ הָעַמּוּד 로쉬 하암무드
the tops of the pillars
柱の頭
출(Exod/出) 36:38

네 기둥과 다섯 기둥
The four pillars and the five pillars / 四つの柱と五つの柱

출(Exod/出) 26:32, 36:36 / 출(Exod/出) 26:37, 36:38

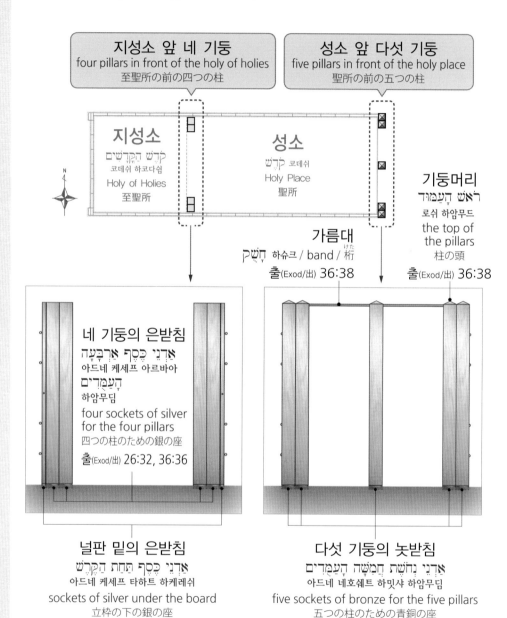

지성소 앞 네 기둥
four pillars in front of the holy of holies
至聖所の前の四つの柱

성소 앞 다섯 기둥
five pillars in front of the holy place
聖所の前の五つの柱

지성소
קֹדֶשׁ הַקֳּדָשִׁים
코데쉬 하코다쉼
Holy of Holies
至聖所

성소
קֹדֶשׁ 코데쉬
Holy Place
聖所

N

기둥머리
רֹאשׁ הָעַמּוּד
로쉬 하암무드
the top of
the pillars
柱の頭

가름대
חָשׁוּק 하슈크 / band / 桁(けた)
출(Exod/出) 36:38

출(Exod/出) 36:38

네 기둥의 은받침
אַדְנֵי כֶסֶף אַרְבָּעָה
아드네 케세프 아르바아
הָעַמֻּדִים
하암무딤
four sockets of silver
for the four pillars
四つの柱のための銀の座
출(Exod/出) 26:32, 36:36

널판 밑의 은받침
אַדְנֵי כֶסֶף תַּחַת הַקֶּרֶשׁ
아드네 케세프 타하트 하케레쉬
sockets of silver under the board
立枠の下の銀の座
출(Exod/出) 26:19, 21, 25, 36:24, 26, 30

다섯 기둥의 놋받침
אַדְנֵי נְחֹשֶׁת חֲמִשָּׁה הָעַמֻּדִים
아드네 네호쉐트 하밋샤 하암무딤
five sockets of bronze for the five pillars
五つの柱のための青銅の座
출(Exod/出) 26:37, 36:38

5 성막 위에 막을 펴고

וַיִּפְרֹשׂ אֶת־הָאֹהֶל עַל הַמִּשְׁכָּן

바이프로쉬 에트 하오헬 알 하미쉬칸

spread the tent over the tabernacle

幕屋の上に天幕をひろげる

" 또 성막 위에 막을 펴고…"
(출/Exod/出 40:19)

내부앙장(성막)

מִשְׁכָּן 미쉬칸

inner curtain
(the tabernacle)

内部の幕(聖なる幕)

출(Exod/出) 26:1-6,
36:8-13

- 장 : **28규빗**(12.77m)
- 광 : **4규빗**(1.82m), **10폭**
- 재료 : 가늘게 꼰 베실과
  청색 자색 홍색 실

금갈고리

קַרְסֵי זָהָב 카르세 자하브

gold clasps / 金の輪

출(Exod/出) 26:4-6, 36:11-13

외부앙장(막)

אֹהֶל 오헬 / outer curtain (the tent)

外部の幕(天幕)

출(Exod/出) 26:7-13, 36:14-18

- 장 : **30규빗**(13.68m)
- 광 : **4규빗**(1.82m), **11폭**
- 재료 : 염소털

여섯 째 폭의 절반은
성막 전면에 접어 드리움

לִכְפֹּל אֶת־הַיְרִיעָה הַשִּׁשִׁית אֶל־מוּל פְּנֵי הָאֹהֶל

리크폴 에트 하예리아 하쉿쉬트 엘 물 페네 하오헬

the sixth curtain at the front of the tent was doubled over

六枚目の幕を天幕の前で折り重ねる

출(Exod/出) 26:9

놋갈고리

קַרְסֵי נְחֹשֶׁת 카르세 네호쉐트

bronze clasps / 青銅の輪

출(Exod/出) 26:10-11, 36:17-18

6 그 위에 덮개를 덮으니 / וַיָּשֶׂם אֶת־מִכְסֵה הָאֹהֶל עָלָיו מִלְמָעְלָה

바야셈 에트 미크세 하오헬 알라이브 밀마엘라

put the covering for the tent on top

その上に天幕のおおいをかける

"...그 위에 덮개를 덮으니..."
(출/Exod/出 40:19)

막의 덮개

מִכְסֵה 미크세

covering for
the tent

天幕のおおい

출(Exod/出)
26:14,
36:19

재료 : 붉은 물들인
숫양의 가죽

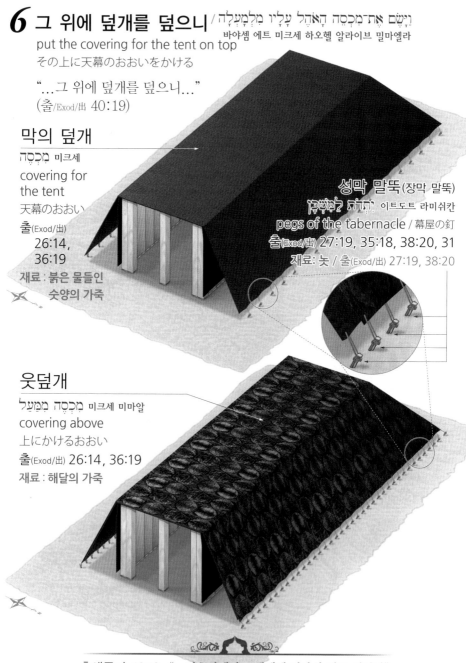

성막 말뚝(장막 말뚝)
יִתְדֹת לַמִּשְׁכָּן 이트도트 라미쉬칸
pegs of the tabernacle / 幕屋の釘
출(Exod/出) 27:19, 35:18, 38:20, 31
재료 : 놋 / 출(Exod/出) 27:19, 38:20

웃덮개

מִכְסֵה מִמַּעַל 미크세 미마알

covering above

上にかけるおおい

출(Exod/出) 26:14, 36:19

재료 : 해달의 가죽

출애굽기 40:19 "...여호와께서 모세에게 명하신 대로 되니라"
כַּאֲשֶׁר צִוָּה יְהוָה אֶת־מֹשֶׁה 카아쉐르 치바 예호바 에트 모쉐
"just as the LORD had commanded Moses" (Exod 40:19)
『主がモーセに命じられたとおりである。』(出 40:19)

7 증거궤 준비 / עֲשֵׂה אֲרוֹן הָעֵדוּת 아사 아론 하에두트
preparation of the ark of the testimony / あかしの箱の準備

"그가 또 증거판을 궤 속에 넣고..." (출/Exod/出 40:20)
וַיִּקַּח וַיִּתֵּן אֶת־הָעֵדֻת אֶל־הָאָרֹן 바이카흐 바이텐 에트 하에두트 엘 하아론
then he took the testimony and put it into the ark (Exod 40:20)
あかしの板をとって箱に納め (出 40:20)

증거판을 넣어 둘 궤
אֲרוֹן הָעֵדֻת 아론 하에두트
the ark that is to house the testimony
あかしの板を納める箱
출(Exod/出) 25:10-11, 16, 21,
신(Deut/申) 10:1-5

언약의 두 돌판(증거판)
שְׁנֵי לֻחֹת הָעֵדֻת 셰네 루호트 하에두트
the two stone tablets of the covenant
(the testimony)
二枚の契約の石板(あかしの板)
출(Exod/出) 25:16, 21, 32:15, 34:28-29, 40:20,
신(Deut/申) 10:1-5, 히(Heb/ヘブ) 9:4

〈앞판의 모습〉
the front side of
the tablet
石板(表面)

〈뒷판의 모습〉
the back side of
the tablet
石板(裏面)

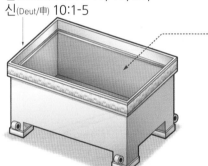

"...채를 궤에 꿰고..." (출/Exod/出 40:20)
וַיָּשֶׂם אֶת־הַבַּדִּים עַל־הָאָרֹן 바야셈 에트 하바딤 알 하아론
attached the poles to the ark (Exod 40:20)
さおを箱につけ (出 40:20)

궤를 메기 위한 채
בַּדִּים לָשֵׂאת אֶת־הָאָרֹן
바딤 라세트 에트 하아론
poles for carrying the ark
箱を担ぐためのさお
출(Exod/出) 25:13-15,
37:4-5,
민(Num/民) 4:5-6

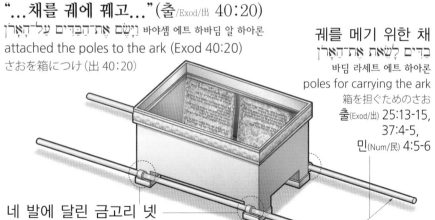

네 발에 달린 금고리 넷
אַרְבַּע טַבְּעֹת זָהָב עַל אַרְבַּע פַּעֲמֹתָיו
아르바 타브오트 자하브 알 아르바 페아밈
four gold rings fastened on the four feet
四すみに取り付けられた四つの金の環 / 출(Exod/出) 25:12, 37:3

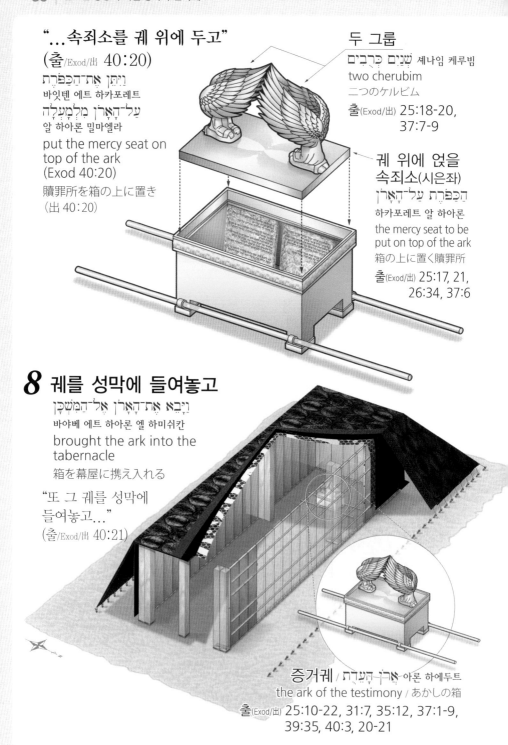

"...속죄소를 궤 위에 두고"
(출/Exod/出 40:20)

וַיִּתֵּן אֶת־הַכַּפֹּרֶת
바잇텐 에트 하카포레트
עַל־הָאָרֹן מִלְמָעְלָה
알 하아론 밀마엘라
put the mercy seat on top of the ark
(Exod 40:20)
贖罪所を箱の上に置き
（出 40:20）

두 그룹
שְׁנַיִם כְּרֻבִים 셰나임 케루빔
two cherubim
二つのケルビム
출(Exod/出) 25:18-20,
　　　　　　37:7-9

궤 위에 얹을 속죄소(시은좌)
הַכַּפֹּרֶת עַל־הָאָרֹן
하카포레트 알 하아론
the mercy seat to be put on top of the ark
箱の上に置く贖罪所
출(Exod/出) 25:17, 21,
　　　　　26:34, 37:6

8 궤를 성막에 들여놓고
וַיָּבֵא אֶת־הָאָרֹן אֶל־הַמִּשְׁכָּן
바야베 에트 하아론 엘 하미쉬칸
brought the ark into the tabernacle
箱を幕屋に携え入れる

"또 그 궤를 성막에 들여놓고..."
(출/Exod/出 40:21)

증거궤 / אֲרוֹן הָעֵדֻת 아론 하에두트
the ark of the testimony / あかしの箱
출(Exod/出) 25:10-22, 31:7, 35:12, 37:1-9,
　　　　　39:35, 40:3, 20-21

9 휘장을 늘어뜨려

וַיָּשֶׂם אֶת פָּרֹכֶת

바야셈 에트 파로케트

set up a veil for the screen

隔ての垂幕をかける

"...장을 드리워서
그 증거궤를 가리우니..."

(출/Exod/出 40:21)

지성소 안에서 바라본 모습
view from the inside of the holy of holies
至聖所の内から見た形

금갈고리 / וָוֵי זָהָב 바베이 자하브
gold hook / 金の鉤

출(Exod/出) 26:32-33, 36:36

청색실
תְּכֵלֶת 테켈레트
blue material / 青糸

자색실
אַרְגָּמָן 아르가만
purple material / 紫糸

홍색실
תוֹלַעַת שָׁנִי 톨라아트 샤니
scarlet material / 緋糸

가늘게 꼰 베실
שֵׁשׁ מָשְׁזָר 쉐쉬 마쉬자르
fine twisted linen
亜麻の撚糸

그룹들을
공교히
수놓음

made with
skillfully
embroidered
cherubim

巧みに織り
出された
ケルビム

지성소 입구의 휘장

פָּרֹכֶת לְפֶתַח קֹדֶשׁ הַקֳּדָשִׁים

파로케트 레페타흐 코데쉬 하카다쉼

veil at the entrance to the holy of holies

至聖所の入口の垂幕

출(Exod/出) 26:31, 33, 36:35, 40:3, 21

출애굽기 40:21 "...여호와께서 모세에게 명하신 대로 되니라"
כַּאֲשֶׁר צִוָּה יְהוָה אֶת־מֹשֶׁה 카아쉐르 치바 예호바 에트 모쉐
"just as the LORD had commanded Moses" (Exod 40:21)
『主がモーセに命じられたとおりである。』(出 40:21)

10 상을 놓고

וַיִּתֵּן אֶת־הַשֻּׁלְחָן 바잇텐 에트 하슐한
placed the table / 机をすえる

"...회막 안 곧 성막 북편
으로 장 밖에 상을 놓고"
(출/Exod/出 40:22)

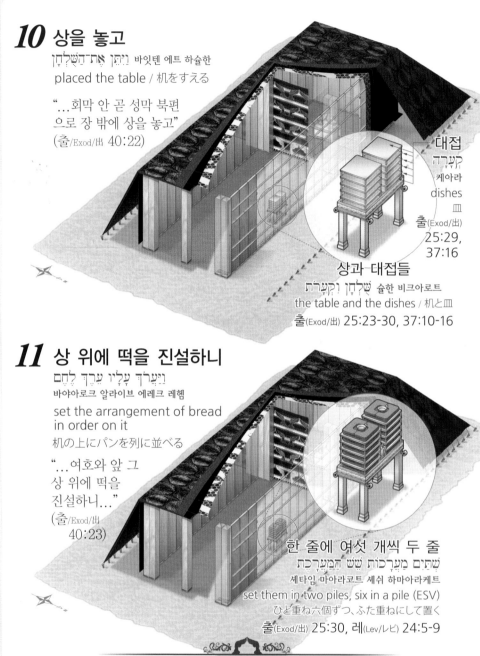

대접
קְעָרָה
케아라
dishes
皿
출(Exod/出)
25:29,
37:16

상과 대접들
שֻׁלְחָן וּקְעָרֹת 슐한 비크아로트
the table and the dishes / 机と皿
출(Exod/出) 25:23-30, 37:10-16

11 상 위에 떡을 진설하니

וַיַּעֲרֹךְ עָלָיו עֵרֶךְ לֶחֶם
바야아로크 알라이브 에레크 레헴

set the arrangement of bread
in order on it
机の上にパンを列に並べる

"...여호와 앞 그
상 위에 떡을
진설하니..."
(출/Exod/出
40:23)

한 줄에 여섯 개씩 두 줄
שְׁתַּיִם מַעֲרָכוֹת שֵׁשׁ הַמַּעֲרָכֶת
셰타임 마아라코트 셰쉬 하마아라케트
set them in two piles, six in a pile (ESV)
ひと重ね六個ずつ、ふた重ねにして置く
출(Exod/出) 25:30, 레(Lev/レビ) 24:5-9

출애굽기 40:23 "...여호와께서 모세에게 명하신 대로 되니라"
כַּאֲשֶׁר צִוָּה יְהוָה אֶת־מֹשֶׁה 카아쉐르 치바 예호바 에트 모쉐
"just as the LORD had commanded Moses" (Exod 40:23)
『主がモーセに命じられたとおりである。』(出 40:23)

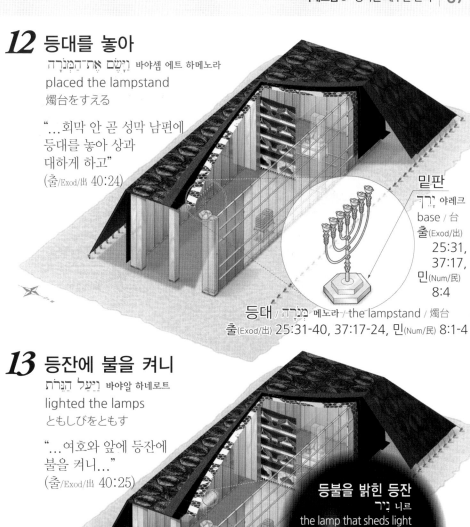

12 등대를 놓아

וַיָּשֶׂם אֶת־הַמְּנֹרָה 바야셈 에트 하메노라
placed the lampstand
燭台をすえる

"...회막 안 곧 성막 남편에
등대를 놓아 상과
대하게 하고"
(출/Exod/出 40:24)

밑판
יָרֵךְ 야레크
base / 台
출(Exod/出)
25:31,
37:17,
민(Num/民)
8:4

등대 / מְנֹרָה 메노라 / the lampstand / 燭台
출(Exod/出) 25:31-40, 37:17-24, 민(Num/民) 8:1-4

13 등잔에 불을 켜니

וַיַּעַל הַנֵּרֹת 바야알 하네로트
lighted the lamps
ともしびをともす

"...여호와 앞에 등잔에
불을 켜니..."
(출/Exod/出 40:25)

등불을 밝힌 등잔
נֵר 니르
the lamp that sheds light
ともしび皿

출(Exod/出) 25:37, 27:20-21, 40:4, 25,
레(Lev/レビ) 24:2-4, 민(Num/民) 8:2-3

출애굽기 40:25 "...여호와께서 모세에게 명하신 대로 되니라"
כַּאֲשֶׁר צִוָּה יְהוָה אֶת־מֹשֶׁה 카아쉐르 치바 예호바 에트 모쉐
"just as the LORD had commanded Moses" (Exod 40:25)
『主がモーセに命じられたとおりである。』(出 40:25)

14 금향단을 휘장 앞에 두고

וַיָּשֶׂם אֶת־מִזְבַּח הַזָּהָב לִפְנֵי הַפָּרֹכֶת

바야셈 에트 미즈바흐 하자하브 리프네 하파로케트

placed the gold altar in the tent
of meeting in front of the veil

垂幕の前に金の祭壇をすえる

"...금향단을 회막
안 장 앞에 두고"

(출/Exod/出 40:26)

금향단(분향단)
מִזְבַּח הַזָּהָב לִקְטֹרֶת (מִזְבַּח הַקְּטֹרֶת)
미즈바흐 하자하브 리크토레트 (미즈바흐 하케토레트)
the gold altar of incense (the altar of incense)
金の祭壇 (香をたく祭壇)
출(Exod/出) 30:1-10, 37:25-29, 40:5, 26

15 향기로운 향을 사르니

וַיַּקְטֵר קְטֹרֶת סַמִּים

바야크테르 케토레트 삼밈

burned fragrant incense on it

香ばしい薫香をたく

"그 위에 향기로운
향을 사르니 ..."

(출/Exod/出 40:27)

향연을 피운 금향단
מִזְבַּח הַזָּהָב לִקְטֹרֶת הַסַּמִּים
미즈바흐 하자하브 리크토레트 하삼밈
the gold altar of incense on which fragrant incense is burned
薫香をたいた金の祭壇 / 출(Exod/出) 30:7-8, 37:29

출애굽기 40:27 "...여호와께서 모세에게 명하신 대로 되니라"
כַּאֲשֶׁר צִוָּה יְהוָה אֶת־מֹשֶׁה 카아쉐르 치바 예호바 에트 모쉐
"just as the LORD had commanded Moses" (Exod 40:27)
『主がモーセに命じられたとおりである。』(出 40:27)

16 성막 문에 장을 달고

וַיָּשֶׂם אֶת־מָסַךְ הַפֶּתַח לַמִּשְׁכָּן

바야셈 에트 마사크 하페타흐 라미쉬칸

hung up the screen at the door
of the tabernacle

幕屋の入口にとばりをかける

"...성막 문에 장을 달고"
(출/Exod/出 40:28)

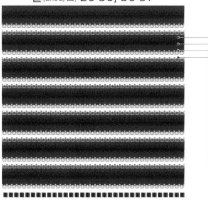

성소 안에서 바라본 모습
view from the inside of the holy place
聖所の内から見た形

가름대

חָשׁוּק 하슈크
band (fillet)
桁
출(Exod/出)
36:38

금갈고리

וָו זָהָב 바베이 자하브
gold hook / 金の鉤
출(Exod/出) 26:37, 36:38

성소 입구의 문장

מָסָךְ לְפֶתַח הָאֹהֶל 마사크 레페타흐 하오헬
screen for the doorway of the tent
聖所の入口のとばり
출(Exod/出) 26:36, 36:37

청색실
תְּכֵלֶת 테켈레트
blue material / 青糸

자색실
אַרְגָּמָן 아르가만
purple material / 紫糸

홍색실
תּוֹלַעַת שָׁנִי 톨라아트 샤니
scarlet material / 緋糸

가늘게 꼰 베실
שֵׁשׁ מָשְׁזָר 쉐쉬 마쉬자르
fine twisted linen
亜麻の撚糸

17 번제단을 두고

וְאֵת מִזְבַּח הָעֹלָה שָׂם 베에트 미즈바흐 하올라 삼
set the altar of burnt offering
燔祭の祭壇をすえる

"...회막의 성막 문 앞에
번제단을 두고..."
(출/Exod/出 40:29)

토단 / מִזְבַּח אֲדָמָה 미즈바흐 아다마
an altar of earth
土の祭壇
출(Exod/出) 20:24

토단 위에 올려진 번제단

מִזְבַּח הָעֹלָה עַל מִזְבַּח אֲדָמָה
미즈바흐 하올라 알 미즈바흐 아다마
altar of burnt offering on
the altar of earth
土の祭壇の上に置かれた燔祭の祭壇
출(Exod/出) 20:24-26

재를 담는 통 סִיר הַדָּשֶׁן 시르 하다쉔
pail for removing the ashes / 灰を取るつぼ
출(Exod/出) 27:3, 레(Lev/レビ) 1:16, 6:10-11, 참고-레(Lev/レビ) 4:11-12, 21

18 번제와 소제를 그 위에 드리니

וַיַּעַל עָלָיו אֶת־הָעֹלָה וְאֶת־הַמִּנְחָה
바야알 알라이브 에트 하올라 베에트 하민하
offered on it the burnt offering
and the meal offering
燔祭と素祭をささげる

"...번제와 소제를 그 위에 드리니..."
(출/Exod/出 40:29)

번제물을 불사름

קֶטֶרֶת אֶת־הָעֹלָה
코테레트 에트 하올라
burnt offerings offered up in smoke
燔祭の物を焼く
참고-레(Lev/レビ) 1:1-17

출애굽기 40:29 "...여호와께서 모세에게 명하신 대로 되니라"
כַּאֲשֶׁר צִוָּה יְהוָה אֶת־מֹשֶׁה 카아쉐르 치바 예호바 에트 모쉐
"just as the LORD had commanded Moses" (Exod 40:29)
『主がモーセに命じられたとおりである。』(出 40:29)

19 물두멍을 두고

וַיָּשֶׂם אֶת־הַכִּיֹּר 바야셈 에트 하키요르
placed the laver / 洗盤を置く

"...물두멍을
회막과 단 사이에 두고..."
(출/Exod/出 40:30)

받침 / כֵּן 켄
base / 台
출(Exod/出) 30:18,
38:8

물두멍 / כִּיֹּר 키요르
the laver / 洗盤
출(Exod/出) 30:17-21, 38:8

20 씻을 물을 담고

וַיִּתֵּן שָׁמָּה מַיִם לְרָחְצָה
바이텐 샴마 마임 레로흐차
put water in it for washing
洗うための水を入れる

"...씻을 물을 담고 ³¹ 자기와
아론과 그 아들들이 거기서
수족을 씻되 ³² 그들이 회막에
들어갈 때와 단에 가까이
갈 때에 씻었으니..."
(출/Exod/出 40:30-32)

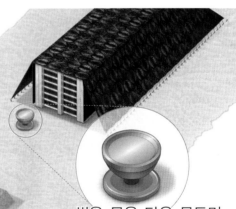

씻을 물을 담은 물두멍
הַכִּיֹּר נָתַן־מַיִם לְרָחְצָה 하키요르 네탄 마임 레로흐차
the laver that contains water for washing
洗うための水を入れた洗盤 / 출(Exod/出) 30:18, 40:7

출애굽기 40:32 "...여호와께서 모세에게 명하신 대로 되니라"
כַּאֲשֶׁר צִוָּה יְהוָה אֶת־מֹשֶׁה 카아쉐르 치바 예호바 에트 모쉐
"just as the LORD had commanded Moses" (Exod 40:32)
『主がモーセに命じられたとおりである。』(出 40:32)

21 포장을 치고

וַיָּקֶם אֶת־הֶחָצֵר 바야켐 에트 헤하체르
erected the court / 庭を設ける

"...성막과 단 사면 뜰에
포장을 치고..."
(출/Exod/出 40:33)

세마포 장

קַלְעֵי הֶחָצֵר שֵׁשׁ
칼르에 헤하체르 셰쉬
linen hangings for the court
亜麻の撚糸のあげばり

출(Exod/出) 27:9-15, 38:9-16
- **남(南)**: 세마포 장 **100규빗**(45.6m)
- **북(北)**: 세마포 장 **100규빗**(45.6m)
- **서(西)**: 세마포 장 **50규빗**(22.8m)
- **동(東)**: 뜰문 좌우로 각각 세마포 장
  15규빗(6.84m)
- **고**: 5규빗(2.28m)
  / 출(Exod/出) 27:18, 38:18

(은)기둥머리 싸개

צִפּוּי רֹאשׁ הָעַמּוּד (כֶּסֶף)
치푸이 로쉬 하암무드 (케세프)
(silver) overlaying of the top of the pillar
柱の頭のおおい(銀製)

출(Exod/出) 38:17, 19

(은)가름대

חָשֻׁק (כֶּסֶף) 하슈크(케세프)
(silver) band (fillet) / 銀の桁
출(Exod/出) 27:10-11, 17, 38:10-12, 17, 19

(은)갈고리들

וָוִים (כֶּסֶף) 바빔(케세프)
(silver) hooks / 鉤(銀製)
출(Exod/出) 27:10-11, 17,
38:10-12, 17, 19

줄들

מֵיתָרִים 메타림
cords / ひも
민(Num/民)
3:25-26, 36-37,
4:25-26, 31-32

기둥 / עַמּוּד 암무드 / pillar / 柱
출(Exod/出) 27:10-16, 38:10-19

놋받침 / אֶדֶן נְחֹשֶׁת 에덴 네호쉐트
socket of bronze / 青銅の座
출(Exod/出) 27:17-18, 38:17, 19

뜰의 포장 말뚝

יִתְדֹת הֶחָצֵר 이트도트 헤하체르
pegs of the court / 庭の釘
출(Exod/出) 27:19, 35:18, 38:20, 31

22 뜰 문의 장을 다니라

וַיִּתֵּן אֶת־מָסַךְ שַׁעַר הֶחָצֵר

바이텐 에트 마사크 샤아르 헤하체르

hung up the screen of the court gate

庭の門にとばりをかける

"...뜰 문의 장을 다니라..."
(출/Exod/出 40:33)

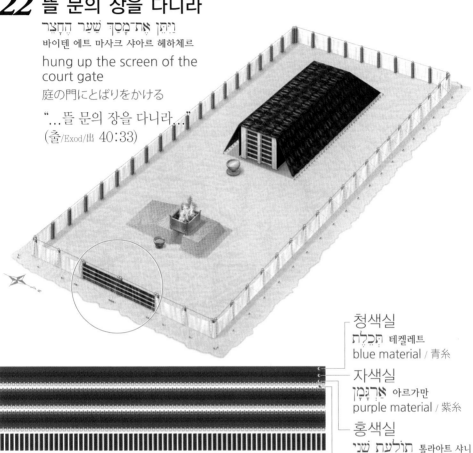

청색실
תְּכֵלֶת 테켈레트
blue material / 青糸

자색실
אַרְגָּמָן 아르가만
purple material / 紫糸

홍색실
תּוֹלַעַת שָׁנִי 톨라아트 샤니
scarlet material / 緋糸

가늘게 꼰 베실
שֵׁשׁ מָשְׁזָר 셰쉬 마쉬자르
fine twisted linen
亞麻の撚糸

뜰 문의 문 장

מָסָךְ לְשַׁעַר הֶחָצֵר 마사크 레샤아르 헤하체르
the screen of the gate of the court
庭の門のとばり / 출(Exod/出) 27:16, 18, 38:18

출애굽기(Exod/出) 40:33-38 "모세가 이같이 역사를 필하였더라 34그 후에 구름이 회막에 덮이고 여호와의 영광이 성막에 충만하매 35모세가 회막에 들어갈 수 없었으니 이는 구름이 회막 위에 덮이고 여호와의 영광이 성막에 충만함이었으며 36구름이 성막 위에서 떠오를 때에는 이스라엘 자손이 그 모든 행하는 길에 앞으로 발행하였고 37구름이 떠오르지 않을 때에는 떠오르는 날까지 발행하지 아니하였으며 38낮에는 여호와의 구름이 성막 위에 있고 밤에는 불이 그 구름 가운데 있음을 이스라엘의 온 족속이 그 모든 행하는 길에서 친히 보았더라" (참고-민/Num/民 9:15-23, 10:33-34)

*성경에 입각한 성막의 운반과 행진하는 순서 세계 최초로 체계적 정리

TRANSPORTING THE TABERNACLE AND THE ORDER OF SETTING OUT
성막의 운반과 행진하는 순서

민(Num/民) 4:1-49, 10:11-36

幕屋の運搬と進行する順序

민수기(Num/民) 10:21
"고핫인은 성물을 메고 진행하였고 그들이 이르기 전에 성막을 세웠으며"

행군 방향
the direction of the march

고핫 자손이 이동시킬 성물
the holy objects to be transported by the Kohathites
민(Num/民) 4:4-20, 7:9

단
דן
Dan
62,700명
민 2:26

에브라임
אפרים
Ephraim
40,500명
민 2:19

진설병을 두는 상
민 4:7-8
(출 25:23-30, 37:10-16, 레 24:5-9)

민수기(Num/民) 10:17
"이에 성막을 걷으매 게르손 자손과 므라리 자손이 성막을 메고 발행하였으며"

르우벤
ראובן
Reuben
46,500명
민 2:11

게르손 자손이 이동시킬 것들
the objects to be transported by th Gershonites
민(Num/民) 4:24-28, 7:7

수레 2대
소 4마리

① 성막의 앙장들/민 3:25, 4:25

내부앙장(성막)
출 26:1-6, 36:8-13

외부앙장(막)
출 26:7-13, 36:14-18

아셀
אשר
Asher
41,500명
민 2:28

므낫세
מנשה
Manasseh
32,200명
민 2:21

금등대/민 4:9-10
(출 25:31-40, 37:17-24, 민 8:1-4)

시므온
שמעון
Simeon
59,300명
민 2:13

② 회막 / 민 3:25, 4:25

막의 덮개
출 26:14, 36:19

웃덮개
출 26:14, 36:19

납달리
נפתלי
Naphtali
53,400명
민 2:30

베냐민
בנימן
Benjamin
35,400명
민 2:23

분향단(금단)/ 민 4:11
(출 30:1-10, 37:25-29, 40:5, 26-27)

갓
גד
Gad
45,650명
민 2:15

③ 성소 입구의 문장
출 26:36, 36:37
민 3:25, 4:25

제**4**대
민 2:25-31

제**3**대
민 2:18-24

제**2**대
민 2:10-16

④ 세마포 장
출 27:9-15, 38:9-16
남·북(南·北) 서(西) 동(東)
(100규빗x2) (50규빗x1) (15규빗x2)

⑤ 뜰 문의 문장
출 27:16, 18, 38:18
민 3:26, 4:26

번제단/민 4:13-14
(출 27:1-8, 38:1-7)

⑥ 줄들
민 3:25-26, 4:25-26

므라리 자손이 이동시킬 구조물들
the structural objects to be transported by the Merarites

민(Num/民) 4:29–33, 7:8

수레 4대

소 8마리

① 널판
출 26:15–25, 29,
  36:20–30, 34,
민 3:36, 4:31

② 띠
출 26:26–27,
  36:31–32,
민 3:36, 4:31

③ 중간띠
출 26:28–29, 36:33–34, 민 3:36, 4:31

④ 금고리
출 26:29, 36:34

⑤ 바깥 기둥
출 27:10–17, 38:10–19,
민 3:36–37, 4:31–32

⑥ 성소와 지성소 기둥
출 26:32, 37, 36:36, 38,
민 3:36, 4:31

⑦ 은받침
출 26:19, 21, 25
  36:24, 26, 30
민 3:36, 4:31

⑧ 지성소 입구 기둥의 은받침
출 26:32, 36:36, 민3:36, 4:31

⑨ 성소 입구 기둥의 놋받침
출 26:37, 36:38, 민3:36, 4:31

⑩ 바깥 기둥의
  놋받침
출 27:17–18,
  38:9–17, 19,
민 3:36–37, 4:31–32

⑪ 말뚝
출 27:19, 35:18,
  38:20, 31,
민 3:36–37, 4:31–32

⑫ 줄들
민 3:36–37, 4:31–32

30–50세의 회막 봉사에 참여할만한 모든 자
those between the ages 30-50 who can take part in the tabernacle service

고핫	2,750명	민 4:1-20, 34-37
게르손	2,630명	민 4:21-28, 38-41
므라리	3,200명	민 4:29-33, 42-45

유다
יְהוּדָה
Judah

74,600명
민 2:4

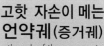
잇사갈
יִשָּׂשכָר
Issachar

54,400명
민 2:6

스불론
זְבוּלֻן
Zebulun

57,400명
민 2:8

제 **1** 대
민 2:1–9

고핫 자손이 메는 언약궤(증거궤)
the ark of the covenant (ark of the testimony) to be carried on the shoulders of the Kohathites

민(Num/民) 4:5–6

 해당 그룹을 인도하는 지파
the tribe leading the applicable group

*성경에 입각한 성막을 중심한 이스라엘의 진 세계 최초로 체계적 정리

THE CAMP OF THE ISRAELITES WITH THE TABERNACLE AT ITS CENTER

성막을 중심한 이스라엘의 진(陣)

민(Num/民) 2:1-34, 3:21-39

幕屋を中心としたイスラエルの陣

12지파의 진 배치 / arrangement of the camps of the 12 tribes / 12部族の宿営した配置

민수기(Num/民) 2:2 "이스라엘 자손은 각각 그 기와 그 종족의 기호 곁에 진을 치되 **회막을 사면으로 대하여** 치라"

민수기(Num/民) 2:3 "**동방 해 돋는 편**에 진 칠 자는 그 군대대로 **유다**의 진 기에 속한 자라"

민수기(Num/民) 2:10 "**남편**에는 **르우벤** 군대의 진 기가 있을 것이라"

민수기(Num/民) 2:18 "**서편**에는 **에브라임**의 군대의 진 기가 있을 것이라"

민수기(Num/民) 2:25 "**북편**에는 **단** 군대의 진 기가 있을 것이라"

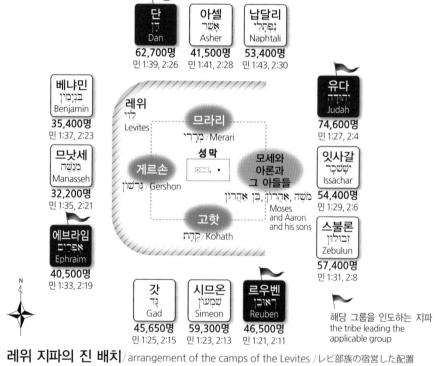

해당 그룹을 인도하는 지파
the tribe leading the
applicable group

레위 지파의 진 배치 / arrangement of the camps of the Levites / レビ部族の宿営した配置

민수기(Num/民) 3:23 "**게르손** 가족들은 **장막 뒤 곧 서편**에 진을 칠 것이요"

민수기(Num/民) 3:29 "**고핫** 자손의 가족들은 **성막 남편**에 진을 칠 것이요"

민수기(Num/民) 3:35 "이(**므라리**) 가족은 **장막 북편**에 진을 칠 것이며"

민수기(Num/民) 3:38 "**장막 앞 동편 곧 회막 앞 해 돋는 편**에는 **모세와 아론과 아론의 아들들**이 진을 치고"

 이해도움 4

THE ARK (THE ARK OF THE TESTIMONY)

법궤(증거궤)(출/Exod/出 25:10-22, 37:1-9, 40:3, 20-21, 참고-출/Exod/出 31:7, 35:12, 39:35)

הָאָרוֹן הַבְּרִית (אֲרוֹן הָעֵדֻת) 아론 하베리트(아론 하에두트) / 箱(あかしの箱)

법궤의 위치
location of the ark
箱の位置 출(Exod/出) 40:3, 21
"또 그 궤를 성막에 들여놓고 장을 드리워서 그 증거궤를 가리우니…"(출/Exod/出 40:21)

윗가로 돌아가며 금테로 두름
עָשִׂיתָ עָלָיו זֵר זָהָב סָבִיב
아시타 알라이브 제르 자하브 사비브
gold molding all around
周囲をおおった金の飾り縁
출(Exod/出) 25:11, 37:2
"윗가로 돌아가며 금테를 만들었으며"
(출/Exod/出 25:11, 37:2)

궤를 메기 위한 채
בַּדִּים לָשֵׂאת אֶת־הָאָרֹן
바딤 라세트 에트 하아론
poles for carrying the ark
箱を担ぐためのさお
출(Exod/出) 25:13-15, 37:4-5,
민(Num/民) 4:6
"조각목으로 채를 만들고 금으로 싸고"(출/Exod/出 25:13, 37:4)
"채를 궤의 고리에 꿴 대로 두고 빼어 내지 말지며"(출/Exod/出 25:15, 참고-출/Exod/出 40:20)

증거판을 넣어 둘 궤
אֲרוֹן הָעֵדֻת 아론 하에두트
the ark that is to house the testimony
あかしの板を納める箱
출(Exod/出) 25:10-11, 16, 21, 신(Deut/申) 10:1-5
"조각목으로 궤를 짓되…정금으로…그 안팎을 싸고"(출/Exod/出 25:10-11, 37:1-2)

네 발에 달린 금고리 넷
אַרְבַּע טַבְּעֹת זָהָב עַל אַרְבַּע פַּעֲמֹתָיו
아르바 타브오트 자하브 알 아르바 페아밈
four gold rings fastened on the four feet
四すみに取り付けられた四つの金の環
출(Exod/出) 25:12, 37:3
"금고리 넷을 부어 만들어 네 발에 달되 이편에 두 고리요 저편에 두 고리며"(출/Exod/出 25:12, 37:3)

출애굽기(Exod/出) 25:21-22 "속죄소를 궤 위에 얹고 내가 네게 줄 증거판을 궤 속에 넣으라 ²²거기서 내가 너와 만나고 속죄소 위 곧 증거궤 위에 있는 두 그룹 사이에서 내가 이스라엘 자손을 위하여 네게 명할 모든 일을 네게 이르리라"

출애굽기(Exod/出) 26:33 "그 장을 갈고리 아래 드리운 후에 증거궤를 그 장 안에 들여놓으라..."

궤 위에 얹을 속죄소(시은좌)

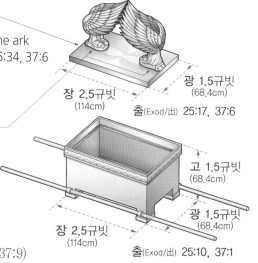

הַכַּפֹּרֶת עַל־הָאָרֹן 하카포레트 알 하아론
the mercy seat to be put on top of the ark
箱の上に置く贖罪所 / 출(Exod/出) 25:17, 21, 26:34, 37:6
"정금으로 속죄소를 만들었으니"
(출/Exod/出 25:17, 37:6)

두 그룹 / שְׁנַיִם כְּרֻבִים 셰나임 케루빔

two cherubim / 二つのケルビム
출(Exod/出) 25:18-20, 37:7-9
금으로 그룹 둘을 속죄소 두 끝에 쳐서 만들며, 양편에 속죄소와 한 덩이로 연하게 함 / 출(Exod/出) 25:18-19
"그룹들이 그 날개를 높이 펴서 그 날개로 속죄소를 덮으며 그 얼굴을 서로 대하여 속죄소를 향하였더라"(출/Exod/出 25:20, 37:9)

광 1.5규빗 (68.4cm)
출(Exod/出) 25:17, 37:6

장 2.5규빗 (114cm)

고 1.5규빗 (68.4cm)

광 1.5규빗 (68.4cm)

장 2.5규빗 (114cm)
출(Exod/出) 25:10, 37:1

행진할 때 성막 운반을 위한 언약궤의 포장 민(Num/民) 4:5-6

The coverings to carry the ark of the covenant when the camp sets out
宿営が進むとき、幕屋の運搬に使われた契約の箱のおおい

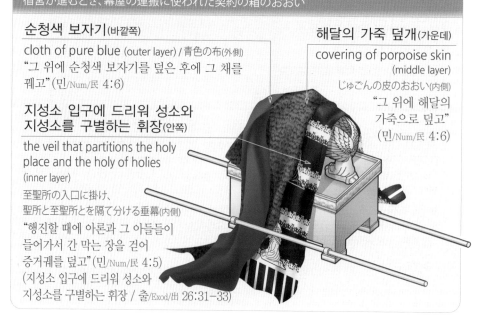

순청색 보자기(바깥쪽)

cloth of pure blue (outer layer) / 青色の布(外側)
"그 위에 순청색 보자기를 덮은 후에 그 채를 꿰고"(민/Num/民 4:6)

지성소 입구에 드리워 성소와 지성소를 구별하는 휘장(안쪽)

the veil that partitions the holy place and the holy of holies
(inner layer)
至聖所の入口に掛け、
聖所と至聖所とを隔て分ける垂幕(内側)
"행진할 때에 아론과 그 아들들이 들어가서 간 막는 장을 걷어 증거궤를 덮고"(민/Num/民 4:5)
(지성소 입구에 드리워 성소와 지성소를 구별하는 휘장 / 출/Exod/出 26:31-33)

해달의 가죽 덮개(가운데)

covering of porpoise skin
(middle layer)
じゅごんの皮のおおい(内側)
"그 위에 해달의 가죽으로 덮고"
(민/Num/民 4:6)

언약궤 속에 둔 세 가지 기념물
Three memorial items in the ark of the covenant
契約の箱に入れた三つの記念の物
출(Exod/出) 16:33-34, 민(Num/民) 17:10, 신(Deut/申) 10:2, 5, 31:9-13, 24-26, 히(Heb/ヘブ) 9:4

2 언약의 두 돌판(증거판) / שְׁנֵי לֻחֹת הָעֵדֻת 셰네 루호트 하에두트
δυσί πλάκες τῆς διαθήκης / the two stone tablets of the covenant (the testimony)
二枚の契約の石板(あかしの板)
출(Exod/出) 25:16, 21, 32:15, 34:28-29, 40:20, 신(Deut/申) 10:1-5, 히(Heb/ヘブ) 9:4

"증거판을 궤 속에 둘지며"(출(Exod/出) 25:16, 40:20, 신/Deut/申 10:1-5)
"모세가 돌이켜 산에서 내려오는데 증거의 두 판이 그 손에 있고 그 판의 양면 이편 저편에 글자가 있으니"(출/Exod/出 32:15)

〈앞판의 모습〉
the front side of the tablet
石版(表面)

〈뒷판의 모습〉
the back side of the tablet
石版(裏面)

"그가 또 증거판을 궤 속에 넣고 채를 궤에 꿰고 속죄소를 궤 위에 두고"(출(Exod/出) 40:20)

3 아론의 싹 난 지팡이
מַטֵּה אַהֲרֹן פֹּרֵחַ 마테 아하론 포레아흐
ἡ ῥάβδος Ἀαρὼν ἡ βλαστήσασα
Aaron's rod which budded
芽を出したアロンの杖
민(Num/民) 17:8-11, 히(Heb/ヘブ) 9:4
"아론의 지팡이는 증거궤 앞으로 도로 가져다가 거기 간직하여 패역한 자에 대한 표징이 되게 하여"(민/Num/民 17:10)

1 만나 담은 금항아리
צִנְצֶנֶת זָהָב נֹתֵן הַמָּן בְּתוֹכָה
친츠체네트 자하브 노텐 하만 베토카
στάμνος χρυσῆ ἔχουσα τὸ μάννα
golden jar holding the manna
マナを入れた金のつぼ
출(Exod/出) 16:33-34, 히(Heb/ヘブ) 9:4

"항아리를 가져다가 그 속에 만나 한 오멜을 담아 여호와 앞에 두어 너희 대대로 간수하라 34아론이 여호와께서 모세에게 명하신 대로 그것을 증거판 앞에 두어 간수하게 하였고"(출/Exod/出 16:33-34)

언약궤 곁에 두었던 율법책
The book of the law that was placed beside the ark of the covenant
契約の箱のかたわらに置いた律法の書
신(Deut/申) 31:9-13, 24-26

언약궤 곁에 두었던 율법책

The book of the law that was beside the ark of the covenant

契約の箱のかたわらに置いてあった律法の書

신(Deut/申) 31:9-13, 24-26

율법책 / סֵפֶר הַתּוֹרָה 세페르 하토라 / βιβλίον τοῦ νόμου

book of the law / 律法の書 / 신(Deut/申) 31:9-13, 24-26

"모세가 이 율법의 말씀을 다 책에 써서 마친 후에 25 여호와의 언약궤를 메는 레위 사람에게 명하여 가로 되 26 이 율법책을 가져다가 너희 하나님 여호와의 언약 궤 곁에 두어 너희에게 증거 가 되게 하라"(신/Deut/申 31:24-26)

It came about, when Moses finished writing the words of this law in a book until they were complete, 25.that Moses commanded the Levites who carried the ark of the covenant of the LORD, saying, 26."Take this book of the law and place it beside the ark of the covenant of the LORD your God, that it may remain there as a witness against you."(Deut 31:24-26)

"모세가 이 율법을 써서 여호와의 언약궤를 메는 레위 자손 제사장들과 이스라엘 모든 장로에게 주고 10그들에게 명하여 이르기를 매 칠년 끝 해 곧 정기 면제년의 초막절에 11온 이스라엘이 네 하나님 여호와 앞 그 택하신 곳에 모일 때에 이 율법을 낭독하여 온 이스라엘로 듣게 할지니 12곧 백성의 남녀와 유치와 네 성안에 우거하는 타국인을 모으고 그들로 듣고 배우고 네 하나님 여호와를 경외하며 이 율법의 모든 말씀을 지켜 행하게 하고 13또 너희가 요단을 건너가서 얻을 땅에 거할 동안에 이 말씀을 알지 못하는 그들의 자녀로 듣고 네 하나님 여호와 경외하기를 배우게 할지니라"(신/Deut/申 31:9-13)

So Moses wrote this law and gave it to the priests, the sons of Levi who carried the ark of the covenant of the LORD, and to all the elders of Israel. 10.Then Moses commanded them, saying, "At the end of every seven years, at the time of the year of remission of debts, at the Feast of Booths, 11.when all Israel comes to appear before the LORD your God at the place which He will choose, you shall read this law in front of all Israel in their hearing. 12. Assemble the people, the men and the women and children and the alien who is in your town, so that they may hear and learn and fear the LORD your God, and be careful to observe all the words of this law. 13. Their children, who have not known, will hear and learn to fear the LORD your God, as long as you live on the land which you are about to cross the Jordan to possess." (Deut 31:9-13)

수정증보판

하나님의 구속사적 경륜으로 본

신묘한 영광의 비밀
성막과 언약궤

박윤식

Rev. Yoon-Sik Park, D.Min., D.D.

Revised and Supplemented Edition

THE MYSTERY OF THE WONDROUS GLORY:

THE TABERNACLE AND THE ARK OF THE COVENANT

IN LIGHT OF
GOD'S ADMINISTRATION
IN THE HISTORY OF REDEMPTION

HUISUN
SEOUL, KOREA

서 평

새로운 차원의 『구약』 연구

민영진 박사

이스라엘 히브리대학교(Ph.D)
(前) 감리교신학대학교 교수, 대한성서공회 총무
(前) 세계성서공회 아태지역이사회 의장
(現) 침례신학대학교 특임교수
대한기독교서회 100주년기념성서주석 출애굽기, 사사기, 룻기, 전도서, 아가서 저자

이 책은 "성막"을 주제로, 성경 중에서도 '출애굽기'를 중점적으로 해설하고 있다. 저자는 유대교인으로서가 아니라 기독교인으로서 유대교의 여러 신학적 전통을, 그 자체에서 철저하게 이해하고 기독론적으로 재해석을 시도하고 있다. 박윤식 목사의 재해석은 세계의 많은 신학자들이 일찍이 시도하지 않았던 독특한 구속사적 방법으로 수행되고 있다.

저자는 히브리어 성경을 유대교인보다 더 철저하게 읽는다. 이것은 기도에 전념하면서 성경을 1,800번 정독한 저자의 남다른 영적인 능력에 근거하고 있다. 기도와 말씀이라는 두 영성에 근거한 저자의 글은 학문적이고 신학적인 저술을 뛰어넘어, 페이지마다 오직 예수 그리스도에게 주목케 하는 신비한 마력 같은 흡인력이 있다.

그가 한 주제에 대하여 파고들 때는 중세 유대교 주석가들보다도 더 철저하다. 저자의 주석적 구약 연구는, 본문 주석을 피하고 신비한 설교 쪽으로 방향을 틀어 버리는 유대교의 설교인 미드라쉬보다 훨씬 고차원적이다. "성막"의 연구에서는 그의 구속사적 연구가 절정에 이른다. 저자의 구약 연구는 유대인들조차도 감탄할 수밖에 없는 철저하고 깊은 것들이며, 나아가 유대교와 결별하며 그것을 극복하는 새로운 차원의 연구이다.

1. 성막의 그림 자료

출애굽기 25:1-40:38에 기록된 성막, 번제단, 분향단, 언약궤 등에 관한 출애굽기의 진술을 시각화해 주는 본서의 자료들은, 이 책이 우리나라 성서학계에 베푼 큰 공헌이다. 저자는 성막의 모든 그림 자료를 컬러로 시각화해 주고 있다. 이 컬러 그림을 보고 거기에 곁들인 설명만 읽어도, 독자에 따라서는 성막 전체를 독파하는 효과를 가질 수 있을 것이다.

독자들은 말로만 들어서 모호하던 성막의 이미지가, 자세한 설명과 수십 개의 그림 자료를 통해서 확실하고 선명하게 나타남을 체험할 수 있을 것이다. 저자는 필요에 따라 이런 성막 관련 물건들의 이름을, 히브리어와 헬라어와 한자와 일본어와 영어로 병기하여 독자의 이해를 돕는다. 평자가 과문한 탓인지는 몰라도, 성막과 관련하여 이렇게 상세한 진술과 그림 자료의 종합적 제시와 그 정확한 원어적인 설명은, 일찍이 세계의 그 어떤 저작에서도 찾아볼 수 없는 한국 교회의 축복과 자부심이 될 것이라 생각한다.

2. 성막의 내용

본 서는 2장은 성막 개요와 성막 외부 구조를 다루고 제3장은 성막의 성물들을 다루고 있다. 성막에 대한 내용은 지금까지 많은 학자들에 의해서 다루어진 주제이지만, 이번에 발간된 저술은 그들과는 차원이 다르다. 출애굽기 후반부에는 지루하리만치 상세한 성막 관련 진술이 나온다. 특별히 전문적인 독자가 아니라면 건성으로 읽어 버리기 쉽다. 그 이유는, 일반 독자에게는 성막 건축과 내부 시설과 운용에 대한 진술이 너무 어렵고, 학자마다 세부적인 모습이 일치하지 않기에, '굳이 오늘날 고리타분한 성막을 연구할 필요가 있느냐'라고 생각하기 때문이다.

그러나 저자는 이러한 모든 이유들을 일시에 잠재워 버리면서, 세계 최초로 성막 건축의 상세한 부분까지 히브리 원어에 입각하여 정확하게 재현하고 있으며, 나아가 그것들의 구속사적 의미를 제시하고 있다. "띠와 금고리로 연결된 널판", "성막 뒤 두 모퉁이", "성막 뜰 출입문", "기둥머리 싸개", "갈고리"와 "가름대", "성막의 말뚝", "뜰 사면 포장 말뚝"을 히브리 원어에 입각하여 재현해 놓은 것은 참으로 정교하다.

평자는 성막 각 기구의 내용을 자세히 확인하는 데 꼬박 며칠이 걸렸지만, 흥미와 재미와 보람이 넘쳤다. 외국의 자료에서도 찾아볼 수 없는 독특하고 방대한 자료가 한국의 노목회자를 통해서 처음 발표된 것은, 실로 세계 교회에 한국 교회의 위상을 높인 쾌거라고 할 수 있다.

3. 성막과 언약궤의 이동 역사와 경로

저자의 구약읽기의 치열함과 철저함은 제4장의 언약궤 안의 세 가지 내용물에서 밝히 드러난다. 지금까지 이미 발행된 성막 관련 저서들에서는 언약궤 안에 세 가지 내용물이 있다는 정도로만 다루는 것이 보통인데, 본 서에서는 그 내용물에 대한 내용을 관련 역사를 통해 세밀하게 다루고 있으며, 그 구속사적 교훈을 제시함으로 마치고 있다.

또한 제5장 성막의 이동 역사와 언약궤 회복의 역사에 나오는 두 폭의 컬러 도움 자료인 이해도움 6, "성막과 언약궤의 이동 경로"와 "성막과 언약궤의 이동 역사"는 매우 독특한 자료이다. 지금까지 평자가 읽어본 자료는 대부분 언약궤의 이동 경로만을 기록한 자료였는데, 아벡 전투에서 언약궤와 성막이 분리된 이후에 이 두 가지의 이동 경로를 다같이 연구한 자료는 처음 접해 보는 것이다. 평자는 두 가지 이동 경로를 함께 따라가면서, 이스라엘 역사를 역동적으로 회고할 수 있었다. 한국의 노목회자가 신학자, 목회자, 평신도를 망라하여 누구든지 쉽게 읽을 수 있도록 정리하였을 뿐만 아니라 그 구속사적 의미를 밝힌 것은, 하나님의 강력한 은혜가 역사하신 한국 교회 축복의 산물이다.

4. 교회를 통한 구속 운동

교회를 통해서 구속 운동이 전개된다는 것은, 이 책 전체의 결론이다. 저자의 "철저한 구약 연구"는 결국, 창조에서부터 시작되고 인자의 오심으로 완성되는 구속의 역사를 확인하는 것이다. '구약과 신약', '옛 언약과 새 언약', '문자와 영'의 관계 설정은 지금도 신약학이나 구약학 쪽에서 열려 있는 논제이다. 이러한 해석학적 논의의 현장에서 박윤식 저 「신묘한 영광의 비밀-성막과 언약궤」는 기독교 구약 연구의 좋은 "모범", 구속사적 해석의 새로운 "모델"을 보여 준 역작이라고 감히 평가하면서, 앞으로 이 저서가 한국뿐만 아니라 전 세계 교회들에게 큰 축복으로 역사하기를 소망한다.

마지막으로 저자가 현재까지 여덟 권으로 출간한 구속사 시리즈가 우리나라 교회와 구약학계에 끼친 새로운 차원의 신선하고 감동적인 공헌에 대하여 깊이 감사하며, 저자가 염원하고 있는 구속사 시리즈 완간이 반드시 성취되기를 간절히 소망하는 바이다.

(前) 감리교신학대학교 교수, 대한성서공회 총무
(前) 세계성서공회 아태지역이사회 의장
(現) 침례신학대학교 특임교수

민 영 진 박사

강신택 박사

히브리 유니온 대학(Ph.D)
(前) 예일대학, 트리니티 신학대학원 교수
수메르어의 세계적 권위자
『히브리어 한글 대역 구약성경』 역자

저는 이제까지 학자들이 그저 남보다 조금 더 깊이 연구하고 조금 더 많이 안다고 생각했었는데, 저자는 조금 더 아는 정도가 아니라, 더 깊게, 넓게, 높게, 길게 알고 있다는 사실에 놀라지 않을 수가 없었습니다. 저자는 성막의 실체가 예수 그리스도이심에 맞추어, 성막의 기구 하나하나를 통해 예수님의 하시는 일을 선명한 스펙트럼으로 보여 주고 있습니다.

저자는 성막의 구조나 모양에 있어서 그동안 학자들이 잘못 알고 있었던 부분을 그림으로 알기 쉽고 확실하게 밝혀 내었습니다. 한글 개역성경 출애굽기 26:23-24에 나오는 "두께"라는 말이 히브리어 원문에 없다는 것을 찾아낸 것은 비근한 한 가지 예이지만, 저자는 성막의 모든 모형도를 원어에서 말씀하시는 그대로 그려 냈습니다. 이런 연구는 성경이 완전 영감되고 완전 무오한 하나님의 말씀이라는 사실을 믿고 그 성경에 통달한 사람의 집요하고 끈질기고 철저한 연구가 아니고서는 도저히 이룰 수 없는 불후의 업적인 것입니다.

제가 "히브리어 한글대역 구약성경"을 번역할 때에 가장 힘들었던 책이 출애굽기였으며, 그 중에서도 성막에 관한 부분이었습니다. 일평생을 수메르어를 연구한 저로서도 감당하기 어려운 대작업이었습니다. 그런데 이번에 저자가 성막에 관해서 연구해 놓은 책을 보고 너무나도 깜짝 놀랐습니다. 성막에 관해서 제가 꼭 알고 싶었던 것들을, 너무도 명쾌하게 히브리어 원어를 통해 해결하고 있었습니다. 이미 많은 학자들이 성막을 어떤 재료로 어떻게 지었다 하는 것은 밝혀 냈지만, 그 재료 하나하나와 구조에 담긴 뜻을 구속사적인 입장에서 밝히 체계적으로 정리한 책을 찾기는 어렵습니다. 금번에 발간된 「신묘한 영광의 비밀-성막과 언약궤」는 성막과 그 안에 들어 있는 모든 성물의 모습을, 히브리어 원문대로 완벽하게 재현해 놓고 있습니다. 이제 유대인들도 이 책을 읽고 그 모형도를 보고, 자기들이 소홀히 여겼던 것을 회개하고, 성막을 다시 공부해야 한다는 생각이 들 것입니다. 만일 그들이 이 책을 통하여 성막에서 예수 그리스도를 보고, 예수 그리스도의 몸 된 교회를 볼 수 있다면, 그 얼마나 기쁜 일이겠습니까?

이 책은 성막이 완성되기까지의 과정을 자세히 입체적으로 설명하고 있습니다. 성막의 설계도, 제조 기간, 건축에 들어간 예물, 책임자들, 성막 봉헌 도유식(塗油式) 등을 상세히 설명하고 있으며, 나아가 성소와 지성소의 널판과 띠, 성막의 울타리와 문에 대해서도 그 모양과 건축 방법을 구체적으로 알려 주고 있습니다.

또한 저자는 언약궤와 그 속에 들어 있는 세 가지 성물-만나 담은 항아리, 언약의 두 돌판, 아론의 싹 난 지팡이-에 대하여 상세히 설명하고 있습니다. 보통 사람들은 설명하기 어려운 부분들을, 마치 건물을 직접 지어 본 건축자가 설명을 하듯이 알기 쉽게 머릿속에 그려 주는 저자의 솜씨는, 이 책이 다른 책들과 구별되는 탁월한 장점입니다. 신학 박사들이나 이해할 수 있는 고차원적인 내용을 다루면서도 그것을 초등학생들이라도 이해할 수 있도록 표현하고 있으니, 저자의 글솜씨는 가히 천재적이라 할 만합니다. 저자가 성막의 원형을 찾기 위하여 밤을 지새우며 몸부림쳤던 고뇌의 시간들이 눈에 선하게 그려지는 듯합니다. 이것은 성경에 대한 깊은 이해와 영적 통찰력이 없다면 불가능한 일입니다.

이 책이 성막을 통해 장차 이루어질 하나님 나라를 보여 주는 것은 참으로 놀라울 따름입니다. 저는 이렇게 귀한 책이 곧 여러 나라의 말로 번역되어 세계의 모든 신학교 도서관에 비치되기를 갈망합니다.

저자는 성막과 언약궤의 분리와 그 이동 경로, 그리고 마침내 그것들이 시온성에서 합쳐지는 다이나믹한 역사를 알기 쉽게 정리하였을 뿐만 아니라, 그것의 원대한 구속사적 의미를 조망하고 있습니다. 그리고 마침내 예수 그리스도의 몸 된 교회가 구속 운동을 전개해야 한다고, 마치 요시야 왕 때처럼 부르짖고 있습니다. A.D. 1500년대에 종교 개혁이 있었던 것과 같이, 계속 기독교의 개혁이 일어나야 한다고 호소하고 있습니다. A.D. 1500년대의 종교 개혁은 유럽에서 일어났지만, 그 다음 종교 개혁이 바로 한국에서 일어난다면 얼마나 큰 축복이겠습니까? 우리에게 복음을 전파했던 나라들은 독수리같이 위를 향하여 달리는 것이 아니라, 오히려 추락하는 비행기와 같이 아래를 향하여 달리고 있습니다. 이러한 때에 한국 교회가 세계의 희망이 되고 전 세계 개혁의 원동력이 되었으면 합니다. 구속사 시리즈가 한 권 한 권 나올 때마다, 바로 이 위대한 일을 이루는 희망의 선물이 되어 널리 퍼져 나가길 소망합니다.

마지막으로 한국의 유명한 교회사 학자의 말처럼, 이 책이 '기독교 세계문명의 거대한 기념물'로서 기록되기를 염원하는 바입니다.

(前) 예일대학, 트리티니 신학대학원 교수
수메르어의 세계적 권위자
강 신 택 박사

저자 서문

AUTHOR'S FOREWORD

박윤식 목사 |

이 세상에 태어난 인생은 누구나 "세상 모든 사람의 가는 길"을 따라(왕상 2:2) 나이를 먹고 늙어 갑니다. 세월은 참으로 급속하게 흐르는 유수(流水)와 같아서 그 누구도 막을 수가 없습니다. 사람들은 부산하게 이리저리 뛰어 다니며 헛된 일에 분요(紛擾)하지만, 그 한평생은 실로 한 오라기 실낱 같고 한낱 입김에 불과합니다(시 39:6).

저는 "나그네와 행인" 같은 인생(벧전 2:11), "우거(寓居)한 자" 같은 그림자 인생(대상 29:15), "흙 집"에 사는 유한한 인생(욥 4:19) 그 종착점에서 하루하루를 지내면서 사도 바울의 고백을 뼈저리게 느끼곤 합니다. 그는 자신의 인생 여정을 마무리하면서 "내가 선한 싸움을 싸우고 나의 달려갈 길을 마치고 믿음을 지켰으니 8 이제 후로는 나를 위하여 의의 면류관이 예비되었으므로 주 곧 의로우신 재판장이 그날에 내게 주실 것이니 내게만 아니라 주의 나타나심을 사모하는 모든 자에게니라"라고 고백하였습니다(딤후 4:7-8). 이 위대한 고백처럼, 저도 주님께서 맡겨 주신 사명의 완수자가 되기를 간절히 소망해 봅니다.

저는 성막을 연구하면서 두 가지의 고전적인 방법을 원용하였습니다. 먼저, 망원경식 연구를 통해서 성막의 전체적인 모습과 그것에 함축된 예수 그리스도를 연구하였습니다(히 8:5, 9:9, ^{참고}눅 24:27, 44, 요 2:21, 5:39, 45-47). 성경에는 모세의 장막 성전, 솔로몬 성전, 스룹바벨 성전, 에스겔 성전, 헤롯 성전 등 다양한 성전이 등장합니다. 그런데 그 가운데 신약성경에서 가장 많이 인용된 성전은 바로 '장막 성전'입니다. 장막 성전은 구약과 신약을 연결하는 살아 있는 복음의 고리로서, 범죄한 인간이 예수 그리스도를 통하여 하나님 앞으로 나아가는 길을 너무도 풍성하고 완벽하게 구현하였습니다.

다음으로, 현미경식 연구를 통하여 성막의 구체적인 모습을 자세히 연구하였습니다. 심지어 눈에 잘 띄지 않는 부분들(말뚝, 줄, 띠, 촉, 받침, 금고리, 놋고리, 기둥머리 등)에 이르기까지 세밀하게 살펴보았으며, 성막의 세부적인 모습을 정확하게 재현하고자 노력하였습니다.

이러한 연구를 하면서 부딪친 난관은, 한글 성경의 번역이 모호하여 그 정확한 의미 파악이 어렵다는 점과, 성막과 관련된 책들마다 성막의 세부 모습이나 그에 대한 설명이 달라서 복잡하고 혼란스럽다는 점이었습니다. 그래서 저는 히브리어 원문을 가지고 성경의 본래 뜻을 찾기 위해 몸부림치기 시작하였습니다. 히브리어 원문 속에는 현대의 번역본들과 비교할 수 없는 정확하고 선명한 말씀의 생명이 고스란히 간직되어 있었습니다. 원문을 연구하면 할수록 놀랍게도, 어려운 문제의 실타래가 서서히 풀리면서, 성막과 언약궤에 담긴 신비로운 구속사적 경륜이 선명하게 드러나기 시작하였습니다.

저는 성막의 본래 모습을 정확하게 재현하기 위해, 하루에도 수십 차례 성막 각 부분을 그렸다가 지우기를 반복하면서 밤을 지새우곤 하였습니다. 비록 예수님께서 십자가에 달리신 골고다 언덕의 고통과는 감히 비교할 수도 없지만, 저는 이곳 평강의 동산에서 눈물과 땀과 피를 쏟으며, 말씀을 정확하게 깨닫기 위하여 무릎 꿇고 기도하며 오래도록 성경과 씨름하였습니다. 무수한 시행착오를 거쳐, 마침내 하나님의 강권적인 은혜로, 성경에 입각한 성막의 자세한 모습이 완성되었습니다. 실로 그 신묘한 영광의 비밀 앞에 한없는 경이로움과 감탄이 절로 터져 나왔습니다.

물론 본 서에 나타난 불초한 사람의 설명은 완전한 것이 아니며, 성막의 실체를 다 꿰뚫어 설명할 수도 없습니다. 시편 기자가 "내가 보니 모든 완전한 것이 다 끝이 있어도 주의 계명은 심히 넓으니이다"(시 119:96)라고 고백한 것처럼, 연약한 인간이 넓고 광대하신 하나님의 말씀을 완전히 설명하는 것은 불가능한 일입니다. 다만 이 변변치 않은 책이, 성경을 사랑하는 모든 독자들에게 신선한 은혜의 감격을 안겨 줌으로써 얼마의 도움이라도 되기를 간절히 기도할 뿐입니다. 그리고 전 세계 주의 몸 된 교회와 성도들이, 성막을 하나님께서 모세에게 보여 주신 모습 그대로(출 25:9) 볼 수 있도록 돕는, 하나의 유용한 도구가 되기를 소망할 뿐입니다.

　성경의 핵심은 구속사이며, 구속사의 중심은 바로 예수 그리스도이십니다. 성경을 풀어 감에 있어서 예수 그리스도를 중심할 때 비로소 성경에 감추인 비밀과 참뜻이 밝혀집니다. 저는 지난 반 세기 이상 구속사적 입장에서 성막과 언약궤에 대하여 설교하면서 그 중심에 계시는 예수 그리스도의 모습을 발견하고, "측량할 수 없는 큰 일"과 "셀 수 없는 기이한 일"을 행하시는(욥 9:10) 하나님의 놀라운 섭리 앞에 벅찬 감격과 은혜로 중심이 뜨거워지곤 하였습니다. 물론 강단에서 선포했던 말씀들을 그 현장의 은혜와 감격을 재현하여 책으로 활자화하는 일은, 인내 없이는 불가능한 고통스러운 작업이었습니다. 더구나 시중에 성막과 언약궤에 관한 국내외 수많은 책들이 홍수를 이루고 있고, 그 저자들을 통하여 하나님께서는 이미 다양하고 풍성한 은혜와 감동을 주셨습니다. 하나님께서 부족한 종을 통해서도 주시고자 하는 새로운 은혜가 있으리라 생각하고 앞서가신 분들이 닦아 놓은 기초 위에서, 용기를 내어 출판하기로 결심하였습니다. 늦게나마 구속사적 관점에서 기술된 성막과 언약궤에 대한 책을 출판할 수 있게 된 것은, 전적으로 하나님의 기적 같은 은혜이기에 모든 영광을 살아 계신 하나님께 돌립니다.

　구속사 시리즈 여덟 권이 나오기까지 벌써 7년이 되었습니다. 오랜 세월 수기(手記)로 작업했던 산더미 같은 원고들이 세월의 무게를 이기지 못하여 낡아 부스러지는 것을 볼 때마다 마음이 아프곤 했는데, 이렇게 구속사 시리즈를 통하여 새 모습으로 단장되어 세상에 빛을 발하게 되니, 분에 넘치는 큰 복에 감사할 뿐입니다.

　　그동안 구속사 시리즈의 원고 정리와 교정 그리고 출판을 위해 수고하신 동역자들을 기억하며 다시 한 번 충심으로 감사 드립니다. 저들은 동역자를 넘어 복음 운동의 최일선에서 일하는 그리스도의 용사들이라고 해야 마땅할 것입니다.

　　지금 세상은 갈수록 어두움의 먹구름이 짙어 가며 죄악이 기승을 부리고 있습니다. 사람들은 목마른 영혼의 갈증을 해소하기 위하여 생명수의 말씀을 찾아 헤메지만, 그것을 발견하기란 너무도 난망(難望)한 현실입니다. 바라옵기는 본 서가 하나님의 살아 계신 말씀 속에서 솟아나는 생명수처럼, 살아 있는 언어로 독자들의 가슴속에 새겨지기를 소망합니다. 또한 성령께서 모든 독자들의 마음에 참된 빛을 밝혀 주셔서, 전 인류를 향한 하나님의 우주적인 구속사의 계획과 목적과 실현, 그리고 그 전망(展望)에 대하여 깨우쳐 주시기를 진심으로 바랍니다. 마지막으로 전 세계에 세우신 주님의 몸 된 교회들마다, 하나님 앞에 충성스러운 일꾼이 되어 심열성복(心悅誠服)함으로(고전 4:1-2), 죄악의 도성을 무너뜨리고 날마다 승리하시기를 간절히 소원합니다.

2013년 10월 3일
천국 가는 나그네 길에서
예수 그리스도 안에 있는 작은 지체 **박 윤 식** 목사

이해도움 1 · 성막 전체도
이해도움 2 · 번제단, 물두멍, 등대와 기구들,
　　　　　　진설병을 두는 상, 분향단, 앙장과 덮개 · 3
이해도움 3 · 성막을 세우는 순서 · 26
이해도움 4 · 법궤(증거궤) · 49

서 평 · 55
추천사 · 61
저자 서문 · 65

제 1 장　**하나님의 비밀 예수 그리스도** · 75

　　1. 예수 그리스도의 성육신과 비밀
　　2. 예수 그리스도의 십자가와 비밀
　　3. 성경과 비밀

제 2 장　**성막 개요와 성막 외부 구조** · 85

Ⅰ. 성막 개요 · 88

　　1. 하나님 앞에 제사(예배) 드리는 거룩한 처소입니다.
　　2. 하나님께서 임재하여 그의 백성을 만나 주시는 장소입니다.
　　3. 하나님의 말씀이 선포되는 곳입니다.
　　4. 이스라엘 진(陣)의 중심으로서, 언약 공동체를 하나로 묶어
　　　주는 구심점(求心點)입니다.

Ⅱ. 성막의 명칭 · 94

    1. 성막의 명칭

    2. 성막의 명칭에 담긴 구속사적 의미

Ⅲ. 성막의 건축 과정 · 102

    1. 성막의 설계도

    2. 성막의 건축 기간

    3. 성막 건축 예물

    4. 성막 건축의 책임자들

    5. 성막의 완성

    6. 성막 봉헌 도유식(塗油式)

Ⅳ. 성막의 외부 구조 · 145

    1. 포장(울타리)

    2. 문

    3. 성막 뜰

    4. 널판

    5. 성소와 지성소의 크기

제 3 장 **성막의 성물들** · 203

Ⅰ. 성막 뜰의 성물들 · 205

    1. 번제단

    2. 물두멍

    3. 앙장과 덮개

Ⅱ. 성소 내부의 성물들 · 267

    1. 금등대

    2. 진설병을 두는 상

    3. 분향단

Ⅲ. 광야에서의 성막의 이동 · 329

    1. 구름 기둥을 통한 이동

    2. 언약궤를 통한 이동

    3. 성막 해체와 행군 준비

    4. 진을 치는 순서와 행진하는 순서

Ⅳ. 성막의 구속사적 의미 · 354

    1. 성막은 하나님의 영원한 임재를 바라보게 합니다.

    2. 성막은 예수 그리스도를 바라보게 합니다.

    3. 성막은 교회를 예표합니다.

    4. 성막은 하늘 성소의 모형이요 참것의 그림자입니다.

제 4 장   언약궤와 세 가지 성물들 · 367

Ⅰ. 언약궤 · 369

    1. 언약궤의 명칭

    2. 언약궤의 제작

    3. 언약궤의 관리

    4. 언약궤의 특징

    5. 언약궤의 구속사적 교훈

II. 언약궤와 관련된 세 가지 성물들 · 396

    1. 만나 담은 금항아리

    2. 언약의 두 돌판(증거판)

    3. 아론의 싹 난 지팡이

    4. 세 가지 내용물의 배치와 사라짐

제 5 장　언약궤의 회복과 시온성 점령 · 479

I. 성막 이동의 역사 · 483

    1. 광야 시대

    2. 길갈 시대

    3. 실로 시대

    4. 언약궤와 성막의 분리와 놉 시대

    5. 기브온 산당 시대

    6. 솔로몬 성전 이후

II. 언약궤 회복의 역사 · 498

    1. 언약궤를 빼앗김(주전 1102년 아벡 전투)

    2. 블레셋 지방으로 간 언약궤 - 아스돗 / 가드 / 에그론

    3. 벧세메스에 도착한 언약궤

    4. 기럇여아림 아비나답의 집으로 간 언약궤

    5. 다윗이 언약궤를 찾아오기까지

    6. 오벧에돔의 집에서 3개월

    7. 언약궤를 다윗성에 모신 다윗

    8. 솔로몬 성전의 언약궤

    9. 성전에 복귀되지 않은 언약궤

Ⅲ. 시온성의 정복 · 525

　1. 시온의 위치
　2. 시온의 역사
　3. 다윗의 시온성 점령의 대역사
　4. "시온" 의미의 점진적 발전
　5. 시온성 점령의 구속사적 의미

이해도움 5 · 시온(צִיּוֹן)의 변천(주전 1003-959년) · 530

결론 – 교회를 통한 구속 운동 · 551

　1. 에덴동산과 구속 운동
　2. 성막을 통한 구속 운동
　3. 성전을 통한 구속 운동
　4. 교회를 통한 구속 운동

이해도움 6 · 성막과 법궤(증거궤)의 이동 경로
　　　　　　 성막(장막)과 법궤(증거궤)의 분리와 이동 역사

각 장에 대한 주(註) · 563
찾아보기 · 568

제 1 장

하나님의 비밀
예수 그리스도

Jesus Christ, the Mystery of God

하나님의 비밀 예수 그리스도
JESUS CHRIST, THE MYSTERY OF GOD

　하나님께서 시대마다 자기 백성과 체결하신 언약 속에는, 하나님의 구속사적 경륜과 장차 오실 예수 그리스도의 모습이 점진적으로 나타나 있습니다. 성경에 나타난 언약의 최종 성취자는 예수 그리스도이십니다. 그러므로 예수 그리스도가 빠진 언약은 있을 수 없습니다. 우리는 언약을 통해 예수 그리스도 앞으로 나아갈 수 있고, 언약을 통해 영광의 소망이신 예수 그리스도를 만날 수 있습니다(골 1:27).

　예수 그리스도는 하나님의 비밀입니다. 골로새서 1:26-27에서 "이 비밀은 만세와 만대로부터 옴으로 감추었던 것인데... 27 이 비밀은 너희 안에 계신 그리스도시니"라고 말씀하고 있으며, 골로새서 2:2에서 "하나님의 비밀인 그리스도"라고 말씀하고 있습니다. 그 안에는 지혜와 지식의 모든 보화가 감추어 있습니다(골 2:3). 그러므로 예수 그리스도는 "감추었던 만나"(계 2:17), "감추인 보배"(잠 2:4, 참고-고후 4:6-7, 벧전 2:4-8), "감추인 보화"(마 13:44, 골 2:2-3)입니다.

　그러므로 모든 언약에는 하나님의 비밀이 담겨 있고, 그 언약의 최종 성취는 하나님의 비밀이신 예수 그리스도입니다. 하나님의 비밀이신 예수 그리스도에 대하여 자세히 연구할 때, 우리는 하나님의 구속사적 경륜 가운데 언약이 체결되고 완전히 성취되는 과정을 더욱 선명하게 알 수 있습니다.

1. 예수 그리스도의 성육신과 비밀
The incarnation of Jesus Christ and the mystery

성육신(Incarnation)은 '성자 예수 그리스도께서 성부 하나님과 동등됨을 취할 것으로 여기지 아니하시고 오히려 종의 형체를 가져 사람들과 같이 되심'입니다(빌 2:6-8). 성육신은 성자 하나님께서 신인(神人) 즉 하나님-사람(God-Man)이 되신 것으로, 그의 신성(神性)에 인성(人性)이 부가됨을 의미합니다(요 1:14). 예수 그리스도의 성육신 방편은, 성령으로 동정녀의 몸에 잉태되어(마 1:18, 20) 오신 것입니다.[1] 예수님의 성육신과 십자가의 죽으심과 부활은 하나님의 비밀입니다(골 1:26-27, 2:2). 그래서 디모데전서 3:16에서 "크도다 경건의 비밀이여 그렇지 않다 하는 이 없도다 그는 육신으로 나타난 바 되시고 영으로 의롭다 하심을 입으시고 천사들에게 보이시고 만국에서 전파되시고 세상에서 믿은 바 되시고 영광 가운데서 올리우셨음이니라"라고 말씀하고 있습니다.

유대인들은 예수 그리스도의 성육신의 비밀을 알지 못하였으며, 예수님을 하나님으로 믿지 못하고 배척하였습니다(요 1:11, 6:41-42, 고전 2:6-9). 그래서 예수님께서는 공생애 최후 순간에 예루살렘에 가까이 오사 성을 내려다 보시고 소리 내어 우시면서, "너도 오늘날 평화에 관한 일을 알았더면 좋을 뻔하였거니와 지금 네 눈에 숨기웠도다"라고 한탄하셨습니다(눅 19:41-42). 여기서 "숨기웠도다"는 헬라어로 '크륍토'(κρύπτω)인데, 이것은 '감추다, 숨기다, 비밀로 하다'라는 뜻입니다. 예수 그리스도의 성육신이 비밀인데 유대인들은 그것을 깨닫지 못하고, 예수 그리스도를 단순히 목수 요셉의 아들로만 생각했던 것입니다(눅 4:22). 요한복음 6:42에서 "요셉의 아들 예수가 아니냐 그 부모를 우리가 아는데 제가 지금 어찌하여 하늘로서 내려왔다 하느냐"라고 수군거렸습니다. 여기 "아는데"는 헬라어 '에이도'(εἰδῶ)의 1인칭 복수형으로, 그냥 얼핏 아는 것이 아니라 '사귐과 확신을 통하여 자세히 아는 것'을 가리킵니다. 사람들은 예수님의 부모님을 자세히 알았기 때문에 오히려 예수님 앞으로 나오지 못했습니다. 그들은 예수님의 말씀과 행하심보다도 자신들이 아는 경험과 지식에 착념하다가 영생에서 낙오자가 되고 말았습니다.

요한계시록 2:17에서 "귀 있는 자는 성령이 교회들에게 하시는 말씀을 들을지어다 이기는 그에게는 내가 감추었던 만나를 주고 또 흰 돌을 줄 터인데 그 돌 위에 새 이름을 기록한 것이 있나니 받는 자 밖에는 그 이름을 알 사람이 없느니라"라고 말씀하고 있습니다. 여기 "감추었던" 역시 '크륍토'(κρύπτω)의 완료수동분사형으로, '감추어져 있는' 만나라는 뜻입니다. 하나님께서는 이기는 자에게 이 만나를 주십니다. "이기는"의 헬라어는 '니카오'(νικάω)의 현재분사형으로, '계속적으로 이기는' 이라는 뜻입니다. 그러므로 우리는 계속해서 이기는 자가 되어야 합니다. 날마다 죄악을 이기고 세상을 이기고 자신을 이기는 가운데, 감추어져 있는 만나이신 예수 그리스도의 놀라운 축복을 소유하는 자가 되어야 할 것입니다.

2. 예수 그리스도의 십자가와 비밀
The cross of Jesus Christ and the mystery

예수 그리스도의 십자가 대속 사역은, 하나님께서 우리의 영광을 위하여 만세 전에 미리 정하신 "비밀한 가운데 있는 하나님의 지혜"입니다(고전 2:6-7). "이 지혜는 이 세대의 관원이 하나도 알지 못하였나니 만일 알았더면 영광의 주를 십자가에 못 박지 아니하였으리라"라고 말씀하고 있습니다(고전 2:8). 여기 "이 세대의 관원"은 그리스도를 십자가에 못 박은 유대 종교 지도자들을 가리킵니다. 초림 당시 대제사장을 비롯한 제사장들, 서기관들, 백성의 장로들, 바리새인들, 사두개인들과 같은 종교 지도자들은 예수님을 십자가에 못 박아 그분의 육신을 죽이기만 하면, 예수님은 가짜로 판명이 나고 자신들이 승리할 것이라고 착각했습니다. 저들은 예수님께서 한 알의 밀알이 되어 자기 목숨을 많은 사람의 대속물로 주시고 택한 백성을 구원하시는, 하나님의 깊고도 오묘한 섭리와 비밀의 역사를 깨닫지 못했던 것입니다(마 20:28, 막 10:45, 요 12:24).

이사야 선지자는 장차 오실 메시아가 전 인류의 죄를 처분하시기 위해 십자가에서 처참하게 피를 흘리며 돌아가실 것을 보고, 십자가로 말미암은 대속의 깊은 섭리를 예시해 놓았습니다. 이사야 63장에는 이스라엘의 원수 '에돔'과 싸워 승전하고 돌아오는 전사를 소개하고 있는데, 그 전사는 선혈이 낭자한 홍의(紅衣)를 입었습니다(사 63:1). 이 예언의 핵심은 '피에 젖은 홍의'를 입은 전사가 겉모양은 패배자와 같이 비참한 모습이지만, '승리를 쟁취하고 귀환하는 큰 용사'라는 사실입니다(사 63:3). '홍의'(사 63:1), '붉은 옷'(사 63:2), "포도즙 틀을 밟는 자"(사 63:2), '선혈이 튄 옷'(사 63:3) 등은 예수 그리스도의 보혈 혹은 예수 그리스도의 십자가 상의 대속을 암시합니다(참고-계 19:11-16).

예수님께서 십자가에 달려 온몸이 피로 물들어 '피 뿌린 옷'을 입으시는 것은 자기 백성을 죄에서 구원하는 비밀이었으며, 그것은 패배자가 아닌 "만왕의 왕", "만주의 주"의 모습이었습니다(계 19:16). 원수 마귀들은 예수님의 피 흘리는 모습을 보고 잠시 기뻐했을 것이나, 실상 그날은 원수 마귀의 심판 날이요, 주의 백성에게는 구속의 날이었습니다(사 63:4). 십자가는 실로 패배가 아니라 승리이며, 구원 사역의 미완성이 아니라 온전한 완성이었습니다. 이것이 십자가의 신비가 아니겠습니까? 이사야 선지자는 이러한 하나님의 구속의 비밀에 대하여, 인간의 감각과 이해 수준을 능가하는 하나님의 지혜라고 감탄한 것입니다(사 64:3-4).

사도 바울도 이사야 선지자의 예언을 빌어, "기록된 바 하나님이 자기를 사랑하는 자들을 위하여 예비하신 모든 것은 눈으로 보지 못하고 귀로도 듣지 못하고 사람의 마음으로도 생각지 못하였다 함과 같으니라"(고전 2:9)라고 말씀함으로써, 예수 그리스도의 십자가 대속이 비밀이요 만세 전에 준비된 것임을 선포하였습니다(행 2:23). 예수 그리스도의 십자가 대속은 인간의 이해를 초월하는 신비, 곧 "비밀한 가운데 있는 하나님의 지혜"(고전 2:7)입니다. 실로 예수 그리스도는 하나님의 비밀이요, 하나님의 지혜요, 하나님의 능력입니다(고전 1:24, 골 2:2-3). 그러므로 예수 그리스도만이 우리에게 지혜와 의로움과 거룩함과 구속함이 되시는 것입니다(고전 1:30).

3. 성경과 비밀
The Bible and the mystery

구약 시대에 여러 부분과 여러 모양으로 말씀하셨던 하나님께서는, 이제 그 아들 예수 그리스도를 통하여 그 비밀을 만천하에 나타내셨습니다(롬 16:25-26, 골 1:26-27, 히 1:1-3). 하나님의 비밀은 오직 예수 그리스도 안에 모두 들어 있습니다. 모든 성경 속에는 하나님의 비밀이신 예수 그리스도가 그려져 있습니다(요 5:39, 골 2:2). 실로, 성경은 오직 예수 그리스도를 가리키고 있으며, 이것은 영의 눈이 열리지 않으면 알 수 없는 것입니다. 엠마오로 내려가던 두 제자는 영의 눈이 가리워서 부활하신 예수님을 알아보지 못했지만(눅 24:15-16), 예수님께서 "모든 성경에 쓴 바 자기에 관한 것을 자세히 설명"하실 때 마음이 뜨거워지고 영의 눈이 열려서, 부활하신 예수님을 알아볼 수 있었습니다(눅 24:27, 31-32). 그러므로 성경 속에 감추어진 예수 그리스도의 모습을 발견하는 자만이 하나님의 온전한 비밀을 알 수 있습니다.

구약성경 가운데 사람들이 가장 읽기 거북해 하고 복잡하다고 생각하는 부분은 제사 규례와 성막에 관한 내용일 것입니다. 그러나 그 속에는 장차 오실 예수 그리스도에 대한 예시가 아주 선명하게 그려져 있습니다(눅 24:32).

누가복음 24:44-45을 볼 때, 예수님께서 "내가 너희와 함께 있을 때에 너희에게 말한 바 곧 모세의 율법과 선지자의 글과 시편에 나를 가리켜 기록된 모든 것이 이루어져야 하리라 한 말이 이것이라”
라고 말씀하시면서 제자들의 마음을 열어 성경을 깨닫게 하셨습니
다. 이러한 축복이 오늘날 성도들에게도 임하기를 간절히 소망합니
다.

하나님의 비밀은 “만세와 만대로부터 옴으로 감취었던 것”(골
1:26)입니다. 여기 “만세”(αἰών, 아이온)는 시간적인 ‘영원함’을, “만
대”(γενεά, 게네아)는 ‘수많은 세대, 거듭된 세대’를 뜻하여, 아주 긴
세월을 말합니다. 복음의 비밀은 아주 오래도록 감취어 있다가, 이
제야 비로소 그리스도 안에서 계시로 나타난 것입니다(롬 16:25-
26, 벧전 1:20). 골로새서 1:26의 “감취었던”은 헬라어 ‘아포크륍
토’(ἀποκρύπτω)의 완료수동분사형입니다. 이것은 그 감추신 주체
가 하나님이시요, 때가 될 때까지 계속 감추어 오셨음을 나타냅니
다. 그러므로 하나님께서 나타내시지 않으면 인간은 도저히 알 수
없는 것이 하나님의 비밀인 것입니다.

하나님께서는 자신의 주권적인 의지로 비밀을 나타내십니다. 창
세기 18:17을 볼 때 “나의 하려는 것을 아브라함에게 숨기겠느냐”
라고 말씀하시면서, 소돔 성 멸망의 비밀을 아브라함에게 미리 나
타내셨습니다(창 18:20-21). 아모스 3:7에서도 “주 여호와께서는 자
기의 비밀을 그 종 선지자들에게 보이지 아니하시고는 결코 행하
심이 없으시리라”라고 말씀하고 있습니다. 요한계시록 10:7에서도
“일곱째 천사가 소리 내는 날 그 나팔을 불게 될 때에 하나님의 비
밀이 그 종 선지자들에게 전하신 복음과 같이 이루리라”라고 말씀
하고 있습니다.

하나님의 비밀은 하나님의 종 선지자들에게 전하여 주신 대로
반드시 이루어질 것입니다(엡 3:3-5, 9-10). 사도 바울은 골로새서

1:26에서 "이 비밀은 만세와 만대로부터 옴으로 감취었던 것인데 이제는 그의 성도들에게 나타났고"라고 선포하였습니다. 하나님께서 모세를 통해서 알려 주신 제사 규례와 성막의 모든 식양 속에도, 아둔한 인생들이 미처 깨닫지 못하는 놀라운 하늘의 비밀들이 감추어져 있습니다. 이제 성경 속에 그려져 있는 만세와 만대로부터 옴으로 감취었던 비밀이, 오직 하나님의 은혜와 강권적인 역사하심으로 이 시대의 성도들 모두에게도 나타나기를 간절히 소망합니다.

제 2 장

성막 개요와 성막 외부 구조

An Overview of the Tabernacle
and the Tabernacle's Exterior Layout

성막
THE TABERNACLE

성경에서 가장 소홀히 여기기 쉬운 부분 중 하나가 출애굽기 25-31, 35-40장까지 13장에 걸쳐 기록된 '성막'에 대한 부분입니다. 성막을 직접 그려 보거나 만들어 보기 전에는 정확하게 이해하거나 깊은 뜻을 파악하기가 쉽지 않습니다. 더구나 성막은 그 자체가 하나의 중요한 모형과 비유의 역할을 하는 것으로서(히 8:5, 9:9, 23-24), 성막과 관련된 모든 것(재료, 크기, 모양, 위치 등)에 깊은 영적 의미가 있으므로, 정확한 그림 복원 이후에도 오랜 시간 깊은 묵상과 연구가 필요합니다.

성막 계시는 모세가 시내산을 제6차로 올라 산꼭대기에서 하나님과 함께하면서 40일 동안 주야로 금식할 때 받은 것입니다(출 24:12-18, 25:9). 이 계시대로 성막은 출애굽 제2년(주전 1445년) 1월 1일에 처음 완성되었습니다(출 40:2, 17). 이 성막은 이스라엘 백성이 출애굽 하여 광야를 지날 때 하나님을 섬긴 이동식 예배 처소로서, 이스라엘 총회가 각종 절기를 비롯한 거룩한 모임에서 하나님 앞에 제사를 드리기 위해 모였던 신앙적 구심점이자 생활의 중심이었습니다.

하나님께서는 성막을 계시하시면서, 그곳에서 각종 제물을 바쳐 제사를 드리고 죄 씻음을 받도록 제도화하셨습니다. 또한 성막을 중심으로 공동체의 질서를 확립하도록 하셨습니다.

I
성막 개요
AN OVERVIEW OF THE TABERNACLE

성막은 범죄한 인간이 예수 그리스도를 통하여 하나님 앞으로 나아가는 길을 완전히 구현(俱現)한, 인간을 구원하기 위한 하나님의 작품입니다. 그래서 성막 곳곳마다 하나님의 구속 진리가 풍성하게 담겨 있습니다.

성막에 관한 모든 것의 설계자는 하나님 자신이며, 그것이 먼저 모세에게 계시되었고(출 25:9, 40, 26:30, 27:8, 히 8:5下), 모세는 하나님께서 가르쳐 주신 그 설계도대로 빠짐없이 순종하여 성막을 세웠습니다(출 39:32, 42, 40:16, 19, 21, 23, 25, 27, 29, 32). 마치 하나님께서 계시하신 방주 설계도대로 노아가 하나도 빠짐없이 준행함과 같습니다(창 6:22, 7:5).

성막의 식양을 모세가 받은 후에 성막을 짓기 시작하여, 그것이 완성된 것은 출애굽 제2년(주전 1445년) 1월 1일이었습니다. 출애굽기 40:2에서 "너는 정월 초일일에 성막 곧 회막을 세우고", 출애굽기 40:17에서 "제 이년 정월 곧 그 달 초일일에 성막을 세우니라"라고 말씀하고 있습니다. 그 후 성막이 그 사명을 마감한 것은 주전 959년 솔로몬왕이 예루살렘에 고정된 성전을 완성하였을 때입니다(왕상 6:38). 성막은 주전 1445년부터 주전 959년까지 약 486년 동안 이스라엘 백성의 신앙생활의 중심이었습니다.

1. 하나님 앞에 제사(예배) 드리는 거룩한 처소입니다.
A holy dwelling where sacrifices (worship) are offered before God

하나님께서 이스라엘 백성을 애굽에서 구원하신 목적은, 그들로 하나님을 섬기는 백성이 되게 하기 위함이었습니다. 하나님께서는 모세에게 출애굽을 준비시키실 때, "네가 백성을 애굽에서 인도하여 낸 후에 너희가 이 산에서 하나님을 섬기리니"라고 말씀하셨습니다(출 3:12). 그 말씀대로 출애굽 한 이스라엘 백성은, 하나님께서 모세를 만나셨던 호렙산 곧 시내산에서 하나님의 계시를 받고 시내 광야에 성막을 짓게 되었습니다(출 3:1, 19:1-2, 40:2, 17, 레 7:38, 신 4:10, 15, 5:2).

출애굽 하기 전 이스라엘 백성은 애굽 땅에서 우상을 음란하듯 섬기며 살았습니다(레 17:7, 수 24:14, 겔 20:5-9). 그러나 출애굽한 이스라엘 민족은 하나님께 부름을 받고 시내산에서 하나님과 언약을 맺은 후, 제사 드리는 "제사장 나라"가 되었습니다(출 19:6). 그래서 이스라엘 백성을 가리켜 시편 50:5에서는 "나의 성도를 내 앞에 모으라 곧 제사로 나와 언약한 자니라"라고 말씀하였습니다. "제사로 나와 언약한 자"라는 말씀은, 하나님께서 범죄한 인간이 제사를 통해 희생 제물을 드림으로써만 하나님 앞에 나아갈 수 있도록 하셨음을 나타냅니다(창 12:7-8, 15:9-11, 렘 34:18-19). 하나님께서 이스라엘 백성과 시내산에서 맺은 첫 언약은 피로 맺은 것이었습니다(출 24:5-8, 히 9:18-20). 하나님께서 이스라엘과 피로 맺은 언약 관계는, 이후에 지

속되는 제사를 통해 유지되도록 하셨습니다. 변개치 못할 약속의 증
표로서 제사를 드리게 하여, 언약을 이행하겠다는 순종의 고백을 하
도록 했던 것입니다.

하나님께서는 "나의 성소를 공경하라"라고 말씀하시며(레 19:30,
26:2), 하나님의 택하신 처소에서 제사를 드리라고 말씀하셨습니다
(신 12:5, 11, 13-14, 17-18, 21, 26). 하나님께서는 이 성막을 통해 이스라엘
백성이 제사를 드림으로 죄 사함을 받고(레 1:3-4, 4:3-4, 20-35, 5:10, 16,
18, 6:6-7, 12:6-8, 14:11-20, 16:30, 19:21-22, 민 8:6-12, 15:24-28, 히 5:1, 9:21-
22), 하나님의 거룩한 선민으로 살아가도록 하셨습니다(레 11:44-45,
20:26).

오늘날의 성도들도 예수님께서 십자가 상에서 친히 흘리신 '언
약의 피'로 인하여 하나님과 새 언약을 맺은 자들입니다(마 26:28,
막 14:24, 눅 22:20, 고전 11:25, 히 9:12-15). 하나님을 경외하며 하나님
께 예배를 드림으로 영광을 돌리는 것이 하나님의 백성의 본분입
니다(신 10:12, 전 12:13, 사 43:7, 21). 그럼으로써 왕 같은 제사장으로
서의 사명을 감당할 수 있게 됩니다(벧전 2:9).

2. 하나님께서 임재하여 그의 백성을 만나 주시는 장소입니다.

A place of God's presence where He meets with His people

성막은 하나님께서 그의 백성을 만나 주시는 장소입니다. 하나
님께서는 성막에 대해 말씀하시면서 "거기서 내가 너와 만나고"라
고 하셨으며(출 25:22, 참고-민 17:4), "내가 거기서 너희와 만나고 네게
말하리라 내가 거기서 이스라엘 자손을 만나리니"라고 하셨습니

다(출 29:42-43). 죄와 허물로 인하여 하나님을 보거나 가까이할 수 없는 인간들을(출 33:20, 신 4:33, 5:24-26, 삿 6:22-23, 13:22) 하나님께서 먼저 찾아오셔서 만나 주신 것입니다(출 3:7-8, 요일 4:10, 19). 이것은 하나님 앞에 나아갈 수 없는 죄인을 위한, 하나님의 크신 사랑의 배려였습니다.

하나님께서는 천지에 충만하여 안 계신 곳이 없지만(왕상 8:27, 대하 6:18, 사 66:1, 렘 23:24, 행 7:48-50, 17:24), 특별히 구별하신 성막에서 이스라엘 백성을 만나시겠다고 말씀하셨습니다. 하나님께서 그의 백성과 교제하기를 원하시며, 그들과 동행하면서 인도하고 보호하시겠다는 뜻입니다. 아모스 4:12 하반절에서 "...이스라엘아 네 하나님 만나기를 예비하라"라고 말씀하셨습니다. 하나님을 만난다는 것은, 모든 인생에게 무엇과도 비교할 수 없는 가장 큰 축복입니다(신 4:7, 29, 32:10, 사 55:6).

3. 하나님의 말씀이 선포되는 곳입니다.
A place where God's Word is proclaimed

하나님과 백성과의 만남은 '말씀'을 통해 이루어졌습니다. 하나님께서는 성막에서 "네게 명할 모든 일을 네게 이르리라"라고 하셨고(출 25:22), "네게 말하리라"라고 하셨습니다(출 29:42). 성막은 하나님의 말씀이 선포되는 곳으로, 말씀을 통해 하나님의 뜻이 전달되는 곳이었습니다. 모세는 회막에 들어가서 여호와께 말씀하려 할 때에, 두 그룹 사이에서 자기에게 말씀하시는 음성을 들었습니다(민 7:89).

오늘날의 교회도 오직 하나님의 말씀이 선포되는 곳이 되어야 합니다. 하나님의 말씀이 분명하게 선포되는 그곳에서 비로소 진정한 하나님의 임재를 뜨겁게 체험할 수 있습니다(행 10:44, 14:3).

4. 이스라엘 진(陣)의 중심으로서, 언약 공동체를 하나로 묶어 주는 구심점(求心點)입니다.

As the center of Israel's camp, it is the hub that brings the covenantal community together.

이스라엘은 성막을 중심으로 공동체의 질서가 확립되었습니다. 성막은 이스라엘 백성의 진의 중심에 위치하였는데, 광야에서 진을 칠 때뿐만 아니라 행진할 때에도 성막을 중심으로 이동하였습니다(민 2:2, 17, 10:11-13). 철저하게 "구름이 장막 위에 머무는 날"에 따라 이스라엘은 여호와의 명을 좇아 진을 치고, 여호와의 명을 좇아 진행하였습니다(민 9:15-23).

이스라엘 백성은 하나님의 군대로서(출 6:26, 7:4, 12:17, 41, 51, 민 10:28), 출애굽 할 때에 무질서하게 나온 것이 아니라 "항오(行伍: 군대를 편성한 대오)"를 지어 나왔습니다(출 13:18, 민 33:1, ^{참고}출 6:26, 12:17, 51). 회막이 레위인의 진과 함께 모든 진의 중앙에 있어 진행하되(민 10:17, 21), 그들의 진친 순서대로 각 사람은 그 위치에서 그 기를 따라 앞으로 진행하였습니다(민 2:17). 가장 먼저 "유다 자손 진기에 속한 자들이 그 군대로", 그 다음이 "르우벤 진 기에 속한 자들이 그 군대대로", 그 다음이 "에브라임 자손 진 기에 속한 자들이 그 군대대로", 그 다음이 "단 자손 진 기에 속한 자들이 그 군대대로" 진행하였습니다. 이와 같이 이스라엘 자손은 그 군대를 따라 나아갔습니다(민 10:14-28). 이처럼 하나님의 백성에게 질서는 매우 중요한 것입니다(고전 14:33, 40).

성막이 완성되자, 성막을 중심으로 이스라엘 12지파를 동서남북 사방에 세 지파씩 배치하였는데, 각각의 모든 장막을 성막 쪽을 향해 치도록 하였습니다. 민수기 2:2을 볼 때, "진을 치되 회막을 사면으로 대하여 치라"에서 "대하여"(מִנֶּגֶד, 민네게드)는 '...로부터'라는 뜻을 가지고 있는 전치사 '민'(מִן)과 '앞에서, 마주하여'라는 뜻의 '네게드'(נֶגֶד)가 결합된 단어로, '정면에, 대면하여, 면전에서'라는 뜻입니다. 아마도 각 진의 모든 거주용 장막들은 입구를 성막 쪽으로 정했을 가능성이 높습니다. '진'은 백성의 사적인 공간이지만, 진을 칠 때에도 각 처소에서 항상 성막을 바라보게 하여 모든 일상 생활이 성막을 중심으로 이루어지도록 하였음을 알 수 있습니다.

이스라엘 백성은 태어나면서부터 죽을 때까지 매일 성막을 중심으로 생활하였으며, 아이를 출산하였을 때(레 12장)나 질병이 나았을 때(레 14:10-32, 15:29-30)에도 성막에 가서 제사를 드렸습니다. 그리고 각종 절기 준수와 특별한 성회를 위해 백성은 성막에 모였습니다(레 23:1-8, 21, 24, 27, 35-37, 민 28:18, 25-26, 29:1, 7, 12, 35, 신 16:2, 5-8, 11, 15-16, 31:11).

이처럼 하나님께서는 이스라엘 백성의 거처를 하나님의 성막을 중심으로 둘러 진을 치게 하셨을 뿐만 아니라 그 방향까지 성막을 향하도록 자세히 간섭하셨습니다. 이로써 온 이스라엘은 철저하게 하나님의 말씀을 중심으로 한 언약 공동체임을 강하게 인식했을 것입니다.

II
성막의 명칭
NAMES OF THE TABERNACLE

1. 성막의 명칭
Names of the tabernacle

'성막'은 한자로 '거룩할 성(聖), 막 막(幕)'으로, '거룩한 막'이라는 뜻입니다(출 40:17). 이는 성막이 세속적인 모든 것으로부터 분리되고 구별된 거룩한 장소임을 보여 줍니다. 한글 개역성경에는 성막과 동의어로 '장막'이 사용되고 있는데, '장막'은 한자로 '휘장 장(帳), 막 막(幕)'으로, '둘러치는 막, 가리는 막'이라는 뜻입니다. 성막을 가리키는 헬라어로는 '스케네'(σκηνή : 히 8:2, 5, 9:2-3, 6, 8, 11, 21, 13:10), '스케노스'(σκῆνος : 고후 5:1, 4), '스케노마'(σκήνωμα: 행 7:46) 등이 사용되었습니다.

성막을 가리키는 히브리어 단어들을 살펴보면 다음과 같습니다.

(1) 미쉬칸 / מִשְׁכָּן / the tabernacle, the dwelling place

'미쉬칸'은 '살다, 거주하다'라는 뜻을 가진 '샤칸'(שָׁכַן)에서 유래되었으며, 일반적으로 사람들이 거주하는 처소를 가리키는 단어입니다(민 24:5, 욥 21:28, 시 78:28, 87:2, 아 1:8, 렘 9:19, 30:18). 그러므로

'미쉬칸'이 성막이나 장막으로 번역될 때는 '하나님께서 거주하시는 처소'라는 의미가 강합니다. 시편 26:8에서 "주의 영광이 거하는 곳", 시편 74:7에서 "주의 이름이 계신 곳", 시편 132:5에서 "여호와의 처소"를 나타낼 때에 '미쉬칸'이 사용되었습니다. 이렇게 '미쉬칸'은 하나님께서 거주하시는 장막이라는 뜻으로, '성소와 지성소와 성막 뜰 전체'를 가리킬 때 주로 사용되었으며, 하나님께서 자기 백성 가운데 거처를 정하시고 자기 백성과 함께 거주하심을 강조하는 단어입니다(레 26:11-12, 겔 37:27, 참고-계 21:3).

히브리어 '미쉬칸'(מִשְׁכָּן)은 출애굽기에서는 대부분 '성막'으로 번역되었으며(출 26:1, 6-7, 12-13, 15, 18, 20, 22-23, 26-27, 30, 27:9, 35:11, 15, 18, 36:8, 14, 20, 22-23, 25, 27-28, 31-32, 38:20-21, 31, 39:32-33, 40, 40:2, 5-6, 9, 17-19, 21-22, 24, 28-29, 33-36, 38), 레위기에서는 '장막'으로도 번역되었습니다(레 8:10, 15:31, 17:4, 26:11). 민수기에서는 '성막'으로 번역되기도 하고(민 3:25-26, 29, 36, 4:25-26 등), '장막'으로 번역되기도 했습니다(민 1:50-51, 9:19-20 등). '미쉬칸'이 '회막'으로 번역된 것은 민수기 3:7 한 곳뿐입니다.

'미쉬칸'이 '증거'를 뜻하는 '에두트'(עֵדוּת)와 함께 쓰일 때는 주로 지성소를 가리키는 '증거막'(מִשְׁכַּן הָעֵדֻת, 미쉬칸 하에두트)으로 번역되기도 하였습니다(출 38:21, 민 1:50, 53, 10:11, 참고-행 7:44, 계 15:5). 성막의 지성소 안에 증거궤(출 25:22, 26:33-34, 27:21, 30:6, 31:7, 40:5, 21, 레 16:13, 민 7:89)가 있고, 그 증거궤 안에는 증거판(출 25:16, 21, 40:20)이 있기 때문에, 특별히 성막을 증거막이라 부른 것입니다.

(2) 오헬 / אֹהֶל / the tent

'오헬'(אֹהֶל)은 '장막, 막'이라는 뜻으로, 일상생활에서 쓰일 때는 주로 유랑하거나 유목 생활을 하던 고대 중근동 사람들의 이동식 가옥을 가리킵니다(시 132:3). 동물의 가죽이나 검은 염소털로 짠 거친 천(휘장)이 가장 많이 사용되었고, 가죽이나 천이 팽팽하게 펴지도록 말뚝을 땅에 박고 줄로 고정하였습니다(삿 4:21, 사 33:20, 54:2). '오헬'은 조상들로부터 구전으로 전해 오는 하나님의 말씀을 배우고 묵상하는 곳을 가리키기도 합니다. 창세기 25:27에서 '야곱은 종용한(תָּם, 탐: 완전한, 올바른, 순결한) 사람인 고로 장막(오헬)에 거하였다'라고 말씀하고 있습니다. 이때 야곱은 아브라함, 이삭과 함께 한 장막에서 15년을 같이 살면서 언약을 유업으로 받았습니다(히 11:9).

'오헬'이 성막과 관련하여 쓰일 때는 '장막, 회막, 막' 등으로 번역되었습니다. 시편 27:5-6, 61:4에서는 "장막"으로 번역되었으며, 출애굽기 33:9, 11에서는 단독으로 "회막"(모세가 세운 임시 회막)으로 번역되었습니다. 그리고 '증거'를 뜻하는 '에두트'(עֵדוּת)와 함께 쓰여, 성소 안쪽의 지성소를 가리키는 의미로 "증거의 장막"(אֹהֶל הָעֵדֻת, 오헬 하에두트)으로 번역되기도 하였습니다(민 18:2). 특별히 '오헬'은, 성소와 지성소를 전체적으로 덮고 있는 두 겹의 앙장과 두 겹의 덮개 중에서, 두 번째 앙장인 염소털로 된 외부앙장을 가리키기도 하였습니다(출 26:7, 36:14).

또한 '오헬'은 '지정(약속)된 장소, 시간, 절기'를 뜻하는 '모에드'(מוֹעֵד)와 합하여 '오헬 모에드'(אֹהֶל מוֹעֵד)로 쓰인 경우가 많은데, 이러한 때에는 '하나님을 만나는 곳'임을 강조하여 "회막"(會幕: 성소와 지성소를 포함하는 공간)으로 번역되었습니다(출 27:21, 28:43, 29:4, 10-11, 30, 32, 42, 44, 30:16, 26, 36, 31:7, 38:30, 40:2, 6-7, 12, 22, 24,

26, 29-30, 32-35).

하나님의 '오헬'은 사람의 장막처럼 쉽게 무너지거나 옮겨지는 것이 아니라 안정되고 견고한 처소를 의미합니다. 이사야 33:20(바른성경)에서 "우리 절기의 성읍, 시온을 보아라. 너희 눈은 예루살렘을 볼 것이니, 안전한 거처이고, 옮겨지지 않을 장막(אֹהֶל, 오헬)이다. 그 말뚝이 결단코 영원히 뽑히지 않고 그 밧줄이 결단코 하나라도 끊어지지 않으며"라고 말씀하고 있습니다. 하나님의 장막은 대적들이 알지 못하는 절대 안전지대입니다. 그래서 하나님의 장막을 내 거처로 삼는 자는 환난을 당해도 절대 요동하지 않고 평안합니다. 시편 91:9-10에 "네가 말하기를 여호와는 나의 피난처시라 하고 지존자로 거처를 삼았으므로 10 화가 네게 미치지 못하며 재앙이 네 장막에 가까이 오지 못하리니"라고 말씀하고 있습니다(시 61:4). 하나님의 장막 안에서 하나님과 동고동락하는 자는 하나님의 우정(友情)이 그 장막(오헬) 위에 늘 함께해 주십니다(욥 29:4).

(3) 미크다쉬 / מִקְדָּשׁ / sanctuary

출애굽기 25:8에서 "내가 그들 중에 거할 성소를 그들을 시켜 나를 위하여 짓되"라고 말씀하고 있습니다. 여기 '성소'는 히브리어 '미크다쉬'(מִקְדָּשׁ)로, '거룩하다, 분리되다'라는 뜻의 '카다쉬'(קָדַשׁ)에서 유래하여 '신성한 곳, 거룩한 곳'(holy place)이라는 뜻입니다. '미크다쉬'는 하나님께서 그곳에 거하시면서 이스라엘 백성과 만나 주시는 장소로, 하나님께서 임재하시는 거룩하고 구별된 곳입니다(겔 45:3-4). 그래서 레위기 19:30에서 "내 안식일을 지키고 내 성소(מִקְדָּשׁ)를 공경하라 나는 여호와니라"라고 말씀하고 있습니다(레 26:2).

(4) 소크(סֹךְ, pavilion)와 바이트(בַּיִת, the house)

'미쉬칸'과 '오헬'과 '미크다쉬' 이외에도 '소크'와 '바이트'라는 단어가 있습니다. '소크'(סֹךְ)는 '은신처, 장막, 초막'이라는 뜻을 가지고 있습니다. '소크'는, 하나님께서 임재하시는 성막이 모든 성도의 은신처요 절대적인 보호의 피난처임을 비유할 때 사용되었습니다. 시편 27:5에서 "여호와께서 환난 날에 나를 그 초막 속에 비밀히 지키시고 그 장막 은밀한 곳에 나를 숨기시며 바위 위에 높이 두시리로다"라고 말씀하고 있는데, 여기서 '초막'이 바로 '소크'입니다. 또 시편 76:2에 "그 장막이 또한 살렘에 있음이여 그 처소는 시온에 있도다"라고 말씀하고 있는데, 여기 '장막'도 '소크'입니다.

'바이트'(בַּיִת)는 '집, 가정'이라는 뜻입니다. 그런데 이 단어가 '하나님'과 결합되어 사용될 때는 예배의 장소 또는 성막을 가리킵니다. "하나님의 집"(삿 18:31)이나 "여호와의 집"(삼상 1:7), "여호와의 전"(출 23:19, 대상 9:23)이라는 표현은, 하나님께서 임재하시는 '성막'을 가리키고 있습니다(참고-딤전 3:15, 히 3:5, 10:21).

2. 성막의 명칭에 담긴 구속사적 의미
The redemptive-historical significance of the names of the tabernacle

성막의 신비는, 보이지 않는 하나님께서 보이는 구조물을 통해 자신을 나타내셨다는 사실입니다. 하나님께서 모세에게 성막을 계시해 주실 때 글이나 말로 하지 않고 그 식양을 보여 주셨습니다(출 25:9, 히 8:5). 그래서 성막은 '눈의 복음'(The gospel of eyes)이라고 불렸으며, 40년 광야 노정에서 이스라엘 백성에게 계시해 주셨고 하나님께서 임재해 주셨던 성막은 예수 그리스도에 대한 완벽한 모형이었습니다.[2] 이러한 신비가 최절정에 이른 사건이 바로 예수 그리스도의 성육신입니다. 그렇다면 성막과 관련된 성육신의 의미는 무엇입니까?

(1) 말씀이 육신이 되어 오실 것을 의미합니다.

요한복음 1:14에서 "말씀이 육신이 되어"라고 말씀하고 있습니다. '말씀'은 예수님께서 하나님이심을 나타내는 표현으로, 요한복음 1:1에서 "태초에 말씀이 계시니라 이 말씀이 하나님과 함께 계셨으니 이 말씀은 곧 하나님이시니라"라고 말씀하고 있습니다. 그런데 이제 말씀이 사람들과 같이 되었고, 사람의 모양으로 나타나셨습니다(빌 2:7-8, 참고-롬 1:3, 8:3, 갈 4:4, 딤전 3:16, 히 2:14, 벧후 1:16-17, 요일 1:1-2, 4:2, 14, 요이 1:7). 만유보다 크신 하나님께서 이 땅에 성막을 세워 하나님께서 거하시는 처소를 가시적(可視的)으로 만들게 하신 것처럼, 본래 하나님은 눈으로 볼 수 없는 분이시지만, 아버지 품속에 있는 독생하신 하나님 곧 예수 그리스도께서 사람의 몸을 입고 이 땅에 가시적(可視的)으로 오신 것입니다(요 1:18, 딤전 6:15-16).

(2) 하나님께서 사람 가운데 거하실 것을 의미합니다.

요한복음 1:14에서 "우리 가운데 거하시매"라고 말씀하고 있습니다. 여기 "거하시매"라는 단어는 헬라어 '스케노오'(σκηνόω)로, '천막을 치다, 살다'라는 뜻입니다. 스케노오의 명사 '스케네'(σκηνή)는 70인경(LXX)에서 '성막'을 가리키는 데 사용되었습니다. 이것은 예수 그리스도께서 참장막으로 이제 사람들과 함께 거하시게 되었음을 의미합니다(참고-출 29:45, 레 26:11-12, 시 121:5-6,

사 4:2-6, 겔 37:27-28, 요 1:14-18, 2:21, 계 7:15-17, 21:3). 실로 예수님께서는 사람들 가운데 계신 '움직이는 성막'이었습니다. 이는 "하나님이 우리와 함께 계시다"라는 '임마누엘' 언약의 성취입니다(사 7:14, 8:8, 마 1:23).

(3) 하나님의 영광을 드러내셨음을 의미합니다.

　요한복음 1:14에서 "우리가 그 영광을 보니 아버지의 독생자의 영광이요"라고 말씀하고 있습니다. 여기서 "영광"은 헬라어로 '독사'(δόξα)인데, 구약에서 주로 '하나님의 영광과 존귀' 및 '하나님의 현현'을 가리킬 때 쓰인 '카보드'(כָּבוֹד)를 70인경에서는 거의 '독사'로 번역하였습니다. 하나님의 명령대로 성막이 완성되었을 때 하나님께서 구름 가운데 임재하심으로 그 영광을 나타내신 것과 같이, 이제 예수님께서 육신이 되어 오셔서 사람들과 함께 거하심으로, 아버지의 독생자의 영광을 나타내신 것입니다. 그것은 하나님 자신의 영광이며(요 17:5, 24, 고후 3:18, 4:4, 6, 히 1:3), 하나님의 자기 계시의 절정이었습니다. 예수님께서는 구름과 함께 '아버지의 영광', 곧 '자기 영광'으로 다시 오셔서(마 16:27, 24:30, 25:31, 막 8:38, 눅 9:26, 24:26, 딛 2:13, 벧전 4:13) 하나님의 영원한 장막을 우리 가운데 치고 우리와 함께 거하심으로 그 영광을 완전히 드러내실 것입니다(계 7:15, 21:3, 11, 23).

　모든 하나님의 자녀들에게는 하나님의 장막이 절대적으로 필요합니다. 인간들이 친 장막은 무방비요 불완전하지만 하나님의 장막은 하나님께서 임재하시는 곳이요, 하나님의 사랑이 있는 곳이요, 하나님의 능력과 절대 보호가 한결같은 곳입니다. 그 장막 안에 거하는 자는 모든 환난에서 보호를 받으며, 눈물과 애통과 사망이 다시 없고, 넘치는 위로와 평안으로 날마다 호위를 받습니다(신 32:10, 시 5:12, 계 7:15-16, 21:3-4). 그 장막은 더위와 추위로 상하지 않게 하는 절대 보호의 장소요, 환난 중에 원수를 피하는 절대 안전의 피난처입니다(요 16:33, ^{참고}시 27:1-6). 그 장막은 바로 우리에게 영원한 생명을 주시는 유일한 구원의 주 예수 그리스도이십니다(요 8:51, 10:28, 11:26).

성막에 담긴 이러한 구속사적 의미가 성취되는 영원한 세계를, 요한계시록 21:3-4에서는 "하나님의 장막이 사람들과 함께 있으매 하나님이 저희와 함께 거하시리니 저희는 하나님의 백성이 되고 하나님은 친히 저희와 함께 계셔서 ⁴모든 눈물을 그 눈에서 씻기시매 다시 사망이 없고 애통하는 것이나 곡하는 것이나 아픈 것이 다시 있지 아니하리니 처음 것들이 다 지나갔음이러라"라고 선포하고 있습니다. 이는 "나는 너희 중에 행하여 너희 하나님이 되고 너희는 나의 백성이 될 것이니라"라는 하나님의 언약(출 29:45-46, 레 26:12, 겔 37:27)이, 예수 그리스도의 재림을 통해 마침내 완전히 성취될 것을 표현한 것입니다.

Ⅲ
성막의 건축 과정
THE CONSTRUCTION PROCESS OF THE TABERNACLE

1. 성막의 설계도
The plans for the tabernacle

(1) 하나님께서 모세에게 보이신 성막의 모든 식양들

모세가 제6차로 시내산에 올라 사십 일 사십 야를 있는 동안(출 24:18), 하나님께서 직접 모든 식양을 보이시며 장막(성막)을 지으라고 지시하셨습니다. 하나님께서는 성막의 각 부분의 정확한 치수, 무게, 색상, 재료, 형태, 문양까지 직접 모세에게 보이셨습니다(출 25:10-27:19, 30:1-21, 31:1-11, ^{참고-}출 36:8-38:20).

출애굽기 25:9에서 "무릇 내가 네게 보이는 대로 장막의 식양과 그 기구의 식양을 따라 지을지니라"라고 말씀하고 있습니다. 여기 "식양"은 히브리어 '타브니트'(תַּבְנִית)로, '모양, 형태, 구조물'이라는 뜻입니다. 그 밖에도 "너는 삼가 이 산에서 네게 보인 식양대로 할지니라"(출 25:40), "너는 산에서 보인 식양대로 성막을 세울지니라"(출 26:30)라고 말씀하신 것을 볼 때, 성막에 관해서는 인간의 생각이나 고안은 하나도 없고, 세밀한 부분 하나까지 모두 하나님께서 지시하신 것임을 알 수 있습니다(출 27:8, 39:32, 42-43, 40:16, 19, 21,

23, 25, 27, 29, 32, 민 8:4, 히 8:5).

성막과 내부 성물들 중에 그 크기가 명시된 것들을 정리하면 다음과 같습니다.

성막과 내부 성물들	장 (Length, 길이)	광 (Breadth, 폭)	고 (Height, 높이)
분향단 (출 30:1-2, 37:25)	1규빗 (45.6㎝)	1규빗 (45.6㎝)	2규빗 (91.2㎝)
번제단 (출 27:1, 38:1)	5규빗 (228㎝)	5규빗 (228㎝)	3규빗 (136.8㎝)
진설병 상 (출 25:23, 37:10)	2규빗 (91.2㎝)	1규빗 (45.6㎝)	1.5규빗 (68.4㎝)
언약궤 (출 25:10, 37:1)	2.5규빗 (114㎝)	1.5규빗 (68.4㎝)	1.5규빗 (68.4㎝)
속죄소 (출 25:17, 37:6)	2.5규빗 (114㎝)	1.5규빗 (68.4㎝)	기록 없음
성막 뜰(세마포 장) (출 27:9, 11-13, 18, 38:9, 11-13, 18)	(남·북편) 100규빗 (45.6m)	(동·서편) 50규빗 (22.8m)	5규빗 (2.28m)
성소 널판(한 개 기준) (출 26:16, 36:21)	10규빗 (456㎝)	1.5규빗 (68.4㎝)	(두께)0.25규빗 (11.4㎝)

*금등대: 정금 1달란트를 쳐서 만듦(출 25:31-39, 37:17-24)
유대 전승에 따라 높이 3규빗(136.8㎝), 폭 2규빗(91.2㎝)으로 추정
*물두멍: 추정할 수 없음(출 30:18, 38:8)

(1규빗을 평균치인 45.6㎝로 계산)

참고로, 성경에 나오는 길이를 나타내는 단위는 다음과 같습니다.

성경에 나오는 길이를 나타내는 단위들은 대부분 신체로부터 취한 단위입니다.

규빗 אַמָּה cubit πῆχυς	1규빗 = 2뼘 = 6손바닥 = 24지(指) = 약 45.6㎝ 노아 방주(창 6:15-16), 성막, 솔로몬 성전(왕상 6:2-26), 스룹바벨 성전(스 6:3) 등에서 규격 표시에 사용된 단위이다. 규빗은 라틴어 'cubitum'에서 온 것으로, 히브리어로 '암마'(אַמָּה)이며, '팔뚝' 또는 '규빗'이라는 뜻인데, '어미' 또는 '시발점'을 의미하는 '엠'(אֵם)이라는 어원에서 파생되었다. 규빗은 팔꿈치에서 가운데 손가락 끝에 이르는 길이로, 성경에서 가장 많이 사용된 단위이다. "사람의 보통 규빗"(신 3:11), "옛적 재는 법"(대하 3:3)으로도 불렸다.
척(큰 규빗) אַמָּה long cubit (a cubit and a handbreadth)	1척 = 1규빗 + 1손바닥 = 7손바닥 = 28지(指) = 약 53.2㎝ / 겔 40:5, 43:13 큰 규빗(척)은 팔꿈치에서 가운데 손가락 끝에 이르고 한 손바닥 넓이가 더한 길이로, 에스겔에게 환상으로 보여 주신 성전을 척량하는 데 사용되었다.
뼘 זֶרֶת span σπιθαμή	1/2규빗 = 3손바닥 = 12지(指) = 약 22.8㎝ / 출 28:16, 39:9, 삼상 17:4 뼘은 히브리어로 '제레트'(זֶרֶת)이며, '재다, 측정하다' 또는 '뻗다, 벌리다, 퍼지다'라는 뜻의 '자라'(זָרָה)에서 파생되었다. 이것은 손바닥을 완전히 편 상태에서, 엄지에서 새끼 손가락까지의 길이를 가리킨다.
손바닥 טֶפַח handbreadth παλαιστής	1/6규빗 = 4지(指) = 약 7.6㎝ / 출 25:25, 37:12, 왕상 7:26, 대하 4:5, 시 39:5, 겔 40:5, 43, 43:13 손바닥은 히브리어로 '토파흐'(טֹפַח) 또는 '테파흐'(טֶפַח)이며, '열린 손'이라는 뜻으로, 손바닥(palm)을 의미한다. 어원은 '타파흐'(טָפַח)로, '펴다, 벌리다'라는 뜻이며(사 48:13, 애 2:22) 네 손가락의 폭을 의미한다.
손가락(指) אֶצְבַּע finger δάκτυλος	1/24규빗 = 약 1.9㎝ / 렘 52:21 손가락은 히브리어로 '에츠바'(אֶצְבַּע)이며, 성경에서 손가락을 의미하는 일반 단어인 동시에 가장 작은 단위를 뜻한다. '에츠바'는 '일하다, 수고하다'라는 뜻을 가진 '아차브'(עָצַב)에서 유래하였으며, 한 손가락의 폭을 의미한다.

구약성경의 길이 측정 단위
Length Measurement Units in the Old Testament
旧約聖書の測定単位

① 규빗 (6손바닥)
אַמָּה, 암마
cubit / キュビト
가장 많이 사용된
단위로 노아 방주
(창 6:15-16),
성막, 솔로몬 성전
(왕상 6:2-26, 7:13-39),
스룹바벨 성전 (스 6:3)
등에서 규격 표시의
기본 단위

④ 7.6cm

③ 22.8cm

⑤ 1.9cm

④ 7.6cm

① 45.6cm

② 척 (큰 규빗 / 7손바닥)
　 (1척 = 1규빗 + 1손바닥)
אַמָּה, 암마
long cubit (cubit + handbreadth)
キュビト (一キュビトと一手幅)
에스겔 성전에서 척량 기본 단위
겔 40:5, 43:13

53.2cm ②

③ 뼘 ($\frac{1}{2}$ 규빗 / 3손바닥)
זֶרֶת, 제레트 / span / 一指当り
출 28:16, 39:9, 삼상 17:4
엄지에서 새끼손가락까지 최대한 펼친 길이

④ 손바닥 ($\frac{1}{6}$ 규빗 / 4손가락)
טֹפַח, 토파흐 / handbreadth / 手幅
출 25:25, 37:12, 왕상 7:26, 대하 4:5,
시 39:5, 겔 40:5, 43, 43:13

⑤ 손가락 ($\frac{1}{24}$ 규빗) / אֶצְבַּע, 에츠바 / finger / 指
렘 52:21 "그 기둥은 한 기둥의 고가 십팔 규빗이요
　　　　　그 주위는 십이 규빗이며 그 속이 비었고 그 두께는 사지(四指) 놓이며"

2. 성막의 건축 기간
The duration of the tabernacle construction

이스라엘 민족은 주전 1446년 1월 15일에 출애굽 하여(민 33:3) 그 해 3월에 시내 광야에 도착하였습니다(출 19:1). 그들은 이곳에서 약 1년 동안 머물렀으며, 성막은 출애굽 한 지 제2년 1월 1일에 완성 되었습니다. 출애굽기 40:17에서 "제 이년 정월 곧 그 달 초일일에 성막을 세우니라"라고 말씀하고 있습니다(출 40:2). 성막을 완성하 고 이스라엘은 시내 광야에서 떠나기 직전인 출애굽 제2년 2월 1일 에 군대를 계수하였습니다. 이스라엘 중 20세 이상으로 싸움에 나 갈 만한 모든 자가 그 대상이었습니다(민 1:1-3). 이때 계수함을 입은 자의 총계가 603,550명이었습니다(민 1:46, 2:32). 그리고 출애굽 제 2년 2월 20일에 시내 광야를 떠나 바란 광야로 출발하였습니다(민 10:11-12). 이스라엘 백성은 성막을 세우고 약 50일 동안 시내 광야 에 더 머물렀던 것입니다.

모세가 시내산 마지막 제8차 등정 때 두 돌판을 가지고 내려 온 날, 곧 출애굽 제1년 7월 10일부터 출애굽 제2년 1월 1일까지 성막이 완공되는 데는 169일 정도 걸렸을 것으로 추정됩니다. 구속사 시리즈 제7권 - 이해도움 1 참조 성막을 짓기 시작한 지 약 24주 만에 완성된 것입니다.

그 전후 과정을 살펴보면 다음과 같습니다.

모세는 시내산에서 세 차례에 걸쳐 40일 기도를 드렸습니다(출 24:18, 34:28, 신 9:9, 11, 18, 25, 10:10). 제1차 40주야 금식기도를 할 때 (모세의 제6차 시내산 등정 시), 하나님께로부터 성막 설계도와 제사 규례에 관한 말씀을 들었습니다(출 25:8-31:11). 모세는 이 말씀을 듣 고 두 돌판을 받아서 내려오다가(출 31:18, 32:15-16), 이스라엘 백성이 금송아지를 숭배하는 것을 보고 대노하여 돌판들을 산 아래로 던져 깨뜨렸습니다(출 32:19). 그 후 모세는 제2차로 40주야 이스라엘 백성을 위하여 중보기도를 올렸으며(출 32:30-32, 신 9:25-29, 10:10), 제3차로 40주야 금식기도를 하면서 다시 십계명을 두 돌판에 받았습니다(출 34:28-29). 모세는 산에서 내려와 이스라엘 온 회중을 모으고, 하나님께서 그들에게 명하사 행하게 하신 말씀을 전하였습니다(출 34:31-33). 그 다음에 출애굽기 35:4-40:16에는 성막의 건축 과정이 기록되어 있고, 성막은 출애굽 제2년 1월 1일에 완성되었습니다(출 40:2, 17).

성막을 건축할 때, 모세는 여호와께서 명하신 대로 브살렐과 오홀리압을 책임자로 세우고(출 31:1-2, 6, 35:30, 34) 수많은 자원자들이 각종 기구를 완성하게 하였으며(출 36:1-39:43), 그 후에 각종 기구를 조립하여 성막을 완성하였습니다(출 40:1-33).

3. 성막 건축 예물

Contributions for the tabernacle construction

하나님께서는 이스라엘 백성에게 명하여 성막의 재료를 가져오게 하셨습니다. 출애굽기 25:2-3을 볼 때 이 재료를 "예물"이라고 불렀습니다. 예물은 히브리어 '테루마'(תְּרוּמָה)로, '높이다, 높이 들다'라는 뜻의 '룸'(רוּם)에서 유래하였으며, '하나님께 높이 올려 바치는 고귀한 물품'이라는 뜻입니다. '테루마'는 "거제물"(출 29:28)로도 번역되었으며, "십일조의 십일조"를 바칠 때 '거제'로 바치라고 한 것은 십일조가 매우 거룩한 예물임을 의미합니다(민 18:26, 참고-말 3:8).

(1) 성막 예물을 드리는 자세

이스라엘 백성이 성막 건축에 필요한 예물을 자원하여 바치는 아름다운 모습은, 오늘날 우리에게 어떻게 하는 것이 참된 헌신의 자세인가를 분명하고도 정확하게 가르쳐 줍니다.

첫째, 자원하는 마음으로 드렸습니다.

출애굽기 35:21에 "무릇 마음이 감동된 자와 무릇 자원하는 자가 와서 성막을 짓기 위하여 그 속에서 쓸 모든 것을 위하여, 거룩한 옷을 위하여 예물을 가져 여호와께 드렸으니"라고 말씀하고 있습니다. 자원하는 예물은 마음에 즐거워함으로 드리는 예물입니다. 출애굽기 25:2에서 "즐거운 마음으로 내는 자"라고 말씀하고 있습니다. 여기 "즐거운"은 히브리어 '나다브'(נָדַב)로, '자원하다, 자원하는 예물을 드리다'라는 뜻입니다. 출애굽기 35:5에서 "마음에 원하는 자", 22절에 "마음에 원하는 남녀"라고 말씀하고 있습니다. 자원하였다는 것은, 하나님의 은혜를 깊이 깨닫고 그 마음속 깊은 곳으로부터 드리고자 하는 열망이 솟아나는 상태였음을 뜻합니다.

이러한 자원함은 하나님의 감동하심의 결과입니다. 자원하는 마음이 생긴 것은 순간적인 감정이 일어난 것이 아니라, 하나님께서 그들로 하여금 바칠 마음을 갖도록 감동하셨기 때문입니다. 출애굽기 35:21의 "감동된"에 쓰인 히브리어는 '나사'(נָשָׂא)입니다. '나사'의 기본적인 뜻은 '들어올리다'(lift up)인데, 이 단어가 '마음'을 가리키는 히브리어 '레브'(לֵב)와 결합되었을 때는 '마음을 들어올리다'라는 의미에서 '감동되었다'라는 뜻을 갖습니다(출 35:26). 이것은 이스라엘 백성이 성막에 관한 하나님의 말씀을 듣고 하나님을 향한 뜨거운 사랑과 열망으로 마음이 벅차올라, 예물을 드리지 않고는 견딜 수 없는 상태에서 드렸음을 뜻합니다. 다윗이 성전 건축을 위하여 헌물을 받을 때도 마찬가지였습니다. 역대상 29:9에 "백성이 자기의 즐거이 드림으로 기뻐하였으니 곧 저희가 성심으로 여호와께 즐거이 드림이며 다윗왕도 기쁨을 이기지 못하여 하니라"라고 기록하고 있습니다(대상 29:17). 실로, 하나님을 사랑하고, 하나님의 사랑을 항상 가슴 깊이 새기며 살아가는 자는 누구를 막론하고 자신이 가진 모든 것을 주께 드리기를 즐거워합니다(시 116:12, 고후 8:2-3, 9:7).

둘째, 자기 소유 중에서 취하여 드렸습니다.

　출애굽기 35:5에서 "너희의 소유 중에서 너희는 여호와께 드릴 것을 취하되..."라고 말씀하고 있습니다. "소유 중에서" 드릴 것을 취하라는 말씀은, 모든 소유가 하나님으로부터 위임받은 것임을 나타냅니다(대상 29:11, 14, 16). 이스라엘 백성의 소유는 황량한 광야에서 얻은 것이 아니라 출애굽 할 때 애굽 사람들에게서 거저 얻은 것으로, 이스라엘 백성은 그것들이 모두 하나님으로부터 온 것임을 분명히 알고 있었습니다. 그들이 애굽에서 나올 때 은금을 가지고 나왔으므로 그 지파 중에 약한 자가 하나도 없었으며, 애굽 사람들은 이스라엘 백성을 두려워하여, 그들이 떠날 때에 오히려 기뻐하였습니다(시 105:37-38). 또한 하나님께서 이스라엘 백성이 애굽 사람들의 은혜를 받게 하셨고, 모세는 바로의 신하와 백성에게 심히 크게 보였습니다(출 11:2-3). 출애굽기 12:36에서 "여호와께서 애굽 사람으로 백성에게 은혜를 입히게 하사 그들의 구하는 대로 주게 하시므로 그들이 애굽 사람의 물품을 취하였더라"라고 말씀하고 있습니다. 이것은 하나님께서 아브라함과 횃불 언약을 체결하실 때, "그 후에 네 자손이 큰 재물을 이끌고 나오리라"라고 예언하신 그 말씀 그대로 이루어진 것이었습니다(창 15:14下). 이에 자기 소유를 따라 귀금속과 향료 등 값진 물품들부터 놋이나 짐승의 털, 흔한 조각목까지 다양한 물품들을 하나님께 드렸을 것입니다.

또한 "소유 중에서"라 함은, 이웃에게 물질을 빌려서 드리거나, 자신과 가족들의 생계를 위협할 정도의 무리한 예물을 드려서는 안 된다는 것을 가르쳐 줍니다. 자기 과시욕이나 허영심으로 바치거나(행 5:1-11), 혹은 강요를 이기지 못하여 어쩔 수 없이 바치거나, 자기 믿음의 분량과 능력의 한계를 벗어나서 바치면, 오히려 시험거리와 올무가 되고, 하나님 나라를 건설하는 일에 아무 유익을 주지 못하기 때문입니다.

신명기 16:17에서 "각 사람이 네 하나님 여호와의 주신 복을 따라 그 힘대로 물건을 드릴지니라"라고 말씀하고 있으며, 사도행전 11:29에서는 "제자들이 각각 그 힘대로 유대에 사는 형제들에게 부조를 보내기로 작정하고"라고 말씀하고 있습니다(고후 8:11-12). 하나님께서는 인색함으로나 억지로 내는 것을 싫어하시고, 즐겨 내는 자를 기뻐하십니다(고후 9:7). 예수님께서 가난한 과부가 연보궤에 두 렙돈을 넣은 것을 모든 사람보다 많이 넣었다고 말씀하신 것은, 자신이 가진 것 중에 최선을 다해 아낌없이 드리는 헌신이야말로 가장 풍성하고 온전한 헌신임을 보여 줍니다(눅 21:1-4).

셋째, 즉시 순종하여 직접 가지고 와서 드렸습니다.

모세가 이스라엘 자손의 온 회중에게 여호와의 명하신 일을 고하자(출 35:4-19), 그들은 모세의 말이 끝나기가 무섭게 자기 처소로 돌아갔다가(20절), 각자 예물을 가지고 지체 없이 모여들었습니다. 모세의 지시가 떨어지자마자 곧장 순종한 것입니다(참고-약 2:17,

26). 모세를 통해 선포된 명령을 하나님의 명령인 줄 믿었으므로, 서로 의논하거나 다른 사람의 눈치를 살피며 얼마를 바칠 것인가 망설이지 않고, 즉시 순종하여 직접 가지고 나온 것입니다. 그래서 출애굽기 35장에는 다음과 같은 표현이 연속하여 나오고 있는데, "와서… 가져 여호와께 드렸으니"(21절), "와서… 가져왔으되… 드렸으며"(22절), "가져다가 여호와께 드렸으며… 가져왔으며"(24절), "…가져왔으며"(23, 25, 27-28절), "…가져다가 여호와께 즐거이 드림"(29절)이라 말씀하고 있습니다. 이렇게 하나님의 일은 조금도 지체되지 않았습니다.

이스라엘 백성이 성막 건축을 위하여 예물을 바치되, "마음에 원하는 남녀"(22절), "사람마다"(22절), "슬기로운 모든 여인"(25-26절), "모든 족장"(27절), "이스라엘 자손의 남녀마다"(29절) 예물을 드렸습니다. 하나님의 일에 헌신함에 있어 몇몇 사람만 협조한 것이 아니라, 남녀노소, 지위고하를 불문하고 모든 사람이 한마음 한뜻이 되어 참여하였음을 보여 줍니다.

넷째, 자기가 가진 것 중에 제일 귀한 것으로 드렸습니다.

출애굽기 35:22에 "곧 마음에 원하는 남녀가 와서 가슴 핀과 귀고리와 가락지와 목걸이와 여러 가지 금품을 가져왔으되 사람마다 여호와께 금 예물을 드렸으며"라고 말씀하고 있습니다. 금은 동서고금을 막론하고 사람들에게 귀하고 가치 있는 것입니다. 가슴 핀, 귀고리, 가락지, 목걸이, 여러 가지 금품은 소중히 보관하는 귀중품들입니다. 그것들을 기꺼이 하나님께 바친 것은 하나님의 성막을 짓는 일이 무엇보다도 가장 소중하고 가치 있는 일인 줄로 알았기 때문입니다. 이스라엘 백성은 하나님의 성막을 위하여 드리는 예물에 대하여 조금도 인색하지 않았습니다.

다섯째, 성막 건축에 효율적으로 사용될 수 있도록, 전 백성이
　　　재료를 최상의 상태로 완성시켜 준비하는 수고가
　　　뒤따랐습니다.

　백성의 즉각적이고도 자발적이며 아낌없는 헌신으로, 각종 헌물
이 너무 많이 쌓이자, 모세는 헌물을 그만 가져오도록 명령하였습니
다. 출애굽기 36:3-7에서 "백성이 아침마다 자원하는 예물을 연하여
가져오는 고로... 5 백성이 너무 많이 가져오므로 여호와의 명하신 일
에 쓰기에 남음이 있나이다 6 모세가 명을 내리매 그들이 진중에 공
포하여 가로되 무론 남녀하고 성소에 드릴 예물을 다시 만들지 말라
하매 백성이 가져오기를 정지하니 7 있는 재료가 모든 일을 하기에
넉넉하여 남음이 있었더라"라고 말씀하고 있습니다.

　여기 특이한 점은, 모세가 단순히 예물을 그만 가져오라고 한 것
이 아니라, "성소에 드릴 예물을 다시 만들지 말라"(출 36:6)라고 명
령한 것입니다. 이는 성막에 관한 일들이 수월하게 진행될 수 있도
록, 재료를 어느 정도 완성시켜서 가져오는 수고가 있었음을 보여
줍니다. 참으로 온 백성이 지혜를 발휘하여 자원하는 마음으로 성
막 건축에 동참한 것입니다. 백성이 합심 합력하여 세심하게 배려
한 그 정성은 성막 건축이 활기를 띠게 하였고, 건축 기간을 엄청
나게 단축시켜 빠른 시간에 완성하는 데 큰 동력이 되었을 것입니
다. 참으로 백성 하나하나의 힘은 너무도 컸습니다. 성막 건축을 필
한 후에 그것을 바라보는 이스라엘 백성의 마음에는 말할 수 없는
기쁨과 감격이 솟아났을 것입니다. 하나님의 일은 자신이 온전히
헌신하고 수고를 아끼지 않을 때 진전되며, 그것을 보는 기쁨과 하

나님께서 주시는 축복은 이루 표현할 수 없을 정도로 큰 것입니다.

하나님의 일을 감당하려다 보면, 인간적으로 볼 때 불가능해 보이는 일들이 많이 있습니다. 그러나 우리가 믿음으로 행할 때에 기적의 역사가 일어나는 것을 뜨겁게 체험하게 됩니다(막 9:23). 하나님의 일의 순서는, 먼저 하나님의 명령이 있고, 그 다음에 그 명령에 순종하는 것입니다. 우리가 다 함께 하나님의 말씀에 순종하여 정직하게 행할 때, 하나님께서 큰 역사를 이루시며 크게 영광을 받으십니다.

하나님의 집을 짓기 위해서는 다양한 재료가 필요하듯이, 주의 일을 행할 때 나 혼자서는 아무것도 이룰 수 없습니다. 내가 가진 것만으로 우쭐대서는 안 되며, 내가 가진 것은 그 다양한 것 중 일부일 뿐임을 기억하고, 남을 나보다 낮게 여기며 겸손한 마음을 가져야 합니다(빌 2:3). 다양한 재료가 하나로 모여 성막이 완성되듯, 우리 각자가 서로 연합할 때 주 안에서 우리가 하나님의 거하실 처소가 되어 갑니다(엡 2:21-22, 4:16). 오늘날도 하나님의 구속사에 한마음 한뜻으로 동참하여 기쁨으로 헌신하는 자들을 통해 하나님께서 크게 영광 받으시며, 헌신하는 그 현장 위에는 하나님의 은혜와 큰 기쁨이 떠나지 않습니다.

(2) 성막 예물의 종류

이스라엘 백성이 예물로 가져온 재료는 다음과 같습니다.

① 귀금속과 보석

금과 은과 놋(출 25:3, 35:5, 22^下, 24^上)과 호마노와 에봇·흉패에 물릴 보석을 준비하였는데(출 25:7, 35:9, 27), 마음에 원하는 남녀가 와서 가슴 핀(brooches)과 귀고리(earrings)와 가락지(signet rings)와 목걸이 (bracelets)와 여러 가지 금품(all articles of gold)을 가져왔습니다(출 35:22).

② 실
㉠ 청색 자색 홍색 실과 가는 베실

이스라엘 백성은 청색(תְּכֵלֶת, 테켈레트) 자색(אַרְגָּמָן, 아르가만) 홍색(תּוֹלַעַת, 톨라아트) 실과 가는 베실(שֵׁשׁ, 세쉬)을 가져왔습니다(출 25:4, 35:6, 23上). 성경에는 대제사장 예복과 성막을 지을 때, 이 색깔의 실들이 네 차례 사용되었습니다. 이 실들은 성경에 총 29번 기록되었는데, 매번 "청색 자색 홍색 실"의 순서의 규칙을 어기지 않고 있습니다.

- 성막의 내부앙장(仰帳)(출 26:1-2, 36:8-9, 40:19): 장 28규빗 (12.77m), 광 4규빗(1.82m)의 앙장 10폭에 수를 놓았습니다.
- 성소 문을 위한 장(출 26:36, 36:37, 40:5, 28): 장 10규빗(4.56m), 광 10규빗(4.56m) 이상
- 지성소의 휘장(출 26:31, 36:35, 40:3, 21, ^{참고}대하 3:14): 장 10규빗 (4.56m), 광 10규빗(4.56m) 이상
- 뜰 문을 위한 문장(출 27:16, 38:18, 40:8, 23): 장 20규빗(9.12m), 광(고) 5규빗(2.28m)

㉡ 염소털

마음에 감동을 받아 슬기로운 모든 여인은 염소털로 실을 낳았습니다(출 35:26). 여기 "낳았으며"는 히브리어 '타바'(טָוָה)로, '실을 짜다, 방적(紡績)하다'라는 뜻입니다. 염소털은 성막(내부앙장)을 덮는 외부앙장(אֹהֶל, 오헬)에 사용되었습니다. 장이 30규빗(13.68m), 광이

4규빗(1.82m)인 앙장 11폭이 외부앙장을 만드는 데 사용되었습니다 (출 26:7-8, 36:14-15). 염소 한 마리에서 얻을 수 있는 털의 양은 대략 200g입니다. 20마리 정도의 염소털로 코트 한 벌을 만들 수 있다고 할 때(캐시미어 염소털은 대략 30마리), 외부앙장을 만드는 데는 적어 도 2천 마리의 염소가 필요합니다.

③ 가죽

㉠ 붉은 물들인 숫양(אַיִל, 아일)의 가죽

붉은 물들인 숫양의 가죽으로 "막의 덮개"를 만들어(출 26:14, 36:19) 성막을 덮은 두 겹 앙장의 덮개로 사용하였습니다. 숫양의 가죽으로 된 막의 덮개의 크기는, 장이 30규빗(13.68m), 광이 10규 빗(4.56m), 고가 10규빗(4.56m) 이상인 성소 골격의 천장과 양 옆과 뒤를 모두 덮고도 조금 늘어뜨려지게 하며, 그 가장자리에 줄들을 연결하여 말뚝으로 땅에 고정할 수 있게 하였습니다.

㉡ 해달(תַּחַשׁ, 타하쉬)의 가죽

해달의 가죽으로 "웃덮개"를 만들어(출 26:14下, 36:19下), 성막을 덮는 마지막 덮개로 사용하였습니다. 성소 골격의 크기는 장이 30 규빗(13.68m), 광이 10규빗(4.56m), 고가 10규빗(4.56m) 이상이므로, 해달의 가죽으로 된 웃덮개의 크기도 성소 골격의 남쪽과 서쪽과 북쪽 전체를 덮고도 조금 늘어뜨려지게 하여, 끝 부분에 줄을 연결 하여 말뚝으로 땅에 고정할 수 있게 하였습니다. 해달의 가죽은 성 막 이동 시에 성소의 기물들을 나를 때 덮는 용도로도 사용되었습 니다(민 4:6, 8, 10-12, 14).

④ 나무

성막의 골격과 기둥과 기구를 만드는 데는 조각목(싯딤나무, shittim / acacia wood, עֲצֵי שִׁטִּים, 아체 쉿팀)이 사용되었습니다(출 25:5, 35:7). 조각목은 광야에서 흔히 볼 수 있는 나무로, 구하기에 어려움이 없었습니다. 이것은 가볍고 재질이 단단하여 당시 건축 자재로 널리 사용되었습니다.

이 가운데 성막에서 가장 귀중하게 모신 언약궤의 재료 역시 조각목이었다는 사실이 주목할 만합니다. 신명기 10:3에 "싯딤나무로 궤를 만들고...", 출애굽기 25:10에서는 "조각목으로 궤를 짓되..."라고 말씀하고 있습니다(출 37:1).

㉠ 언약궤와 그 채(출 25:10, 13, 37:1, 4)

언약궤와 언약궤를 옮기는 두 개의 채는 모두 조각목으로 만들었습니다. 언약궤의 크기는 장이 2.5규빗(114㎝), 광이 1.5규빗(68.4㎝), 고는 1.5규빗(68.4㎝)으로, 직육면체 형태로 제작되었습니다.

㉡ 분향단과 그 채(출 30:1-2, 5, 37:25, 28)

분향단과 분향단을 옮기는 두 개의 채는 모두 조각목으로 만들었습니다. 분향단의 크기는 장이 1규빗(45.6㎝), 광이 1규빗(45.6㎝)으로 네모 반듯하고, 고는 2규빗(91.2㎝)으로 제작되었습니다.

㉢ 떡상과 그 채(출 25:23, 28, 37:10, 15)

떡상과 떡상을 메고 가는 두 개의 채는 모두 조각목으로 제작되었습니다. 떡상은 장이 2규빗(91.2㎝), 광이 1규빗(45.6㎝)인 직육면체의 상에 고가 1.5규빗(68.4㎝)인 다리(발) 넷이 달린 형태(출 25:26, 37:13)로, 상의 사면으로 손바닥 넓이, 곧 1/6규빗(7.6㎝) 높이의 턱이 세워졌습니다(출 25:25, 37:12).

ⓔ 번제단과 그 채(출 27:1, 6, 38:1, 6)

번제단과 번제단을 메고 가는 두 개의 채는 모두 조각목으로 제작되었습니다. 번제단의 크기는 장이 5규빗(228㎝), 광이 5규빗(228㎝)으로 네모 반듯하고, 고가 3규빗(136.8㎝)으로 그 안이 비어 있도록 제작되었습니다(출 27:8, 38:7).

ⓜ 성막의 널판(출 26:15, 36:20)

성막의 널판은 성소 남쪽과 서쪽과 북쪽 모두 48개의 널판으로 세워졌는데, 널판의 재료는 조각목이었습니다. 널판 한 개의 크기는 장이 10규빗(4.56m), 광이 1.5규빗(68.4㎝)입니다(출 26:16, 36:21).

ⓗ 널판의 띠와 중간 띠(출 26:26-29, 36:31-34)

성막 널판의 띠와 중간 띠는 모두 조각목으로 제작되었습니다. 성소 골격의 남쪽과 서쪽과 북쪽 삼면 도합 48개의 널판은 각 방향마다 중간 띠를 포함하여 5개의 띠로 꿰어져 있습니다.

ⓐ 성소 기둥(출 26:32, 37, 36:36, 38)

장이 10규빗(4.56m), 고가 10규빗(4.56m) 이상인 성막 문에 5개의 기둥, 지성소와 성소 사이의 휘장 앞에 4개의 기둥으로 총 9개의 기둥이 조각목으로 제작되었습니다.

⑤ 기름과 향품

이스라엘 백성은 등유와 관유에 드는 향품과, 분향할 향을 만들 향품을 가져왔습니다(출 25:6, 35:8). 여기에서 등유는 감람나무 열매에서 추출된 기름으로, 성소의 등불을 밝히는 데 사용되었는데, 매일 저녁마다 7개의 등잔에 불을 밝혀야 했습니다(출 25:37, 27:20-21, 37:23, 레 24:2-3).

관유(灌油, anointing oil)는 성별 의식에 사용된 거룩한 기름으로, 하나님의 일꾼(제사장, 선지자, 왕)을 세워 위임할 때나 성소의 기물들을 성별할 때 관유를 발라 거룩하게 했습니다(출 29:7, 30:25-31, 40:9-11, 13, 15, 레 8:10-12, 21:10-12). 관유는 감람유 한 힌(약 4리터)에 몰약 500세겔(6kg), 육계 250세겔(3kg), 창포 250세겔(3kg), 계피 500세겔(6kg)을 취하여 만들었습니다(출 30:23-25).

(3) 성막 재료의 양

모세는 아론의 아들 이다말을 시켜, 성막을 위하여 쓴 재료의 물목(物目)을 계산하게 했습니다(출 38:21). 성소 건축 비용으로 드린 금과 은의 양이 성경에 기록되어 있습니다. 금은 29달란트와 730세겔을 드렸고(출 38:24), 은은 100달란트와 1,775세겔을 드렸으며(출 38:25), 놋은 70달란트와 2,400세겔을 드렸습니다(출 38:29). 보통 1달란트는 34kg, 1세겔은 11.4g입니다. 그러므로 금과 은과 놋의 총량을 계산하면 아래 표와 같습니다.

종 류	총 량
금 29달란트 730세겔	986kg + 8.322kg = 994.322kg
은 100달란트 1,775세겔	3,400kg + 20.235kg = 3,420.235kg
놋 70달란트 2,400세겔	2,380kg + 27.36kg = 2,407.36kg

① 금이 사용된 곳

㉠ 성막의 널판들을 금으로 쌌습니다(출 26:29, 36:34).

널판의 크기는 폭 1.5규빗(68.4㎝), 두께 0.25규빗(11.4㎝^{추정}), 높이 10규빗(4.56m)이고, 성막 제작에 필요한 널판의 수는 48개(남쪽 20개+북쪽 20개+서쪽 8개)나 되었으므로 엄청나게 많은 금이 사용되었을 것입니다(출 26:15-25, 36:20-30). 또한 널판의 띠 15개(남쪽 5개+북쪽 5개+서쪽 5개)와 그 띠를 꿰어 널판에 고정시키는 고리까지 모두 금으로 입혔습니다(출 26:26-29, 36:31-34).

㉡ 지성소로 들어가는 휘장 앞의 네 기둥을 금으로 쌌으며, 금갈고리 네 개를 달았습니다(출 26:32). 또한 성막 문의 다섯 기둥을 금으로 쌌으며, 그 갈고리도 금으로 만들었습니다(출 26:37). 그리고 다섯 기둥의 기둥 머리, 가름대도 금으로 쌌습니다(출 36:38).

㉢ 언약궤의 안팎을 정금으로 싸고 윗가로 돌아가며 금테를 둘렀으며(출 25:11, 37:2), 금고리 넷을 부어 만들고(출 25:12, 37:3), 조각목으로 만든 채를 금으로 쌌습니다(출 25:13, 37:4). 속죄소 역시 정금으로 만들었으며(출 25:17, 37:6), 두 그룹도 금을 쳐서 만들었습니다(출 25:18, 37:7). 궤의 크기는 장이 2.5규빗(114㎝), 광이 1.5규빗(68.4㎝), 고가 1.5규빗(68.4㎝)입니다(출 25:10, 37:1). 특히 속죄소는 장이 2.5규빗(114㎝), 광이 1.5규빗(68.4㎝)으로(출 25:17, 37:6), 금을 싼 것이 아니라 정금 자체로 만들어져 더욱 많은 금이 들었습니다. 그뿐 아니라 궤의 안팎을 정금으로 싸고 윗가로 돌아가며 금테를 둘렀는데, 궤의 총 둘레가 대략 3.65미터인 것으로 추정할 때 많은 양의 정금이 들었을 것입니다(출 25:10-11, 37:1-2).

ⓔ 진설병 상을 정금으로 싸고 주위에 금테를 둘렀습니다(출 25:
24, 37:11). 진설병 상의 크기는 장이 2규빗(91.2㎝), 광이 1규빗(45.6
㎝), 고가 1.5규빗(68.4㎝)입니다(출 25:23, 37:10). 조각목으로 만들어
정금으로 쌌으며, 상의 사면에 손바닥 너비(1/6규빗 = 7.6㎝)만한 턱
을 만들고, 그 턱 주위(사면 둘레 약 217㎝)에 금으로 테를 만들었습
니다(출 25:25, 37:12). 진설병 상을 지탱하는 1.5규빗(68.4㎝) 길이의
네 개의 발 역시 조각목으로 만들어 정금으로 쌌습니다. 그것을 위
하여 금고리 넷을 만들고(출 25:26, 37:13), 조각목으로 만든 채를 금
으로 쌌습니다(출 25:28, 37:15). 부속 기구로 대접과 숟가락과 병과
붓는 잔을 정금으로 만들었습니다(출 25:29, 37:16).

ⓜ 분향단을 만들 때도 단 윗면과 전후 좌우면과 뿔을 정금으로
싸고 주위에 금테를 둘렀으며(출 30:3, 37:26), 금테 아래 양편에 금
고리 둘을 만들었습니다(출 30:4, 37:27). 단을 메는 채는 조각목으
로 만들고 금으로 쌌습니다(출 30:5, 37:28). 분향단의 크기는 장이
1규빗(45.6㎝), 광이 1규빗(45.6㎝), 고가 2규빗(91.2㎝)이었습니다(출
30:2, 37:25). 그리고 분향단 위에 있는 향로도 정금으로 만들었습니
다(히 9:4, 참고-레 16:12-13).

ⓑ 등대는 정금으로 쳐서 만들었으며, 그 불집게와 불똥 그릇도
정금으로 만들었습니다(출 25:31, 36, 38, 37:17, 23). 등대와 이 모든 기
구를 정금 한 달란트로 쳐서 만들었습니다(출 25:39, 37:22, 24).

ⓢ 내부앙장의 다섯 폭짜리 앙장 둘을 결합하는 갈고리 50개도
금으로 만들었습니다(출 26:6, 36:13).

이 외에도 대제사장의 예복에 금이 사용되었는데, 에봇 만드는 데 사용된 금실은 금을 쳐서 만들었고(출 28:5, 39:3), 흉패와 견대의 보석 물리는 테와 두 사슬과 고리들을 금으로 만들었으며(출 28:13-14, 20, 22-27, 39:6, 13, 15-20), 관 앞에 매는 패를 정금으로 만들었고(출 28:36, 39:30), 에봇 받침 겉옷의 가장자리에 금방울을 달았습니다(출 28:33-34, 39:25-26).

② 은이 사용된 곳

은은 조사를 받은 회중(20세 이상의 남자 603,550명)으로부터 반 세겔씩 징수되었습니다(출 30:11-16, 38:25-26).

㉠ 은 100달란트는 성소의 판장(板墻: 널빤지로 둘러친 울타리) 받침(96개)과 문장(門帳) 기둥 받침(4개)을 합친 100개의 받침을 만드는 데 사용되었습니다. 그러므로 매 받침에 한 달란트씩 들어간 것입니다(출 38:27, 참고-출 26:19, 21, 25, 32下, 36:24, 26, 30, 36下). 은 한 달란트는 34kg으로, 받침을 만드는 데 총 3,400kg의 은이 부어진 것입니다.

㉡ 성막 울타리 세마포 장(帳)에 사용되는 뜰 사면 기둥의 갈고리와 가름대, 기둥머리 싸개를 은으로 만들었습니다(출 27:10-11, 17, 38:10-12, 17). 또한 성막 뜰 동쪽 문에 세워진 네 기둥의 갈고리와 그 머리 싸개와 가름대도 은이었습니다(출 38:19). 이것들을 만드는 데 은 1,775세겔(1,775세겔×11.4g=20.235kg)이 사용되었습니다(출 38:28).

③ 눗이 사용된 곳

㉠ 뜰 사면에 있는 세마포 장의 60개(남쪽 20개+북쪽 20개+서쪽 10개+동쪽 10개 - 출 27:10-12, 14-16, 38:10-12, 14-15) 기둥 받침을 눗으로 만들었습니다(출 27:17, 38:17).

㉡ 성소에 들어가는 문의 5개 기둥 받침도 역시 눗으로 만들었습니다(출 26:37, 36:38).

만약 은받침처럼 매 받침에 눗 1달란트를 썼다고 추정할 경우(출 38:27), 65개의 받침을 만드는 데 눗 65달란트가 들었을 것입니다. 성막 건축에 사용된 눗 70달란트 2,400세겔(출 38:29) 중에서 눗기둥 받침에 사용된 65달란트를 제하면, 5달란트 2,400세겔이 남습니다. 이것은 각각 170kg(5달란트×34kg)과 27.36kg(2,400세겔×11.4g)으로 총 197.36kg입니다. 이 남은 눗이 사용된 곳은 다음과 같습니다(출 38:30-31, ㉢ - ㉣).

㉢ 번제단을 조각목으로 만들어 눗으로 싸고, 단 사면에 4개의 뿔 역시 단으로 연하여 눗으로 쌌으며(출 27:1-2, 38:1-2), 부속되는 단의 모든 기구(재를 담는 통, 부삽, 대야, 고기 갈고리, 불 옮기는 그릇)를 눗으로 만들었습니다(출 27:3, 38:3). 또 번제단을 위한 그물을 눗으로 만들고 네 모퉁이에 눗고리 넷을 만들었으며(출 27:4, 38:4-5), 채는 조각목으로 만들어 눗으로 쌌습니다(출 27:6, 38:6).

㉣ 물두멍을 눗으로 만들고 그 받침도 눗으로 만들었습니다(출 30:18, 38:8). 물두멍 주변에서 수족을 씻는 데에 필요한 도구들도 눗으로 만들었을 것입니다.

ⓛ 성막에서 쓰는 모든 기구와 성막 말뚝과 뜰의 포장 말뚝을 다 놋으로 만들었습니다(출 27:19, 38:20).

ⓗ 외부앙장의 다섯 폭짜리와 여섯 폭짜리 앙장 둘을 결합하는 갈고리 50개도 놋으로 만들었습니다(출 26:11, 36:18).

4. 성막 건축의 책임자들
The people in charge of the tabernacle construction

(1) 브살렐 / בְּצַלְאֵל / Bezalel / 하나님의 그늘(보호)

이스라엘의 광야생활 중에 주어진 가장 큰 임무 중 하나는 성막 건축이었습니다. 이 일을 위해서는 많은 물질과 최고의 재료, 최고의 기술이 있어야 했습니다. 이에 하나님께서는 성막 건축의 책임자로 브살렐을 세우셨습니다. 그는 어떤 사람이었습니까?

첫째, 하나님께서 지명하여 부르신 자입니다.

브살렐은 유다 지파 훌의 손자요 우리의 아들이었습니다(출31:2, 35:30, 대상 2:20, 대하 1:5). "브살렐"은 히브리어 '베찰엘'(בְּצַלְאֵל)로, '하나님의 그늘'(보호)이라는 뜻입니다(시 17:8, 36:7, 57:1, 63:7, 91:1, 사 32:2). 성막이 하나님의 그늘로서 이스라엘 백성의 영원한 안식처와 피난처가 된다는 것을 예표로 나타낸 것입니다. 브살렐을 소개할 때마다 할아버지 '훌'(חוּר: 고귀)과 아버지 '우리'(אוּרִי: 불꽃, 빛)의 이름이 함께 언급되고 있습니다(출 31:2, 35:30, 38:22, 대상 2:20, 대하 1:5). 그의 조부 훌은 출애굽 후 르비딤에서 이스라엘이 아말렉과 싸울 때 모세가 손을 내리면 전투에서 지고 손이 올라가면 이기었으므로, 모세의 손이 내려오지 않도록 아론과 함께 받들었던 사람입니다(출 17:10-12). 브살렐은 그의 조부와 부친의 경건한 신앙 터전 위에서 하나님께 지명된 인물로, 하나님께서 그를 지명하여 부르신 것은, 성막을 짓기 위하여 만세 전부터 하나님의 계획이 있었음을 보여 줍니다. 출애굽기 31:2에서 브살렐을 "지명하여 부르고"라고 말씀하고 있습니다. 이는 히브리어로 '카라티 베셈'(קָרָאתִי בְשֵׁם)으로, '이름으로 부르시고'라는 뜻입니다. 이름을 부른다는 것은 자기 소유로 삼거나(사 43:1, 45:3-4), 인격적인 교제를 나누거나(참고-출 33:17), 특별한 사명을 부여하기 위해 어떤 사람을 선택하는 행위를 가리킵니다(참고-사 49:1). 하나님께서는 성막 건축이라는 특별한 사명을 위하여 브살렐을 선택하신 것입니다.

둘째, 하나님의 신을 충만히 받은 자입니다.

출애굽기 31:3에서 "하나님의 신을 그에게 충만하게 하여"라고 말씀하고 있습니다. "충만하게 하여"는 '채우다, 가득하게 하다'라는 뜻을 가진 히브리어 '말레'(מָלֵא)의 강조(피엘)형으로, 하나님께서 브살렐에게 성령을 넘치도록 가득 부어 주셨다는 뜻입니다. 성령을 충만히 받은 브살렐은 "지혜와 총명과 지식과 여러 가지 재주"를 갖게 되었습니다(출 31:3). **"지혜"**(חָכְמָה, 호크마)는 창조적인 능력을 의미하고, **"총명"**(תְּבוּנָה, 테부나)은 제작 과정에서 생기는 문제들의 해결 능력을 의미하며, **"지식"**(דַּעַת, 다아트)은 일의 진행과 완성에 필요한 경험과 기술을 뜻하며, **"재주"**(מְלָאכָה, 멜라카)는 이상적인 것을 실제화, 구체화할 수 있는 종합적인 기술을 뜻하는 말입니다.

출애굽기 36:1에서는 "여호와께서 지혜와 총명을 부으사 성소에 쓸 모든 일을 할 줄 알게 하심을 입은 자들"이라고 말씀하고 있습니다. 하나님의 성막을 건축하는 데 필요한 최고의 기술은 사람에게서 난 것이 아니라, 하나님께서 지혜와 총명을 부어 주신 결과물이었습니다. 하나님의 일은 사람의 의지와 인간적인 재능과 경험으로는 결코 완수할 수 없습니다. 하나님께서 일하고자 하는 마음을 흡족하게 부어 주실 때, 일할 수 있는 힘이 생기고 지혜가 풍성해지고, 그 결과 하나님께서 설계하신 대로 완벽하게 준행할 수 있는 것입니다.

셋째, 성막의 공교한 일을 완수한 자입니다.

출애굽기 31:4-5에서 "공교한 일을 연구하여 금과 은과 놋으로 만들게 하며 ⁵ 보석을 깎아 물리며 나무를 새겨서 여러 가지 일을 하게 하고"라고 말씀하고 있습니다. 여기 "공교한 일"은 히브리어 '마하샤바'(מַחֲשָׁבָה)로, '고안, 기묘한 일, 고도의 노련한 기술이 요구되는 일'을 뜻합니다. 브살렐은 성령을 충만히 받아 공교한 일을 연구하고, 실제로 금과 은과 놋과 나무로 여러 가지 기구를 만드는 일을 하였습니다. 출애굽기 38:22에서 "유다 지파 훌의 손자요 우리의 아들인 브살렐은 여호와께서 모세에게 명하신 모든 것을 만들었고"라고 말씀하고 있습니다. 성막의 복잡하고 세밀한 부분까지 차질 없이 완성할 수 있었던 것은, 하나님께서 브살렐에게 공교한 일을 감당할 수 있는 능력을 주셨기 때문입니다.

(2) 오홀리압 / אָהֳלִיאָב / Oholiab / 아버지의 장막

브살렐과 함께 성막 기구 제작에 참여한 사람 가운데 오홀리압이 있었습니다. 출애굽기 31:6에서 "내가 또 단 지파 아히사막의 아

들 오홀리압을 세워 그와 함께하게 하며"라고 말씀하고 있습니다
(출 38:23). "오홀리압"은 히브리어로 '오홀리아브'(אָהֳלִיאָב)로, '아
버지의 장막'이라는 뜻입니다. 하나님을 일평생 삶의 터전으로 삼
고, 하나님 중심으로 살기를 소원하는 부모의 간절한 신앙관이 반
영된 이름입니다. 이는 장차 지어질 성막이 하나님께서 임재하시는
장막이 될 것을 암시하고 있습니다.

첫째, 브살렐과 함께 동역하였습니다.

출애굽기 31:6에 "내가 또 단 지파 아히사막의 아들 오홀리압을
세워 그와 함께하게 하며..."라고 말씀하고 있습니다. 하나님께서
는 브살렐을 총감독으로 먼저 세우시고, 오홀리압을 그를 돕는 조
수(공동번역)로 세워 주셨습니다. 둘 다 성막 건축 책임자로서 출애
굽기 35:34에서 "또 그와 단 지파 아히사막의 아들 오홀리압을 감
동시키사 가르치게 하시며"라고 말씀하고 있습니다. "감동시키사"
에 해당하는 히브리어는 '나탄 베립보'(נָתַן בְּלִבּוֹ)로, '주다'라는 뜻
의 '나탄'(נָתַן)과, '마음'을 뜻하는 '레브'(לֵב)와, '~ 안에'(in)를 뜻하
는 전치사 '베'(בְּ)와, 남성 3인칭 소유격으로 '그의'(his)를 뜻하는
'후'(הוּא)의 합성어로, 직역하면 '그의 마음에 넣어 주다'라는 의미
입니다. 따라서 '감동시키사' 가르치게 하셨다는 표현은 감정적인
느낌만을 말하는 것이 아니라, 브살렐과 오홀리압의 '마음'에 가르
칠 수 있는 능력을 '불어넣어' 주신 것을 의미합니다. '주다'라는 뜻
의 히브리어 '나탄'(נָתַן)이 '마음'을 뜻하는 '레브'(לֵב)와 결합되어
사용될 때는, 대부분의 경우, '지혜' 등을 '불어넣어' 주는 것을 뜻하
고 있습니다(출 31:6, 36:1, 왕상 3:9, 12, 대하 9:23). 하나님께서는 브살
렐과 오홀리압에게 지혜를 주셨으며, 또한 그들만 일하게 하신 것

이 아니라 그들 마음에 성막 건축을 위해 자원하여 모인 사람들을 가르칠 수 있는 능력을 불어넣어 주신 것입니다. 그들이 가르친 모든 내용은 마음대로 구상한 것이 아니라, 전적으로 하나님의 감동하심을 따라 한 것입니다. 브살렐과 오홀리압은 하나님께서 부어 주신 기술을 가지고 서로 협력함으로써, 성막을 통하여 하나님의 영광을 풍성하게 드러내었습니다(전 4:9-12).

둘째, 오홀리압을 하나님의 지혜로 충만하게 하셨습니다.

하나님께서는 오홀리압에게 총명과 지혜를 부어 주셨습니다(출 35:35, 36:1). 출애굽기 31:6 하반절에 "...무릇 지혜로운 마음이 있는 자에게 내가 지혜를 주어 그들로 내가 네게 명한 것을 다 만들게 할지니"라고 말씀하고 있습니다. 먼저 나오는 "지혜로운"은 히브리어 '하캄'(חָכָם)으로, 재능과 기술을 가진(skillful: NASB) 것을 말합니다. 그러나 아무리 뛰어난 재능과 기술을 가졌더라도 하나님께서 '지혜'(חָכְמָה, 호크마)를 주시지 않으면, 하나님께서 명하신 대로 성막이 완성될 수 없다는 말씀입니다. 사람의 지혜는 불완전하고 어리석지만, 하나님의 지혜는 완전합니다(잠 2:7, 3:21, 미 6:9). 하나님 앞에 사람의 지혜는 무익하고 헛된 것입니다(고전 3:18-20). 그러나 하나님의 지혜는 결과에 있어서 완벽하기에, 그것을 보는 이들에게 감격과 기쁨과 흡족함을 줍니다. 성막 건축은 결코 사람의 힘으로 된 것이 아니라, 전적으로 하나님의 감동과 지혜로만 진행되고 완성되었습니다.

그 결과 브살렐과 오홀리압은 성막을 짓는 데 첫째, 조각하는 일, 둘째, 공교로운 일, 셋째, 청색 자색 홍색 실과 가는 베실로 수놓는 일과 짜는 일을 하고, 넷째, 그 외에 공교로운 일을 연구할 수 있었습니다(출 35:35下). 이들을 가리켜 모세는 "브살렐과 오홀리압 과 및 마음이 지혜로운 사람 곧 그 마음에 여호와께로 지혜를 얻고 와서 그 일을 하려고 마음에 원하는 모든 자"라고 하였습니다(출 36:2). 성령으로 충만한 그들은 하나님의 지시와 명령 안에서 지혜 롭게 생각하고 연구하여 성막의 모든 성물들을 하나님의 의도대로 아름답게 구현해 냈습니다.

구체적으로, 오홀리압은 청색 자색 홍색 실과 가는 베실로 짠 내부앙장이나 각 문의 휘장, 대제사장과 제사장의 의복을 만드는 책임 등을 맡았습니다(출 28:3, 31:6-11, 35:35, 38:23). 나아가, 언약 궤나 분향단이나 진설병 상의 정금 테두리에 아름다운 장식을 조 각하는 일과 그 외에 여러 가지 일과 공교한 일을 맡았습니다(출 35:35).

(3) 이름 없는 일꾼들

하나님께서는 성막 건축의 일을 특정한 한 사람에게만 맡기지 않고 모든 사람들이 협력하도록 하셨습니다. 성경에는 이름이 기 록되어 있지 않지만, 브살렐과 오홀리압을 도와서 성막 건축에 참 여한 사람들이 있습니다. 하나님께서는 이들을 "무릇 지혜로운 마 음이 있는 자"라고 부르셨습니다(출 31:6, 36:1-2). 이들은 하나님 께서 명하신 모든 것을, 명하신 그대로 다 만들었습니다(출 31:6, 36:1).

이들이 하나님께서 명령하신 대로 다 만들 수 있었던 비결은 무 엇입니까? 바로 하나님께서 그들에게 지혜와 총명을 부으사 성 소에 쓸 모든 일을 할 줄 알게 하심을 입었기 때문입니다(출 31:6, 36:1-2). 하나님께서 할 수 있는 능력을 주시지 않으면 아무것도 할 수 없지만, 하나님께서 능력을 부어 주실 때 무엇이든 능히 할 수 있는 것입니다(빌 4:13). 지혜가 부족한 줄 알고 지혜를 달라고 구하면, 하나님께서는 꾸짖지 않으시고 후히 주십니다(약 1:5).

하나님께서는 브살렐과 오홀리압을 책임자로 세우시고, 수많은 자원자들의 헌신을 통하여 각종 성막 기구를 완성하게 하셨습니다(출 36:8-39:43).

성막 건축 작업에 참여한 이 모든 사람들은 한결같이 하나님의 은혜를 받은 자들입니다. 아무리 가지고 있는 재능이 뛰어나더라도 성령의 충만을 입어야 하나님의 일을 할 수 있습니다. 하나님의 신을 충만히 받을 때 그 마음이 간절해지고, 뜨거워지고, 지혜가 충만해집니다. 출애굽기 36:2에서 "마음에 원하는"은 히브리어 '네사오 리보'(נְשָׂאוֹ לִבּוֹ)로, '그의 마음이 그를 들어올려서'라는 의미입니다. 즉 하나님께서 브살렐과 오홀리압을 비롯한 일꾼들의 마음을 감동시키셨음을 알려 줍니다(참고-출 35:34). 성막 건축 작업에 참여한 사람들은 하나님께서 주신 지혜를 총동원하여 더욱 섬세하고 아름답게 만드는 창조적인 작업을 쉬지 않았습니다.

이들은 하나님께서 지시하신 성물들을 완성하고 각종 기구들을 조립하여, 마침내 출애굽 제2년 1월 1일에 성막을 완성하였습니다(출 40:1-33). 성막 건축의 일체의 과정에 하나님께서 철저히 간섭하시므로, 성막이 조금의 차질도 없이 하나님의 뜻대로 완성되었습니다.

5. 성막의 완성

The completion of the tabernacle

성막의 완성은 여러 과정을 통해서 이루어졌습니다. 먼저 하나님께서 성막의 식양을 계시하시고(출 25-31장), 다음으로 모세가 받은 계시대로 성막 기구들을 제작하였으며(출 35-39장), 마지막으로 성막을 조립하여 봉헌하였습니다(출 40장). 이제 이 순서에 따라 성막이 완성되는 과정을 살펴보도록 하겠습니다.

(1) 성막 식양에 대한 계시의 순서(출 25-31장)

하나님께서는 모세에게 성막의 식양과 그 기구의 식양을 보여주시고 그대로 지으라고 명령하셨습니다(출 25:9). 각 식양에 대한 계시의 순서를 보면 다음과 같습니다.

① 증거궤(출 25:10-22)

② 진설병 상(출 25:23-30)

③ 등대(출 25:31-40)

④ 앙장과 덮개(출 26:1-14)

⑤ 널판과 은받침과 띠 (출 26:15-30)

⑥ 휘장과 문장, 기둥과 기둥 받침 (출 26:31-37)

⑦ 번제단(출 27:1-8)

⑧ 성막의 뜰(출 27:9-19)

⑨ 제사장 의복(출 28:1-43)

⑩ 제사장 위임식(출 29:1-46)

⑪ 분향단(출 30:1-10)

⑫ 물두멍(출 30:17-21)

⑬ 관유와 향(출 30:22-38)

⑭ 성막 건축 담당자(출 31:1-11)

이 순서를 볼 때, 하나님께서는 지성소에 들어가는 증거궤에 대한 계시를 먼저 주시고, 다음으로 성소에 들어가는 기구들인 진설병 상과 등대에 대한 계시를 주셨습니다. 여기서 한 가지 특이한 점은, 성소에 들어가는 '분향단'에 대한 계시가 진설병 상이나 등대와 같이 주어지지 않고 제사장 위임식 계시 다음에 주어졌다는 사실입니다(출 30:1-10). 이것은 분향하는 것이 제사장의 중요한 사명이며, 대제사장이 대속죄일에 향로를 가지고 지성소에 들어가기 때문에(레 16:12-13), 제사장 의복(출 28:1-43)과 제사장 위임식(출 29:1-46)에 대한 계시와 함께 주어진 것으로 보입니다.

성막에 관한 계시인 출애굽기 25-31장에는 "여호와께서 모세에게 일러 가라사대"와 유사한 표현이 7회 나오는데, 그 중에 6회는 성막 건축과 관련이 있고(출 25:1, 30:11, 17, 22, 34, 31:1), 나머지 1회는 안식일 규례와 관련이 있습니다(출 31:12). 이것은 마치 창세기 1-2장에 기록된 대로 하나님께서 6일 동안 일하시고 제7일에 안식하신 창조 섭리를 생각나게 합니다.

(2) 성막 기구들의 제작(출 35-39장)

이스라엘 백성은 하나님께서 모세에게 주신 계시대로 성막의 기구들을 제작하였습니다. 실제 제작하는 모습은 출애굽기 35-39장에 기록되어 있는데, 제일 먼저 만든 것은 성소와 지성소를 덮는 앙장과 덮개(출 36:8-19) 그리고 성막에 세우는 널판이었습니다(출 36:20-30). 즉 성소와 지성소의 지붕과 벽을 먼저 만들고, 휘장과 문장을 만들고 그 다음에 지성소에 들어갈 증거궤를 만들었습니다. 이어서 성소에 들어갈 진설병 상과 등대와 분향단을 만들고, 성막 뜰에 비치할 번제단과 물두멍을 만들었습니다. 마지막으로 성막 뜰(울타리)를 만들고 제사장 의복을 만들었습니다.

실제로 성막의 기구들을 제작한 순서는 다음과 같습니다(출 35-39장).

① 앙장과 덮개(출 36:8-19)   ⑦ 분향단(출 37:25-29)

② 널판, 은받침, 띠(출 36:20-34)   ⑧ 번제단(출 38:1-7)

③ 장, 기둥(출 36:35-38)   ⑨ 물두멍(출 38:8)

④ 증거궤(출 37:1-9)   ⑩ 성막 뜰(울타리)(출 38:9-20)

⑤ 진설병 상(출 37:10-16)   ⑪ 제사장 의복(출 39:1-31)

⑥ 등대(출 38:17-24)

　　이스라엘 백성은 성막의 모든 부분을 다 제작한 다음 모세에게로 가져왔고, 모세는 그것들을 하나하나 점검하였습니다(출 39:32-41). 성막 식양에 대해 직접 계시를 받은 사람이 모세였기 때문에, 그 모든 것이 하나님의 명령대로 정확하게 빠짐없이 제작되었는지 확인한 것입니다. 출애굽기 39:33-41에 열거된 물품들의 목록은, 출애굽기 36:8-39:31에 기록되어 있는 실제 제작 순서와 대체로 일치합니다.

　　그 가운데 각 기구들에 딸린 "그 모든 기구"들도 포함되어 있는데(출 39:33, 36, 37, 39), 성막의 모든 성물들과 그에 해당되는 부속 기구들이 함께 제작되었음을 나타냅니다(출 39:40下). 막의 모든 기구와 갈고리들(출 39:33)의 제작은 출애굽기 36:12-13, 17-18에, 진설병 상의 모든 기구들(출 39:36)의 제작은 출애굽기 37:16에, 등대의 모든 기구들(출 39:37)의 제작은 출애굽기 37:23-24에, 번제단의 모든 기구들(출 39:39)의 제작은 출애굽기 38:3에 기록되어 있습니다.

　　성막의 모든 성물과 부속 기구들의 검사를 마치고, 모세는 이스라엘 백성을 축복하였습니다.

　　출애굽기 39:42-43 "여호와께서 모세에게 명하신 대로 이스라엘 자손이 모든 역사를 필하매 [43] 모세가 그 필한 모든 것을 본즉 여호와께서 명하신 대로 되었으므로 그들에게 축복하였더라"

　여기에서 '만들다, 행하다'라는 뜻을 가진 히브리어 동사 '아사'(עָשָׂה)가 세 번 등장하는데("필하매", "필한", "되었으므로"), 모두가 완료형을 사용하고 있습니다. 이것은 하나님께서 명령하신 대로 한 치의 오차도 없이 성막의 구성 요소들이 완성되었음을 나타내는 것입니다. 황량한 광야, 낮에는 뜨거운 태양이 작열하고 밤에는 너무도 추운 열악한 환경 속에서, 성막의 건축은 오직 하나님의 전적인 은혜와 이스라엘 백성의 힘을 다한 헌신 속에서 이루어진 것이었습니다.

　모세는 그 모든 만들어진 것을 보고, 하나님께서 명하신 대로 되었으므로 그들을 축복하였습니다. 이 말씀은 마치 창세기 1장에 나타난 하나님의 창조 과정 가운데 하나님께서 말씀하신 그대로 된 것을 보시고(창 1:31), 지으시던 일을 마치신 후 복을 주신 것(창 2:1-3)을 생각나게 합니다. 성막의 건축 과정 역시 하나의 창조 과정으로서, 이스라엘 백성이 하나님께 예배드리는 공동체로 하나님과 새로운 관계 속에 들어가게 되었음을 가르쳐 줍니다.

(3) 성막의 조립과 봉헌(출 40장)

　하나님께서는 성막과 그 기구들의 식양을 알려 주셨을 뿐만 아니라 완성된 기구들을 어떤 순서에 따라 어떻게 조립할 것인지도 정확하게 알려 주셨습니다. 출애굽기 40:1-15까지는 하나님께서 성막 봉헌 절차에 대해 명령하신 것이며, 출애굽기 40:17-33까지는 실제로 모세가 성막을 세우고 봉헌하는 장면입니다.

① 봉헌에 대한 하나님의 명령

출애굽기 40:1-2에서 "여호와께서 모세에게 일러 가라사대 ² 너는 정월 초일일에 성막 곧 회막을 세우고"라고 말씀하고 있습니다. 이 말씀 이후에 주어진 구체적인 봉헌에 대한 명령은 다음과 같습니다.

① 성막 곧 회막을 세움(출 40:2)

② 증거궤(출 40:3) "장으로 궤를 가리우고"

③ 진설병 상(출 40:4) "물품을 진설하고"

④ 등대(출 40:4下) "불을 켜고"

⑤ 금향단(분향단)(출 40:5) "증거궤 앞에 두고"

⑥ 성막문(출 40:5下) "장을 달고"

⑦ 번제단(출 40:6) "회막의 성막문 앞에 놓고"
     ("성막, 곧 회막 입구 앞에 놓아라" - 쉬운 성경)

⑧ 물두멍(출 40:7) "회막과 단 사이에 놓고 물을 담고"

⑨ 뜰(울타리)(출 40:7) "뜰 주위에 포장을 치고 뜰 문에 장을 달고"

⑩ 성막 도유식(출 40:9-11) "관유를 발라 거룩하게 하라"

⑪ 제사장 위임식(출 40:12-15) "기름 부음을 받았은즉 대대로 영영히
                              제사장이 되리라"

여기에 나오는 히브리어 동사들은 다 '완료형'을 사용하고 있습니다. 하나님께서는 아직 성막이 봉헌되지 않았지만 그것이 곧 봉헌될 것을 미리 보시고, 마치 이미 봉헌된 것처럼 '완료형'으로 표현하셨던 것입니다.

② 실제 봉헌의 순서

모세는 하나님께서 봉헌 순서에 대하여 명령하신 그대로 봉헌하였습니다. 출애굽기 40:1-15은 봉헌의 순서에 대한 하나님의 명령이고, 출애굽기 40:16은 하나님의 명령대로 모세가 순종한 것을 기록하고 있습니다. 이어서 출애굽기 40:17-33까지는 모세가 순종한 내용을 구체적으로 자세하게 기록하고 있습니다. 모세는 하나님께 받은 명령의 범위 내에서 세부적인 것을 체계적으로 지혜롭게 봉헌하였습니다. 모세는 성소와 지성소의 받침, 널판, 띠, 기둥을 조립하고 그 위에 막을 펴고 덮개를 덮은 다음에 증거궤를 지성소에 배치하였습니다. 그리고 장으로 지성소를 가린 다음, 성소에 진설병 상, 등대, 금향단을 배치하였습니다. 그리고 성막 문에 장을 달고 성막문 앞 뜰에 번제단과 물두멍을 두었습니다. 마지막으로 뜰에 포장을 치고 뜰 문의 장을 달았습니다.

① 받침들을 놓고(출 40:18)
② 널판들을 세우고(출 40:18)
③ 띠를 띠우고(출 40:18)
④ 기둥들을 세우고(출 40:18)
⑤ 성막 위에 막을 펴고(출 40:19)
⑥ 그 위에 덮개를 덮으니(출 40:19)
⑦ 증거판을 궤 속에 넣고 속죄소를 궤 위에 두고(출 40:20)
⑧ 증거궤를 성막에 들여놓고 (출 40:21)
⑨ 장을 드리워서 증거궤를 가리우니 (출 40:21)
⑩ 진설병 상을 놓고(출 40:22)
⑪ 상 위에 떡을 진설하니(출 40:23)
⑫ 등대를 놓아(출 40:24)
⑬ 등잔에 불을 켜니(출 40:25)
⑭ 금향단을 장 앞에 두고(출 40:26)
⑮ 향기로운 향을 사르니(출 40:27)
⑯ 성막 문에 장을 달고(출 40:28)
⑰ 회막의 성막문 앞에 번제단을 두고 (출 40:29)
⑱ 번제와 소제를 그 위에 드리니 (출 40:29)

⑲ 물두멍을 회막과 단 사이에 두고
(출 40:30)

㉑ 수족을 씻되(출 40:31-32)

㉒ 사면 뜰에 포장을 치고(출 40:33)

⑳ 씻을 물을 담고(출 40:30)

㉓ 뜰 문의 장을 다니라(출 40:33)

이러한 봉헌의 순서는 이스라엘 백성이 마음대로 정한 것이 아니라, 하나님께서 명하신 대로 이루어졌습니다.

첫째, 하나님께서 모세에게 명하신 대로 세웠습니다.

출애굽기 40:17-33에 "여호와께서 모세에게 명하신 대로 되니라"(כַּאֲשֶׁר צִוָּה יְהוָה אֶת־מֹשֶׁה, 카아쉐르 치바 예호바^{아도나이} 에트모세)라는 표현이 일곱 번 반복하여 등장하고 있습니다(출 40:19, 21, 23, 25, 27, 29, 32). 이것을 통해서 성막이 하나님의 말씀에 대한 절대적인 순종의 산물임을 알 수 있습니다.

이것은 창세기 1장에서 하나님께서 말씀하시니 "그대로 되니라"(וַיְהִי־כֵן, 바예히 켄)라고 기록한 천지 창조의 과정을 생각나게 합니다(창 1:7, 9, 11, 15, 24, 30).

둘째, 하나님에 의해서 세워진 것입니다.

출애굽기 40:18에서 "모세가 성막을 세우되"라고 말씀하고 있는데, 여기 "세우되"는 히브리어 '쿰'(קוּם: 일어나다, 서다)의 히필(사역)형으로, 모세가 다른 사람을 시켜서 성막을 세우게 했다는 뜻입니다. 그러나 출애굽기 40:17의 "세우니라"는 '쿰'(קוּם)의 호팔(사역 수동)형으로, 성막이 세워진 것은 사람이 세운 것이 아니라 '하나님에 의해서 세워지도록 시켜졌다'는 의미입니다. 또한 히브리어 '쿰'은 하나님의 말씀이나 뜻이 이루어지는 것을 나타낼 때도 사용되곤 하였습니다(왕상 8:20, 사 14:24, 46:10). 이로 볼 때 성막의 건립에 '쿰'이 사용된 것은, 성막이 세워지되 하나님의 말씀대로 이루어진 것임을 나타내는 것입니다. 모든 것이 하나님에 의해서 하나님의 말씀대로 온전히 이루어질 때, 바로 그곳에 하나님의 영광이 충만하게 나타나는 것입니다(출 40:34-35).

(4) 구름이 회막 위에 덮이고 여호와의 영광이 성막에 충만함

성막이 완성된 후 구름이 회막에 덮이고 여호와의 영광이 성막에 충만하였습니다. 출애굽 제2년 정월 1일, 이스라엘 백성이 하나님의 명령에 따라 성막의 각종 기구를 완성하여 성막을 완전히 건축하자, 하나님의 임재의 상징인 구름이 회막을 덮었습니다.

> **출애굽기 40:34-35** "그 후에 구름이 회막에 덮이고 여호와의 영광이 성막에 충만하매 ³⁵ 모세가 회막에 들어갈 수 없었으니 이는 구름이 회막 위에 덮이고 여호와의 영광이 성막에 충만함이었으며"

여기 "그 후에"를 모든 영어 성경과 현대인의 성경은 히브리어의 와우계속법을 살려 "그러자(then)"라고 번역하였습니다. 이것은 하나님께서 오래도록 고대하시다가 성막이 완성되자 즉각 응답하시어 그 회막 위에 임재하셨음을 나타냅니다. 여호와께서 "내가 그들 중에 거할 성소를 그들을 시켜 나를 위하여 짓되"(출 25:8)라고 말씀하신 성막 건축의 목적이 성취되는 순간입니다.

구름이 회막 위에 덮이고 여호와의 영광이 성막에 충만하게 되자, 모세가 이를 인하여 회막에 들어갈 수 없었습니다(출 40:35, 참고-왕상 8:10-11, 대하 7:1-3). 사실 구름 기둥은 에담에서 처음 나타나서 광야 노정에 계속 함께하였는데(출 13:20-22), 성막이 완성되자 구름이 성막 곧 증거막을 덮은 것입니다(민 9:15).

성막을 덮은 구름은 자연 현상에 의해 일시적으로 생성되고 소멸하기를 반복하는 그런 구름이 결코 아니었습니다. 여기서 나타난 구름은 '하나님의 임재'의 상징이었습니다. 그래서 출애굽기 40장과 민수기 9장에는 구름이 덮인 곳이 바로 "성막"이었다는 사실을 여러 번 반복하여 말씀하고 있습니다(출 40:34, 35, 36, 38, 민 9:15, 16, 17, 18, 19, 20, 22).

한 가지 주목할 것은, '여호와의 영광'이 성막에 충만했다고 하신 말씀입니다. '영광'은 히브리어로 '카보드'(כָּבוֹד)이며, '영광, 존귀, 명예, 가치'라는 뜻입니다. 이 단어는 '무겁다'라는 뜻의 '카베드'(כָּבֵד)에서 파생되었는데, '하나님께서 받으시는 존귀와 영예', 또는 '하나님의 가시적(可視的)인 현현(顯現)'[3]을 가리킬 때 많이 쓰였습니다. 성경을 볼 때 하나님께서는 여러 차례에 걸쳐 인간의 모습으로 나타나셨고, 강력한 빛이나 불, 구름, 번개 등 자연 요소들을 통해 자신을 나타내셨습니다(출 19:16-19, 20:18-20, 24:10-11, 33:9-11, 18-23 등). 이렇게 하나님께서 임재하심으로 나타나는 하나님의 영광을 유대인들은 '쉐키나'(שְׁכִינָה)라고 불렀습니다. '쉐키나'는 '살다, 거주하다'라는 뜻의 '샤칸'(שָׁכַן)[4] 에서 유래한 단어인데(출 25:8, 29:45-46), '눈으로 볼 수 있는 하나님의 영광의 임재'를 뜻합니다.

하나님께서 성막 제작을 명령하신 이유는 그의 백성과 '함께 거하기 위함'이었습니다(출 25:8, 참고-출 29:45-46, 레 26:11-12, 겔 37:27). 이스라엘 백성에게 하나님은 추상적인 존재가 아니라, 직접 만나고 함께 거하며 친밀한 관계를 맺을 수 있는 분이셨습니다. 말씀하신 대로 성막이 세워지자, 그곳에 하나님께서 구름 가운데 친히 임

재하셔서 존귀와 영광을 받으시며, 하나님께서 백성과 함께 거하
신다는 것을 확실히 보여 주신 것입니다.

이러한 하나님의 임재의 구름은 성막뿐만 아니라 이스라엘 진 전
체를 덮었습니다(출 40:36-38, 민 9:15-23, 10:11-12, 34, 14:14, 신 1:33). 민
수기 14:14에 "...주의 구름이 그들 위에 섰으며 주께서 낮에는 구름
기둥 가운데서 밤에는 불 기둥 가운데서 그들 앞에서 행하시는 것
이니이다"라고 말씀하고 있습니다. 여기 "그들 위에 섰으며"를 공
동번역에서는 "이 백성을 구름으로 덮어 주시고"(Thy cloud stands
over them: NASB)라고 번역하였습니다. 시편 105:39에서는 "여호와
께서 구름을 펴사 덮개를 삼으시고 밤에 불로 밝히셨으며"라고 말
씀하고 있습니다. 여기 "덮개"의 히브리어 '마사크'(מָסָךְ)는 주로 '
어떤 물건을 보이지 않게 가리는 것'이라는 뜻입니다(출 35:12). 이것
은 하나님께서 구름 기둥으로 뜨거운 햇빛을 차단시켜 이스라엘 진
전체를 덮어 보호하셨음을 나타내는 것입니다.

성막 위에 임하신 구름 기둥과 불 기둥의 임재는 한 번으로 끝난
것이 아닙니다. 구름 기둥과 불 기둥은 이스라엘 백성이 광야생활 하
는 40년 동안 내내 그들을 보호하였고, 약속의 땅에 들어가는 순간
까지 내내 계속되었습니다. 출애굽기 40:38에 "낮에는 여호와의 구
름이 성막 위에 있고 밤에는 불이 그 구름 가운데 있음을 이스라엘의
온 족속이 그 모든 행하는 길에서 친히 보았더라"라고 기록하고 있
습니다. 여기 "그 모든 행하는 길에서"(בְּכָל־מַסְעֵיהֶם, 베콜 마스에헴)
를 직역하면 '그들의 여행길 내내'라는 뜻입니다. 이와 마찬가지로,
성도들이 세상에서 승리하는 비결은 하나님의 끊임없는 인도를 믿
고 계속적으로 따라가는 것입니다(시 27:11, 사 48:17, 58:11).

6. 성막 봉헌 도유식(塗油式)[5]

The anointing ceremony for the tabernacle dedication

성막이 완성된 것은 출애굽 제2년 1월 1일이었습니다(출 40:2, 17). 그리고 이스라엘 백성이 시내 광야에서 출발한 것은 출애굽 제2년 2월 20일이었습니다(민 10:11-12).

성막이 완성된 후 성막과 모든 부속물에 기름을 발라 거룩하게 구별하는 예식이 있었습니다(민 7:1).

이때 이스라엘 족장(두령, 감독관)들이 하나님께 예물을 드렸는데, 덮개 있는 수레 여섯과 소 열둘이었습니다. 족장 두 사람에 수레 하나씩, 족장 한 사람에 소 한 마리씩 바친 것입니다(민 7:2-3). 하나님께서는 예물로 받은 이 수레와 소를 레위인에게 주라고 명령하셨는데, 각기 그 직임대로 회막 봉사에 쓰게 하기 위함이었습니다(민 7:4-6). 게르손 자손들은 성막의 앙장들과 회막과 그 덮개와 장 등 주로 천이나 가죽 종류와 회막의 외형을 이루는 줄과 기구들을 운반하므로(민 4:24-26), 수레 둘과 소 넷을 받았습니다(민 7:7). 므라리 자손들은 게르손 자손들이 운반하는 것보다는 무거운, 장막의 널판들과 그 띠들과 그 기둥들과 받침 등 회막의 골격을 형성하는 모든 기구와 그것에 쓰는 물건들을 운반하므로(민 4:29-32), 게르손 자손들이 받은 것의 두 배에 해당하는 수레 넷과 소 여덟을 받았습니다(민 7:8). 그러나 고핫 자손들은 증거궤와 진설병 상, 등대와 단들과 성소에서 봉사하는 데 쓰는 기구들과 휘장과 그것에 쓰는 모든 것을 어깨에 메어서 운반하므로(민 3:31, 4:4-16), 수레와 소를 주지 않았습니다. 민수기 7:9에서 "고핫 자손에게는 주지 아니하였으니 그들의 성소의 직임은 그 어깨로 메는 일을 하는 까닭이었더라"라고 말씀하고 있습니다.

(1) 12지파 족장들이 하루 한 사람씩 12일간 드린 봉헌 예물

이어서 하나님께서는 족장들에게 매일 한 사람씩 단의 봉헌 예물을 드리라고 명령하셨습니다. 민수기 7:10-11에 "단에 기름을 바르던 날에 족장들이 단의 봉헌을 위하여 예물을 가져다가 그 예물을 단 앞에 드리니라 ¹¹여호와께서 모세에게 이르시기를 족장들은 하루 한 사람씩 단의 봉헌 예물을 드릴지니라 하셨더라"라고 말씀하였습니다. 여기 "봉헌"은 히브리어로 '하누카트'(חֲנֻכַּת)이며, '입에 넣어 맛보게 하다'라는 의미를 지닌 '하나크'(חָנַךְ)에서 유래하여 '개시하다, 낙성식을 하다'라는 뜻을 가집니다.

성막 봉헌식은, 하나님께서 이스라엘 백성 가운데 그들의 왕이요 통치자로서 즉위하시는 공적인 예식과 같은 것입니다.

12지파 족장들이 하루 한 사람씩 번제단의 봉헌 예물을 12일 동안 드렸습니다(민 7:11-12, 78). 12일 동안에 안식일이 끼여 있었음에도 불구하고 안식일에 구애받지 않고 계속 진행하였습니다.

12지파 족장들이 바친 예물의 종류와 분량이 똑같았는데도, 12지파 족장들이 예물을 드릴 때마다 그 품목들을 매번 반복해서 기록하였습니다(민 7:12-83). 이것은 그들의 헌신과 헌물을 영원히 기념케 하여 후대에 모범으로 남겨 두려 하신 것입니다.

첫째, 하나님께서는 예물과 예물을 바친 사람을 기쁘게
    열납하셨습니다.

예물의 품목과 그 양을 기록하고, 예물을 바친 사람을 기록하고 있습니다. 즉 하나님께서는 각각의 예물들과 예물을 바친 사람(참고-창 4:4-5)을 기쁘게 받으셨습니다. 이는 하나님 앞에 예물을 바친

12지파 족장들 개개인의 인격 모두를 똑같이 소중하게 여기신 것입니다. 아무리 사소한 것일지라도 하나님께 바친 모든 것은 하나님께서 모두 기록하시며, 절대 잊지 않으시고 일일이 영원히 기억하신다는 것을 말씀해 주고 있습니다(말 3:16, 마 10:42, 25:40, 히 6:10).

둘째, 하나님께서는 12지파 족장들이 하루 한 사람씩 예물을 드리도록 하셨습니다.

민수기 7:11에 "여호와께서 모세에게 이르시기를 족장들은 하루 한 사람씩 단의 봉헌 예물을 드릴지니라 하셨더라"라고 말씀하고 있습니다. 여기 "족장들은 하루 한 사람씩"에 해당하는 히브리어는 다음과 같습니다.

נָשִׂיא אֶחָד לַיּוֹם

(나시 에하드 라욤)

이것을 살려, 표준새번역에서는 "주께서 모세에게 말씀하셨다. 하루에 지도자 한 사람씩, 하루에 지도자 한 사람씩 제단 봉헌 제물을 가지고 오게 하여라"라고 번역하였습니다. 이렇게 12지파의 이름을 일일이 기록하심으로, 모든 이스라엘 백성이 단을 위한 봉헌 예물을 드리는 일에 하나도 빠짐없이 참여하였음을 강조하셨습니다. 이는 하나님께서 개개인과의 단독적인 교제를 기뻐하시며 그들의 아름다운 헌신을 일일이 기억하시는 분임을 보여 줍니다. 더 나아가 하나님께서는 이스라엘 각 지파들을 모두 중요하게 보시며, 그들 모두로부터 경배와 찬양을 받으시기를 원하신다는 것을 분명히 하신 것입니다(눅 4:8).

(2) 각 지파가 동일하게 드린 봉헌 예물들

모세가 성막 세우기를 필하고 단에 기름을 바르던 날에 이스라엘 족장들이 각 지파대로 드린 단의 봉헌 예물은 다음과 같습니다.

130세겔 중(重) 은반(銀盤, silver dish, 은 접시) 하나와 70세겔 중 은바리(銀盤, silver bowl, 은 사발) 하나를 드렸고, 이 두 그릇에는 소제물로 기름 섞은 고운 가루를 채웠습니다(민 7:13, 19, 25, 31, 37, 43, 49, 55, 61, 67, 73, 79). 또 10세겔 중 금 숟가락 하나를 드렸고, 그것에는 향을 채웠습니다(민 7:14, 20, 26, 32, 38, 44, 50, 56, 62, 68, 74, 80). 또 번제물로 수송아지 하나와 숫양 하나와 1년 된 어린 숫양 하나를 바쳤고(민 7:15, 21, 27, 33, 39, 45, 51, 57, 63, 69, 75, 81), 속죄 제물로 숫염소 하나를 바쳤으며(민 7:16, 22, 28, 34, 40, 46, 52, 58, 64, 70, 76, 82), 화목 제물로 소 둘과 숫양 다섯과 숫염소 다섯과 1년 된 어린 숫양 다섯을 바쳤습니다(민 7:17, 23, 29, 35, 41, 47, 53, 59, 65, 71, 77, 83).

그리하여 12일 동안 이스라엘 족장들이 드린 단의 봉헌 예물은 성소의 세겔대로 은이 도합 2,400세겔이며, 금이 도합 120세겔이었습니다. 또 번제물로 수송아지가 12마리, 숫양이 12마리, 1년 된 어린 숫양이 12마리에 소제물이 드려졌으며, 속죄 제물로 숫염소가 12마리, 화목 제물로 수소가 24마리, 숫양이 60마리, 숫염소가 60마리, 1년 된 어린 숫양이 60마리였습니다(민 7:84-88).

특별히 번제물이나 속죄 제물보다 화목 제물이 월등히 많은 것은, 하나님의 백성에게는 무엇보다도 감사가 넘쳐 나야 함을 교훈합니다. 그러므로 성도의 삶에는 범사에 항상 감사가 차고 넘쳐야 합니다(엡 5:20, 골 2:7, 살전 5:18).

(3) 봉헌 예물을 드린 후, 하나님께서 모세에게 말씀하시고 또 그의 말을 들으심

엄청난 양의 정성된 봉헌 예물을 드린 후에 하나님께서는 속죄소 위에서 모세에게 말씀하셨습니다. 민수기 7:89에서 "모세가 회막에 들어가서 여호와께 말씀하려 할 때에 증거궤 위 속죄소 위의 두 그룹 사이에서 자기에게 말씀하시는 목소리를 들었으니 여호와께서 그에게 말씀하심이었더라"라고 말씀하고 있습니다.

하나님께서는 말씀을 통해 이스라엘 백성이 봉헌한 예물을 기쁘게 받으셨음을 확인시켜 주셨습니다. 더 나아가, 지성소가 바로 하나님께서 말씀으로 사람들을 만나 주시는 장소임을 나타내셨습니다. 말씀을 통한 이러한 만남은, 훗날 말씀이신 예수 그리스도께서 성육신 하심으로 절정에 이르게 됩니다(요 1:1-2, 14).

각 지파는 유다 지파, 잇사갈 지파, 스불론 지파, 르우벤 지파, 시므온 지파, 갓 지파, 에브라임 지파, 므낫세 지파, 베냐민 지파, 단 지파, 아셀 지파, 납달리 지파의 순서로 예물을 드렸습니다(민 7:12-83). 이 순서는 12지파의 진 배치의 순서와 일치합니다(민 2:2-31). 이처럼 광야 행군을 앞두고 진 배치의 순서대로 하나님께 예물을 드린 것은, 성막을 주신 하나님께 감사할 뿐만 아니라, 앞으로 모든 광야 노정 가운데 하나님께서 동행해 주시기를 소망하며 전적으로 하나님만을 의지하겠다는 신앙 고백이었습니다.

IV
성막의 외부 구조
THE EXTERIOR LAYOUT OF THE TABERNACLE

성막은 여호와의 구름이 떠오르면 밤이든지 낮이든지 진행하여야 하는 환경에서 백성과 함께 움직이는 이동 성전이었습니다(민 9:17-23). 이스라엘 백성은 광야생활 동안 새로운 환경으로 계속해서 이동해야 했고, 그때마다 성막을 거두고 운반하고 다시 설치하는 일이 수없이 반복되었을 것입니다. 그러나 성막은 조립과 해체를 수없이 반복해도 그 쓰임새에 아무런 문제가 없도록 고안된 특수 건축물이었습니다. 쉽게 해체해서 옮길 수 있고, 다시 신속하게 세울 수 있는 형태였습니다. 그리고 그 안에 배치된 각종 기구들은 각각 따로 제작되었습니다. 이렇듯 조립식이었으므로, '갈고리, 촉, 가름대, 말뚝, 널판, 띠, 금고리, 놋고리' 등과 같이 이음새나 연결이나 고정을 위한 기구들이 많았습니다. 또한 회막 건물이나 기둥에는 은받침이나 놋받침을 놓아 기초로 삼았습니다.

이렇게 조립식으로 설계되고 지어진 성막 외부와 내부의 구조물들은 아주 견고했습니다. 광야라는 거친 환경에서 풍우(風雨)에 흔들리지 않고 상하지 않을 만큼 내구성과 안정성이 뛰어났습니다. 이렇듯 튼튼하게 잘 지어진 성막은 솔로몬 성전이 건축되기까지 약 486년 동안이나 이스라엘 백성에게 예배의 처소가 되었습니다.

성막의 각 구조물의 설계는 어느 한 가지도 빠짐없이 세밀하게 기록되었고, 그 치수는 모자람이나 남음이 없이 매우 정확하였습니다. 하나님께서 명령하신 대로 지어진 성막은 광야의 상황에 맞게 구성되어 모든 면에서 전혀 부족함이 없었습니다.

하나님께서 친히 설계하시고 보여 주신 식양은, 비록 복잡하게 보일지라도 그 속에는 인간이 측량치 못할 크고 놀라운 하나님의 사랑이 담겨 있습니다. 더 나아가, 그 속에는 하나님께서 예수 그리스도를 통해서 타락한 인류를 구원하시려는 놀라운 구원의 섭리가 세밀하게 나타나 있습니다.

1. 포장 (울타리)

קְלָעִים (칼르에)
ἰστίον
The enclosure
출 38:16

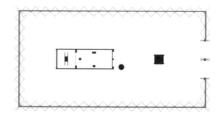

1. 울타리의 모습

The appearance of the enclosure

성막 뜰의 울타리에 기둥을 남편과 북편으로 20개씩 세웠으며, 동편과 서편으로 10개씩 세웠습니다. 그리고 여기에 높이 5규빗(2.28m)의 세마포로 된 포장을 쳤는데, 각 방향별로 장을 쳐서 서로 이었습니다.

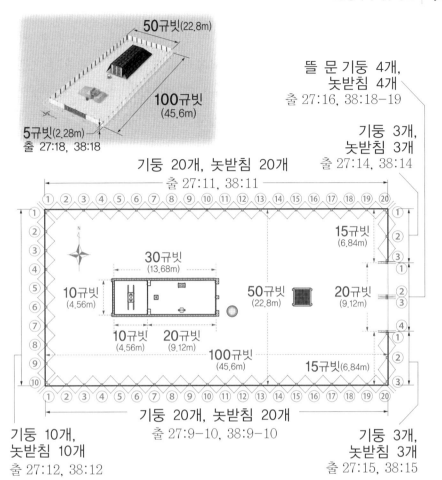

50규빗(22.8m)

100규빗
(45.6m)

5규빗(2.28m)
출 27:18, 38:18

뜰 문 기둥 4개,
놋받침 4개
출 27:16, 38:18-19

기둥 3개,
놋받침 3개
출 27:14, 38:14

기둥 20개, 놋받침 20개
출 27:11, 38:11

15규빗
(6.84m)

30규빗
(13.68m)

50규빗
(22.8m)

20규빗
(9.12m)

10규빗
(4.56m)

10규빗
(4.56m)

20규빗
(9.12m)

100규빗
(45.6m)

15규빗(6.84m)

기둥 20개, 놋받침 20개
출 27:9-10, 38:9-10

기둥 10개,
놋받침 10개
출 27:12, 38:12

기둥 3개,
놋받침 3개
출 27:15, 38:15

성막 뜰(울타리)에 쓰인 기둥과 놋받침은 총 60개입니다.

① 남쪽에 광이 100규빗(45.6m)의 세마포 장을 치는데, 기둥이
20개이고 그 받침은 놋이었습니다(출 27:9-10, 38:9-10).

② 북쪽에 광이 100규빗의 포장을 치는데, 기둥이 20개이고 그
받침은 놋이었습니다(출 27:11, 38:11).

③ 서쪽에 광이 50규빗(22.8m)의 포장을 치는데, 기둥이 10개이
고 받침이 놋이었습니다(출 27:12, 38:12).

④ 동쪽 역시 광이 50규빗(22.8m)이었지만(출 27:13, 38:13), 문이 있었기에 포장을 치는 방법은 서쪽과 달랐습니다. 문을 기준으로 이편으로 포장이 15규빗(6.84m), 기둥이 셋, 놋받침이 셋이었으며(출 27:14, 38:14), 저편으로 역시 포장이 15규빗(6.84m), 기둥이 셋, 놋받침이 셋이었습니다(출 27:15, 38:15).

⑤ 뜰 문은 청색 자색 홍색실과 가늘게 꼰 베실로 수놓아 짠 20규빗(9.12m)의 장으로 만들었는데, 그 기둥이 넷, 놋받침이 넷이었습니다(출 27:16, 38:18-19).

2. 울타리의 재료
The materials of the enclosure

출애굽기 27:10에 "그 기둥이 스물이며 그 받침 스물은 놋으로 하고..."라고 기록되어 있는데, 영어성경 NASB에서는 "and its pillars shall be twenty, with their twenty sockets of bronze..."라고 번역하고 있습니다. 놋으로 만들어진 것은 기둥이 아니라 받침입니다. 또한 놋으로 만들어진 성막의 성물들을 기록하고 있는 출애굽기 38:29-31에서는 기둥을 놋으로 쌌다는 내용이 발견되지 않습니다. 성경에는 기둥을 어떤 재료로 만들었는지 명확한 기록은 없지만, 아마도 성소와 지성소 입구의 기둥들처럼 조각목으로 만들었을 것으로 추정됩니다(참고-출 26:32, 37, 36:36).[6]

기둥은 구속사적으로 예수 그리스도의 진리의 말씀을 상징합니다(요 1:14, 엡 1:13, 딤전 3:15). 또한 불에 대해 강력한 내구력을 가지고 있는 놋(신 33:25, 렘 1:18)으로 만든 받침은, 죄인을 향하여 쏟아진 하나님의 불 같은 진노의 심판을 친히 감당하신 그리스도의 고난과 인내를 상징합니다. 그러므로 오늘날 교회가 그리스도의 십자가 터 위에 하나님의 말씀을 가지고 바로 세워지면, 어떤 환난 속에서도 절대 무너지지 않을 것이며 어떤 심판도 능히 이길 수 있을 것입니다(마 7:25, 16:18, 고전 3:10-15).

성막 뜰(울타리)은 높이 5규빗(2.28m)의 세마포 장으로 둘러쳐졌는데(출 27:18, 38:16, 18下), 세마포의 '포장'을 가리키는 히브리어 명사 '켈라'(קֶלַע)는 사무엘상 17:40의 "물매"(sling)를 가리키는 단어와 동일합니다. 양편의 기둥이 세마포의 포장을 붙잡고 있는 상태는, 물맷돌이 장전된 물매를 연상시킵니다. 세마포의 흰 색상은 거룩함과 순결을 상징하므로, 성막 안과 밖의 완전하고도 거룩한 구별을 뜻합니다. 모래 바람이 자주 일어나고 먼지가 많은 광야에서 바깥 울타리를 흰 세마포로 만든다는 것은 실용적으로 보이지 않습니다. 하지만 하나님께서는 가장 안쪽의 지성소에서부터 제일 바깥 울타리에 이르기까지, 성막 전체가 성결하게 구별된 장소임을 보여 주시기 위해, 사방 울타리를 흰 색상의 세마포 장으로 두르도록 하셨습니다. 이스라엘 백성은 멀리서도 눈에 띄는 사방이 하얀 성막의 울타리를 볼 때, 그곳에 하나님께서 임재하고 계심을 생각하면서 하나님을 경외하는 거룩한 삶을 다짐했을 것입니다.

3. 울타리의 특징
The characteristics of the enclosure

(1) 뜰의 모든 기둥에는 은으로 된 기둥머리 싸개가 있었습니다 (출 38:17, 19).

각 기둥들의 머리에는 은으로 만든 기둥머리 싸개가 있었는데

(출 38:17, 19), 이것은 성막 뜰 포장 기둥의 머리를 은으로 도금하여 덮은 것으로, 기둥머리를 보호하고 외관상 아름답게 보이도록 하기 위한 것이었습니다. 또한 기둥머리 싸개를 통해 울타리 안과 밖으로 줄을 매어서 말뚝으로 고정하였습니다. 이처럼 기둥머리 싸개와 말뚝과 줄은 사방의 각 기둥을 힘 있게 지탱해 주는 매우 귀중한 역할을 하였습니다.

(2) 은 갈고리(hook)는 성막 뜰의 세마포 장을 걸기 위해 기둥에 고정된 고리나 못을 의미합니다(출 27:17, 38:17, 19).

성막 뜰(울타리)은 은 갈고리(וָו, 바브) 중 하나만 망가져서 떨어져도 하나로 연결시킬 수 없습니다. 이처럼 비록 작고 보잘것없더라도 각 성도의 은사는 모두 주의 몸 된 교회에 유익하도록 주어진 것임을 명심해야 합니다. 사도 바울이 "더 약하게 보이는 지체가 도리어 요긴하고"(고전 12:22), "덜 귀히 여기는 그것들을 더욱 귀한 것들로 입혀 주며"(고전 12:23上), "아름답지 못한 지체는 더욱 아름다운 것을 얻고"(고전 12:23下)라고 말씀한 것은, 전혀 중요해 보이지 않고 심지어 쓸데없어 보이는 지체도 몸을 이루는 데 있어서는 꼭 필요하다는 것입니다. 그러므로 우리는 지극히 겸손한 마음으로 각각 자기보다 남을 낮게 여겨야 합니다(빌 2:3).

(3) 은 가름대(band/fillet)는 단단히 연결시켜 주는 역할을 합니다.

'가름대'는 히브리어로 '달라붙다, 결합하다' 혹은 '띠, 고리'라는 뜻의 '하샤크'(חָשַׁק)에서 유래한 '하슈크'(חָשׁוּק)로, '부착된 것, 묶는 것'을 의미합니다. 가름대의 역할은 기둥과 기둥을 단단히 연결해 주는 것입니다. 출애굽기 38:17에 기둥의 갈고리와 가름대는 은이요 기둥머리 싸개는 은이며 뜰의 모든 기둥에 은 가름대를 꿰었으며"라고 말씀하고 있습니다. 여기 "뜰의 모든 기둥에 은 가름대를 꿰었으며"라는 문장은 히브리어로 '베헴 메훗샤킴 케세프 콜 암무데 헤하체르'(וְהֵם מְחֻשָּׁקִים כֶּסֶף כָּל עַמֻּדֵי הֶחָצֵר)이며, 이것을 직역하면 '그리고 그것들, 그 뜰의 모든 기둥들은 은으로 연결되었다'입니다.[7] 여기에 사용된 "꿰었으며"는 히브리어 '하샤크'(חָשַׁק)의 푸알(강조수동태)분사형으로서, 아주 강력하게 연결되어 있다는 의미입니다. 그러므로 가름대가 기둥들을 서로 단단하게 연결시키는 역할을 했음을 알 수 있습니다.

마치 배의 돛이 돛대에 단단히 묶여 견고하게 부착되어 있는 것처럼, 울타리의 세마포 장은 가름대와 갈고리를 통해 기둥에 잘 부착되어 있었을 것입니다.

(4) 말뚝이 사용된 곳은 두 군데로, 성막의 말뚝과 뜰 사면의 기둥들을 고정시키는 말뚝입니다(출 27:19, 35:18, 38:20, 31).

'말뚝'의 히브리어 '야테드'(יָתֵד)는 '못, 핀, 쐐기'를 뜻합니다(사 22:23). 이 말뚝의 재료는 모두 놋이었습니다. '성막의 말뚝'은 성막 본체를 덮고 있는 '막의 덮개'와 '웃덮개'를 텐트처럼 팽팽하게 고정시키는 데 사용된 말뚝들입니다. 그리고 '뜰의 사면 포장 말뚝'은, 동서남북 울타리와 동쪽 뜰의 문장에 쓰인 총 60개 기둥을 고정시켜, 세마포 장과 뜰의 문장을 견고하게 잡아 주었습니다. 장막을 치면서 말뚝으로 고정시키지 않으면, 바람이 조금만 불어도 기둥이 흔들리며 포장이 날아가 버리고 결국 무너지게 되어 있습니다. 뜰의 포장 말뚝은 두 줄로 성막 기둥과 연결되어 있고, 성막 말뚝은 막의 덮개와 웃덮개를 줄로 잡아당겨 땅속에 박혀 있습니다. 팽팽한 줄과 견고한 놋말뚝이 없이는 장막은 유지되거나 보존될 수 없습니다(스 9:8, 사 22:23-25, 33:20, 54:1-2).

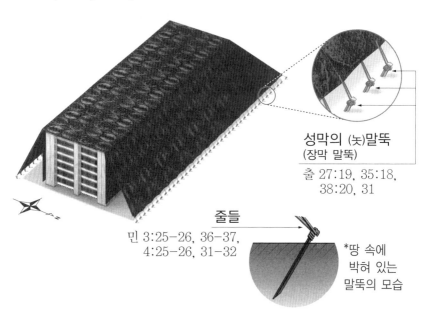

성막의 (놋)말뚝
(장막 말뚝)
출 27:19, 35:18,
38:20, 31

줄들
민 3:25-26, 36-37,
4:25-26, 31-32

*땅 속에
박혀 있는
말뚝의 모습

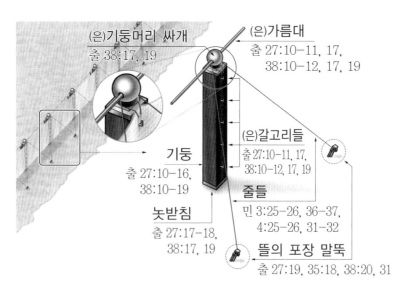

(은)기둥머리 싸개
출 38:17, 19

(은)가름대
출 27:10-11, 17,
38:10-12, 17, 19

(은)갈고리들
출 27:10-11, 17,
38:10-12, 17, 19

기둥
출 27:10-16,
38:10-19

줄들
민 3:25-26, 36-37,
4:25-26, 31-32

놋받침
출 27:17-18,
38:17, 19

뜰의 포장 말뚝
출 27:19, 35:18, 38:20, 31

4. 성막 울타리의 구속사적 교훈

The redemptive-historical teaching of the enclosure of the tabernacle

첫째, 울타리는 거룩한 분리, 보호와 안전을 의미합니다.

울타리 안은 보호를 받고 안전하지만, 울타리 밖은 보호를 받을 수 없고 안전하지 못합니다. 시편 91:10에서 "화가 네게 미치지 못하며 재앙이 네 장막에 가까이 오지 못하리니"라고 말씀하고 있습니다.

성막 뜰의 울타리를 기준으로 그 안은 교회요, 바깥쪽은 교회 밖입니다. 출애굽기 26:33에는 '성소'와 '지성소'가 나옵니다. 여기에서 '성소'는 히브리어 '코데쉬'(קֹדֶשׁ)로, '거룩한 장소'(holy place)를 의미하며, '지성소'는 '코데쉬 하코다쉼'(קֹדֶשׁ הַקֳּדָשִׁים)으로, '가장 거룩한 장소'(holy of holies)라는 뜻입니다. 그러므로 성소와 지성소는 모두 거룩한 곳입니다. 또한 성막의 뜰도 거룩한 곳입니다. 시편 65:4이나 92:12-13에서 '뜰'이 '하나님의 집'이나 '성전'과 같은 의미로 사용되었습니다. 출애굽기 40:8-11을 봐도, 성막을 세우시고 거룩한 관유를 취하여 뜰에 있는 번제단과 모든 기구와 물두멍과 그 받침에 발라서 거룩하게 성별하였습니다. 그러므로 울타리를 기준으로 그 안은 거룩한 곳이나, 울타리 밖은 거룩하지 못합니다.

둘째, 울타리는 하나님의 소유를 구분합니다.

울타리 안은 하나님의 소유입니다. 그래서 하나님께서는 성소를 가리켜 '내 성소'라고 말씀하십니다. 레위기 19:30에서 "내 안식일을 지키고 내 성소를 공경하라 나는 여호와니라"라고 말씀하고 있고, 레위기 20:3에서는 "내 성소를 더럽히고 내 성호를 욕되게 하였음이라"라고 말씀하고 있습니다. 시편 65:4에 "주의 뜰"(חָצֵר, 하

체르: 뜰), 시편 84:2에 "여호와의 궁정"(חָצֵר), 시편 84:10에서 "주의 궁정"(חָצֵר), 시편 92:13에서 "하나님의 궁정"(חָצֵר) 등의 말씀을 보면, 한결같이 하나님 자신의 뜰, 곧 하나님의 소유임을 강조하고 있습니다.

셋째, 울타리의 세마포 장은 예수 그리스도의 대속의 죽음과 그로 말미암은 성도들의 의(義)를 나타냅니다.

성막 뜰에 흰색 세마포 장이 쳐져 있었던 이유는, 외부인의 무분별한 출입을 막고, 성소를 출입하는 이스라엘 백성이 자신들의 세속화된 행실을 돌이켜 회개하게 하고, 하나님의 거룩한 성막을 성별하기 위함이었습니다.

구속사적으로 세마포 장은, 예수님께서 십자가의 고난을 받으시고 운명하셨을 때 아리마대 요셉이 그 시신을 십자가에서 내려서 정한 세마포에 싸고 바위 속에 판 새 무덤에 장사 지내었던 일을 연상케 합니다(마 27:59-60, 막 15:46, 눅 23:52-53, 요 19:40-41).

또한 흰 세마포는 성도들의 '의'(義)를 상징합니다. 요한계시록 19:8에서 "그에게 허락하사 빛나고 깨끗한 세마포를 입게 하셨은즉 이 세마포는 성도들의 옳은 행실이로다 하더라"라고 말씀하고 있습니다. 여기 "옳은 행실"은 헬라어로 '디카이오마'(δικαίωμα)로, 의로운 행동이나 행위를 말합니다. 그러므로 세마포를 입은 성도는 "그리스도 예수 안에 있는 구속으로 말미암아 하나님의 은혜로 값없이 의롭다 하심을 얻은 자"입니다(롬 3:24). 우리 자신의 신령한 성전도, 예수 그리스도의 피를 힘입어 그의 의를 통한 은혜의 역사로 완성되어 갑니다(엡 2:21-22). 요한계시록 19:14에서는, 주님께서 재림하실 때에도 하늘에 있는 군대들이 희고 깨끗한 세마포를 입고

백마를 타고 주님을 따른다고 말씀하고 있습니다.

넷째, 울타리 말뚝은 예수 그리스도의 희생을 통한 교회의 연합을 의미합니다.

　울타리의 포장을 거는 기둥은, 땅에 묻힌 받침들과 각 기둥들을 견고하게 잡아 주는 가름대와 줄과 말뚝으로 인하여, 광야에서 불어 오는 강한 바람을 이기고 지탱할 수 있었습니다. 성막 건축의 마지막 과정은 뜰의 울타리를 광야의 거친 바닥 위에 말뚝으로 고정하는 것이었습니다. 이로써 전체 성막은, 놋으로 만들어진 뜰의 사면 포장 말뚝에 의해 고정되면서 비로소 튼튼하게 세워지고, 외부로부터 오는 위험에서 안전하게 차단될 수 있었습니다.

　이렇게 말뚝은 너무나 작고 보잘것없으며, 땅 속에 깊이 박혀 자기 모습을 감추고 있지만, 전체 성막을 힘 있게 지탱해 줍니다. 이러한 말뚝의 모습은, 육신을 입고 이 땅에 오셔서 자기를 비워 종의 형체를 가지시고 자기를 낮추시고, 십자가에 죽기까지 복종하신 예수 그리스도를 떠오르게 합니다(빌 2:6-8). 스가랴 선지자는, 말뚝이 장막을 단단하게 지탱해 주듯이 장차 임하실 메시아가 하나님의 교회를 견고하게 보존해 주실 것을 예언하였습니다(슥 10:4-6). 실제로 예수님께서는 교회를 진리의 기둥과 터 위에 세우셨습니다(딤전 3:15, ^{참고}마 16:18). 우리도 지극히 거룩한 믿음 위에 자기를 건축하며, 주의 몸 된 교회에서 말뚝처럼 비록 누가 알아주지 않아도 복음을 위하여 온전히 헌신해야 합니다(고전 15:58, 유 1:20).

2. 문

פֶּתַח(페타흐)
θύρα
Entrances
출 27:13-15, 38:13-15, ^{참고}출 26:36, 36:37, 39:38, 26:31

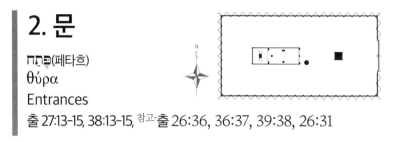

문(門, door)은 '여닫게 해 놓은 물건, 건물의 출입을 용이하게 만든 곳'을 말합니다. 성막에는 출입문이 세 곳 있는데, 세 곳 모두 동쪽에 있습니다. 성막 뜰에 있는 뜰의 문과 문장(출 27:13-16, 38:13-15, 18-19), 성소 입구의 문과 문장(출 26:36-37, 36:37-38), 지성소 입구와 그 휘장(출 26:31-33, 36:35-36)입니다. '문'을 가리키는 히브리어 '페타흐'(פֶּתַח)는 '열다, 풀다, 놓아주다'라는 뜻을 가진 '파타흐'(פָּתַח)에서 유래하였습니다(욥 12:18, 사 5:27, 58:6, 렘 40:4). 특별히 '회막문'이라는 표현은 문 자체보다 그 문 바로 '앞'을 가리키기도 하며, 뜰 입구부터 회막의 입구까지를 포함한 뜰 전체를 가리키기도 합니다(출 29:11, 32, 42, 33:10, 38:8, 40:12, 민 16:18-19, 50 등).

1. 문들의 크기
The sizes of the entrances

전체 성막의 입구인 뜰 문은 높이 5규빗(2.28m), 너비 20규빗(9.12m)이고(출 27:16, 18, 38:18), 성소로 들어가는 입구의 문은 높이 10규빗(4.56m) 이상, 너비 10규빗이며, 성소에서 지성소로 들어가는 입구에도 성소의 문과 동일한 크기의 문이 있는데, 이 세 문은 모두 (휘)장으로 되어 있습니다. 각 문의 (휘)장은 기둥과 받침에 의해

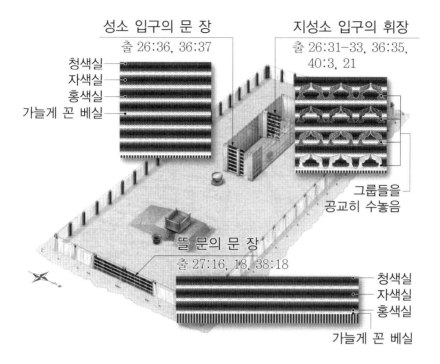

성소 입구의 문 장
출 26:36, 36:37
청색실
자색실
홍색실
가늘게 꼰 베실

지성소 입구의 휘장
출 26:31-33, 36:35,
40:3, 21
그룹들을
공교히 수놓음

뜰 문의 문 장
출 27:16, 18, 38:18

청색실
자색실
홍색실
가늘게 꼰 베실

세워지는데, 뜰 문에는 4개의 기둥과 놋받침(출 27:16-17, 38:19), 성막 문(회막문)에는 5개의 기둥과 놋받침, 지성소 입구의 휘장에는 4개의 기둥과 은받침이 있습니다(출 26:32, 37, 36:36, 38).

2. 문들의 문장과 휘장
The screens and the veil of the entrances

(1) 뜰 문의 문장(門帳)

뜰 사면의 포장은 세마포 포장이며, 높이는 5규빗(2.28m), 길이는 남쪽에 100규빗(45.6m), 북쪽에 100규빗, 서쪽에 50규빗(22.8m)이며, 동쪽은 뜰 문 좌우로 각각 길이가 15규빗(6.84m)되는 세마포 장을 쳤고, 뜰 문은 길이가 20규빗(9.12m)입니다(출 27:9-16, 38:9-16, 18).

뜰 문의 문장은, 성막 제일 안쪽의 앙장(내부앙장)과 동일한 네 가지 색상의 실(청색·자색·홍색 실·가늘게 꼰 베실)로 수놓아 짜서 만들었습니다(출 27:16, 38:18). 이 문을 통해서만 하나님의 성막 안으로 들어갈 수 있습니다.

하나님 앞에 제사 드리기를 원하는 자는 누구든지 이 문을 통해 언제나 들어갈 수 있습니다. 그런데 성막을 중심으로 12지파가 사방에 세 지파씩 진을 치고 있었으므로, 사방에 하나씩 문을 낸다면 어느 지파나 들어가기가 편리했을 것입니다. 그러나 하나님께서는 오직 동쪽에만 문을 내도록 하셨습니다(출 27:13-16, 38:13-15, 18).

(2) 성소 입구의 문장과 지성소 입구의 휘장

성막(회막, 성소)은 일반 백성이 출입할 수 없으며, 제사장들만 들어가서 하나님을 섬기는 곳이었으므로, 성막 문(회막 문)을 위하여 장을 만들었습니다(출 26:36, 36:37). 그리고 지성소는 1년에 하루 대속죄일에 대제사장만 출입할 수 있으며, 그 입구의 휘장은 지성소를 가리는 차단과 보호의 역할이 컸습니다(출 26:31-33, 36:35, 40:3, 21). 또한 언약궤가 이동 중일 때에는 지성소 입구의 휘장이 언약궤를 덮어 가리는 목적으로도 사용되었습니다(민 4:5).

성막에 사용된 널판의 길이가 10규빗이었는데(출 26:16, 36:21), 기둥이 널판과 같은 길이라면 성소 입구의 문장과 지성소 입구의 휘장의 길이는 은받침과 놋받침의 길이를 고려해 볼 때, 10규빗 (4.56m)보다 조금 더 길었을 것입니다.

3. 문들의 휘장과 문장(門帳)의 제작

The making of the veil and the screens of the entrances

성막에 있는 세 개의 문은, 지성소 입구의 휘장(출 26:31-33, 36:35), 성소 입구의 문장(출 26:36-37, 36:37-38, 민 3:26), 뜰 문의 문장(출 27:16, 38:18, 민 3:26)인데, 모두 청색 자색 홍색 실과 가늘게 꼰 베실로 아름답게 수놓은 장(帳)으로 만들어졌습니다. 그리고 오직 지성소 입구의 휘장에만 그 위에 그룹을 공교히 수놓았습니다(출 26:31, 36:35). 모든 문의 휘장 또는 문장이 청색 자색 홍색 실과 가늘게 꼰 베실로 수놓아 만들어진 것은, 유일한 구원의 문이신 예수 그리스도의 네 가지 모습을 나타냅니다.

(1) 청색 자색 홍색 실과 가늘게 꼰 베실로 수놓아 짬

① **청색**(תְּכֵלֶת, 테켈레트)은 유대인들에게 무한히 높고 넓으며 청명한 하늘의 색으로, 여러 가지 색깔 가운데 항상 첫 번째로 언급되었습니다. 당시 페니키아인들은 지중해 연안에서 자생하는 하늘색 조개 껍질에서 청색 실을 만드는 염료를 추출하였습니다. 청색 실은 성막의 내부앙장이나 성소 입구의 문장과 휘장, 대제사장의 에봇과 받침 겉옷, 판결 흉패 등 제사장 의복을 지을 때 많이 사용되었습니다(출 26:1, 31, 36, 28:5-6, 8, 15, 31, 33, 37). 성막 재료나 제사장 의복에 사용된 하늘 빛깔의 청색 실은, 하나님의 한없이 넓은 사랑과 무한하신 은혜, 그리고 장차 이 세상에 오실 그리스도의 신성을 나타냅니다.

② **자색**(אַרְגָּמָן, 아르가만)은 최고 권력자들의 영화와 부요함을 대표하는 색입니다. 감독과 방백이 입은 옷이 자색이고(겔 23:6), 비유 가

운데 한 부자가 입었던 옷이 자색이었으며(눅 16:19), 마지막 때 큰 성 바벨론이 가지고 있던 극도의 사치품 중 하나가 자색 옷이었습니다(계 18:11-16). 청색이 하늘의 아름다움과 신성함을 상징하는 색이라면, 자색은 땅의 아름다움과 고귀함을 상징하는 색입니다. 자색은 지중해에서 자생하는 붉은 조개 껍질에서 추출한 염료로 만든 화려한 색상으로, 왕이 입는 복식(服飾)의 색상에 많이 쓰였습니다. 이러한 자색은 하나님과 예수 그리스도의 존귀하고 공의로우신 성품, 곧 만왕의 왕이신 예수 그리스도의 권세를 상징하는 것으로 볼 수 있습니다(딤전 6:15, 계 17:14, 19:16).

③ **홍색**(תּוֹלַעַת, 톨라아트)의 히브리어 원형 '톨라'(תּוֹלָע)는 보통 "벌레"(신 28:39)로 번역되는 단어입니다. 이는 당시 홍색 염료를 참나무 연지충(嚥脂蟲, Coccus Ilicis)이라는 벌레에서 취했기 때문에 붙여진 이름입니다. 홍색은 붉은 피를 생각나게 합니다. 구약 시대에 끊임없이 반복되었던 피 흘려 드린 제사들은, 이스라엘 백성으로 하여금 피 흘림이 없이는 결코 죄를 사함 받지 못한다는 사실을 상기시켜 주었을 것입니다(히 9:22). 그러나 이 제사를 통해 해마다 죄를 생각나게 하는 것은, 황소와 염소의 피가 능히 죄를 없이 하지는 못하기 때문입니다(히 10:3-4). 핏빛과 같은 홍색은, 장차 이 세상에 오셔서 십자가에서 아낌없이 보혈을 흘려 주실 예수 그리스도, 그분의 희생의 피로 우리의 죄가 단번에 영원히 씻음 받게 됨을 나타냅니다(히 9:12, 22, 26, 28). 우리가 구속된 것은 오직 예수 그리스도의 피로 말미암은 것입니다(엡 1:7, 벧전 1:18-19).

④ **가늘게 꼰 베실**에서 '가는 베실'로 번역된 '셰쉬'(שׁשׁ)는 애굽어에서 유래하였고, 애굽에서 수입한 좋은 품질의 흰색 세마포나 품질이 우수한 애굽의 아마(亞麻)에서 뽑아낸 것으로, 염색하지 않은 가늘고 부드러운 베실을 가리킵니다. 흰색은 의로움과 완전함을 상징하는 것으로, '사람으로 오셨지만 죄가 없으신 예수 그리스도의 순결한 성품과 완전하심'을 나타냅니다(고후 5:21, 히 4:15). 또한 고운 베실을 꼬았다(fine twisted linen) 함은, 고통과 시련을 견디어 낸 순결한 삶을 의미합니다. 예수 그리스도께서는 우리의 유일한 구원자로서 말할 수 없는 고통을 겪으셨습니다. 그는 고난 받은 여호와의 종으로, 완전하신 인성을 입고 오신 분입니다(사 53장, 빌 2:7-8). 그러나 그는 만왕의 왕이시며 하나님의 본체이십니다(사 9:6, 딤전 6:15, 빌 2:6).

(2) 성소 입구의 문장(門帳)과 뜰 문의 문장(門帳, מָסָךְ, 마사크)

출애굽기 36:37에 "...장막 문을 위하여 장(마사크)을 만들고"라고 기록된 것으로 보아, 성소 입구의 장은 확실히 출입문 역할을 했습니다. "장"의 히브리어 '마사크'(מָסָךְ)는 '덮다, 보호하다, 막다'라는 뜻의 '사카크'(סָכַךְ)에서 유래하였으며, 이는 '덮개'(삼하 17:19, 시 105:39), '방어'(사 22:8 "덮였던 것")라는 뜻으로도 쓰여, '장'이 외부로부터 성소 안을 보호한다는 것을 의미합니다. 상징적으로는, 하나님께서 그에게 피하는 자에게 보호자가 되어 주실 것을 뜻합니다(시 5:11, 91:4, 140:7).

한편, 뜰 문의 '장'도 동일한 히브리어 '마사크'(מָסָךְ)를 사용하고 있습니다(출 27:16, 38:18).

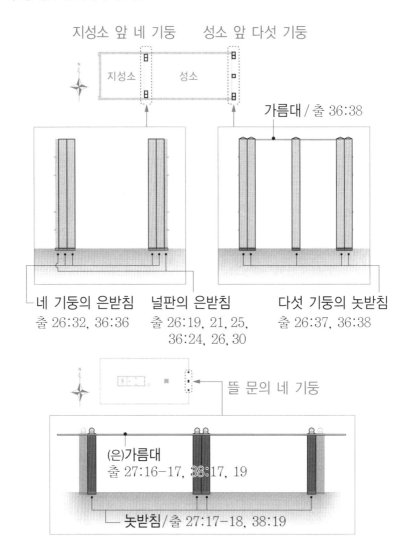

지성소 앞 네 기둥   성소 앞 다섯 기둥

지성소   성소

가름대 / 출 36:38

네 기둥의 은받침   널판의 은받침   다섯 기둥의 놋받침
출 26:32, 36:36   출 26:19, 21, 25,   출 26:37, 36:38
                   36:24, 26, 30

뜰 문의 네 기둥

(은)가름대
출 27:16-17, 38:17, 19

놋받침/출 27:17-18, 38:19

① 지성소 입구 휘장의 네 기둥과 성소 입구 문장(門帳)의 다섯 기둥 그리고 뜰 문 문장(門帳)의 네 기둥

성소 입구의 문장에는 기둥 다섯 개와 각 기둥에 놋받침이 있었으며(출 26:37, 36:38), 뜰 문의 문장에는 그 기둥이 넷이고 놋받침이 넷입니다(출 27:16-17, 38:18-19).

모세는 하나님께서 지시하신 순서를 따라 맨 먼저 지성소 입구의 휘장을 만들고(출 26:31, 36:35), 네 기둥을 만들어 그 위에 휘장을 드리웠습니다(출 26:32-33, 36:36). 그리고 성소 입구의 문장을 만들고(출 26:36, 36:37) 그 문장[문 문(門), 휘장 장(帳): 문과 창문에 쳐서 늘어뜨리는 휘장]을 위하여 다섯 기둥을 만들었습니다(출 26:37, 36:38). 다음에 뜰 문의 문장을 위해서는 네 기둥을 만들었습니다(출 27:16, 38:19). 성소 입구의 기둥이 다섯 개로 지성소 입구의 기둥보다 하나 더 많은 것은, 네 겹의 앙장과 덮개를 받치고 있는 출입구 쪽에 훨씬 더 많은 힘이 필요했기 때문일 것입니다. 그래서 기둥 두 개씩 나란히 붙여 양편 널판 끝과 맞닿게 하여 출입구의 견고함을 더하고, 나머지 하나는 중앙에 세워 중심을 잡았습니다. 뜰 문의 문장(門帳)에는 네 개의 기둥이 있는데, 두 개는 중앙에 있고 두 개는 문장의 양쪽 끝에 각각 하나씩 세워져서, 양끝에 있는 기둥이 울타리의 기둥과 함께 문장의 양쪽 끝을 든든히 붙잡아 주고 있습니다.

② 기둥의 기둥머리, 가름대와 갈고리, 놋받침

지성소 입구의 휘장을 받쳐 준 네 개의 기둥들에는 기둥머리와 가름대가 없는데(출 26:32, 36:36), 성소 입구에 있는 다섯 개의 기둥들에는 기둥머리와 가름대가 있어서(출 36:38) 지성소 입구에 있는 기둥과 현저한 대조를 이루고 있습니다. 성막 문의 기둥의 기둥머리와 가름대는 금으로 쌌으며, 갈고리는 금으로 만들었고, 그 다섯 받침은 놋으로 만들었습니다(출 26:37, 36:38). 그리고 뜰 문의 기둥은 넷인데, 기둥머리 싸개와 갈고리와 가름대는 은이고 그 받침 넷은 놋이었습니다(출 27:16-17, 38:19).

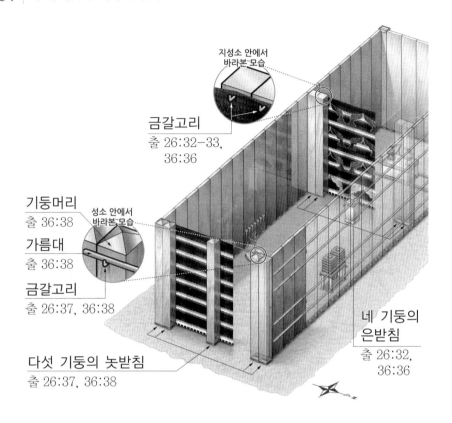

지성소 안에서
바라본 모습

금갈고리
출 26:32-33,
36:36

기둥머리
출 36:38

성소 안에서
바라본 모습

가름대
출 36:38

금갈고리
출 26:37, 36:38

**네 기둥의
은받침**
출 26:32,
36:36

다섯 기둥의 놋받침
출 26:37, 36:38

첫째, **성막 문의 다섯 기둥에는 기둥머리가 있습니다**(출 36:38).

성소 입구에 있는 다섯 기둥은 기둥머리가 있고 가름대로 연결되어 기둥을 더욱 단단하게 하여, 내부앙장과 외부앙장과 막의 덮개와 웃덮개 총 네 겹의 무게를 잘 지탱할 수 있도록 하였습니다. 동시에 금으로 싼 기둥머리는 외적 아름다움을 더하였을 것입니다. 또 뜰 문에 있는 네 기둥의 기둥머리(머리싸개)도 줄들로 말뚝에 연결되어 기둥을 견고하게 함으로 문장을 든든히 지탱할 수 있게 해 줍니다(출 38:19).

출애굽기 36:38의 "기둥머리"(רָאשֵׁיהֶם, 라쉐헴)는 '꼭대기, 머리'

라는 뜻의 '로쉬'(ראשׁ)에 '기둥들'(עֲמוּדִים, 아무딤)을 가리키는 대명사 접미어 '헴'(הֶם)이 결합된 것으로, 직역하면 '기둥들의 머리'입니다. 이것은 건물을 지탱하고 있는 기둥의 꼭대기 부분, 제일 높은 부분입니다. 아모스서에서는 하나님의 심판을 말씀할 때 성전 전체를 헐겠다고 하지 않고, "기둥머리를 쳐서 문지방이 움직이게 하며 그것으로 부숴져서 무리의 머리에 떨어지게" 할 것이라고 예언하였습니다(암 9:1). 성막의 '기둥머리'에 해당하는 부분을 솔로몬 성전에서는 "기둥 꼭대기의 공 같은 기둥머리"로 표현했으며, 그것은 성전에서 가장 높은 부분이었습니다(대하 4:12, 참고-왕상 7:41).

둘째, 성막 문의 기둥들에는 가름대와 금갈고리들이 있어
　　　문장을 단단히 붙들어 주고 있습니다(출 26:37, 36:38).

　가름대의 경우, 사람들의 출입에 방해가 되지 않도록 기둥머리가 있는 상단 부분에 위치하여, 문장을 견고하게 잡아 주는 역할을 하였을 것입니다. 기둥에 있는 문장을 거는 갈고리(hook)는 히브리어로 '바브'(וָו)이며, 못이나 핀 형태의 고리를 말합니다.

셋째, 성막 문의 다섯 기둥 아래 각각 놋받침이 있습니다
　　　(출 26:37, 36:38).

　성소 입구에 있는 기둥과 기둥머리를 금으로 싸고, 또 그 기둥들의 받침을 놋으로 만들었으므로, 성막 문에는 금과 놋이 동시에 사용되었습니다. 이는 뜰과 성소의 결합, 즉 이스라엘의 거처와 하나님의 거처가 친밀하게 결합되어 있음을 나타내 주고 있습니다. 성막 전체에서 유일하게 밖으로 노출된 부분인 금으로 싼 기둥 다섯 개는, 그곳이 하나님께서 임재하시는 신성한 곳임을 확실하게 나타

내 주었을 것입니다. 한편, 뜰 문에 있는 네 기둥도 네 개의 놋받침이 있고, 기둥머리 싸개는 은으로 되어 있어(출 38:19), 이스라엘 백성의 거처하는 성막이 구별된 장소임을 나타내어 주었을 것입니다.

(3) 지성소 입구의 휘장(פָּרֹכֶת, 파로케트)

출애굽기 26:33에는 "...그 장(파로케트)이 너희를 위하여 성소와 지성소를 구별하리라"라고 말씀하고 있습니다. '파로케트'(פָּרֹכֶת)는 '엄함, 가혹함, 잔인함'을 뜻하는 히브리어 '페레크'(פֶּרֶךְ)에서 유래하였습니다. 또한 "구별하리라"에 쓰인 히브리어 '바달'(בָּדַל)은 '나누다, 분리하다, 구별하다'라는 뜻입니다. 하나님께서 범죄한 인간들이 거룩한 하나님의 임재의 처소에 함부로 접근하지 못하도록, 지성소 입구의 휘장을 가혹할 정도로 철저하게 통제하고 구별하심으로써, 하나님의 영광을 보존하셨음을 가르쳐 줍니다. 이처럼 하나님께서는 지극히 거룩하신 하나님의 영광이 머물러 있는 지성소가, 죄인들에 의해 함부로 더럽혀지지 않도록 휘장을 만들어 가리도록 하셨습니다.

① 그룹들을 공교히 수놓은 휘장

성소 입구의 문장과 지성소 입구의 휘장은 동일하게 청색 자색 홍색 실과 가늘게 꼰 베실로 만들었습니다. 한 가지 다른 점은, 지성소 입구의 휘장에만 그 장 위에 그룹들을 공교히 수놓은 것입니다(출 26:31, 36:35). 두 그룹이 날개를 펴서 속죄소를 안전하게 지키고 보호하는 모습으로 만들어져 있듯이(출 25:18-22), 휘장에 수놓은 그룹들은 하나님의 임재의 처소인 성막을 보호하는 상징적인 의미를 갖습니다. 즉 하나님의 거룩하심이 부정한 외부 세력에 의하여 손상되지 않도록 철저하게 보호하는 모습입니다.

② 휘장을 치는 위치: 내부앙장의 금갈고리 아래

　지성소 휘장의 네 기둥은 조각목으로 만들어 금을 입혔고, 갈고리도 금으로 만들었습니다(출 26:32, 36:36). 휘장을 거는 갈고리(hook)는 히브리어로 '바브'(וָו)이며, 못이나 핀 형태의 고리를 말합니다. 또한 휘장을 갈고리(קְרָסִים, 케레스: clasp) 아래에 쳐서 드리웠습니다(출 26:33). 이때의 갈고리도 역시 '금갈고리'로서 내부앙장의 중앙에 채워진 50개의 고리를 뜻합니다(출 26:6, 36:13). 이렇게 휘장을 드리움으로써 지성소와 성소가 완전히 분리되었습니다. 출애굽기 26:33에 "그 장을 갈고리 아래 드리운 후에 증거궤를 그 장 안에 들여놓으라 그 장이 너희를 위하여 성소와 지성소를 구별하리라"라고 말씀하고 있습니다.

　부정한 인간은 스스로 아무리 거룩한 존재가 되었다 하더라도 결단코 하나님의 거룩하심에는 이를 수 없으며, 하나님의 거룩하심을 범하면 죽음을 면치 못합니다. 그런데 이처럼 휘장 하나를 사이에 두고 성소와 지성소를 인접하여 가까이 두게 하신 것은, 단순히 분리하여 접근하지 못하게 하는 자체가 목적이 아니라 하나님의 거룩하심으로 인간을 구원하시려는 뜨거운 사랑의 섭리가 있음을 나타내 줍니다.

③ 지성소 입구 휘장의 네 기둥의 은받침(출 26:32, 36:36)

　지성소 입구 은받침 위의 기둥 넷은 지성소 휘장의 바깥쪽에 놓이고, 성막문의 놋받침 위의 기둥 다섯은 성소 입구의 문장 바깥쪽에 놓였습니다. 이렇게 함으로써 지성소와 성소 안에는 금과 은으로 된 것들만 놓이게 되고, 놋으로 된 것들은 성막 문 바깥에 있게 되는 것입니다. 그것은 성소 안은 하나님의 임재가 있는 신성한 영역으로, 그리고 성막 뜰은 인간의 책임이 따르는 영역으로 구분되고 있기 때문입니다.

은받침의 은은 대속을 통하여 얻게 되는(출 30:11-16, 38:25-28, ^{참고-}창 37:28, 마 26:15) 성결과 순결을 상징하는 것으로, 지성소에 임재하시는 하나님 앞에 나아가려면, 철저한 성결과 순결이 있어야 함을 가르쳐 줍니다.

놋받침의 놋은 심판을 견디는 힘을 의미하기도 합니다(민 16:31-40). 성소 입구의 문에 있는 놋받침은 예수님께서 전 인류를 대신하여 십자가의 고통, 죽음의 고통을 견디시고 구원의 문이 되어 주신 사실을 생각나게 합니다(^{참고-}민 21:9, 요 3:14). 그러므로 예수 그리스도의 전적 희생으로 구속을 받고 하나님 앞으로 나아갈 수 있는 길이 열린 것입니다.

한편, 성막은 일반적인 건물과 달리, 안쪽으로 들어갈수록 화려하고 바깥쪽은 수수합니다. 이는 성막의 외형보다 성소 안에 임재해 계시는 거룩하신 하나님을 경외하고, 또 하나님 앞에 드리는 제사는 참된 정신과 마음으로 드려야 함을 의미한다고 봅니다. 오늘날 우리도 겉만을 꾸미는 외식을 버리고, 진정한 마음으로 참된 영적 예배를 드려야 합니다(롬 12:1). 하나님 아버지께서는 지금도 그렇게 예배하는 자를 찾고 계십니다(요 4:23-24).

4. 문들의 특징
The characteristics of the entrances

(1) 성막의 문들은 모두 동쪽에 있습니다.

성막의 문들은 모두 동쪽을 향해 있습니다(출 27:13-16, 38:13-15). 출애굽기 27:13에서 "동을 향하여 뜰 동편의 광도 오십 규빗이 될지며"라고 말씀하고 있습니다. 여기 "동을 향하여 뜰 동편"이라는 표현은 히브리어로 '케데마 미즈라하'(קֵדְמָה מִזְרָחָה)로, 이것은 '동편 곧 해 뜨는 쪽'이라는 뜻입니다. 강신택 박사는 그의 히브리어 한글 대역 구약성경에서 "해 뜨는 방향으로 동쪽 편에"라고 번역하였습니다. 고대 이스라엘 사람들은 지리적 방향을 언급할 때 항상 동쪽부터 시작했습니다. 동쪽을 뜻하는 히브리어 단어는 '미즈라흐'(מִזְרָח)와 '케뎀'(קֶדֶם)이 있습니다. '미즈라흐'는 '솟아오르다'라는 뜻의 '자라흐'(זָרַח)에서 파생된 명사로, '해가 솟아오르는 방향'이라는 의미입니다. 한편 '케뎀'(קֶדֶם)은 '앞에 있다', '앞으로 가다'라는 뜻의 '카담'(קָדַם)에서 파생된 명사로, '앞쪽'을 가리키는 단어입니다. 이스라엘 사람들은 해가 떠오르는 동쪽을 앞쪽으로 하여 방위를 결정하였습니다. 그러므로 뒤쪽은 서쪽, 왼쪽과 오른쪽은 각각 북쪽과 남쪽으로 표시되는 것입니다. 따라서 '동을 향하여 뜰 동편'이라는 표현은 방위상 '동쪽'을 가리키는 단어의 중복된 표현인 것 같지만, 각각 동쪽의 의미를 '해가 떠오르는 곳'과 '모든 방향의 기준이 되는 앞쪽'으로 담고 있는 것입니다. '왼쪽'을 뜻하는 '세몰'(שְׂמֹאל)은 **북쪽**을(창 48:14, 욥 23:9), '오른쪽'을 뜻하는 '야민'(יָמִין)은 **남쪽**을(창 48:14, 욥 23:9, 시 89:13), **서쪽**은 '마아라브'(מַעֲרָב)로 '해 지는 곳'을 의미합니다. 시편 103:12에서도 '미즈라흐'(동쪽, 해 뜨는 곳)를 기준으로 '마아라브'(서쪽, 해지는 곳)를 표현하고 있습니다. 이처럼 이스라엘 사람에게 동쪽 곧 해 뜨는 곳은 가장 중요했습니다.

동쪽은 신구약 성경에서 구속사적으로 매우 중요한 의미를 지닙니다. 타락 전 아담이 하나님과 교제하던 에덴동산도 동쪽에 있었고(창 2:8), 에덴동산에서 쫓겨났을 때 하나님께서는 에덴동산 동편에 그룹들과 두루 도는 화염검을 두어 생명나무의 길을 지키도록 하셨습니다(창 3:24). 타락한 인간이 생명나무가 있는 에덴동산으로 들어갈 수 없도록, 사람이 능히 넘을 수 없는 큰 장벽이 생겼던 것입니다. 그런데 하나님께서 모세를 통해 계시해 주신 성막의 구조를 볼 때, 성소의 서쪽, 북쪽, 남쪽이 앙장과 덮개로 뒤덮이고, 동쪽 전체가 출입문이었던 것은 의미심장합니다. 동쪽은 해 뜨는 곳으로, 의의 태양이신 예수 그리스도를 통해(시 84:11, 말 4:2, 눅 1:78) 전 인류에게 구원의 문이 열릴 것을 예표합니다(요 10:7). 요한복음 10:9에서 "내가 문이니 누구든지 나로 말미암아 들어가면 구원을 얻고 또는 들어가며 나오며 꼴을 얻으리라"라고 말씀하고 있습니다.

성막 동쪽에는 유다 지파와 잇사갈 지파와 스불론 지파가 진을 쳤습니다(민 2:3, 5, 7). 그런데 동쪽에 위치했던 이 유다 지파를 통해서 예수님께서 이 땅에 오셨습니다(마 1:2-16). 이사야 선지자는 메시아가 동방에서 역사하실 것을 예언하였으며(사 41:1-2, 25, 46:11), 메시아를 동방과 관련하여 언급할 때, '해 뜨는 곳'을 뜻하는 '미즈라흐'(מִזְרָח)라는 단어를 사용하였습니다. 또한 에스겔 선지자는 '하나님의 영광이 성전 동문을 통해 들어온다'라고 예언하고 있고(겔 43:1-5), 시편 84:11에서는 하나님을 해로 비유하고 있습니다(참고-말 4:2, 눅 1:78). 요한계시록 7:2-4을 볼 때, 하나님의 인 치는 역사가 해 돋는 곳에서 일어나며, 이스라엘 자손의 지파 중에서 인 맞은 자의 수가 144,000이라고 말씀하고 있습니다. 바로 동쪽 곧 해 돋는 곳에서 하나님의 영광이 나타난다는 것입니다.

(2) 이스라엘 백성은 성막 문(회막문)에서 여호와 앞에 모였습니다.

회막문은 제사장들이 드나들 수 있도록 만들어 놓은 성소 앞의 출입문을 가리킵니다. 하나님께서는 회막문에서 이스라엘 백성을 만나시겠다고 약속하셨습니다. 출애굽기 29:42-43에서 "이는 너희가 대대로 여호와 앞 회막문에서 늘 드릴 번제라 내가 거기서 너희와 만나고 네게 말하리라 ⁴³ 내가 거기서 이스라엘 자손을 만나리니 내 영광을 인하여 회막이 거룩하게 될지라"라고 말씀하셨습니다. 성경에 '회막문 여호와 앞'이라는 말씀이 자주 기록되어 있으며(출 29:11, 42, 레 4:4, 14:11, 23, 15:14, 16:7, 17:5-6, 19:21), 여호와께서 "회막 내 앞"(민 11:16)이라고도 말씀하셨습니다.

① 하나님의 명령을 전하거나 하나님 앞에서 중대한 결정을 할 때, 백성을 **회막 앞으로** 소집하여 하나님 앞에 선 선민으로서의 책임을 감당하게 하였습니다(민 8:9).

② 백성이 화목 제물을 끌고 나와 안수하고 제물을 잡는 장소도 **회막문**입니다(레 3:1-2, 8, 13, 17:4-5, 9). 속죄 제물(제사장, 이스라엘 온 회중)과 속건 제물도 **회막문으로** 가져다가 잡았습니다 (레 4:3-4, 14-15, 19:21-22). 단, 번제 희생을 잡는 곳과 속죄제 희생 중 숫염소와 암염소와 암양을 잡는 곳은 번제단 북편입니다(레 1:10-11, 4:23-24, 28-29, 32-33).

③ 유출병 있는 자가 그 몸이 정결하기 위하여 제8일에 **회막문 여호와 앞으로** 가서 제사장에게 제물을 주었습니다(레 15:13-14).

④나실인은 **회막문**에서 서원을 드렸습니다(민 6:13).

⑤제사장 위임식과 취임식 때 온 회중이 **회막문**에 모였습니다 (레 8:3-4, 9:5).

⑥레위인이 성막에서 봉사하도록 봉헌하여 드리는 날, 레위인 을 모이게 한 곳이 **회막문**입니다(민 8:8-11).

⑦모세가 전한 나팔(은 나팔) 신호 가운데, 두 나팔을 울릴 경우는 온 회중이 **회막문** 앞에 모이라는 신호였습니다(민 10:1-3).

⑧고라 일당이 모세와 아론에게 반역하기 위해 이스라엘 백성 을 모은 장소가 **회막문**입니다(민 16:18-19).

⑨모압 싯딤에서 음행 사건으로 하나님께서 진노하셨을 때, 이 스라엘 온 회중이 **회막문**에서 울었습니다(민 25:1-6).

⑩가나안 정복 전쟁 후 12지파의 기업을 나누기 위한 제비 뽑기 를 할 때도 **회막문 여호와** 앞에서 했습니다(수 19:51).

5. 문들의 구속사적 교훈
The redemptive-historical teaching of the entrances

(1) 뜰 문: 예수 그리스도만이 하나님께로 나아가는 유일한 구원의 문임을 예표합니다.

뜰의 문은 세마포 장으로 둘러싸인 성막을 출입하는 유일한 입 구로서, 하나님께로 나아갈 수 있는 유일한 구원의 문이신 예수 그리스도를 예표합니다. 요한복음 10:9에서 "내가 문이니 누구든 지 나로 말미암아 들어가면 구원을 얻고 또는 들어가며 나오며 꼴 을 얻으리라"라고 말씀하셨고, 요한복음 14:6에서 "내가 곧 길이 요 진리요 생명이니 나로 말미암지 않고는 아버지께로 올 자가 없느니라"라고 말씀하고 있습니다(행 4:12). 이 문으로 들어가지 않는 자는 절도요, 강도요, 삯꾼입니다(요 10:8, 12).

(2) 성소의 문: 예수 그리스도를 통한 구원의 문, 생명의 문을 예표합니다.

성막 뜰에서 성소로 들어가는 문은 아무나 출입할 수 없는 문으로, 제사장들만 들어갈 수 있는 매우 좁은 문입니다. 예수 그리스도를 통한 구원의 문, 생명의 문은 좁은 문입니다(마 7:13-14, 눅 13:24). 오직 예수 그리스도의 문으로 들어가는 자만이 마침내 천국에 들어가 영생을 얻을 수 있으며, 들어가며 나오며 풍성한 꼴을 얻게 됩니다(요 10:7-10, 행 4:12). 그러나 예수 그리스도를 믿지 않고 다른 예수, 다른 영, 다른 복음을 전하거나 그것을 믿는 자는 다 멸망할 것입니다(고후 11:4, 갈 1:6-9). 성소로 들어가는 그 문은 선택받은 참 성도와 버림받을 거짓 신자를 확연히 구분하는 척도가 됩니다(마 22:14, 25:10-12). 참으로 '왕 같은 제사장'으로 인정받은 성도(벧전 2:9, 계 1:6)만이 들어갈 수 있는 문입니다.

(3) 지성소의 문: 휘장은 예수 그리스도의 육체를 나타냅니다.

지성소에 우리가 들어갈 수 있게 된 것은, 예수님께서 십자가에서 운명하실 때 성소 휘장이 위로부터 아래까지 찢어져 둘이 됨으로 그 길을 열어 주셨기 때문입니다. 마태복음 27:51에서 "이에 성소 휘장이 위로부터 아래까지 찢어져 둘이 되고 땅이 진동하며 바위가 터지고"라고 말씀하고 있습니다. 여기 '휘장'은 헬라어로 '카타페타스마'(καταπέτασμα)로, '성소와 지성소 사이의 막'을 가리킵니다. 또 "찢어져"는 헬라어로 '쪼개다, 갈라지다'라는 뜻을 가진

'스키조'(σχίζω)의 수동형으로서, 하나님의 역사로 마치 바위가 쪼개지듯이 완전히 나눠진 것을 의미합니다. 이 단어는 같은 구절 하반절의 "바위가 터지고"에도 사용되었습니다.

한편, 히브리서 10:20에서 "그 길은 우리를 위하여 휘장 가운데로 열어 놓으신 새롭고 산 길이요 휘장은 곧 저의 육체니라"라고 말씀하고 있습니다. 전에는 휘장이 우리와 하나님 사이를 가로막는 장벽이었는데, 예수 그리스도의 십자가로 말미암아 지성소로 들어가는 길이 열린 것입니다. 이 길에 대하여 히브리서 10:20에서는 "새롭고 산 길"이라고 말씀하고 있습니다. 여기 "새롭고"는 헬라어 '프로스파토스'(πρόσφατος)로 '금방 죽임 당한', '최신(最新)의'라는 두 가지 뜻이 있습니다. 이것은 예수님의 죽으심이 우리에게 가장 새로운 구원의 길이 됨을 알려 줍니다. 예수님께서 열어 놓으신 길은 지금까지 그 누구도 만들지 못했던 최초의 유일한 길인 것입니다.

또한 "산"(living)은 헬라어로 '살다'를 뜻하는 '자오'(ζάω)의 현재분사형으로, 예수님께서 열어 놓으신 길은 계속적으로 살아있는 길로서 우리를 영원한 생명으로 인도하는 길, 다시는 닫히지 않는 영원한 길임을 나타냅니다. 이제 예수 그리스도의 피의 공로를 의지하는 사람이라면 누구나 직접 하나님 앞에 나아갈 수 있게 되었습니다(히 10:19).

예수님께서는 십자가 상에서 친히 벌거벗은 몸으로 못 박히시어 속죄 제물이 되심으로 인간의 죄를 담당하시고, 하나님 앞에 나아갈 수 있는 영원한 대로를 열어 놓으셨습니다. 예수님께서는 친히 자기 육체로 죄악의 수치를 다 드러내시고 형벌을 받으심으로써, 우리의 모든 죄악과 부끄러운 수치를 모두 가려 주신 것입니다.

이제 우리들은 예수님의 육체가 십자가에서 찢기심으로 열어 주신 길을 걸어서 은혜의 보좌 앞으로 담대히 나아갈 수 있게 되었습니다(히 4:16下). 예수님께서는 십자가에서 단번에 영원한 속죄를 이루심으로, 지성소 안 하나님 앞으로 들어가는 길을 영원히 열어 놓으신 것입니다(요 14:6, 히 9:11-12, 26, 28, 10:10).

(4) 예수 그리스도는 우리의 영원한 구원의 문이십니다.

문(門)은 '드나들거나 물건을 넣었다 꺼냈다 하기 위하여 틔워 놓은 곳, 또는 그곳에 달아 놓고 여닫게 만든 시설, 거쳐야 할 관문이나 고비'를 의미합니다. 고대의 '성문'은 일상생활의 중심지였습니다. 장로들이 성문에서 재판을 했고(신 21:19, 수 20:4, 룻 4:1-2), 왕들이 성문에서 백성을 만나고 거기서 재판을 했습니다(삼하 19:8, 왕상 22:10). 또한 제사장들과 선지자들은 성문에서 예언하거나 말씀을 선포하였고(느 8:1-3, 렘 17:19-27, 19:2), 상인들은 성문에서 거래를 했습니다(느 13:15-22). 예루살렘의 어떤 문들은 거래에 따라 생선문(魚門, fish gate; 대하 33:14, 느 3:3), 양문(羊門, sheep gate; 느 3:1, 32)으로 불리기도 했습니다. 예수님께서는 양문 곁에서 38년 된 병자를 치료하셨습니다(요 5:2-9).

구약 시대에 문을 차지하는 자는 권세 있는 자로 여겨졌습니다. 고대의 성문에 앉은 "성문 장로"(신 25:7), "성읍 장로"(룻 4:2)는 중요한 사법적 판단, 심지어 사형을 결정할 수도 있는 상당한 권한이 있었습니다(신 16:18, 21:18-21, 22:15-21, 25:7-10). 현숙한 여인(잠 31:10)을 아내로 둔 남편은 그 성읍의 장로들과 함께 성문에 앉게 되며(잠 31:23, 참고-창 19:1, 욥 29:7), 그 행한 일을 인하여 현숙한 여인도 "성문에서 칭찬을" 받게 됩니다(잠 31:31, 참고-룻 3:11).

성도가 하나님의 나라에 들어갈 때도 통과해야 할 '문'이 있습니다(눅 13:24, 행 14:27, 계 3:8). 시편 118:20에 "이는 여호와의 문이라 의인이 그리로 들어가리로다"라고 말씀하셨습니다. 이사야 26:2에는 "너희는 문들을 열고 신을 지키는 의로운 나라로 들어오게 할지어다"라고 말씀하셨습니다. 예수님을 영접하는 자 곧 그 이름을 믿는 자들에게는 하나님의 자녀가 되는 권세를 주신다고 약속하셨습니다(요 1:12).

예수 그리스도는 유일한 구원의 문이시므로(요 10:7-9, 14:6, 행 4:12), 예수 그리스도를 영접하는 자만이 하나님 나라에 들어갈 수 있습니다. 그러나 당시 외식하는 서기관들과 바리새인들은 천국 문을 사람들 앞에서 닫고 자기들도 들어가지 않고, 들어가려 하는 자도 들어가지 못하게 막았습니다(마 23:13). 요한계시록 22:14에서 "그 두루마기를 빠는 자들은 복이 있으니 이는 저희가 생명나무에 나아가며 문들을 통하여 성에 들어갈 권세를 얻으려 함이로다"라고 말씀하고 있습니다. 이 권세는 오직 어린 양의 피에 옷을 씻어 희게 하는 자, 곧 두루마기를 빠는 자들이 얻게 됩니다(계 7:14, 22:14). 그래서 히브리서 10:19에서 "그러므로 형제들아 우리가 예수의 피를 힘입어 성소에 들어갈 담력을 얻었나니"라고 말씀하고 있는 것입니다(히 10:22).

3. 성막 뜰

חֲצַר הַמִּשְׁכָּן (하차르 하미쉬칸)
αὐλὴν τῇ σκηνῇ
The court of the tabernacle
출 27:9, 38:9, 40:8, 33

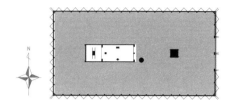

성막의 뜰은 성소와 지성소를 둘러싼 성막의 마당을 가리킵니다. 회막(성소)의 크기는 성막 전체의 십육분의 일(1/16)이었고, 그 외의 넓은 야외 공간은 모두 뜰이었습니다. 성막은 광야의 맨땅에 설치되었으므로, 성막 뜰은 흙먼지가 날리는 땅바닥이었습니다(참고-민 5:17).

성막을 완성할 때 회막(성소와 지성소)을 먼저 완성하고, 번제단

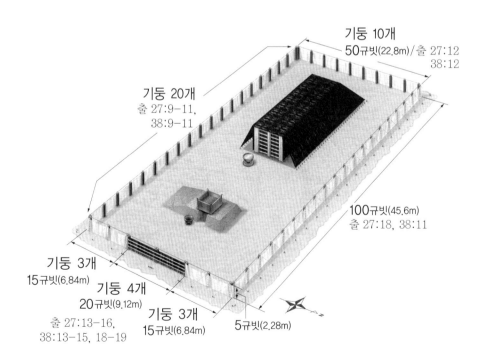

과 물두멍을 배치한 후에, 이어서 마지막으로 뜰 주위에 포장을 치고, 뜰 문에 장을 달았습니다(출 40:1-8). 출애굽기 40:33에서는 "그가 또 성막과 단 사면 뜰에 포장을 치고 뜰 문의 장을 다니라 모세가 이같이 역사를 필하였더라"라고 말씀하고 있습니다.

1. 성막 뜰의 크기
The size of the court of the tabernacle

출애굽기 27:9에서 "너는 성막의 뜰을 만들지니..."라고 말씀하고 있습니다(출 38:9). 여기에서 "뜰"은 히브리어 '하체르'(חָצֵר)로, '(말뚝으로) 둘러싸다, 구획하다'라는 뜻의 '하차르'(חָצַר)에서 유래하였으며, 촌락(수 13:23, 사 42:11), 마당(왕하 21:5), 궁정(시 84:10)이라고도 번역되었습니다.

성막 뜰의 긴 쪽(남쪽과 북쪽)은 100규빗(45.6m)이요, 짧은 쪽(동쪽과 서쪽)은 각각 50규빗(22.8m)이며, 그 울타리의 높이는 5규빗(2.28m)이었습니다. 출애굽기 27:18에서 "뜰의 장은 백 규빗이요 광은 오십 규빗이요 세마포 장의 고는 오 규빗이요 그 받침은 놋이며"라고 말씀하고 있습니다. 입구는 동쪽을 향해 있고 뒤편은 서쪽을 향해 있습니다. 동쪽 문의 네 기둥을 제외한 56개의 기둥들에는 세마포 장이 은으로 된 갈고리와 가름대에 부착되어(출 27:9-15, 17-18, 38:9-17), 장막 전체의 울타리를 형성하고 있습니다. 총 넓이는 5,000 제곱 규빗(1,039.68m²)입니다. 이것은 314.6평입니다.

2. 성막 뜰의 역할과 구속사적 의미
The function of the court of the tabernacle and its redemptive-historical meaning

(1) 성막 뜰은 바깥과는 엄격히 구별된 거룩한 장소입니다.

성막은 하나님께서 그의 백성 가운데 거하시는 '하나님의 집'입니다(수 6:24, 삼상 1:7, 24, 대상 6:48, 시 27:4, 135:2, ^{참고-}수 9:23, 삿 18:31, 딤전 3:15, 히 3:2, 5, 10:21, 벧전 4:17). 성막 뜰 안은 허락받지 않은 이방인이나 짐승들이 함부로 들어올 수 없었고, 제사를 목적으로 하는 제사장들과 레위인 및 제사를 드리러 오는 일반 백성들이 출입할 수 있었습니다(레 1:2-6, 11-12, 12:6, 민 8:9-26).

확실히 뜰은 거룩한 것과 속된 것, 하나님을 섬기는 의인과 섬기지 않는 악인이 구별되는 곳입니다(^{참고-}겔 42:20, 44:23, 말 3:18). 이 뜰 안에 있는 자는 하나님께로부터 구원이 보장되며 결코 망하지 않습니다. 하나님을 섬기는 자들이 거하는 곳은 '구원의 성벽, 찬송의 성문'(사 60:18)이라 칭함을 받습니다.

이와 같이 하나님의 교회는 하나님의 거룩한 속성을 충만히 품고 있어야 합니다. 아무리 큰 은사를 소유하고 위대한 인물을 배출하고 세상에 큰 업적을 남긴다 해도, 거룩하지 못하다면 그것은 주님의 몸 된 교회라고 볼 수 없습니다.

(2) 성막 뜰은 인간의 죄가 처리되며 화목케 되는 장소입니다.

성막의 뜰은 희생 제물로 바칠 짐승을 대기시키고 또 잡는 곳으로, 인간의 죄가 처리되는 장소입니다. 뜰 안에 위치한 특정한 기물(번제단, 물두멍 등)이 있는 곳 외의 나머지 장소에서, 제사장들과 레위인들은 제사에 필요한 준비로 제물을 잡거나(레 1:3-17), 하나님께 바쳤던 제물을 먹었습니다(레 6:16, 26). 이처럼 성막의 뜰은 처절한 죽음의 장소인 동시에, 아름다운 화목을 나누는 곳이었습니다.

그러므로 성막 뜰은, 구속사적으로 예수 그리스도의 대속과 화목의 사역을 보여 줍니다. 예수님께서는 우리의 죄를 대신 짊어지시고 십자가에 죽으심으로(마 20:28, 막 10:45) 우리들을 하나님과 화목케 하셨습니다(롬 3:25, 고후 5:18-19, 요일 2:2).

교회는 예수 그리스도께서 세우신 살아 있는 주의 몸이요(엡 1:23, 골 1:24), 주 안에서 서로 교제하며(κοινωνία, 코이노니아) 화목하게 되는 친교의 공동체입니다. 혈연이나 지연이나 학연으로 이루어진 일반적인 공동체가 아니라, 예수 그리스도의 피로 구속 받아 하나님의 말씀으로 사귀며, 언약의 끈으로 한 몸을 이룬 참된 형제 관계의 공동체인 것입니다(마 12:47-50, 막 3:32-35, 롬 12:5).

(3) 하나님의 말씀이 선포되고 백성이 기도하는 장소입니다.

성소 안은 제사장만이 들어갈 수 있는 곳인 반면에, 성막 뜰은 일반 백성이 하나님께 제물을 바치며 기도하는 곳이었습니다. 예레미야 선지자는 여호와의 명령을 받아 "여호와의 집 뜰에 서서 모든 백성에게" 말씀을 선포하였습니다(렘 19:14). 예레미야 26:2에서 "나 여호와가 이같이 이르노라 너는 여호와의 집 뜰에 서서 유다 모든 성읍에서 여호와의 집에 와서 경배하는 자에게 내가 네게 명하여 이르게 한 모든 말을 고하되 한 말도 감하지 말라"라고 말씀하고 있습니다.

누가복음 1:9-10에는 제사장 사가랴가 성소에 들어가 분향할 동안에, 모든 백성이 성전의 뜰에서 기도하는 모습이 기록되어 있습니다.

시편 84:2에서 "여호와의 궁정"은 히브리어 '하츠로트 예호바아도나이'(חַצְרוֹת יְהוָה)로, '주의 성막의 뜰'을 가리킵니다. 시인은 그 뜰을 사모하여(כָּסַף, 카사프: 창백해지도록 열망하다) "내 마음과 육체가 생존하시는 하나님께 부르짖나이다"라고 고백하였습니다(시 84:2下). 시편 84:10에서도 "주의 궁정(בַּחֲצֵרֶיךָ, 바하체레카: 주의 뜰)에서 한 날이 다른 곳에서 천 날보다 나은즉..."이라고 고백하였습니다.

하나님께서는 성막(성전)에 자기 이름을 두시고, 거기서 자기 백성을 만나시겠다고 약속하셨습니다(출 29:42-43, 신 12:5, 11, 왕상 8:16, 29, 9:3, 대하 7:15-16). 하나님의 집은 '만민이 기도하는 집'입니다. 이사야 56:7에서 "내가 그를 나의 성산으로 인도하여 기도하는 내 집에서 그들을 기쁘게 할 것이며 그들의 번제와 희생은 나의 단에서 기꺼이 받게 되리니 이는 내 집은 만민의 기도하는 집이라 일컬음이 될 것임이라"라고 말씀하고 있습니다. 예수님께서는 공생애 초기에 성전 안에서 소와 양과 비둘기 파는 사람들과 돈 바꾸는 사람들의 앉은 것을 보시고, 노끈으로 채찍을 만들어 양이나 소를 다 성전에서 내어 쫓으시고, 돈 바꾸는 사람들의 돈을 쏟으시며 상을 엎으시면서, 비둘기 파는 사람들에게 "이것을 여기서 가져가라 내 아버지의 집으로 장사하는 집을 만들지 말라"라고 호되게 책망하시며(요 2:13-16), "이 성전을 헐라"(요 2:19)라고까지 말씀하셨고, 공생애 말기에도 '만민이 기도하는 집'인 성전의 본래 기능을 완전히 상실케 하고 '강도의 굴혈'로 만든 종교 지도자들의 심각한 타락상을 보시고(렘 7:11), 성전 안에서 매매하는 자들을 내어 쫓으시며 돈 바꾸는 자들의 상과 비둘기 파는 자들의 의자를 둘러 엎으셨습니다(마 21:12-13, 막 11:15-17, 눅 19:45-46). 거룩한 하나님의 집을 더럽히면 하나님께서 멸하신다고 말씀하십니다(고전 3:17).

성막은 하나님께서 계신 집입니다. 그 뜰에서 언제나 하나님 앞에 제사를 드려서 속죄 은총이 충만하고, 하나님의 말씀이 우렁차게 선포되며, 기도 소리와 찬송 소리가 끊이지 않고, 성도의 아름다운 교제가 이루어지는 거룩한 하나님의 집입니다. 그래서 시편 기자는 '주께서 택하시고 주의 뜰에 거하게 하신 사람은 복이 있다'고 고백하였습니다(시 65:4). 기도와 찬송을 쉬지 않고, 말씀에 순종하며 성도 본연의 사명을 잘 감당하는 자가 하나님의 성전, 그 뜰을 지키는 자요, 하나님의 교회를 지키며 다스리는 자입니다(슥 3:7). 거룩한 하나님의 교회는 음부의 권세가 이기지 못합니다(마 16:18).

4. 널판

קֶרֶשׁ (케레쉬)
στύλους
The boards
출 26:15-30, 36:20-34, 40:18

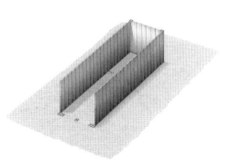

널판은 성막의 골격을 형성하는 것으로, 밖에서 불어오는 바람을 막고 성막 내부를 보호하는 역할을 하였습니다. 출애굽기 26:15에서 "너는 조각목으로 성막을 위하여 널판을 만들어 세우되"라고 말씀하고 있습니다. "널판"(board)은 '쪼개다'라는 뜻에서 유래한 히브리어 '케레쉬'(קֶרֶשׁ)로, '두꺼운 판자'를 뜻하며 '배의 갑판'을 가리키기도 합니다(겔 27:6).

1. 널판의 크기
The size of the boards

각 널판의 장은 10규빗(4.56m)이요, 광은 1.5규빗(68.4㎝)입니다(출 26:16, 36:21). 성막을 형성하는 널판은 남편에 20개(출 26:18, 36:23), 북편에 20개(출 26:20, 36:25), 서편에 6개(출 26:22, 36:27)가 있었습니다. 그리고 성막 뒤(서쪽) 모퉁이 편을 위하여 널판 둘(출 26:23-24, 36:28-29)을 만들었으므로, 성막에는 널판이 총 48개가 들어간 것입니다.

2. 널판의 재료와 조립
The material and assembly of the boards

(1) 널판의 재료는 조각목이며, 금으로 쌌습니다(출 26:15, 29, 36:20, 34).

출애굽기 26:29에서 '싸고'(תְצַפֶּה, 테차페)는 '입히다(왕상 6:20, 10:18)', '꾸미다(대하 3:6)'라는 뜻을 지닌 히브리어 '차파'(צָפָה)의 피엘(강조) 미완료형으로, 여기서는 '도금하다'(대하 3:4, 10, 4:9)라는 의미입니다. 이처럼 성막 본체의 널판 전부와 가름대와 금고리는 금을 입히거나, 금으로 만들어야 했습니다. 성막은 금을 입힌 널판으로 만들어졌기 때문에, 성소 안에 들어서면 등대 불을 반사하는 황금 벽의 찬란한 광채가 실로 아름다웠을 것입니다.

(2) 각 널판마다 은받침을 두 개씩 두어서 널판을 고정하였습니다 (출 26:19, 21, 25, 36:24, 26, 30).

널판 하나와 은받침 둘은 각각 두 촉으로 연결되었습니다(출 26:19,

36:24). "촉"(tenon)이란, 요철 형식으로 되어서 두 부분을 서로 연결하도록 만든 것의 돌출 부분을 가리킵니다. 널판을 세워서 조립할 때도 널판 측면에 두 촉을 내어 서로 단단하게 연결하였습니다(출 26:17, 36:22). 은받침에서 '받침'의 히브리어 '에덴'(אֶדֶן)은 '기초, 토대'(욥 38:6)라는 뜻입니다.

널판 하나에 은받침이 두 개씩이므로, 널판 반 쪽(0.75규빗)마다 은받침이 하나씩 놓이는 것입니다. 그리하여 성막에 쓰인 은받침은 널판 48개당 두 개씩 96개에 지성소 휘장 기둥의 받침 4개까지 합하여 총 100개입니다.

출애굽기 38:27에서 "은 일백 달란트로 성소의 판장 받침과 문장(휘장) 기둥 받침 합 일백을 부어 만들었으니 매 받침에 한 달란트씩 합 일백 달란트요"라고 말씀하고 있습니다. "매 받침에 한 달란트"를 사용하였으므로 은받침 하나의 무게는 은 1달란트(약 34㎏)입니다. 이에 따라 은받침의 높이를 계산해 보면 8.76㎝가 됩니다[단, 은의 밀도 10.5g/㎤, 은받침의 크기를 가로 0.75규빗(34.2㎝), 세로 2손바닥(15.2㎝), 촉의 크기를 가로 3손바닥(22.8㎝), 세로 1손바닥(7.6㎝)으로 가정할 경우]. 이 은받침을 땅을 파서 묻음으로써(참고-욥 38:6 "세웠으며"), 성막 건물이 넘어지지 않고 굳건하게 서 있도록 안정성을 주었을 것으로 여겨집니다.[8]

다음은 널판과 각각의 촉들, 그리고 은받침의 단면도입니다.

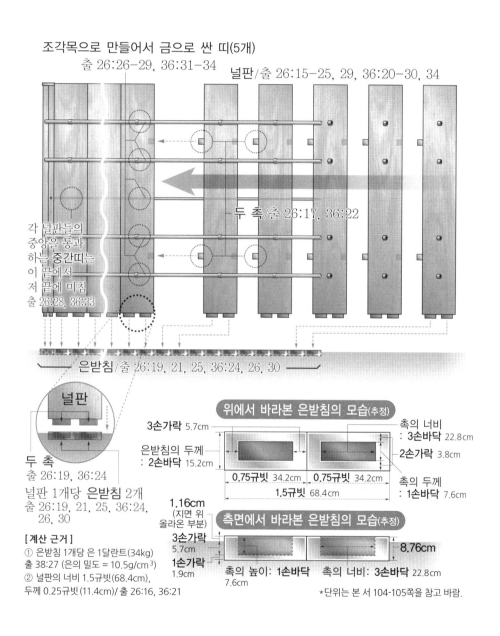

조각목으로 만들어서 금으로 싼 띠(5개)
출 26:26-29, 36:31-34

널판/출 26:15-25, 29, 36:20-30, 34

두 촉/출 26:17, 36:22

각 널판들의 중앙을 통과하는 중간띠는 이 끝에서 저 끝에 미침 출 26:28, 36:33

은받침/출 26:19, 21, 25, 36:24, 26, 30

널판

두 촉
출 26:19, 36:24
널판 1개당 은받침 2개
출 26:19, 21, 25, 36:24, 26, 30

[계산 근거]
① 은받침 1개당 은 1달란트(34kg)
출 38:27 (은의 밀도 = 10.5g/cm³)
② 널판의 너비 1.5규빗(68.4cm),
두께 0.25규빗(11.4cm)/ 출 26:16, 36:21

위에서 바라본 은받침의 모습(추정)

3손가락 5.7cm
은받침의 두께
: 2손바닥 15.2cm
0.75규빗 34.2cm
0.75규빗 34.2cm
1.5규빗 68.4cm
촉의 너비
: 3손바닥 22.8cm
2손가락 3.8cm
촉의 두께
: 1손바닥 7.6cm

측면에서 바라본 은받침의 모습(추정)

1.16cm
(지면 위 올라온 부분)
3손가락 5.7cm
1손가락 1.9cm
촉의 높이: 1손바닥 7.6cm
촉의 너비: 3손바닥 22.8cm
8.76cm

*단위는 본 서 104-105쪽을 참고 바람.

(3) 성막 뒤 양 모퉁이는 두 겹의 널판을 세우고 윗고리로
고정하였습니다(출 26:23-24, 36:28-29).

성막 뒤 두 모퉁이 편을 위하여는 널판 둘을 만들었습니다(출 26:23, 36:28). 성막 뒤쪽 모서리 부분은 항상 두 방향에서 힘을 받으므로, 견고함이 더욱 요구되기 때문에 각각 널판을 두 겹으로 겹쳐 세워 더 튼튼하게 했습니다(출 26:23-24, 36:28-29). 이 널판 둘은 아래에서부터 위까지 각기 두 겹으로 하여 윗고리에 이르게 하였습니다. 출애굽기 26:23-24에서 "...널판 둘을 만들되 24 아래에서부터 위까지 각기 두 겹 두께로 하여 윗고리에 이르게 하고"라고 말씀하고 있습니다. 여기에서 "두 겹 두께로 하여"의 히브리어는 '이흐유 토아밈'(יִהְיוּ תֹאֲמִים)으로, 히브리 원문에는 한글 개역성경에 기록된 "두께"라는 말이 없습니다. 여기서 '토아밈'(תֹאֲמִים)은 '짝을 이루다, 쌍둥이를 낳다'라는 뜻을 가진 히브리어 '타암'(תָּאַם)의 복수형으로, 동사 '하야'(הָיָה: 있다, 되다)와 함께 쓰여 '완전히 똑같은 널판을 두 겹이 되게 하라'라는 뜻이 되는 것입니다.

이렇게 두 겹으로 세워진 널판들은 위에서 한 고리로 연결되어 튼튼하게 고정되었는데, 이것은 모퉁이 양편 모두 동일했습니다. 그래서 출애굽기 26:24에서 "윗고리에 이르게 하고 두 모퉁이 편을 다 그리하며"라고 말씀하였습니다. 히브리어 원문에는 '켄'(כֵּן)이라는 단어가 있는데, 이것은 '그와 같이'라는 뜻으로, 모퉁이 양편이 똑같다는 것입니다(출 36:29).

또한 "윗고리"는 '위'(רֹאשׁ, 로쉬: 꼭대기, 맨 위, 머리)에 있는 '한(אֶחָד, 에하드: 하나, one) 고리(טַבַּעַת, 타바아트)'를 가리키며, 영어성경에서는 "at the top by one ring"(NKJV)으로 번역하였습니다.

윗고리는 서쪽의 두 모퉁이에만 사용하는 것으로, 두 겹 널판을

윗고리
출 26:24,
36:29

성막 뒤편 양 모퉁이의 두 겹 널판
출 26:23-24, 36:28-29

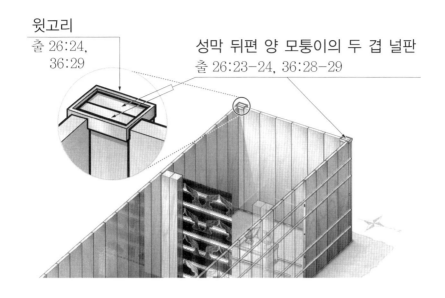

성막 뒤편 양 모퉁이의 두 겹 널판

0.25규빗(11.4cm)

0.75규빗
(34.2cm)

1.5규빗
(68.4cm)

0.5규빗
(22.8cm)

중간띠

0.25규빗
(11.4cm)

1.5규빗
(68.4cm)

N

"성막 뒤 곧 그 서편을 위하여는
널판 여섯을 만들고 성막 뒤 두
모퉁이 편을 위하여는 널판 둘을 만들되
아래에서부터 위까지 각기
두 겹 두께로 하여 윗고리에 이르게 하고
두 모퉁이 편을 다 그리하며"
(출 26:22-24, 36:27-29)

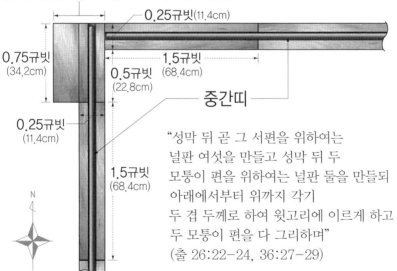

하나로 고정시키기 위해 특별히 제작된 것입니다. 두 겹으로 된 널판을 하나의 윗고리에 끼워 넣어, 겹쳐진 두 널판이 벌어지지 않고 조여지도록 고정시켰습니다. 출애굽기 26:24을 영어성경 NIV에서는 "At these two corners they must be double from the bottom all the way to the top, and fitted into a single ring; both shall be like that"으로 번역하고 있습니다. 강신택 박사의 히브리어 한글 대역 구약성경은 이 구절의 분명한 의미를 살려 "그리고 그것들은 밑에서부터 두 겹으로 되어야 한다. 그리고 그것의 위에서부터도, 하나의 고리 속으로 각각 (끼워져야) 한다. 그것 둘을 위해서 이렇게 되어야 한다. 곧 그것들이 두 모퉁이를 위한 것이 될 것이다"라고 번역하였습니다.[9]

3. 널판의 두께
The thickness of the boards

앞에서 살펴본 대로 각 널판의 장은 10규빗(4.56m), 광은 1.5규빗(68.4cm)입니다(출 26:16, 36:21). 그러나 각 널판의 두께에 대한 명시적인 기록은 성경에 없습니다. 널판의 두께가 얼마인지 알아보기 위해서는 다음과 같은 기본 전제를 알아야 합니다.

첫째, 성막 뒤편(서쪽)에는 총 8개의 널판이 있었습니다.
6개의 널판이 있었고, 좌우 모퉁이에 똑같은 규격의 널판이 각각 두 개씩 겹쳐 있었습니다(출 26:22-25, 36:27-30).

둘째, 지성소(서쪽)의 너비는 10규빗(4.56m)입니다.

자세한 근거는 다음 단원인 '5. 성소와 지성소의 크기' 부분에서 상세하게 다루고 있으니 참고하시기 바랍니다.

이러한 기본적인 전제하에서 널판의 두께를 추정하면 다음과 같습니다. 널판 6개는 각각의 너비가 1.5규빗(68.4㎝)이므로 총 9규빗(4.104m)입니다. 그런데 지성소의 너비가 10규빗(4.56m)이 되기 위해서는 양쪽으로 0.5규빗(22.8㎝)씩이 필요합니다.

그런데 한 널판의 너비가 1.5규빗이므로, 그것을 똑같은 두겹의 판으로 만들려면 1.5규빗의 절반인 0.75규빗(34.2㎝)으로 나누어야 합니다. 그러므로 6개의 널판 좌우에 0.75규빗씩 두 겹으로 겹친 똑같은 널판들을 배치하였다면, 0.75규빗 중에 지성소 내부로 포함되는 0.5규빗을 제외한 나머지 0.25규빗이 널판의 두께가 되는 것입니다. 그리하여 성막의 좌우(북·남쪽) 벽인 0.25규빗 두께의 널판들과 완벽하게 들어맞게 되었을 것입니다.

이러한 계산 과정을 통하여 널판들의 두께가 0.25규빗(11.4㎝)임을 추정할 수 있습니다.

4. 널판을 연결하는 띠와 금고리
The bars and the gold rings that connect the boards

(1) 널판들을 결합해 주는 다섯 개의 띠

널판들을 견고하게 고정하기 위해 띠를 만들었습니다(출 26: 26-29, 36:31-34). "띠"로 번역된 히브리어 '베리힘'(בְּרִיחִם)은 문을 잠그는 '빗장'(신 3:5, 삿 16:3, 삼상 23:7, 왕상 4:13, 대하 8:5, 14:7)이라는 뜻을 갖는 '베리아흐'(בְּרִיחַ)의 복수형으로, 일종의 '막대기들'이라는 뜻입니다. 이 띠들은 성막의 몸체를 구성하는 널판들을 서로 밀착시켜 빈틈이 없게 하고, 단단하게 고정하여 성막을 튼튼하게 서 있게 하는 역할을 하였습니다. 구약성경에서 사용된 '베리아흐'(빗장)는 '견고함'을 나타낼 때 사용하였습니다(신 3:5, 대하 8:5, 시 147:13, 잠 18:19). 이것은 오늘날 성령께서 성도들을 하나 되게 매어 주시는 것과 같은 이치입니다(엡 4:3).

성막 남편에 세워진 널판들을 견고하게 하기 위하여 가로로 다섯 개의 조각목 띠를 둘렀고, 성막 북편에 세워진 널판들을 견고하게 하기 위하여 가로로 다섯 개의 조각목 띠를 둘렀으며, 성막 서편의 판들을 견고하게 하기 위하여도 가로로 다섯 개의 조각목 띠를 둘렀습니다. 그러므로 띠는 삼면(남편·북편·서편)에 총 15개가 사용된 것입니다(출 26:26-27, 36:31-32).

(2) 중간 띠

다섯 개의 띠 중에 널판 중앙을 지나가는 띠를 '중간 띠'라고 불렀는데(출 26:28, 36:33), 중간 띠를 중심으로 위로 두 줄 띠와 아래로 두 줄 띠가 있었기 때문입니다. 남편과 북편의 중간 띠의 길이는 각각 약 30규빗(13.68m) 정도였고, 서편의 중간 띠의 길이는 약 10규빗(4.56m) 정도였습니다. 중간 띠는 널판 속에 끼워져 있으므로 외부로 드러나지 않았으며, 나머지 네 개의 띠는 널판의 금고리에 꿰어서 고정하였습니다(출 26:29, 36:34).

하나님께서는 "중간 띠"에 대하여 널판 중간의 "이 끝에서 저 끝에 미치게"(출 26:28, 36:33)하라고 지시하셨습니다. 여기 "미치게 하고"의 히브리어는 '통과하다'라는 뜻의 '바라흐'(בָּרַח)의 히필(사역 능동)형이 쓰여, '통과하게 하다'(pass through: RSV)라는 의미로, '가로질러 다른 쪽 끝에 이르게 하라'(from end to end)라는 말입니다. 말하자면, 중간 띠는 성막의 세 벽면에 각각의 이쪽에서 저쪽 끝에 닿도록 설치되었고, 중간에 끊어진 부분이 없어야 했던 것입니다. 이로써 성소 전체는 한 몸체를 이루어, 아주 견고하게 서 있을 수 있었습니다.

조각목으로 만들어서 금으로 싼 띠(5개)
출 26:26-29, 36:31-34

널판 두께
0.25규빗(11.4cm)

남(南) . 북(北)
각각 20개의 널판
출 26:18, 20, 36:23, 25

광 1.5규빗(68.4cm)

30규빗(13.68m)

장 10규빗(4.56m)

은받침
출 26:19, 21, 25, 36:24, 26, 30

놋받침
출 26:37, 36:38

5. 널판의 띠를 꿰는 금고리

The gold rings as holders for the bars

널판들을 연결시켜 주는 5개의 띠 중에 중간띠는 널판의 중앙을 통과하는 것이고(출 26:28, 36:33), 이를 제외한 4개의 띠는 금고리에 꿰어서 고정하였습니다. 출애굽기 26:29에서 "그 널판들의 띠를 꿸 금고리를 만들고"라고 말씀하고 있습니다(출 36:34). 여기 "고리"는 히브리어로 '구멍을 뚫다'라는 뜻의 '타바'(טבע)에서 유래한 '타바 아트'(טבעת)이며, 주로 '반지, 인장 반지'처럼 링(ring) 모양으로 된 것을 가리킵니다(창 41:42, 출 35:22, 민 31:50, 에 3:10, 12, 사 3:21).

　금고리는 각 널판에 4개씩 달려 있었으므로(출 26:26-29, 36:31-34), 성막의 46개의 널판[남편 20+북편 20+서편 6(양 모퉁이 두겹 널판 제외), 출 26:15-25, 36:20-30]에 각 4개씩 총 184개의 금고리가 있었습니다.

널판을 고정하는 다섯 개의 띠
출 26:26-29, 36:31-34

각 널판들의 중앙을
통과하는 중간띠는
이 끝에서 저 끝에 미침
출 26:28, 36:33

바깥쪽에서 띠를 꿰는 금고리 출 26:29, 36:34

6. 널판의 구속사적 교훈
The redemptive-historical teaching of the boards

(1) 널판을 조각목으로 만들고 금으로 싼 것은 예수 그리스도의 인성과 신성을 나타냅니다.

성막이 예수 그리스도를 예표한다고 볼 때, 그리 귀하지 않은 조각목으로 만든 널판과 가름대는 예수 그리스도의 인성을 예표한다고 볼 수 있습니다(사 53:2). 반면에 널판과 가름대를 싼 금은 고귀한 예수 그리스도의 신성을 보여 줍니다. 이처럼 예수 그리스도께서 이 땅에 오실 때에 완전한 인성과 완전한 신성을 지니고 오시어 죄인들을 속죄하는 대속 제물이 될 것을 성막을 통해 계시해 주신 것입니다.

(2) 각 널판들이 촉으로 연결된 것은 예수 그리스도 안에서 성도의 연합을 나타냅니다.

각 널판은 두 개의 촉으로 서로 연결됩니다. 출애굽기 36:22에서 "각 판에 두 촉이 있어 서로 연하게 하였으니 성막의 모든 판이 그러하며"라고 말씀하고 있습니다. '촉'은 '손'을 의미하는 히브리어 '야드'(יָד)의 복수형으로 되어 있습니다. 이것은 촉이 마치 손처럼 다른 쪽의 널판을 잡아 주고 있는 형태를 묘사한 것입니다. 그래서 공동번역에서는 '촉꽂이'로 번역하고 있는데, 이것은 널판을 견고하게 연결하는 요철 부분을 말하는 것입니다. 또한 '연하게 하다'에 쓰인 히브리어 '메슐라보트'(מְשֻׁלָּבֹת)는 '샬라브'(שָׁלַב)의 수동(푸알) 분사 여성복수형으로, 두 개의 '촉'으로 널판들을 연결시켰음을 의미합니다. 동사 '샬라브'는 푸알(수동)이 기본형으로 '함께 결합되다'라는 뜻입니다(출 26:17).

또한 널판의 밑바닥에도 각각 두 촉이 있어서 은받침 둘과 연결이 되었습니다. 출애굽기 26:19에서 "스무 널판 아래 은받침 마흔을 만들지니 이 널판 아래에도 그 두 촉을 위하여 두 받침을 만들고 저 널판 아래에도 그 두 촉을 위하여 두 받침을 만들지며"라고 말씀하고 있습니다. 손과 같은 촉이 널판과 널판, 널판과 받침을 서로 견고하게 서도록 힘을 주듯이, 하나님의 손이 성도들을 견고하게 세우는 힘이 되어 주십니다(참고-스 7:9, 28, 8:18, 느 2:8, 18).

성도는 예수 그리스도 안에서 연합되어야 흔들림이 없고 넘어지지 않고 견고히 설 수 있습니다. 에베소서 2:21-22에서 "그의 안에서 건물마다 서로 연결하여 주 안에서 성전이 되어 가고 22 너희도 성령 안에서 하나님의 거하실 처소가 되기 위하여 예수 안에서 함께 지어져 가느니라"라고 말씀하고 있습니다.

(3) 널판의 은받침은 예수 그리스도의 생명의 희생을 나타냅니다.

은받침의 개수는 모두 100개이며, 한 받침의 무게는 대략 34kg (1 달란트) 정도로, 널판들을 떠받치는 희생적인 사명이 있습니다. 은받침은 이스라엘 백성 중 계수함을 받은 남자들의 "생명의 속전"으로 만들어졌습니다(출 30:11-16, 38:25-27, 참고-창 37:28, 마 26:15). 여기 "속전"은 히브리어 '코페르'(כֹּפֶר)로, '죄를 용서받는 데 필요한 돈'을 뜻합니다. 예수님께서는 자신의 생명을 속전으로 드리심으로 우리를 사시고 죄에서 구원하셨습니다(행 20:28, 고전 6:19-20, 딤전 2:6). 그러므로 우리는 예수 그리스도 생명의 희생 위에 서 있을 때 어떠한 환난과 핍박과 공격에도 결코 흔들리지 않고, 나아가 성도 간의 완전한 연합을 이룰 수 있습니다.

더 나아가 은은 성결을 의미하므로(시 12:6, 66:10, 말 3:3), 은받침

은 그리스도의 성결을 기초로 하여 성전을 건축해 나가야 한다는
사실을 보여 줍니다.

(4) 성막이 띠를 통해 하나로 단단히 연결된 것은 예수 그리스도의 십자가 사랑과 그 능력을 보는 듯합니다.

하나님께서는 널판들을 촉으로 짜 맞춘 것만으로도 부족하여,
띠까지 둘러 고정하라고 하셨습니다. 성막의 널판은 중간 띠까지
합하여 5중의 띠를 두어 널판 사이에 생기는 틈을 막고 단단히 연
결시켜, 하나님의 성소가 외풍에 한 치도 흔들림이 없도록 설계하
셨습니다.

이 띠는 하나님의 무궁한 사랑의 띠를 말합니다(렘 31:3). 성도의
신앙은 예수 그리스도의 십자가 사랑의 띠로 단단히 묶여 있어야
건강하게 유지될 수 있습니다(롬 5:8). 이 사랑의 띠는 세상의 그 무
엇으로도 끊을 수 없는 것입니다. 로마서 8:39에 "높음이나 깊음이
나 다른 아무 피조물이라도 우리를 우리 주 그리스도 예수 안에 있
는 하나님의 사랑에서 끊을 수 없으리라"라고 말씀하고 있습니다.
하나님의 교회 안에 모든 이를 하나 되게 하여 연결하고 결속하는
힘은, 오직 예수 그리스도 십자가의 사랑과 능력입니다. 그 능력은
하늘에 있는 것들과 땅의 만물들까지도 통일하시며 다스리시는 능
력입니다(엡 1:10, 21-22, 4:6, 빌 2:10-11). 예수 그리스도께서는 성도와
교회를 하나 되게 하고 보호하는 뜨거운 사랑의 버팀목이십니다.

띠를 통해 널판들을 하나로 묶듯이, 교회는 세상의 유혹과 사단
의 공격을 이기고 하나님 나라를 확장해 나가기 위하여, 하나님의
말씀과 그리스도의 사랑의 띠로 하나 된 공동체라는 사실을 날마
다 새롭게 인식해야 합니다.

(5) 이쪽 끝에서 저쪽 끝까지 관통하는 중간 띠에 담긴 구속 경륜은 매우 중대합니다.

널판이 촉을 통해서 은받침에 든든히 세워져 있었고, 또 네 개의 띠로 연결되어 있음에도 불구하고 그것들을 또 기다란 중간 띠로 연결하고 있습니다. 출애굽기 26:28에 "널판 가운데 있는 중간 띠는 이 끝에서 저 끝에 미치게 하고"라고 말씀하고 있습니다. 중간 띠는 48개의 널판들이 일체가 되어 어떤 바람에도 넘어지지 않게 단단히 고정하는 역할을 합니다.

이는 태초부터 종말까지 전 구속사를 단단하게 묶고 있는 것이 있음을 보여 줍니다. 이것은 처음부터 끝까지 가로지르고 있고, 눈에 보이지 않지만 가장 중심 속에(הַתִּיכֹן, 타베크) 있는 것입니다(출 26:28, 36:33). 중간 띠가 없다면 전 건축물이 실질적으로는 하나라고 보기 어렵습니다. 이처럼 성소 전체를 연합하는 중간 띠의 중대한 역할을, 첫째로 전 구속사의 측면에서, 둘째로 신구약 성경 66권의 통일성의 측면에서, 셋째로 주의 몸 된 교회의 성도들을 연합하는 측면에서 상고해 볼 수 있습니다.

첫째, 중간 띠는 하나님의 전 구속사를 지속케 하는 영원한 언약을 생각하게 합니다.

중간 띠는 타락한 인류의 구원을 위하여 태초부터 작정된 하나님의 언약이 종말까지 끊어지지 않고 지속되는 것을 생각하게 합니다. 신명기 7:9에 "천대까지 그 언약을 이행하시며"라고 말씀하셨고(대상 16:15), 시편 105:8에서도 "그는 그 언약 곧 천대에 명하신 말씀을 영원히 기억하셨으니"라고 말씀하고 있습니다. 하나님의 언약은, 그 효력이 모든 세대로 지속되며 끊어짐 없이 영원합니다. 하나님의 구속 경륜이 완성되는 그날까지, 사단의 포로가 되어 죄악에 사로잡힌 백성이 하나님께 완전히 돌아오는 그날까지(왕하 19:30-31, 겔 39:25) 하나님의 언약은 결코 변치 않으며, 절대 파기되거나 철회되지 않고, 하나님의 사랑과 함께 계속해서 활활 타오를 것입니다.

둘째, 중간 띠는 시대를 초월하여 신구약 성경의 통일성을 갖추게 한 성령의 역사를 생각하게 합니다.

신구약 성경 66권이 모세부터 사도 요한까지 약 1,500년에 걸쳐 기록되었지만, 하나님의 거룩한 말씀으로 통일성을 갖출 수 있었던 이유는, 성령의 감동하심을 입은 사람들이 하나님께 받아 말한 것이기 때문입니다(벧후 1:21). 이처럼 하나님께서는 구속 경륜을 성취하기 위하여 여러 선지자와 믿음의 선진들을 들어 쓰셨지만(히 1:1), 그 속에는 항상 그리스도의 영이 역사하고 있었습니다(벧전 1:10-11). 성령으로, 하나님의 구속 역사는 통일성 있게 수천 년간 진행되어 왔고 지금도 진행되고 있습니다(말 2:15, 고전 6:17-20, 12:13, 엡 2:16-18, 4:4, 빌 1:27).

셋째, 중간 띠는 주의 몸 된 교회의 성도들을 연합하는 근원적 힘이 하나님의 사랑뿐임을 생각하게 합니다.

중간 띠가 성소 전체를 한 건물이 되도록 완전히 묶어 주듯이, 하나님의 교회에서 모든 지체들을 하나로 붙잡고 있는 힘은 하나님의 사랑입니다. 사랑 중에 가장 숭고하고 위대하며 가치 있는 사랑은 바로 하나님의 아가페 사랑입니다.

아가페 사랑의 본질은 사랑받을 자격이 없는 자(죄인)를 위해 자기를 희생하신 무조건적인 사랑이며, 끝까지 변함이 없는 사랑이요, 믿는 자에게는 즉각적이고도 엄청난 효력이 발생하는 능력의 사랑입니다. 요한일서 4:10에서 "사랑은 여기 있으니 우리가 하나님을 사랑한 것이 아니요 오직 하나님이 우리를 사랑하사 우리 죄를 위하여 화목제로 그 아들을 보내셨음이니라"라고 말씀하였고, 로마서 5:8에서도 "우리가 아직 죄인 되었을 때에 그리스도께서 우리를 위하여 죽으심으로 하나님께서 우리에게 대한 자기의 사랑을 확증하셨느니라"라고 말씀하고 있습니다. 하나님의 백성은 하나님의 먼저 사랑, 십자가 대속의 사랑을 먹고 마시고 나누며 살아갑니다. 그 사랑은 하나님의 백성인 택자들에게만 주신 영원한 예수 그리스도의 희생의 사랑, 곧 절대 구원의 아가페 사랑입니다. 하나님의 사랑은 성도의 힘의 근원이고, 성도의 삶의 기초이며, 성도의 유일한 소망입니다. '하나님의 사랑'은 성도에게 가장 귀한 생명의 보물이요, 빼앗겨서는 안 되는 최대 최고 최상의 선물입니다.

5. 성소와 지성소의 크기

הַקֹּדֶשׁ וְקֹדֶשׁ הַקֳּדָשִׁים

(하코데쉬 베코데쉬 하카다쉼)

τοῦ ἁγίου καί τοῦ ἁγίου τῶν ἁγίων

The sizes of the holy place and the holy of holies

출 26:6, 33, 36:13

성소는 장이 20규빗(9.12m), 광이 10규빗(4.56m), 고가 10규빗

이상이며, 지성소는 장이 10규빗, 광이 10규빗, 고가 10규빗 이상입니다.

전체 성막 중에서 회막(지성소와 성소)의 위치는 성경에 분명하게 기록되어 있지 않습니다. 다만, 출애굽기 27:18에서 "뜰의 장은 백 규빗이요 광은 오십 규빗이요..."라고 말씀하고 있는데, 여기 "오십 규빗이요"는 히브리어 '하밋쉼 바하밋쉼'(חֲמִשִּׁים בַּחֲמִשִּׁים)으로, 영어성경 YLT에서는 "fifty by fifty"로 번역하였습니다. 따라서 성막 뜰 동편의 장과 광이 각각 50규빗(22.8m)으로 같았음을 알 수 있습니다.[10] 이것은 회막(지성소와 성소)이 서쪽으로 치우쳐 있었음을 보여 줍니다.

성소의 높이는 성막 울타리의 세마포 장보다 약 2배 높아서(출 26:16, 27:18, 36:21), 조금 떨어진 위치에서도 눈에 잘 띄었을 것입니다. 성경에 성소와 지성소의 크기에 대한 직접적인 기록은 없으나, 출애굽기 26장에 나오는 기록을 종합해 볼 때, 성소와 지성소의 크기를 알 수 있습니다.

1. 성소와 지성소를 합친 남쪽과 북쪽 성막의 길이 (각각 30규빗)

The length of the tabernacle on the south and the north sides which span across the holy place and the holy of holies (30 cubits each)

회막의 남편과 북편의 벽은 각각 20개의 널판과 40개의 은받침으로 이루어졌습니다(출 26:18-21, 36:23-26). 한 개의 널판 너비는 1.5규빗(68.4cm)이므로(출 26:16, 36:21) 20개 널판의 총 길이는 30규빗(13.68m)입니다.

2. 서쪽 성막의 길이(10규빗)

The length of the tabernacle on the west side (10 cubits)

성막의 뒤편(서쪽)에는 6개의 널판과 각각 두 겹으로 세워진 두 개의 널판까지 합하여 8개의 널판이 있었습니다(출 26:22-25, 36:27-30).

성막 서편 널판에 관하여 출애굽기 36:30에 "그 널판은 여덟이요 그 받침은 은받침 열여섯이라 각 널판 밑에 둘씩이었더라"라고 기록하고 있습니다(출 26:25).

서편 벽은 6개의 널판으로 이루어졌으며, 출애굽기 26:22에 "성막 뒤 곧 그 서편을 위하여는 널판 여섯을 만들고"라고 기록하고 있습니다. 한 개의 널판 너비가 1.5규빗(68.4㎝)이므로 6개 널판의 길이는 9규빗(4.104m)입니다(출 26:16, 36:21). 여기에 성막 뒤 양 모퉁이에는 널판을 두 겹 두께로 세우도록 했습니다. 출애굽기 26:23-24에서 "성막 뒤 두 모퉁이 편을 위하여는 널판 둘을 만들되 [24]아래에서부터 위까지 각기 두 겹 두께로 하여 윗고리에 이르게 하고 두 모퉁이 편을 다 그리하며"라고 말씀하고 있습니다(출 36: 28-29).

성막 서편의 너비는 정확히 알 수 없습니다. 그러나 성막 뜰의 크기가 '10' 단위이고(장 100규빗, 광 50규빗 - 출 27:18), 솔로몬 성전 지성소의 크기가 '10' 단위이며(장 20규빗, 광 20규빗, 고 20규빗 - 왕상 6:20), 에스겔이 이상 중에 본 성전도 지성소의 크기가 '10' 단위인 것을 볼 때(장 20척, 광 20척 - 겔 41:4), 성막 서편의 너비도 10규빗으로 보는 것이 자연스럽습니다. 그렇다면 성막 뒤편 양 모퉁이에 널판들을 세우면서, 지성소 안쪽으로 각각 0.5규빗(22.8㎝)씩 들어가게 하였을 것입니다. 6개의 널판(9규빗)에 양쪽으로 0.5규빗씩 더하여 지성소 내부의 광은 10규빗이 되는 것입니다.

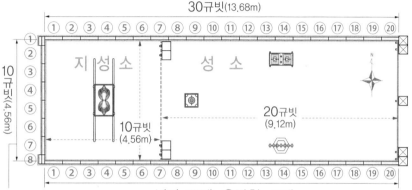

3. 지성소의 크기(장 10규빗, 광 10규빗)와
성소의 크기 (장 20규빗, 광 10규빗)

The sizes of the holy of holies (length 10 cubits, width 10 cubits) and
the holy place (length 20 cubits, width 10 cubits)

솔로몬 성전의 지성소 크기는 장과 광이 각각 20규빗으로 동일한 크기였습니다(왕상 6:20). 성막의 지성소 크기에 관하여 성경에 직접적으로 언급되어 있지 않지만, 솔로몬 성전처럼 장과 광이 동일한 규격이라면, 각각 10규빗으로 동일했을 것입니다. 이렇게 지성소의 장이 10규빗이라면, 지성소와 성소를 합친 길이가 30규빗(널판 20개×1.5규빗 - 출 26:16, 18, 20)이므로 성소의 장은 20규빗이

됩니다. 아래와 같이 내부앙장의 펼친 모습을 보면, 성소 20규빗과 지성소 10규빗으로 분리됩니다.

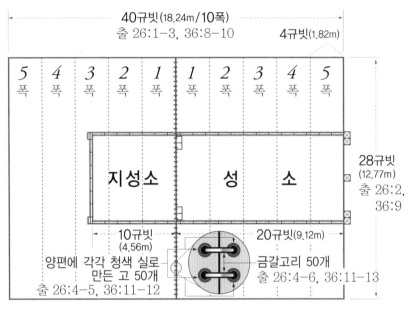

내부앙장의 펼친 모습과 성소와 지성소의 구분

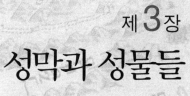

제 **3**장
성막과 성물들
The Holy Objects in the Tabernacle

I
성막 뜰의 성물들

The Holy Objects in the Court of the Tabernacle

성막은 울타리로 둘러싸여 있으며 동쪽에 문이 있고, 그 문을 통과하면 성막의 뜰이 나옵니다. 뜰에 들어서면 곧바로 놋으로 된 번제단이 있고, 성소로 들어가기 직전에 물두멍이 있습니다. 그리고 성소 안에는 등대, 진설병 상, 분향단이 있고, 휘장 안의 지성소로 들어가면 그 안에 사면을 금으로 싼 언약궤가 놓여 있습니다(히 9:1-4). 언약궤 안에는 십계명을 기록한 언약의 두 돌판, 만나 한 오멜을 담은 금항아리, 아론의 싹 난 지팡이가 있습니다(출 16:31-34, 25:16, 21, 40:20, 민 17:8-11, 히 9:4).

1. 번제단

מִזְבַּח הָעֹלָה (미즈바흐 하올라)
θυσιαστήριον τῶν καρπωμάτων
The altar of burnt offering
출 27:1-8, 38:1-7, 40:6, 29

성막 문을 들어서면 맨처음 보이는 것이 희생 제사를 드리는 번제단입니다. 이 번제단을 지나면 성소와 하나님의 보좌인 지성소가 있습니다. 번제단의 위치는, 하나님을 만나기 위해서는 먼저 죄 문제를 필히 해결 받아야 한다는 것을 알려 줍니다. 번제단에서 죄를 해결 받지 않고는 하나님 앞에 절대로 나갈 수 없습니다(사 59:2-3, 렘 5:25).

'번제단'은 히브리어 '미즈바흐 하올라'(מִזְבַּח הָעֹלָה)로, '제단' 을 뜻하는 '미즈베아흐'(מִזְבֵּחַ)와 '올라가는 것, 번제'를 뜻하는 '올 라'(עֹלָה)가 합성된 단어입니다. 이 단은 제물을 태워 드리는 단이기 때문에 '번제단'이라고도 하고(출 30:28, 31:9, 레 4:7, 10, 30), 놋으로 쌌기 때문에(출 27:2-6) '놋단'이라고도 불렸습니다(출 38:30, 39:39, 왕상 8:64, 왕하 16:14, 대하 1:5-6).

한편, 번제단은 하나님께 속죄와 감사의 예물을 드리는 곳으로, 하 나님과 인간을 연결하는 중개 역할을 하는 장소였습니다(대상 6:49).

1. 번제단의 구조
The structure of the altar of burnt offering

(1) 번제단의 크기

번제단의 크기는 장이 5규빗, 광이 5규빗, 고가 3규빗입니다. 출 애굽기 27:1에서 "너는 조각목으로 장이 오 규빗, 광이 오 규빗의 단 을 만들되 네모 반듯하게 하며 고는 삼 규빗으로 하고"라고 말씀하 고 있습니다(출 38:1). 번제단이 다른 성물보다 훨씬 컸던 이유는, 수 소를 통째로 제물로 바치거나 몇 마리의 양들이나 다른 짐승들을 한꺼번에 제물로 바치기도 하였기 때문입니다. 여기 "네모 반듯하 게"는 히브리어로 '라바'(רָבַע)이며, '정방형(정사각형)으로 만들다' 라는 뜻입니다. '반듯하다'는 것은 국어사전을 볼 때 '물건이 비뚤

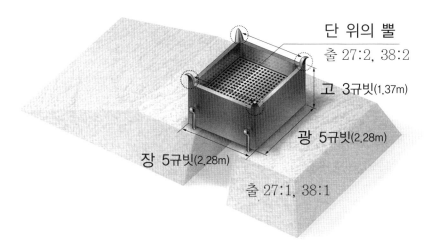

단 위의 뿔
출 27:2, 38:2

고 3규빗(1.37m)

광 5규빗(2.28m)

장 5규빗(2.28m)

출 27:1, 38:1

어지거나 기울거나 굽지 않고 바르다'라는 뜻입니다. 제단이 네모 반듯한 것은, 번제단이 매우 견고하게 제작되었고, 번제단에서 시행되는 일이 규칙이 있으며 올바르다는 것을 의미합니다. 번제단의 규격은 하나님의 공의를 상징합니다. 하나님께서는 독생자 예수 그리스도의 십자가에 죽으심을 통해 인류의 죄 값을 치르게 하심으로 공의를 이룩하셨습니다. 이렇게 공의를 만족시킴으로써 죽을 수밖에 없었던 인류를 살리신 것은 하나님의 극진한 사랑입니다 (요 3:16, 롬 5:8).

(2) 번제단 안의 놋그물

출애굽기 38:4에서 "단을 위하여 놋그물을 만들어 단 사면 가장자리 아래 두되 단 절반에 오르게 하고"라고 말씀하고 있습니다 (출 27:5). 여기에서 "단 사면 가장자리 아래 두되 단 절반에 오르게 하고"는 히브리어로 '타하트 카르쿠보 밀레맛타 아드 헤츠요' (תַּחַת כַּרְכֻּבוֹ מִלְּמַטָּה עַד־חֶצְיוֹ)입니다. 여기에는 영어로 'from A to B'(A에서 B까지)와 같은 뜻의 히브리어 숙어 '민'(מִן: ...로부터)과 '아

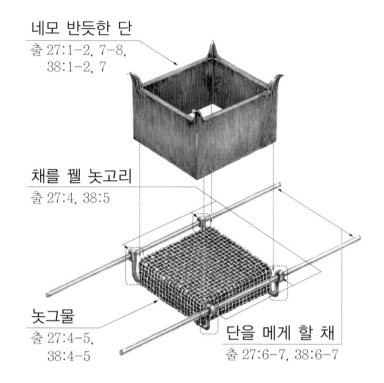

네모 반듯한 단
출 27:1-2, 7-8,
38:1-2, 7

채를 꿸 놋고리
출 27:4, 38:5

놋그물
출 27:4-5,
38:4-5

단을 메게 할 채
출 27:6-7, 38:6-7

드'(עַד: ...까지)라는 두 전치사가 사용되어, '아래쪽에서부터 절반까지'라는 의미입니다. 그러므로 놋그물은 아래 바닥에서부터 번제단 절반까지의 높이로 올라와 있음을 알 수 있습니다. 영어성경 NKJV에도 "midway from the bottom"(바닥으로부터 중간쯤에)라고 번역되어 있습니다.

번제단의 높이가 3규빗(1.37m)이므로 놋그물은 대략 1.5규빗(68.4cm) 지점에 위치하였습니다. 그리고 놋그물의 네 모퉁이에 단을 운반하는 채를 꿸 놋고리 넷을 만들었으며, 채는 조각목으로 만들어 놋으로 쌌습니다(출 27:4-6, 38:5-6).

안이 텅 빈 상태로 만들어진 번제단을 놋그물 위에 얹고, 그물 위에 번제의 제물을 태워 드리게 하였습니다(출 27:4-8, 38:4-7). 번제단에 그물을 둠으로써 희생 제물이 잘 타고, 또 타고 난 재가 번제단 아래로 떨어져 재를 쉽게 제거할 수 있도록 한 것입니다.

(3) '테두리' 없는 번제단

번제단에는 테두리가 없습니다. 언약궤도 금테가 있고(출 25:11, 37:1-2), 분향단도 금테가 있고(출 30:3, 37:25-26), 진설병 상에도 금테가 있으나(출 25:25, 37:11), 번제단에는 그 성물의 아름다움을 더해 주는 화려한 테두리가 아예 없습니다. 이것은 예수 그리스도의 생애가 세상에서는 영광을 얻지 못하고 순전히 고난뿐임을 뜻합니다. 그러나 그 고난을 통과한 후에는 지극히 큰 영광을 받으실 것을 보여 줍니다(사 53:2, 눅 24:26, 롬 8:18, 벧전 1:11).

(4) 번제단 이동을 위한 '채'

채는 행진할 때에 각 성물을 운반하려는 목적으로(민 4:6, 8, 11, 14) 그것을 꿸 고리와 짝이 되도록 제작하였습니다. 언약궤, 진설병 상, 번제단은 채를 꿰는 고리가 넷이며(출 25:12, 26, 27:4), 비교적 크기가 작은 분향단의 경우 금테 아래 양편에 둘만 달았습니다(출 30:4, 37:27). 언약궤, 분향단(금단), 진설병 상을 위한 채들은 모두 금으로 싸고 고리들은 금으로 만들었으며(출 25:12-13, 26-28, 30:4-5, 37:3-4, 13-15, 27-28), 번제단을 옮기는 채는 놋으로 쌌고, 그것을 꿰는 고리 넷도 놋으로 만들었습니다(출 27:4-6, 38:5-6).

번제단의 채가 다른 성물의 채와 다른 점은, 그 몸체가 아니라 안에 들어가는 놋그물의 모퉁이에 채를 꿸 고리가 만들어졌다는 점입니다(출 27:4, 38:5). 이것은 채와 놋그물이 일체형으로 되어 있는 것입니다.

(5) 번제단의 뿔

① 뿔 제작 방법

번제단의 네 모퉁이 위에는 뿔을 하나씩 만들어 단과 연하게 하고 놋으로 쌌습니다(출 27:2, 38:2).

하나님께서는 모세에게, 번제단의 네 모퉁이에 있는 뿔은 따로 제작하여 이 뿔들이 마치 놋제단에서 올라온 것처럼 본체와 연결시킨 후 단과 함께 놋으로 싸라고 명령하셨습니다(출 38:2). 출애굽기 27:2에서 "그 네 모퉁이 위에 뿔을 만들되 그 뿔이 그것에 연하게 하고 그 단을 놋으로 쌀지며"라고 말씀하고 있습니다. "그 뿔이 그것에 연하게 하고"라고 한 것은, 뿔이 흔들리거나 움직이지 않게 완전히 고정시키고, 마치 그 단에서 자라나온 것처럼 만들라는 뜻입니다.

② 뿔의 기능

첫째, 뿔은 제사장이 속죄제를 드릴 때 제물의 피를 바르는 곳이었습니다(출 29:11-12, 레 4:18, 25, 30, 34, 9:9, 16:18). 뿔은 제단 전체를 대표하며, 제단의 뿔을 꺾는다는 것은 곧 제단을 전부 훼파한다는 의미입니다(암 3:14).

둘째, 죄인들이 제단 뿔을 잡으면 죽음을 면할 수 있었습니다. 다윗의 아들 아도니야는 솔로몬에게 반역하여 죽을 수밖에 없었는데, 제단 뿔을 잡음으로 살 수 있었습니다(왕상 1:50-53). 그러나 자기보다 의롭고 선한 두 사람을 쳐죽인 다윗의 군대장관 요압은 비록 제단 뿔을 잡았지만, "사람이 그 이웃을 짐짓 모살하였으면 너는 그를 내 단에서라도 잡아내려 죽일지니라"라는 출애굽기 21:14 말씀에 따라 단에서 잡아내려져 죽임을 당했습니다(왕상 2:28-34). 이스라엘 백성에게 제단의 뿔은 사죄의 뿔, 용서의 뿔, 생명의 뿔이었습니다.

③ 뿔의 구속사적 의미

불에 의해 끊임없이 달궈지고, 수많은 희생 제물이 불태워지며, 희생 제물의 피로 얼룩진 놋제단의 뿔이 의미하는 바는 무엇입니까? 뿔은 힘과 능력, 승리와 영광을 상징합니다(신 33:17). '뿔을 높인다'(삼상 2:1, 10)는 표현은 승리에 대한 보장을 의미하고, '뿔을 꺾는다'(렘 48:25, 단 8:7)는 표현은 패배를 가리킵니다. 뿔은 하늘로 솟아 있어서 하나님의 권세와 힘을 상징하며, 하나님을 경외하는 백성을 구원하시며 보호하시고 도와 주시는 능력을 상징합니다(시 18:2, 89:17, 24, 92:10, 112:9).

십자가는 사망 권세를 잡은 사단의 뿔을 완전히 꺾어 버리는 능력의 뿔이요, 자기 백성을 구원하는 사랑의 뿔이요, 용서의 뿔이며, 생명의 뿔입니다. '여호와는 구원의 뿔이시요'(삼하 22:3, 시 18:2), 예수님께서는 우리의 "구원의 뿔"이십니다(눅 1:69). 요한계시록 5:6에서 어린 양에게 '일곱 뿔'이 있다고 한 것은 그분의 권세와 능력이 아주 크고 완전 무결하다는 것을 상징합니다(마 28:18, 요 17:2, 빌 2:9-11, 히 1:3, 계 12:10).

성도가 일곱 뿔을 가지신 예수 그리스도와 함께하면, 동서남북 어디를 가도, 어떠한 사망 권세가 닥쳐와도 결코 패배하지 않고 망하지 않습니다(고전 15:55-58). 그러나 하나님의 도움을 멀리하고 교만한 자는 그가 동서남북 어디로 가든지 그 교만의 뿔이 완전히 꺾이고 패배의 쓴 잔을 맛보게 됩니다(시 75:4-10). 거인 골리앗이 다윗의 작은 물맷돌에 맞아 죽었고(삼상 17:49), 교만한 하만이 자신이 준비한 처형대에 매달려 죽었으며(에 7:9-10), 하나님께 영광을 돌리지 아니한 헤롯왕은 충이 먹어 죽었습니다(행 12:21-23).

구약성경에는 뿔의 축복을 받은 두 사람이 나옵니다. 요셉은 "그 형제 중 뛰어난 자의 정수리"(창 49:26)라는 장자 중의 장자의 축복을 받았습니다(참고-신 33:16, 대상 5:1-2). 모세는 가나안 입성을 앞두고 12지파를 축복할 때, 요셉 지파에게만 '뿔'의 축복을 빌어 주었습니다(신 33:13-17). 신명기 33:17에서 "그는 첫 수송아지같이 위엄이 있으니 그 뿔이 들소의 뿔 같도다 이것으로 열방을 받아 땅 끝까지 이르리니 곧 에브라임의 만만이요 므낫세의 천천이리로다"라고 하였습니다. 공동번역에서는 "그의 위엄은 처음 난 수송아지요 그의 두 뿔은 들소 뿔이라. 만방을 들이받아 단숨에 땅 끝까지 휩쓴다"라고 번역하였습니다.

또한 다윗이 뿔의 축복을 받았습니다. 시편 132:17에 "내가 거기서 다윗에게 뿔이 나게 할 것이라 내가 내 기름부은 자를 위하여 등을 예비하였도다"라고 말씀하셨습니다. 다윗이 여호와의 권능을 의지하였을 때, 하나님께서 다윗에게서 '뿔'이 나게 하시고, '등'을 예비해 주신다고 약속하신 것입니다. 다윗이 죽음의 위협을 수없이 당했지만 결코 낙심하지 않고 가는 곳마다 승리한 비결은, 하나님께로부터 뿔의 축복을 받았기 때문입니다. 다윗은 마침내 이스라엘의 통일왕국을 이룬 위대한 왕으로서 민족의 등불이 되었습니다(삼하 21:17, 시 18:28, 132:17, 참고-삼하 22:29, 왕상 15:4, 왕하 8:19, 대하 21:7, 욥 29:3).

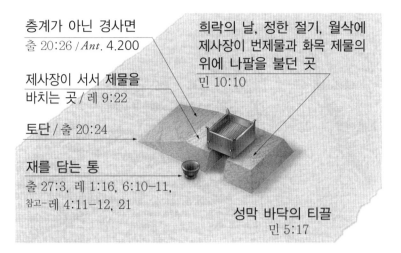

층계가 아닌 경사면
출 20:26 / *Ant.* 4.200

제사장이 서서 **제물을**
바치는 곳 / 레 9:22

토단 / 출 20:24

재를 담는 통
출 27:3, 레 1:16, 6:10-11,
참고-레 4:11-12, 21

희락의 날, 정한 절기, 월삭에
제사장이 번제물과 화목 제물의
위에 나팔을 불던 곳
민 10:10

성막 바닥의 티끌
민 5:17

(6) 번제단을 올려놓는 토단

토단(土壇)에 관하여는 성막 계시에 구체적으로 기록되지는 않
았으나, 출애굽기 20:24에서 "내게 토단을 쌓고 그 위에 너의 양과
소로 너의 번제와 화목제를 드리라 내가 무릇 내 이름을 기념하게
하는 곳에서 네게 강림하여 복을 주리라"라고 말씀하신 것을 찾아
볼 수 있습니다.

'토단'의 재료는 말 그대로 '흙'입니다. 흙을 재료로 만든 단이었
으므로 진을 치는 곳 어디서든지 쉽게 구하여 만들 수 있었고, 또
진을 옮길 때는 쉽게 허물어 버릴 수 있었습니다.

제사장은 번제단과 비슷한 높이의 토단 위에 올라, 번제단 위에
서 제물을 태워 하나님 앞에 바쳤을 것이며(레 9:22 - "내려오니라"),
제사장이 나팔을 불던 곳도 토단 위였을 것으로 추정됩니다. 민수
기 10:10에서 "또 너희 희락의 날과 너희 정한 절기와 월삭에는 번
제물의 위에와 화목 제물의 위에 나팔을 불라 그로 말미암아 너희
하나님이 너희를 기억하리라 나는 너희 하나님 여호와니라"라고

말씀하고 있습니다. 번제물과 화목 제물의 위에 나팔을 불기 위해
서는 번제단 가까이 토단 위에 서야 했을 것입니다. 그렇게 나팔을
불 때, 그로 말미암아 하나님께서 이스라엘 백성을 기억하신다고
말씀하셨습니다.

2. 번제단의 제작
The making of the altar of burnt offering

(1) 번제단은 조각목(싯딤 나무)으로 만들었으며(출 27:1), 놋으로 쌌습니다(출 27:2).

번제단을 만들고 나서 놋으로 싼 이유는 무엇입니까?

① 번제단에서 희생 제물을 태울 때 번제단이 타지 않도록 보호하기 위한 것입니다.

일반적으로, 놋이 녹는 온도는 섭씨 1,085도로 알려져 있습니다.
그러므로 놋은 불에 잘 견딥니다.

민수기 16장은 고라와 다단과 아비람과 온이 당을 짓고, 이스라
엘 자손 총회에 택함을 받은 자 곧 회중에 유명한 어떤 족장 250인
과 함께 일어나서 모세를 거스른 사건을 기록하고 있습니다(1-2절).
하나님께서는 그 죄의 대가로, 땅이 입을 열어 범죄자들과 그 가
족과 고라에게 속한 모든 사람과 그 물건을 삼키게 하셨습니다(민
16:31-33). 또한 여호와께로서 나온 불이 분향하던 250인을 소멸하
였는데(민 16:35), 신기한 일은 이날 그들이 손에 들고 있던 250개의
향로는 같은 불 속에 있었지만 타지 않았습니다. 민수기 16:37-40
에서 "붙는 불 가운데서 향로를 취하여다가 그 불을 타처에 쏟으

라 그 향로는 거룩함이니라 ... [38] 그 향로를 쳐서 제단을 싸는 편철을 만들라 이스라엘 자손에게 표가 되리라 하신지라 [39] 제사장 엘르아살이 불탄 자들의 드렸던 놋향로를 취하여 쳐서 제단을 싸서 [40] 이스라엘 자손의 기념물이 되게 하였으니..."라고 기록하고 있습니다. 이처럼 불에 매우 강한 놋으로 번제단을 쌌으므로, 아무리 수많은 제물을 반복하여 태워도 번제단이 결코 손상을 입지 않았습니다.

또한 놋은 강한 힘과 능력의 상징이기도 합니다(참고-삼상 17:5-6, 왕상 4:13, 욥 40:18). 그러므로 놋제단은 예수 그리스도를 통한 대속의 능력과 승리를 보여 주는 것입니다.

② 놋은 죄에 대한 하나님의 진노와 공의로운 심판을 상징합니다 (레 26:19, 사 60:17).

요한계시록 1:15에서 "그의 발은 풀무에 단련한 빛난 주석 같고..."라고 말씀하고 있습니다. 표준새번역에는 "발은 화덕에 달구어 낸 놋쇠와 같고"라고 번역하였습니다. 주님의 발이 놋과 같다는 것은 누구도 피할 수 없는 공의의 심판을 의미합니다.

이스라엘 백성이 가나안 땅에 들어가서 하나님 앞에 불순종하게 되면 하나님께서 오랫동안 비 한 방울 내리지 않으셔서 땅이 쇳덩이처럼 굳어 버린 극심한 가뭄을 겪게 될 것을, "네 머리 위의 하늘은 놋이 되고 네 아래의 땅은 철이 될 것이며"라고 말씀하고 있습니다(신 28:23).

민수기 21:8-9에서 "여호와께서 모세에게 이르시되 불뱀을 만들어 장대 위에 달라 물린 자마다 그것을 보면 살리라 [9] 모세가 놋뱀을 만들어 장대 위에 다니 뱀에게 물린 자마다 놋뱀을 쳐다본즉 살더라"라고 말씀하고 있습니다. 여기서 놋뱀은 십자가에 높이 달리시어, 죄악된 인생들을 대신하여 하나님의 진노와 공의로운 심판을 담당하시고, 옛 뱀 마귀 사단(계 12:9)에게 영적으로 물린 자들을 살리신 예수님을 예표한 것입니다(요 3:14-15).

(2) 번제단에 필요한 부속 기구들(출 27:3, 38:3)

번제단에 부속된 기구들은 하나님께서 용도에 알맞게 지정하고 명령하신 것으로, 각종 번제를 드릴 때 반드시 필요한 도구들이었습니다.

놋으로 만든 단의 모든 기구들
출 27:3, 38:3, 30, 민 4:14 (참고-출 31:9, 35:16, 40:10)

① 재를 담는 통(סִיר הַדָּשֵׁן, 시르 하다쉔, pails for removing the ashes)
'재를 담는 통'은 '끓어오르다'라는 어원에서 유래하여, '가마'(출 16:3), '통'(출 38:3), '솥'(왕상 7:45) 등을 가리킵니다. 이것은 내다 버릴 재와 짐승의 기름 찌꺼기를 위해 마련된 냄비나 접시들

을 가리킵니다(참고-출 27:3, 38:3, 왕상 7:45, 왕하 25:14-15, 대하 4:11, 16, 22, 렘 52:18-19, 슥 14:20-21).

번제를 드릴 때, 가죽을 제외한 제물 전체를 완전히 불에 태워서 여호와 앞에 향기로운 냄새로 올리고, 제물의 재는 그물망 아래로 떨어지게 합니다(레 1:6-9). 이것은 '재 담는 통'에 한데 모았다가 제사가 끝나면 진 바깥 재 버리는 장소에 버렸을 것입니다(레 1:16, 4:12, 6:10-11, 참고-출 27:3, 렘 52:18-19).

'재'는 제물이 완전히 불살라졌다는 증거인데, 바로 하나님께서 제물을 완전히 흠향하시고 그 사람의 죄를 다 용서하셨다는 증거물입니다. 예수님께서는 우리 죄를 위하여 하나도 남김없이 다 태워진 제물이 되셨습니다. 번제단의 희생 제물을 불로 완전히 살라서 재로 만든 것과 같이, 예수님께서 인류 구원을 위한 속죄 사역을 완성하신 후 "다 이루었다"(요 19:30)라고 외치신 것은 의미심장합니다. 예수님께서는 자기를 버리시고 향기로운 제물과 생축이 되셔서 자신을 하나님께 드리셨습니다(엡 5:2). 그분은 나 같은 죄인을 위하여 자신의 전부를 향기로운 제물로 하나님 앞에 아낌없이 바치셨습니다.

② 부삽(יָע, 야, shovel)

'부삽'은 '쓸어 내다, 소탕하다'라는 뜻을 가진 히브리어 '야아'(יָעָה)에서 유래한 '야'(יָע)로서, 번제단에서 타고 남은 재를 긁어 모아 제거하고 번제단을 깨끗하게 청소하는 도구입니다(참고-출 27:3, 38:3, 민 4:14, 왕상 7:40, 45, 왕하 25:14, 대하 4:11, 16, 렘 52:18). 삽 같은 모양으로 만들어졌으며, 재를 긁어 모아 재를 담는 통에 넣었을 것입니다. 또한 부삽은 제단의 불을 뒤적이거나 향로에 담아 옮기는 데 쓰였고,

등대의 불을 밝히기 위해 불씨를 옮기는 데 사용하였을 것입니다.

③ 대야(מִזְרָק, 미즈라크, basin)

　'대야'는 '물 뿌리다, 흩뿌리다'라는 뜻을 가진 히브리어 '자라크'(זָרַק)에서 파생되어, "대접"(왕상 7:40, 45), "주발"(렘 52:18), "동이"(슥 9:15) 등으로 번역되는 단어입니다. 제사 드릴 때 제물의 피를 담아 뿌리는 데 사용된 그릇을 가리킵니다(참고-출 24:6, 민 4:14, 대하 4:11). 그리고 피 뿌림을 위하여 제단에서 흘러내리는 희생 제물의 피를 받는 데 사용하였습니다(참고-레 1:15, 5:9, 렘 52:18). 그리고 제물의 고기를 옮길 때에도 사용되었을 것입니다.

　'대야'는 피 뿌림을 위한 피를 담는 그릇으로서, 우리의 죄 값을 담당하시기 위하여 십자가에서 물과 피를 다 쏟으신 예수 그리스도의 죽음을 연상시킵니다(요 19:34).

④ 고기 갈고리(מִזְלֵג, 마즐레그, flesh hook)

　'고기 갈고리'는 '끌어올리다'라는 말에서 유래하여 '갈퀴, 쇠스랑'이라는 뜻을 가진 단어입니다. 이 갈고리는 번제단의 그물 위에 올린 제물을 가지런하게 배열하거나 뒤집는 데 사용된 도구입니다. 또한 제물을 냄비나 솥에 집어넣거나 꺼내는 데 사용했습니다(삼상 2:13-14). 제사장들이 제물을 꿰고 흔들어서 하나님께 잘 바쳐지도록 하는 데 쓰이는 '고기 갈고리'는, 예수 그리스도께서 우리의 허물을 인하여 창으로 찔림을 당하시고 우리의 죄악을 담당하시기 위해 받으신 고난과 징계를 연상시킵니다(사 53:5-6, 요 19:34).

　사사 시대 말기에 제사장 엘리의 두 아들이 세살 갈고리를 가지고 제물의 기름을 태우기도 전에 자기 몫을 먼저 챙기는 데 악용했던 일이 있었습니다(삼상 2:12-17). 제사를 집행하는 제사장은 백성이 드리는 제물 중에서 분깃을 받게 되는데(레 6:26, 7:6-10, 14, 31-36, 10:12-15), 화목제, 속죄제, 속건제의 희생 제물은 반드시 여호와의 몫인 기름 부분을 먼저 번제단 위에서 태워 화제로 여호와께 바쳐야만 했습니다(레 3:3-5, 9-11, 14-17, 4:8-10, 19-20, 26, 31, 35, 7:3-5, 22-25, 31, 17:6). 그러나 "기름을 태우기 전에도" 제사장의 사환이 와서 "제사장에게 구워 드릴 고기를 내라"라고 협박했습니다(삼상 2:15). 그런가 하면 제사 드리는 사람이 하나님께 먼저 제물을 바쳐야 한다는 원칙을 설명해도, 강제로 고기를 빼앗아 가기도 했던 것입니다(삼상 2:16).

  인간의 죄를 속하고 하나님을 섬기는 데 써야 할 고기 갈고리, 즉 성스러운 직분의 도구를 자신의 탐욕을 채우는 데 악용해서는 안 됩니다. 하나님을 섬기고 제사를 드리는 기구들은, 오직 선택된 제사장들을 통해 인간의 죄를 속하는 제사에만 사용되어야 하는 것들입니다. 심지어 그것을 운반하는 일도 하나님께서 지시하

고기 갈고리 / מַזְלֵג 마즐레그 / flesh hook
출 27:3, 38:3, 참고-민 4:14, 대상 28:17, 대하 4:16

🔍참고
세살 갈고리 / מַזְלֵג שְׁלֹשׁ־הַשִּׁנַּיִם 마즐레그 셸로쉬–하쉰나임
three pronged fork / 삼상 2:13-14

신 성별된 방법을 따라야 했습니다(민 4:1-33). 그런데 이러한 성물들을 인간적인 목적으로 남용한 것은 하나님의 이름을 크게 망령되이 일컫는 죄입니다.

결국 엘리의 두 아들 홉니와 비느하스는, 하나님의 사람의 예언대로(삼상 2:34) 한 날 한 시에 죽임을 당하여 비참하게 최후를 마쳤습니다(삼상 4:10-11). 또한 엘리 제사장도 비참한 죽음을 맞이했습니다(삼상 4:18). 뿐만 아니라 비느하스의 아내는 언약궤를 빼앗겼다는 소식과 함께 시부와 남편의 죽은 소식을 듣자 갑자기 구푸려 해산하다가 "영광이 이스라엘에서 떠났다"라고 하면서 아이 이름을 "이가봇"이라 하고 죽고 말았습니다(삼상 4:19-22).

오늘날 입술로는 예수 그리스도를 섬긴다고 하면서도, 신앙생활을 자기의 생활 수단으로, 재물을 쌓기 위한 수단으로 삼는 몰염치한 성도 혹은 목회자가 있다면 큰일입니다. 거룩한 하나님의 구속 사업을 하는 교회에서, 자기 일생을 보장 받으려고 목회하는 삯꾼 목자가 되어서는 안 됩니다(요 10:12-13). 그러한 목회자가 있는 교회에서는 하나님의 영광이 떠날 수밖에 없습니다.

⑤ 불 옮기는 그릇(מַחְתָּה, 마흐타, firepan)

"불 옮기는 그릇"(출 27:3, 38:3, 민 4:14)을 뜻하는 히브리어 '마흐타'(מַחְתָּה)는 '없애다, 취하다'라는 뜻의 동사 '하타'(חָתָה)에서 유래한 단어입니다. 분향단의 향불은 반드시 번제단의 불을 사용해야 했으므로, "불 옮기는 그릇"에 번제단의 불을 담아 성소 안의 분향단으로 옮겼습니다(레 16:12, 참고-계 8:5). 또한 제단을 청소하거나 성막이 이동할 때 놋제단의 거룩한 불을 담아 보관하는 데에도 쓰였습니다.

동일한 원어 '마흐타'(מַחְתָּה)가 등대의 부속 기구인 "불똥 그릇" (출 25:38, 37:23, 민 4:9), "불을 옮기는 그릇"(왕상 7:50), 그리고 아론의 아들 나답과 아비후가 다른 불을 담아 분향했던 '향로'(레 10:1), 고라 일당 250명이 취한 놋 '향로'(민 16:6, 17-18, 참고-민 16:37-39), 아론이 염병에 걸린 백성들을 속죄하기 위해 가지고 나간 '향로'(민 16:46-47), 바벨론의 시위대 장관 느부사라단이 솔로몬 성전에서 가져간 '화로들'(왕하 25:15, 렘 52:19)로도 번역되었습니다. 성소 안에 있는 분향단의 향로는 금으로 만들었으나(히 9:4), 번제단의 부속물로 제작된 불 옮기는 향로는 놋으로 제작되었습니다(출 27:3, 38:3). '불 옮기는 그릇'은 죄로 말미암은 무서운 심판의 불을 연상시킵니다(참고-민 16:46-47, 계 8:5).

3. 번제단의 특징
Characteristics of the altar of burnt offering

(1) 단 위에 '불'을, 그 위에 '나무'를, 그 위에 '제물'을 두고 불살랐습니다(레 1:7-8, 12, 17, 3:5, 6:9, 12-13).

번제단에서 제물을 태우는 방법은 아무렇게나 태우는 것이 아니라, 불과 나무와 제물이 매우 질서 있게 놓인 상태에서 태웠습니다. 레위기 1:12에 "...제사장은 그것을 다 단 윗 불 위에 있는 나무에 벌여 놓을 것이며"라고 말씀하였습니다. 영어성경 NASB에는 "...the priest shall arrange them on the wood which is on the fire that is on the altar"라고 번역하였습니다. "단 윗 불 위에 있는 나무에"는 히브리어로 '알 하에침 아쉐르 알 하에쉬 아쉐르 알 하미즈베아흐'(עַל־הָעֵצִים אֲשֶׁר עַל־הָאֵשׁ אֲשֶׁר עַל־הַמִּזְבֵּחַ)입니다. 여기 "...위에"라는 뜻의 전치사 '알'이 세 번이나 반복해서 사용되어, 원문대로 해석하면 '단 위에 있는 불 위에 있는 나무 위에'가 됩니다. 단 위에 불과 나무와 제물이 아래서부터 차례대로 정돈되어야 하고, 또 제물이 맨 위에 오도록 해야 함을 강조한 것입니다. 불과 나무와 제물을 쌓아 놓는 순서는, 제물을 완전히 소각하되, 그 연기가 지속해서 '위로' 피어 올라가게 하여 여호와께 향기로운 냄새(화제)가 드려지게 하기 위한 방법이었습니다.

번제의 경우에 있어서는, 제사장이 취하였던 가죽을 제외하고는 희생 제물의 모든 부위를 하나도 남김 없이 다 태웠습니다. 그래서 레위기 1:9, 13에서 "그 전부를"(all)이라고 말씀하고 있습니다.

(2) 번제단에서 처음 제물을 드린 것은 아론과 그 아들들의 제사장 위임식을 마친 후였습니다.

위임식을 마친 후, 아론은 대제사장으로서의 사역을 시작하였습니다. 아론은 헌신을 다짐하면서 제사를 드렸습니다. 레위기 9:7에 "그가 또 아론에게 이르되 너는 단에 나아가 네 속죄제와 네 번제를 드려서 너를 위하여 백성(네 가족: 공동번역)을 위하여 속하고, 또 백성의 예물을 드려서 그들을 위하여 속하되 무릇 여호와의 명대로 하라"라고 말씀하고 있습니다. 아론은 번제단이 있는 토단 위에 서서 속죄제와 번제와 화목제를 마치고, 백성을 향하여 손을 들어 축복한 후에 내려왔습니다(레 9:22). 그리고 모세와 아론이 회막에 들어갔다가 나와서 백성에게 축복하자, 여호와의 영광이 온 백성에게 나타나며 불이 여호와 앞에서 나와 단 위의 번제물과 기름을 살랐습니다(레 9:23-24上). 이에 온 백성들이 보고 소리 지르며 엎드렸습니다(레 9:24下). 여호와 앞에서 나온 이 불은 지금까지 번제물을 태웠던 불(레

9:10-11, 13-14, 17, 20)과는 다른 것이었습니다. 회막의 구름 곧 하나님의 영광의 임재 장소(참고-출 33:9-10, 40:34-35, 민 16:42)로부터 뻗쳐 나온 맹렬한 여호와의 불이었습니다. 그 불이 번제단 위에서 서서히 타고 있던 번제물과 기름을 순식간에 삼켜 버린 것입니다. 출애굽기 24:16-17에서 구름이 6일 동안 시내산을 가렸을 때, 산 위의 하나님의 영광이 사람들의 눈에는 맹렬한 불같이 보였다고 하였습니다(참고-출 19:16-18). 구약성경에는 하늘에서 불이 내려와서 제물을 태운 일이 네 번 기록되어 있습니다(삿 13:15-20, 왕상 18:36-39, 대상 21:26, 대하 7:1-3).

(3) 번제단에는 언제든지 제물을 태울 수 있도록 항상 불이 붙어 있었습니다.

번제단은 희생 제물을 잡아 불에 태움으로 연기가 올라가게 하는 기구로, 단 위에 언제든지 제물을 올려 태울 수 있도록 항상 불이 붙어 있어야 했습니다. 레위기 6:9, 12-13에는 '번제단의 불이 꺼져서는 안 된다'는 동일한 명령이 점층적으로 세 번이나 쓰여, 번제단의 불이 절대로 꺼져서는 안 됨을 강조하고 있습니다.

첫째, '계속 타게 할 것이요'(레 6:9)

번제의 규례에서 "번제물은 단 윗 석쇠 위에 아침까지 두고 단의 불로 그 위에서 꺼지지 않게 할 것이요"(레 6:9)라고 말씀하고 있습니다. 여기 "꺼지지 않게 할 것이요"는 히브리어 '투카드'(תּוּקַד)로, '계속 타게 하라'라는 뜻입니다.

둘째, '불은 항상 피워 꺼지지 않게 하라'(레 6:12)

레위기 6:12에서 "단 위에 불은 항상 피워 꺼지지 않게 할지니 제사장은 아침마다 나무를 그 위에 태우고 번제물을 그 위에 벌여 놓고 화목제의 기름을 그 위에 사를지며"라고 말씀하고 있습니다. 여기에서 "항상 피워"(תּוּקַד, 투카드)에 "꺼지지 않게"(לֹא תִכְבֶּה, 로 티크베)가 추가되어 그 뜻이 좀 더 강조되었습니다.

셋째, "불은 끊이지 않고 단 위에 피워 꺼지지 않게 할지니라"
    (레 6:13)

레위기 6:13에서 "불은 끊이지 않고 단 위에 피워 꺼지지 않게 할지니라"라고 말씀하고 있습니다. 이는 레위기 6:12에서 말씀한 "항상 피워 꺼지지 않게"에 "끊이지 않고"(תָּמִיד, 타미드)가 추가되어, 불이 계속해서 타올라야 함을 더욱 강조하고 있습니다.

번제단에 불이 끊이지 않도록 하신 것은 죄인들에게 언제든지 속죄의 길이 열려 있음을 의미합니다. 또한 예수 그리스도를 통하여 영원한 속죄를 완성하기까지는, 결코 속죄 사역이 중단될 수 없다는 것을 보여 줍니다(참고-히 9:11-12).

불은 스스로 부정해지는 경우가 없고, 접촉한 것을 태워 버리는 힘을 가지고 있습니다. 그러므로 불은 부정을 깨끗하게 하는 힘을 상징하고 있습니다(마 3:11, 벧전 1:7, 계 3:18).

(4) 시내 광야에서 만든 놋단은 대략 486년 동안 사용되어 왔습니다.

역대하 1:5-6을 볼 때, 솔로몬이 즉위한 후 하나님께 지혜를 구하기 위해서 일천 희생물로 번제를 드리는 장면이 나옵니다. 그런데 솔로몬이 사용한 이 번제단이 바로 "옛적에 훌의 손자 우리의 아들 브살렐의 지은 놋단"이라고 기록하고 있습니다(대하 1:5, 참고-출 31:1-11). 솔로몬이 주전 959년경에 성전을 완공하면서 새로 놋단을 제작했다면(대하 7:7), 이 놋단은 주전 1445년부터 대략 486년 동안 사용되어 왔음을 알 수 있습니다.

4. 번제단의 구속사적 교훈
The redemptive-historical teaching of the altar of burnt offering

첫째, 번제단에서 끊임없이 타오르던 불은 죄를 소멸하는
　　　그리스도의 복음의 능력을 상징합니다.

　예수님께서 이 땅에 오신 목적은 불을 땅에 던지기 위해서였습니다. 누가복음 12:49에서 "내가 불을 땅에 던지러 왔노니 이 불이 이미 붙었으면 내가 무엇을 원하리요"라고 말씀하셨습니다. 여기에서 말씀하는 불은, 예수님께서 이 세상에 화평이 아니라 검을 주러 오셨다는 말씀처럼(마 10:34), 하나님의 말씀, 즉 복음을 상징하는 것입니다(렘 5:14, 23:29, 엡 6:17, 히 4:12, 벧후 3:7). 불이 붙었다는 것은, 예수님께서 말씀을 전하심으로 심판과 구원의 역사가 이루어져 나가는 것을 의미합니다. 예수님께서는 이 복음의 불이 붙기를 간절히 원하셨습니다. 이 복음의 불길은 예수님께서 십자가에 달려 죽으시고 부활, 승천하신 후 보혜사 성령의 불을 통해 제자들의 가슴속에 점화되어 비로소 본격적으로 타올랐습니다(행 2:1-4, 4:1-22). 예수님께서 이 땅에 오신 목적대로 복음의 불이 붙어 활활 타오르게 하신 것입니다.

　번제단에서 끊임없이 타오르던 불은 죄를 소멸하는 그리스도의 복음의 능력을 나타냅니다. 로마서 6:23에서 말씀하고 있듯이 죄

의 삯은 사망이므로(약 1:15), 죄의 소멸은 곧 사망의 종결입니다. 구약 때의 제사로는 죄와 사망이 종결되지 못하였으나(히 9:9, 10:1, 4, 11), 예수 그리스도를 통해 그 길이 열렸습니다. 디모데후서 1:10에 "이제는 우리 구주 그리스도 예수의 나타나심으로 말미암아 나타났으니 저는 사망을 폐하시고 복음으로써 생명과 썩지 아니할 것을 드러내신지라"라고 말씀하고 있습니다. 복음으로써 생명과 썩지 아니할 것을 드러내신 예수 그리스도께서, 이제 죄를 사하시고 사망을 영원히 멸하시어 완전한 하나님의 나라를 이루시기 위해, 자기를 바라는 자들에게 죄와 상관없이 다시 임하실 것입니다(고전 15:26, 53-57, 히 9:28, 계 21:3-4, ^{참고}-사 25:6-8).

둘째, 번제단에서 수많은 제물이 희생된 것은, 예수님께서 십자가에서 희생 제물이 되어 이루실 영원한 속죄를 예표합니다.

번제단에서 희생 제물을 드릴 때, 제물의 피를 여호와 앞 곧 성소 장 앞에 일곱 번 뿌린(sprinkle) 후, 피를 단 사면에 뿌리고 뿔에 바르며(put), 남은 피는 모두 번제단 아래 쏟았습니다(pour - 레 1:5, 11, 3:2, 8, 13, 4:6-7, 17-18, 25, 30, 34). 특히, 비둘기를 제물로 드릴 때에는 제물의 피를 단 곁에 흘리거나(레 1:15) 단 곁에 뿌리고 남은 피를 단 밑에 흘렸습니다(레 5:9). 그래서 놋 번제단은 피로 물들지 않은 곳이 없었습니다. 놋 번제단이 피로 물들고 그 피가 땅을 적시듯이, 예수님께서는 골고다의 높은 십자가에 달려 머리부터 발끝까지 온통 피로 물드셨고, 그 피는 십자가 나무를 적시고, 골고다 언덕을 붉게 물들였습니다.

이스라엘 백성이 자신들의 죄를 속하기 위하여 드린 희생 제물은 번제단 위에서 하나도 남김없이 완전히 태워져서 없어져 버렸습니다. 그 속죄는 일시적인 속죄였습니다. 그러나 예수 그리스도께서는 우리를 위한 영원한 속죄 제물, 어린 양이십니다(요 1:29, 고전 5:7, 엡 1:7, 히 9:12-15). 예수님께서 인류의 속죄 제물이 되어 자신을 쪼개어 드린 '마지막 제단'이 바로 골고다의 십자가입니다. 사도 요한은 그곳을 가리켜 "예수의 못 박히신 곳"이라 했습니다(요 19:17-20). 거기서 행하신 예수님의 속죄는 영원한 속죄입니다. 히브리서 9:12에서 "염소와 송아지의 피로 아니하고 오직 자기 피로 영원한 속죄를 이루사..."라고 말씀하고 있습니다.

셋째, 번제단의 네 모서리의 뿔은 동서남북 네 방향을 향하여
    나갈 구속 복음의 권세를 상징합니다.

예수 그리스도의 속죄의 효력은 동서남북 사방의 모든 사람에게 미치는 우주적인 것입니다. 로마서 1:16에서 "복음은 모든 믿는 자에게 구원을 주시는 하나님의 능력"이라고 말씀하고 있으며, 로마서 10:12下에서 "주께서 모든 사람의 주가 되사 저를 부르는 모든 사람에게 부요하시도다"라고 말씀하고 있으며, 로마서 3:22에서 "곧 예수 그리스도를 믿음으로 말미암아 모든 믿는 자에게 미치는 하나님의 의니 차별이 없느니라"라고 말씀하고 있습니다. 그러므로 우리는 이 우주적인 복음을 가지고 전 세계에 나아가 전하여야 할 것입니다(마 28:18-20, 행 1:8).

넷째, 번제단을 운반할 때 자색 보자기를 사용한 것은
    예수 그리스도의 왕권을 가리킵니다.

번제단은 죄가 처리되는 곳으로, 수많은 희생 제물의 피로 범벅

이 되고, 희생 제물이 타고 남은 재가 많이 남아 있어 그 주변은 쉽게 더러워질 수 있었습니다. 그래서 번제단과 부속 기구를 운반할 때는, 가장 먼저 단 위의 재를 처리하고 불 옮기는 그릇에 불씨를 옮겨야 했습니다(민 4:13ㄴ). 그리고 뜨거운 번제단이 식고 난 후에 자색 보자기를 그 위에 펴고(민 4:13ㄷ), 번제단과 관련된 모든 기구를 그 위에 두었습니다(민 4:14ㄴ). 그리고 해달의 가죽 덮개를 덮고 채를 꿰어 이동하였습니다(민 4:14ㄷ).

자색(紫色)은 왕이 입는 옷의 색으로, 왕이 사는 궁궐에도 자색을 많이 사용하였습니다(아 3:10, 단 5:29). 짐승들이 사람들의 죄를 전가 받고 죽임을 당했던 번제단을 옮길 때 자색 보자기를 편 것은, 예수님께서 십자가에 달리시기 직전에 입으셨던 자색 옷을 생각나게 합니다. 로마 군병들은 예수님을 사형수로 취급하며 희롱하기 위해 입고 있던 옷을 벗기고 자색 옷(홍포)을 입혔고 가시로 면류관을 엮어 그 머리에 씌웠습니다(마 27:28-29, 막 15:17-20, 요 19:2). 그리고 "유대인의 왕이여 평안할지어다"라고 하며 예수께 침을 뱉고 갈대로 머리를 쳤습니다(마 27:29ㄷ-30, 막 15:18, 요 19:3). 예수님께서는 이미 살점이 떨어져 나갈 만큼 수없이 잔혹하게 채찍질을 당해, 피로 얼룩진 몸을 가누지 못하고 비틀거리셨습니다(마 27:26, 막 15:15, 요 19:1). 머리에 가시 면류관을 쓰신 채로 칼날같이 날카로운 갈대로 맞으시고 머리에서는 너무 많은 피가 쏟아져서, 눈을 뜰 수도 없으셨습니다(마 27:29-30, 막 15:17-19). 예수님께서 가시 면류관을 쓰고 자색 옷을 입고 빌라도의 관정 밖으로 결박되신 채로 끌려 나오셨을 때는(요 19:4-5), 머리에서부터 발끝까지 성한 곳이 없이 피로 범벅이 되시어 차마 눈뜨고 볼 수 없을 만큼 참혹한 지경이었습니다.

예수님의 모습은 그야말로 "나는 벌레요 사람이 아니라" 했던 구약의 예언 그대로였습니다(시 22:6, 38:3-5, 사 52:14). 군병들은 희롱을 다한 후에 다시 홍포를 벗기고 도로 그의 옷을 입혀 십자가에 못 박으려고 끌고 나갔습니다(마 27:31, 막 15:20). 예수님께서는 우리 죄인들에게 의의 옷을 입히시기 위해서 벌거벗기우셨고, 온몸은 찢기셨고, 입으신 옷이 피로 물들었던 것입니다(롬 4:25, 5:9, 고후 5:21, 갈 2:16, 벧전 2:24). 십자가에서 죽으시는 최후의 순간까지 인류 구속을 위하여 하나님의 뜻에 온전히 복종하신 온전한 제물이셨습니다(빌 2:8). 그러나 예수님께서는 마침내 생명의 부활로 사망 권세를 깨뜨리셨고, 만왕의 왕 만주의 주로서, 하늘에 있는 자들과 땅에 있는 자들과 땅 아래 있는 자들로 모든 무릎을 그 이름에 꿇게 하셨습니다(빌 2:9-10).

우리는 주님의 십자가 앞에 설 때, 비로소 내 자신의 자아가 죽어 없어지지 않고는 결코 살아 있는 참된 예배를 드릴 수 없다는 사실을 깨닫게 됩니다. 인간의 모든 정욕과 죄와 허물을 예수 그리스도와 함께 십자가에 못 박아 죽이지 않고서는, 결코 살아 계신 하나님 앞에 나아갈 수 없습니다(갈 2:20, 5:24). 예수님께서 친히 하나님께 드려지는 제물이 되셨듯이, 성도 역시 하나님께 드려지는 제물이 되는 길은 십자가밖에 없습니다. 로마서 12:1에서 "그러므로 형제들아 내가 하나님의 모든 자비하심으로 너희를 권하노니 너희 몸을 하나님이 기뻐하시는 거룩한 산 제사로 드리라 이는 너희의 드릴 영적 예배니라"라고 말씀하고 있습니다. 제물은 죽어야 비로소 참제물이 됩니다. 제물은 말이 없습니다. 이처럼 하나님의 뜻이라면 즐거이 희생하고 전적으로 순종하는 성도야말로, 하나님께서 기뻐하시는 거룩한 산 제물입니다.

2. 물두멍

כִּיוֹר (키요르)

λουτῆρ

The laver

출 30:17-21, 38:8, 40:30-32

물두멍은 물을 담아 놓고 쓰는 큰 가마, 놋으로 만들어진 큰 통을 말합니다(출 30:17-18, 38:8, 40:7, 11-12, 30-32). 물두멍은 히브리어로 '키요르'(כִּיוֹר)인데, '둥근 어떤 것, 깊은 냄비, 대야'라는 뜻이며, '파다, 구멍을 뚫다'라는 뜻의 '쿠르'(כּוּר)에서 유래하였습니다.

성막에서 제사장의 거룩한 봉사를 위해 물두멍은 필요불가결한 것이었습니다. 그 이유는 첫째, 하나님께서는 아론과 그 자손들이 성소에 들어가기 전에나 혹은 제사를 드리기 전에, 물두멍에서 흙과 먼지와 피로 더럽혀진 손과 발을 깨끗이 씻어야 했기 때문입니다(출 30:17-21, 40:30-32).

둘째, 물두멍의 물로 하나님께 드릴 희생 제물을 씻어야 했기 때문입니다. 성막에서는 제물을 어디서 씻는지 구체적으로 기록된 바 없지만, 솔로몬 시대에는 희생 제물을 물두멍에서 씻었다고 기록되어 있습니다(대하 4:6).

1. 물두멍의 크기
The size of the laver

하나님께서는 모세에게 모든 기구들마다 자세하고 정확하게 그 치수를 말씀해 주셨습니다. 그런데 물두멍은 다른 용기들과는 달리, 크기나 무게에 대한 정확한 수치가 언급되지 않았습니다. 단지 물을 담는 두멍과 받침으로 구성되어 있다고 기록되어 있습니다(출 30:18, 28, 31:9, 35:16, 38:8, 39:39, 40:11, 레 8:11). 출애굽기 30:18 상반절에 "너는 물두멍을 놋으로 만들고 그 받침도 놋으로 만들어 씻게 하되..."라고 말씀하고 있습니다. 솔로몬 때의 제사는 규모가 커져서, 직경이 4규빗(1.82m)이고 40밧(908.4리터)의 물을 담을 수 있는 물두멍이 열 개나 있었습니다(왕상 7:38, 대하 4:6). 이는 성막의 물두멍과 마찬가지로 놋으로 만들었으며 각각 받침을 두었습니다(왕상 7:38).

　물두멍의 크기나 형태가 언급되어 있지 않은 것은 그 물의 양이 제한이 없었다는 것을 의미합니다. 물의 양을 제한하지 않았던 것은 그만큼 물이 많이 필요했다는 뜻이요, 또한 제사장이 더러울 때마다 자신의 정결을 위해서 얼마든지 물을 사용할 수 있도록 했음을 의미합니다.

　성막에서 제사 드리는 일이 지속적으로 진행되려면 물두멍에는 물이 항상 채워져 있어야 했습니다. 출애굽기 30:18 하반절에서 "그것을 회막과 단 사이에 두고 그 속에 물을 담으라"라고 말씀하고 있습니다. 그러므로 물이 떨어지지 않도록 수시로 물항아리에 담아 날랐을 것이며, 제사장들이 손과 발을 씻을 때에는 물두멍에서 물을 퍼서 쓰는 조그만 대야를 사용하였을 것입니다.

　참고로, 솔로몬 시대에는 희생 제물을 씻는 물두멍 외에 제사장의 몸을 씻는 도구로 "바다"가 있었습니다(왕상 7:23-26, 대하 4:2-6). 바다는 직경 10규빗(4.56m), 높이 5규빗(2.28m), 둘레 30규빗(13.68m)으로, 거대한 가마솥 같은 용기였습니다(왕상 7:23, 대하 4:2). 놋바다는 성전 안뜰에서 제사장들이나 레위인들이 몸을 씻는 데 사

받침
출 30:18,
38:8
참고-출 31:9, 35:16, 39:39

놋으로 만든 물두멍
출 30:17-21, 38:8

물두멍 주변에서
수족을 씻는 데 필요한 도구들
참고-출 30:17-21, 40:30-32,
왕상 7:38-39, 대하 4:6,
겔 40:38

용되었습니다(대하 4:6下, 참고-출 29:4, 레 8:6). 이 놋바다는 열두 소가 받치고 있었는데, 각각 세 마리의 소가 그 꼬리를 안쪽으로 두고 머리는 동서남북 사방을 향하고 있습니다(왕상 7:25, 대하 4:4). 바다에 담는 물의 양은 2천 밧인데, 1밧이 약 22.71리터이므로 총 45,420리터의 엄청난 용량입니다(왕상 7:26下, 참고-대하 4:5).

2. 물두멍의 제작
The making of the laver

물두멍의 재료는 놋입니다. 출애굽기 38:8 상반절에서 "그가 놋으로 물두멍을 만들고 그 받침도 놋으로 하였으니..."라고 말씀하고 있습니다. 그리고 물두멍과 받침은 회막문에서 수종 드는 여인들의 봉헌한 "거울"로 만들어졌습니다(출 38:8下). 여기 거울은 오늘날과 같이 유리 거울이 아니라, 청동으로 만든 거울을 가리킵니다. 그 시대에는 유리가 없었으므로, 매끄럽게 다듬은 놋을 얇게 펴고 표면을 잘 연마해서 거울로 만들어 사용하였습니다.

회막문에서 수종 들던 여인들은 제사장의 성결을 위하여 물두멍을 만드는 데 자신들의 필수품을 즐거이 헌납했습니다. 그 여인들은 본래 성전에서 봉사했던 자들이었기에, 하나님을 섬기는 데 필요하다고 할 때 가장 먼저 자원하여 드린 것입니다. 참으로 자기 자신보다 성전을 먼저 생각하며 아낌없이 헌신하는 아름다운 신앙입니다(마 19:29, 막 10:29-30, 참고·마 10:37-39, 눅 14:26-27). 그 거울은 과거에 여인들이 외모를 꾸미고 단장하는 데 사용되었으나, 이제는 제사장들이 수족을 씻어 정결케 하는 데 사용하게 되었습니다.

물두멍의 표면은 제사장들을 비추는 거울로도 사용되었을 것이며, 거울을 통해 머리부터 발끝까지 살펴 자신의 흠을 발견하고 바로잡았을 것입니다. 물두멍이 '보는 거울' 역할을 한 것처럼, 우리도 하나님의 말씀 속에 자신을 비추어 흠도 없이, 점도 없이 행할 수 있어야 합니다(고전 10:6, 11, 약 1:23-25).

3. 물두멍의 특징
Characteristics of the laver

(1) 물두멍의 위치는 "회막과 단 사이"였습니다(출 40:7, 30).

출애굽기 40:12에서 "너는 또 아론과 그 아들들을 회막문으로 데려다가 물로 씻기고"라고 말씀한 것으로 보아, 물두멍은 번제단 쪽보다 회막문 쪽에 더 가까이 있었을 것입니다. 또한 번제단의 위치를 "회막의 성막 문 앞에 번제단을 두고"(성막, 곧 회막 어귀에 번제단을 놓고: 표준새번역)(출 40:29)라고 말씀한 것으로 보아, 물두멍은 성막 문 앞을 가리지 않기 위해 아마도 한쪽으로 치우쳐 있었을 것입니다. 북쪽은 제물을 잡는 곳이었으므로(레 1:11), 아마도 물두멍은 성막 문 근처 남쪽 방향에 위치했을 것으로 보입니다.

하나님께서는 왜 성막 뜰의 그 많은 장소 중 물두멍을 굳이 "회막과 단 사이에"(출 40:7, 30) 두도록 명령하셨을까요? 회막은 하나님께서 임재하시는 장소입니다. 그러므로 하나님의 백성이 하나님 앞에 나오려고 한다면 자신을 정결케 하는 회개가 반드시 있어야 하며, 하나님의 권위를 인정하며 그 앞에 복종하겠다는 겸손이 있어야 함을 가르쳐 준 것입니다.

(2) 제사장들이 물두멍에서 수족을 씻는 것은 대대로 지켜야 할 규례였습니다(출 30:19-21).

① "수족을 씻되"

아론과 그 아들들은 회막에 들어갈 때와 제단에 가까이 갈 때마다 물두멍에서 수족을 씻었습니다(출 40:31-32). 출애굽기 30:19에 "아론과 그 아들들이 그 두멍에서 수족을 씻되"라고 말씀하였는데, 여기 "수족을 씻되"는 히브리어로 '에트 예데헴 베에트 라글레헴' (אֶת־יְדֵיהֶם וְאֶת־רַגְלֵיהֶם)이며, 직역하면 '그들의 손들을 그리고 그들의 발들을'입니다. 씻을 부위에 대해서 목적격 불변사 '에트'를 두 번이나 사용하여 자세하게 기록한 이유는, 성소에 들어가는 자가 아주 꼼꼼하게 씻은 후에 들어가야 한다는 것을 강조한 것입니다.

물두멍에서 손을 씻으라는 규정은 첫째, 하나님께서 얼마나 진실하고 정결한 예배를 원하시는가를 잘 보여 줍니다. 물두멍에서 수족을 씻는 정결 의식을 통하여, 제사장들은 자신들이 하나님 앞에 예배하기에 얼마나 부정하고 부족한 존재들인가를 겸손히 깨달아야 했습니다.

둘째, 제사장들이 얼마나 정성을 다해 제사를 준비해야 하는가를 보여 줍니다. 제사장들은 봉사하기 위하여 발로 성소 안을 걸어 다녀야 했고, 그 손으로 모든 성물들을 만져야 했기 때문에, 무엇보다도 손과 발을 깨끗이 씻어야 했습니다.

오늘날 우리에게도 '손과 발'을 통한 외적 행동의 순결성과 '마음'을 통한 내적 순결성이 요청됩니다. '손과 발'은 사람의 인격 전체를 대표합니다. 야고보서 4:8에 "죄인들아 손을 깨끗이 하라 두 마음을 품은 자들아 마음을 성결케 하라"라고 말씀하고 있으며, 손이 깨끗한 자라야 하나님의 성전에 출입할 수 있다고 말씀하고 있습니다(시 24:3-4). 손이 깨끗하다는 것은 깨끗한 인격, 깨끗한 마음, 정결한 신앙, 선한 행함을 말합니다(창 20:5, 욥 17:9, 시 18:20, 24, 26:10, 사 1:15-17).

② "죽기를 면할 것이요"

제사장들은 성소에 들어가기 전 물두멍의 물로 수족(手足)을 씻어야 죽기를 면할 수 있었습니다. 출애굽기 30:20 상반절에 "그들이 회막에 들어갈 때에 물로 씻어 죽기를 면할 것이요"라고 말씀하고 있습니다. 표준새번역에서는 "물로 씻어야 죽지 않는다"라고 번역하였습니다. 이는 제사장들이 하나님의 성소에 들어갈 때 물두멍에서 손과 발을 씻어 정결케 해야 결코 죽지 않는다는 의미입니다. 그러나 제사장들이 이 규례를 무시하고 자신을 성결케 하지 않고 부정한 몸으로 하나님의 성소 안으로 들어가거나 부정한 손으로 성소의 기구들을 만지면 반드시 죽게 됩니다. 그러므로 제사장들은 거룩하신 하나님 앞에 서기 위해 하나님께서 명하신 대로 그 규례를 지켜 항상 정결함을 유지해야 했습니다.

③ 아론과 그 자손이 대대로 지켜야 할 규례

출애굽기 30:21을 볼 때 '수족을 씻어 죽기를 면하라'라는 명령은 아론과 그 자손이 영원히 지킬 규례였습니다. 모세 자신도 성막을 세우는 날에 아론과 그 아들들과 함께 물두멍에서 수족을 씻어, 정결 의식의 주관자로 참여하였습니다(출 40:30-32).

물론 이런 의식적인 규례는 구약 제사 제도가 지속되는 동안 아론과 그 자손인 제사장들에게만 해당되었으나, 그 영적 의미는 오늘날 신령한 제사장이 된 우리에게도 그대로 적용됩니다(벧전 2:9). 그래서 우리는 반드시 예수 그리스도의 보배로운 피로 정결함을 입어야 합니다. 요한계시록 7:14-15에는 어린 양의 피에 그 옷을 씻어 흰옷을 입은 사람이 되어 하나님의 성전에서 밤낮 하나님을 섬길 때, 보좌에 앉으신 이가 그들 위에 장막을 치신다고 말씀하고 있습니다. 성도의 정결함은, 예수님께서 재림하여 우리가 하나님 앞에 서는 그날까지 영원히 지속되어야 합니다. "항상 복종하여 두렵고 떨림으로 너희 구원을 이루라"(빌 2:12)라고 하신 말씀대로, 정결한 마음과 경건한 태도를 잃지 말아야 합니다.

(3) 물두멍의 운반 방법은 언급되어 있지 않습니다.

광야에서의 물두멍 운반 방법에 대해서는 성경에 기록되어 있지 않습니다. 성막의 다른 성물들은 다 덮개로 덮었지만, 물두멍은 무엇으로 덮었다는 말씀이 기록되어 있지 않습니다(참고·민 4:1-15). 게다가 그것을 운반하는 고리나 채에 대해서도 언급이 없습니다. 그렇지만 다른 성물들과 함께 운반되었을 것으로 추정됩니다.

4. 물두멍의 구속사적 교훈
The redemptive-historical teaching of the laver

(1) 물은 거룩케 하는 하나님의 말씀을 상징합니다.

번제단은 온통 짐승의 피로 얼룩져 있었으나, 물두멍은 깨끗한 물로 가득 채워져 있었습니다. 그리고 제사장은 그 물로 씻어 의식적으로 정결케 되었다고 인정받은 후에야 비로소 하나님께 나아갈 수 있었습니다. 물두멍의 목적에 대해서, 출애굽기 40:30에서 "물두멍을 회막과 단 사이에 두고 거기 씻을 물을 담고"라고 기록하고 있습니다. 물두멍에는 물을 넣어 두되 계속해서 채워 두어야 했습니다. 끊임없이 제사가 지속되는 성막에서, 제사장들이 손발을 씻는 정결 의식을 행하기 위해 항상 정결한 물을 준비해야 하는 것은, 물이 귀한 광야에서 매우 어려운 일이었을 것입니다(참고-신 8:15, 시 63:1). 끊임없이 공급되었을 물두멍의 맑고 깨끗한 물은 무제한으로 솟아나는 생수와도 같은 하나님의 말씀을 생각나게 합니다. 이사야 선지자는 하나님께서 공급해 주시는 은혜를 통해 물 댄 동산이 되고 물이 끊어지지 않는 샘이 된다고 이사야 58:11에서 증거하고 있습니다. 물이 바다를 덮음 같이 여호와를 아는 지식이 세상에 충만하게 됩니다(사 11:9, 합 2:14). 이러한 생명수와 관련하여, 예수님께서는 사마리아 여인에게 "내가 주는 물을 먹는 자는 영원히 목마르지 아니하리니 나의 주는 물은 그 속에서 영생하도록 솟아나는 샘물이 되리라"(요 4:14)라고 말씀하여 주셨습니다. 에스겔의 이상을 보면, 새 성전에서 발원한 물이 죽은 바다를 살리고 만물을 소성케 했습니다(겔 47:1-2, 8-12). 이 생명력 넘치는 생명수는 성전 문지방에서 흘러나온 것으로 하나님의 말씀을 상징합니다(겔 47:1-7, 12).

스가랴 13:1에서 "그날에 죄와 더러움을 씻는 샘이 다윗의 족속과 예루살렘 거민을 위하여 열리리라"라고 예언하였습니다(슥 14:8). 바로 예수 그리스도로 말미암아 생수의 강이 흘러나오는 역사입니다. 요한복음 7:37-38에서 "명절 끝날 곧 큰날에 예수께서 서서 외쳐 가라사대 누구든지 목마르거든 내게로 와서 마시라 38 나를 믿는 자는 성경에 이름과 같이 그 배에서 생수의 강이 흘러나리라"라고 말씀하고 있습니다.

물두멍에 항상 물이 채워져 있는 것은, 예수 그리스도 피의 공로로 중생을 체험하고 난 후에도, 죄와 허물로 오염되기 쉬운 마음을 말씀으로 늘 깨끗하게 해야 함을 상징하는 것입니다(시 119:9). 에베소서 5:26에서 "물로 씻어 말씀으로 깨끗하게 하사 거룩하게 하시고"라고 말씀하고 있습니다. 예수님께서도 "저희를 진리로 거룩하게 하옵소서 아버지의 말씀은 진리니이다"(요 17:17)라고 말씀하셨습니다. 디모데전서 4:5에서 "하나님의 말씀과 기도로 거룩하여짐이니라"라고 말씀하고 있습니다. 그러므로 오늘날 성도들도 예수 그리스도 대속의 공로로 구원의 반열에 들어선 것으로 만족해서는 안 되며, 날마다 말씀과 기도의 능력으로 거룩해져야 합니다.

(2) 물은 예수 그리스도의 십자가 구속의 은총을 받은 성도의 회개를 상징합니다.

하나님께서 제사장에게 성막 출입 전후에 반드시 손과 발을 씻고 물두멍의 거울 속에 자신을 비추어 보게 하셨는데, 이것은 영적으로 성도가 하루하루 하나님의 존전에 나아갈 때에 먼저 자신의 허물과 범죄와 실수를 신령한 거울에 비추어 살피고, 회개하는 것을 나타냅니다. 그래서 주님께서도 제단에 예물을 드리려고 왔다가 형제와 무슨 범죄한 일이 생각나면 예물을 제단에 두고 가서 그 형제와 화해한 후에 와서 예물을 드려야 한다고 말씀하셨습니다 (마 5:23-24). 성도가 날마다 비추어 보아야 할 거울은 첫째, 양심의 거울이요(롬 9:1-2, 고전 10:29), 둘째, 하나님의 말씀의 거울이요(약 1:23-25), 셋째, 진리의 성령의 거울입니다(요 14:26, 15:26, 16:13, 고전 2:13, ^{참고}사 32:15, 행 2:17-18, 33, 딛 3:6). 이러한 거울에 날마다 자신을 비추어 보고 자신을 거룩하게 하여, 의의 심판대 앞에 설 때 부끄러움이 없어야 합니다(고전 11:31-32, 고후 5:10).

율법에서 부정하게 된 사람은 대부분 물로 씻으라고 말씀하였고 (레 14-15장), 물로 씻는 것은 '죄를 씻어 내고 악행을 그치는 것'을 의미합니다(사 1:16). 세례 요한의 물 세례는 "죄 사함을 받기 위한 회개의 세례"를 의미했습니다(막 1:4). 이처럼 성도는 날마다 회개를 통하여 계속적인 씻음을 받아야 합니다. 히브리서 10:22에 "우리가 마음에 뿌림을 받아 양심의 악을 깨닫고 몸을 맑은 물로 씻었으니 참마음과 온전한 믿음으로 하나님께 나아가자"라고 말씀하고 있습니다.

번제단이 '목욕'의 역사로 비유된다면, 물두멍은 '발 씻음'의 역사로 비유됩니다. 성도는 예수님의 십자가 속죄 사역을 믿음으로써 마치 '목욕한 자' 같이 되는 것입니다. 그리고 그 십자가 은총에 의지하여 날마다 죄를 회개함으로 마치 '발을 씻은 자' 같이 되어야 하는 것입니다. 최후의 만찬 자리에서 베드로가 "내 발을 절대로 씻기지 못하시리이다"라고 말하자, 예수님께서는 "내가 너를 씻기지 아니하면 네가 나와 상관이 없느니라"라고 말씀하셨습니다(요 13:8). 그리고 "이미 목욕한 자는 발밖에 씻을 필요가 없느니라 온 몸이 깨끗하니라 너희가 깨끗하나 다는 아니니라"라고 말씀하셨습니다(요 13:10).

다윗은 밧세바와 동침한 일로 선지자 나단의 책망을 받은 후에, "주의 얼굴을 내 죄에서 돌이키시고 내 모든 죄악을 도말하소서 10 하나님이여 내 속에 정한 마음을 창조하시고 내 안에 정직한 영을 새롭게 하소서"라고 회개의 기도를 드렸습니다(시 51:9-10). 회개는 우리의 전 인격을 거룩케 하고 새롭게 하는 것입니다.

(3) 물두멍에서 물로 씻는 것은 그리스도의 부활하심과 연합되는 세례를 예표합니다.

구약 시대에 대제사장이 백성의 죄를 대신하여 물두멍의 물로 자신을 씻은 것은, 신약 시대에 와서 행하여진 세례를 예표하는 것입니다. 베드로전서 3:21에 "물은 예수 그리스도의 부활하심으로 말미암아 이제 너희를 구원하는 표니 곧 세례라..."라고 기록하고 있습니다(롬 6:3-5). 오늘날의 성도들도 주의 몸 된 교회에 나와서 하나님의 말씀으로 우리의 상한 심령을 깨끗하게 해야 하며, 그 증표로 물 세례를 받아야 합니다. 이것은 하나님 나라의 백성이 되었다는 구원의 표요, 하나님을 기쁘시게 하는 성도의 삶인 것입니다.

① 하나님의 구속 경륜 속에서 세례의 중요성

물로 세례를 받는 것은, 그리스도인으로서 구원 받은 확증이요 신앙 고백입니다(행 10:44-48, 16:30-34). 그것은 성도가 신앙 공동체의 일원으로 그리스도의 구속 역사에 동참하는 유일한 표적인 것입니다(롬 6:3-4).

예수님께서도 세례 요한에게 요단강에서 세례를 받으심으로 공생애를 시작하셨습니다(마 3:13-16, 막 1:9-10, 눅 3:21). 예수 그리스도의 세례는 죄를 용서받고자 하심이 아니라 스스로 죄인 중 한 사람으로 참여하신 의지의 표현이요(롬 8:3-4, 고후 5:21, 빌 2:6-8), 그 죄인들의 죄를 담당하고자 세례를 받으셨던 것입니다(마 20:28, 막 10:45, 요 1:29, 요일 3:8).

세례는 죽음과 동시에 새 생명을 얻는 것을 의미합니다. 예수 그리스도의 십자가 공로로 우리의 옛 사람이 철저하게 장사되고, 부활하신 예수 그리스도와 연합하여 새 사람으로 거듭나서 새 생명 가운데 행하게 되는 것입니다(롬 6:1-11, 엡 4:22-24, 골 3:9-10).

② 구약 시대에 물로 신령한 세례를 받은 역사

구약 시대에는 '물'로 임한 크고 작은 심판이 많았습니다(창 7장, 출 14장). 그 물 가운데서 건짐을 받은 사람은 구원을 받고, 생명을 다시 찾았습니다.

첫째, 노아 방주 안의 여덟 식구는 물로 말미암은 세례를 받고 구원을 받았습니다. 베드로전서 3:20-21에서 "...방주에서 물로 말미암아 구원을 얻은 자가 몇 명뿐이니 겨우 여덟 명이라 [21] 물은 예수 그리스도의 부활하심으로 말미암아 이제 너희를 구원하는 표니 곧 세례라..."라고 기록하고 있습니다.

둘째, 출애굽 한 이스라엘 백성은 구름과 바다에서 세례를 받았습니다. 이스라엘 백성이 출애굽 하여 홍해에 다다랐을 때 큰 동풍으로 물은 갈라져 그들의 좌우에 벽이 되어 그들은 바다 가운데 육지로 지났고(출 14:21-22), 또 뜨거운 태양이 이글거리는 광야에서는 구름 기둥의 보호와 인도를 받았습니다(출 13:21). 사도 바울은 이스라엘 백성이 "구름 아래 있고 바다 가운데로 지나며" 세례를 받았다고 고린도 교인들에게 가르쳤습니다(고전 10:1-2). 이스라엘 백성은 바다의 물로 세례를 받은 것이며, 동시에 물방울로 가득 차 있는 구름 아래에서 세례를 받은 것입니다. 이스라엘 백성이 하나님의 주권적인 인도하심으로 홍해를 건넜듯이, 오늘날 성도 역시 하나님의 주권적인 인도하심으로 죄악된 세상을 탈출하여 세례를 받고 하나님의 교회의 지체들이 된 것입니다(롬 12:5).

③ 죄인을 위하여 물과 피로 임하신 예수 그리스도

로마 군병들이 다리를 꺾으려고 십자가 상에 있는 예수님 곁으로 다가갔을 때, 예수께서 이미 죽으신 것을 보고 다리를 꺾지 않았고, 한 군병이 창으로 옆구리를 찔렀습니다. 이는 하나님의 말씀을 이루려 함이었다고 기록하고 있습니다. 요한복음 19:34-36에 "그 중 한 군병이 창으로 옆구리를 찌르니 곧 피와 물이 나오더라 [35] 이를 본 자가 증거하였으니 그 증거가 참이라 저가 자기의 말하는 것이 참인 줄 알고 너희로 믿게 하려 함이니라 [36] 이 일이 이룬 것은 그 뼈가 하나도 꺾이우지 아니하리라 한 성경을 응하게 하려 함이라"라고 말씀하고 있습니다. 구약 시대에 유월절 양의 뼈가 꺾이지 않은 것은, 참된 유월절 양 되시는 예수님의 뼈가 꺾이지 않을 것을 미리 보여 준 것입니다(출 12:46, 민 9:12, 시 34:20, 참고-요 1:29, 고전 5:7, 계 5:9, 12). 예수님의 옆구리를 찌른 날카로운 창은 뼈와 몸 안의 내장 속까지 파고들어 피와 물이 흘러나오게 했습니다. 사도 요한은 요한일서 5:5-6에서 "예수께서 하나님의 아들이심을 믿는 자가 아니면 세상을 이기는 자가 누구뇨 [6] 이는 물과 피로 임하신 자니 곧 예수 그리스도시라 물로만 아니요 물과 피로 임하셨고”라고 말씀하고 있습니다. 여기 “물”은 공생애 초기에 그리스도의 세례 받으심을 의미하며(마 3:16, 막 1:9-10, 눅 3:21), “피”는 그리스도께서 십자가에서 피흘려 죽으심을 연상시키는 표현입니다. “피”는 십자가에서의 죽으심과 부활, 승천과 함께 그리스도 사역의 정점을 나타냅니다. 예수님께서는 십자가에서 피를 흘리시면서 최후의 일곱 말씀을 하시고, 인간의 속죄 사역을 완전히 이루셨습니다(참고-엡 5:26). 그러므로 “물과 피”는 예수님께서 이 땅에서 그리스도로서 일생 동안 행하신 사역 전체를 대표하는 표현이기도 합니다. 더 나아가 ‘물’은 그리스도의 말씀을, ‘피’는 예수님의 성육신을 뜻하기도 합니다.

죄를 속하는 유일한 방법은 예수님께서 십자가 위에서 아낌없이 흘려 주신 물과 피밖에 없습니다(레 17:11, 히 9:22). 디도서 3:5에서 “우리를 구원하시되 우리의 행한바 의로운 행위로 말미암지 아니하고 오직 그의 긍휼하심을 좇아 중생의 씻음과 성령의 새롭게 하심으로 하셨나니”라고 말씀하고 있습니다. 또한 히브리서 10:22에서 “우리가 마음에 뿌림을 받아 양심의 악을 깨닫고 몸을 맑은 물로 씻었으니 참마음과 온전한 믿음으로 하나님께 나아가자”라고 말씀하고 있으며, 히브리서 9:14에서도 “하물며 영원하신 성령으로 말미암아 흠 없는 자기를 하나님께 드린 그리스도의 피가 어찌 너희 양심으로 죽은 행실에서 깨끗하게 하고 살아 계신 하나님을 섬기게 못하겠느뇨”라고 말씀하고 있습니다.

실로, 예수님께서는 ‘물과 피로 임하신 분’(요일 5:6)입니다. 예수 그리스도의 찢어진 혈관에서 흘러나온 물과 피를 통해 우리의 더러운 죄를 씻는 샘이 열렸습니다(슥 13:1, 참고-행 22:16). 예수 그리스도의 보혈은 영원히 살아 있는 피요, 죽을 죄인을 살리는 생명의 피요, 전 인류를 살리고도 남는 유일한 생명의 보배 피입니다. 예수 께서 십자가에서 흘리신 물은 우리를 영원히 거룩케 하는 생명수 입니다.

3. 앙장과 덮개

יְרִיעֹת וּמִכְסֶה (예리오트 우미카세) / αὐλαία καί καλύμματα
The curtains and the coverings / 출 26:1-14, 36:8-19

출애굽기 35:11에는 "성막(מִשְׁכָּן, 미쉬칸)과 그 막(אֹהֶל, 오헬)과 그 덮개(מִכְסֶה, 미크세)"를 만들라고 말씀하고 있습니다(출 40:19). 회막 의 천장과 지붕 역할을 하는 앙장과 덮개는 총 네 겹입니다. 이는 광 야의 햇빛과 비와 바람 등으로부터 회막의 내부를 보호하고, 하나 님의 영광이 침범 당하지 않도록 하기 위해 필수적인 것이었습니다.

먼저, 가장 안쪽에 덮이는 내부앙장(성막)은 히브리어로 '미쉬 칸'(מִשְׁכָּן)이며, 가늘게 꼰 베실과 청색 자색 홍색 실로 그룹을 공 교히 수놓아 만듭니다(출 26:1, 6, 36:8, 13). 그 성막을 덮는 외부앙장 (막)은 히브리어로 '오헬'(אֹהֶל)이며, 염소털로 만듭니다(출 26:7, 11, 36:14, 18).

출애굽기 26:1-14, 36:8-19에는 앙장과 덮개의 제작에 대한 내용이 자세히 기록되어 있습니다. 앙장(仰帳: 우러를 앙, 휘장 장)의 단수형은 히브리어 '예리아'(יְרִיעָה)로, '떨다, 진동하다'라는 뜻의 '야라'(יָרַע)에서 유래하여 '덮는 휘장'을 의미합니다. 이는 성막(미쉬칸)과 막(오헬)이 커튼처럼 실로 짠 직물로 만들어졌음을 알려 줍니다.

회막의 골격에 내부앙장(성막)과 외부앙장(막)을 덮은 다음, 다시 두 겹의 가죽 덮개를 덮는데, 붉은 물들인 숫양의 가죽으로 만든 덮개는 "막의 덮개"라 하였고(출 26:14上, 36:19上), 그 위에 마지막으로 덮는 해달의 가죽 덮개를 "웃덮개"(출 26:14下, 36:19下)라고 하였습니다.

이로써 성소 내부에서는 네 가지 색실로 그룹을 무늬 놓아 만든 화려한 문양을 볼 수 있으나, 외부에서는 평범하고 투박한 해달의 가죽 덮개만 보이게 됩니다. 광야에서 성막을 이동할 때, 앙장과 덮개는 레위인들 가운데 게르손 자손이 맡아 옮겼습니다(민 3:25, 4:24-25).

1. 앙장과 덮개의 크기
The sizes of the curtains and the coverings

(1) 내부앙장(성막)은 매폭의 장이 28규빗, 광이 4규빗인 앙장 열 폭을 각각 다섯 폭씩 연결하여 큰 앙장 두 개로 만든 다음, 그것을 서로 결합하였습니다(출 26:2-3, 36:9-10).

그러므로 다섯 폭씩 연결된 큰 앙장 둘을 결합한 내부앙장 전체의 크기는 장이 28규빗(12.77m)이요 광은 40규빗(18.24m)이 됩니다.

(2) 외부앙장(막)은 장이 30규빗, 광이 4규빗인 앙장 열한 폭을 각각 다섯 폭, 여섯 폭씩 연결하여 큰 앙장 두 개로 만든 다음, 그것을 서로 결합하였습니다(출 26:7-9, 36:14-16).

그러므로 다섯 폭과 여섯 폭으로 된 큰 앙장 둘을 결합한 외부앙장 전체의 크기는 장이 30규빗(13.68m), 광은 44규빗(20.06m)이 됩니다.

(3) 막의 덮개와 웃덮개의 크기는 성경에 기록되어 있지 않습니다.

성경에 '성막(장막)의 말뚝'(출 27:19, 35:18, 38:20, 31)이 언급된 것을 볼 때, 마치 텐트를 치는 것처럼 줄로 덮개를 팽팽하게 잡아당겨 말뚝으로 바닥에 고정시킬 정도의 넉넉한 크기였을 것입니다.

2. 앙장과 덮개의 재료
Materials for making the curtains and the coverings

(1) 내부앙장은 가늘게 꼰 베실과 청색·자색·홍색 실로 그룹을 공교히 수놓아서 만듭니다(출 26:1, 36:8, 참고-출 25:4, 35:6, 23下).

출애굽기 35:25을 볼 때, 내부앙장을 만드는 데 쓰인 청색 자색 홍색 실과 가는 베실은 '마음이 슬기로운 모든 여인이 손수 실을 낳아' 가져왔습니다. 여기서 '낳아'는 히브리어로 '타바'(טָוָה)이며, '(실을) 짜다, 방적하다'라는 뜻입니다. 이 실들은 매우 귀하고 비싼 재료들이었는데, 당시 유목민들은 대개 양털을 실로 사용하였으니, 여기서의 실도 염색한 양털을 가리킬 것입니다. 특히 "가는 베실(가늘게 꼰 베실)"은 히브리어 '셰쉬'(שֵׁשׁ)로, 많은 공을 들여 만든 좋은 품질의 가늘고 부드러운 실을 말합니다. 베실을 비롯한 세 가지 색 실은 값이 아주 비싸고 귀한 것들이었습니다.

내부앙장은 이 네 가지의 실로 그룹을 공교히 수놓아(출 26:1) 만들었는데, 출애굽기 36:8 하반절에서는 "그룹들을 무늬 놓아 짜서 지은 것"이라고 하였습니다. 수를 놓았다는 것은 직물이 완성된 후 그 위에 다시 수를 놓은 것입니다. 여기 "무늬 놓아"(חָשַׁב, 하샤브)는 '생각해 내다, 고안하다, 계산하다'라는 뜻으로, '작업에 여러 계획들을 고안해 내어'라는 뜻입니다. 각각 다른 색의 실들을 사용하여 그룹들을 수놓되, 예술적으로 정교하게(skillfully: RSV) 완성한 것입니다 (출 35:35).

청색 자색 홍색 실과 가는 베실은 앙장 외에, 성소와 지성소의 휘장(출 26:31, 36, 36:35, 37)과 제사장의 의복을 만드는 데에도 사용되었습니다 (출 28:5-6, 15, 33, 39:2-5, 8, 27-29). 내부앙장은 다양한 색깔의 실을 사용한 데다가 금갈고리로 연결되어 있어서(출 26:1, 6, 36:8, 13) 매우 화려하고 아름다웠습니다. 이는 하나님의 영화로우심과 장엄하심을 보여 주는 것입니다.

(2) 외부앙장은 염소털로 만듭니다(출 26:7, 36:14, 참고-출 25:4, 35:6, 23, 26).

외부앙장은 '마음에 감동을 받아 슬기로운 모든 여인이 염소털로 실을 낳아' 가져온 것으로 제작되었습니다 (출 35:26). 염소털로 만든 실로 천을 짜서 앙장을 만든 것입니다.

염소털은 특히 방습, 방수, 방풍, 보온 등의 효과가 뛰어나고 튼튼한 직물을 만들 수 있었기 때문에, 일반적으로 낮과 밤의 기온 차이가 심한 지역에서 유목민의 천막 재료로 사용되었습니다. 고대 근동의 염소는 보통 검은색으로, 유목민들은 검은 염소털로 만든 장막에서 생활하였습니다(참고-아 1:5).

염소털로 만드는 막(외부앙장)을 흰색으로 보는 견해가 많으나, 검은색으로 보는 것이 성경적입니다. 성경 시대 유대 지역의 염소

는 보통 검은색으로, 유대인의 검은 머리털을(아 5:11, 마 5:36) 염소
털에 자주 비유했습니다. 아가 4:1에서 "네 머리털은 길르앗산 기
슭에 누운 무리 염소 같구나", 아가 6:5에서 "네 머리털은 길르앗
산 기슭에 누운 염소떼 같고"라고 노래하였습니다. 사울의 딸 미갈
이 다윗을 창문으로 도피시키고, 대신 우상을 취하여 침상에 뉘고
염소털로 엮은 것을 그 머리에 씌웠습니다. 다윗의 머리털이 검은
색이므로 당연히 우상 머리에 검은색 염소털을 씌운 것입니다(삼
상 19:13). 솔로몬의 사랑하는 애인 술람미 여인도 자신의 검은 피부
를 "게달의 장막"에 비유했습니다(아 1:5).

한글 개역성경에서 '굵은 베(옷)'(삼하 3:31, 왕하 19:1, 사 3:24 등)라
고 번역된 단어에 해당하는 히브리어는 '사크'(שַׂק, 창 42:25 "자루",
레 11:32 "부대"), 헬라어는 '삭코스'(σάκκος - 마 11:21, 눅 10:13, 계 11:3),
영어는 '색클로스'(sackcloth)입니다. 이는 흔히 생각하는 누런 삼베
가 아니라 염소털로 만든 검정색 옷(혹은 천)을 가리킵니다.

염소털은 성막의 다른 기구들의 재료로는 쓰이지 않고 외부앙장
에만 사용되었는데, 염소털로 외부앙장을 만든 것은 바람이나 습
기, 심한 일교차 등 외부 환경으로부터 내부앙장과 회막을 보호하
기 위함이었습니다.

한편, 내부앙장을 금갈고리로 연결한 것과 달리, 외부앙장은 놋
갈고리를 사용하여 연결하였습니다(출 26:11, 36:18).

(3) 막의 덮개 재료는 붉은 물을 들인 숫양의 가죽입니다
(출 26:14上, 36:19上, 39:34上, 참고-출 25:5, 35:7, 23).

양의 가죽은 연하고 부드러우며 단열 효과가 뛰어나 의복(참고-히
11:37)이나 덮개로 사용되었고, 종이가 발명되기 전에는 글을 쓰기

위한 양피지(羊皮紙)로 사용되기도 하였습니다. 양털을 모두 제거한 다음, 가죽에 붉은 물을 들여 내구성을 높이는데, 당시 애굽과 그 인접 지역에서는 피혁 염색 기술이 매우 발달되어 있었습니다. 이렇게 붉은색으로 염색한 가죽을 덮개로 사용한 것은, 성막이 다른 장막들과 달리 특별히 거룩하게 구별된 장소임을 나타내기 위함입니다. 붉은 물들인 숫양의 가죽은 성막의 다른 기구들에는 쓰이지 않고, 막의 덮개에만 사용되었습니다.

　내부앙장과 외부앙장이 천으로 만들어진 것과는 달리, 막의 덮개와 웃덮개가 짐승의 가죽으로 만들어진 것은 광야의 모래 바람으로 인한 먼지나 이슬, 비 같은 물기를 효과적으로 차단하기 위함이었습니다.

"…이편에 한 규빗, 저편에 한 규빗씩 성막 좌우 양편에 덮어 드리우고"(출 26:13)

④
③
②
①

1규빗
(45.6cm)

1규빗
(45.6cm)

① 가늘게 꼰 베실과 청색 자색 홍색 실로 그룹을 수놓은 내부앙장 (출 26:1-6, 36:8-13)
② 염소털로 만든 외부앙장 (출 26:7-13, 36:14-18)
③ 붉은 물들인 숫양의 가죽으로 된 막의 덮개 (출 26:14上, 36:19上)
④ 해달의 가죽으로 만든 웃덮개 (출 26:14下, 36:19下)

(4) 웃덮개의 재료는 해달의 가죽입니다(출 26:14ᵀ, 36:19ᵀ, 39:34ᵀ, 참고-출 25:5, 35:7, 23).

"해달"(海獺)은 히브리어로 '타하쉬'(תַּחַשׁ)인데, 이것이 구체적으로 어떤 짐승인가에 대해서는 여러 견해들이 있지만, 일반적으로 족제 비과의 바다 짐승을 가리키는 것으로 보입니다. 해달은 두꺼운 지방 층이 없어 촘촘하고 부드러운 털이 특징이며, 모피는 최고급품으로 여겨집니다. 그리고 가죽은 매우 질기고 비나 습기에 강해, 방수용 재료로 많이 사용되었습니다. 에스겔 16:10에서는 '타하쉬'가 "물돼지" 로 번역되었으며, 부인들의 "가죽신"을 만드는 데 사용되었습니다.

회막의 가장 바깥쪽에 덮는 웃덮개를 해달의 가죽으로 만든 것 은, 비와 바람과 광야의 모래와 태양빛 등에 직접 노출되는 부분이 므로, 치밀하고 질긴 가죽이 필요했기 때문이었습니다. 해달의 가 죽은 특히 기온의 변화에 강하여, 어떤 기후에도 잘 수축되거나 썩 지 않아 성막을 보호하는 데 가장 적합한 재료였습니다.

또한 해달의 가죽은 성막의 덮개뿐 아니라 성소의 기물들을 싸 서 나르는 도구로도 사용되었습니다(민 4:6, 8, 10-12, 14).

3. 앙장과 덮개의 특징
Characteristics of the curtains and the coverings

(1) 내부앙장은 총 열 폭으로, 다섯 폭씩 연결된 두 개의 큰 앙장을 결합하였습니다(출 26:1-3, 36:8-10).

내부앙장은 네 겹의 덮개 중에서 가장 먼저 덮었는데, 성소 골격 바깥으로 덮기 때문에, 성소 내부 천장은 청색 자색 홍색 실과 가는 베실로 무늬 놓아 짠 그룹의 모양만 보이게 됩니다(출 26:1, 36:8).

　내부앙장은 다섯 폭씩 연결한 앙장 두 장이 한 세트로 구성되는데, 두 앙장의 접합부에 각각 청색 고 50개씩을 달고 금갈고리 50개로 두 앙장을 결합하였습니다(출 26:4-6, 36:11-13). 청색실로 만들어진 '고'(loops)는 히브리어로 '룰라아'(לֻלָאֹה)인데, '나선형'이라는 뜻의 '룰'(לוֹל)에서 유래하여 '고리'라는 뜻입니다. 금으로 만들어진 "갈고리"(clasp)는 히브리어 '케레스'(קֶרֶס)로, '불쑥 튀어나오다, 굽히다, 구부리다'라는 뜻의 '카라스'(קָרַס)에서 유래하였습니다. 외부앙장이 놋갈고리(출 26:11, 36:18)로 연결된 것과 달리, 내부앙장은 가장 안쪽에 덮여 성소 내부에서 보이게 되므로 금갈고리를 사용했습니다(출 26:6, 36:13).

　이렇게 앙장이 두 쪽으로 만들어졌기 때문에, 고리를 빼어 분리

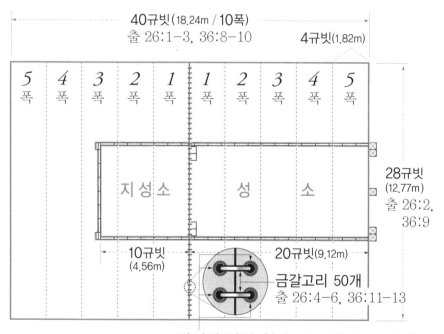

40규빗(18.24m / 10폭)
출 26:1-3, 36:8-10
4규빗(1.82m)

| 5폭 | 4폭 | 3폭 | 2폭 | 1폭 | 1폭 | 2폭 | 3폭 | 4폭 | 5폭 |

지성소　　　　　성　　　소

28규빗
(12.77m)
출 26:2,
36:9

10규빗
(4.56m)

20규빗(9.12m)

금갈고리 50개
출 26:4-6, 36:11-13

양편에 각각 청색 실로 만든 고 50개
출 26:4-5, 36:11-12

하면, 그 크기와 무게가 성막 이동 시 운반하고 관리하기에 적절하였을 것입니다.

성소 본체의 길이는 총 30규빗(13.68m)이고, 그 중 지성소의 길이는 10규빗(4.56m), 성소의 길이는 20규빗(9.12m)입니다. 그런데 4규빗(1.82m)짜리 앙장 다섯 폭을 연결하면 20규빗이 되기 때문에, 성소 입구에서부터 위로 씌우면 내부앙장의 절반인 금갈고리 연결 부분이 정확히 성소와 지성소가 나뉘는 위치에 오게 됩니다.

금갈고리로 결합한 앙장을 덮음으로써 지성소와 성소가 한 성막을 이루었습니다. 출애굽기 26:6 하반절에서 "... 그 갈고리로 앙장을 연합하여 한 성막을 이룰지며"라고 말씀하고 있습니다(출 36:13下). 네 겹의 덮개 중에서 지성소와 성소를 직접 덮는 내부앙장을 특별히 '성막'(מִשְׁכָּן, 미쉬칸)이라고 말씀한 것을 볼 때(출 26:1-6, 36:8-13, 민 3:25, 4:25, 참고-출 35:11, 40:19), 내부앙장의 중요성을 알 수 있습니다. 청색 자색 홍색 실과 가늘게 꼰 베실로 그룹을 무늬 놓아 만

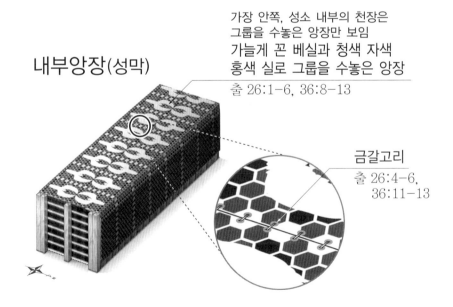

내부앙장(성막)

가장 안쪽, 성소 내부의 천장은 그룹을 수놓은 앙장만 보임
가늘게 꼰 베실과 청색 자색 홍색 실로 그룹을 수놓은 앙장
출 26:1-6, 36:8-13

금갈고리
출 26:4-6, 36:11-13

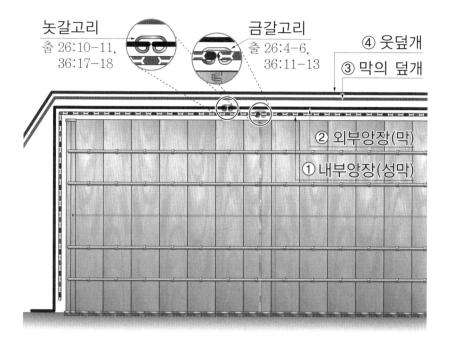

든 이 내부앙장이 회막 외형의 핵심이며, 내부앙장을 널판들과 받침들과 기둥들로 받쳐 세울 때 비로소 '성막'(미쉬칸: 거처, 처소)이 온전히 세워지게 되는 것입니다.

한편, 회막 골격의 폭은 10규빗(4.56m)에 0.25규빗(11.4cm) 두께의 양 옆 널판 치수를 더하여 총 10.5규빗(4.79m)이 됩니다(출 26:16, 22-24, 36:21, 27-29). 그리고 회막 골격의 높이는 은받침 높이를 고려할 때 10규빗 이상이고, 길이는 널판 두께를 고려할 때 30규빗 이상입니다(출 26:16, 19-25, 36:21, 24-26, 30). 따라서 장이 28규빗, 광이 40규빗인 내부앙장을 회막 골격에 덮으면, 양 옆과 뒤가 바닥에 닿지 않고 지표면에서 어느 정도 뜨게 됩니다.

(2) 외부앙장은 총 열한 폭으로, 다섯 폭의 큰 앙장과 여섯 폭의 큰 앙장을 결합하였습니다(출 26:7-13, 36:14-18).

내부앙장을 덮는 염소털로 된 외부앙장은 '(그 성막을 덮는) 막' 또는 '장막'(אֹהֶל, 오헬)이라고 불렸습니다(출 26:7, 11-13, 36:14, 18, 40:19, 참고-민 3:25, 4:25).

외부앙장 11폭 중 하나의 폭은 4규빗(1.82m)씩으로 내부앙장과 같고, 장은 30규빗(13.68m)으로, 28규빗(12.77m)인 내부앙장보다 2규빗(91.2cm) 길었습니다(출 26:2, 8, 36:15). 이것을 각각 다섯 폭과 여섯 폭으로 나누어 연결하여 두 장을 한 세트로 만들었습니다. 그리고 큰 두 앙장의 접합부에 고 50개씩을 달고, 놋갈고리 50개를 만들어 결합하였습니다(출 26:9-11, 36:16-18). 출애굽기 26:11 하반절에서 "... 그 갈고리로 그 고를 꿰어 연합하여 한 막이 되게 하고"라고 말씀하고 있습니다(출 36:18).

외부앙장은 11폭이기 때문에 내부앙장보다 한 폭 너비(4규빗)가 더 컸습니다. 그 한 폭 너비 중 반 폭(2규빗)은 성막 전면에서 위로 접어 드리웠습니다(출 26:9). 여기 '접어 드리우다'에 쓰인 히브리어 '카팔'(כָּפַל)은 '접다, 포개다, 이중으로 하다'라는 뜻의 단어입니다. 그래서 이를 공동번역에서는 '접어 올려라'로 번역했습니다. 이렇게 성소 입구(동편)의 상단과 측면에 외부앙장이 1규빗 정도 밖으로 나와 있어 외관상 보기 좋을 뿐만 아니라, 성소 입구 휘장 밖의 다섯 기둥을 둘러 감싸 줌으로써 일종의 처마(차양) 역할을 하여 빗물이나 먼지가 들어오는 것을 막을 수 있었습니다.

그리고 나머지 반 폭(2규빗)은 성막 뒤에 드리웠습니다(출 26:12). 여기 '드리우다'는 히브리어 '사라흐'(סָרַח)이며, '~위에 걸리다'(overhang)라는 뜻입니다.

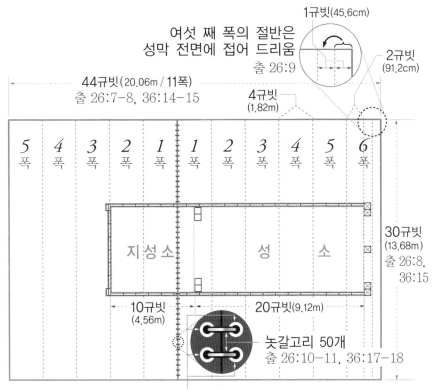

여섯 째 폭의 절반은
성막 전면에 접어 드리움
출 26:9

1규빗(45.6cm)

2규빗
(91.2cm)

44규빗(20.06m / 11폭)
출 26:7-8, 36:14-15

4규빗
(1.82m)

| 5 폭 | 4 폭 | 3 폭 | 2 폭 | 1 폭 | 1 폭 | 2 폭 | 3 폭 | 4 폭 | 5 폭 | 6 폭 |

지성소   성   소

30규빗
(13.68m)
출 26:8,
36:15

10규빗
(4.56m)

20규빗(9.12m)

놋갈고리 50개
출 26:10-11, 36:17-18

양편에 각각 고 50개 출 26:10, 36:17

그러므로 성막 앞쪽에는 반 폭(2규빗)이 포개진 1규빗(45.6cm) 넓이의 앙장이 드리워져 있었으며, 성막 뒤쪽에는 2규빗(91.2cm) 대부분이 땅에 닿은 채로 늘어져 있었던 것입니다.

또한 외부앙장은 내부앙장보다 장이 2규빗(30규빗-28규빗)이 더 길었는데, 이 편에 한 규빗, 저 편에 한 규빗씩 성막 좌우 양편(남북 방향)을 덮어 드리웠습니다(출 26:13). 여기 사용된 '드리우다' 역시 12절과 마찬가지로 히브리어 '사라흐'(סָרַח)이며, 말뚝에 고정시키거나 묶어 둔 것이 아니라 자연스럽게 늘어뜨렸음을 뜻합니다.

회막 골격의 폭은 10규빗(4.56m)에 0.25규빗(11.4cm) 두께의 양

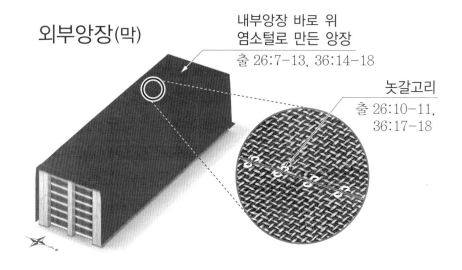

외부앙장(막)

내부앙장 바로 위
염소털로 만든 앙장
출 26:7-13, 36:14-18

놋갈고리
출 26:10-11,
36:17-18

옆 널판 치수를 더하여 총 10.5규빗(4.79m)이 됩니다. 그리고 성막의 높이는 10규빗이고, 길이는 30규빗 이상입니다. 따라서 장이 30규빗(13.68m), 광이 44규빗(20.06m)인 외부앙장을 덮으면, 양 옆(남·북쪽)이 내부앙장보다 1규빗씩 더 내려오면서 바닥에 끌리지 않고 은받침의 약간 윗부분에 이르렀을 것입니다. 또한, 놋갈고리로 연결된 부분이 내부앙장의 금갈고리 연결부를 지나 안전하게 덮이게 되고, 뒤쪽(서쪽)은 바닥에 닿게 됩니다.

이렇게 하여 외부앙장은 내부앙장을 완전히 덮었습니다. 따라서 내부앙장의 화려한 모습은 바깥에서 전혀 보이지 않았고, 회막 안은 빛이 차단되어, 등을 켜지 않으면 매우 어두운 상태가 되었을 것입니다.

(3) 막의 덮개는 외부앙장(막) 위에 덮으며, 말뚝으로 고정하였습니다(출 26:14ㅏ, 36:19ㅏ).

막의 덮개는 히브리어로 '미크세 라오헬'(מִכְסֶה לָאֹהֶל)이며, '장

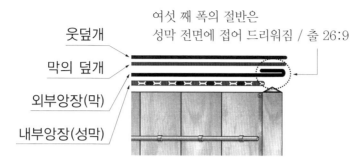

붉은 물들인 숫양의 가죽으로 된 막의 덮개의 크기는 성경에 직접 언급되어 있지 않습니다. 그러나 막의 덮개와 웃덮개를 주신 목적이 광야의 풍우(風雨)로부터 회막을 보호하려는 것임을 고려할 때, 그 크기가 앞선 앙장들과 비슷하거나 좀 더 컸을 것으로 추정됩니다.

그 설치 방법은 성경에 '성막의 말뚝'(출 27:19, 35:18, 38:20, 31)이 언급된 것을 볼 때, 내·외부앙장처럼 늘어뜨리지 않고 마치 텐트를 치는 것처럼 줄로 덮개를 팽팽하게 잡아당겨 말뚝으로 바닥에 단단히 고정하였을 것입니다. 이는 앙장과 덮개와 문장, 휘장 등의 운반을 맡은 게르손 자손이 성막 덮개를 말뚝으로 고정시키는 데 사용할 '줄들'을 맡고 있었던 것에서도 입증됩니다(민 3:25-26, 4:24-26).

한편, 므라리 자손도 별도로 줄들을 운반하였는데, 이는 성막 뜰 사면의 각 기둥들을 고정시키는 데 사용한 것들로, 그 사용처가 달랐습니다(민 3:36-37, 4:29-32).

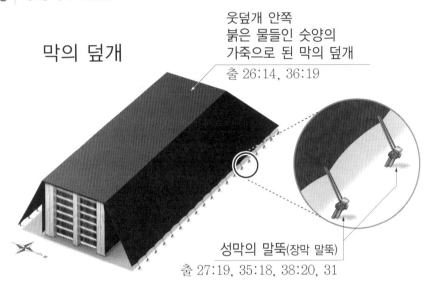

막의 덮개

웃덮개 안쪽
붉은 물들인 숫양의
가죽으로 된 막의 덮개
출 26:14, 36:19

성막의 말뚝(장막 말뚝)
출 27:19, 35:18, 38:20, 31

(4) 웃덮개는 마지막으로 덮으며, 말뚝으로 고정하였습니다
(출 26:14下, 36:19下).

웃덮개는 히브리어로 '미크세... 밀마엘라'(מִכְסֶה ... מִלְמָעְלָה) 인데, '밀마엘라'는 '더 높은 부분, 더 위쪽 부분'을 가리키는 '마알'(מַעַל)에 전치사 '민'(מִן)과 '레'(לְ)가 결합된 것으로, '막의 덮개 위쪽에서 그것을 덮는 덮개'라는 뜻입니다(출 40:19, 민 4:25). 해달의 가죽은 광야의 뜨거운 열과 모래 바람, 비와 습기, 이슬 등으로부터 성막을 보호하는 데 가장 적합한 재료였습니다. 뿐만 아니라 이스라엘 백성이 광야에서 행진할 때에 성막의 기물을 운반하기 위해 각종 보자기로 쌌는데, 이때 해달의 가죽은 필수였습니다(민 4:6, 8, 10-12, 14).

해달의 가죽으로 된 웃덮개의 크기도 성경에 언급되어 있지 않지만, 웃덮개의 제작 목적과 기능을 고려할 때, 막의 덮개와 마찬가지로 앙장들과 비슷하거나 좀 더 컸을 것입니다. 그 설치 또한 놋말뚝을 사용하여 고정하는 방법을 썼을 것입니다(출 27:19, 35:18,

38:20, 31).

한편, 출애굽기 39:33-43에서는, 다른 본문들처럼 '성막과 막과 덮개'로 함께 나오는 것이 아니라, '막'과 여러 물품들이 나온 다음에 '두 덮개'가 나오고 있습니다. 이것은 기구들의 제작이 마쳐진 순서대로 기록되었기 때문으로 보이며, 33절의 '막'은 내부앙장과 외부앙장을 함께 가리키는 것입니다. 출애굽기 39:33에서 "그들이 성막을 모세에게로 가져왔으니 곧 막과 그 모든 기구와 그 갈고리들과 그 널판들과 그 띠들과 그 기둥들과 그 받침들과"라고 기록되어 있는데, "막과 그 모든 기구"는 히브리어로 '하오헬 베에트 콜 켈라이브'(הָאֹהֶל וְאֶת־כָּל־כֵּלָיו)입니다. 여기에 쓰인 '에트'(אֵת)는 정확한 대상에 대한 지목(指目)을 나타내는 불변사(不変詞)로, '막'의 모든 기구들, 즉 갈고리들과 널판들과 띠들과 기둥들과 받침들이 막에 종속되어 있음을 나타냅니다. 표준새번역은 "천막과 거기에 딸린 모든 기구, 곧 갈고리와..."라고 번역하였습니다. 성막 전체의 중심이 되는

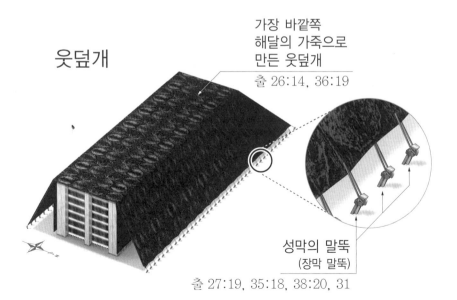

웃덮개

가장 바깥쪽
해달의 가죽으로
만든 웃덮개
출 26:14, 36:19

성막의 말뚝
(장막 말뚝)

출 27:19, 35:18, 38:20, 31

회막(지성소와 성소)의 외형을 만드는 데 가장 기초가 되는 것이 바로 '막' 곧 앙장들이며, 다른 기구들은 앙장들을 세워 놓기 위해 제작된 것임을 알 수 있습니다. 이러한 사실은 회막 외형 제작에 대한 설명이 '성막과 막과 덮개'로 시작되고 있다는 점(출 26:1-14, 36:8-19)에서도 확인됩니다.

실제로 출애굽 제2년 1월 1일에 시내 광야에서 성막을 세울 때, 회막의 골격을 세우고 또 '성막 위에 막을 펴고 그 위에 두 덮개를 덮음'으로써, 하나님께서 명하신 대로 회막(지성소와 성소)의 외형이 완성되었습니다.

출애굽기 40:17-19 "제 이년 정월 곧 그 달 초일 일에 성막을 세우니라 18 모세가 성막을 세우되 그 받침들을 놓고 그 널판들을 세우고 그 띠를 띠우고 그 기둥들을 세우고 19 또 성막 위에 막을 펴고 그 위에 덮개를 덮으니 여호와께서 모세에게 명하신 대로 되니라"

4. 앙장과 덮개의 구속사적 교훈
The redemptive-historical teaching of the curtains and the coverings

(1) 내부앙장의 재료는 가늘게 꼰 베실과 청색 자색 홍색 실로 (출 26:1, 36:8), 앙장과 덮개의 재료 중 가장 아름다웠습니다.

성막 내부에서 보이는 천장은 유일하게 내부앙장입니다. 가늘게 꼰 베실과 청색 자색 홍색 실로 그룹을 수놓아 만든 내부앙장은 성막의 지성소와 성소를 아름답게 장식하였습니다. 청색 고와 금 갈고리 역시 그 화려함을 한층 더해 주었습니다. 시편 시인은 천지 창조에서 하나님께서 궁창 하늘을 지으신 것을 가리켜 "하늘을 휘장같이 치시며"(시 104:2)라고 노래하였습니다. 그러므로 첫 번째 앙장은 맑고 청명하고 아름다운 하늘을 생각나게 합니다. 우리가 머리를 들어 하늘을 우러러보듯이 성소 내부의 천장에서 아름다운 앙장을 볼 때마다, 두려운 마음으로 천지를 지으신 창조주 하나님의 영화로움과 장엄한 역사를 기억하도록 한 것입니다.

또한 첫 번째 앙장에는 그룹을 공교히 수놓았습니다(출 26:1). "공교히"는 히브리어로 '하샤브'(חָשַׁב)이며, '생각해 내다, 고안하다, 계산하다'라는 뜻입니다. '공교한 자수'란 전형적인 무늬와는 현저히 다른, 보다 독창적인 도안을 가리킵니다(참고-출 26:31, 35:35, 36:8, 35). 이처럼 내부앙장에 공교하게 수놓인 그룹들의 아름다운 모습은, 에덴동산에서 그룹들이 생명나무의 길을 지키는 역할을 하듯이(창 3:24), 그룹들이 성막을 보호하고 지킨다는 메시지를 생생하게 전달해 줍니다. 속죄소의 두 그룹들이 날개를 펴서 언약궤를 보호하는 역할을 하듯이(출 25:18-22), 앙장은 하나님의 거룩하심이 손상되지 않도록 철저하게 보호하는 것입니다.

한편, 내부앙장을 만든 네 가지 색상의 아름다운 모습은 장차 오실 그리스도의 거룩한 성품과 희생 사역을 예표해 줍니다. 청색(靑色)은 청명한 하늘색으로 하늘에 속한 신성한 삶을 의미하고, 자색(紫色)은 왕적 권세를 의미하며, 홍색(紅色)은 속죄를 위한 희생적 피 흘림을 의미하고, 가늘게 꼰 베실은 고통과 시련으로 말미암은 순결한 삶을 의미합니다.

(2) 외부앙장의 재료는 염소털입니다(출 26:7, 36:14).

염소는 하나님께 드리는 제물로 사용되었습니다(레 1:10, 3:12, 5:6,

22:19, 23:19, 민 15:24). 숫염소는 성막이 완공되고 제사장의 위임식을 마친 후 아론이 처음 집례하여 드린 제사에서 백성을 위한 속죄 제물로 사용되었습니다(레 9:3, 15). 특히 대속죄일에 속죄 제물로도 사용되었습니다(레 16:5, 7-10, 15-22). 염소는 우리를 위해 속죄 제물이 되신 예수 그리스도를 예표합니다(히 9:12). 한편, 염소의 검은 털로 만든 옷을 히브리어로 '사크'(שׂק)라고 하는데, 이것은 개역성경에서 '굵은 베옷'(sackcloth)으로 번역되었습니다. 슬픔이나 회개를 표시할 때 입는 거친 옷으로, '굵은 베로 허리를 묶다'(창 37:34, 왕상 20:31-32, 겔 7:18), '굵은 베를 두르다'(렘 6:26, 애 2:10), '베로 허리를 동이다'(사 32:11), '굵은 베로 몸을 동이다'(왕상 21:27, 사 15:3), '굵은 베를 입다'(대상 21:16, 시 35:13, 사 37:1-2)라는 표현으로 성경에 자주 등장합니다.

염소털로 만들어진 굵은 베옷은 고대 근동에서 죽은 자를 애도하는 표시로(창 37:34, 삼하 3:31, 욜 1:8), 개인이나 국가의 재난을 애통하는 표시로(에 4:1, 욥 16:15, 애 2:10), 또는 죄에 대한 회개의 표시로(왕상 21:27, 느 9:1, 욘 3:5, 마 11:21), 또는 구원을 위한 특별한 기도를 할 때(왕하 19:1-2, 단 9:3) 입었던 옷입니다.

결국 이 옷은 통회하는 마음을 상징하는 외적 표현이었습니다. 왕(왕상 21:27, 왕하 6:30), 제사장(욜 1:13), 장로(애 2:10), 선지자들은(사 20:2) 굵은 베를 입었고, 심지어 가축(욘 3:8)까지 굵은 베를 입혔으며, 이스라엘에서만 아니라 아람(왕상 20:31), 모압(사 15:3), 암몬(렘 49:3), 두로(겔 27:31)와 니느웨(욘 3:5)에서도 굵은 베옷을 애통과 회개의 표시로 입었습니다. 굵은 베옷은 입는 자의 애절한 태도와 함께 고통과 비탄, 슬픔 그리고 소망의 상실과 비극의 도래를 암시하는 표현입니다. 화려한 색상은 영광과 즐거움의 상징으로 기쁜 절기에 입었던 옷에 적용되지만, 베옷의 검은색은 외적 비극이나 심령의 슬픔을 상징했습니다(사 3:24, 암 8:10). 이사야 50:3에서 "내가 흑암으로 하늘을 입히며 굵은 베로 덮느니라"라고 천체들이 어두워지는 현상을 상징적으로 표현하고 있습니다.

요한계시록 6:12에서는 "내가 보니 여섯째 인을 떼실 때에 큰 지진이 나며 해가 총담(σάκκος τρίχινος, 삭코스 트리키노스, sackcloth of hair)같이 검어지고 온 달이 피같이 되며"라고 말씀하고 있습니다.

결론적으로, '굵은 베옷' 또는 '총담' 곧 검은 염소털로 만들어진 직물은, 죄로 인한 비탄이나 심적 슬픔, 외적 비극과 심판을 상징합니다. 그래서 죄에 대한 심판이 얼마나 두려운 것인지를 인식하여 굵은 베옷을 입고 통회하는 심령으로 회개를 하는 것입니다(^{참고-}대상21:16, 렘 4:8, 단 9:3, 욘 3:8). 하나님께서는 상한 심령과 통회하는 마음을 받으시고 멸시치 않으십니다. 시편 51:17에 "하나님의 구하시는 제사는 상한 심령이라 하나님이여 상하고 통회하는 마음을 주께서 멸시치 아니하시리이다"라고 말씀하고 있습니다. 우리가 진정으로 통회하는 마음으로 제사를 드릴 때 그 회개의 기도를 들어주시고, 죄를 사해 주시고, 하나님의 진노의 손을 거두어 가십니다. 그래서 염소털로 만든 앙장은 성도의 통회하는 회개 기도를 상징합니다. 이런 기도가 없이는 죄 사함을 절대 받을 수 없고, 하나님과의 교제가 성립될 수 없습니다.

염소털로 만든 앙장 위에는 붉은 물들인 숫양의 가죽 덮개를 덮었습니다(출 26:7, 14^上, 36:14, 19^上, 40:19). 숫양의 가죽이 붉은색으로 물들여진 것은 어린 양이신 예수 그리스도께서 우리의 속죄를 위해 피 흘려 죽으신 희생을 생각나게 합니다(벧전 1:18-19). 이것은 우

리가 진심으로 통회하고 회개할 때 예수님께서 보혈의 피로 우리의
모든 죄를 덮어 주실 것을 상징하고 있습니다. 다윗은 자신의 죄를
토설하고 자복하며 회개했더니 하나님께서 그 모든 죄를 사하여 주
셨다고 고백하였습니다(시 32:5). 그러면서 '허물의 사함을 얻고 그
죄의 가리움을 받는 자가 이 세상에서 가장 복된 사람'이라고 찬양
하였습니다(시 32:1). 여기서 '가리움을 받다'에 해당하는 히브리어
'카사'(כָּסָה)는 '덮다, 숨기다'라는 의미로, '덮개'를 의미하는 '미크
세'(מִכְסֶה)의 어근입니다. 염소털 앙장 위에 붉게 물든 숫양의 가죽
덮개를 덮는 것은, 우리가 진심으로 회개하고 통회하면 예수 그리스
도의 보혈로 어떠한 죄도 완전히 가려 주시겠다는 복된 약속입니다.

(3) "막의 덮개"의 재료는 붉은 물을 들인 숫양의 가죽입니다
   (출 26:14上, 36:19上).

예수님께서는 우리 죄를 위해 머리 끝부터 발 끝까지 피를 흘리
셨습니다. 겟세마네 동산에서 기도하실 때 온몸에 흘리신 땀이 땅
에 떨어지는 핏방울같이 되었습니다(눅 22:44). 그리고 채찍에 맞
은 상처마다(마 27:26, 막 15:15, 19, 요 19:1), 가시 면류관에 찔린 머리
에서(마 27:29, 막 15:17, 요 19:2, 5), 못 박히신 양 손과 양 발에서(마
27:35, 막 15:24-25, 눅 23:33, 요 19:18) 피를 흘리셨으며, 특히 로마 군
병의 창에 찔린 옆구리에서(요 19:34)는 물과 피를 쏟으셨습니다.

우리는 어린 양이신 예수 그리스도의 보배로운 피로 죄에서 해
방되었으며(고전 5:7, 벧전 1:18-19, 계 1:5), 그 피로 말미암아 구속 곧
죄 사함을 받았습니다(엡 1:7, 히 9:12-14, 계 5:9). 나아가, 하나님과 화
평을 이루고 가까워졌으며(엡 2:13, 골 1:20-22), 그 피를 힘입어 성소
에 들어갈 담력을 얻게 되었습니다(히 10:19-20).

예수 그리스도의 피가 아니면 어떠한 죄도 씻음 받을 수 없고(히 9:22, 12:24, 계 7:14), 사단의 권세를 이길 수도 없습니다(계 12:11). 왜냐하면 십자가의 피는 만세 전에 예정된 언약의 피이기 때문입니다(마 26:28, 막 14:24, 눅 22:20). 그 속에 하나님의 영원한 생명(레 17:11, 요 6:63), 주님의 영혼(참고-요 12:25), 주님의 마음(참고-요 12:27, 고전 4:21), 주님의 뜻(참고-눅 22:42, 행 4:32), 주님의 영(참고-엡 1:17, 요 6:63)이 담겨 있습니다. 그러므로 십자가 피의 말씀은 권세가 있습니다(마 7:28-29, 13:54, 22:33, 막 1:22, 27, 11:18, 눅 4:32, 36, 행 6:7, 12:24, 13:12, 19:20). 그것은 말씀 한 마디로 모든 죄를 사해 주시는 놀라운 능력이 있기 때문입니다(마 9:2, 5-6, 막 2:5, 9-10, 눅 5:20, 23-24).

이처럼 막의 덮개에 사용된 붉은 물들인 숫양의 가죽은, 십자가 피로 우리를 구속하신 예수 그리스도를 나타냅니다.

(4) "웃덮개"의 재료는 해달의 가죽입니다(출 26:14下, 36:19下).

해달의 가죽은 광야의 바람과 모래, 태양열과 비로부터 성막을 보호하는 역할을 하였습니다. 해달의 가죽으로 성막을 보호하듯이, 하나님께서는 광야 40년 동안 이스라엘 백성을 호위하시고 보호하시며 자기 눈동자같이 지키셨습니다(신 32:10). 웃덮개에 사용된 해달의 가죽은, 겉으로 보기에 평범하고 흠모할 것이 없어 보이는 예수 그리스도의 인성을 나타냅니다(사 53:2-3).

막의 덮개와 웃덮개를 말뚝으로 견고히 땅에 박음으로써 성막 내부의 모든 아름다운 것들이 철저하게 보호되고 보존되었습니다. 성도가 주의 이름을 인하여 보잘것없는 자리, 흠모할 것 없는 자리에 처하거나 혹은 거친 바람(욕과 환란, 핍박)을 맞을지라도 끝까지 하나님의 교회를 인내로 지키는 자가 되어야 합니다(계 3:10, 14:12).

어떤 상황에서도 변함없이 하나님의 뜻을 이룩하고 순종하여 받들면서, 역경 중에도 죽기까지 충성해야 합니다(계 2:10). 더 나아가, 예수 그리스도만이 세상의 온갖 환난으로부터 성도를 보호해 주시는 유일하고 전능하신 피난처가 된다는 사실을 보여 줍니다(출 23:20, 시 32:7, 34:7, 91:1-2, 145:20, 엡 5:29, 벧전 1:5, 유 1:24).

II
성소 내부의 성물들
THE HOLY OBJECTS INSIDE THE TABERNACLE

1. 금등대

מְנֹרָה (메노라)

λυχνία

The golden lampstand

출 25:31-40, 37:17-24, 민 8:1-4

성소에 들어가면 성소의 왼쪽에 정금으로 된 등대가 있습니다. 이는 정교하게 만들어져 그 모양이 아름답고 값진 성물입니다. 저녁이 되어 제사장이 성소의 일곱 등잔에 불을 밝히는 순간, 성소 내부에 있는 금을 재료로 한 떡상과 분향단을 비추고, 금빛 널판들로 둘러 있는 벽들이 서로 반사하여 아름답고 찬란하게 비추었을 것입니다.

'등대'는 히브리어로 '메노라'(מְנֹרָה)이며, '등, 등불'을 뜻하는 '니르'(נֵיר)와 같은 어원을 가지고 있습니다. 이 등대는 등잔을 올려놓는 받침대를 말하며, 등잔에 불을 밝혀 어두운 성소를 밝히는 역할을 합니다. 출애굽기 25:37에서 "등잔 일곱을 만들어 그 위에 두어 앞을 비추게 하며"라고 말씀하셨습니다.

268 제 3장 성막의 성물들

1. 금등대의 모양

The shape of the golden lampstand

민수기 8:4에 "이 등대의 제도는 이러하니 곧 금을 쳐서 만든 것인데 밑판에서 그 꽃까지 쳐서 만든 것이라 모세가 여호와께서 자기에게 보이신 식양을 따라 이 등대를 만들었더라"라고 기록하고 있습니다. 여기 '제도'(מַעֲשֶׂה, 마아세: work)는 '만들다, 실시하다, 준비하다'라는 뜻을 지닌 '아사'(עָשָׂה)에서 유래한 말로, '행동, 기술, 일, 만든 것'이라는 다양한 뜻이 있습니다. 이렇게 모세는 하나님께서 시내산에서 보이신 식양대로 등대를 만들었습니다(출 25:40).

등대 곁에서
나온 여섯 가지
출 25:32-33,
37:18-19

등대 줄기
출 25:31, 34-36,
37:20-22

밑판
출 25:31, 37:17,
민 8:4

(1) 금등대의 모양

① 밑판과 줄기와 좌우로 뻗은 세 가지, 7개의 등잔

밑판(base)은 등대를 바로 고정시켜 주는 제일 하단의 넓은 판을 가리킵니다(출 25:31, 37:17, 민 8:4). 그리고 **줄기**(shaft)는 양 옆에 세 가지들이 각각 붙어 있는 **정중앙의 지주**(支柱)를 가리킵니다(출 25:31, 34-36, 37:20-22). 출애굽기 25:32에서는 "가지 여섯을 등대 곁에서 나오게 하되 그 세 가지는 이 편으로 나오고 그 세 가지는 저 편으로 나오게 하며"라고 말씀하고 있습니다. 즉, 등대는 한 줄기에 좌우로 가지가 3개씩 나 있으므로, 일곱 개의 등잔을 만들고 그

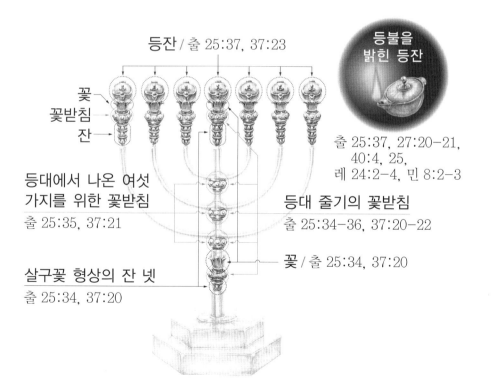

등잔 / 출 25:37, 37:23

꽃
꽃받침
잔

등불을
밝힌 등잔

출 25:37, 27:20-21,
40:4, 25,
레 24:2-4, 민 8:2-3

등대에서 나온 여섯
가지를 위한 꽃받침
출 25:35, 37:21

등대 줄기의 꽃받침
출 25:34-36, 37:20-22

꽃 / 출 25:34, 37:20

살구꽃 형상의 잔 넷
출 25:34, 37:20

등잔들을 한 줄기와 여섯 가지 위에 올려놓아 그 앞을 비추게 하였습니다(출 25:37, 37:23).

② 잔과 꽃받침과 꽃

잔(cups)은 등잔과는 다른 것으로 일종의 장식물인데, 살구꽃 형상을 하고 있습니다(출 25:34, 37:20). 이 잔은 줄기 양 옆의 세 가지에 각각 3개씩 합 18개(6×3), 중앙 줄기에 4개로 총 22개입니다. 히브리어로는 '게비아'(גְּבִיעַ)이며, '컵, 사발, 술잔'이란 뜻입니다(렘 35:5).

꽃받침(bulbs)은 잔의 꽃 부분을 받쳐 주는 밑 줄기로, 줄기 양 옆의 세 가지에 1개씩 6개, 줄기에 5개로 총 11개입니다(출 25:33-36, 37:19-22). 히브리어로는 '카프토르'(כַּפְתּוֹר)이며 '둥근 관, 하관'이란 뜻입니다(암 9:1, 습 2:14)

꽃(flowers)은 잔에 붙어 꽃 모양을 이루어 주는 장식물로, 줄기 양 옆의 세 가지에 각각 1개씩 6개, 중앙 가지에 2개로 총 8개입니다(출 25:33-35, 37:19-21). 히브리어로는 '페라흐'(פֶּרַח)이며, '뚫고 나옴, 싹이 틈, 탁 터짐'이란 뜻으로, 민수기 17:23에서는 "순"으로 번역되었습니다.

③ 꽃받침의 위치

주의해서 보아야 할 것은 꽃받침을 놓는 자리입니다. 출애굽기 37:21에서 "두 가지 아래 한 꽃받침이 있어 줄기와 연하였고 또 두 가지 아래 한 꽃받침이 있어 줄기와 연하였고 또 두 가지 아래 한 꽃받침이 있어 줄기와 연하게 하였으니"라고 말씀하고 있습니다. 즉, 좌우의 두 가지가 만나는 줄기의 바로 아래 쪽마다 각각 한 꽃받침이 있게 했던 것입니다(출 25:35).

이 구절을 바른성경에서는 '등잔대에서 나온 첫 번째 두 가지 밑에 꽃받침 하나가 있었으며, 등잔대에서 나온 두 번째 두 가지 밑에도 꽃받침 하나가 있었고, 등잔대에서 나온 세 번째 두 가지 밑에도 꽃받침 하나가 있어서...'라고 번역하고 있습니다. 특히 히브리어 원문을 볼 때 "연하였고"라는 단어는 히브리어 '미멘나'(מִמֶּנָּה)인데, 원형은 '민'(מִן)으로 '...로부터 나온, 분리된'이라는 뜻으로, 두 가지가 줄기로부터 나온 것임을 나타냅니다. 또 한글 개역성경에 "아래"로 번역된 '타하트'(תַּחַת)는 성막의 기구를 설명할 때 사용된 두 가지 경우를 볼 때, '...의 밑바닥'을 뜻하였습니다. '타하트'는 출애굽기 36:24, 26에서 '널판 밑'을 뜻하였고, 출애굽기 38:4에서는 놋그물의 아래 곧 '밑바닥'을 뜻하였습니다. 이러한 용례를 볼 때, 두 가지가 줄기와 연결되는 곳의 밑에 꽃받침을 만든 것이 확실합니다.[11]

④ 살구꽃 형상

각 가지 끝에는 잔과 꽃받침과 꽃을 한 덩이로 연결하였는데(출 25:31, 37:17), 그 꽃의 형상은 살구꽃입니다. 출애굽기 25:33-34에서 "이편 가지에 살구꽃 형상의 잔 셋과 꽃받침과 꽃이 있게 하고 저편 가지에도 살구꽃 형상의 잔 셋과 꽃받침과 꽃이 있게 하여 등대에서 나온 여섯 가지를 같게 할지며 34 등대 줄기에는 살구꽃 형상의 잔 넷과 꽃받침과 꽃이 있게 하고"라고 말씀하고 있습니다(출 37:19-20).

'살구꽃'은 겨울잠에서 가장 빨리 깨어나는 꽃입니다. 살구꽃은 '잠을 자지 않고 밤을 지새우다, 깨어 있다, 감시하다, 경계하다'라는 뜻의 히브리어 '샤케드'(שָׁקֵד)에서 유래하여 '각성, 보호, 희망'의 상징입니다. 이러한 특징 때문에 예레미야 선지자는 하나님의 심판이 일찍 그리고 속히 이루어진다는 것을 살구나무 가지를 통해 예언하였습니다(렘 1:11-12).

그러므로 등대에 살구꽃 형상의 잔이 22개나 달린 것은 단순히 장식만을 위한 것이 아니라, 하나님의 성소에 나오는 제사장들이 이를 보고 영적으로 항상 깨어 있으라는 묵시적 가르침도 있었던 것입니다(고전 16:13, 엡 6:18, 골 4:2, 살전 5:6).

(2) 금등대의 크기

금등대를 켜서 그 불빛을 비추는 방향은 그 앞에 있는 떡상입니다. 민수기 8:2-3에서 "아론에게 고하여 이르라 등을 켤 때에는 일곱 등잔을 등대 앞으로 비춰게 할지니라 하시매 ³ 아론이 그리하여 등불을 등대 앞으로 비춰도록 켰으니 여호와께서 모세에게 명하심과 같았더라"라고 기록하고 있습니다. 이것은 등대의 불빛이 그 반대편에 있는 떡상 쪽을 비춰도록 하라는 것입니다. 등대 맞은편에는 진설병 상이 위치합니다(출 40:22-25). 떡상의 크기는 장 2규빗 (91.2cm), 광 1규빗(45.6cm), 고 1.5규빗(68.4cm)으로(출 25:23, 37:10), 떡상의 높이는 진설된 떡의 높이까지 더하면 대략 3규빗(136.8cm)이 됩니다.

유대 전승에 따르면, 등대의 높이가 대략 152cm, 폭은 107cm 정도였다고 전합니다. 그러므로 등대의 크기는 대략 밑판을 포함해서 높이 3규빗(136.8cm), 폭 2규빗(91.2cm)으로, 마주 대하고 있는 떡상의 크기와 비슷했을 것으로 추정됩니다(민 8:2-3).

2. 금등대의 제작
The making of the golden lampstand

(1) 등대의 재료는 정금 1달란트입니다.

등대와 부속 기구인 불집게와 불똥 그릇을 만드는 데 사용된 정금은 1달란트였습니다(출 25:38-39, 37:23-24). 정금은 불순물이 섞이지 않은 순수한 금으로, 매우 희귀한 고가의 보물입니다(사 13:12, 애 4:2). 금 1달란트는 은 1달란트의 약 15배의 가치에 해당됩니다. 그런데 은 1달란트는 6,000데나리온으로, 하루 품삯(1 데나리온)을 5만 원으로 계산한다면, 3억 원에 해당하는 금액입니다. 따라서 금 1달란트는 약 45억 원에 해당하는 엄청난 금액입니다.

등대와 부속 기구들까지 모두 값비싼 정금을 사용한 것은, 하나님을 섬기되 순결함과 깨끗함으로(고후 7:1, 딤후 2:21, 요일 3:3), 또한 정금처럼 변함없이 섬겨야 할 것을 교훈해 주고 있습니다(벧전 1:7, ^{참고-}애 4:1-2).

출애굽기 25:31에서 "너는 정금으로 등대를 쳐서 만들되"라고 말씀하고 있습니다(출 37:17). 출애굽기 25:36에서는 그 꽃받침과 가지를 줄기와 연하게 하여 전부를 "정금으로 쳐 만들고"라고 말씀하고 있습니다(출 37:22, 민 8:4). 개역성경에는 '하나'를 뜻하는 히브리어 '에하드'(אֶחָד)가 생략되어 있지만, 바른성경에서는 '모두 순금을 쳐서 하나로 만들었다'라고 번역하고 있습니다. 등대는 작은 부품들을 만든 뒤에 하나로 결합한 것이 아니라, 하나의 정금 덩어리에서 받침과 줄기, 가지 등이 만들어졌습니다. 성막 건축의 최고 책임자인 브살렐의 금속 가공술이 얼마나 대단했는지를 짐작할 수 있으며, 금등대 하나를 완성하기까지 세심한 정성이 필요했고 수많은 시간이 걸렸음을 알 수 있습니다. 오직 여호와를 사모하는 순전한 마음으로 끝까지 인내하며 완성하였을 것입니다.

(2) 등대는 밑판에서 그 꽃까지 금을 쳐서 만든 것입니다.

민수기 8:4에서 "등대의 제도는 이러하니 곧 금을 쳐서 만든 것인데 밑판에서 그 꽃까지 쳐서 만든 것이라"라고 기록하고 있습니다. 여기 "쳐서"는 '무겁게 하다, 압력을 가하다'라는 뜻의 히브리어 '카샤'(קָשָׁה)에서 유래한 '미크샤'(מִקְשָׁה)입니다. 이는 망치로 금이나 은 같은 금속을 두드려서 넓고 둥글게 편 다음, 뾰족한 도구를 사용하여 얇은 금속판을 세밀하게 가공했던 고대 금속공예 기술입니다. 성경에서 이렇게 쳐서 만들어진 것들은 "등대"(출 25:31, 36, 37:17, 22)와 속죄소 위의 "그룹"(출 25:18, 37:7)과, 회중을 소집할 때 사용된 "은 나팔"(민 10:2)이 있습니다.

이렇게 금을 쳐서 등대의 한 줄기와 여섯 가지가 한 몸체가 되도록 만들었습니다. 좌우 세 쌍씩 있는 가지들이 만나는 지점 바로 밑에 꽃받침이 있어 하나가 되었습니다(출 25:35-36, 37:21-22). 등대 전체를 쳐서 만든다고 기록한 후에 다음 구절에서 등잔 일곱을 만든다는 말씀이 나오는데(출 25:37), 이는 등잔 일곱은 등대와 별도로 제작한 것임을 보여 줍니다.

정금이 계속 두드려지고 또 두드려지는 과정은, 가장 고귀한 분이신 예수 그리스도께서 고난을 당하시고 수없이 치심을 받으셨던 사실을 생각나게 합니다.

또한 등대의 가지가 줄기로부터 뻗어 나와 한 몸체가 되도록 만들었던 것은, 빛과 진리의 등대이신 예수 그리스도와 친밀하게 연결되어 한 몸을 이룬 자만이 진리의 참빛을 널리 드러낼 수 있음을 분명하게 교훈하고 있습니다. 요한복음 15:5에서 "나는 포도나무요 너희는 가지니 저가 내 안에, 내가 저 안에 있으면 이 사람은 과실을 많이 맺나니 나를 떠나서는 너희가 아무것도 할 수 없음이라"라고 말씀하고 있습니다. 교회의 머리는 예수 그리스도이시며, 교회는 그의 몸입니다(롬 12:5, 고전 6:15, 12:27, 엡 1:22-23, 4:12, 15-16, 5:23, 29-30, 골 1:18, 2:19). 그러므로 교회 내의 여러 성도들은 오직 예수 그리스도를 머리로 삼아 한 몸을 이루어 나가야 하고, 이 땅의 모든 교회는 예수 그리스도를 주로 모시는 데 있어서 하나님의 주권 아래 하나가 되어야 할 것입니다.

(3) 불집게와 불똥 그릇은 등대의 보조 기구입니다.

등대를 위한 보조 기구로 불집게와 불똥 그릇이 만들어졌습니다 (출 25:38-39, 37:23-24, ^{참고}왕상 7:50, 대하 4:22). 숯불을 옮기거나 등불을 밝히는 불을 다루는 데 쓰인 도구였으므로, 그 재료는 화학 변화가 없는 정금으로 만들어 그을리거나 타는 일이 없도록 하였습니다(출 25:38, 37:23, ^{참고}왕상 7:50).

불집게
מַלְקָח 말카흐
snuffer (tongs)

불똥 그릇
מַחְתָּה 마흐타
tray

정금으로 만든 등대의 기구들
출 25:38-39, 37:23-24, 민 4:9-10 (^{참고}출 30:27, 31:8, 35:14, 39:37)

① 불집게(מֶלְקָח, 말카흐, snuffer)

'불집게'의 히브리어 '멜카흐'는 '취하다, 가지고 오다'라는 뜻의 '라카흐'(לָקַח)에서 유래하였습니다.

불집게는 등잔의 타 버린 심지를 자르거나 등대에 불을 붙이는 도구로 사용되었습니다. 제사장은 등대의 불이 타오르는 동안에 등불이 꺼지는 일이 없도록, 혹은 조금이라도 더 밝게 비춰도록 하기 위하여 세심한 주의를 기울여야 했습니다. 감람유가 닳아서 심지가 타 들어가지 않도록 계속 감람유를 공급하고, 심지의 모양을 바로잡아 주었으며, 불집게를 손에 쥐고 심지를 손질하거나 낡은 불똥을 거두어 내는 일을 쉬지 않았을 것입니다. 불똥이 그대로 있으면 불이 밝지 않으며, 또 불을 켤 때마다 그을음이 생길 수 있습니다. 이처럼 일곱 등잔의 일곱 등불을 환히 밝히는 일은 제사장의 지속적이고도 세심한 관심과 주의가 필요했습니다.

우리의 속사람도 날마다 성령으로 충만하지 않으면 심지가 타버려서 마음이 어두워지고, 불평 불만의 불똥만 남게 됩니다. 이러한 경우 하나님의 교회에 보탬이 되지 못하고 손해를 끼치며, 주변 사람들에게 그을음만 남기게 됩니다. 하나님의 말씀은 정금 불집게와 같습니다. 따라서 하나님의 말씀으로 마음의 심지를 손질하여 바로잡고, 심령의 의심과 불평들을 과감히 떼어내고 감사를 회복하면, 자신도 살아나고 그 주위까지 함께 밝아지게 됩니다.

② 불똥 그릇(מַחְתָּה, 마흐타, tray)

'불똥 그릇'의 히브리어 '마흐타'는 '확 잡아채다, 움켜쥐다, 취하다'라는 뜻의 '하타'(חָתָה)에서 유래하였습니다. 불똥 그릇은 불똥을 제거하여 담아두는 그릇이며 번제단의 불을 옮겨 등대의 불을 밝히는 데도 쓰입니다. 번제단 부속 기구에서 타고 남은 재를 쓸어 버렸던 "부삽"(יָע, 야)과는 다르게(출 27:3, 38:3, 민 4:14) 숯불을 담아 나르는 데 사용되었습니다. '마흐타'는 번제단의 불을 담아, 향을 피 우는 분향단까지 옮기는 도구로도 쓰였습니다. 그래서 똑같은 '마 흐타'가 "불 옮기는 그릇"(출 27:3, 38:3, 민 4:14, 왕상 7:50), 혹은 "향 로"(레 10:1, 16:12-13, 민 16:6-7, 17-18, 37-39, 46)로 번역되어 있습니다. 주전 586년에 바벨론은 예루살렘을 함락시키고, 성전의 다른 기물 들과 함께 이러한 기구들까지 모두 약탈해 갔습니다(왕하 25:13-17, 렘 52:17-19).

3. 금등대의 특징
Characteristics of the golden lampstand

(1) 성소의 일곱 등잔을 저녁부터 아침까지 간검하였습니다
(출 27:21).

등잔은 등대의 가지와 줄기에 장식되어 있는 '잔'과는 구분되는 것으로서, 실제로 등불을 타오르게 하는 심지가 있는 등잔 자체를 가리킵니다. 한쪽 끝 머리에는 심지를 꽂을 수 있는 구멍이, 가운데 는 기름을 부을 수 있는 그보다 더 큰 구멍이 있었고, 등잔 일곱을 만들어 등대의 한 줄기와 여섯 가지 위에 두었습니다(출 25:37).

① 저녁부터 아침까지

제사장들이 회막 안 증거궤 앞 휘장 밖에서 등불을 간검하는 시 간은 "저녁부터 아침까지"(출 27:20-21, 레 24:2-4)였습니다. 그런데 "끊이지 말고 등불을 켜되"(출 27:20), "끊이지 말고 등잔불을 켤

지며"(레 24:2)라고 말씀하신 것은, 하루 24시간 등불을 켜 두라는 뜻으로서, 등불을 켜는 규례가 중단 없이 지켜지도록 하라는 의미입니다. 그래서 "끊이지 말고"를 영어성경 NRSV는 '규칙적으로'(regularly)로, NEB는 '규칙적인'(regular)으로 번역하였습니다. 성막은 네 겹으로 덮혀 있는 데다 창문이 없어 낮에 빛이 전혀 들어올 수 없으므로 유일한 빛인 등불을 꺼뜨려서는 안 되었던 것입니다.[12]

그러므로 레위기 24:3에 "아론은 회막안 증거궤 장 밖에서 저녁부터 아침까지 여호와 앞에 항상 등잔불을 정리할지니 너희 대대로 지킬 영원한 규례라"라고 말씀하고 있습니다(출 27:21). 저녁 해 질 무렵에 성소의 등불을 정리함으로써, 성소 안을 환하게 밝힌 것은 곧 하나님께서 이스라엘을 밤새도록 쉬지 않고 지키신다는 상징적 표현입니다(시 121:3-4). 이는 복음을 선포하는 사명자도 빛 된 삶으로 쉬지 않고 깨어 있어야 함을 보여 줍니다.

민수기 8:2에서 "켤 때"는 히브리어로 '알라'(עָלָה)이며, '올라가다'는 뜻입니다. 강신택 박사는 "네가 등잔을 올라가게 할 때에는 일곱 등잔으로 하여금 등잔대의 앞부분을 비취도록 하라"라고 번역하였습니다. 또한 출애굽기 30:8에서 "켤 때"의 히브리어도 동일하게 '알라'(עָלָה)로서, 영어번역(NASB)에서 'trim'(다듬다), 또 다른 영어번역(NRSV, ESV, RSV)에서는 'set up'(제 위치에 두다, 설치하다)이라고 번역하였습니다.

한편, 성소의 일곱 등불을 켜되, "아침까지" 켰다는 말에 주목해야 합니다(출 27:20-21, 레 24:2-4). 사도 베드로는 날이 새어 밝아 오는 아침을 가리켜 '주님 재림의 때'라고 하면서, "어두운 데 비취는 등불과 같으니 날이 새어 샛별이 너희 마음에 떠오르기까지 너희가 이것을 주의하는 것이 가하니라"(벧후 1:19)라고 말씀하였습니다. 지금 우리는 앞이 잘 보이지 않는 밤 같은 세상에 살고 있습니다(롬 13:12). 그러나 분명히 날이 새어 샛별이 떠오를 날이 다가오고 있습니다(계 22:16). 그때까지 늘 깨어서 매일 하나님의 말씀을 공급받아, 우리 영혼의 일곱 등잔에 불을 환히 밝혀야 합니다(시 119:105, 잠 6:23, 20:27, 마 25:1-13, 눅 12:35).

② 등불을 간검하게 하라

간검은 한자로 '볼 간(看), 검사할 검(檢)'으로, '검사하며 관리하는 일'을 뜻합니다. 간검은 히브리어 '아라크'(עָרַךְ)로, '질서 있게 배열하다, 정돈하다'라는 뜻을 가지고 있습니다. 이것은 저녁부터 아침까지 '정확히 시간을 지키며 등불을 잘 정돈하여 날마다 등불을 켜라'라는 뜻입니다. 그 등불을 정리하는 시간은 아침이었습니다. "아침마다... 등불을 정리할 때"(출 30:7)라고 하였는데, 여기 '정리하다'는 히브리어로 '야타브'(יָטַב)이며, '좋게 만들다, 잘 되게 하다, 단장하다'라는 뜻입니다. 등불을 간검할 때마다 한꺼번에 훅 꺼뜨리는 것이 아니라, 각 등잔을 조심스럽게 단장하듯 정리 정돈했음을 알 수 있습니다.

심지를 다듬고 기름이 떨어지지 않게 보충하며 등불의 간검(看檢) 행위를 잘 해야, 일곱 등잔의 등불이 모두 지속적으로 타오를 수 있었습니다. 그러므로 제사장은 회막 안에서 밤을 지새우며 아침까지 등불이 꺼지지 않도록 끊임없이 살피고 지켜야 했습니다. 아이 사무엘이 여호와의 전에 누워 있을 때 "하나님의 등불은 아직 꺼지지 아니하였으며..."(삼상 3:3)라고 한 것은, 아직 등불을 정리하기 전으로, 하나님께서 사무엘을 부르신 시간이 아침이 이르기 전

새벽 미명이었음을 보여 줍니다.

성소의 거룩한 등불이 끊임없는 살핌을 통해 밝히 비춰질 수 있듯이, 성도는 자기 자신을 끊임없이 살핌으로써 자기 영혼의 등불이 하나님 앞에서 꺼지지 않도록 해야 하는 것입니다(잠 20:27).

(2) 등대에서 비추는 등불의 방향은 "등대 앞"입니다(민 8:2).

성소의 등불은 분명한 방향을 가지고 비추는 빛입니다. 민수기 8:2에서 "등을 켤 때에는 일곱 등잔을 등대 앞으로 비취게 할지니라"라고 말씀하고 있습니다. 아론은 하나님께서 모세에게 명하셨던 말씀대로 "등불을 등대 앞으로 비취도록" 켰습니다(민 8:3). 여기서 "앞으로"는 히브리어 '엘물'(אֶל־מוּל)로, '앞 또는 반대편'을 의미하는 것입니다. 등대 맞은편에는 진설병 상이 위치하고 있었으므로 등대의 불빛이 그 반대편에 있는 떡상 쪽으로 비취도록 하라는 것입니다(출 40:22-25).[13] 떡상 위에는 항상 12개의 떡이 진설되어 있으며(레 24:5-6), 12개의 떡은 이스라엘 민족의 12지파를 상징합니다. 따라서 떡상을 비추는 등대의 빛은 이스라엘을 비추는 여호와의 빛을 상징하며, 하나님의 빛이 온 백성을 향하여 축복해 주고 있음을 상기시켜 줍니다. 민수기 6:25-26에 여호와께서 모세에게 일러 "여호와는 그 얼굴로 네게 비취사 은혜 베푸시기를 원하며 26 여호와는 그 얼굴을 네게로 향하여 드사 평강 주시기를 원하노라"라고 아론을 통해 이스라엘 자손을 축복하도록 말씀하고 있습니다. 등대의 일곱 불빛이 늘 떡상 쪽을 향하여 비추는 것은, 하나님의 말씀을 받을 때에 성령님의 감화나 조명으로 참다운 영적 양식이 될 수 있음을 보여 줍니다.

(3) 순결한 등대 위에 순결한 기름을 끊이지 않았습니다 (출 27:20).
① 순결한 기름

출애굽기 27:20에서 "너는 또 이스라엘 자손에게 명하여 감람으로 찧어 낸 순결한 기름을 등불을 위하여 네게로 가져오게 하고 끊이지 말고 등불을 켜되"라고 말씀하고 있습니다. 레위기 24:2에서는 성소 내에서 불빛을 밝힐 수 있는 기름은 오직 "감람으로 찧어 낸 순결한 기름"이라고 말씀하고 있습니다. 여기 "순결한"은 히브리어 '자크'(זך)로, '맑은, 정결한, 순수한'이라는 뜻입니다. 이 감람유는 다른 첨가물이나 불순물이 전혀 섞이지 않은 감람 열매로만 만들어진 순수한 기름을 가리킵니다. 이를 위해 이 감람 열매에 묻은 먼지나 불순물도 다 제거해야 했습니다. 또한 감람 열매를 부수어 빻을 때에도 대강대강 자르는 것이 아니라 매우 세심하게 큰 정성을 기울였습니다(레 24:2). 이처럼 세밀한 과정을 거쳐 만들어진 깨끗한 기름은 전혀 그을음이 나지 않았으며, 더욱 밝은 빛을 내었습니다. 성소 내의 등대에 사용될 감람유는 원료에서 제조 과정에 이르기까지 최고의 정성을 기울인 최상품이었습니다.

이 맑고 정결한 기름이 부어지는 것은 성령의 임재를 나타냅니다(요일 2:20, 27). 위로부터 부어 주시는 성령은, 마음속의 불순물을 완전히 제거하는 철저한 회개를 통해 주어지며, 그 결과 유쾌하게 되는 날이 이르게 됩니다(행 2:38, 3:19).

② 순결한 등대

레위기 24:4에서 "그가 여호와 앞에서 순결한 등대 위의 등잔들을 끊이지 않고 정리할지니라"라고 말씀하고 있습니다. "순결한 등대"라고 부르는 이유는, 불순물이 섞이지 않은 정금으로 만들어졌기 때문입니다(출 25:31, 37:17, 민 8:4). 이는 흠도 티도 없으시며 아무 죄도 없으시고, 죄를 알지도 못하시는 예수 그리스도의 순결성을 상징합니다(고후 5:21, 히 4:15, 벧전 1:19).

등대의 등잔에 깨끗한 감람유를 공급하여 어둠을 몰아내고 성소를 환히 밝혔듯이, 하나님께서 예수 그리스도에게 성령과 능력을 기름붓듯 부어 주시므로, 예수님께서는 세상을 환히 밝히는 하나님의 복음 사역을 행하셨습니다. 사도행전 10:38에 "하나님이 나사렛 예수에게 성령과 능력을 기름붓듯 하셨으매 저가 두루 다니시며 착한 일을 행하시고 마귀에게 눌린 모든 자를 고치셨으니 이는 하나님이 함께하셨음이라"라고 말씀하고 있습니다. 주의 성령이 예수 그리스도에게 임하심으로 가난한 자에게 복음을, 포로된 자에게 자유를, 눈먼 자에게 다시 보게 함을 전파하며, 눌린 자를 자유케 하고 주의 은혜의 해를 전파하게 하셨습니다(눅 4:18-19, 참고-사 61:1-2).

(4) 반드시 일곱 등불의 빛 속에서 향을 사르도록 주의를 주었습니다 (출 30:7-8).

대제사장 아론이 아침과 저녁으로 향을 살랐는데, 등불을 정리하고 켜는 시간도 동일하였습니다. 출애굽기 30:7-8에서 "아론이 아침마다 그 위에 향기로운 향을 사르되 등불을 정리할 때에 사를지며 8 또 저녁 때 등불을 켤 때에 사를지니 이 향은 너희가 대대로 여호와 앞에 끊지 못할지며"라고 말씀하고 있습니다.

① 아침마다 등불을 정리할 때

"아침마다"는 히브리어로 '바보케르 바보케르'(בַּבֹּקֶר בַּבֹּקֶר)라고 하여 "아침"을 뜻하는 '보케르'(בֹּקֶר)가 두 번 사용됨으로써, 분향을 하는 때가 반드시 등불을 정리하는 아침 시간이어야 함을 보여 줍니다. 그리고 "등불을 정리할 때에 사를지며"라고 말씀하고 있습니다(출 30:7). 이것은 일곱 등잔의 불을 정리하는 시간에 향을 피우라는 말씀입니다.

② 저녁 때 등불을 켤 때

제사장들은 또 저녁 때 등불을 켤 때에 향을 살랐습니다(출 30:8). 등불을 환히 밝힌 후 향을 사르게 했던 것입니다. 여기 "저녁"은 히브리어로 '벤 하아르바임'(בֵּין הָעַרְבַּיִם)이며, '두 저녁들 사이'라는 특별한 의미를 갖습니다. 성경에서 많은 제사들이 이때에 이루어졌는데, 유월절 양을 이때에 잡았고(출 12:6, 레 23:5, 민 9:3, 5, 11), 저녁 제사도 이때에 드렸습니다(출 29:39, 41, 민 28:4).

또한 아침과 저녁으로 매일 향을 사르되 "이 향은 너희가 대대로 여호와 앞에 끊지 못할지며"라고 말씀하고 있습니다(출 30:8). 성경에서 향은 성도의 기도를 상징합니다(계 5:8, 8:3). 이는 성도의 기도가 참등불이신 예수 그리스도(눅 2:32, 요 8:12, 9:5, 11:9-10, 12:35-36) 안에서만 이루어져야 함을 상징한다고 볼 수 있습니다(요 15:7). 아침과 저녁으로 매일 규칙적으로 끊이지 말고 등불을 밝히고 그 아래서 향을 사르듯이, 성도들은 매일 예수님 안에서 끊임없이 기도해야 합니다(시 141:2). 쉬지 않고 드리는 기도(살전 5:17), 항상 기도하되 낙망치 않는 기도(눅 18:1), 항상 힘쓰는 기도(골 4:2)는 반드시 응답이 있으며, 역사하는 힘이 강합니다.

또한 일곱 등불은 완전하신 하나님의 성령을 상징합니다(계 4:5, 5:6, ^{참고}삼하 22:29, 시 12:6, 119:105, 잠 6:23). 그러므로 성도들의 기도는 자기 감정이나 판단대로 드리는 것이 아니라, 완전하신 성령 안에서 드려지는 것이라야 하나님께서 받으시기에 합당한 것입니다(엡 6:18, 유 1:20).

기도는 또한 구속 사역을 완성하신 예수 그리스도의 이름으로 드려야 합니다. 요한복음 14:13에 "너희가 내 이름으로 무엇을 구하든지 내가 시행하리니 이는 아버지로 하여금 아들을 인하여 영광을 얻으시게 하려 함이라"라고 말씀하고 있습니다. "모든 이름 위에 뛰어난 이름"(엡 1:21, 빌 2:9), 곧 예수님의 이름으로 아버지께 구하는 자는 무엇이든지 다 받게 될 것입니다(요 15:16, 16:23-24).

4. 금등대의 구속사적 교훈
The redemptive-historical teaching of the golden lampstand

(1) 일곱 등불은 세상의 빛이 되신 예수 그리스도를 나타냅니다.

예수 그리스도는 세상의 모든 영적 흑암을 몰아내는 생명의 빛입니다(눅 2:32, 요 1:4-5, 8:12, 9:5, 11:9-10, 12:35-36). 일곱 개의 가지로 구성된 등대는, 어두운 세상을 비추시는 예수님의 사역을 상징합니다. 요한복음 9:5에서 "내가 세상에 있는 동안에는 세상의 빛이로라"라고 말씀하고 있습니다. 세례 요한은 "켜서 비취는 등불"이었지만(요 5:35), 참빛은 아니었고 빛에 대하여 증거하러 온 자였습니다(요 1:8). "참빛 곧 세상에 와서 각 사람에게 비취는 빛이 있었나니"(요 1:9), 이는 바로 예수 그리스도이십니다.

숫자 '일곱(7)'은 성경 곳곳에서 완전과 완성을 상징합니다. 성부, 성자, 성령 삼위일체이신 하늘의 수 3과 동서남북 땅의 수 4의 합이 완전수 7이기 때문입니다. 종말의 심판에서는 일곱 천사, 일곱 재앙, 일곱 인, 일곱 나팔, 일곱 대접 등 숫자 7이 자주 등장하고 있습니다(계 6:1, 8:2, 6, 15:1, 16:1). 재림하실 예수 그리스도, 어린 양 이신 주님은 일곱 눈을 가지고 있는데, 이 일곱 눈이 일곱 등불이 요 일곱 영입니다(계 4:5, 5:6). 예수님께서는 사단이 막강한 영향력을 행사하는 이 세상에서 하나님의 의를 드러내는 빛의 역할을 완벽하게 수행하셨습니다. 요한복음 8:12에서 "예수께서 또 일러 가라사대 나는 세상의 빛이니 나를 따르는 자는 어두움에 다니지 아니하고 생명의 빛을 얻으리라"라고 말씀하고 있습니다.

예수 그리스도의 재림과 더불어 이루어질 새 예루살렘성은 해나 달의 비췸이 쓸데없습니다. 그 이유는 하나님의 영광이 비취고, 어린 양 자신이 등이 되시기 때문입니다(계 21:23, ^{참고-}사 30:26). 요한계시록 22:5에서 "다시 밤이 없겠고 등불과 햇빛이 쓸데없으니 이는 주 하나님이 저희에게 비취심이라 저희가 세세토록 왕 노릇 하리로다"라고 말씀하고 있습니다.

한편, 하나님께서 스가랴 선지자에게 보여 주신 순금등대는 두 금관을 통하여 두 감람나무와 연결되어 있었습니다(슥 4:11-12). 순금등대는 두 금관을 통하여 감람유를 공급받아 불을 밝혔습니다. 성령의 역사가 아니고서는, 교회와 성도가 이 어두운 세상에서 빛의 사명을 감당할 수 없음을 보여 줍니다(슥 4:6). 빛의 사명을 감당하기 위하여 등대에 기름이 가득해야 하듯이, 교회와 성도는 성령 충만한 삶을 살아야 합니다(행 10:38, 엡 5:18, 요일 2:20, 27, ^{참고-}슥 4:2-6).

혼인 잔치에 들어가지 못한 미련한 다섯 처녀는 등은 가졌지만 등잔에 기름이 떨어져 등불이 꺼지고 말았습니다(마 25:1-13). 오늘 날 교회와 성도는 그 속에 있는 빛이 어둡지 아니한가 항상 점검해야 합니다(마 6:22-23, 눅 11:33-36).

(2) 등대의 일곱 등불은 세상의 빛으로서, 하나님의 언약과 교회의 시대적 사명을 보여 줍니다.

각 시대마다 하나님의 말씀으로 맺으신 언약은 그 시대의 등불이었습니다. 역대하 21:7에서 "여호와께서 다윗의 집을 멸하기를 즐겨하지 아니하셨음은 이전에 다윗으로 더불어 언약을 세우시고 또 다윗과 그 자손에게 항상 등불을 주겠다고 허하셨음이더라"라고 말씀하고 있습니다(참고-왕상 11:36, 왕하 8:19). "언약"은 곧 "등불"입니다. 성소의 등불이 꺼지지 않듯이, 하나님의 언약은 꺼지지 않고 영원토록 타오르는 등불입니다. 하나님의 말씀으로 맺어진 언약은 "영원한 언약"입니다(창 9:16, 17:7, 출 31:16, 레 24:8, 삿 2:1, 삼하 23:5, 대상 16:15-17, 시 105:8-10, 111:5, 사 24:5, 55:3, 겔 16:60, 37:26). 시편 105:8에서 "그는 그 언약 곧 천대에 명하신 말씀을 영원히 기억하셨으니"라고 말씀하고 있습니다(마 24:35, 막 13:31, 눅 21:33, 벧전 1:23-25).

시편 119:105에서도 "주의 말씀은 내 발에 등이요 내 길에 빛이니이다"라고 말씀하고 있습니다. 하나님의 명령은 등불입니다(잠 6:23). 말씀은 어두운 곳을 비추는 빛입니다(벧후 1:19).

등대의 원 줄기는 예수 그리스도를 상징합니다(참고-요 15:5, 롬 8:39). 가지가 원 줄기에 붙어 있듯이 예수 그리스도의 몸 된 교회는 세상의 등대와 같은 존재입니다. 요한계시록 1:20에서 "일곱 촛대는 일곱 교회니라"라고 말씀하고 있습니다. 등대가 빛을 비추듯이, 교회도 세상에 빛을 비추어야 합니다. 마태복음 5:14에서 "너희는 세상의 빛이라"라고 말씀하셨고, 마태복음 5:16에서도 "이같이 너희 빛을 사람 앞에 비취게 하여 저희로 너희 착한 행실을 보고 하늘에 계신 너희 아버지께 영광을 돌리게 하라"라고 말씀하셨습니다.

그런데 이 세상에서 '빛'의 사명을 감당해야 하는 교회들 중에는, 그 내부에 '어둠'의 부끄러운 열매들이 난무하고 있는 교회들도 있습니다. 교회가 사회로부터 신뢰를 잃고, 심지어 세상 사람들의 조롱거리가 되기까지 합니다. 이는 신령한 제사장인 목회자들이 정직하고 성실하게 등불을 간검하지 않은 결과입니다. 교회마저도 살아 계신 하나님의 말씀이 왕성하지 못하고 성경 말씀에 무지하다면, 세상은 그 어디에서도 빛을 기대할 수 없습니다. 사실, 창문이 없는 성소 안은 캄캄해서 형체를 알아볼 수 없을 만큼 어두웠습니다. 성소 안의 유일한 빛이 되어야 할 등불이 꺼지면, 앞을 전혀 분간할 수 없는 흑암뿐입니다. 따라서 제사장의 사명은 매일 등잔에 불을 밝힘으로 어둠을 몰아내는 일입니다(출 27:20-21, 삼상 3:3). 어느 시대에나 그리스도의 몸 된 교회를 섬기는 목회자의 가장 중대한 사명은, 기도하는 가운데 하나님의 말씀을 부지런히 살피고 연구·적용함으로써 성도들의 영혼의 등불이 꺼지지 않도록 날마다 간검하여 밝혀 주는 일입니다. 그제서야 비로소 교회가 그 시대의 어둠을 밝혀 주는 빛의 사명을 넉넉히 감당할 수 있게 될 것입니다.

마태복음 5:14-16 "너희는 세상의 빛이라 산 위에 있는 동네가 숨기우지 못할 것이요 15 사람이 등불을 켜서 말 아래 두지 아니하고 등경 위에 두나니 이러므로 집안 모든 사람에게 비취느니라 16 이같이 너희 빛을 사람 앞에 비취게 하여 저희로 너희 착한 행실을 보고 하늘에 계신 너희 아버지께 영광을 돌리게 하라"

2. 진설병을 두는 상

שֻׁלְחָן נֹתֵן לֶחֶם פָּנִים (슐한 노텐 레헴 파님)

τράπεζαν τήν προκειμένην

The table of the bread of the Presence

출 25:23-30, 37:10-16

진설병을 두는 상은 남편에 놓인 등대 맞은편, 성소의 북편에 놓았습니다(출 26:35, 40:22-24). "진설병"은 히브리어로 '레헴 파

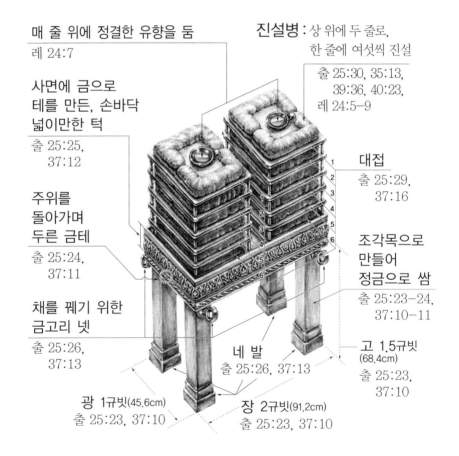

매 줄 위에 정결한 유향을 둠
레 24:7

사면에 금으로
테를 만든, 손바닥
넓이만한 턱
출 25:25,
37:12

주위를
돌아가며
두른 금테
출 25:24,
37:11

채를 꿰기 위한
금고리 넷
출 25:26,
37:13

진설병 : 상 위에 두 줄로,
한 줄에 여섯씩 진설
출 25:30, 35:13,
39:36, 40:23,
레 24:5-9

대접
출 25:29,
37:16

조각목으로
만들어
정금으로 쌈
출 25:23-24,
37:10-11

네 발
출 25:26, 37:13

고 1.5규빗
(68.4cm)
출 25:23,
37:10

광 1규빗(45.6cm)
출 25:23, 37:10

장 2규빗(91.2cm)
출 25:23, 37:10

님'(לֶחֶם פָּנִים)으로, '면전의 떡'이라는 뜻입니다(출 25:30). "여호와 앞(면전)"(לִפְנֵי יְהוָה)에 진설해 놓았기 때문에 '면전의 떡'이라고 불렀습니다(레 24:6, 8). 또한 '진설병을 두는 상'은 히브리어 '슐한 하파님'(שֻׁלְחָן הַפָּנִים, 민 4:7), 또는 '슐한 레헴 하파님'(שֻׁלְחָן לֶחֶם הַפָּנִים, 출 25:30)으로, '면전의 떡을 두는 상'이라는 뜻입니다. 이러한 표현들을 볼 때, 진설병과 그 상은 하나님의 임재를 나타내고 있습니다.

1. 떡상의 크기

The size of the table for the bread

떡상에는 12지파를 상징하는 12개의 떡을 올려놓았습니다(레 24:5-6).

떡상은 네 개의 다리와 이동 시에 사용되는 네 개의 금고리와 두 개의 채로 이루어져 있습니다. 떡상은 장이 2규빗, 광이 1규빗, 고가 1.5규빗으로 만들어졌습니다. 출애굽기 25:23에서 "너는 조각목으로 상을 만들되 장이 이 규빗, 광이 일 규빗, 고가 일 규빗 반이 되게 하고"라고 말씀하고 있습니다(출 37:10).

이는 "여호와 앞 순결한 상"(레 24:6)입니다. 떡상은 지성물 중 하나였습니다(출 30:27-29, 민 4:4, 7-8). 지성물을 가리키는 히브리어 '코데쉬 하코다쉼'(קֹדֶשׁ הַקֳּדָשִׁים)은 '거룩한 물건 중의 가장 거룩한 것'이라는 뜻으로, 성소(holy place)보다 더 거룩한 지성소(holy of holies)를 가리키기도 합니다(출 26:33-34). 떡상이 지성물 중 하나라는 것은 떡상이 그만큼 거룩한 기물임을 나타냅니다.

2. 떡상과 보조 기구의 제작
The making of the table and all its utensils

(1) 떡상의 재료는 조각목이며, 그것을 정금으로 싸고 주위에 금테를 둘렀습니다(출 25:23-24, 37:10-11).

여기 "테"는 히브리어 '제르'(זֵר)이며, '테두리, 화관(wreath), 관(crown)' 등으로 번역되었습니다. 금테는 금으로 테두리를 둘러 화려한 모습으로 돋보이도록 한 것입니다. 금테는 떡상에 두 개, 언약궤(출 37:1-2), 향단(출 37:25-26)에 각각 하나씩 있었으며, 번제단에는 없었습니다.

(2) 떡상의 사면에는 손바닥 너비만한 턱을 만들고, 그 턱 주위에 금으로 테를 만들었습니다(출 25:25, 37:12).

여기 "턱"은 '평평한 곳에 갑자기 조금 높인 자리'라는 뜻이며, 히브리어로는 '미스게레트'(מִסְגֶּרֶת)이고 '둘러싸는 어떤 것, 가장자리'라는 뜻입니다. 이 턱은 떡상 위로 떡상의 둘레를 따라 손바닥 너비(1/6규빗=7.6㎝)로 만든 것입니다. 그리고 금테를 둘러 튼튼함을 더했습니다. 이로써 12개의 무거운 떡을 안전하게 진설할 수 있도록 했으며, 더구나 행군할 때 무거운 12개의 떡이 진설된 상태에서 움직이지 못하게 붙잡아 주었을 것입니다. 손바닥 너비의 턱이 떡과 그 안의 부속물(대접, 숟가락, 병, 붓는 잔)을 안전하게 보호하는 역할을 하였을 것입니다.

(3) 채를 꿰는 금고리 넷은 떡상 네 발의 위 네 모퉁이에, 곧 "턱 곁에" 달았습니다(출 25:26-27, 37:13-14).

금고리 넷은 떡상을 운반하기 위해 채를 꿰는 고리입니다. 떡상

숟가락
כַּף 카프 / pan

(붓는) 잔
מְנַקִּית 메나키트 / bowl

대접
קְעָרָה 케아라 / dish

(붓는) 병
קָשָׂה 카사
jar (to pour libations)

정금으로 만든 상 위의 기구들
출 25:29, 37:16, 민 4:7 (참고-출 30:27, 31:8, 35:13, 39:36)

을 메는 채는 조각목으로 만들어 금으로 쌌습니다(출 25:28, 37:15). 떡상에 금고리를 다는 위치에 대하여 첫째, "네 모퉁이"로 떡상의 테두리가 둘려 있는 상부의 턱과 그 아래 네 다리(발)가 경계를 이루는 모서리 부분입니다. 둘째, "턱 곁에"(לְעֻמַּת הַמִּסְגֶּרֶת, 레움마트 하미스게레트)인데, 여기서 '레움마트'는 '가까운, 연접한'(겔 48:18)이라는 뜻입니다. 따라서 떡상의 금고리 위치는 네 다리(발) 위, 떡상의 턱 바싹 가까이에 달도록 했습니다.

(4) 떡상에는 부속된 기구들이 있습니다.

출애굽기 39:36에서 "상과 그 모든 기구와 진설병"이라고 기록하고 있습니다. "그 모든 기구"는 떡상 위에 놓는 부속 기구로, "대접과 숟가락과 병(甁)과 붓는 잔"이 있습니다(출 25:29, 37:16). 민수기 4:7에는 "대접들과 숟가락들과 주발들과 붓는 잔들"이라고 기록하고 있는데, 모두 정금으로 만든 것입니다.

① 대접(קְעָרָה, 케아라, dish)

"대접"은 히브리어로 '케아라'(קְעָרָה)이며, '쟁반(platter), 큰 접시(plate)'를 가리킵니다. 대접은 이스라엘 12지파를 상징하는 12개의 떡을 두 줄로 진설하는 데 사용된 기구였습니다.

② 숟가락(כַּף, 카프, pan)

"숟가락"은 히브리어로 '카프'(כַּף)이며, '오목한 손바닥 모양의 도구'입니다. 이 숟가락은 유향을 채워 놓는 도구였을 것입니다 (참고-민 7:14, 20, 26, 32, 38, 44, 50, 56, 62, 68, 74, 80, 86). 두 줄로 된 떡 위에는 정결한 유향을 올려놓아 기념물로 여호와께 화제를 드리도록 하였습니다. 레위기 24:7에서 "너는 또 정결한 유향을 그 매 줄 위에 두어 기념물로 여호와께 화제를 삼을 것이며"라고 말씀하고 있습니다. 소제에서는 고운 기름 가루 한 줌과 모든 유향을 태운 반면 (레 2:2), 진설병의 경우에는 떡 대신에 유향을 기념물로 태운 것입니다(레 12:8-9). "유향"은 유향 나무에서 나는 천연 수액으로 만든 하얀 색의 향기로운 향료였습니다. "위에... 두어"(נָתַתָּ עַל, 나탓타 알)는, 유향을 진설병 위에 붓는 것이 아니라 '그 위에 놓아서' 향으로 피어오르게 하라는 명령입니다. 유향으로부터 퍼져 나오는 이 향기는, 성도들의 아름다운 기도나 모범적인 생활, 혹은 하나님 앞에 전적으로 순종하신 그리스도의 향내 나는 아름다운 생애를 상징합니다.

③ (붓는) 병(קָשָׂה, 카사, jar)

"병"은 '둥글다'라는 뜻에서 유래한 '카사'(קָשָׂה)로, 일종의 주전자, 병, 단지 등을 가리킵니다(출 25:29, 37:16, 민 4:7, 대상 28:17). 민수기 4:7에는 전제나 관제를 드릴 때 사용하는 "붓는 잔"에 이 단어가 사용되었습니다(참고-민 28:7, 렘 44:18).

"붓는"에 해당하는 히브리어는 '나싸크'(נֻסַּךְ)의 사역수동(호팔) 미완료로, '부어지다'는 의미입니다. 그 어원인 '나사크'(נָסַךְ)는 '왕에게 기름붓다(왕을 세우다), 전제를 붓다'라는 뜻이 담겨 있습니다(참고-창 35:14, 왕하 16:13, 시 2:6). 제사에 있어서 붓는 행위는 전제(奠祭, drink offering)를 드리는 것으로, 전제는 독립된 제사의 한 종류가 아니라, 번제와 소제에 곁들여 포도주 또는 독주로 드리는 제사의 한 방법입니다. 전제는 포도주 4분의 1힌을 쏟는데, 보통 번제나 소제와 함께 시행하였습니다(출 29:40, 레 23:13, 민 15:5, 욜 1:9, 13, 2:14). "병"은 목이 좁고 길었을 것이며, 거기에 포도주를 담기도 하고, 관목에서 채취한 진액인 유향을 준비해서 담아 놓는 용도로도 사용하였을 것입니다.

④ (붓는) 잔(מְנַקִּית, 메낙키트, bowl)

"잔"은 히브리어로 '메낙키트'(מְנַקִּית)이며, '깨끗하다, 비우다'라는 뜻의 '나카'(נָקָה)에서 유래하였습니다. 보통 전제를 드릴 때 포도주나 전제의 술(출 29:40-41)을 쏟아 붓는 데 사용하는 사발이나 잔을 의미합니다. 출애굽기 25:29에 "붓는 잔", 출애굽기 37:16에 "잔", 민수기 4:7에 "주발"로 번역되었습니다. 예레미야 52:19에는 관제를 위해 순금으로 만든 '바리들'이라고 번역되었습니다. 현대인의 성경에는 '술을 따르는 그릇'이라고 번역하였습니다. '붓다'(נֶסֶךְ, 네세크)라는 단어가 "잔"과 함께 쓰인 것은, 아마도 전제를 드릴 때 "붓는 병"과 함께 사용되었기 때문일 것입니다.

"붓는 잔"(출 25:29)과 "붓는 병"(출 37:16)이라는 도구가 필요했던 점으로 미루어 볼 때, 진설병 상 위에는 떡과 함께 전제로 드릴 포도주가 함께 있었음을 알 수 있습니다. 전제에 쓰인 포도주는 앞으로 있을 예수님의 대속적 희생의 피와 성도들의 순교를 상징합니다. 전제는 신약에서 '관제(灌: 물댈 관, 祭: 제사 제)'라고 번역되었습니다(빌 2:17, 딤후 4:6). 예수님께서는 하나님의 구속 경륜 속에서 십자가에서 흘리신 자기 피로 죄와 사망을 없애는 완전한 구원 역사를 이루셨으며, 지금도 그 피로 세우신 새 언약의 축복, 곧 구속의 은혜를 믿는 자들에게 끊임없이 부어 주십니다(마 26:28, 막 14:24, 눅 22:20). 고린도전서 11:26에서 "너희가 이 떡을 먹으며 이 잔을 마실 때마다 주의 죽으심을 오실 때까지 전하는 것이니라"라고 말씀하고 있습니다.

3. 진설병의 특징

Characteristics of the bread of the Presence

(1) 떡상 위의 떡을 가리켜 "진설병"(출 25:30, 35:13, 39:36), "진설하는 떡"(showbread - 대상 9:32), "거룩한 떡" (consecrated bread - 삼상 21:4, 6)이라 불렀습니다.

진설(陳設: 베풀 진, 베풀 설)은 '큰 잔치 때 상 위에 음식을 벌여 놓음 (show)'이라는 뜻입니다. 진설되는 떡은 '지극히 거룩한'(קֹדֶשׁ קָדָשִׁים, 코데쉬 카다쉼: most holy) 것으로 구별되었습니다(레 24:9). 진설병의 히브리어는 '레헴 파님'(לֶחֶם פָּנִים)으로, '면전의 떡'이라는 뜻입니다. '파님'(פָּנִים)은 하나님의 임재를 나타낼 때도 사용된 단어로 (참고-출 33:14, 민 5:16, 18), 진설병은 '하나님 임재의 떡'이었습니다. 그러므로 제사장들은 진설병을 떡상 위에 놓을 때마다 하나님의 임재를 간절하게 소망하였을 것입니다. 우리도 하나님의 얼굴을 구해야 합니다(민 6:25-26, 시 27:9, 31:16, 42:5, 67:1, 80:3, 7, 19, 89:15, 105:4). 하나님의 얼굴을 죄인에게 비춰주심은 죄인에게 엄청난 사죄의 은총, 자비와 긍휼입니다.

(2) 떡상 위에는 하나님 앞에 바치는 12개의 떡을 올려놓았습니다.

　　12개의 떡은 이스라엘 12지파를 나타내며, 12개의 떡을 바치는 것은 이스라엘 전체가 한 지파도 빠짐없이 하나님께 드려져야 함을 나타냅니다. 그래서 레위기 24:8에서 "항상 매안식일에 이 떡을 여호와 앞에 진설할지니 이는 이스라엘 자손을 위한 것이요"라고 말씀하고 있습니다. 여기 "위한 것이요"의 히브리어는 '에트'(אֵת)로, 목적어를 분명하게 지시해 주는 불변사입니다. 이것은 매주 떡을 진설하는 것이 바로 이스라엘 자손을 위하여 드리는 것이며, 큰 축복이 된다는 것을 강조한 것입니다. 말하자면, 진설병은 하나님께 음식을 제공한다는 봉양(奉養)의 의미가 아니라, 반대로 이스라엘에게 그들을 먹이시는 하나님을 기억하게 하려는 것입니다. "항상 진설하는 떡"(the continual bread - 민 4:7)이므로 영원토록 규례에 따라 멈추지 말고 매일 하나님 앞에 올려놓으면서, 범사에 하나님의 은혜와 사랑, 특히 양식을 공급하심에 대해 감사하라는 의미입니다. 이는 곧 우리들이 먹고 마시며 호흡하고 살아가는 모든 것이 하나님의 은혜로 된 것인 줄 알고 매순간 잊지 말고 하나님 앞에 감사하라는 것을 교훈합니다.

(3) 진설병의 재료는 "고운 가루"에 "기름"과 "소금"이었으며, 화덕에 구워 만든 것입니다(레 2:4, 13, 24:5).

　　레위기 24:5에서는 "너는 고운 가루를 취하여 떡 열둘을 굽되"라고 말씀하고 있습니다. 레위기 2:4에서 화덕에 구워서 드리는 소제의 예물은 '고운 가루에 기름을 섞으라'고 말씀하고 있으며, 레위기 2:13에서 모든 소제물에는 "소금을 치라"라고 말씀하고 있습니다. 성경에 진설병이 무교병인지 유교병인지 언급이 없지만, 진설병은 누룩이 들어가지 않았을 것이므로 무교병이었을 가능성이 큽니다 (*Ant.* 3.142-143). 성경은 우리에게, 죄악을 상징하는 묵은 누룩을 내어 버리고 오직 순전하고 진실한 마음 곧 누룩 없는 떡으로 하나님께 예물을 드리자고 교훈합니다(고전 5:7-8). 한편, 광야에서는 농사를 짓지 않아 고운 가루를 구할 수 없었으므로, 아마도 '만나'로 진설병을 만들었을 것입니다.[14] 진설하는 떡 열둘을 구울 때 매 덩이는 고운 가루를 취하여 에바 십분 이로 만들었습니다(레 24:5). 에바 (Ephah)는 당시 이스라엘에서 통용되던 고체의 부피 단위로, 한 에바는 23리터이므로, "에바 십분 이"는 약 4.6리터에 해당합니다. 이러한 진설병의 크기로 볼 때 열두 개의 떡을 두 줄로 진설하려면, 옆으로 나열하면 안 되고, 두 줄로 쌓아 올려야 하는 것입니다. 진설병을 만들기 위해서 곡식은 고운 가루가 되기까지 계속해서 찧어져야 했고, 그리고 나서 뜨거운 화덕에서 구워져야 했습니다. 곡식이 맷돌 속에서 부서져 가루가 되고 떡으로 빚어져서 뜨거운 화덕에 구워지는 과정은, 예수님께서 우리의 생명의 떡이 되기 위하여 받으신 고통과 시련을 예표해 줍니다.

(4) 떡이 떡상 위에 진설된 모양은 한 줄에 6개씩 쌓은 두 줄입니다
(set them in two piles, six in a pile: ESV - 레 24:6).

역대상 9:32에서는 안식일마다 그핫 자손 중에 어떤 자는 "진설하는 떡"을 준비하였다고 말씀하고 있습니다. 여기서 "진설하는 떡"은 히브리어로 '레헴 하마아라케트'(לֶחֶם הַמַּעֲרָכֶת)입니다. 여기서 '레헴'은 '떡'이라는 뜻이고, '하마아라케트'는 '그 쌓아 올린 더미'라는 뜻입니다. 왜냐하면 떡 한 덩이는 고운 가루 약 4.6리터 정도로 만들어져 부피가 상당히 컸으므로, 가로 2규빗(91.2cm), 세로 1규빗(45.6cm) 크기의 상 위에 떡 여섯 개를 한 개씩 나란히 수평으로 두 줄로 놓는 것은 불가능하기 때문입니다. 떡은 두 줄로 쌓아서 진설하였는데, 둘은 증거의 수입니다(막 6:7, 눅 10:1, 참고-신 17:6, 19:15, 요 8:17-18, 10:30). 떡상 위에 두 줄로 쌓아 올린 떡은 하나님의 살아 계심을 증거하는 떡입니다. 우리는 날마다 하나님의 임재를 체험하여, 하나님의 살아 계심을 증거하는 산 증인이 되어야 합니다(사 43:12, 44:8, 막 6:7, 눅 10:1, 행 1:8).

(5) 진설된 각각의 떡 모양은 구멍 뚫린 모습이었을 것입니다.

떡을 뜻하는 히브리어는 일반적으로 '레헴'(לֶחֶם)을 쓰는데, 특별히 레위기 24:5에 사용된 '할라'(חַלָּה)는 진설병의 모양을 설명해 주고 있습니다. 이는 '구멍을 뚫다'라는 뜻의 '할랄'(חָלַל)에서 유래한 것으로, 옆과 위에서 볼 때 '구멍 뚫린' 모양이었을 것입니다.

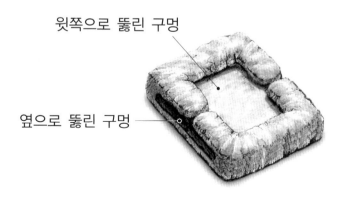

윗쪽으로 뚫린 구멍

옆으로 뚫린 구멍

진설병의 모양

(6) 진설한 떡의 매줄 위에 정결한 유향을 두어 화제를 삼아야 합니다.

진설병 위에는 정결한 유향을 매줄 위에 두었다가, 안식일에 진설병을 새 것으로 교체할 때 태워서 기념물로 하나님께 드렸습니다(레 24:7-8). 이때 금으로 만든 접시 위에 놓여 있는 유향을 취하여 단에 불살라, 하나님 앞에서 그 진설병이 기념되도록 하였습니다(레 2:8-9, 24:7, 참고-레 2:2, 6:15).

유향(乳香, frankincense)은 감람과의 유향 나무에서 추출한 젖 빛깔의 방향(芳香) 물질입니다. 향은 성도의 기도를 나타내는데(시 141:2, 계 5:8, 8:3-5), 특별히 유향은 히브리어로 '레보나'(לְבוֹנָה)이며, '희다'(white)라는 뜻을 가진 '라반'(לָבָן)에서 유래하였습니다. 이것은 하나님 앞에 드리는 모든 헌신은 반드시 깨끗한 마음으로 드려져야 함을 나타냅니다.

(7) 안식일마다 새 것으로 교체하였습니다.

레위기 24:8에 "항상 매안식일에 이 떡을 여호와 앞에 진설할지니 이는 이스라엘 자손을 위한 것이요 영원한 언약이니라"라고 말씀하고 있습니다. 이것은 한 번 진설한 떡을 그냥 두지 말고, 일주일마다 새로운 떡으로 교체하라는 말씀입니다.

떡을 만드는 일은 안식일마다 고핫(그핫) 자손들이 맡아 준비하였습니다. 역대상 9:32에서 "또 그 형제 그핫 자손 중에 어떤 자는 진설하는 떡을 맡아 안식일마다 준비하였더라"라고 말씀하고 있습니다. 여기 '준비하다'라는 단어는 히브리어 '쿤'(כּוּן)으로, 여기에서는 '음식을 준비하다'라는 뜻으로 사용되었습니다(창 43:16, 수 1:11, 느 8:10). 요세푸스는 진설병을 '안식일 전날 구워서 안식일 아침에 성소에 들여왔다'라고 주장하지만(*Ant.* 3.255-256), 역대상 9:32에는 '안식일마다 준비하였다'라고 언급하고 있습니다. 또한 사무엘상 21:6에서 "더운 떡(hot bread)을 드리는 날에 물려 낸 것이더라"라는 말씀을 볼 때, 고핫 자손들이 안식일 새벽에 떡을 구웠음을 짐작할 수 있습니다.

오늘날 영적 제사장 된 성도들 역시 주일마다 예배를 통해 새로운 떡으로 준비되어야 할 것입니다.

(8) 물려 낸 떡은 '지극히 거룩한 것'으로, 제사장들이 거룩한 곳 (성막 뜰)에서 먹었습니다.

① 제사장에게 돌아간 떡은 '지극히 거룩한 것'입니다.

레위기 24:9에 "이 떡은... 지극히 거룩함이니라"라고, 음식 자체를 거룩하다고 말씀하고 있습니다. 그것도 한 번 '거룩하다'(코데쉬, קֹדֶשׁ)라고 말하는 데서 그치지 않고, 히브리어는 최상급을 써서 '코데쉬 카다쉼'(קֹדֶשׁ קָדָשִׁים)이라고 말씀하였습니다. 이 세상 그 무엇보다 '가장 거룩한 것'(KJV·RSV·NIV: most holy)입니다. 이처럼 율법의 제사 규례에서 제사장이 먹는 음식은 하나님께 드려진 거룩한 예물이었으며, 그 음식을 '지극히 거룩한 것'이라고 규정하고 있습니다.

> 레위기 6:29 "그 고기는 지극히 거룩하니 제사장의 남자마다 먹을 것이니라"
>
> 레위기 7:6 "지극히 거룩하니 이것을 제사장의 남자마다 먹되 거룩한 곳에서 먹을지며"

율법에서는, 여호와께 요제나 거제로 흔들어 바친 제물은 제사장에게 돌아갈 지극히 거룩한 양식임을 엄격히 명하였습니다(레 7:6-7, 10:15, 14:13, 민 18:9-11). 모세가 제사장이 먹어야 할 속죄제의 고기를 찾으러 왔다가, 제사장 엘르아살과 이다말이 율법 규례를 어기고 진 바깥 재 버리는 곳에서 불사른 것을 알고 그들을 호되게 책망한 적이 있습니다(레 10:16). 레위기 10:17에서 "이 속죄제 희생은 지극히 거룩하거늘 너희가 어찌하여 거룩한 곳에서 먹지 아니하였느뇨 이는 너희로 회중의 죄를 담당하여 그들을 위하여 여호와 앞에 속하게 하려고 너희에게 주신 것이니라"라고 말씀하였습니다.

② 진설되었던 묵은 떡은 안식일에 새로 만든 떡으로 교체되고, 그 묵은 떡은 제사장과 그 자손들이 성막 뜰에서 먹도록 했습니다.

　레위기 24:9에서 "이 떡은 아론과 그 자손에게 돌리고 그들은 그것을 거룩한 곳에서 먹을지니 이는 여호와의 화제 중 그에게 돌리는 것으로서 지극히 거룩함이니라 이는 영원한 규례니라"라고 기록하고 있습니다. 고운 가루로 만들어 하나님 앞에 바치는 진설병은 제사법 가운데 '소제'에 속하며, 소제의 규례에서, "그 나머지는 아론과 그 자손이 먹되 누룩을 넣지 말고 거룩한 곳 회막 뜰에서 먹을지니라"(레 6:16)라고 기록하고 있습니다. 여기 한글 개역성경에는 '먹다'라는 뜻의 '아칼'(אָכַל)을 두 번만 번역했지만, 히브리어 원문에는 세 번 기록되었습니다. 첫 번째는 먹는 주체에 대한 기록으로 '아론과 그 자손'이 먹어야 한다고 말씀했고, 두 번째는 "누룩을 넣지 말고" 먹으라 하며 먹는 방법과 규례를 말씀했고, 세 번째는 "거룩한 곳 회막 뜰에서" 먹어야 한다고 '먹는 장소'까지도 정확하게 지정해 주고 있습니다.

　　지극히 거룩한 음식은 성막 바깥으로 나가서 부정해져서는 안 되므로, 반드시 "거룩한 곳"에서만 먹도록 하였습니다(레 7:6, 24:9). 떡을 먹는 '거룩한 장소'는 "회막 뜰" 안이며(레 6:16), 이곳은 후에 "제사장의 뜰"(대하 4:9)로 불리었습니다.

③ 진설병이 제사장의 몫이 되는 일은 "영원한 규례"입니다.

　　'진설병은 지극히 거룩하니 제사장들의 몫으로 돌리라'는 이 법은, 실제로 이스라엘 역사에서 "영원한 규례"(레 24:9下)로 지켜졌습니다. 진설병을 제사장의 분깃으로 돌리게 한 이 규례가 주어진 지 약 400년 후였던 주전 1020-1018년 즈음, 다윗의 도피 생활 중에서 진설병이 언급되고 있습니다. 다윗이 하나님의 전에 들어가 굶주린 자기 부하들을 위하여 제사장 아히멜렉에게 먹을 것을 요구하자, 아히멜렉은 그들이 3일 동안 부녀(婦女)를 가까이하지 않았다고 하는 사실('몸의 성결')을 확인한 후에 "거룩한 떡"(진설병)을 주어 먹게 했습니다(삼상 21:1-6). 사무엘상 21:6에 "제사장이 그 거룩한 떡을 주었으니 거기는 진설병 곧 여호와 앞에서 물려 낸 떡밖에 없음이라 이 떡은 더운 떡을 드리는 날에 물려 낸 것이더라"라고 기록하고 있습니다. 이는 제사장이 아닌 일반 사람이 진설병을 먹은 예외적인 경우이지만, 그때에도 '부녀를 3일 동안 가까이하지 않았다'는 거룩성을 확인한 후에 내주었다고 말씀하고 있습니다. 신약성경에도 이 사건이 기록되어 있는데, 예수님의 제자들이 안식일에 이삭을 잘라 먹은 것 때문에 바리새인들이 예수님을 비난하였을 때입니다(마 12:1-2, 막 2:23-24, 눅 6:1-2). 이때 예수님께서 진설병에 관하여 "제사장 외에는 먹지 못하는 진설병"(마 12:3-4, 막 2:25-26, 눅 6:3-4)이라고 분명히 말씀하셨습니다.

이와 같이 진설병은 "영원한 규례"로 제사장들을 위한 거룩한 떡으로 구별되어, 제사장들과 그 자손들의 생계를 위한 식물이 되었습니다. 구별된 제사장들이 하나님의 상에서 나오는 거룩한 떡으로 그 생계를 유지할 수 있었던 것처럼, 오늘날 영적 제사장이 된 우리들 또한 오직 하나님께서 공급해 주시는 영적, 육적 양식으로만 그 생명을 유지할 수 있습니다. 하나님께서는 인간의 생명을 귀중히 여기시며, 당신을 섬기는 자들의 생명을 보존하는 분이심을 보여 줍니다.

4. 떡상과 진설병의 구속사적 교훈
The redemptive-historical teaching of the table and the bread of the Presence

(1) 떡상과 그 부속품을 만든 재료인 정금은 예수 그리스도로 말미암은 참믿음을 나타냅니다.

정금으로 제작된 모든 것들은, 금이 지닌 귀하고 아름답고 불변하는 속성과 관련됩니다. 예수님께서는 라오디게아 교회에게 예수님 자신으로부터 "불로 연단한 금"을 사서 부요하게 하라고 말씀하셨습니다(계 3:18). 불순물이 제거된 정금 같은 믿음은 오직 예수 그리스도를 통해서만 가질 수 있음을 말해 줍니다(히 12:2). 물질적 부요와 헛된 교만을 버리고, 그리스도로 말미암는 순전한 믿음을 가지라는 사랑의 권면이었습니다(계 3:17-20).

금은 본래 자연에서는 정금 상태로 존재하지 않고, 흙이나 돌 속에 소량 섞여 있습니다. 금광에서 채굴된 불순물이 섞인 금을 용광로에 녹여 순금을 분리해야 합니다. 즉, 자연 상태의 금광석에서 순금을 채취해 내려면 필연적으로 뜨거운 열을 가하여 불순물을 제거해야만 합니다. 우리 속에도 정금과 같이 순전하고 보배로운 믿음이 자리잡기까지는 수없는 연단 과정이 필요합니다(욥 23:10). 사도 베드로도 성도들의 연단을 통하여 얻어진 믿음을 금에 비유했습니다. 베드로전서 1:7에서 "너희 믿음의 시련이 불로 연단하여도 없어질 금보다 더 귀하여 예수 그리스도께서 나타나실 때에 칭찬과 영광과 존귀를 얻게 할 것이니라"라고 말씀하고 있습니다. 신앙은 오직 불 같은 연단과 징계를 통해서만 순전하고 아름다운 것으로 변하게 됩니다(욥 5:17-18, 롬 8:18, 히 12:5-11).

새 예루살렘성은 그 재료가 정금입니다(계 21:18). "정금"으로 번역된 '크뤼시온 카다론'(χρυσίον καθαρόν)에서 '카다론'은 '순수한, 맑은'이라는 뜻을 지닌 '카다로스'(καθαρός)의 주격으로, 예루살렘성에 쓰인 정금은 불순물이 하나도 섞이지 않았음을 보여줍니다. 새 예루살렘성의 길도 "맑은 유리 같은 정금"이었습니다(계 21:21). 그러므로 많은 환난을 통해 정금 같은 믿음으로 단련된 성도만이 새 예루살렘성에 들어갈 자격자들이며, 장차 예수 그리스도의 재림 때에 칭찬과 존귀와 영광을 얻게 됩니다(행 14:22, 롬 8:17-18, 딤후 3:12).

(2) 항상 진설된 떡은 예수 그리스도와 그분의 말씀을 나타냅니다.

떡상에 진설된 떡은 영적으로 예수 그리스도의 말씀을 나타냅니다. 마태복음 4:4에서 "사람이 떡으로만 살 것이 아니요 하나님의 입으로 나오는 모든 말씀으로 살 것이라"라고 말씀하고 있습니다. 세상의 떡은 아무리 보기 좋고 맛이 있어도 우리에게 영원한 만족을 주지 못합니다. 그러나 하나님의 말씀은 영원한 양식이요 영원한 생명의 떡입니다(참고-요 6:63). 이 떡만이 우리에게 영원한 만족과 영생을 줍니다.

이 말씀의 떡은 예수님께서 공급해 주십니다. 예수님께서는 자신이 "하늘로서 내려온 산 떡"이라고 말씀하셨습니다(요 6:41, 48, 51). 무리에게 잡히시기 전날 밤에도 제자들에게 떡을 떼어 주시면서 "이것은 너희를 위하여 주는 내 몸"이라고 말씀하셨습니다(마 26:26, 막 14:22, 눅 22:19). 요한복음 6:51에서는 "나는 하늘로서 내려온 산 떡이니 사람이 이 떡을 먹으면 영생하리라 나의 줄 떡은 곧 세상의 생명을 위한 내 살이로라"라고 말씀하셨으며, 요한복음 6:58에서 "이 떡을 먹는 자는 영원히 살리라"라고 말씀하셨습니다. 이 떡은 바로 예수님의 입에서 나오는 말씀입니다. 예수님의 말씀은 영이요 생명입니다(요 6:63, 8:51).

예수님의 이 말씀을 듣고, 디베랴에서 따라온 유대인들이 수군거렸고(요 6:41), 유대인들 사이에는 '예수가 어찌 자기 살을 주어 먹이겠느냐'고 다툼이 일어났으며(요 6:52), 예수님의 제자들끼리도 "이 말씀은 어렵도다"라고 말하였습니다(요 6:60). 이때 예수님께서는 그들이 수군거리는 줄 아시고, '내 말이 너희를 걸려 넘어지게 하는구나!'라고 하시며 한탄하셨습니다(요 6:61). 그들이 걸려 넘어진 이유는, 육신의 떡으로 인해 영안이 가리워서 영원한 생명의 떡이신 예수님이 보이지 않았기 때문입니다. 이러므로 예수님을 따르던 제자들이 많이 물러가고 다시 그와 함께 다니지 않았습니다(요 6:66). 그러나 예수님께서 열두 제자들에게 "너희도 가려느냐?"라고 물으셨을 때, 베드로는 "주여 영생의 말씀이 계시매 우리가 뉘게로 가오리이까"라고 고백하였습니다(요 6:67-68).

예수님을 떠나서는 말씀을 얻을 수 없습니다. 과거 베드로의 고백은 오늘날 하나님을 믿고 의지하는 신앙인들의 고백이 되어야 합니다. 옛날 다윗이 사울에게 쫓겨 기진맥진했을 때, 진설병을 먹고 힘을 얻어 죽음의 위기에서 벗어나 생명을 보존하였듯이(삼상 21:4-6, 마 12:3-4), 오늘날도 날마다 말씀의 떡을 먹고 새로운 힘을 얻으며 영원한 생명을 선물로 받아 누리시기 바랍니다.

(3) 항상 떡을 진설하는 것은 변함없는 영원한 언약을 나타냅니다.

열두 덩이의 떡을 진설하는 일은 이스라엘 자손을 위한 것이요, "영원한 언약"이었습니다. 레위기 24:8에서 "항상 매안식일에 이 떡을 여호와 앞에 진설할지니 이는 이스라엘 자손을 위한 것이요 영원한 언약이니라"라고 말씀하고 있습니다.

순결한 떡상 위에는 항상 진설병이 있어야 합니다. 민수기 4:7에는 "항상 진설하는 떡"(the continual bread)이라고 말씀하였고, 출애굽기 25:30에 "상 위에 진설병을 두어 항상 내 앞에 있게 할지니라"라고 말씀하고 있습니다. 레위기 24:8의 "항상"은 히브리어 '타미드'(תָּמִיד)로, '끊이지 않고, 계속적으로'라는 뜻입니다. 항상 끊임없이 떡을 진설하는 것은, 하나님과 12지파 사이에 맺은 언약이 영원한 언약임을 나타냅니다. 안식일에 새로운 떡을 진설할 때마다, 하나님의 언약은 영원한 것임을 새롭게 확인하였던 것입니다.

제사장들은 안식일 아침, 제사 드리는 시간에 묵은 떡을 물려 냄과 동시에 새로 만든 떡을 진설했을 것입니다. 이때 새로 내는 떡을 "더운 떡"(hot bread)이라고 불렀으며(삼상 21:6), 물려 낸 떡은 아론과 그 자손에게 주어서 거룩한 곳에서 먹도록 했습니다(레 24:8-9, 마 12:4, 참고-레 6:14-18).

안식일마다 묵은 떡을 새로운 떡으로 바꾸어 놓듯이, 우리도 주일마다 하나님 앞에 새로운 심령으로 새롭게 바쳐져야 할 것입니다. 그것은 매주일 예배를 통해 영의 양식 곧 하나님의 말씀을 새롭게 받음으로써만 가능한 것입니다.

안식일마다 하나님 앞에 진설병을 새롭게 바치는 일은 "영원한 규례"였습니다(레 24:9). 아론과 그 자손들은 이 떡을 거룩한 곳(회막 뜰)에서 먹으면서 하나님의 언약을 기억하며 감사했을 것입니다. 오늘날 신령한 제사장 된 성도들도 주일마다 교회에 나와 말씀의 떡을 먹으면서, 하나님의 언약을 기억하고 진심으로 감사해야 합니다. 주일마다 새롭게 마음을 다해 바치는 헌신적인 예배 생활은 한 번으로 끝나서는 안 되며, 일평생 천국에 입성할 때까지 계속되어야 할 영원한 규례입니다.

3. 분향단

מִזְבַּח הַקְּטֹרֶת (미즈바흐 하케토레트)
θυσιαστήριον τοῦ θυμιάματος
The altar of incense
출 30:1-10, 27, 37:25-29

분향단은 성소에서 향을 피우는 곳입니다. 향을 피우는 것은 하나님께 제사의 진행과 제사 드리는 자들의 정성을 알려 드리기 위해서 하는 의식인데, 그들은 향의 연기가 하늘에 상달될 때 자신들의 기도도 함께 상달된다고 믿었습니다. 분향단을 만들라는 명령은 여호와께서 시내산에서 모세를 통해 말씀하셨고(출 30:1-9), 실제로 성물을 만들 때는 브살렐이 증거궤, 떡상, 등대(출 37:1-24)에 이어서 분향단을 만들었습니다(출 37:25-29). 그러나 성막이 다 세워진 후에는 등대를 들여놓고 불을 켜고, 분향단을 증거궤 앞에 두

고 2규빗
(91.2cm)

광 1규빗
(45.6cm)

장 1규빗
(45.6cm)

출 30:2, 37:25

라고 말씀하셨습니다(출 40:1-5).

'분향단'은 히브리어 '미즈바흐 하케토레트'(מִזְבַּח הַקְּטֹרֶת)이며, '제단'을 뜻하는 '미즈베아흐'(מִזְבֵּחַ)와 '분향, 제물의 향기로운 향기'를 뜻하는 '케토레트'(קְטֹרֶת)가 합성된 단어입니다. '케토레트'는 히브리어 동사 '카타르'(קְטַר)에서 유래하였는데, 이 동사는 '향기롭게 하다'(아 3:6), '불사르다'(레 6:22), '기름을 태우다'(삼상 2:16), '분향하다'(대하 26:18, 대하 28:3)라는 뜻으로 쓰입니다.

1. 분향단의 크기와 위치
The size and location of the altar of incense

(1) 분향단은 장이 1규빗, 광이 1규빗, 고가 2규빗입니다.

출애굽기 30:1-2에서 "너는 분향할 단을 만들지니 곧 조각목으로 만들되 2 장이 일 규빗 광이 일 규빗으로 네모 반듯하게 하고, 고는 이 규빗으로 하며 그 뿔을 그것과 연하게 하고"라고 말씀하고 있습니다(출 37:25).

(2) 분향단은 네모 반듯합니다.

출애굽기 37:25에서 "네모 반듯하고"는 히브리어 '라바'(רָבַע)로, '정방형(정사각형)으로 만들다'라는 뜻입니다. 장 1규빗, 광 1규빗의 비교적 작은 정방형 제단입니다. 이는 기도하는 자의 마음자세가 대신(對神), 대인(對人) 관계에서 반듯해야 함을 뜻합니다. 하나님께 기도할 때는 먼저 하나님과의 관계를 바로하고(욥 22:21), 또 이웃과 화목한 후에 드리라는 의미입니다(마 5:24). 더 나아가, 기도의 내용도 정욕적인 것이 아닌, 하나님께서 보시기에 반듯한 것을 구해야 한다는 상징성을 담고 있습니다(약 4:3).

(3) 분향단은 "속죄소 맞은편"에 두었습니다.

출애굽기 40:5에 "또 금향단을 증거궤 앞에 두고 성막 문에 장을 달고"라고 말씀하였습니다. 성소 안의 떡상과 등대가 마주하도록 한 것과 달리, 분향단은 독립적으로 지성소와 성소 사이 휘장 앞에 두었습니다. 출애굽기 30:6에 "그 단을 증거궤 위 속죄소 맞은편 곧 증거궤 앞에 있는 장 밖에 두라 그 속죄소는 내가 너와 만날 곳이며"라고 말씀하고 있습니다. 금향단을 둘 자리에 대하여 하나님의 임재의 처소인 "속죄소 맞은편, 곧 증거궤 앞에 있는 장 밖에" 두도록 한 것은, 분향단과 속죄소의 긴밀한 관계를 나타냅니다.

2. 분향단의 제작
The making of the altar of incense

(1) 분향단은 조각목으로 만들어 정금으로 쌌습니다.

하나님께서는 분향단을 조각목으로 만들 것을 명하셨습니다. 출애굽기 30:1에서 "너는 분향할 단을 만들지니 곧 조각목으로 만들되"라고 말씀하고 있습니다. 그리고 조각목을 정금으로 쌌습니다. 출애굽기 30:3에서 "단 상면과 전후 좌우 면과 뿔을 정금으로 싸고 ..."라고 말씀하고 있습니다(^{참고-}출 25:11, 24). 바닥을 제외하고는 분향단 전체가 정금으로 싸여 있기 때문에(출 30:3-5, 37: 26-28) "금단"(출 39:38, 민 4:11, ^{참고-}왕상 7:48, 대하 4:19), 또는 "금향단"(출 40:5, 26, ^{참고-}계 8:3)으로 불리기도 합니다. 금은 하나님의 영광과 위엄을 나타내며, 변하지 않는 속성 때문에 하나님의 언약의 불변성을 나타내기도 합니다. 분향단의 가장자리에는 증거궤(출 25:11)나 떡상(출 25:24)과 같이 금테를 둘렀습니다(출 30:3, 37:26).

금향로
출 30:34-38, 40:26-27,
레 16:12-13

정금으로 싼 뿔
출 30:3, 37:26

주위에 두른 금테
출 30:3, 37:26

금고리
출 30:4, 37:27

(2) 분향단에는 네 모퉁이에 네 뿔이 있습니다.

　분향단의 '뿔'(horns)은 히브리어로 '케렌'(קֶרֶן)이며, '빛이 나다, 광채나다'라는 뜻의 '카란'(קָרַן)에서 파생되었습니다(출 34:29, 합 3:4). 뿔은 번제단을 제작할 때와 마찬가지로, 따로 제작하여 본체와 함께 이어지도록 한 후(출 30:2) 전체 분향단을 정금으로 쌌습니다(출 30:3).

(3) 금테 아래 양편에 금고리를 달았습니다.

　금테 아래 양편에 금고리 둘을 만들어 단을 메는 채를 꿰게 하였는데, 그 채는 조각목으로 만들어 금으로 쌌습니다(출 30:4-5, 37:27-28). 그런데 분향단에 다는 금고리 둘의 위치를 주의해야 합니다. 금고리 둘이 '옆면'에 달렸다고 보는 견해도 있고, '귀퉁이'에 달렸다고 보는 견해도 있습니다. 출애굽기 30:4에서 "금테 아래 양편에 금고리 둘을 만들되 곧 그 양편에 만들지니 이는 단을 메는 채를 꿸 곳이며"라고 말씀하고 있습니다. 여기에서 "양편"이라는 단어가 두 번 반복되는데, 이때 사용된 단어가 서로 다릅니다. 처음 나온 "양편"에서의 "편"은 히브리어 '첼라'(צֵלָע)가 사용되었는데, 이것은 '갈비뼈, 옆구리'라는 뜻입니다. 다음에 나온 "양편"에서의 "편"은 히브리어 '차드'(צַד)로, '측면'이라는 뜻입니다. 그러므로 출애굽기 30:4을 히브리어 원문에 근거해 번역하면 '금테 아래 두 옆구리에 금고리 둘을 만들되 양쪽으로 만들라'라는 뜻입니다. 영어성경 KJV은 이러한 입장에서 '첼라'를 'corners(귀퉁이들)'로 번역하였으며, 유대인 주석가 라쉬 역시 'corners'로 해석하였습니다.[15]

3. 분향단에서 분향하는 일의 특징

Distinctive features about burning incense at the altar of incense

(1) 분향단에서 하나님 앞에 사르는 향은 '지극히 거룩한' 것입니다
  (출 30:36).

출애굽기 30:36의 '지극히 거룩한'은 히브리어로 '코데쉬 카다쉼'(קֹדֶשׁ קָדָשִׁים)으로, '거룩함'이라는 뜻의 '코데쉬'(קֹדֶשׁ)가 두 번 사용된 최상급(most holy) 표현입니다. 그러나 분향단이 놓인 위치는 확실히 지성소가 아닌 성소입니다. 제사장이었던 사가랴(세례 요한의 부친)가 "제비를 뽑아 주의 성소에 들어가 분향"하였다는 누가복음 1:9의 기록을 볼 때("주의 성소에 들어가 분향하고"), 바벨론 포로 귀환 후에도 분향단은 지성소가 아닌 성소에 위치하였던 것이 확실합니다(눅 1:11). 이처럼 분향단은 지성소(내소)가 아닌 성소(외소)에 있었는데도, 지성소를 가리키는 히브리어와 동일하게 그 향이 '지극히 거룩하다'고 말씀하신 것은 매우 의미심장합니다. '지극히 거룩하다'는 말이 분향단에 적용된 것은 분향단이 지성소의 한 기구로 취급됨을 암시해 줍니다. 그래서 열왕기상 6:22에서는 솔로몬 성전에 있는 분향단을 가리켜 "내소에 속한 단"이라고 했습니다. 여기 "속한"에 해당하는 히브리어 전치사 '레'(לְ)는 고정된 위치에서 '안쪽'이 아니라, 주로 무엇인가를 향해 그쪽으로 들어가는 움직임을 나타낼 때 쓰입니다(to, towards, into, by 등으로 번역). 즉, 분향단이 내소 안에 있다는 말이 아니라, 그 역할이 내소에 속해 있다는 뜻입니다. 실제로 1년에 하루 대속죄일에 금향로는 대제사장의 손에 들려 지성소 안으로 들어가게 됩니다(레 16:12). 향의 연기가 언약궤를 가려야만 대제사장이 죽음을 면할 수 있었기 때문입니다(레 16:13). 그리고 대제사장이 짐승의 피를 분향단의 뿔에 뿌림으로, 이 분향단은 여호와께 "지극히 거룩하니라"(קֹדֶשׁ קָדָשִׁים, 코데쉬 카다쉼)라고 하여(출 30:10), 지성소와 동일한 거룩성을 부여 받았습니다.

이같은 대속죄일에 행해지는 분향단 역할의 중대성을 강조하면서, 히브리서 기자는 마치 분향단의 금향로가 지성소 내부에 있는 것처럼 소개하기도 하였습니다. 히브리서 9:3-4에 "또 둘째 휘장 뒤에 있는 장막을 지성소라 일컫나니 4 금향로와 사면을 금으로 싼 언약궤가 있고 그 안에 만나를 담은 금항아리와 아론의 싹 난 지팡이와 언약의 비석들이 있고"라고 기록하였습니다.

분향단의 진정한 가치는 '향'에 있습니다. 만일 분향단에 향이 없다면 그것은 유명무실합니다. 출애굽기 30:36에서 "그 향 얼마를 곱게 찧어 내가 너와 만날 회막 안 증거궤 앞에 두라 이 향은 너희에게 지극히 거룩하니라"라고 말씀하고 있습니다. "증거궤 앞에 두라"는 것은 증거궤 앞에 있는 휘장 밖 성소의 분향단에 두라는 뜻입니다. 이것은 제사장이 아침과 저녁에 항상 분향할 수 있도록 곱게 찧은 향을 분향단에 준비해 두라는 말씀입니다.

분향단은 오늘날로 말하면 기도하는 곳입니다. 분향단이 지극히 거룩하고 또 거기서 드리는 향이 지극히 거룩하다는 것은, 성도의 기도를 하나님께서 매우 값지게 보신다는 뜻입니다. 더 나아가, 우리가 하나님께 기도를 드릴 때 거짓 없이 정결하고 순결한 마음으로 드려야 흠향하신다는 사실을 보여 줍니다(욥 16:17). 시편 141:2에 "나의 기도가 주의 앞에 분향(焚香)함과 같이 되며..."라고 말씀하였습니다. 하나님께서는 정직한 자의 기도를 기뻐하시며(잠 15:8), 거짓 없는 입술로 드리는 기도에 귀를 기울이십니다(시 17:1).

(2) 분향할 때 사용하는 향은, 향을 만드는 법대로 만들어야 합니다.

출애굽기 37:29에서 "거룩한 관유와 향품으로 정결한 향을 만들었으되 향을 만드는 법대로 하였더라"라고 말씀하고 있습니다. 향을 만드는 향품은 네 가지로, '소합(蘇合)향과 나감(螺龕)향과 풍자(楓子)향과 유향'(출 30:34)입니다. 이러한 '향'들은 소량이면 되지만, 이것들은 모두 광야에서 얻을 수 없었으므로, 고대 근동을 드나들던 향 상인들로부터 구입하여 만들었을 것입니다(창 37:25, 왕상 10:2, 10, 25, 아 3:6, 겔 27:22, 참고-계 18:13).

① 소합향(stacte)

'소합향'은 '스며 나오다, 새어 나오다, 방울방울 떨어지다'라는 뜻의 히브리어 '나타프'(נָטָף)에서 유래하여, '물방울, 향기로운 나무의 진'을 의미합니다(참고-욥 36:27). 나무에서 진액이 떨어질 때 눈물 모양으로 나오며(참고-잠 5:3, 아 5:13), 그 맛은 쓰며, 시리아와 팔레스타인 지역에 많이 자랍니다. 소합향은 몰약(myrrh) 나무 껍질에 응고되어 있는 방울들로부터 수집됩니다.[16] 이 향은 칼로 나무를 절단하거나 상처를 내어 억지로 나오게 하는 것이 아니라, 햇빛을 받으면 자연적으로 떨어지는 나무의 진액(수지)입니다.

② 나감향(onycha)

'나감향'은 히브리어 '쉐헬레트'(שְׁחֵלֶת)로, '껍질'을 의미합니다. 이것은 지중해나 홍해에서 사는 소라 혹은 연체동물의 껍질을 빻아서 가루로 만든 향입니다. 히브리어로 직역하면 '향 조개'입니다. 이 가루는 태울 때 진한 향을 내며, 다른 향품과 섞으면 그 향기를 더욱

진하게 하여 오래가도록 도와주며, 철저히 부수어질수록 향기를 더 발합니다(참고-출 30:34).[17]

③ 풍자향(galbanum)

'풍자향'은 히브리어 '헬베나'(חֶלְבְּנָה)로, '풍성함, 기름짐, 비옥함'을 가리킵니다. 페룰라(ferula) 식물의 줄기 밑부분에서 얻는 강한 향의 진액이며, 저절로 흘러나옵니다. 페룰라는 노란 꽃과 고사리 같은 초록빛 잎을 가진 두꺼운 줄기 식물이며, 지중해 바닷가에서 발견됩니다. 풍자향은 방부제 역할을 하며, 해충을 제거하는 역할을 하기도 합니다. 풍자향 하나만으로는 지독한 향기를 내어 불쾌하지만, 다른 향과 섞이면 긴 시간 동안 그 향을 보존해 줍니다(참고-출 30:34).[18]

④ 유향(frankincense)

'유향'은 히브리어로 '레보나'(לְבוֹנָה)이며, '희다'(white)라는 뜻을 가진 '라반'(לָבָן)에서 유래하였습니다. 고대로부터 유향은 매우 귀한 향료로 알려졌습니다. 유향은 아라비아 사막에 자생하는 유향나무(Boswellia trees)에 상처를 입혀 채취한 진액으로, 쓴맛을 지니고 있습니다. 어느 것에 더해지든지 사랑스런 꽃 향기를 냅니다.

성경에는 여러 곳에서 유향이 사용되었습니다. 첫째, 소제의 예물을 드릴 때, 고운 기름 가루 한 줌과 유향을 취하여 기념물로 단 위에 불살랐습니다(레 2:1-2). 둘째, 진설병을 진설할 때에도, 정결한 유향을 그 매줄 위에 두어 기념물로 여호와께 화제를 삼았습니다(레 24:7). 셋째, 제사장이 앞의 세 향품을 유향에 섞어 만든 거룩한 향으로, 여호와 앞에서 분향하였습니다(출 30:34, 레 16:12-13).

⑤ 향을 만들 때 반드시 소금을 쳐서 성결하게 해야 합니다.

출애굽기 30:35에서 "그것으로 향을 만들되 향 만드는 법대로 만들고 그것에 소금을 쳐서 성결하게 하고"라고 말씀하고 있습니다. 소금은 본래 부패를 방지하고(참고·왕하 2:19-22), 뻣뻣한 식물을 부드럽고 연하게 하는 특성이 있습니다. 따라서 향에 소금을 치는 것은 언약의 불변성을 나타냅니다. 소금이 썩지 않게 하는 기능을 하듯이, 하나님의 언약은 결코 썩지 않고 변함이 없는 것입니다. 레위기 2:13에서 "언약의 소금"이라고 말씀하고 있으며, 민수기 18:19과 역대하 13:5에서 "소금 언약"이라고 말씀하고 있습니다. "언약의 소금"을 소제물에 치는 것은(레 2:13, 참고·겔 43:24), 그것을 그대로 보존하여 하나님께 바친다는 뜻입니다.

그러므로 응답받는 기도, 참기도는 바로 하나님의 변함없는 언약에 근거한 기도입니다. 하나님의 언약을 굳게 믿고 그 언약에 근거하여 성취를 바라보는 기도야말로, 구속사적 경륜을 가장 힘차게 이루는 힘이 되는 것입니다. 우리가 범죄한 심령으로는 하나님 앞에 기도 자체가 불가하며, 타락하여 부패한 심령에 과거에 은혜 받은 말씀을 소금 치듯 되새김질 할 때, 비로소 그 말씀에 비추어 통회자복하는 기도가 가능합니다. 우리가 주 밖에 있을 때 하나님께서 외면하시며, 하나님의 말씀을 붙잡을 때 응답해 주십니다(요 15:7).

(3) 향은 대대로 여호와 앞에 끊어지지 않게 해야 합니다
(출 30:7-8).

지극히 거룩한 분향단에서 지극히 거룩한 향을 피울 때 몇 가지 주의할 점이 있습니다. 이 향은 아론이 아침에 등불을 정리할 때와 저녁에 등불을 켤 때 피웠는데, 대대로 여호와 앞에서 끊어져서는 안 되는 것이었습니다. 출애굽기 30:8에서 "...이 향은 너희가 대대로 여호와 앞에 끊지 못할지며"라고 말씀하였는데, 여기에 사용된 "끊지 못할지며"는 히브리어 '타미드'(תָּמִיד)로, '끊이지 않고, 계속적으로, 매일, 늘'(출 29:42)이라는 뜻입니다. 즉, 분향하는 일은 계속적으로 매일 해야 할 일임을 나타냅니다.

(4) 향은 아침과 저녁에 두 번 피웠습니다.

출애굽기 30:7에서 "아론이 아침마다 그 위에 향기로운 향을 사르되 등불을 정리할 때에 사를지며"라고 말씀하고 있으며, 출애굽기 30:8에서는 "또 저녁때 등불을 켤 때에 사를지니"라고 말씀하고 있습니다. 여기 "사를지니"는 히브리어 '카타르'(קָטַר)로, '연기로 올라가게 하다, 향을 태우다'라는 뜻입니다. 향기로운 향을 사를 때 그 연기가 올라가듯이, 우리가 기도할 때 그 기도는 하늘 보좌로 올라가며 하나님께서 우리를 가까이해 주십니다(신 4:7). 향을 규칙적으로 피웠듯이 오늘날 성도의 기도도 끊이지 않도록 규칙적으로 드려야 합니다(삼상 12:23, 시 55:17, 141:2, 눅 18:1, 21:36, 롬 12:12, 엡 6:18, 골 4:2, 살전 5:17).

(5) 다른 향을 살라서는 안 되며, 번제나 소제를 드리지 말고, 전제의 술을 부어서도 안 됩니다.

출애굽기 30:9에서 "너희는 그 위에 다른 향을 사르지 말며 번제나 소제를 드리지 말며 전제의 술을 붓지 말며"라고 말씀하고 있습니다.

① 다른 향을 사르지 말라

"다른 향"은 히브리어로 '케토레트 자라'(קְטֹרֶת זָרָה)인데, '자라'는 '주르'(זוּר)의 분사형으로, 원래는 '곁길로 들다'라는 뜻입니다. 여기에서 '이상한, 이방인의'라는 의미가 파생했습니다. 그러므로 이것은 '이상한'(strange: KJV), '다른 어떤'(any other: NIV), '인정되지 않은'(unauthorized: NEB)으로 각기 번역되고 있습니다. 여기 "다른 향"은 하나님께서 명하시지 않은 향을 가리키는 것으로, 분향 자체보다 분향하는 자세와 방법이 중요함을 깨닫게 합니다. 오늘날 성도의 기도는 성령 안에서 하나님의 말씀에 합당한 기도가 되어야 합니다. 에베소서 6:18에서 "모든 기도와 간구로 하되 무시(無時)로 성령 안에서 기도하고…"라고 말씀하고 있습니다(유 1:20). 하나님을 진심으로 찾는 기도라면 결코 가증되고 형식적인 기도나 자기 만족을 위한 기도가 되어서는 안 됩니다. 하나님께서 기쁘게 받으시는 온전한 기도를 올려야 합니다.

② 분향단에서 번제나 소제를 드리지 말며 전제의 술을 붓지 말라

분향단에 다른 향을 사르지 말 것을 명하신 하나님께서는 이어서 '번제나 소제를 드리지 말며 전제의 술을 붓지 말라'라고 명하셨습니다(출 30:9下). 그러한 것은 바깥 번제단에서 행해야 하는 일이며, 분향단은 오로지 향을 사르는 용도로만 사용해야 한다는 엄격한 명령입니다. 성막 제작의 명령은 하나님께서 하셨으며, 모든 기구들까지도 하나님께서 직접 명하셨습니다. 그리고 각 기구들마다 그에 합당한 역할과 기능이 있고, 더 나아가 하나님께서 구속사적 경륜 속에서 각 기구들을 통해 가르치시려는 본래 의도가 있습니다. 그러므로 누구든지 각 성물들의 기능을 그 본래의 목적에 합당하게 사용해야 하며, 결코 자기 생각대로 오용해서는 안 됩니다.

번제단의 구속사적 경륜이 예수 그리스도의 십자가로 말미암은 속죄와 대속을 의미한다면, 분향단은 십자가 후에 부활, 승천하신 예수 그리스도께서 하나님 보좌 우편에 계신 것과(행 7:55-56, 엡 1:20, 히 8:1, 12:2), 거기서 원수 마귀 사단을 발등상으로 둘 때까지 지속적으로 기도하고 계심을 보여 주고 있습니다(시 110:1, 눅 20:43, 행 2:35, 고전 15:25-28, 히 1:13, 10:13).

(6) 대속죄일에는 1년에 하루 지성소에서 분향하고, 분향단을 속죄해야 합니다(출 30:10).

매년 7월(티쉬리) 10일 대속죄일에는(레 16:29, 34, 23:27-28), 대제사장이 향로를 취하여 여호와 앞 단 위에서 피운 불을 그것에 채우고, 또 두 손에 곱게 간 향기로운 향을 향로에 채워 가지고 휘장 안으로 들어갑니다(레 16:12). 그 향을 여호와 앞에서 분향하여, 향연으로 증거궤 위 속죄소를 가리어서 죽음을 면하였습니다(레 16:13). 분향단의 향이 하나님의 진노를 막아 주는 것입니다. 이렇게 대속죄일에 금향로가 지성소에 들어가기 때문에, 히브리서 9:3-4에는 마치 지성소에 금향로가 있는 것처럼 표현하고 있습니다.

또한 대제사장은 대속죄일에 분향단을 위하여 속죄하는데, 수송아지의 피와 염소의 피를 취하여 단 귀퉁이 뿔들에 바르고 또 손가락으로 그 피를 그 위에 일곱 번 뿌려서, 이스라엘 자손의 부정에서 단을 성결케 하였습니다(레 16:18-19). 출애굽기 30:10에서 "아론이 일 년 일 차씩 이 향단 뿔을 위하여 속죄하되 속죄제의 피로 일 년 일 차씩 대대로 속죄할지니라 이 단은 여호와께 지극히 거룩하니라"라고 말씀하고 있습니다.

근본적으로 죄인인 제사장의 손에 분향단이 접촉되는 동안 의식적인 부정을 입게 되므로, 성소에서 쓰이는 모든 도구들은 먼저 피로써 정결케 되어야만 거룩하신 하나님 앞에서 쓰임 받기에 합당한 거룩한 도구, 즉 성물(聖物)이 될 수 있습니다. 이는 성도들의 기도가 기도 그 자체만으로는 하나님께 상달될 수 없고(참고-사 59:1-2), 오직 예수 그리스도의 속죄 공로를 통해서만 상달될 수 있음을 보여 줍니다. 그래서 예수님께서도 "지금까지는 너희가 내 이름으로 아무것도 구하지 아니하였으나 구하라 그리하면 받으리니 너희 기쁨이 충만하리라"(요 16:24)라고 말씀하셨습니다.

(7) 향은 오직 하나님을 위해서만 사용하여야 합니다.

"향"은 개인을 위하여 사용해서는 안 되며, '우상'에 사용해서도 안 됩니다. 따라서 이 향은 오직 하나님만을 위해서 사용해야 하는데, 만일 개인을 위해 사용할 때에는 백성 중에서 끊어집니다. 출애굽기 30:37-38에서 "네가 만들 향은 여호와를 위하여 거룩한 것이니 그 방법대로 너희를 위하여 만들지 말라 38 무릇 맡으려고 이 같은 것을 만드는 자는 그 백성 중에서 끊쳐지리라"라고 말씀하고 있습니다. 냄새를 맡는 순간 마음을 즐겁게 하는 좋은 향을 싫어할 사람은 없을 것입니다. 더구나 이 향은 고급 재료로 만들어 그 향기가 매우 뛰어났으므로 누구나 개인적으로 만들어 자기를 위하여, 또 남에게 과시할 목적으로 사용하고 싶은 유혹이 매우 컸을 것입니다(출 30:32-33). 그러나 하나님께서는 자기를 위하여 향을 만들면 '백성 중에서 끊쳐진다'고 매우 엄히 금하셨습니다. '끊쳐지리라'(נִכְרָת, 니크라트)는 '파괴하다, 멸망하다'라는 뜻의 '카라트'(כָּרַת)에서 유래하였습니다. 영어성경 KJV에서는 '그러면 그는 잘라 내어질 것이다'(shall be cut off)라고 번역하였습니다. 이스라엘 각 지파에서 그 이름이 삭제되거나 신앙 공동체에서 추방된다는 것입니다. 이스라엘 각 지파의 거룩한 가문에서 그 이름이 삭제된다는 것은, 결국 하나님 앞에서 추방되는 것입니다(눅 3:8-9).

이는 성도들이 하나님을 섬길 때에 잊지 말아야 할 근본적인 신앙 자세를 가르쳐 줍니다. 주님의 몸 된 교회와 하나님을 섬길 때에, 하나님의 것은 하나님만을 위해 전용(專用)해야 합니다. 이 율례를 무시하고 크게 범죄하다가, 그 결과로 개인과 가정과 교회가 패가망신하는 일을 종종 보게 됩니다. 과연 하나님께 속한 금전과 물건과 날과 시간, 그리고 새롭게 창조된 우리의 마음 성전에 이르기까지 하나님만이 전용하시도록, 날마다 자신을 성별하는 아름답고 경건한 신앙 자세가 오늘날 절실하게 요청됩니다.

4. 분향단의 구속사적 교훈
The redemptive-historical teaching of the altar of incense

(1) 분향단의 위치가 "속죄소 맞은편"(출 30:6)인 것은 지속되는 예수 그리스도의 중보 사역을 보여 줍니다.

대제사장은 성소를 지나 휘장을 통과하여 지성소에 들어갈 수 있습니다. 지성소는 가장 거룩한 장소로 1년에 하루(7월 10일 대속죄일) 대제사장이 들어가 백성의 모든 죄를 위하여 속죄하는 곳입니다(레 16:34, 히 9:7). 이것은 멜기세덱의 반차를 좇아 오시는 대제사장이신 예수 그리스도를 통한 영원하고 완전한 속죄를 나타냅니다(히 5:6, 10, 6:20, 9:12, 10:11-12). 지성소에는 언약궤가 놓여 있으며, 그 안에는 언약의 두 돌판, 아론의 싹 난 지팡이, 만나 담

은 금항아리가 보관되어 있었습니다(히 9:4). 언약궤 위에는 속죄
소가 있고, 하나님께서 속죄소 위 그룹 사이에서 말씀하셨습니다
(출 25:22, 민 7:89).

속죄소는 하나님께서 '내가 너를 만나는 곳, 네게 명할 모든 일
을 말씀하시는 곳'(출 25:22, 29:42)입니다. 이는 현존하시는 예수 그
리스도의 중보 사역에 대한 놀라운 교훈을 계시해 주고 있습니다.

첫째, 분향단이 놓인 속죄소 맞은편은 하나님의 보좌 우편에 계
신 예수 그리스도의 중보 사역의 처소를 생각나게 합니다. 그리스도
가 계신 곳은 하나님 보좌 우편, 곧 "위엄의 우편"입니다(히 1:3, 8:1).
그곳이 바로 우리를 위하여 간구하시는 중보기도의 자리입니다. 대
제사장이신 예수님께서는 지금도 보좌 우편에서 성도를 위하여 기
도하고 계십니다. 로마서 8:34에서 "누가 정죄하리요 죽으실 뿐 아
니라 다시 살아나신 이는 그리스도 예수시니 그는 하나님 우편에 계
신 자요 우리를 위하여 간구하시는 자시니라"라고 말씀하고 있습니
다. 히브리서 7:25에서 "이는 그가 항상 살아서 저희를 위하여 간구
하심이니라"라고 말씀하고 있으며, 요한일서 2:1에서 "만일 누가 죄
를 범하면 아버지 앞에서 우리에게 대언자가 있으니 곧 의로우신 예
수 그리스도시라"라고 말씀하고 있습니다. 예수 그리스도께서는 지
금도 항상 우리를 위하여 기도하고 계십니다.

둘째, 분향단을 속죄소 맞은편에 두라고 한 것은 예수 그리스도
의 존귀함과 영광스러움을 알려 줍니다. 이 땅 위에서 예수 그리스
도께서는 흠모할 만한 고운 모양도 없고 풍채도 없고 아름다운 것
이 없고, 심지어 멸시를 받아 사람에게 싫어 버린 바 되었으나(사

53:2-3), 본래는 근본 하나님의 본체이시고 하나님과 동등하신 분이요(빌 2:6), 보좌 가운데 계신 분이셨습니다(계 7:17). 히브리서 1:3에서 "이는 하나님의 영광의 광채시요 그 본체의 형상이시라 그의 능력의 말씀으로 만물을 붙드시며 죄를 정결케 하는 일을 하시고 높은 곳에 계신 위엄의 우편에 앉으셨느니라"라고 말씀하고 있습니다.

성막 뜰의 "회막문 앞 번제단"(레 1:5, 4:18, 17:6)은 예수 그리스도께서 십자가에 못 박혀 대속해 주신 일을 상징하며, 회막 안 '속죄소 앞의 분향단'(출 30:6)은 예수 그리스도께서 보좌 우편에 앉으신 것을 나타냅니다(행 2:33-36, 엡 1:20). 히브리서 8:1에 "...그가 하늘에서 위엄의 보좌 우편에 앉으셨으니", 히브리서 12:2에 "저는 그 앞에 있는 즐거움을 위하여 십자가를 참으사 부끄러움을 개의치 아니하시더니 하나님 보좌 우편에 앉으셨느니라"라고 말씀하셨습니다. 예수 그리스도는 하늘 보좌에 좌정하시므로 이 세상뿐 아니라, 오는 세상에 일컫는 모든 이름 위에 뛰어나게 되셨습니다(엡 1:20-21). 또한 만물을 그 발 아래 복종케 하셨습니다(고전 15:27-28, 엡 1:22, 히 2:8). 예수님께서는 십자가의 고난을 받고 부활 승천하신 후, 하나님 보좌 위엄의 우편에 현존하시면서 택한 자의 구원을 위하여 지금도 쉬지 않고 기도하고 계십니다(롬 8:34, 참고-행 7:55-56, 골 3:1, 벧전 3:22).

(2) 지극히 거룩한 분향단에 지극히 거룩한 향이 있어야 함은 성도의 기도가 거룩해야 함을 보여 줍니다.

우리의 기도를 천사가 금향로에 담아 보좌 앞으로 가지고 올라갑니다(계 5:8, 8:3-5, 시 141:2). 지극히 거룩한 분향단에서 지극히 거룩한 향연을 올린다는 것은, 우리의 잘못된 기도 습관에 큰 경종을 울립니다. 우리가 올리는 기도가 지극히 거룩해야 한다는 사실, 그러한 기도가 얼마나 귀중하고 보배로우며 큰 가치를 지니고 있는가를 암시합니다(참고-히 9:4). 금 같은 믿음으로 드리는 기도라야 하나님의 "보좌 앞"으로 상달됩니다. 막연히 허공을 향해 중언부언하는 기도는 결코 보좌에 계신 하나님 앞에 올라가지 못합니다(마 6:7). 악의와 거짓된 내용이 가득한 기도, 정욕으로 쓰려는 기도, 믿음이 없이 드리는 기도는 주께 얻기를 생각지 말아야 합니다(약 1:6-8, 4:3). 게다가 사람에게 보이기 위해 외식으로 드리는 기도는, 습관을 좇아 오랫동안 할지라도 절대로 응답받을 수 없습니다(마 6:5-6, 16-18, 눅 18:9-14).

기도는 살아 계신 하나님 앞에 순전하게 올려야 합니다. 바리새인의 기도는 거룩한 성소 가까이에 서서 따로 기도하면서도 그 속은 자기 의와 위선과 교만으로 가득 찼습니다. 그러나 당시 죄인으로 손가락질 받았던 세리는 감히 성소에 가까이 가지도 못하고 멀리 서서 하늘을 우러러보지도 못하고(눅 18:10-13上), 다만 가슴을 치며 "불쌍히 여기옵소서 나는 죄인이로소이다"라고 겸손히 구했습니다(눅 18:13下). 예수님께서는 세리의 기도가 의롭다 하심을 얻었다고 말씀하시면서, "무릇 자기를 높이는 자는 낮아지고 자기를 낮추는 자는 높아지리라"라고 교훈하셨습니다(눅 18:14).

지극히 거룩한 향과 같은 기도는, 자기 뜻을 완전히 내려놓고 철저하게 하나님의 뜻대로 구하는 기도입니다. 예수님께서는 십자가를 지시기 전날 밤에 겟세마네 동산에서 기도하실 때, "그러나 나의 원대로 마옵시고 아버지의 원대로 하옵소서"라고 기도하셨습니다(마 26:39, 막 14:36, 눅 22:42).

(3) 네 가지 향은 네 가지 유형의 기도 모범입니다(출 30:34-38).
① 소합향의 기도

소합향은 햇빛을 받으면 분출되는 향입니다. 실로, 예수님의 기도는 속에서 분출하는 소합향의 기도였습니다. 소합향을 얻는 나무에서 수액이 방울방울 떨어지듯이, 예수님께서는 자기를 죽음에서 능히 구원하실 이에게 심한 통곡과 눈물로 간구와 소원을 올렸습니다(히 5:7). 예수님 속에서 심한 통곡과 눈물이 분출한 것입니다.

우리 성도들도 소합향의 기도를 드려야 합니다. 성도가 하나님의 은혜를 충만히 받으면, 기도가 저절로 터져 분출하게 됩니다. 그것은 하나님께로만 달려가는 간절히 사모하는 기도이며(시 22:1, 24, 31:22, 39:12), 자원하는 즐거운 마음과 감사로 깨어 드리는 산 기도입니다(빌 4:6, 골 1:3, 4:2, 살전 1:2, 몬 1:4).

실로, 기도란 하나님의 은혜 없이 인간의 힘으로는 도무지 불가능합니다. 은혜를 받지 못하고 억지로 드리는 기도는 진액도 없고, 향기로운 향도 풍기지 못합니다. 기도에 생명력이 없기 때문에, 곧 부패하여 사방에 죄와 사망의 악취만 풍기게 됩니다. 그러나 하나님의 은혜는 기도를 이끄는 무한한 힘이 되며, 마침내 기도를 응답으로 이끌어 줍니다.

② 나감향의 기도

나감향은 연체동물의 껍질을 빻아 가루로 만들어진 향입니다. 예수님께서는 겟세마네에서 기도하실 때 "나의 원대로 마옵시고 아버지의 원대로 하옵소서"(마 26:39, 42, 44)라고 기도하셨습니다. 소라나 연체동물의 껍질을 빻아 만든 나감향처럼, 예수님께서는 자기를 완전히 부수고, 철저하게 하나님의 뜻에 맡기는 신령한 나감향의 기도를 올렸습니다.

우리 성도 역시 나감향의 기도를 드려야 합니다. 이 땅에 살면서 마음이 상하지 않은 자가 어디 있겠습니까? 그러나 그러한 상한 심령을 가지고 하나님께 나아가야 합니다. 사람들은 상한 심령을 멸시하지만, 하나님께서는 상한 심령을 멸시치 않고 가까이하시며 기뻐하십니다(시 34:18, 51:17, 147:3, 사 61:1, 겔 34:16). 하나님께서 구하시는 제사는 "상한 심령"입니다(시 51:17). 하나님께서는 상심한 자를 고치시며 상처를 싸매어 주십니다(시 147:3). 우리가 곤고한 일을 당할 때 근심하시는 하나님이십니다(삿 10:16, 사 63:9). 체면과 허영과 외식을 앞세우면 절대로 참다운 기도를 드릴 수 없습니다. 하나님 앞에 산산조각 철저히 부수어지는 상한 심령 그대로 나아가야 합니다(눅 18:13). 무자했던 사무엘의 어머니 한나가 괴로움, 번민, 슬픔, 원통함으로 가득 찼을 때 하나님 앞에 그 마음 그대로 나아가 오래도록 기도했듯이(삼상 1:1-16), 하나님께서는 나감향같은 기도를 생각해 주시고, 각자의 소원대로 이루어지는 축복을 주십니다(삼상 1:20).

③ 풍자향의 기도

풍자향은 강한 향의 진액입니다. 풍자향처럼 진액을 짜듯 마음을 다 쏟는 기도가 될 때, 모든 죄와 질병을 물리칠 수 있습니다. 예수님의 겟세마네의 기도가 그러했습니다. '겟세마네'(Γεθσημανεί, 게드세마네이)는 '쥐어짠다'라는 뜻이며, 예수님께 기도하실 때 "힘쓰고 애써 더욱 간절히 기도하시니 땀이 땅에 떨어지는 핏방울같이 되더라"라고 기록하고 있습니다(눅 22:44). 예수님의 기도는 심한 통곡이었고 강물같이 쏟아지는 눈물이었습니다(히 5:7). 예수님께서 온 힘과 진액을 쏟아 기도하시는 순간, 천사가 하늘로부터 나타나 예수님께 힘을 도왔습니다(눅 22:43-44).

분명히 기도는 보통의 힘으로는 안 되는 영적 중노동이요, 피나는 투쟁입니다. 자신을 진액처럼 쏟아 제물이 되는 순간입니다(눅 22:44, 히 5:7). 그러므로 성경은 기도에 대하여 한 마디로 "힘씀"이 필요하다고 가르칩니다. 그래서 기도 앞에는 "항상"(시 72:15, 141:5, 눅 18:1, 21:36, 행 10:2, 롬 1:9, 12:12, 엡 6:18, 골 4:2, 12, 살전 1:2, 살후 1:11, 딤전 5:5, 몬 1:4), "무시로"(엡 6:18), "쉬지 말고"(살전 5:17)가 따라다닙니다. 또 "참으며"(롬 12:12), "깨어"(마 26:41, 막 14:38, 눅 21:36, 엡 6:18) 기도해야 한다고 가르치고 있습니다. 이러한 기도라야 참기도이고, 기도의 진수를 맛볼 수 있습니다.

히스기야왕은 병들어 죽을 수밖에 없는 생사의 기로에 놓였을 때, 그 마음을 온전히 쏟아 기도하여 15년의 생명을 연장 받았습니다(왕하 20:1-7, 사 38:1-5, 참고-시 62:8). 지금도 하나님께서는 전심으로 기도하는 사람을 찾으시며, 그러한 자에게 능력을 베풀어 주십니다(대하 16:9, 렘 29:12-13).

④ 유향의 기도

유향은 '희다'라는 뜻에서 유래된 향입니다. 예수님의 기도는 유향과 같이 깨끗한 기도였습니다. 왜냐하면 예수님의 기도에는 단 1퍼센트도 인간의 욕심이 들어가지 않았기 때문입니다. 성도의 기도도 예수님처럼 깨끗한 유향의 기도가 되어야 합니다. 욥기 16:17에 "그러나 내 손에는 포학이 없고 나의 기도는 정결하니라"라고 말씀하고 있습니다. 정욕을 품거나 죄를 짓고는 깨끗한 기도를 드릴 수 없습니다. 야고보서 4:3에서 "구하여도 받지 못함은 정욕으로 쓰려고 잘못 구함이니라"라고 말씀하고 있습니다. 오직 믿음으로 구하는 깨끗한 기도만이 응답이 있습니다.

(4) 분향단의 네 뿔은 기도의 힘과 권세를 상징합니다.

뿔은 힘과 능력과 권세의 상징입니다(신 33:17, 삼상 2:1, 10, 시 75:10, 89:17, 24, 92:10, 112:9, 148:14, 애 2:3, 겔 29:21, 암 6:13, 눅 1:69). 뿔 달린 짐승들을 보면 기(氣)가 살아 당당하며, 뿔을 높이 치켜 들고 그 뿔을 흔들며 자랑합니다. 하지만 힘이 없으면 뿔을 들지 못하고 구석으로 도망칩니다. 적(敵)이 침범할 때 뿔로 들이받아서 자기 영역에서 몰아냅니다. 우리도 나의 생명을 해하거나 교회를 해롭게 하는 어둠의 세력이 공격해 올 때, 기도와 말씀의 권능의 뿔을 들고 싸워 이겨서 자신과 교회를 끝까지 지켜야 합니다.

기도하는 사람에게는 반드시 능력이 뒤따릅니다. 어떤 사람이 벙어리 귀신 들린 아들을 데리고 와서 예수님의 제자들에게 고쳐 달라고 하였으나 고치지 못하였습니다(막 9:17-18). 그들이 예수님께 "우리는 어찌하여 능히 그 귀신을 쫓아내지 못하였나이까?"라고 묻자, 예수님께서는 "기도 외에 다른 것으로는 이런 유(類)가 나갈 수 없느니라"라고 대답하셨습니다(막 9:28-29). 능력은 오직 기도에서 나오며, 기도는 하나님의 능력을 나타내는 최대 무기입니다. 그래서 야고보서 5:16에서 "의인의 간구는 역사하는 힘이 많으니라"라고 말씀하고 있습니다. 믿는 성도라면 기도의 능력을 받아야 합니다. 믿노라 하면서 뿔 없는 성도, 뿔 없는 교회가 많습니다. 기도하지 않으면서 신앙생활한다는 것은 거짓이요, 위선입니다.

다니엘 7:7에서 넷째 짐승이 열 뿔을 가졌습니다. 붉은 용의 세력도 열 뿔을 가졌습니다(단 7:24, 계 12:3, 13:1, 17:3, 7, 12, 16). 사단의 뿔은 때와 장소를 가리지 않고 인간이 죽기까지 마구 찌릅니다. 그것은 교만, 시기, 질투, 정욕, 허무, 두려움, 이기심 등입니다(마 15:19, 막 7:21-23, 엡 4:30-32). 이러한 사단 마귀의 뿔을 꺾고, 행악자들의 교만의 뿔을 잘라 버리고, 의인들이 뿔을 높이 들고 승리하는 비결은 믿음의 기도입니다(시 75:10). 바로 하나님의 도움을 입어 자기의 뿔을 높이 드는 것이 기도입니다(시 92:10). 만일 기도하고 의심한다면 무엇이든지 주께 얻을 생각도 하지 말아야 합니다(약 1:6-7). 믿음 없는 사람의 기도는 마귀가 비웃지만, 믿음 있는 사람의 기도는 마귀가 벌벌 떨고 물러갑니다(막 9:20, 23-27).

금향로에 성도의 기도를 받아 올라간 천사가 단 위의 불을 담아다가 땅에 쏟을 때 뇌성과 음성과 번개와 지진이 났습니다(계 8:3-5). 이처럼 우리의 기도는 악한 세상을 심판하며 징계하는 권세와 힘이 있습니다. 엘리야는 우리와 성정(性情)이 같은 사람이었지만 저가 비오지 않기를 간절히 기도한즉 3년 6개월 동안 비가 오지 않았습니다(약 5:17). 하나님께서는 지금도 그 앞에 부르짖으며 기도하는 자의 억울한 호소를 들으시고, 의인을 위하여 능력을 베푸시고 악한 자를 징계하십니다(시 109:4, 마 5:44, 롬 12:19-20). 항상 깨어 기도하는 자만이 장차 올 모든 환난을 능히 피하고, 다시 오시는 인자 앞에 설 수 있습니다(눅 21:36).

III
광야에서의 성막의 이동
THE MIGRATION OF THE TABERNACLE IN THE WILDERNESS

이스라엘 백성이 광야에서 이동할 때 구름 기둥의 인도를 받았습니다. 그때 언약궤가 앞에서 인도했습니다.

언약궤는 성막의 이동과 밀접하게 연관되어 있습니다. 이스라엘 백성이 광야에서 진을 옮길 때 언약궤가 앞서 행하며 쉴 곳을 찾았습니다(민 10:33). 진을 칠 때도 성막을 중심으로 진을 쳤으며(민 2:17) 그 성막의 중심은 바로 언약궤였습니다(참고-출 40:2-3, 20-21).

1. 구름 기둥을 통한 이동
A migration led by the pillar of cloud

이스라엘 백성은 하나님께서 구름으로 전하시는 여호와의 명을 좇아 움직였습니다. 구름의 움직임을 보면서 여호와의 명을 좇아 진행하거나, 진을 치고 유진하였던 것입니다(민 9:18-23). 민수기 9:17에 "구름이 성막에서 떠오르는 때에는 이스라엘 자손이 곧 진행하였고 구름이 머무는 곳에 이스라엘 자손이 진을 쳤으니"라고 기록하고 있습니다. 이 구절에서 히브리어 원문에는 "곳(지점)"을 뜻하는 '마콤'(מָקוֹם)과, '거기'(there)라는 뜻의 '샴'(שָׁם)이 두 번이나 쓰였습니다. 백성은 구름이 떠오르는 바로 그곳에서 진행하였고, 구름이 머무는 바로 그 장소에 진을 치면서, 하나님의 인도하심에 전적으로 의존하여 행군했던 것입니다. 그것이 크고 두려운 광야(신 1:19), 짐승의 부르짖는 광야(신 32:10), 광대하고 위험한 광야(신 8:15), 죽음의 광야를 통과하면서도 가장 안전하게 생존하는 유일한 방법이었습니다. 이스라엘 백성은 사막의 열기와 작열하는 태양빛 속에서 구름 기둥이 만든 그늘의 덕을 얼마나 크게 보았는지, 그것을 가리켜 "전능하신 자의 그늘"(시 91:1), "폭양을 피하는 그늘"(사 25:4-5)이라고 노래하기도 했습니다. 그 그늘은 전능하신 여호와 하나님의 능력이 아니면 생길 수 없는 구름이 만들어 준 그늘이었기 때문입니다.

　구름 기둥을 통한 하나님의 충만한 영광과 임재와 현현은 광야 행군의 노정에서 한시도 그치지 않았습니다. 민수기 9:16에 "항상 그러하여"에서 "항상"은 히브리어 '타미드'(תָּמִיד)로, '끊이지 않고, 계속적으로'(출 25:30)라는 뜻입니다. 가시적(可視的)으로 항상 이스라엘 백성과 함께하는 구름 기둥을 통해, 약 2백만 명의 이스라엘은 각각 개인적으로 하나님의 임재와 동행을 동시에 체험할 수 있었습니다. 이사야 4:5-6에서 "여호와께서 그 거하시는 온 시온산과 모든 집회 위에 낮이면 구름과 연기, 밤이면 화염의 빛을 만드시고, 그 모든 영광 위에 천막을 덮으실 것이며 6 또 천막이 있어서 낮에는 더위를 피하는 그늘을 지으며 또 풍우를 피하여 숨는 곳이 되리라"라고 말씀하고 있습니다.

　민수기 9:19에 "구름이 장막 위에 머무는 날이 오랠 때에는 이스라엘 자손이 여호와의 명을 지켜 진행치 아니하였으며"라고 말씀하

고 있습니다. 이스라엘 백성은 구름을 보면서 "여호와의 명"을 지킬
수 있었습니다. 여기 "지켜"로 번역된 '샤메루'(שָׁמְרוּ)의 기본형은
'샤마르'(שָׁמַר)이며, 이 동사는 주로 '언약, 율법, 법규 등을 주의하여
지키는 것'을 의미했습니다(출 20:6, 레 18:26, 신 26:16, 겔 11:20). 이스
라엘은 광야의 어려운 상황에서도 하나님의 명을 좇아서 순종하였
습니다. "구름이 저녁부터 아침까지 있다가 아침에 그 구름이 떠오
를 때"에도 그들이 그 명에 순종하여 진행하였고, "구름이 밤낮 있
다가 떠오르면 곧" 순종하여 진행하였습니다(민 9:21).

2. 언약궤를 통한 이동
A migration led by the ark of the covenant

　이스라엘 백성은 주전 1445년 출애굽 2년 2월 20일에 마침내
'여호와의 산', 시내산을 뒤로 하고 새로운 목적지를 향하여 출발
하였습니다(민 10:11, 33). 이때 하나님의 구름은 이스라엘 백성 위
에서 작열하는 태양의 뜨거운 열기를 막아 주었습니다. 민수기
10:34에서 "그들이 행진할 때에 낮에는 여호와의 구름이 그 위에
덮였었더라"라고 말씀하고 있습니다. 마침내 시내산에서 출발하여
3일 동안 행진할 때에 하나님의 언약궤가 앞서 행하였습니다. 민수
기 10:33에서 "그들이 여호와의 산에서 떠나 삼일 길을 행할 때에
여호와의 언약궤가 그 삼일 길에 앞서 행하며 그들의 쉴 곳을 찾았
고"라고 말씀하고 있습니다. 이 말씀은 이스라엘 백성보다 언약궤
가 항상 3일 길 앞서서 움직였다는 뜻이 아니라, 여호와의 산을 출
발한 이스라엘 백성이 3일 길을 진행하는 동안 언약궤가 내내 그
들 앞에서 진행하였다는 뜻입니다. 만약 언약궤가 이스라엘 백성

보다 3일 길 앞서 행하였다면, 하루 길을 24km 기준 삼으면 3일 길은 72km이기에 이스라엘 백성은 언약궤를 도저히 볼 수 없었을 것입니다. 그래서 표준새번역에서는 "그들은 주의 산을 떠나 사흘 길을 갔다. 주의 언약궤를 앞세우고 사흘 길을 가면서, 쉴 곳을 찾았다"라고 번역하고 있습니다.

그런데 민수기 2:17에서 "그 다음에 회막이 레위인의 진과 함께 모든 진의 중앙에 있어 진행하되 그들의 진 친 순서대로 각 사람은 그 위치에서 그 기를 따라 앞으로 행할지니라"라고 말씀하고 있습니다. 그러므로 회막은 이스라엘 백성 중앙에 위치하였으며, 지성소 안에 있는 언약궤 역시 이스라엘 백성 중앙에 위치하였던 것입니다. 그렇다면 이 말씀은 언약궤가 이스라엘 백성 앞에서 행하였다는 민수기 10:33 말씀과 어떻게 조화를 이룰 수 있을까요? 하나님께서는 이스라엘 백성이 진을 칠 장소를 찾아 머무를 때는 언약궤가 진의 중앙에 오게 하셨으며, 이제 진을 거두고 다시 새로운 장소를 향하여 이동하는 중에는 항상 언약궤가 이스라엘 백성 앞에 위치하게 하셨던 것입니다.

광야에서 이동할 때 언약궤가 앞장서서 진행한 이유는 무엇입니까?

첫째, 이스라엘 백성을 인도하기 위함이었습니다.

지금 이스라엘 백성이 걸어가는 길은 처음 가는 길이요, 실은 전혀 길이 없는 곳이요, 수많은 위험이 도사리고 있는 여정이었습니다(렘 2:6). 그래서 언약궤가 이스라엘 백성 앞에 서서 그들을 안전한 길로 인도했던 것입니다. 민수기 10:33에서 언약궤의 인도를

"앞서 행하며"라고 표현하고 있습니다. 언약궤는 하나님의 임재의 상징으로서, 언약궤가 앞서 행한 것은 곧 하나님께서 앞서 행하심을 나타냅니다. 신명기 1:33에서 "그는 너희 앞서 행하시며 장막 칠 곳을 찾으시고"라고 말씀하고 있습니다(신 1:30). 그러므로 하나님께서 앞서 행하실 때 아무리 미지의 길이라 할지라도 두려워할 필요가 없습니다. 신명기 31:8에서 "여호와 그가 네 앞서 행하시며 너와 함께하사 너를 떠나지 아니하시며 버리지 아니하시리니 너는 두려워 말라 놀라지 말라"라고 말씀하고 있습니다. 가나안 입성을 앞두고 넘실거리는 요단강 앞에 선 이스라엘 백성은 심히 두려웠을 것입니다. 그러나 제사장들이 멘 언약궤가 백성 앞에서 행하고, 제사장들의 발이 물가에 잠기자 요단강 물이 그치고 땅이 마르면서 이스라엘 백성은 요단강을 무사히 건널 수 있었습니다(수 3:14-17). 언약궤가 하나님의 백성의 앞길을 인도하셨듯이, 오늘날 하나님의 말씀은 우리의 앞길을 인도해 주십니다.

둘째, 이스라엘 백성의 쉴 곳을 찾기 위함이었습니다.

민수기 10:33 하반절에서 "여호와의 언약궤가 ... 그들의 쉴 곳을 찾았고"라고 말씀하고 있습니다. 여기 "쉴 곳"은 히브리어 '메누하'(מְנוּחָה)로, '안식처'라는 뜻입니다. '메누하'는 일시적인 안식처를 의미하지만, 때로는 영원한 안식처를 묘사할 때도 사용되었습니다(시 95:11, 132:14). 하나님께서는 광야 같은 이 세상에서 평안히 쉴 곳을 찾아 주시는 분일 뿐만 아니라, 영원한 안식처까지 주시는 분입니다. "찾았고"에 해당하는 히브리어는 '투르'(תּוּר)로, '탐사하다, 정탐하다, 자세히 찾다'라는 뜻을 가지고 있습니다. 이것은 "광대하고 위험한 광야 곧 불뱀과 전갈이 있고 물이 없는 간조한 땅"을 지날 때에(신 8:15), 이스라엘 백성이 가장 안전하고 편하게 쉴 수 있는 거처를 마련하시고자 광야의 여러 지형과 상황을 일일이 살피며 애쓰시는 하나님의 마음을 대변하고 있습니다(겔 20:6). 오늘날도 하나님을 나의 목자로 모시고 하나님께서 마련하신 쉴 곳으로 인도함을 받는 백성은 항상 부족함이 없는 삶을 살게 될 것입니다(시 23:1-2).

모세는 언약궤가 떠날 때나 다시 멈춰서 쉴 때마다 하나님께 간절히 기도했습니다. 오늘날 우리도 말씀과 함께 출발하고 말씀과 함께 끝내야 하며, 그때마다 항상 기도로 하나님께 맡겨야 합니다. 모세는 언약궤가 떠날 때 "여호와여 일어나사 주의 대적들을 흩으시고 주를 미워하는 자로 주의 앞에서 도망하게 하소서"라고 기도하였습니다(민 10:35). 여기 "대적들"은 히브리어 '오예브'(אֹיֵב)로, '(미워하는) 적이나 원수'라는 뜻입니다. 이들은 광야와 가나안 땅에서 만나게 될 적들을 가리키지만, 궁극적으로 우리의 가장 큰 대적인 사단을 가리킵니다(벧전 5:8). 우리는 스스로의 힘으로 대적과 싸워 이길 수 없습니다. 오직 하나님께서 일어나셔서 우리를 도와주실 때 이길 수 있는 것입니다. 그래서 다윗도 시편 68:1에서 "하나님은 일어나사 원수를 흩으시며 주를 미워하는 자로 주의 앞에서 도망하게 하소서"라고 기도하였던 것입니다.

또한 모세는 언약궤가 쉴 때 "여호와여 이스라엘 천만인에게로 돌아오소서"라고 기도하였습니다(민 10:36). 이 기도는 하나님께서 반드시 대적과의 싸움에서 승리하고 돌아오신다는 확신에 찬 기도입니다. 집에 가장이 돌아왔을 때 모든 가족들이 안심하듯이, 이스라엘 진 가운데로 하나님께서 돌아오실 때 모든 이스라엘 백성은 참평안과 안식을 누릴 수 있는 것입니다. 거친 광야 같은 이 세상,

죄와 죽음이 가득한 길을 가는 이 세상에, 주님께서 다시 오실 때 비로소 하나님의 백성은 영원한 안식에 들어가게 됩니다.

3. 성막 해체와 행군 준비
Disassembling the tabernacle and preparing to set out

구름이 떠오르면 가장 먼저 레위 사람들이(고핫, 게르손, 므라리 자손) 성막을 해체하여, 각기 채를 꿰거나 하나님께서 명령하신 순서대로 성물을 보자기에 싸거나 덮어, 행군 준비를 서둘렀습니다(민 4:1-33).

모든 진영 앞에는, 고핫 자손이 어깨에 멘 언약궤가 선두에 섰습니다(민 4:4-20). 그 뒤를 이어 유다의 진(陣) 기(旗)에 속한 지파가 출발한 후, 게르손 자손과 므라리 자손이 성막을 메고 뒤따랐습니다(민 10:14, 17). 게르손 자손은 성막의 앙장들과 뜰의 휘장, 문장, 줄들을 소 네 마리가 끄는 수레 두 대에 싣고 진행하였습니다(민 4:24-28, 7:7). 그리고 므라리 자손은 울타리의 기둥들과 성막의 널판들, 그 띠들, 받침들을 소 여덟 마리가 끄는 수레 네 대에 싣고 진행하였습니다(민 4:29-33, 7:8). 그 뒤를 이어 르우벤의 진(陣) 기(旗)에 속한 지파가 진행하였고, 그 뒤에 고핫 자손이 성물을 메고 진행하였습니다(민 10:18-21, 참고-민 4:4-16).

이렇게 회막 봉사에 참여했던 자들의 나이는 30-50세입니다(민 4:3, 23, 30, 35, 39, 43, 47). 그리고 이들이 실수 없이 일을 잘 수행하도록 아론과 그 아들들(엘르아살과 이다말)이 지휘하고 감독하였습니다(민 4:19, 28, 33). 레위 지파의 각 자손들이 맡은 직무와 봉사에 참여한 인원 등을 정리하면 위의 표와 같습니다.

봉사자 〈족장〉	고핫 자손 엘리사반, 민 3:30 (민 3:27-32)	게르손 자손 엘리아삽, 민 3:24 (민 3:21-26)	므라리 자손 수리엘, 민 3:35 (민 3:33-37)
후손	레위의 둘째 아들의 후손	레위의 첫째 아들의 후손	레위의 셋째 아들의 후손
성막 봉사	성소 안의 모든 기구들	모든 앙장(성막과 막과 그 덮개), 회막 문장, 뜰의 휘장, 뜰의 문장, 휘장, 줄들 등	뜰과 성막의 기둥, 널판, 띠, 줄들, 받침들, 말뚝
운반법	어깨(민 7:9)	수레 2, 소 4마리 (민 7:7)	수레 4, 소 4마리 (민 7:8)
인원수	8,600명(민 3:28) 중 2,750명(민 4:34-36)	7,500명(민 3:22) 중 2,630명(민 4:38-40)	6,200명(민 3:34) 중 3,200명(민 4:42-44)

(*총 인원수는 각 지파에서 1개월 이상 된 모든 남자)

게르손 자손과 므라리 자손들이 맡은 것들은 수레로 운반해도 되었으나(민 7:7-8), 고핫 자손들이 맡은 것들은 메는 틀 위에 성물과 기구들을 두고, 채를 꿰어 사람의 어깨에 메고 옮겨야만 했습니다(민 4:12, 15). 이것은 지성물에 대한 백성의 경외와 존경을 요구하시는 하나님의 뜻이었습니다.

한편, 회막 부품 중 가장 무거운 널판, 기둥, 받침, 말뚝 등을 운반하는 책임을 맡았던 므라리 자손 중에서 일할 만한 남자의 수는 3,200명으로, 고핫 자손에 비해 450명이나 더 많았습니다.

(1) 각 성물의 이동 준비와 고핫 자손의 직무

첫째, 언약궤를 덮어야 합니다.

언약궤는 세 가지 보자기로 덮었습니다. 먼저 아론과 그 아들들이 지성소에 들어가서 간 막는 장(지성소 입구에 달린 휘장)을 걷어 언약궤를 덮었습니다(민 4:5). 그리고 그 위에 해달의 가죽으로 덮고, 다시 그 위에 순청색 보자기를 덮은 후에 채를 꿰었습니다(민 4:6). 해달의 가죽은 두텁고 질겨서 광야의 뜨거운 열이나 비, 습기, 이슬 등으로부터 언약궤를 안전하게 보호해 주었습니다.

한편, 다른 성물들은 모두 해달의 가죽으로 맨 바깥을 덮은 반면에(민 4:8, 10-12, 14), 언약궤만 순청색 보자기로 맨 바깥을 덮었습니다. "순청색"은 히브리어로 '켈릴 테켈레트'(כְּלִיל תְּכֵלֶת)이며, '완전한, 온전한'이라는 뜻의 '칼릴(כְּלִיל)'과, '청색'이라는 뜻의 '테켈레트'(תְּכֵלֶת)의 합성어로서, 다른 것을 혼합하지 않은 순수한 청색을 말합니다. 청색은 높고 푸른 하늘의 색으로, 풍성한 은혜를 의미하며 언약궤만이 하늘의 영광과 권위 즉 하나님에 의해 거룩하게 구별된 것임을 상징적으로 보여 줍니다. 성막에서 거룩한 제사 직무

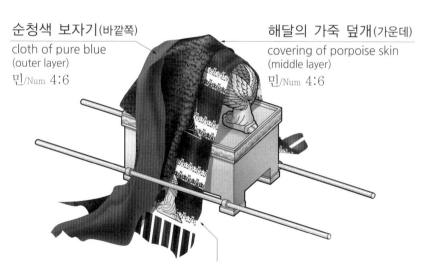

순청색 보자기(바깥쪽)
cloth of pure blue
(outer layer)
민/Num 4:6

해달의 가죽 덮개(가운데)
covering of porpoise skin
(middle layer)
민/Num 4:6

지성소 입구에 드리워 성소와 지성소를 구별하는 휘장(안쪽)
the veil that partitions between the holy place and the holy of holies (inner layer)
출/Exod 26:31-33, 민/Num 4:5

를 수행하는 제사장의 에봇 받침 겉옷도 청색이었습니다(출 28:31-35). 가장 바깥쪽을 순청색으로 덮어, 언약궤가 다른 성물과 비교하여 중요하다는 것을 나타내며, 한눈에 확연히 알아보고 주의하도록 하였습니다. 이스라엘 백성은 행진하면서 순청색 보자기를 멀리서나마 바라볼 때 그 푸른 색상을 통해 하나님의 권위와 영광을 인식하며, 또한 그 보자기 안에 든 지성물이 하늘에 속한 것임을 확신할 수 있었을 것입니다.

둘째, 진설병 상을 덮어야 합니다.

진설병 상에 먼저 청색 보자기를 펴고 대접들과 숟가락들과 주발들과 붓는 잔들을 그 위에 놓고, 또 항상 진설하는 떡을 그 위에 놓아야 합니다(민 4:7). 그리고 다시 그 위에 홍색 보자기를 펴고, 그 위에 또 해달의 가죽 덮개로 덮은 다음에 채를 꿰어서 이동하였습니다(민 4:8).

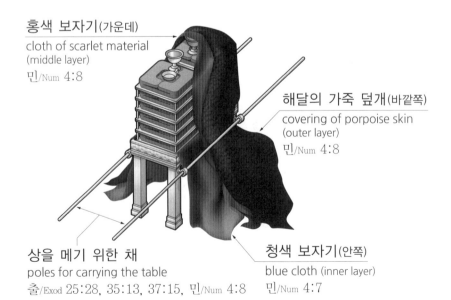

홍색 보자기(가운데)
cloth of scarlet material (middle layer)
민/Num 4:8

해달의 가죽 덮개(바깥쪽)
covering of porpoise skin (outer layer)
민/Num 4:8

상을 메기 위한 채
poles for carrying the table
출/Exod 25:28, 35:13, 37:15, 민/Num 4:8

청색 보자기(안쪽)
blue cloth (inner layer)
민/Num 4:7

생명의 떡이신 예수 그리스도(요 6:35, 48, 51)를 상징하는 진설병이 놓인 상은 홍색 보자기로 덮었습니다. 홍색 보자기는 붉은 피의 색깔로, 이는 백성의 죄를 대속한 예수 그리스도의 희생의 죽음을 의미합니다(마 27:28). 홍색 보자기는 십자가에서 찢기신 그리스도의 살과, 그 상처에서 아낌없이 쏟아 주신 보혈을 연상케 합니다.

셋째, 등대를 덮어야 합니다.

메는 틀 위에 등대와 등잔들과 불집게들과 불똥 그릇들과 그 쓰는 바 모든 기름 그릇을 놓고 청색 보자기로 덮은 후(민 4:9), 그 위를 다시 해달의 가죽 덮개로 덮었습니다(민 4:10).

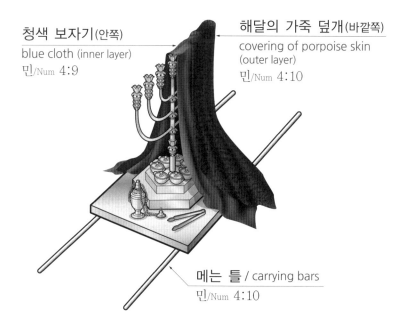

청색 보자기(안쪽)
blue cloth (inner layer)
민/Num 4:9

해달의 가죽 덮개(바깥쪽)
covering of porpoise skin
(outer layer)
민/Num 4:10

메는 틀 / carrying bars
민/Num 4:10

넷째, 분향단을 덮어야 합니다.

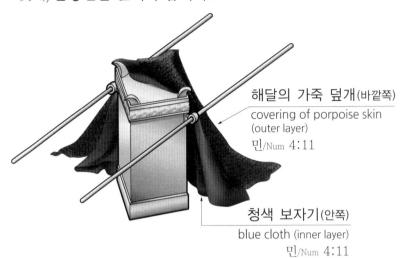

해달의 가죽 덮개(바깥쪽)
covering of porpoise skin
(outer layer)
민/Num 4:11

청색 보자기(안쪽)
blue cloth (inner layer)
민/Num 4:11

민수기 4:11에 나오는 금단은 분향단을 가리킵니다(출 39:38, 40:5). 분향단 위에 청색 보자기를 펴고 해달의 가죽 덮개로 덮고 그 채를 꿰어야 합니다(민 4:11).

다섯째, 성소에서 봉사하는 데 쓰는 모든 기명을 덮어야 합니다.

성소의 중요한 기구들에 필요한 보조적인 기구들도 청색 보자기에 싸서 해달의 가죽 덮개로 덮어, 메는 틀 위에 두었습니다(민 4:12). 메는 틀이란, 물건 운반에 사용되는 '들것'을 의미합니다(민 13:23). 민수기 4:15의 "멜 것이니라"는 히브리어 '나사'(נָשָׂא)로, '들어올리다, 운반하다, 떠받치다'라는 뜻이며 어깨를 지지대로 해서 물건을 메어 운반하는 상태를 가리킵니다. 이렇게 메는 틀을 사용하여서 모든 성물에 직접 사람의 손이 닿지 않도록 명령하신 것입니다(참고-삼하 6:6-7). 이는 절대 성결과 거룩한 영광의 보존을 요구하시는 하나님의 의지가 담긴 명령입니다.

여섯째, **번제단을 덮어야 합니다.**

　번제단과 부속 기구를 운반할 때, 먼저 번제단에 있는 재를 처리해야 했습니다(민 4:13上). 그리고 단 위에 자색 보자기를 폈습니다(민 4:13下). 번제단에서 봉사하는 데 쓰는 모든 기구, 곧 불 옮기는 그릇들과 고기 갈고리들과 부삽들과 대야들과 단의 모든 기구를 자색 보자기 위에 둡니다(민 4:14上). 그리고 해달의 가죽 덮개를 그 위에 덮고 그 채를 꿰어야 합니다(민 4:14下).

　자색 보자기에 쓰인 색실은 성막 문(출 26:36)이나 에봇 위에 매는 띠(출 28:8), 그리고 판결 흉패(출 28:15) 등의 제작에도 사용되었습니다. 자색은 왕의 위엄과 권위를 상징합니다(삿 8:26, 아 3:10). 따라서 자색 보자기로 번제단을 덮는다는 것은 만왕의 왕이신 예수 그리스도께서 인류의 죄를 대속하시기 위해 십자가에서 죽으심을 보여 줍니다(막 15:17-20, 요 19:2-3).

　이처럼 성소와 성소의 모든 기구 덮기를 마치면 고핫 자손이 와서 그것들을 메어야 합니다(민 4:15上). 그러나 고핫 자손이라도 성물을 만져서는 안 됩니다. 만지는 순간 반드시 죽임을 당하게 됩니

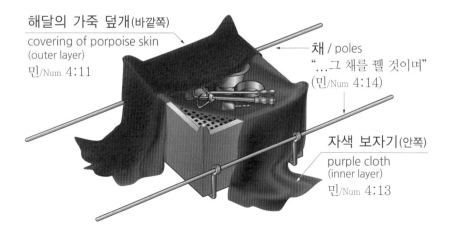

해달의 가죽 덮개(바깥쪽)
covering of porpoise skin
(outer layer)
민/Num 4:11

채 / poles
"...그 채를 꿸 것이며"
(민/Num 4:14)

자색 보자기(안쪽)
purple cloth
(inner layer)
민/Num 4:13

다(민 4:15下). 심지어 민수기 4:20에서는 "그들은 잠시라도 들어가서 성소를 보지 말 것은 죽을까 함이니라"라고 말씀하고 있습니다. 여기 "성소"는 히브리어 '코데쉬'(קֹדֶשׁ)인데, 정관사 '하'(הַ)가 붙어 '그 거룩한 것'이라는 뜻으로, 언약궤를 가리킵니다.

특별히 제사장 아론의 아들 엘르아살은, 등불을 위한 "순결한 기름"(출 27:20-21)과 분향할 향품(출 30:34-38)과 항상 드리는 소제물(출 29:40-42)과 관유(출 30:23-25)와 장막 전체와 그 중에 있는 모든 것과 성소와 그 모든 기구를 맡았습니다(민 4:16).

(2) 게르손 자손의 직무

성막을 이동시킬 때 게르손 자손이 맡아야 할 것에 대하여, 민수기 4:25에는 "곧 그들을 성막의 앙장들과 회막과 그 덮개와 그 위의 해달의 가죽 덮개와 회막 문장을 메이며"라고 말씀하고 있습니다. 이 구절을 한글 번역대로 보면, 게르손 자손이 운반해야 할 것들이 성막의 앙장들, 회막, 덮개, 해달의 가죽 덮개, 회막 문장 등 다섯 가지인 것처럼 보입니다. 그런데 "회막"(אֹהֶל מוֹעֵד, 오헬 모에드)은 하나님의 임재의 상징적 처소인 성막 전체를 가리키는 표현으로 사용되기 때문에, 사실상 성막의 앙장들, 덮개, 해달의 가죽 덮개, 회막의 문장 등을 다 포함하는 것입니다. 그러나 히브리어 원문을 보면 직접 목적어를 가리키는 '에트'(אֵת)가 세 번 나오며, '덮개'와 '그 위의 해달의 가죽 덮개'는 각각 소유격과 관계대명사 '아세르'(אֲשֶׁר)를 통해 '회막'에 포함되는 것임을 나타내 주고 있습니다. 그러므로 게르손 자손이 운반해야 할 것은 '성막의 앙장들'과 '회막'(회막의 덮개와 그 위의 해달의 가죽 덮개 포함)과 '회막 문장' 세 가지입니다.

또한 민수기 4:26에서는 "뜰의 휘장과 및 성막과 단 사면에 있는 뜰의 문장과 그 줄들과 그것에 사용하는 모든 기구를 메이며"라고 말씀하고 있습니다. 게르손 자손은 이러한 성물들을 운반하기 위하여 수레 둘과 소 넷을 받아 사용하였습니다(민 7:7). 이들은 고핫 자손들처럼 직접 어깨로 짊어지고 운반한 것이 아니라, 성막 이동 시 사용되는 총 6대의 수레 중 2대, 12마리의 소들 중 4마리를 할당 받아 자신들이 옮겨야 할 성막 기구들을 실어서 운반하였습니다(민 7:7). 이 모든 일은 이다말이 감독하였습니다(민 4:28, 7:8).

(3) 므라리 자손의 직무

성막을 이동시킬 때 므라리 자손이 맡아야 할 것은 민수기 4:31-32에서 "그들이 직무를 따라 회막에서 할 모든 일 곧 그 멜 것이 이러하니 곧 장막의 널판들과 그 띠들과 그 기둥들과 그 받침들과 ³² 뜰 사면 기둥들과 그 받침들과 그 말뚝들과 그 줄들과 그 모든 기구들과 무릇 그것에 쓰는 것이라 너희는 그들의 맡아 멜 모든 기구의 명목을 지정하라"라고 말씀하고 있습니다.

이처럼 므라리 자손은 성막의 모든 기구들이 다 포장된 후에, 성막 본체의 널판들과 기초 등 비교적 규모가 큰 물건들을 운반하는 직무를 맡았습니다. 이에 따라 므라리 자손에게는 수레 넷과 소 여덟 마리가 주어졌습니다(민 7:8).

므라리 자손의 "멜 것"은 고핫 자손들의 직무처럼 어깨에 메는 것이 아니라 '실어 나를 것'을 가리킵니다. 이 일 또한 이다말의 수하에서 진행되었습니다(민 4:33).

민수기 4:33에서는 "므라리 자손의 가족들이 그 모든 사무대로 회막에서 행할 일"이라고 말씀하고 있는데, "사무대로"(עֲבֹדָה, 아보다)는 '일, 노동, 봉사, 섬김'이라는 뜻으로, 주로 종이나 또는 낮은 신분의 사람이 행하는 힘들고 고된 일을 의미합니다. 이 단어가 여기서 사용된 것은, 그들이 하나님의 종으로서 매우 겸손한 섬김의 자세를 가지고 봉사해야 함을 교훈합니다.

4. 진을 치는 순서와 행진하는 순서
The order of camping and setting out

(1) 진을 치는 순서

시내산에서 성막을 건축한 후 이스라엘 백성의 삶은 이제 '성막 중심의 삶'으로 바뀌게 됩니다. 그 모든 위치와 순서는 사람이 임의대로 정한 것이 아니라, 하나님께서 정하시고 말씀하신 그대로 된 것입니다. 공간적으로나 내용적으로나, 성막과 그곳에 계신 하나님께서 이스라엘의 중심입니다. 특히, 광야생활 중에 이스라엘은 '진'의 형태로 이동했는데, 진은 동서남북 사방에 세 지파씩 열두 지파를 배치하고, 그 안쪽에는 레위 지파의 자손들을 동서남북으로 배치하였으며, 맨 안쪽에 성막이 위치하였습니다. 이스라엘이 쳤던 진의 크기를 정확히는 알기 어려우나, 41번째 진쳤던 장소 모압 평지에 대하여 민수기 33:49에는 "요단 가 모압 평지의 진이 벧여시못에서부터 아벨싯딤에 미쳤었더라"라고 기록하고 있습니다. 벧여시못에서 아벨싯딤까지는 대략 8km 거리이므로, 이스라엘 각 지파는 성막을 중심으로 도보로 대략 1시간 거리 내에 있었음을 알 수 있습니다.

공간적으로 성막이 진의 동심원(同心圓)의 중심에 위치하고, 이를 중심으로 레위의 자손들과 이스라엘이 사방으로 배치된 형태입니다. 동서남북 어느 쪽이든 동일하게 진의 중앙에 있는 성막으로

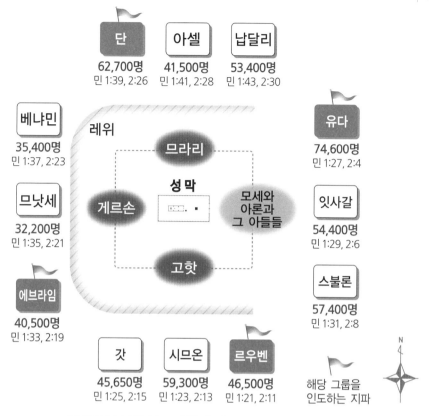

단 62,700명 민 1:39, 2:26
아셀 41,500명 민 1:41, 2:28
납달리 53,400명 민 1:43, 2:30

베냐민 35,400명 민 1:37, 2:23
므낫세 32,200명 민 1:35, 2:21
에브라임 40,500명 민 1:33, 2:19

레위
므라리
성막
게르손
모세와 아론과 그 아들들
고핫

유다 74,600명 민 1:27, 2:4
잇사갈 54,400명 민 1:29, 2:6
스불론 57,400명 민 1:31, 2:8

갓 45,650명 민 1:25, 2:15
시므온 59,300명 민 1:23, 2:13
르우벤 46,500명 민 1:21, 2:11

해당 그룹을 인도하는 지파

성막을 중심한 이스라엘의 진(陣) (민 2:1-34, 3:21-39)

나올 수 있고, 그곳에서 하나님을 만날 수 있습니다. 그러므로 하나님의 성막이 중심이 된 진 안은 거룩한 공간이며, 일체의 부정이나 죄가 병존(竝存)할 수 없습니다. 그래서 문둥병자나 유출병자나 시체를 만진 자 등 부정한 자가 생기면, 진 밖으로 추방하여 격리 조치를 내림으로써 진 안을 거룩한 공간으로 유지했던 것입니다(민 5:1-4, 12:10, 15-16).

동쪽에는 유다 지파를 대표로 하는 잇사갈, 스불론 지파가 합 186,400명, 남쪽에는 르우벤 지파를 대표로 하는 시므온, 갓 지파가 합 151,450명, 서쪽에는 에브라임 지파를 대표로 하는 므낫세,

베냐민 지파가 합 108,100명, 북쪽에는 단 지파를 대표로 하는 아셀, 납달리 지파가 합 157,600명이었습니다(민 1:20-43, 2:9, 16, 24, 31). 이렇게 해서 모세와 아론 그리고 12지파를 대표하는 족장 12인이 계수한 결과, 레위 지파를 제외하고 20세 이상으로 싸움에 나갈 만한 자가 총 603,550명이었습니다(민 1:44-47).

동편 제1대 유다 진영: 유다, 잇사갈, 스불론 지파(민 2:3-9)

"동방 해 돋는 편에 진칠 자는 그 군대대로 유다의 진 기에 속한 자라 유다 자손의 족장은 암미나답의 아들 나손이요"(민 2:3)
"...그들은 제일대로 진행할지니라"(민 2:9)

"동방"(קֶדֶם, 케뎀)은 '앞에 있다, 앞으로 가다'라는 뜻의 '카담'(קָדַם)에서 유래한 단어입니다. 동방을 뜻하는 '케뎀'의 가장 기본적인 뜻은 '앞'입니다. 이스라엘은 지리적으로 해가 떠오르는 동쪽을 '앞쪽'(민 3:38, 참고-욥 23:8, 시 139:5)으로 놓고 방위(方位)의 기준으로 삼았습니다. 그러므로 지중해가 있는 서쪽은 앞면과 반대되는 뒷면이고, 북쪽은 왼쪽, 남쪽은 오른쪽으로 생각했던 것입니다. 해가 뜨는 동쪽은 하나님의 임재를 상징하는 방향입니다(참고-시 84:11).

유다 지파가 동편 진영에서 성막을 바라볼 때, 맨 우측 대열에 섰으며 잇사갈 지파는 그 좌측 곁에, 그리고 그 다음으로 스불론 지파가 진을 쳤을 것으로 추정됩니다.

민수기 2:9에서 "제1대로"(רִאשׁוֹן, 리숀)는 "머리"(수 2:19, 에 2:17), "꼭대기"(창 11:4, 삿 9:7)를 뜻하는 '로쉬'(רֹאשׁ)에서 파생된 말로, 이는 장소적 의미뿐만 아니라 순서나 시간적인 의미에 있어서도 "첫째"(수 21:10, 대상 24:7), "으뜸"(스 9:2), "처음"(출 34:1, 욥 15:7) 등을 뜻합니다. 이는 행진할 때 유다 진영에 속한 세 지파(유다, 잇사갈, 스불론)가 선봉에 서서 행군할 것을 명령하고 있는 말씀입니다.

남편 제2대 르우벤 진영: 르우벤, 시므온, 갓 지파(민 2:10-16)

"남편에는 르우벤 군대의 진 기가 있을 것이라 르우벤 자손의 족장은 스데울의 아들 엘리술이요"(민 2:10)
"...그들은 제이대로 진행할지니라"(민 2:16)

"남편"(תֵּימָן, 테만)은 '오른쪽'을 뜻하는 '야민'(יָמִין)에서 파생된 단어입니다. 이는 해가 뜨는 동쪽을 전면으로 할 때, 남쪽이 오른편이 되기 때문에 생겨난 말입니다. 오른쪽은 '힘, 능력, 축복'을 상징합니다(출 15:6, 12). 이런 점에서 볼 때, '능력, 기력의 시작'이라 일컬음을 받는 르우벤 진영이 남편에 위치하게 된 것입니다.

"제2대"(שֵׁנִי, 세니)는 "둘째"(창 1:8, 삿 6:25)라는 뜻으로, 르우벤, 시므온, 갓 지파의 장정들이 속한 르우벤 진영이 유다 진영의 뒤를 이어 제2대로 행진할 것을 의미하는 말입니다. 실제로 행진할 때 유다 진영 바로 뒤에 위치한 지파는 회막을 운반하는 레위 지파로 게르손과 므라리 자손들이었습니다(민 10:17). 그러나 이스라엘의 광야 항오 대열은 군사적인 목적으로 짜여져 있었으므로, 레위 자손(게르손과 므라리)은 대수에 포함시키지 않았고 남편의 르우벤 진영을 "제2대"라고 하였습니다.

서편 제3대 에브라임 진영:
에브라임, 므낫세, 베냐민 지파(민 2:18-24)

"서편에는 에브라임의 군대의 진 기가 있을 것이라 에브라임 자손의
 족장은 암미훗의 아들 엘리사마요"(민 2:18)
"...그들은 제삼대로 진행할지니라"(민 2:24)

"서쪽"(רָם, 얌)은 '바다'를 가리키는 말입니다. 이스라엘 나라에
서 볼 때 큰 바다인 지중해가 서쪽에 있기 때문입니다. 따라서 가나
안 땅을 삶의 기반으로 하는 이스라엘에게 '얌'은 '해가 지는 곳' 즉
'바다 쪽'을 의미합니다.

에브라임 지파와 그 진영에 속한 므낫세 지파와 베냐민 지파가
제2대였던 르우벤 진영 바로 뒤에서 행군한 것처럼 보입니다. 그러
나 실제는 르우벤 진영과 에브라임 진영 사이에 회막의 여러 물품
과 기물들을 담당하는 고핫 자손들이 행군하고 있었으므로(민 2:17,
10:21), 에브라임 진영은 고핫 자손을 뒤에서 호위하면서 보호하는
임무를 맡았을 것으로 추정됩니다.

북편 제4대 단 진영: 단, 아셀, 납달리 지파(민 2:25-31)

"북편에는 단 군대의 진 기가 있을 것이라 단 자손의 족장은 암미삿대
 의 아들 아히에셀이요"(민 2:25)
"...그들은 기를 따라 후대로 진행할지니라"(민 2:31)

"북"(צָפוֹן, 차폰)은 '숨기다'(출 2:2, 수 2:4)라는 뜻을 가진 동사 '차
판'(צָפַן)에서 유래하여, '북, 북편'이라는 뜻으로 사용되었습니다.
이스라엘 사람에게 있어 북쪽은 좋지 않은 방위로 생각되었습니다.
가나안 땅을 중심으로 볼 때 동쪽으로는 아라비아 사막이 위치하

고, 서쪽으로는 지중해가 있었기 때문에 이스라엘을 침공하려는 나라들은 남쪽 아니면 북쪽으로 들어왔습니다.

　이들은 광야를 행진할 때에는 에브라임 진영의 뒤를 따르는 제4대에 속했습니다. 그리고 행진을 멈추고 일정한 곳에 자리를 잡을 때에는 회막을 중심으로 북쪽에 위치하였습니다. 야곱이 임종 시 '단'에 대하여 예언했듯이(창 49:16-17), 또한 모세가 그의 후손들에 대하여 언급했듯이(신 33:22) 그들은 전투적 기질이 강하고 용맹스러웠습니다. 이처럼 단 진영에 속한 자들은 그들의 용감하고 전투적인 특성 때문에 이스라엘 전체의 후방을 방어하는 역할을 수행하였습니다.

레위 자손들: 모세와 아론과 아론의 아들들(東), 게르손 가족들(西), 고핫 가족들(南), 므라리 가족들(北)

　성막을 중심하여 동서남북 사방으로 성막에 가장 가까이 레위 지파가 진을 쳤습니다(민 3:21-39). 동편에는 모세와 아론과 아론의 아들들(민 3:38), 서편에는 게르손 가족들(민 3:23), 남편에는 고핫 가족들(민 3:29), 북편에는 므라리 가족들(민 3:35)이 진을 쳤습니다. 그리고 그 주위를 이스라엘 열두 지파가 동서남북 각각 세 지파씩 대오를 형성하여 진을 쳤습니다(민 2:1-31).

　이스라엘은 출애굽 이후 40년 노정에서 진을 친 곳이 마흔두 곳입니다. 그런데 성막 계시를 받은 후에 성막을 중심으로 진을 친 것은 열한 번째 진쳤던 시내 광야를 포함하여 마지막 길갈까지 32군데입니다(민 33장, 수 4:19).

(2) 행진하는 순서

약 200만 명에 달하는 이스라엘 백성은 진을 거두고 광야에서 행군할 때에는 성막을 중심하여 행진하였습니다(민 2:17, 10:11-36). 행진할 때에는 각각 세 지파씩 구성된 총 4대의 진영으로 나뉘어 부대 깃발을 앞세웠습니다. 언약궤가 가장 먼저 앞서 행하며 그들의 쉴 곳을 찾았습니다(민 10:33). 언약궤가 떠날 때 모세는 "여호와여 일어나사 주의 대적들을 흩으시고 주를 미워하는 자로 주의 앞에서 도망하게 하소서"라고 외쳤으며(민 10:35), 궤가 쉴 때에는 "여호와여 이스라엘 천만인에게로 돌아오소서"라고 외쳤습니다(민 10:36). 전체 이스라엘 진영의 행렬 앞에서 행군을 선도한 언약궤는, 여호와 하나님과 이스라엘이 맺은 은혜 언약의 결정적 표징이었습니다. 따라서 이러한 언약궤가 이스라엘의 행군을 선도했다는 사실은, 하나님께서 언약의 당사자인 이스라엘을 인도하신 것을 나타냅니다.

언약궤 다음으로 **첫 번째 진영**은 유다 자손을 선두로 한 잇사갈, 스불론 자손 지파이며, 그 다음에 게르손과 므라리 자손이 성막을 메고 진행하였습니다(민 10:14-17, ^{참고}민 4:24-33).

그 다음으로 **두 번째 진영**은 르우벤 자손을 선두로 한 시므온, 갓 자손 지파이며, 그 다음에 고핫 자손이 성물을 메고 진행하였습니다(민 10:18-21, ^{참고}민 4:4-16). 고핫 자손은 행군 시에 앞서가는 두 진영, 즉 유다 진영과 르우벤 진영의 뒤, 그리고 뒤따라오는 에브라임 진영과 단 진영의 앞에 위치하여 네 진영의 보호를 받을 수 있었습니다. 하나님의 언약궤가 이스라엘을 앞서 인도하시며 쉴 곳을 찾아 주셨기 때문에 언약궤는 행진하는 진영들보다 앞서 행하였습니다(민 10:33). 나머지 성물들은 성막을 메고 있는 게르손과 므라리 자손들이 두 번째 진영을 뒤따라갔습니다. 성막이 먼저 도착해서 세워진 후에 성물들이 안치되었기 때문입니다(민 10:21).

세 번째 진영은 에브라임 자손을 선두로 한 므낫세, 베냐민 자손 지파가 진행하고, 네 번째 진영은 단 자손을 선두로 한 아셀, 납달리 자손 지파가 진행하였습니다(민 10:22-27). 이와 같이 이스라엘 자손은 진행할 때에 그 군대를 따라 나아갔습니다(민 10:14, 18, 22, 25, 28).

이처럼 성막과 성물은 이스라엘 각 지파 사이 사이에 끼어 이동하였습니다. 이것은 성막과 성물을 철저히 보호해야 한다는 사실과 하나님의 백성은 항상 성막 중심의 삶을 살아야 함을 가르쳐 줍니다. 오늘날 예수 그리스도를 믿고 구원 받은 성도들 역시 주님의 몸 된 교회를 철저히 보호하며, 교회 중심주의로 살아야 할 것입니다.

성막의 운반과 행진하는 순서

Transporting the tabernacle and the order of setting out
민 4:1-49, 10:11-36

민수기 10:17
"이에 성막을 걷으매 게르손 자손과 므라리 자손이 성막을 메고 발행하였으며"

게르손 자손이 이동시킬 것들
민 4:24-28, 7:7

수레 2대

소 4마리

민수기 10:21
"고핫인은 성물을 메고 진행하였고 그들이 이르기 전에 성막을 세웠으며"

행군 방향 →

고핫 자손이 이동시킬 성물
민 4:4-20, 7:9

진설병을 두는 상
민 4:7-8
(출 25:23-30, 37:10-16, 레 24:5-9)

단	에브라임		르우벤
62,700명 민 2:26	40,500명 민 2:19		46,500명 민 2:11

아셀	므낫세		시므온
41,500명 민 2:28	32,200명 민 2:21		59,300명 민 2:13

금등대/민 4:9-10
(출 25:31-40, 37:17-24, 민 8:1-4)

납달리	베냐민		갓
53,400명 민 2:30	35,400명 민 2:23		45,650명 민 2:15

제 **4**대 제 **3**대   제 **2**대
(민 2:25-31) (민 2:18-24)   (민 2:10-16)

분향단(금단)/민 4:11
(출 30:1-10, 37:25-29, 40:5, 26)

번제단/민 4:13-14
(출 27:1-8, 38:1-7)

① **성막의 앙장들**/민 3:25, 4:25
내부앙장(성막)/출 26:1-6, 36:8-13

외부앙장(막)/출 26:7-13, 36:14-18

② **회막**/민 3:25, 4:25
막의 덮개/출 26:14, 36:19

웃덮개/출 26:14, 36:19

③ **성소 입구의 문 장**
출 26:36, 36:37, 민 3:25, 4:25

④ **세마포 장**/출 27:9-15, 38:9-16

남·북 (南·北) (100규빗x2)
서 (西) (50규빗x1)
동 (東) (15규빗x2)

⑤ **뜰 문의 문 장**/출 27:16, 18, 38:18
민 3:26, 4:26

⑥ **줄들**/민 3:25-26, 4:25-26

므라리 자손이 이동할 것들
/ 민 4:29-33, 7:8

수레 4대

소 8마리

3,200명 / 민 4:42-45

① 널판(48개) / 출 26:15-25, 29, 36:20-30, 34

② 띠(12개) / 출 26:26-27, 36:31-32

③ 중간띠(3개) / 출 26:28-29, 36:33-34

④ 금고리(184개) / 출 26:29, 36:34

⑤ 바깥 기둥(60개) / 출 27:10-16, 38:10-19

⑥ 성소와 지성소 기둥(9개) / 출 26:32, 37, 36:36, 38

⑦ 은받침(96개) / 출 26:19, 21, 25, 36:24, 26, 30

⑧ 지성소 입구 기둥의 은받침(4개)
출 26:32, 36:36

⑨ 성소 입구 기둥의 놋받침(5개)
출 26:37, 36:38

⑩ 바깥 기둥의 놋받침(60개) / 출 27:17-18, 38:17, 19

⑪ 말뚝(126개) / 출 27:19, 35:18, 38:20, 31

⑫ 줄들 / 민 3:36-37, 4:31-32

민수기 4:5-6
"행진할 때에 아론과 그 아들들이 들어가서 간 막는 장을 걷어 증거궤를 덮고 ⁶그 위에 해달의 가죽으로 덮고 그 위에 순청색 보자기를 덮은 후에 그 채를 꿰고"

행군 방향 ➡

유다

언약궤 (증거궤)
/ 민 4:5-6

잇사갈

스불론

제 **1**대
(민 2:1-9)

민수기 10:33-36
"그들이 여호와의 산에서 떠나 삼일 길을 행할 때에 여호와의 언약궤가 그 삼 일 길에 앞서 행하며 그들의 쉴 곳을 찾았고 ³⁴그들이 행진할 때에 낮에는 여호와의 구름이 그 위에 덮였었더라 ³⁵궤가 떠날 때에는 모세가 가로되 여호와여 일어나사 주의 대적들을 흩으시고 주를 미워하는 자로 주의 앞에서 도망하게 하소서 하였고 ³⁶궤가 쉴 때에는 가로되 여호와여 이스라엘 천만 인에게로 돌아오소서 하였더라"

IV
성막의 구속사적 의미
THE REDEMPTIVE-HISTORICAL MEANING OF THE TABERNACLE

1. 성막은 하나님의 영원한 임재를 바라보게 합니다.
The tabernacle leads us to see God's eternal presence.

성막은 광야에서 하나님이 이스라엘 백성과 함께 거하시며 동행하신다는 선명한 임마누엘의 계시였습니다. 이는 성막 위에 여호와의 영광이 불 기둥과 구름 기둥으로 나타남으로 확증되었습니다(출 40:34-38, 민 9:15-23). 하나님께서는 자신이 거하실 곳을 성소라고 말씀하셨습니다. "내가 그들 중에 거할 성소"(출 25:8)라고 말씀하셨습니다. 하나님께서는 성막에서 이스라엘 백성을 만나 주시고(출 25:22, 29:43), 제사장을 통해 희생 제물을 바치게 하심으로 죄를 사해 주셨습니다(레 1:3-4, 4:3-4, 20-35, 6:6-7, 12:6-8, 14:11-20, 19:21-22, 민 8:6-12, 15:24-28, 히 5:1, 9:21-22).

　　출애굽기 25:8 "내가 그들 중에 거할 성소를 그들을 시켜 나를 위하여 짓되"

　　출애굽기 29:46 "그들은 내가 그들의 하나님 여호와로서 그들 중에 거하려고 그들을 애굽 땅에서 인도하여 낸 줄을 알리라 나는 그들의 하나님 여호와니라"

출애굽기 25:8에서 "내가 ... 거할"이라는 표현은 히브리어 '샤칸'(שָׁכַן)으로, '거주하다, 살다, 정착하다'라는 뜻입니다. 하나님께서 홀로 성막에 거하시는 것이 아니라, "그들(이스라엘 백성) 중에" 거주하시기를 원하셨던 것입니다. 광야에서 이곳저곳으로 옮겨 다니는 성막에 하나님께서 거하시겠다는 것은, 하나님께서 그 백성이 있는 곳에 함께 계시면서 계속 동행하시고 항상 인도하시겠다는 뜻입니다.

하나님께서는 에덴동산에 아담과 함께 계시면서 그와 대화를 나누셨습니다(창 2:15-17, 3:8-13, 16-19). 홍수 심판 후에 노아는 "셈의 하나님"께서 "셈의 장막"에 거하시기를 원한다고 축복하였습니다(창 9:26-27). 그 후 하나님께서는 아브라함의 장막에 찾아오셔서 함께 거하셨습니다(창 18:1-8). 그 하나님께서는 출애굽 한 이스라엘 백성과 함께 거하셨으며(레 26:11-12), 메시아를 통해 "다윗의 장막"을 세우시겠다고 약속하셨고(사 16:5, 암 9:11, 행 15:16), 영원히 그의 백성과 함께 거하시겠다고 약속하셨습니다(출 15:17, 겔 36:26-28, 43:7, 9).

이 땅에서 가장 행복한 사람은 하나님께서 거하시는 장막에 함께 머물러 있는 자입니다(시 15:1, 43:3, 61:4, 118:15). 성도는 장차 새 예루살렘성에서 하나님의 영원한 임재를 누리게 될 것입니다(계 7:15-17, 21:3).

2. 성막은 예수 그리스도를 바라보게 합니다.

The tabernacle leads us to see Jesus Christ.

성막의 드러난 모습은 겉보기에 초라한 장막(텐트)에 불과하였습니다. 남쪽과 북쪽의 길이가 100규빗(45.6m), 동쪽과 서쪽의 길이가 50규빗(22.8m)의 장방형 뜰의 둘레에 기둥 60개로 울타리를 세우고, 기둥들을 놋말뚝으로 고정하고, 세마포 장을 쳤습니다(출 27:9-19). 뜰 안에 세워진 회막(지성소와 성소)은 해달의 가죽으로 덮여 있어서(출 26:14), 겉으로 보기에 화려한 면모는 없습니다. 그러나 성소 내부로 들어가면 모든 것이 찬란하게 빛나는 정금입니다(출 25:10-40).

이러한 성막의 모습은 예수 그리스도를 바라보게 합니다. 사람의 몸을 입고 이 땅에 오신 예수 그리스도 역시 겉모습은 "고운 모양도 없고 풍채도 없은즉 우리의 보기에 흠모할 만한 아름다운 것"이 없었지만(사 53:2), 그 속에는 아버지의 독생자의 영광이 충만하게 빛나고 있었습니다(요 1:14).

성막을 통해 자기의 백성과 함께 거하시기 원하셨던 하나님의 오묘하신 섭리가, 역사 속에 구체적으로 실현된 것은 성육신 사건입니다. 예수님께서는 말씀이 육신이 되어 오셔서 자기 백성 가운데 거하셨습니다.

요한복음 1:14 "말씀이 육신이 되어 우리 가운데 거하시매 우리가 그 영광을 보니 아버지의 독생자의 영광이요 은혜와 진리가 충만하더라"

여기 예수님의 성육신에 대해서 말씀하는 "거하시매"에 해당하는 헬라어 '스케노오'(σκηνόω)는 '장막을 치다'라는 뜻입니다. 이것을 통해 우리는, 성막이 예수 그리스도께서 육신을 입고 이 땅에 오셔서 이루실 구속 사역의 예표임을 알 수 있습니다.

(1) 성막은 예수 그리스도의 영원한 속죄를 바라보게 합니다.

히브리서 9:9에서 "이 장막은 현재까지의 비유니 이에 의지하여 드리는 예물과 제사가 섬기는 자로 그 양심상으로 온전케 할 수 없나니"라고 말씀하고 있습니다. 성막에서 드리는 제사는 온전한 죄 사함을 이룰 수 없습니다. 그러나 예수님께서는 "손으로 짓지 아니한 곧 이 창조에 속하지 아니한 더 크고 온전한 장막"으로 말미암아, 자기 피로 "영원한 속죄"를 이루셨습니다(히 9:11-12, 26, 28, 10:12). 그러므로 예수님만이 자기를 힘입어 하나님께 나아가는 자들을 온전히 구원하실 수 있습니다(히 7:25). "제사장마다 매일 서서 섬기며 자주 같은 제사를 드리되 이 제사는 언제든지 죄를 없게 하지 못하거니와 오직 그리스도는 죄를 위하여 한 영원한 제사"를 드리셨던 것입니다(히 10:11-12).

(2) 성막은 예수 그리스도께서 열어 놓으신 새롭고 산 길을 바라보게 합니다.

성막의 지성소는 오직 대제사장만이 1년에 하루 들어갈 수 있었습니다(레 16:34, 히 9:7). 그러나 예수님께서 십자가에 달려 죽으시는 순간에 성소와 지성소 사이에 있는 휘장이 찢어졌습니다. 마태복음 27:50-51에서 "예수께서 다시 크게 소리 지르시고 영혼이 떠나시다 [51] 이에 성소 휘장이 위로부터 아래까지 찢어져 둘이 되고 땅이 진동하며 바위가 터지고"라고 말씀하고 있습니다. 히브리서 기자는 '우리가 예수님의 피를 힘입어 성소에 들어갈 담력을 얻었다'고 선포하면서, "그 길은 우리를 위하여 휘장 가운데로 열어 놓으신 새롭고 산 길이요 휘장은 곧 저의 육체니라"라고 말씀하고 있습니다(히 10:19-20).

우리는 일 년에 하루 대제사장이 지성소에 들어가는 것을 보면서(레 16:11-24, 29, 34, 히 9:7), 이제 영원한 대제사장으로 오신 예수님의 십자가 대속을 통해 지성소에 들어가는 길이 단번에 열린 것을 바라보게 됩니다.

(3) 성막은 참성전이신 예수님을 바라보게 합니다.

구약의 성막은 예수 그리스도께서 그 성막의 실체로서 참성전이심을 보여 줍니다(계 7:15, 21:3, 22). 예수님께서는 자신을 가리켜 성전이라고 말씀하셨습니다(요 2:19-21).

성막은 모세의 율법에 의해 주어졌으며, 모세의 율법은 예수 그리스도에 대하여 증거하고 있습니다(눅 24:27, 44, 요 5:39, 46-47). 확실히 이 성막은 예수 그리스도에 대한 다양한 모형이자 예표였습니다. 히브리서 8:1-2에서는 예수님에 대하여 "성소와 참 장막에 부리는 자"라고 소개하면서 "이 장막은 주께서 베푸신 것이요 사람이 한 것이 아니니라"라고 말씀하고 있습니다.

구약에는 '성막 성전' 외에도 솔로몬 성전, 스룹바벨 성전, 에스겔 성전이 등장하지만, 신약성경에서 가장 많이 인용하고 있는 것은 바로 '성막 성전'입니다. 이것은 성막을 통해서 예수 그리스도를 보다 다양하게 바라볼 수 있음을 알려 줍니다.

성막 뜰에 있는 번제단은 희생의 제물이신 예수 그리스도를(고전 5:7ᵀ, 히 9:26, 요일 2:2), 물두멍은 우리 죄악의 더러움을 깨끗이 씻어 주시는 예수 그리스도를(요 13:5-10, 엡 5:25-26, 히 10: 22, 참고-요 19:34, 요일 5:6-8), 성소 안의 떡상은 우리의 생명의 떡이신 예수 그리스도를(요 6:35, 48, 51), 금촛대는 우리 영혼의 빛이신 예수 그리스도를(요 1:4, 8:12, 12:46), 분향단은 우리를 위하여 중보기도를 드리시는 대제사장 예수 그리스도를 예표하고 있습니다(롬 8:34下, 히 7:25).

이렇듯 성막의 여러 가지 기구들은 예수 그리스도의 거룩하신 신분과 성품과 사역을 나타내고 있습니다. 그러므로 성막을 통해 예수 그리스도를 발견해야 성막의 진정한 의미가 밝혀집니다.

> **고린도후서 3:14-16** "그러나 저희 마음이 완고하여 오늘까지라도 구약을 읽을 때에 그 수건이 오히려 벗어지지 아니하고 있으니 그 수건은 그리스도 안에서 없어질 것이라 ¹⁵ 오늘까지 모세의 글을 읽을 때에 수건이 오히려 그 마음을 덮었도다 ¹⁶ 그러나 언제든지 주께로 돌아가면 그 수건이 벗어지리라"

구약 시대의 성막 역시 예수 그리스도 안에서 바라볼 때에 덮여 있던 수건이 벗겨지며, 거기에 담긴 구속사적 경륜이 밝혀질 것입니다. 보이는 성전은 언젠가는 없어집니다. 보이는 성전은 참성전이신 예수님을 만나게 하기 위한 통로요 그림자입니다. 보이는 성전을 통해 예수님 앞으로 나왔을 때, 비로소 그 성전은 존재 의미가 완성되는 것입니다.

영원한 하늘 성소 새 예루살렘에는 성전이 보이지 않습니다. 그 이유는 전능하신 하나님과 어린 양이 성전이시기 때문입니다. 요한계시록 21:22에서 "성 안에 성전을 내가 보지 못하였으니 이는 주 하나님 곧 전능하신 이와 및 어린 양이 그 성전이심이라"라고 말씀하고 있습니다. 우리는 성막의 모든 식양들을 통해서 성막의 실체이신 예수 그리스도를 바라볼 수 있어야 합니다. 성전에서 예배를 드릴 때마다 참성전이시고 성전의 실체이신 예수님을 바라보며, 예수님께만 주목하는 삶을 살아야 할 것입니다.

3. 성막은 교회를 예표합니다.

The tabernacle foreshadows the church.

거룩하게 구별된 성막은 하나님을 만나고 제사를 드리는 곳이었습니다. 그곳은 하나님의 말씀이 선포되는 곳이었으며, 이스라엘 백성이 하나님 앞에 모이는 장소였습니다.

성막은 이스라엘 백성이 가나안 땅에 들어간 이후 사사 시대를 지나, 왕정 시대에 고정된 건축물인 성전으로(행 7:44-47), 바벨론 유수기(幽囚期) 이후 흩어진 유대인들 사회에서 회당으로(마 9:35, 막 1:39, 눅 4:44, 행 9:20, 18:4), 그리고 예수 그리스도께서 오신 후로는 교회로 변천하였습니다(마 16:18, 행 16:5, 엡 3:10, 딤전 3:15).

오늘날 예수 그리스도를 믿는 성도 역시 하나님께서 거하시는 성전입니다(고전 3:9, 16-17, 6:19-20, 히 3:6, 벧전 2:5). 교회는 세상에서 불러낸 성도들의 모임으로, 예수 그리스도의 몸입니다(고전 12:27, 엡 1:22-23, 골 1:18, 24).

> **고린도전서 3:16-17** "너희가 하나님의 성전인 것과 하나님의 성령이 너희 안에 거하시는 것을 알지 못하느뇨 [17] 누구든지 하나님의 성전을 더럽히면 하나님이 그 사람을 멸하시리라 하나님의 성전은 거룩하니 너희도 그러하니라"
>
> **고린도전서 6:19-20** "너희 몸은 너희가 하나님께로부터 받은바 너희 가운데 계신 성령의 전인 줄을 알지 못하느냐 너희는 너희의 것이 아니라 [20] 값으로 산 것이 되었으니 그런즉 너희 몸으로 하나님께 영광을 돌리라"

오늘날 우리는 교회에서 자신을 거룩한 산 제물 삼아 신령과 진정으로 예배를 드려야 합니다(요 4:23-24, 롬 12:1). 성막의 여러 부분들이 서로 연합하여 하나로 세워진 것처럼, 교회의 지체 된 자들로 서 예수 그리스도를 머리로 하여 함께 지어져 가야 합니다(엡 2:21- 22, 4:15-16). 말씀과 기도와 찬양이 충만한 가운데 성령 안에서 서 로 교제하며, 모이기에 힘쓰고 전심으로 전도하는 교회가 되어야 합니다(행 2:42, 46-47, 5:42, 골 3:15-17, 딤후 4:2, 히 10:25).

4. 성막은 하늘 성소의 모형이요 참것의 그림자입니다.
The tabernacle is a copy and a shadow of the true, heavenly tabernacle.

사람의 손으로 지은 성막은 하나님께서 보여 주신, 하늘에 있는 것의 모형(ὑποδείγμα, 휘포데이그마: 복사본·견본, copy·example)입니다.

히브리서 8:5 "저희가 섬기는 것은 하늘에 있는 것의 모형과 그림자 라 모세가 장막을 지으려 할 때에 지시하심을 얻음과 같으니 가라사대 삼가 모든 것을 산에서 네게 보이던 본을 좇아 지으라 하셨느니라"

히브리서 9:23-24 "그러므로 하늘에 있는 것들의 모형은 이런 것들 로써 정결케 할 필요가 있었으나 하늘에 있는 그것들은 이런 것들보 다 더 좋은 제물로 할지니라 ²⁴ 그리스도께서는 참것의 그림자인 손 으로 만든 성소에 들어가지 아니하시고 오직 참하늘에 들어가사 이 제 우리를 위하여 하나님 앞에 나타나시고"

하나님께서는 모세에게 출애굽기 25:9에서 "무릇 내가 네게 보 이는 대로 장막의 식양과 그 기구의 식양을 따라 지을지니라"라고 말씀하셨습니다(출 25:10-27:21, 36:8-38:31). 모세는 산에서 보여 주 신 본(τύπος, 튀포스: 양식, 모델, 형태)을 좇아 하나님의 지시대로 정 확하게 성막을 지었으므로, 우리는 이 성막을 통하여 '하늘의 참성전'을 바라볼 수 있습니다(히 8:2, 9:11, 24). 그림자는 비록 실체는 아니지만 실체에 대하여 알려 주며, 실체 앞으로 인도하는 역할을 합니다. 우리는 성막을 통하여 하늘 성소에 대해 보다 확실하게 알 수 있는 것입니다. 믿음의 선진들이 바라본 영원한 참 '하늘 성소'는 여러 가지로 표현되었습니다. 그것은 "영원한 나라"(시 145:13, 단 4:3, 7:27, 벧후 1:11), "하나님의 경영하시고 지으실 터가 있는 성"(히 11:10), "더 나은 본향 ...하늘에 있는 것"(히 11:16), "한 성"(히 11:16), "영구한 도성 ...장차 올 것"(히 13:14), "새 하늘과 새 땅"(사 66:22, 벧후 3:13, 계 21:1), "살아 계신 하나님의 도성인 하늘의 예루살렘"입니다(히 12:22). 오늘날 성도는 성막을 통해서 영원한 참 '하늘 성소'를 소망 가운데 바라보아야 할 것입니다.

우리는 지금까지 방대한 성막의 구조와 내용, 그 구속사적 의미에 대하여 살펴보았습니다. 성막의 여러 가지를 연구하고 정리하면서, 우리는 구약의 성막과 장차 이루어질 새 예루살렘성을 크게 두 가지로 비교할 수 있습니다.

첫째, 일시적 임재와 영원한 임재의 차이입니다.

하나님께서는 구약의 성막에 임재하셨습니다(출 25:22, 29:42-43). 그 임재의 목적은 하나님께서 이스라엘 백성의 하나님이 되시고, 이스라엘 백성은 하나님의 백성이 되는 것이었습니다. 실로, 하나님과 이스라엘 백성이 영적으로 하나가 되는 것이었습니다. 레위기 26:11-12에서 "내가 내 장막을 너희 중에 세우리니 내 마음이 너희를 싫어하지 아니할 것이며 [12] 나는 너희 중에 행하여 너희 하나님이 되고 너희는 나의 백성이 될 것이니라"라고 말씀하였고, 에스겔 37:27에서도 "내 처소가 그들의 가운데 있을 것이며 나는 그들의 하나님이 되고 그들은 내 백성이 되리라"라고 예언하였습니다.

그러나 성막은 솔로몬 성전의 건축과 함께 사라지고 말았으며, 성막에서의 임재는 일시적인 임재일 뿐이었습니다. 반면에, 새 예루살렘성은 영원히 사라지지 않는 장막이며, 그곳에는 하나님께서 영원히 임재하십니다. 그 이유가 무엇입니까? 구약의 장막은 타락한 아담의 후예들이 친 장막이지만, 새 예루살렘성은 하나님께서 직접 치신 장막이기 때문입니다. 요한계시록 7:15에서 "보좌에 앉으신 이가 그들 위에 장막을 치시리니"라고 말씀하고 있으며, 요한계시록 21:3에서 "하나님의 장막이 사람들과 함께 있으매"라고 말씀하고 있습니다. 여기 "하나님의"는 헬라어 '투 데우'(τοῦ θεοῦ)로 소유격이며, 이것은 이 장막의 소유주가 하나님이심을 아주 분명하게 나타내고 있습니다. 또한 "장막"은 헬라어로 '스케네'(σκηνή)인데 구약의 성막을 나타내는 단어이며, 구약에서 주로 하나님의 임재를 나타내는데 사용된 '샤칸'(שָׁכַן, 출 25:8, 40:35)과 언어적인 유사성을 가지고 있습니다. 이렇게 하나님께서 직접 치신 영원한 장막에서, 하나님의 영원한 임재가 이루어지고, 하나님과 그의 백성이 영적으로 하나 되는 완벽한 연합이 이루어질 것입니다. 우리는 성막을 공부하면서 영원한 임재의 장소, 영원한 장막을 바라보아야 합니다.

둘째, 일시적 축복과 영원한 축복의 차이입니다.

아론과 그 자손들은 제사장으로 임명받은 후에, 레위기 9장에서 첫 제사를 하나님께 드렸습니다. 속죄제와 번제와 화목제를 끝마칠 때 아론은 백성을 향하여 손을 들어 축복하였습니다(레 9:22). 이어 모세와 아론이 회막에서 나와서 다시 백성에게 축복할 때, "여호와의 영광이 온 백성에게 나타나며 불이 여호와 앞에서 나와 단위의 번제물과 기름"을 살랐습니다(레 9:23下-24). 이것은 구약의 성막과 제사가 이스라엘 백성에게는 '축복'이라는 사실을 알려 준 것입니다. 그러나 그 축복은 일시적인 축복이었으므로 그들은 계속해서 제사를 드려야 했으며, 여전히 주리고 목마르며 뜨거운 해의 기운에 고통을 받아야 했습니다.

그러나 하나님께서 친히 쳐 주신 장막에서는 "다시 주리지도 아니하며 목마르지도 아니하고 해나 아무 뜨거운 기운에 상하지 아니할" 것입니다(계 7:16). 광야에서는 모세가 이스라엘 백성의 목자가 되었지만, 천국에서는 예수님께서 우리의 목자가 되실 것입니다. 그분은 우리를 생명수 샘으로 인도하시고, 우리 눈에서 모든 눈물을 씻어 주실 것입니다(계 7:17). 요한계시록 21:4에서는 "모든 눈물을 그 눈에서 씻기시매 다시 사망이 없고 애통하는 것이나 곡하는 것이나 아픈 것이 다시 있지 아니하리니 처음 것들이 다 지나갔음이러라"라고 말씀하고 있습니다. 이것은 사망까지도 영원히 멸하시는 영원한 축복입니다(사 25:8, 고전 15:53-55). 우리는 성막을 공부할 때마다 이 영원한 축복을 사모하며 바라보아야 합니다.

하나님께서는 성막의 세부 구조를 통해서 하나님의 언약의 확실성을 보여 주셨습니다. 성막이 없어진 후에도 '하나님께서 자기 백성의 하나님이 되시고, 그 백성은 하나님의 백성이 된다'는 언약은 계속적으로 확인이 되었습니다. 하나님께서는 예레미야 선지자를 통해서 새 언약을 맺으시면서, "...그날 후에 내가 이스라엘 집에 세울 언약은 이러하니 곧 내가 나의 법을 그들의 속에 두며 그 마음에 기록하여 나는 그들의 하나님이 되고 그들은 내 백성이 될 것이

라”라고 말씀하셨습니다(렘 31:33). 또 스가랴 선지자를 통해서, “만
군의 여호와가 말하노라 내가 내 백성을 동방에서부터, 서방에서
부터 구원하여 내고 ⁸ 인도하여다가 예루살렘 가운데 거하게 하리
니 그들은 내 백성이 되고 나는 성실과 정의로 그들의 하나님이 되
리라”라고 말씀하셨습니다(슥 8:7-8). 구속사 가운데 계속적으로 확
인된 이 언약은, 하나님께로부터 하늘에서 내려오는 새 예루살렘
을 통해 하나님의 장막이 사람과 함께 있게 됨으로써, 최종적으로
완성될 것입니다.

그 최종 완성의 중심은 바로 예수 그리스도이십니다. 예수님께
서는 초림 때 신령한 장막으로 오셨습니다. 요한복음 1:14의 “말
씀이 육신이 되어 우리 가운데 거하시매”에서 “거하시매”는 헬라
어 ‘스케노오’(σκηνόω)로, 바로 ‘장막(tabernacle)을 치다’라는 뜻입
니다. 초림 때 예수님께서 오시므로 이 땅에 하나님의 장막이 쳐진
것입니다. 이제 주님의 재림을 통해서 하나님의 영원한 장막이 반
드시 사람들과 함께 있게 될 것입니다(계 21:3). 그것은 처음 것들이
다 지나가 버리고(계 21:4ꜰ) 펼쳐질 새 하늘과 새 땅에서 이루어질
것입니다(사 65:17, 계 21:1). 그때 피조물의 탄식(롬 8:22), 성도의 탄
식(롬 8:23), 성령의 탄식(롬 8:26)이 다 그치고, 오직 사랑과 감사와
기쁨만이 넘쳐나는 새롭고 영원한 세계가 펼쳐질 것입니다.

제 4 장

언약궤와 세 가지 성물들

The Ark of the Covenant and Three Holy Things

I
언약궤
THE ARK OF THE COVENANT

언약궤

אָרוֹן (아론) / אֲרוֹן הָעֵדֻת (아론 하에두트)
κιβωτός τῆς διαθήκης
The ark of the covenant
출 25:10-22, 37:1-9

　언약궤는 성소의 가장 깊은 곳, 가장 거룩한 장소인 지성소 안에 보관되어 있었습니다. 하나님께서는 성막 계시에 있어서 다른 어떤 성물들보다도 언약궤를 가장 먼저 언급하셨으며(출 25:10), 그 속에는 하나님의 말씀인 십계명이 기록된 언약의 두 돌비가 보관되어 있으므로, 성막 전체에서 가장 신성하게 여겨졌습니다(출 25:16, 21, 40:20, 신 10:2-5, 왕상 8:21, 히 9:4, 참고-출 34:27-28). 그리고 완성된 율법책을 언약궤 곁에 두었습니다(신 31:24-26). 특히 언약궤 뚜껑에 해당하는 속죄소는 하나님께서 임재하시는 자리이므로(출 25:22), 언약궤의 거룩성은 더할 나위 없이 엄격히 지켜졌으며, 궤 앞에 있는 것은 곧 여호와 앞에 있는 것으로 여겨졌습니다(출 16:33-34, 민 10:35-36, 수 6:8).

그러나 하나님께서 임재하시는 지극히 신성한 언약궤가 모셔진 곳은, 깊은 산 속이나 한적한 곳이 아니었습니다. 세찬 바람이 불고 거친 모래가 날리고, 사나운 짐승들이 횡행하며, 가시나무가 산재한 광야에 세운 성막, 그 안에 언약궤를 모신 것입니다. 참으로 이 세상은 짐승의 울부짖음이 가득한 광야 같아서, 악한 자들의 강포함과 패괴함, 약자들의 괴로움과 탄식 소리가 그칠 날이 없습니다. 이토록 소란한 이 땅 위에 말씀이 육신이 되어 오신 우리 주 예수 그리스도는, 자기 백성과 함께 장막을 치고 임마누엘하신 하나님 이십니다(요 1:14, 계 7:15-16).

1. 언약궤의 명칭
Names of the ark of the covenant

(1) 궤(櫃)의 뜻

궤는 히브리어로 '아론'(אָרוֹן)이며, 영어로는 'the ark'입니다. '아론'은 성경에 195번 나오는데, '이끌다, 모으다'라는 뜻을 가진 동사 '아라'(אָרָה)에서 나온 말입니다. 실제로 이스라엘 백성은 언약궤를 중심으로 모여 진을 치거나 행진하였습니다(민 2:17, 10:11-28, 35-36). 광야에서도 여호와의 언약궤가 앞서 행하며 그들의 쉴 곳을 찾았고, 이스라엘은 그곳에 머물러 진을 쳤습니다(민 10:33).

성경에서 '아론'(אָרוֹן)이 사용된 예는 다음과 같습니다.

① 물건(보물)을 넣을 수 있는 나무로 만든 네모난 '상자'

이는 돈이나 귀중품을 넣어 두는 함(函)을 가리킵니다. 여호와의 전문(殿門) 어귀 우편에 놓고, 뚜껑에 구멍을 내어 성전 수리를 위한 비용을 모으던 "궤"(왕하 12:9-12, 대하 24:8-12)가 히브리어로 '아론'입니다.

② 시체를 넣는 '관'(棺)

이스라엘 자손이 애굽에서 요셉의 시신에 향 재료를 넣고 입관했던 '관'이 히브리어로 '아론'입니다. 창세기 50:26에서 "요셉이 일백십 세에 죽으매 그들이 그의 몸에 향 재료를 넣고 애굽에서 입관하였더라"라고 말씀하고 있습니다.

③ 노아 '방주'와 갈대 '상자': 히브리어 '테바'(תֵּבָה)

노아의 '방주'와 모세를 담았던 갈대 '상자'는 히브리어로 '테바'(תֵּבָה)인데, 영어 성경에서는 언약궤의 경우와 같이 모두 'the ark'로 번역하였습니다. 대홍수 심판으로 쓸어버림을 당할 때 노아의 가족 8명을 구원한 '방주'(창 7:1-23)는 심판의 물로부터 구원한 안전한 도구를 의미합니다.

어머니 요게벳이 아이 모세를 담아 하숫가의 갈대 사이에 두었던 갈대(papyrus)로 만든 '상자'(출 2:3)는 애굽 왕 바로의 박해로부터 구출된 것을 상징합니다.

(2) 언약궤의 다양한 명칭

① 궤(the ark, the chest / אֲרוֹן / 아론)

십계명을 기록한 언약의 비석들, 만나를 담은 금항아리, 아론의 싹 난 지팡이를 넣어 둔 궤입니다(출 25:10, 14-16, 37:1, 민 10:35-36, 신 10:3, 수 3:15, 삼상 7:2, 왕상 8:9, 참고-히 9:4).

② 언약궤(the ark of the covenant / אֲרוֹן בְּרִית / 아론 베리트)

하나님께서 이스라엘 민족과 맺은 언약의 말씀이 들어 있으므로 언약궤입니다(민 10:33, 신 31:9, 수 3:3, 17). 열왕기상 8:21에는 "여호와의 언약 넣은 궤", 역대하 6:11에는 "언약 넣은 궤"라고 기록되었습니다.

③ 증거궤(the ark of the testimony / אֲרוֹן הָעֵדֻת / 아론 하에두트)

하나님께서 증거하시는 말씀(십계명)이 들어있는 궤를 의미합니다(출 25:22, 26:34, 30:6, 39:35, 40:3, 민 3:31, 7:89, 수 4:16). 출애굽기 25:16에서 "내가 네게 줄 증거판을 궤 속에 둘지며", 출애굽기 25:21에는 "내가 네게 줄 증거판을 궤 속에 넣으라", 출애굽기 40:20에는 "그가 또 증거판을 궤 속에 넣고"라고 말씀하였습니다. 이는 증거궤를 통해 하나님의 거룩과 은혜, 그분의 위엄을 깨달을 수 있는 것입니다. 또한 하나님의 구원에 대한 '증거'를 담아 두었음을 의미합니다(출 16:32-36). 증거궤를 통해 하나님의 구원 역사를 회고하며 감사할 수 있는 것입니다.

④ 법궤(the ark / אֲרוֹן / 아론)

법궤는 하나님의 법인 십계명을 넣어 둔 궤를 의미합니다(레 16:2). 신명기 4:13에 "여호와께서 그 언약을 너희에게 반포하시고 너희로 지키라 명하셨으니 곧 십계명이며 두 돌판에 친히 쓰신 것이라", 신명기 10:4-5에 "여호와께서 그 총회 날에 산 위 불 가운데서 너희에게 이르신 십계명을 처음과 같이 그 판에 쓰시고 그것을 내게 주시기로 [5] 내가 돌이켜 산에서 내려와서 여호와께서 내게 명하신 대로 그 판을 내가 만든 궤에 넣었더니 지금까지 있느니라"라고 기록되어 있습니다.

⑤ 나무궤(the ark of wood / אֲרוֹן עֵץ / 아론 에츠)

나무궤는 조각목(싯딤나무)으로 궤를 만들었다는 의미입니다(신 10:1). 신명기 10:3에 "싯딤나무로 궤를 만들고...", 출애굽기 25:10에 "조각목으로 궤를 짓되", 출애굽기 37:1에 "조각목으로 궤를 만들었으니"라고 기록되었습니다.

⑥ 만군의 여호와의 언약궤(the ark of the covenant of the Lord of hosts / אֲרוֹן בְּרִית־יְהוָה צְבָאוֹת / 아론 베리트 예호바아도나이 체바오트)

만물의 창조자요 통치자이신 하나님의 언약궤라는 의미입니다. "만군의 여호와"는 특별히 전쟁에서 승리하게 하시는 강하신 하나님을 나타내는 호칭입니다. "만군"에 해당하는 히브리어 '체바오트'(צְבָאוֹת)는 '전쟁, 군대'라는 뜻의 '차바'(צְבָא)의 복수형으로, 사무엘상 17:45에서는 "만군의 여호와의 이름... 이스라엘 군대의 하나님의 이름"이라고 말씀하고 있습니다. 또한 '체바오트'는 '천군'(왕상 22:19, 대하 18:18), '천체'(신 4:19, 사 34:4, 렘 33:22)를 가리키기도 합니다. 따라서 "만군의 하나님 여호와"는 우주 만물을 창조하시고 통치하시는 전능하신 하나님을 나타내는 호칭인 것입니다.

아벡 전투에서 이스라엘 백성은 전쟁에 나갈 때 언약궤를 가지고 오면서 "그룹 사이에 계신 만군의 여호와의 언약궤"라고 불렀습니다(삼상 4:4). 다윗이 아비나답의 집에 있는 하나님의 궤를 모셔오고자 할 때 "그 궤는 그룹들 사이에 좌정하신 만군의 여호와의 이름으로 이름하는 것"이라고 하였습니다(삼하 6:2).

⑦ 여호와의 궤(the ark of the Lord / יְהוָה אֲרוֹן / 아론 예호바아도나이)

　여호와 하나님께 속한 궤임을 의미합니다(수 4:5, 4:11, 삼상 4:6, 5:3-4, 삼하 6:9-13, 15-17). '여호와'는 '언약의 하나님'을 나타내는 이름으로, 오직 이스라엘에게만 주신 이름이며, 하나님의 임재를 강조하는 이름입니다(출 3:13-16, 18, 6:2-8). 특별히 "여호와의 궤"라는 명칭은 이스라엘이 가나안 땅을 정복하기 위하여 요단강을 건널 때에 사용되었습니다. 또한 주변에 적이 가득할 때 혹은 적의 땅에 궤를 빼앗겼을 때에도 그 궤가 '여호와의 궤'라는 사실을 강조하였습니다(삼상 6:1-2, 8, 11, 15, 18-19, 21, 삼상 7:1).

⑧ 하나님의 궤(the ark of God / אֱלֹהִים אֲרוֹן / 아론 엘로힘)

　하나님께 속한 궤를 의미합니다(삼상 3:3, 4:11, 17-19, 21-22, 5:1-2, 10, 14:18, 삼하 6:2-4, 6-7, 12, 7:2, 15:25, 29, 대상 13:3, 5-7, 12, 14, 15:1-2). 하나님께서는 언약궤 이외의 다른 성막(성전) 기구들에 대해서는 이렇게 자신의 성호를 붙여 부르시지 않았습니다.

⑨ 이스라엘 신의 궤(the ark of the God of Israel / אֲרוֹן אֱלֹהֵי יִשְׂרָאֵל / 아론 엘로헤 이스라엘)

　궤를 통하여 하나님께서 이스라엘과 함께하신다는 것을 의미합니다(삼상 5:7-8, 10-11, 6:3).

⑩ 주의 능력(권능)의 궤(the ark of Your might (strength) / אֲרוֹן עֻזֶּךָ / 아론 웃제카)

　법궤 속에 하나님의 능력이 담겨 있음을 뜻합니다. 즉, 이 궤를 통하여 하나님의 권능이 나타난다는 의미입니다(수 4:7, 10, 18,

대하 6:41, 시 132:8, ^{참고-}히 1:3). 하나님께서는 "내가 돕는 힘을 능력 있는 자에게 더하며"(시 89:19)라고 말씀하셨습니다. 또한 하나님께서는 연약한 자를 불쌍히 여겨 더욱 강하게 붙드시며 온전케 하시는 전능하신 분입니다(수 1:5-9, 사 9:6).

⑪ 거룩한 궤(the holy ark / אֲרוֹן־הַקֹּדֶשׁ / 아론 하코데쉬)

세상(죄)으로부터 거룩히 구별되어 하나님께 속했다는 의미입니다. 아벡 전투에서 빼앗겼다가 이스라엘 지경으로 되돌아온 여호와의 궤를 기럇여아림 아비나답의 집으로 옮겼을 때, 특별히 아비나답의 아들 엘리아살을 거룩히 구별하여 그 궤를 지키도록 했습니다(삼상 7:1). 또한 솔로몬왕은 다윗성에 있던 궤의 거룩성을 철저히 지키기 위해, 바로의 딸이 거할 처소를 다윗성에서 밀로로 옮겼습니다(왕상 9:24, 대하 8:11). 그 거처를 옮긴 이유에 대해 역대하 8:11 하반절에는 "여호와의 궤가 이른 곳은 다 거룩함이니라"라고 기록되어 있습니다. 그러나 남 유다의 므낫세(통치기간 55년)와 아몬(통치기간 2년)왕이 통치하면서 히스기야왕의 선한 개혁의 공로가 무효화되었고(대하 33장), 온 나라는 우상으로 가득하였으며 하나님의 전은 황폐하였습니다. 그리고 언약궤를 함부로 다루며 이리저리 메고 다녔습니다. 이에 남 유다 제16대 왕 요시야는 종교개혁때 언약궤를 "거룩한 궤"로 부르고, '솔로몬 성전 가운데 두고, 다시는 어깨에 메고 다니지 말라'라고 명령하였습니다(대하 35:3).

⑫ 온 땅의 주 여호와의 궤(The ark of the covenant of the Lord of all the earth / אֲרוֹן יְהוָה אֲדוֹן כָּל־הָאָרֶץ / 아론 예호바^{아도나이} 아돈 콜 하에레츠)

천지 만물의 창조주이시며, 모든 땅의 주인이신 하나님의 언약
궤라는 의미입니다. 하나님은 어느 한 민족의 신이나 지역 신이 아
니라 온 세상을 다스리시는 유일하신 하나님이십니다. 특별히 가
나안 땅을 눈앞에 둔 이스라엘 백성이 하나님의 말씀에 순종하여
언약궤를 앞세우고 요단강을 건널 때, "온 땅의 주의 언약궤"(수
3:11), "온 땅의 주 여호와의 궤를 맨 제사장..."(수 3:13)이라고 하였
습니다. 바다와 강들도 하나님께서 지으신 것이기 때문에, 하나님
께서 요단강이 갈라지는 기적을 일으켜 주신다는 것입니다. 또한
모든 땅의 주인은 하나님이시므로(레 25:23), 이제 요단강을 건너
하나님께서 허락하신 땅(출 32:13, 수 21:43, 시 78:55, 135:12)을 반드시
얻게 될 것이라는 사실을 강조한 것입니다.

2. 언약궤의 제작

The making of the ark of the covenant

(1) 언약궤는 조각목(싯딤나무)으로 만들었습니다.

언약궤가 처음으로 만들어진 것은 모세의 제8차 시내산 입산을
앞두고 하나님께서 주신 명령에 의한 것입니다. 신명기 10:1에서
"그때에 여호와께서 내게 이르시기를 너는 처음과 같은 두 돌판을
다듬어 가지고 산에 올라 내게로 나아오고 또 나무궤 하나를 만들
라"라고 말씀하고 있습니다.

하나님의 명령에 따라 모세는 나무궤를 만들었는데 그 재료는
조각목(싯딤나무)이었습니다. 그 크기는 장이 이 규빗 반(114cm), 광
일 규빗 반(68.4cm), 고 일 규빗 반(68.4cm)입니다(출 25:10, 37:1). 그
리고 금고리 넷을 부어 만들어 언약궤의 네 발에 달았으며, 채를

금고리에 꿰어 궤를 메게 하였습니다(출 25:12-14, 37:3-5). 이 채 역시 조각목으로 만들고 금으로 쌌습니다(출 25:13, 37:4).

조각목은 아카시아(acacia) 나무의 일종으로, 옹이(나무의 몸에 박힌 가지의 그루터기)가 많고 가늘어서 좋은 목재가 아니었으므로 사람들이 천하게 여겼습니다. 천상천하에 가장 존귀한 궤를 만들면서, 솔로몬 성전에 쓰인 것과 같이 값비싼 재료(감람나무, 잣나무, 백향목, 종려나무)를 쓰지 않고, 광야에서 자라는 볼품없고 흔한 조각목(싯딤나무)으로 만들었습니다. 사막의 마른 땅에서 고운 모양도 없고 아무런 풍채도 없이 자라난 천한 싯딤나무는 예수 그리스도의 인성(人性)을 예표합니다. 이사야 선지자는 이 땅에 오신 예수님을 가리켜 "...마른 땅에서 나온 줄기 같아서 고운 모양도 없고 풍채도 없은즉 우리의 보기에 흠모할 만한 아름다운 것이 없도다"(사 53:2)라고 예언하였습니다. 더 나아가, 이는 예수 그리스도의 참혹한 십자가의 고난을 예표합니다.

성경에서 나무는 사람을 상징하기도 합니다(사 5:7, 61:3, 눅 23:31). 싯딤나무는 광야에서 제멋대로 자라 나무 결이 비틀어져 있어서 다듬기가 쉽지 않고, 가시도 유난히 많습니다. 그러나 그 가시들을 다듬고 나면 견고하기 때문에 오래가는 장점이 있습니다. 우리 인생은 광야와 같은 세상에서 제멋대로 자란 조각목과 같이 볼품없는 존재들입니다(참고-고전 1:27-28). 그러나 하나님께서는 우리를 선택하셔서, 수없는 시련과 연단을 통해 단단한 믿음의 사람으로 아름답게 다듬어지도록 연단하셨습니다(욥 23:10).

(2) 언약궤는 정금으로 안팎을 쌌습니다.

번제단은 놋으로 입혀지고(출 27:2下), 분향단은 겉면만 정금(출

30:3)으로 입혀졌으나, 언약궤는 안팎을 모두 정금으로 입혔습니다. 출애굽기 25:10-11에서 "그들은 조각목으로 궤를 짓되 장이 이규빗 반, 광이 일 규빗 반, 고가 일 규빗 반이 되게 하고 [11] 너는 정금으로 그것을 싸되 그 안팎을 싸고 윗가로 돌아가며 금테를 두르고"라고 말씀하고 있습니다(출 37:1-2).

금은 대기 중에 노출되어도 변하지 않고, 땅 속에 묻혀서 천 년을 지내도 변질되지 않습니다. 이러한 불변성 때문에 성경에서 금은 고귀한 것을 상징하는 대표적인 물건입니다(욥 23:10, 벧전 1:7, 계 3:18). 따라서 궤를 금으로 쌌다는 것은 궤 자체의 귀중함을 나타낼뿐 아니라, 궤 속에 있는 십계명이 매우 귀한 것임을 가르쳐 줍니다(시 19:9-10).

출애굽기 25:11에서 "정금"(זָהָב טָהוֹר, 자하브 타호르)은 히브리어로 '반짝거리다'라는 어원을 갖는 '자하브'(금)와 '깨끗한, 불순물이 섞이지 않은, 순결한'이라는 의미의 '타호르'가 합쳐진 말입니다. 따라서 정금은 물리적으로 불순물이 제거된 순수한 금을 말하는 동시에, 영적으로는 순결함과 정결함을 상징합니다. 그러므로 언약궤 안팎을 싸고 있는 정금은 고귀하신 예수 그리스도의 신성을 예표합니다. 예수님께서는 정금과 같이 영화롭고 순전한 신성(神性)을 가지신 분이십니다(사 9:6-7, 롬 1:3-4).

하나님께서는 범죄하여 소망 없는 우리들을 불러, 정금보다 더 귀한 그리스도의 보배로운 피를 우리의 속사람과 겉사람에 발라 구속해 주셨습니다(벧전 1:18-19). 그리고 우리를 거룩한 하나님의 성전 곧 성령이 거하는 전으로 삼아 주셨습니다(고전 3:16, 6:19). 참으로 예수 그리스도의 보배로운 피로 구속 받은 성도들은 하나님께서 특별히 초대하신 존귀한 사람들입니다. 이사야 43:1, 4에서 "야곱아 너를 창조하신 여호와께서 이제 말씀하시느니라 이스라엘아 너를 조성하신 자가 이제 말씀하시느니라 너는 두려워 말라 내가 너를 구속하였고 내가 너를 지명하여 불렀나니 너는 내 것이라... 4 내가 너를 보배롭고 존귀하게 여기고 너를 사랑하였은즉 내가 사람들을 주어 너를 바꾸며 백성으로 네 생명을 대신하리니"라고 말씀하셨습니다.

세상의 없어질 금보다 더욱 귀한 것은 영원히 변치 않는 믿음입니다(벧전 1:7). 조각목을 잘 다듬어 그 안과 밖을 금으로 싼 것처럼, 이 보배로운 믿음을 소유한 자마다(벧후 1:1) 무명한 자 같으나 유명한 자요, 죽은 자 같으나 살았고, 징계를 받는 자 같으나 죽임을 당하지 아니하고, 근심하는 자 같으나 항상 기뻐하고, 가난한 자 같으

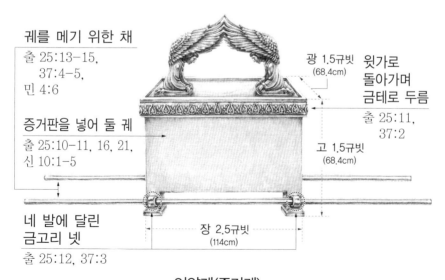

궤를 메기 위한 채
출 25:13-15,
　　37:4-5,
민 4:6

증거판을 넣어 둘 궤
출 25:10-11, 16, 21,
신 10:1-5

네 발에 달린
금고리 넷
출 25:12, 37:3

광 1.5규빗
(68.4cm)

윗가로
돌아가며
금테로 두름
출 25:11,
　　37:2

고 1.5규빗
(68.4cm)

장 2.5규빗
(114cm)

언약궤(증거궤)
출 25:10-22, 37:1-9, 40:3, 20-21, 참고·출 31:7, 35:12, 39:35

나 많은 사람을 부요하게 하고, 아무것도 없는 자 같으나 모든 것을 가진 자입니다(고후 6:9-10).

(3) 네 발에 금고리 넷을 만들어 달았습니다.

네 발에 금고리 넷을 만들어 달았으며, 채를 고리에 꿰어 궤를 메게 하였습니다(출 25:12-14, 37:3-5). "금고리 넷"(אַרְבַּע טַבְּעֹת זָהָב, 아르바 탑베오트 자하브)에서 '아르바'는 '넷, 넷째'라는 뜻이고, '탑베오트'는 '고리, 반지'를 의미하는 '탑바아트'(טַבַּעַת)의 복수형이며, '자하브'는 '금'을 가리킵니다.

하나님께서 금고리 네 개를 만들도록 지시하신 이유는, 금고리 넷을 언약궤의 네 다리에 달고 그 고리 안에 채를 꿰어서, 이동하거나 운반할 때 거룩한 언약궤를 손으로 만지지 못하도록 하기 위함이었습니다.

다윗 시대에 하나님의 궤를 다윗성으로 옮기고자 언약궤를 새 수레로 운반하는 중에 흔들리는 언약궤를 붙잡은 웃사가 궤 곁에서 죽임 당한 사건(삼하 6:6-7, 대상 13:9-10)만 보더라도, 하나님의 거룩함을 훼손하는 자가 받는 형벌이 얼마나 치명적인가를 알 수 있습니다.

3. 언약궤의 관리
Caring for the ark of the covenant

주전 1446년 모세 시대에 만든 언약궤는, 약 487년이 흘러 주전 959년에 성막에서 성전으로 옮겨졌으며(왕상 8:1-11, 대하 5:2-14), 주전 586년 바벨론에 의해 남 유다가 멸망하면서 언약궤가 사라질 때까지(렘 3:16), 하나님의 임재의 처소로서 약 860년간 이스라엘의 역사와 함께하였습니다. 도중에 아벡 전투(주전 1102년)에서 블레셋에게 언약궤를 빼앗긴 7개월과 그 후 성막과 언약궤가 분리되어 다시 다윗성에 안치되기까지의 약 100년의 기간을 제하면, 역사적으로 모세 장막 성전과 다윗이 여호와의 궤를 위하여 친 장막(삼하 6:17)과 솔로몬 성전(왕상 8:6)에서 언약궤가 보존되었던 기간은 약 760년입니다. 언약궤가 주어진 이후의 이스라엘 역사는 언약궤의 역사라고 할 만큼 언약궤가 매우 신성하게 관리되었는데, 언약궤의 특별한 관리법을 망각하고 소홀히 한 결과 순식간에 수많은 사람이 죽는 일도 있었습니다.

(1) 언약궤를 잘못 보면 죽임을 당했습니다.

언약궤의 관리는 아주 엄격하고 철저했습니다. 사무엘상 6:19에서 "벧세메스 사람들이 여호와의 궤를 들여다본 고로 그들을 치사(오만)칠십 인을 죽이신지라"라고 말씀하고 있습니다. 또 부정한 손을 궤에 대면 죽임을 당했습니다. 실제로 아비나답의 아들 웃사는 언약궤를 손으로 붙들자마자 하나님께서 치시므로 그 자리에서 죽었습니다(삼하 6:6-7). 민수기 4:19-20에서는 "그들이 지성물에 접근할 때에 그 생명을 보존하고 죽지 않게 하기 위하여 너희는 이같이 하여 ... ²⁰ 그들은 잠시라도 들어가서 성소를 보지 말 것은 죽을까 함이니라"라고 말씀하고 있습니다. 여기 "잠시라도"의 히브리어는 '케발라'(כְּבַלַּע)인데, 이는 순식간에 삼켜지는 것과 같은 갑작스러운 상황을 묘사하는 말로, '침을 한 번 삼킬 동안'(욥 7:19), '한 모금에'(in a swallow)라는 뜻입니다. 또한 "성소"는 히브리어로 '하코데쉬'(הַקֹּדֶשׁ)인데 '그 거룩한 것'이라는 뜻이며 바로 언약궤를 가리킴니다. 민수기 4:20 공동번역은 "들어가서 거룩한 것이 눈에 스치기만 해도 그들은 죽을 터이니, 그런 일이 없도록 하여라"라고 번역하고 있습니다. 고핫 자손이 지성물에 접근하다가 잘못하면 반드시 죽게 된다는 엄중한 경고인 것입니다.

(2) 언약궤에는 '채'에 관한 특별한 규정이 있습니다.

다른 성물과 달리, 언약궤의 경우 평상시에도 채를 궤의 고리에 뀐 대로 두고 빼어 내서는 안 된다고 명령하셨습니다. 출애굽기 25:15에서 "채를 궤의 고리에 뀐 대로 두고 빼어 내지 말지며"라고 말씀하고 있습니다. 출애굽기 40:20에서도 "그가 또 증거판을 궤 속에 넣고 채를 궤에 꿰고 속죄소를 궤 위에 두고"라고 말씀하고 있습니다. 채를 궤의 고리에 끼운 후, 다시 빼지 않고 그대로 두었던 것입니다.

그러나 진을 떠나 이동할 때는 휘장을 걷어 언약궤를 덮고 그 위에 해달의 가죽으로 덮은 후, 다시 순청색 보자기로 덮었습니다(민 4:5-6). 그런데 이렇게 덮기를 마친 후 민수기 4:6 하반절에는 "그 채를 꿰고"라고 기록하고 있습니다. 이로 보아 언약궤의 이동 시에는 아론과 그 아들들이 성소에 들어가서 보자기들로 완벽하게 덮기 위해 우선 채를 빼고, 세 가지 보자기를 순서에 따라 덮은 후에 마지막으로 채를 다시 꿰어 이동했던 것으로 보입니다.

(3) 언약궤를 운반할 때의 규정이 있습니다.

다윗왕은 언약궤를 다윗성으로 메어 오는 일을 계획하였습니다 (대상 15:1-12). 다윗은 언약궤를 담당하는 이들에게 '첫째, 몸을 성결케 하라. 둘째, 언약궤를 메어 올리라. 셋째, 언약궤를 메되 규례대로 메라'라고 지시하였습니다(대상 15:12-13). 그들은 이 지시에 따라 몸을 성결케 하고, 모세가 명한 대로 채로 언약궤를 꿰어 어깨에 메었습니다(대상 15:14-15, ^{참고}-출 25:14-15, 민 7:9, 신 10:8, 대하 35:3). 광야에서 행진할 때에 언약궤는 고핫 자손이 어깨에 메고 가도록 규정하였습니다. 민수기 4:15에 "행진할 때에 아론과 그 아들들이 성소와 성소의 모든 기구 덮기를 필하거든 고핫 자손이 와서 멜 것이니라 그러나 성물은 만지지 말지니 죽을까 하노라 회막 물건 중에서 이것들은 고핫 자손이 멜 것이며"라고 말씀하고 있습니다.

그렇다면 광야에서 진을 이동할 때마다 무거운 언약궤를 몇 사람이 어깨에 메고 운반하였을까요? 특별히 역대상 15:11-12에서 8명을 언급하고 있습니다. 대제사장 두 명(사독, 아비아달)과 레위 사람의 족장 여섯 명(우리엘, 아사야, 요엘, 스마야, 엘리엘, 암미나답)입니다. 사독과 아비아달도 궤를 어깨에 메는 일에 동참했을 것으로 추정됩니다(삼하 15:24, 29, 왕상 2:26). 역대상 15:11에 열거된 레위 사람의 족장 여섯 명 중에 네 사람은 고핫 자손이지만(^{참고}-대상 15:8-10), "아사야"는 므라리 자손이고 "요엘"은 게르솜 자손이므로(대상 15:6-7), 언약궤를 멜 수 있는 사람은 고핫 자손 네 명뿐입니다(민 4:15, ^{참고}-출 6:18, 민 3:27, 30-31). 아사야와 요엘은 언약궤를 직접 메지는 못하였을 것이지만, 언약궤를 가지고 올라오는 데 다윗의 명령을 따라 동참하고 언약궤를 안치하기까지 그 임무를 수행했을 것으로 추정됩니다.

실제로, 역대상 15:2, 15, 26-27에 나오는 '메다'는 히브리어로 '나사'(נָשָׂא)인데, 이것은 실제 어깨에 메는 것을 의미하지만, 역대상 15:3, 12, 14, 25, 28의 '메어 올리다'는 히브리어로 '알라'(עָלָה)로서

'오르다'라는 뜻입니다. 여기 '알라'는, 어깨에 직접 메지는 않았으나, 언약궤를 예루살렘으로 옮기는 일에 동참했다는 의미로 볼 수 있습니다. 그러므로 언약궤를 직접 어깨에 메어 운반한 인원은 대제사장을 포함하여 6명이었음을 알 수 있습니다.

4. 언약궤의 특징
Characteristics of the ark of the covenant

(1) 나무궤(the ark of wood)

언약궤 전체의 모습으로 볼 때, "나무궤"는 언약궤의 몸체에 해당하는 부분입니다. 하나님께서 신명기 10:1에 "...또 나무궤 하나를 만들라"라고 모세에게 명령하셨습니다. 이 나무궤는 십계명이 새겨진 두 돌판을 안전하게 보관할 언약궤를 가리키는 것으로, 모세는 싯딤나무로 궤를 만들었습니다(신 10:2-5).

나무궤는 장방형으로, 크기는 길이가 이 규빗 반(114cm), 폭과 높이가 각각 일 규빗 반(68.4cm)이었습니다(출 25:10). 후에 안팎을 금으로 덮었고(출 25:11), 네 발에 의해 지탱되었으며, 각각의 발에는 금고리가 하나씩 달려 있었고(출 25:12), 그 고리에는 싯딤나무로 만들어 금으로 싼 채들이 항상 꿰어져 있었습니다(출 25:13-15).

궤는 모세의 명령에 따라(신 10:3) 솜씨가 숙련된 이스라엘 백성의 도움을 받아 가면서(출 36:8) 브살렐과 오홀리압이 만들었습니다(출 31:1-7, 37:1-9). 궤는 성막의 지성소에 있는 휘장 안에 안치되었으며(출 26:33, 40:3), 그 위에는 속죄소가 있었습니다(출 26:34).

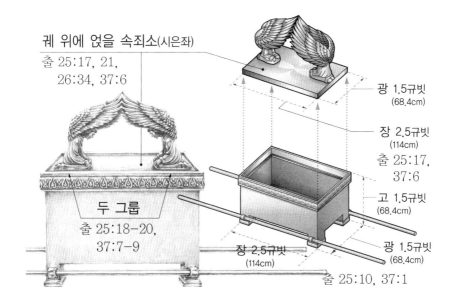

궤 위에 얹을 속죄소(시은좌)
출 25:17, 21,
26:34, 37:6

두 그룹
출 25:18-20,
37:7-9

장 2.5규빗
(114cm)

광 1.5규빗
(68.4cm)

장 2.5규빗
(114cm)
출 25:17,
37:6

고 1.5규빗
(68.4cm)

광 1.5규빗
(68.4cm)

출 25:10, 37:1

(2) 속죄소(贖罪所, mercy seat)

언약궤를 덮는 덮개(뚜껑)를 속죄소라고 부릅니다. 속죄소는 언약궤와 그 규격(가로 114cm, 세로 68.4cm)이 같습니다(출 25:17, 37:6). 따라서 속죄소는 언약궤와 완전히 밀착되어 언약궤의 뚜껑 역할을 하였을 것입니다(출 25:20-21).

'속죄소'는 히브리어로 '카포레트'(כַּפֹּרֶת)이며, '덮다, 속죄하다' 라는 뜻을 가진 '카파르'(כָּפַר)에서 유래하였습니다. 즉, 속죄소는 말 그대로 '죄를 용서하는 처소'입니다. 한편, 속죄는 전적인 하나님의 은혜이므로, 속죄소는 은혜를 베푸는 곳이라 하여 '시은좌'(施恩座)라고도 부릅니다. 속죄소의 규격은 언약궤와 같고, 두껍지 않은 길쭉한 판과 같은 모양이었을 것입니다. 속죄소는 순금으로 만든 덩어리였으므로(출 25:17, 37:6), 그 무게가 상당하였을 것입니다. 거기에 두 돌판과 만나 담은 금항아리, 아론의 싹 난 지팡이, 그리고 언약궤의 무게까지 포함하면 완성된 언약궤 전체의 무게는 훨씬 무거웠을 것입니다.

① 속죄소는 하나님께서 자기 백성을 만나 주시는 곳입니다.

　하나님께서는 속죄소에서 이스라엘 백성을 만나 주시며 그 자손에게 행할 모든 일을 일러 주신다고 약속하셨습니다. 출애굽기 25:22에서 "거기서 내가 너와 만나고 속죄소 위 곧 증거궤 위에 있는 두 그룹 사이에서 내가 이스라엘 자손을 위하여 네게 명할 모든 일을 네게 이르리라"라고 말씀하고 있습니다. '만나다'에 해당하는 히브리어는 '야아드'(יָעַד)의 단순재귀형으로, 지정된 장소나 지정된 시간에 모이는 것을 뜻합니다(민 10:4, 수 11:5). 여기에 '거기서'(שָׁם, 샴)라는 장소를 가리키는 부사와 함께 사용되어, 특별히 지정된 바로 그 장소 즉 언약궤 위 두 그룹이 날개로 덮고 있는 속죄소에서, 택한 백성 이스라엘과 만나시겠다고 말씀하셨던 것입니다. 그래서 민수기 7:89에서도 "모세가 회막에 들어가서 여호와께 말씀하려 할 때에 증거궤 위 속죄소 위의 두 그룹 사이에서 자기에게 말씀하시는 목소리를 들었으니 여호와께서 그에게 말씀하심이었더라"라고 말씀하고 있습니다.

　유일하게 속죄소에서만 하나님을 만날 수 있는 이유는, 그곳이 하나님의 자비와 긍휼이 베풀어지는 곳이기 때문입니다.

　언약궤에 뚜껑을 덮는다는 것은, 언약궤 안에 있는 공의의 상징인 율법의 잣대로 판단하지 않고, 은혜를 베풀어 죄를 덮어 주시겠다는 하나님의 의지를 보여 준 것입니다. 죽을 수밖에 없는 죄인이 살 길은 하나님의 자비와 은혜뿐입니다. 하나님의 자비와 은혜를 제하여 버린다면 인간은 예외 없이 하나님의 심판을 받을 수밖에 없습니다.

그러므로 인간은 속죄소 없이는 결코 하나님을 만날 수 없으며, 만나는 즉시 죽음을 면치 못합니다. 사무엘상 6:19을 보면, 벧세메스 사람들이 궤 뚜껑을 열고 그 안을 들여다보다가 (오만) 70인이 죽임을 당하는 비극적인 사건이 기록되어 있습니다. 하나님께서 "그들은 잠시라도 들어가서 성소(언약궤)를 보지 말 것은 죽을까 함이니라"(민 4:20)라고 경고한 바 있으나, 그들은 하나님을 경외하는 마음이 아닌 인간적 호기심으로 성소 안을 들여다보다가 여호와께 크게 도륙을 당한 것입니다.

② 속죄소는 하나님께서 죄를 용서하시는 곳입니다.

속죄소가 그 명칭대로 '죄를 사함 받는 자리'가 될 수 있는 궁극적인 이유는, 대제사장이 매년 대속죄일에 그곳에 속죄 제물의 피를 뿌리기 때문입니다(레 16:14-15). 하나님께서는 그 위에 뿌려진 피를 보시고 죄를 간과해 주십니다(참고-출 12:13, 23).

해마다 7월(Tishri) 10일, 대속죄일에 대제사장은 분향을 하고 지성소에서 나와서(레 16:12-13), 자기 죄를 위해 수송아지의 피를 가지고 다시 지성소에 들어가 손가락으로 먼저 속죄소 동편에 뿌리고 다음으로 속죄소 앞에 그 피를 일곱 번 뿌렸습니다(레 16:14). 속죄소 동편은 지성소의 입구 쪽입니다. 그곳에 피를 뿌린 것은 하나님의 임재의 길을 정결케 한다는 의미가 있으며, 속죄소 앞에 일곱 번 피를 뿌린 것은 예수 그리스도의 완전한 속죄를 예표합니다. 또 백성을 위한 속죄제 염소의 피는 속죄소 위와 속죄소 앞에 뿌렸습니다(레 16:15). 이것은 대제사장이신 예수 그리스도의 십자가 속죄 사역을 통하여, 인간의 모든 죄가 완전히 해결된다는 것을 보여 주고 있습니다. 속죄소에는 속죄 제물의 피가 뿌려졌는데, 이 피는 어린 양 되신 예수 그리스도의 피를 상징합니다. 하나님께서는 예수님의 보혈로 우리의 죄를 도말하시며, 죄를 덮어 아예 못 보신 척 간과해 주십니다(롬 3:25). 그러므로 우리는 그 피를 인하여 죄 사함을 받고 의롭다 함을 얻은 자들입니다(롬 5:9, 엡 1:7).

(3) 속죄소 위의 '두 그룹'(כְּרֻבִים, 케루빔, cherubim)

속죄소 위에는 두 그룹을 세웠습니다. 이들은 사람의 얼굴에 어깨에는 날개를 달고 있는 형상입니다. 출애굽기 25:18에서 "금으로 그룹 둘을 속죄소 두 끝에 쳐서 만들되"라고 말씀하고 있습니다 (출 37:7). 여기 "쳐서"는 히브리어로 '미크샤'(מִקְשָׁה)이며, '둥글게 된 것'을 가리키는 '미크쉐'(מִקְשָׁה)에서 유래하였습니다. 그룹은 금으로 만들되, 속죄소 양편에 망치로 쳐서 만들었기 때문에 속은 비어 있었습니다.[19] 영어성경 NIV에서는 "Then he made two cherubim out of hammered gold at the ends of the cover"라고 번역하고 있습니다. 이는 속죄 판과 그룹을 따로 만든 후 그것을 용접해 붙이는 방식이 아니라, 속죄 판의 금을 망치로 두드려 늘여서 넓고 둥글게 편 다음에 뾰족한 도구를 사용하여 얇은 금속판을 세밀하게 가공했음을 말합니다.

이러한 제작법대로 두 그룹은 은혜의 보좌인 속죄소와 결코 분리될 수도, 떨어질 수도 없게 만들었습니다. 이는 그룹의 사명이 하나님의 거룩한 보좌를 호위하며, 밤낮으로 하나님의 거룩하심과 영화로우심을 찬양하는 데 있었기 때문입니다(참고-계 4:6-9, 5:11-12, 7:11-12, 19:4-5).

그룹의 역사는 창세기부터 요한계시록까지 지속됩니다. 창세기

(창 3:24), 출애굽기(출 25:18-22, 26:1, 31, 37:7-9), 에스겔서에 나오는 그룹과 생물(겔 1:4-28, 10:1-22), 그리고 이사야서의 스랍(사 6:2, 6), 요한계시록의 생물(계 4:6-9)은 모두 동일한 존재입니다. ‘그룹’은 아카디아어 ‘카리부’ 또는 ‘쿠리부’에서 유래되어 ‘중보자’를 의미합니다. 만일 이 단어가 페니키아어-셈어가 그 어원이라면 ‘케루브’(כְּרוּב)는 ‘카로브’(קָרוֹב)와 같은 단어이고, 그 뜻은 ‘하나님과 가까이 있는 자’ 또는 ‘하나님을 섬기는 자’ 또는 ‘하나님 앞에 나아갈 수 있는 자’라는 뜻입니다.[20] 생물(生物, living creature)은 단어 그대로 ‘생명을 가지고 살아 있는 것’을 뜻합니다(참고-창 1:20). 스랍은 ‘사라프’(שָׂרָף)로, ‘불타는 자들’이란 뜻입니다. 성경 전체에 그룹, 생물, 스랍 모두 복수형으로 쓰였습니다.

① 에덴동산에서 생명나무의 길을 지킵니다.

성경에서 그룹에 대하여 처음 언급한 곳은 창세기 3:24입니다. 하나님께서는 아담과 하와를 에덴동산에서 내어쫓으시고, 에덴동산 동편에 그룹들과 두루 도는 화염검을 두어 생명나무의 길을 지키게 하셨다고 말씀하고 있습니다. 화염검(빙빙 도는 불칼: 표준새번역)은 타락한 인간들이 접근하지 못하도록 생명나무로 가는 길을 지키고, 그룹은 생명나무의 길을 지키고 있으면서, 에덴에서 추방당한 인간들에게 장차 예수 그리스도의 구속을 힘입으면 다시 회복할 수 있다는 것을 알려 주는 소망의 메시지입니다.[21]

창세기에는 그룹의 모습에 대해서는 언급하지 않았고, 출애굽기에는 얼굴과 날개가 있는 모습으로 소개되어 있습니다(출 25:20, 37:9, 참고-삼하 22:11, 왕상 6:24, 시 18:10, 사 6:2, 겔 10:8). 이사야서와 에스겔서와 요한계시록에는 그룹들의 모습에 대한 다양한 설명이 있습니다. 몇 가지 차이점이 있으나 가장 두드러진 그룹의 모습은 "사람의 형상"이라는 점입니다(겔 1:5, 26, 참고-겔 1:10, 10:14, 계 4:7). 그런데 그룹은 신비로운 존재처럼 많이 인식되기도 하였지만, 분명 하나님의 일을 수행하는 심부름꾼이요 구속 역사를 찬양하는 피조물일 뿐, 결코 신적인 존재가 아닙니다(사 6:2-3, 계 4:6-9, 5:8-14).[22]

그룹들이 생명나무의 길을 막고 지키고 있는 이유는(창 3:24), 타락한 인간이 성화되고 온전하게 된 후에는 낙원으로 다시 돌아와 생명나무 열매를 먹을 수 있다는 것을 알려 주기 위해서입니다(계 2:7).[23] 세상 마지막 때에는 생명나무 앞으로 나가는 길이 열릴 것입니다. 요한계시록 22:14에서 "그 두루마기를 빠는 자들은 복이 있으니 이는 저희가 생명나무에 나아가며 문들을 통하여 성에 들어갈 권세를 얻으려 함이로다"라고 말씀하고 있습니다.

그룹이 가진 특징은, 인간의 지성과 사자 같은 용기, 소의 인내심과 충성, 독수리의 빠른 신속성과 통찰력 등입니다(겔 1:10, 10:14). 이는 하나님께서 창조한 생명 있는 존재들 가운데 하나님의 형상대로 지음 받은 인간이 본래 가지고 있어야 할 최고의 존귀한 상태로, 하나님의 거처로 회복된 인간 본연의 존귀하고 고귀한 본성을 보여 줍니다.[24]

② 성막과 성전에서 하나님의 임재를 보여 줍니다.

성경에서 하나님의 임재는 '그룹들 사이에'(출 25:22, 민 7:89, 대상 13:6, 시 80:1, 99:1), 혹은 '그룹들 위에' 임하신다고 말씀하고 있습니다(겔 10:18). 이에 히브리 기자는 "그 위에 속죄소를 덮는 영광의 그룹들"(히 9:5)이라고 기록하였습니다. "영광의 그룹들"이란 그룹 자체가 영광스럽다는 것이 아니고, 그룹을 통해 하나님의 영광을 본다는 의미입니다(겔 10:18-19).[25]

출애굽기 25:20에서 "그룹들은 그 날개를 높이 펴서 그 날개로 속죄소를 덮으며 그 얼굴을 서로 대하여 속죄소를 향하게 하고"라고 말씀하고 있습니다(출 37:9).

첫째, 그 날개를 높이 펴서 속죄소를 덮는 형상입니다.

이는 하나님의 영광과 존엄과 거룩을 지키는 모습입니다(출 25:18-20, 37:7-9). "덮으며"에 해당하는 히브리어 '사카크'(סכַךְ)는 '뚜껑을 덮다, 울타리를 치다'는 뜻이며, 상징적으로는 '막다, 방어하다'라는 의미를 지닙니다(참고-출 40:21, 시 5:12, 91:4). 그러므로 여기서 그룹이 속죄소를 날개로 덮고 있는 것은, 단순한 장식이 아니라 하나님의 궤를 보호하고 있음을 상징하는 것입니다.

둘째, 두 그룹의 얼굴이 속죄소를 향하고 있습니다.

그룹들은 아래로 고개를 숙이고 있고 그 눈들은 하나같이 속죄소를 향하고 있는 형상입니다. 이는 은혜의 보좌 앞에 좌정하신 하나님의 임재를 사모하고, 은혜를 앙망하는 태도입니다(출 37:9, 히 4:16).

이러한 그룹의 형상은 성막과 성전 역사에서 거룩하게 구별된 곳곳마다 지속적으로 나타나고 있습니다.

첫째, 성막 앙장 위에 수놓아져 있습니다(출 26:1, 36:8). 성소 내부에서 보이는 천정은 온통 그룹 문양(紋樣)[26]이며, 지성소와 성소 사이 휘장에도 그룹들을 공교히 수놓았습니다(출 26:31, 36:35).

둘째, 솔로몬 성전에는 내소 가운데 높이 10규빗(4.56m)의 두 그룹을 두었습니다. 한 쪽 날개가 5규빗(2.28m)씩 되는 두 그룹의 날개가 활짝 편 채로 지성소의 이쪽 벽에서 저쪽 벽까지 연결되어 있었습니다(왕상 6:23-28, 대하 3:10-14). 뿐만 아니라 내외소의 사면 벽에 그룹들과 종려와 핀 꽃 형상이 아로새겨져 있었습니다(왕상 6:29, 대하 3:7). 또한 솔로몬 성전 내소에 들어가는 곳의 감람목으로 만든 문의 두 문짝과, 외소의 잣나무로 만든 문의 두 문짝에도 그룹을 아로새겼습니다(왕상 6:32-35).

셋째, 에스겔 성전의 널판에도 두 얼굴을 가진 그룹과 종려나무를 아로새겼고, 성전 벽과 성전 문에도 마찬가지였습니다(겔 41:18-25).

5. 언약궤의 구속사적 교훈
The redemptive-historical teaching of the ark of the covenant

(1) 언약궤는 예수 그리스도의 예표입니다.

언약궤는 광야 행진 때(민 10:33), 요단강 도하 때(수 3:1-17), 그리고 여리고 전쟁 때(수 6:1-8)에 이스라엘 백성 앞에서 하나님의 임재를 나타내었습니다.

언약궤의 속죄소 위에는 두 그룹이 있습니다. 두 그룹은 각각 속죄소 이 끝과 저 끝에 있으면서 날개를 높이 편 상태에서 속죄소를 덮었고, 그 얼굴을 서로 대하여 속죄소를 향하고 있었습니다(출 25:18-20, 37:7-9). 그룹의 날개로 속죄소를 덮었다는 것은 속죄소 안에 들어 있는 하나님의 거룩하신 계명을 안전하게 지키고 보호하는 것을 의미하며(참고-시 5:12, 91:4), 그 얼굴을 속죄소로 향하고 있다는 것은 은혜의 보좌에 좌정하신 하나님의 은혜를 갈망하는 태도를 보여 준 것입니다(참고-히 4:16).

하나님께서는 그룹 사이에 좌정하셨습니다. 사무엘상 4:4에서 "그룹 사이에 계신 만군의 여호와의 언약궤"라고 말씀하고 있으며, 사무엘하 6:2에서 "그 궤는 그룹들 사이에 좌정하신 만군의 여호와의 이름으로 이름하는 것이라"라고 말씀하였고, 열왕기하 19:15에서 "그룹들 위에 계신 이스라엘의 하나님 여호와여"(참고-사 37:16)라고 말씀하고 있습니다. 하나님께서는 그룹 사이에서 그 영광과 권능을 계시하셨습니다. "그룹 사이에 좌정하신 자여 빛을 비취소서"(시 80:1), "여호와께서 그룹 사이에 좌정하시니 땅이 요동할 것이로다"(시 99:1)라고 말씀하고 있습니다. 두 그룹 사이에서 이스라엘 백성에게 일러야 할 하나님의 말씀이 선포되었습니다. 출애굽기 25:22에서 "...두 그룹 사이에서 내가 이스라엘 자손을 위하여 네게 명할 모든 일을 네게 이르리라"라고 말씀하고 있습니다. 에스겔 10:5에는 "그룹들의 날개 소리는 바깥 뜰까지 들리는데 전능하신 하나님의 말씀하시는 음성 같더라"라고 말씀하고 있습니다. 그룹들의 날개 소리가 바깥 뜰까지 들렸다는 것은, 그 소리가 작지 않고 엄청나게 큰 소리였음을 의미합니다. 하나님의 말씀은 우주적으로 울려 퍼지는 큰 소리입니다.

이처럼 하나님께서 언약궤를 통하여 이스라엘 백성과 만나 교제하셨듯이, 이제 하나님께서는 오직 언약궤의 실체이신 예수 그리스도를 통해서 우리와 교제하십니다. 예수 그리스도만이 우리가 하나님 앞으로 가는 유일한 길이요 유일한 진리요 유일한 생명이십니다(요 14:6).

(2) 언약궤는 예수 그리스도의 자비하신 속죄를 나타냅니다.

속죄소는 죄악을 속량하는 자리로서, '자비의 자리, 자비가 베풀어지는 자리'(mercy seat)라고 불립니다(출 25:22). 히브리서 4:16에서는 "은혜의 보좌"라고 말씀하고 있습니다. 이것은 인간의 속죄가 사람의 힘으로 되는 것이 아니라, 전적으로 하나님의 자비와 은혜로 이루어지는 것을 나타냅니다. 하나님께서는 하나님의 공의와 율법으로 말미암아 드러난 인간의 죄를 하나님의 영광으로 덮어 주셨습니다. 창세기 3:21에서 하나님께서 아담과 그 아내를 위하여 가죽 옷을 지어 입히셨는데, 이 가죽 옷은 범죄한 아담과 하와의 벌거벗은 몸을 덮어 주는 역할을 하였습니다(참고-슥 3:4). 한 마디로, 증거궤 위의 속죄소는 하나님의 공의를 초월한 자비를 보여 줍니다. 그러므로 우리는 속죄와 구원의 감격을 누릴 수 있는 것입니다. 시편 85:10에 "긍휼과 진리가 같이 만나고 의와 화평이 서로 입 맞추었으며"라고 말씀하심과 같습니다(참고-호 2:19-20).

하나님께서는 화목 제물 되신 예수 그리스도의 피를 보시고 우리가 전에 지은 죄를 간과해 주셨습니다. 로마서 3:25에서 "이 예수를 하나님이 그의 피로 인하여 믿음으로 말미암는 화목 제물로 세우셨으니 이는 하나님께서 길이 참으시는 중에 전에 지은 죄를 간과하심으로 자기의 의로우심을 나타내려 하심이니"라고 말씀하고 있습니다. 여기 "화목 제물"에 해당하는 헬라어가 '속죄소'(70인경)와 동일한 '힐라스테리온'(ἱλαστήριον)입니다(히 9:5). 즉 예수 그리스도께서 우리의 죄와 온 세상의 죄를 대신하여 화목 제물, 곧 언약궤 위에 있는 '자비의 보좌'(mercy seat)가 되셨다는 것입니다 (요일 2:2). 예수 그리스도께서는 자기 몸을 드리심으로, 속죄소를

통해 나타내신 하나님의 구속 경륜을 완전히 성취하신 것입니다
(롬 5:8-11). 그것은 하나님과 원수 되었던 인류가 예수 그리스도의
십자가 피로 하나님과 가까워진 것입니다(엡 2:13-16, 골 1:20-22). 예
수 그리스도의 보혈 때문에 심판의 보좌가 영원한 은혜의 보좌가
되었습니다. 이제 그 공로를 힘입는 자는 누구라도 그 은혜의 보좌
앞에 "담대히" 나아가서 긍휼하심을 받고 때를 따라 돕는 은혜를
얻을 수 있습니다(히 4:16). 우리 죄를 영원히 속죄하는 것은 썩어
질 짐승의 피로는 절대로 안 되며, 그것은 오직 보배로운 예수 그
리스도의 피로만 가능한 것입니다(벧전 1:18-19). 베드로전서 1:19에
서 "보배로운"(τίμιος, 티미오스)은 성경에서 "지극히 귀한"(계 21:11),
"존경을 받는"(행 5:34), '값비싼'(계 17:4, 18:12, 16)을 뜻합니다.

　한편, 사도 요한이 밧모 섬에 있으면서 새 하늘과 새 땅의 환상
을 보았는데, 하나님의 성전 안에 언약궤가 있었습니다. 요한계시
록 11:19에서 "이에 하늘에 있는 하나님의 성전이 열리니 성전 안
에 하나님의 언약궤가 보이며 또 번개와 음성들과 뇌성과 지진과
큰 우박이 있더라"라고 말씀하고 있습니다. 비록 지상의 언약궤는
사라지고 없어졌지만, 하늘에 있는 성전의 언약궤는 없어지지 않
았던 것입니다. 구약의 성소는 하나님의 임재를 일시적으로 상징
하였지만, 이스라엘이 패망함에 따라 그 상징적 의미는 점차 퇴색
하여 갔습니다. 성경은 오히려 하나님께서 온 땅에 임재하시리라
는 '임마누엘의 약속'을 점차적으로 선명하게 제시하기 시작하였
습니다(사 7:14, 8:10). 이 약속은 태초의 말씀이 육신을 입고 이 땅에
오신 성육신 사건으로 말미암아 성취되었습니다(마 1:23, 요 1:11, 14).

II
언약궤와 관련된 세 가지 성물들
THE THREE HOLY THINGS RELATED TO
THE ARK OF THE COVENANT

우리는 앞에서 언약궤의 모양과 재료와 크기와 의미를 살펴보았습니다.

언약궤는 하나님께서 임재하시는 장소이므로 매우 중요했으며, 그 안에는 세 가지 내용물이 들어 있었습니다. 히브리서 9:4에서 "... 사면을 금으로 싼 언약궤가 있고 그 안에 만나를 담은 금항아리와 아론의 싹 난 지팡이와 언약의 비석들이 있고"라고 말씀하고 있습니다. 이스라엘 백성은 이 언약궤를 보면서 하나님께서 자기 백성에게 무엇을 주시고자 했는지를 깨달을 수 있었습니다.

언약궤 속에 들어간 세 가지 물건은 모두 광야에서 주어진 것이지만, 시기적으로 한꺼번에 주어진 것은 아니었습니다. 만나 담은 금항아리는 신 광야에서 출애굽 원년(주전 1446년) 2월 15일 후에 주어졌고(출 16:1, 33-34, 히 9:4), 언약의 두 돌비는 시내 광야에서 출애굽 원년(주전 1446년) 3월 이후에 주어졌으며(출 19장, 참고-출 34:4, 29), 그리고 아론의 싹 난 지팡이는 광야생활이 모두 끝나갈 무렵에 주어진 것입니다(민 17:8-10). 언약궤 속의 세 가지 내용물에 담긴 하나님의 구속사적 교훈을 그 주어진 순서를 따라 함께 살펴보겠습니다.

1. 만나 담은 금항아리

צִנְצֶנֶת זָהָב נֹתֵן הַמָּן בְּתוֹכָה
(친느체네트 자하브 노텐 하만 베토카)
στάμνος χρυσῆ ἔχουσα τὸ μάννα
golden jar holding the manna
출 16:33-34, 히 9:4

"항아리를 가져다가 그 속에 만나 한 오멜을 담아 여호와 앞에 두어 너희 대대로 간수하라 ³⁴아론이 여호와께서 모세에게 명하신 대로 그것을 증거판 앞에 두어 간수하게 하였고"
(출 16:33-34)

광야에 내린 만나는 하나님께서 직접 사람에게 내려 주신 양식으로, 인류 역사상 그 전에도 없었고 그 후에도 다시 없었던 것입니다. 그야말로 "너도 알지 못하며 네 열조도 알지 못하던"(신 8:3, 16) 것이었습니다. 이스라엘 백성이 생전 처음 보는 그것이 무엇인지 알지 못하여 서로 이르기를, "이것이 무엇이냐"라고 하자, 모세가 "이는 여호와께서 너희에게 주어 먹게 하신 양식이라"(출 16:15)라고 말하였습니다. 이스라엘 백성은 그 양식을 "이것이 무엇이냐"(מָן הוּא, 만 후)라는 뜻 그대로 "만나"(מָן, 만)라고 불렀습니다(출 16:31). 신구약 성경에는 만나에 대한 언급이 자주 나타나고 있는데(출 16:1-36, 민 11:4-9, 21:4-5, 신 8:3, 16, 수 5:11-12, 느 9:15, 20, 시 78:18-25, 105:40, 요 6:22-59, 히 9:4, 계 2:17), 만나의 모양과 맛을 비롯하여 만나에 대해 말씀하신 각 부분에는 하나님의 놀라운 구속사적 경륜이 무궁무진하게 계시되어 있습니다.

1. 하늘에서 내린 만나
Manna from heaven

(1) 만나의 출처와 그 명칭

이스라엘 백성이 광야에서 부족함이 없이 줄곧 먹었던 만나는 "궁창을 명하시며 하늘 문을 여시고"(시 78:23-24) 주신 것으로서, 그 출처는 '하늘'이고 "하늘에서"(출 16:4, 느 9:15) 내린 것입니다. 이에 따라 만나는 "하늘 양식"(출 16:4, 시 78:24, 105:40), "하늘로서 내려오는 떡"(요 6:31-33, 58)으로 불렸습니다. 만나는 하나님께서 내려 주신 것으로, 이 땅에서 얻어지는 소출과는 완전히 질적으로 다른 것이었으며, 먹는 순간 만족스러운 것이었습니다(시 105:40下). 그 떡은 사람이 만든 떡이 아니라, 바로 "권세 있는 자의 떡"(시 78:25)이요, "주의 만나"(느 9:20)였습니다. 신약성경에서는 "신령한 식물"(고전 10:3)이라고 하였습니다. 참으로 만나와 관련한 모든 일은 어느 것 하나라도 사람이 흉내조차 낼 수 없으며, 오직 전능하신 하나님의 신비로운 능력으로 된 것입니다.

(2) 신 광야에서 처음 내린 신기한 만나

출애굽 하여 만 한 달이 지나 신 광야에 도착하자(출애굽 원년 2월 15일), 이스라엘 백성들은 '애굽에서는 고기 가마 곁에 앉았었고 떡을 배불리 먹었었다'라고 하면서, 모세와 아론에게 "이 광야로 우리를 인도하여 내어 이 온 회중으로 주려 죽게 하는도다"라고 원망하기 시작했습니다(출 16:1-3). 이스라엘 자손은 쇠풀무와 같은 애굽에서 굴욕적인 종 노릇을 하며 말할 수 없이 비참한 생활을 하였습니다(출 2:23, 3:7, 9, 5:6-18, 6:6-7, 신 4:20, 왕상 8:51, 렘 11:4). 그러나 그때를 수치스러워할 줄 모르고 오히려 미화하여, 마치 먹고 사는 데 전혀 문제가 없었던 것처럼 자랑 삼아 허풍을 늘어놓은 것입니다. 저들의 원망은 단순히 배가 고파서가 아니라, "저희가 저희 탐욕대로 식물을 구하여 그 심중에 하나님을 시험"한 것이었습니다(시 78:18, ^{참고-}출 17:7, 민 14:22, 히 3:9). 그런데 하나님께서는 단 하루도 지체하지 않으시고 그들에게 만나와 메추라기를 약속하시며, 특별히 만나를 중심으로 한 규례를 주셨습니다(출 16:4-5). 출애굽기 16:12에서 "내가 이스라엘 자손의 원망함을 들었노라 그들에게 고하여 이르기를 너희가 해 질 때에는 고기를 먹고 아침에는 떡으로 배부르리니 나는 여호와 너희의 하나님인 줄 알리라"라고 확실히 약속하셨습니다. 그러나 저들은 하나님을 대적하여 말하기를 "광야에서 능히 식탁을 준비하시랴... 능히 떡을 주시며 그 백성을 위하여 고기를 예비하시랴"라고 하며 하나님을 끝까지 시험하였습니다(시 78:18-20).

(3) 만나가 내린 기간: '39년 11개월'

만나는 광야라는 한정된 장소에 한정된 기간 동안 내린 하늘 양식이었습니다. 이는 이스라엘이 진행하는 곳마다 사시사철 구분 없이 주어졌으며, 약 200만 명에 달하는 백성에게 부족함 없이 충족(充足)하게 주어졌습니다. 만나가 내린 첫 날은 신 광야에 도착한(출애굽 원년 2월 15일) 그 이튿날(16일)입니다. 즉 출애굽 한 지 한 달 후부터 만나가 줄곧 내렸습니다(출 16:1-16). 만나가 내린 기간의 마지막 날은 출애굽 제41년(주전 1406년) 1월 15일입니다. 이스라엘이 가나안 땅에 들어가서 유월절(1월 14일)을 지켰고, 유월절 이튿날(15일) 그 땅 소산을 먹었고, 그 다음날(16일) 만나가 그쳤는데, 이후로 이스라엘 백성은 다시는 만나를 먹지 못하였습니다(수

5:10-12).

만나가 내린 기간은 출애굽 한 지 한 달(원년 2월 15일) 후부터 시작하여 출애굽 41년 1월 15일까지(수 5:10-12) '39년 11개월' 동안 입니다. 출애굽기 16:35에서는 만나가 내린 총 기간을 '가나안 이르기까지 40년'이라고 말씀하고 있습니다.

2. 만나의 맛과 구속사적 의미
The redemptive-historical meaning in the taste of the manna

(1) '꿀 섞은 과자 맛' (출 16:31)

출애굽기 16:31에서 만나의 맛이 "꿀 섞은 과자 같았더라"라고 말씀하고 있습니다. 꿀은 단맛을 가지고 있습니다. 그 단맛은 사람들의 미각을 만족시키고 기분을 좋게 만듭니다. '꿀'은 히브리어로 '데바쉬'(דְּבַשׁ)이며, 그 뜻은 '벌이 만든 꿀' 또는 '포도, 대추 또는 무화과에서 나오는 달콤한 시럽'입니다. 꿀의 단맛은 만족함과 풍부함을 뜻하는 비유로 사용됩니다(시 19:10, 119:103, 잠 24:13, 아 4:11, 겔 3:3).

'꿀'이란 표현이 구약에 48번 사용되었는데, 대부분은 약속의 땅 가나안을 일컬을 때 '젖과 꿀이 흐르는 땅'이라고 하여, 가나안 땅의 풍요로움과 비옥함을 강조해 줍니다. 젖과 꿀 모두 그 땅에서 나오는 산물 중 최상품을 가리키며, 특히 꿀은 고대 감미료의 최고봉이라 할 수 있습니다. 그러므로 만나가 '꿀 섞은 과자 맛'이었다는 표현은 '제일 맛있는 음식'이라는 의미입니다. 하나님의 말씀도 '꿀과 송이꿀보다 더 달다'(시 19:10)라고 표현되고 있습니다. 하나님 말씀의 가치와 효능과 맛은 너무도 깊고 오묘하여 인간의 영육을 만족시키기에 충분하므로 최고의 음식이요, 천하에서 제일 맛있는 음식입니다. 하나님의 말씀을 온전히 붙잡고 의지하면 모든 일에 부족함이 없습니다(신 2:7, 시 23:1, 34:9-10).

(2) "기름 섞은 과자 맛"(민 11:8)

민수기 11:8에서 "과자를 만들었으니 그 맛이 기름 섞은 과자 맛 같았더라"라고 기록하고 있습니다. 만나를 조리해서 먹으면 기름 섞은 과자 맛이 났다고 말씀합니다. "기름 섞은 과자 맛"은 히브리어로 '레샤드 하샤멘'(לְשַׁד הַשָּׁמֶן)이며, 여기서 "기름"(שֶׁמֶן, 쉐멘)은 그 당시 음식물에 섞어서 먹던 '기름, 지방'(겔 16:13, 19, 호 2:5) 외에도 '땅의 비옥함'(민 13:20 - '후박'(厚朴), 대상 4:40, 느 9:25, 35, 사 5:1, 28:1, 4), 혹은 '힘센 사람'을 가리킬 때 사용되었습니다(삿 3:29 - 역사(力士): 보통보다 뛰어나게 힘이 센 사람, 장사). 또한 '최고, 최상품'을 의미하는 데 사용되었는데, "땅의 기름짐"(창 27:28, 39), "살진 자"(시 78:31, 사 10:16, 17:4), "기름진 것"(사 25:6), "기름진 곳"(단 11:24) 등에서 찾아볼 수 있습니다.

이스라엘 백성은 이러한 "기름 섞은 과자"를 매일 먹고 있었습니다. 그럼에도 섞여 사는 무리가 탐욕을 품어 애굽에 있을 때를 추억하면서 "누가 우리에게 고기를 주어 먹게 할꼬"(민 11:4)라고 하며, "이제는 우리 정력이 쇠약하되"(민 11:6上)라고 불평하였습니다. 말하자면 원기를 북돋우는 음식을 원한다는 소리입니다. 그러나 진정으로 그들에게 원기를 주고 있었던 음식은 매일 먹던 만나였습니다. 정력이 쇠약한 저들에게 꼭 필요한 음식이 있다면 실상은 만나뿐입니다. "이 만나 외에는 보이는 것이 아무것도 없도다"(민 11:6下)라고 저들이 말한 대로, 지금 저들 눈에 흔히 보이는 그 만나가 이 땅에서 가장 큰 원기와 활력을 주는 음식이었던 것입니다. 또한 기름은 상징적으로 '성령'의 역사를 나타내곤 합니다 (행 10:38, 요일 2:20, 27). 하나님의 말씀인 성경은 오직 성령의 역사로 기록되었습니다(엡 6:17, 딤후 3:16, 벧후 1:21).

만나로 대비된 하나님의 말씀은 우리의 일상생활에 활력이 넘치게 해 주는 가장 기름진 음식이요, 원기를 돋우는 꿀과 같은 최상의 음식입니다(시 19:10, 잠 24:13, ^{참고}삼상 14:27, 29). 만나만으로도 충분히 종합영양제가 되었듯이, 성도는 하나님의 말씀 외에 다른 어떤 것으로도 그 이상의 만족감을 얻을 수 없습니다. 오직 하나님의 말씀만이 우리에게 최고로 귀한 만족을 주는 것입니다.

3. 만나의 모양과 구속사적 의미
The redemptive-historical meaning in the shape of the manna

성경에 만나의 모양에 대해서는 세 번 기록되어 있습니다. "작고 둥글며 서리같이 세미한 것"(출 16:14)이요, "깟씨 같고도 희고"(출 16:31, 민 11:7^上), "모양은 진주와 같은 것"(민 11:7^下)이라고 하였습니다. 만나의 모양은 구속사적으로 다양한 의미를 함축하고 있습니다.

(1) '작고 세미하다' (출 16:14)

출애굽기 16:14에서는 이슬이 마른 후에 드러난 만나의 모습을 설명하면서, '작다'와 '세미하다'에 똑같이 히브리어 '다크'(דַּק)를 사용하고 있습니다. '다크'는 '으스러진, 여윈, 매우 작은'이라는 뜻을 가지고 있습니다. 어떤 형태가 곱고 작은 것을 의미할 뿐만 아

니라(레 16:12, 사 29:5), 어떤 소리가 작다는 것을 의미할 때도 사용
되었습니다(왕상 19:12).

만나는 마치 서리처럼 아주 작게 보였습니다. 너무 작아서 누구
나 무시하게 되고 보잘것없어 보였던 만나처럼, 예수님의 생애는
작고 세미한 만나같이 무시 당하는 생애였습니다(사 53:2). 그분은
작은 베들레헴에서 태어나시고(미 5:2, 마 2:6), 그것도 강보에 싸인
채 짐승의 구유에서 태어나셨습니다(눅 2:7, 12, 16). 그분의 말씀은
사람들에게 무시를 당하였습니다(요 1:46, 7:14-15, 52). 고향 땅 나
사렛에서는 환영은커녕 배척을 받으셨습니다(마 13:53-58, 막 6:1-6ㄴ,
눅 4:22-30, 요 4:43-44, 참고-요 6:41-42). 심지어 예수님의 형제들까지
도 처음에는 예수님을 메시아로 믿지 않았습니다(요 7:5). 친속들
도 예수님을 미쳤다고 하였습니다(막 3:21).

바리새인들은 바알세불을 힘입어 귀신을 쫓아낸다고 트집을 잡
았습니다(마 9:34, 12:24-27, 막 3:22-26, 30, 눅 11:15, 17-19, 참고-요 7:20,
8:48-49, 52, 10:20). 실로 예수님의 전 생애는 십자가에서 당하신
최절정의 고통 이전에도 많은 인간들에게 수없이 업신여김을 받
으시고 무시 당하시며 슬픔과 설움을 한없이 겪으셨습니다. 이처
럼 예수님께서 하늘 영광 보좌를 버리시고 비천한 자리에서 멸시
와 조롱을 받으셨으나, 그분은 모든 하나님 백성의 구주이시며,
사망을 이기는 영원한 생명의 만나였습니다(요 6:48-58, 8:51, 11:25-
26). 하나님께서 이스라엘 백성에게 '작은 만나'를 먹였듯이, 마지
막 때 '작은 책'을 갖다 먹으라고 명령하셨습니다(계 10:2, 8-9). '작
은 만나'가 꿀 섞은 맛이었듯이, '작은 책'도 입에는 꿀같이 달았습
니다(계 10:9-10). 그리고 '작은 책'을 먹은 사도 요한에게 "많은 백
성과 나라와 방언과 임금에게 다시 예언하여야 하리라"라고 말씀

하셨습니다(계 10:11).

(2) '깟씨 같다' (출 16:31, 민 11:7)

'깟씨'(זֶרַע גַּד, 제라 가드)는 지중해 연안에서 자생하는 미나리과 일년생 고수풀의 씨를 말합니다. 그 씨는 약 3㎜ 정도로 매우 작습니다. 깟씨는 아무리 메마른 땅에 떨어져도 생명력이 강해서 싹을 틔웁니다. 작지만 강한 생명력으로 마른 땅을 뚫고 올라오는 모습은 영원한 생명 자체이신 예수 그리스도의 모습을 나타냅니다(사 53:2). 예수님의 생명이 사람들의 빛이 되어 생명 얻는 길을 열어 주셨습니다(요 1:4). 예수님께서는 많은 사람으로 하여금 생명을 얻게 하시려고 자기 목숨을 대속물로 바치셨습니다(마 20:28). 십자가에 죽기까지 낮아지신 예수님께서는 한 알의 밀알이 되어 많은 열매를 맺으셨습니다(요 12:24-25, 빌 2:8).

한편, '깟씨'에 해당하는 히브리어 '제라 가드'(זֶרַע גַּד)는, 여자의 후손으로 오셔서 십자가에서 고통 당하실 예수님의 모습을 시사하는 듯합니다. '제라'(זֶרַע)는 '씨, 후손'이라는 뜻인데, 예수님께서도 여자의 후손(제라)으로 오신 것입니다(창 3:15, 마 1:16). '가드'(גַּד)는 미나리과의 식물인데, '가다드'(גָּדַד)라는 단어에서 유래하였습니다. '가다드'는 '관통하다, 깊은 상처를 받다'라는 뜻으로, 시편 94:21에서는 무죄자를 정죄하여 피를 흘리게 하는 것을 나타낼 때 사용되었습니다(참고-왕상 21:6-16, 마 27:4). 실로, 예수님께서는 아무 죄도 없으신 분으로(고후 5:21, 히 4:15), 십자가에서 가시 면류관과 못과 창으로 온몸에 깊은 상처를 받으시며 고통을 당하셨던 것입니다.

(3) '둥글다' (출 16:14)

'둥글다'에 해당하는 히브리어는 '하스파스'(חַסְפַּס)인데, NASB에서는 이를 'a fine flake-like thing(얇은 조각과 같은)'이라고 번역하였습니다. 갈대아어에서는 '껍질을 벗기다, 벗겨서 떨어지다'라는 의미로 쓰이는데, 마치 여러 겹으로 된 둥근 양파가 하나씩 벗겨지는 모양을 나타냅니다. 또한 우가리트어에서는 이 단어가 '하사프'(חָשַׂף)와 같은 의미로 사용됩니다.[27] '하사프'(חָשַׂף)는 '나무 껍질을 벗기다'(시 29:9, 욜 1:7), '치마를 벗기다'(사 47:2, 렘 13:26, 욜 1:7), '옷을 벗겨 적신이 되게 하다'(렘 49:10)라는 뜻입니다. 70인경에서는 '하사프'(חָשַׂף)가 '아포칼립토'(ἀποκαλύπτω)로 번역될 때가 있습니다(시 29:9, 사 52:10, 렘 13:26).

'아포칼립토'는 '계시하다, 벗기다, 밝히다'라는 뜻으로, 신약에서 동사로 26번, 명사로 18번 사용되었습니다(눅 2:32, 고전 1:7, 고후 12:1, 갈 1:12, 살후 1:7, 벧전 1:7, 13, 4:13, 계 1:1).

영원한 생명의 만나로 오신 예수님께서는 껍질을 벗겨 실체를 드러내듯이, 천국의 비밀을 드러내셨습니다(마 13:11, 34-35, 눅 8:17). 그러나 사람들이 그 비밀을 깨닫지 못하자, 십자가에 달리시기 전날 밤에 "이것을 비사로 너희에게 일렀거니와 때가 이르면 다시 비사로(figuratively) 너희에게 이르지 않고 아버지에 대한 것을 밝히 이르리라"라고 말씀하셨습니다(요 16:25). 요한계시록 2:17에서는 이기는 자에게 "감추었던 만나"를 주신다고 약속하고 있습니다. 여기서 '감추었던'에 쓰인 헬라어 '크륍토'(κρύπτω)는 '감추다, 숨기다'라는 뜻 외에 '비밀로 하다, 은유로 하다'라는 뜻이 있습니다. 이 말씀대로 세상 마지막 때에는 하나님의 말씀이 점진적으로 밝히 알려지게 될 것입니다(요 16:25, 계 10:2, 22:10).

(4) '희다' (출 16:31)

'희고'에 해당하는 히브리어는 '라반'(לָבָן)이며, 투명하고 밝고 빛나는 것을 의미합니다. 즉, 만나는 순수하고 순결한 식물입니다. 흰색은 구속사적으로 특별한 의미를 가집니다.

첫째, 예수 그리스도의 무죄하심(롬 8:3-4, 고후 5:21, 히 4:15)을 나타냅니다. '희다'라는 단어는 70인경에는 '류코스'(λευκός)로 번역되었습니다. 변화산에서 예수님의 옷이 빛과 같이 희어졌습니다(마 17:2). 누가는 그 옷이 희어져 광채가 났던 것으로(눅 9:29), 마가는 그 옷이 광채가 나며 세상에서 빨래하는 자가 희게 할 수 없을 만큼 심히 희어졌던 것으로 묘사하고 있습니다(막 9:3). 요한계시록에 나타난 예수님의 모습은 그 머리와 털의 희기가 흰 양털 같고 눈 같으며 그의 눈은 불꽃 같았습니다(계 1:14, ^{참고}단 7:9). 예수님께서 재림하실 때 흰 구름을 타고 오십니다(계 14:14). 심판하러 오시는 예수 그리스도께서는 흰 말을 타고 오시며(계 19:11), 하늘의 군대들은 희고 깨끗한 세마포를 입고 흰 말을 타고 따릅니다(계 19:14).

둘째, 흰색은 구속사적으로 예수 그리스도로 말미암아 죄 씻음 받았음을 의미하는 특별한 색입니다(시 51:7, 사 1:18). 다니엘서에서는 많은 사람이 연단을 받아 정결케 되며 희게 할 것이라고 말씀하고 있습니다(단 11:35, 12:10). 요한계시록 7:13-14에서는 "어린 양의 피에 그 옷을 씻어 희게 하였느니라"라고 말씀하고 있습니다. 이처럼 성도들이 입고 있는 흰옷은 하나님께서 주시는 거룩함과 순결함을 상징하며, 성도들의 옳은 행실(계 19:8)을 나타냅니다. 종말에 성도들이 입어야 할 옷도 흰옷입니다(계 3:4-5, 18, 4:4, 7:9, 19:14).

(5) '모양이 진주 같다' (민 11:7)

'모양'(עֵיִן, 아인)은 '눈, 샘물'을 의미하며, '색'(colour: KJV)을 뜻하기도 합니다. '진주'에 해당하는 히브리어는 '베돌라흐'(בְּדֹלַח)로, 구약성경에서 민수기 11:7과 창세기 2:12의 두 곳에 사용되었습니다. 창세기 2:12에는 하윌라 온 땅에 있는 보석 중 하나인 "베델리엄"으로 번역되었습니다. 베델리엄은 흔히 '호박'(琥珀)이라는 보석으로 알려졌는데, 호박은 속이 다 보이는 투명체입니다. 그러므로 만나는 그 색깔이 값진 보석처럼 영롱한 빛을 내고 있었음을 알 수 있습니다. 이스라엘 백성이 흔하게 먹었던 만나가, 에덴동산 주위에 있었던 영롱한 빛을 내는 보석 같은 모양이었던 것입니다.

예수 그리스도는 온 천하를 주고도 바꿀 수 없는 귀하고 값진 보배입니다(마 13:44-46). 골로새서 2:3에서 "그 안에는 지혜와 지식의 모든 보화가 감취어 있느니라"라고 말씀하고 있습니다. 생명의 만나이신 예수님은 보화 중의 보화, 하나님의 비밀(골 2:2)이며 우리의 영광의 소망입니다(골 1:27). 외식하는 서기관들과 바리새인들은 겉으로는 아름답게 보이나 그 안에는 모든 더러운 것이 가득하였습니다(마 23:25-28, 눅 11:39, 44). 그러나 예수님께서는 겉과 속이 같으신, 참으로 세상에서 가장 투명한 참보석이십니다.

4. 만나를 먹는 방법과 구속사적 교훈

The redemptive-historical teaching in the method of
eating the manna

만나는 '신 광야'에서 처음 내리기 시작하여 '돕가'와 '알루스'로 그 장소를 옮겨 진을 쳤을 때에도 변함없이 진 사방에 내렸습니다. 처음에는 만나를 조리하지 않고 내려 주신 그대로 먹었는데(출 16:15-16), 만나가 내리기 시작한 지 육 일째 되던 날에 하나님께서 "구울 것은 굽고 삶을 것은 삶고... 간수하라"(출 16:22-23)라고 하시면서, 만나의 조리 방법을 가르쳐 주셨습니다. 민수기 11:8에서는 "백성이 두루 다니며 그것을 거두어 맷돌에 갈기도 하며 절구에 찧기도 하고 가마에 삶기도 하여 과자를 만들었으니 그 맛이 기름 섞은 과자 맛 같았더라"라고 말씀하고 있습니다. 만나를 과자로 만들기 위해 세 가지 방법을 사용하였는데 맷돌에 가는 방법, 절구에 찧는 방법, 그리고 가마에 삶는 방법입니다.

(1) 맷돌에 갈기도 하고

'맷돌'(רֵחָה, 레헤)은 '잘게 부수다, 가루를 만들다, 억압하다'라는 뜻의 '라하'(רָחָה)에서 유래한 말입니다. 맷돌은 곡식을 갈아서 가루로 만드는 데 쓰이는 기구로, 고대 근동에서는 집집마다 손으로 돌리는 맷돌이 있었습니다. 민수기 11:8에서 '갈다'(טָחַן, 타한)는 '맷돌을 돌리다, 갈아 가루로 만들다'라는 뜻입니다(출 32:20). 곡식을 맷돌에 넣고 갈면 무거운 돌과 돌 사이에서 압축되어 형체가 모두 사라지고 가루가 됩니다. 이는 예수님이 겪으실 참으로 감당하기 어려운 고난을 상징합니다. 예수님께서는 인간에게 영원한 생명을 주시려고 하나님 아버지의 뜻에 순종하면서 맷돌에 갈리는 듯한 극심한 고난을 당하셨습니다(마 26:37-39, 막 14:33-36, 눅 22:41-44, 히 5:7-9). 예수님께서는 "그리스도가 이런 고난을 받고 자기의 영광에 들어가야 할 것이 아니냐"라고 말씀하셨습니다(눅 24:26).

사도 바울은 성도들을 향하여 예수 그리스도와 함께 영광 중에 거하려면 "땅에 있는 지체를 죽이라"라고 말씀하였습니다(골 3:5).

"죽이라"는 '죽이다, 진압하다, 고생하다'라는 뜻의 헬라어 '네크로 사테'(νεκρώσατε)의 부정과거 능동태 명령형으로, 단호하게 일거 (一擧)에 완전히 죽여 없애 버려야 한다는 것입니다. 육신의 생각을 신령한 맷돌에 넣어 가루로 부수어야 합니다. 철저하게 회개하는 통곡, 마음을 갈기갈기 찢는 참회, 그것이 바로 신령한 맷돌에 갈리는 소리입니다. 참교회는 신령한 맷돌 소리가 끊이지 않습니다(시 34:18, 51:7, 사 57:15, 66:10, 욜 2:13, 고후 7:10). 우리 모두 하나님 말씀의 맷돌 속에 옛 사람을 완전히 가루로 부수어서 새 사람을 입는, 거룩하고 아름다운 성도가 되어야 하겠습니다.

(2) 절구에 찧기도 하고

절구(מְדֹכָה, 메도카)는 곡식을 찧거나 빻는 데 쓰는 기구로, '찧다'라는 뜻의 '두크'(דּוּךְ)에서 유래하였습니다. 절구통에 덩어리를 넣고 찧으면 껍질이 벗겨지고, 터지고, 깨어지고, 부스러뜨려져서 형체를 알아볼 수 없게 됩니다. 이는 생명의 구주이신 예수님께서 수난을 당할 때 절구에 찧어지듯이 그의 육체가 산산조각으로 부수어지는 고통을 생각나게 합니다. 채찍에 맞으신 예수님의 몸은 갈기갈기 찢기셨으며, 양손과 양발에는 못이 박혀서 신경과 세포와 살점이 터지고 깨어지고 부스러뜨려졌습니다.

이 땅에 사는 성도 역시 하나님 나라에 들어가기 위해 성도의 권세가 다 깨어지기까지 많은 환난을 당하게 되지만(단 12:7, 행 14: 22), 끝까지 견디고 믿음으로 인내할 때, 큰 축복을 받게 될 것입니다(마 5:10-12, 24:13, 막 13:13, 눅 22:28-30, 히 10:32-36, 계 14:12).

(3) 가마에 삶기도 하여

만나를 과자로 만들기 위한 방법에서 마지막으로 "...가마에 삶기도 하여..."(민 11:8)라고 기록하고 있습니다. '가마'(פָּרוּר, 파루르)는 '그릇, 단지, 솥'을 의미합니다(삼상 2:14). '삶다'(בָּשַׁל, 바샬)는 뜨거운 불에 올려 '삶다, 굽다'라는 뜻입니다(대하 35:13, 욜 3:13). 가마에 삶아 익히거나 불에 구웠다는 것은, 본래의 생명이 완전히 죽음에 이른 것을 말합니다. 유월절에 먹는 어린 양도 불에 구워 먹었습니다(대하 35:13, 참고-출 12:8-9). 이는 예수 그리스도께서 십자가 위에서 받으신 최절정의 고난을 연상시킵니다. 하나님의 아들 예수 그리스도께서 유월절 어린 양으로 십자가에 달려 죽으신 것은 고난의 절정이었습니다(요 1:29, 고전 5:7, 빌 2:8). 친히 나무 십자가에 달려 많은 사람의 대속물로 자기 목숨을 버리신 것입니다(사 53:10, 마 20:28). 그것은 인간에 대한 하나님의 사랑의 극치요 확증입니다(롬 5:8).

한편, 가마에 삶는 과정은 성도가 받을 불 같은 연단과 시험을 연상시키기도 합니다(욥 23:10, 사 48:10, 말 3:2-3). 베드로전서 4:12-13에서 "사랑하는 자들아 너희를 시련하려고 오는 불 시험을 이상한 일 당하는 것같이 이상히 여기지 말고 13 오직 너희가 그리스도의 고난에 참예하는 것으로 즐거워하라 이는 그의 영광을 나타내실 때에 너희로 즐거워하고 기뻐하게 하려 함이라"라고 말씀하고 있습니다. 구속 받은 성도의 사는 길은, 그리스도의 십자가 고난에 참여하면서 오직 나를 위하여 자기 몸을 버리신 하나님의 아들을 믿는 믿음 안에서 사는 것입니다(갈 2:20, 빌 3:10, 골 1:24).

(4) 과자를 만들었으니

"만들었으니"(עָשָׂה, 아사)는 '만들다, 이루다'라는 뜻입니다. '아사'는 대개 '있는 재료를 가지고 형태를 변화시키는 것'을 의미합니다. "과자"에 해당하는 히브리어 '욱가'(עֻגָּה)는 '숯 또는 재 위에 구운 떡'으로, 특히 '여행을 갈 때나 급히 떠날 때 만드는 떡'입니다. 일반적으로 떡(cake)으로 번역되어(창 18:6, 왕상 17:13, 겔 4:12), "무교병"(출 12:39), "숯불에 구운 떡"(왕상 19:6), 열방에 혼잡된 에브라임을 가리키는 "뒤집지 않은 전병"(호 7:8) 등에 사용되었습니다. 이처럼 이스라엘 백성은 하늘에서 내려 주신 만나를 가지고, 형태를 변화시켜 떡을 만들어 먹었던 것입니다. 근본 하나님의 본체이신 예수님께서 사람의 모양으로 나타나실 뿐만 아니라, 자기를 낮추시고 죽기까지 복종하시어 십자가에 죽으신(빌 2:6-8), 그 크신 희생을 생각나게 합니다.

엘리야가 낙심하여 로뎀나무 아래 앉아서 죽기를 소원할 때 천사가 와서 숯불에 구운 떡(욱가)을 주었습니다. 엘리야 선지자는 이 떡을 먹고 힘을 얻어서, 40주야를 걸어 호렙산 곧 하나님의 산에 도착하여 하나님의 세미한 음성을 들을 수 있었습니다(왕상 19:5-8, 12). 우리가 세상을 살아가는 힘은 하나님께서 주시는 떡을 통해 얻을 수 있습니다(마 4:4).

(5) 만나의 다양한 조리 방법과 구속사적 교훈

만나의 다양한 조리 방법은, 귀한 진주 같은 생명의 만나이신 예수님께서 우리를 위해 구원 섭리 사역을 이루시려고 십자가에서 당하신 처절한 육신의 고난과 그 심적 고통을 예표하는 것이었습니다.

예수님께서는 산헤드린 공회에서 사형 선고를 받은 순간, 사형수로 취급받았습니다. 인간 이하의 멸시와 천대, 큰 고통을 받으셨습니다. 처음 안나스에게 심문받을 때, 하속 하나가 손으로 예수님을 쳤습니다(요 18:22). 예수님의 얼굴에 가래침을 뱉고 주먹으로 치고, 혹은 눈을 수건으로 가리고 얼굴을 손바닥으로 때리며 '그리스도야 우리에게 선지자 노릇 하라 너를 친 자가 누구냐'라고 조롱하였습니다(마 26:67-68, 막 14:65, 눅 22:63-65).

빌라도의 법정에서 사형 선고가 확정된 후에는, 몸서리쳐지는 채찍질을 당하셨습니다(마 27:26-30, 막 15:6-20, 눅 23:13-25, 요 18:39-19:16). 한 줄로 된 기다란 채찍이 아니라, 아홉 가닥의 가죽으로 된 채찍이었습니다. 각 가닥 끝에는 날카로운 쇠붙이나 짐승의 뼈를 깎아 만든 뾰족한 조각들이 달려 있어서, 채찍이 몸에 감길 때마다 살이 찢어지고 살점이 묻어나는 채찍질이었습니다. 로마 군병들은 예수님 머리에 가시 면류관을 씌우고는 갈대를 가지고 예수님의 머리를 사정없이 쳤습니다(마 27:29-30, 막 15:17-19). 가시들이 머리 가죽을 뚫고 들어가 뼈를 찌르는 고통을 당하고 계시는데, 칼날 같은 갈대로 계속해서 그 머리를 쳤으니, 그 아픔은 말로 표현이 안 됩니다. 예수님의 얼굴은 퉁퉁 붓고 피범벅이 되고 말았습니다. 예수님께서는 십자가에 달리시기도 전에 채찍에 맞아 온몸이 피투성이였고, 얼굴부터 발끝까지 형체를 알아보기 어려울 지경이었습니다(사 52:14). 예수님의 몸에는 매 맞은 자국마다 길게 '고랑'이 생겼습니다(시 129:3). 그들은 또 예수님의 수염을 뽑았습니다(사 50:6). 예수님의 성체를 땅바닥에 눕혀 놓고 길인 양 사정없이 짓밟고 넘어갔습니다(사 51:23). 시편 기자는 예수님이 당하시는 이런 수난을 미리 보고 "나는 벌레요 사람이 아니라 사람의 훼

방거리요 백성의 조롱거리니이다"라고 예언하였습니다(시 22:6). 또한 예수님의 살이 성한 곳이 하나도 없고, 맞은 상처마다 썩어 악취가 난다고 예언하였습니다(시 38:3, 5, 7).

　군병들이 예수님의 옷을 강제로 벗기고 홍포(자색 옷)를 입히고, 가시 면류관을 씌우고, 갈대를 손에 들린 후 "유대인의 왕이여 평안할지어다"라고 희롱하였습니다(마 27:28-29, 막 15:17-18). 희롱을 다한 후 다시 홍포를 벗기고 그의 옷을 도로 입혀 십자가에 못 박으려고 끌고 나갔습니다(마 27:31, 막 15:20). 십자가에 달리실 때 다시 그 옷을 벗긴 후, 그 겉옷은 네 깃으로 나눠 가지고, 속옷은 한 사람이 차지하였습니다(마 27:35, 막 15:24, 눅 23:34, 요 19:23-24, ^{참고}시 22:18). 죄를 알지도 못하신 예수님께서는 우리 죄인들에게 의의 옷을 입히시기 위해서, 그 몸에 실오라기 하나 걸치지 않고 벌거벗기운 채로 모든 수치를 다 드러내셨습니다(롬 4:25, 5:9, 19, 고후 5:21, 벧전 2:24). 십자가 상에서 흘러내린 붉은 피가 옷이 되고 말았습니다. 땅에 눕혔던 십자가를 일으켜 세울 때 못 박히신 성체가 앞뒤로 크게 흔들리며 처지고 찢기고 부딪히면서, 가시관 쓰신 머리와 못 박히신 손과 발의 고통은 도저히 헤아릴 수 없는 것이었습니다.

　십자가에 달려 계신 동안에도 지나가는 사람들이 머리를 흔들며 모욕하고(마 27:39-40, 막 15:29-30), 대제사장들과 서기관들과 장로들은 하나가 되어 "지금 십자가에서 내려올지어다 그러면 우리가 믿겠노라"라고 하면서 함께 희롱하였습니다(마 27:41-43, 막 15:31-32^上, 눅 23:35). 십자가에 못 박힌 강도도 욕하였고(마 27:44, 막 15:32^下, 눅 23:39), 군병들도 희롱하였습니다(눅 23:36). 예수님께서 큰 소리로 "엘리 엘리 라마 사박다니"라고 외치자, 거기 섰던 사람들이 '엘리야를 부른다'라고 하면서, '엘리야가 와서 구원하는지 지켜보자'고 조롱하였습니다(마 27:46-49, 막 15:34-36).

십자가에 달리신 예수님께서는 당신의 체중 때문에 못 박힌 손목이 점점 더 찢겼고, 머리에 가시관을 써서 흘린 피가 얼굴을 적시고, 온몸을 적시고, 십자가를 적시며 골고다 언덕을 적셨습니다. 여섯 시간 동안 십자가에 매달려 있으면서, 근육이 찢어지고 신경이 찢어지면서 전해지는 고통은 말로 다 할 수 없는 것이었습니다. 더구나 이미 예수님께서 운명하셨음에도 한 군병이 창으로 옆구리를 찌르니 곧 피와 물이 나왔습니다(요 19:34). 우리의 죄 때문에 하나님의 아들이 그렇게 처참하게 맷돌에 갈리듯, 절구에 찧음을 당하듯, 가마에 삶음을 당하듯이 고통을 당하셨습니다. 이사야 53:5-7에서 "그가 찔림은 우리의 허물을 인함이요 그가 상함은 우리의 죄악을 인함이라 그가 징계를 받음으로 우리가 평화를 누리고 그가 채찍에 맞음으로 우리가 나음을 입었도다 ... [6] 여호와께서는 우리 무리의 죄악을 그에게 담당시키셨도다 [7] 그가 곤욕을 당하여 괴로울 때에도 그 입을 열지 아니하였음이여 마치 도수장으로 끌려가는 어린 양과 털 깎는 자 앞에 잠잠한 양같이 그 입을 열지 아니하였도다"라고 말씀하고 있습니다(벧전 2:22-25).

사도 바울은 "우리가 항상 예수 죽인 것을 몸에 짊어짐은, 예수의 생명도 우리 몸에 나타나게 하려 함이라"라고 말씀하였습니다(고후 4:10). 우리 산 자가 항상 예수를 위하여 죽음에 넘기움으로, 예수의 생명이 우리 죽을 육체에 나타나게 해야 합니다(고후 4:11, ^{참고}마 16:24, 막 8:34, 눅 9:23, 행 14:22, 롬 8:36, 고전 15:31, 딤후 3:12). 믿음이 있는 성도는 환난의 맷돌과 절구통과 가마를 두려워하지 않습니다. 그 이유는 예수님께서 이미 환난을 당하시고 '세상을 이기

었노라'라고 선포하고 계시기 때문입니다(요 16:33, 요일 5:4).

5. 만나의 양(量)
The quantity of the manna

(1) 하늘에서 내린 만나의 양

하나님께서 만나를 내려 주실 때는 "비같이" 내렸습니다(출 16:4, 시 78:24). 출애굽기 16:4의 "비같이 내리리니"(מַמְטִיר, 맘티르)는 '비가 내리다'라는 뜻의 히브리어 '마타르'(מָטַר)의 히필 분사형으로, 하나님께서 주권적으로 비가 내리듯이 만나가 내리도록 역사하셨음을 나타냅니다. 하나님께서는 만나를 "충족히"(시 78:25), "만족케"(시 105:40) 주셨으며, 이스라엘 백성은 그 양식을 먹으므로 주리지 않고 매일 배불렀습니다(출 16:8, 12). 하나님께서 만나를 비같이 내려 주신 것처럼, 은혜를 주실 때 늘 넘치도록 풍성히 주십니다(롬 5:15, 17, 20, 고후 4:15, 9:8, 딤전 1:14).

(2) 백성이 거둔 만나의 양

이스라엘 백성은 여호와의 명을 따라 "각 사람의 식량대로" 만나를 거두되, "인수대로 매명에 한 오멜씩" 취하였으며, 각 사람이 그 장막에 있는 자들을 위하여 취하였습니다(출 16:16).

하나님께서 내려 주신 만나의 양은 헤아릴 수 없을 만큼 엄청난 분량이었습니다. 이스라엘 백성이 실제로 거둔 양만 계산한다면 1인당 한 오멜씩입니다. 한 오멜은 곡물 한 묶음에서 나오는 탈곡량으로(참고-레 23:10-11, 신 24:19) 2.34리터이며 이것은 1/10에바입니다(출 16:36). 전체 200만 백성이 한 번 거둔 만나의 총량을 계산해 본다

면(계산상의 편의를 위해 만나 1리터를 1kg으로 가정), 468만kg(200만 명×
2.34kg)입니다. 이것은 4톤(1톤은 1,000kg) 트럭으로 1,170대(468만kg÷
4천) 분량입니다. 1년이면 427,050 (1,170대×365일[28])대요, 40년이면
17,082,000대(427,050대×40년)입니다.

이것을 오늘날 식료품비와 비교하여 계산해 볼 때, 이스라엘 전
백성이 40년 동안 먹은 만나는 약 480조 원에 해당하는 엄청난 분
량입니다. 이 계산의 근거는 다음과 같습니다. 대한민국 중산층 1
인당 월(月) 식료품비를 약 50만 원으로 가정하면, 1년 식료품비는
600만 원이요, 40년 식료품비는 2억 4천만 원입니다. 여기에 인구
수 200만 명을 곱하면 약 480조 원이 나오는 것입니다.

(3) 측량하기 어려운 광야의 은혜

하나님께서 광야생활 내내 숨결처럼 부어 주신 은혜가 어찌 먹
는 만나뿐이었겠습니까? 사람이 살 수 없는 그 끔찍한 광야에서
200만이 넘는 사람의 생수, 신발, 의복, 기후 등 그 어떤 면에서도
40년 동안 조금도 부족함이 없었다니(신 2:7), 그 은혜를 어찌 다 계
산하며 무엇으로 보답할 수 있겠습니까? 40년 동안이나 눈동자 같
이 지켜 주신 그 무한한 은혜(신 32:10), 독수리 날개로 업어 인도하
신 은혜(출 19:4, 신 32:11)는, 우리를 낳아 주신 육신의 부모도 도무
지 해줄 수 없는 것이요, 전능하신 하늘 아버지의 크고 자비하신
사랑으로만 가능했던 것입니다.

① 200만 명의 40년 생수 값

광야에서는 평균적으로 한 사람이 하루에 2리터 이상의 수분
을 섭취해야 합니다. 시중에서 판매되는 생수 2리터의 가격을

1,100원으로 가정해 볼 때, 1인당 40년 동안 마신 생수의 가격은 총 1,606만원(1,100원×365일×40년)입니다. 이것을 200만 명분으로 계산하면 40년 동안 이스라엘 백성이 마신 생수 가격은 약 32조 120억 원입니다. 하나님께서는 물이 없는 곳을 지날 때(출 17:1, 민 20:1-2) 반석에서 생수가 나게 하심으로 이스라엘 백성이 물을 마시게 하셨습니다(출 17:6, 민 20:7-11). 시편 105:41에서는 "반석을 가르신즉 물이 흘러나서 마른 땅에 강같이 흘렀으니"라고 말씀하고 있습니다(참고·신 8:15, 느 9:15, 시 78:15-16, 20, 114:8, 사 48:21, 고전 10:4).

② 200만 명의 40년 신(신발) 값

신명기 29:5에서 "주께서 사십 년 동안 너희를 인도하여 광야를 통행케 하셨거니와 너희 몸의 옷이 낡지 아니하였고 너희 발의 신(신발)이 해어지지 아니하였으며"라고 말씀하고 있습니다(신 8:4). 여기 '해어지지'의 히브리어는 '발라'(בָּלָה)로, '낡아지다'라는 뜻입니다. 하나님께서는 광야 40년 동안 신(신발)이 낡아지지 않게 하셨으며, 신(신발) 한 켤레로 40년 광야를 지날 수 있도록 섭리하셨던 것입니다(느 9:21).

한 사람이 1년에 운동화 한 켤레를 신는다고 가정하면, 40년 동안 40켤레가 필요합니다. 그러나 광야 40년 동안 계속 걸었다는 것을 생각해 볼 때, 평균적으로 한 달에 한 켤레는 필요했을 것입니다. 만약 운동화 한 켤레를 5만 원으로 계산한다면, 매월 5만 원씩, 1년 동안 60만 원(5만 원×12개월)이 듭니다. 여기에 40년을 곱하면, 1인당 40년 동안 신(신발) 값은 2,400만 원이 들어갑니다. 그러므로 200만 명의 40년 동안의 신(신발) 값은 약 48조 원(2,400만 원

×200만 명)이 됩니다.

③ 200만 명의 40년 의복비

신명기 8:4에서 "이 사십 년 동안에 네 의복이 해어지지 아니하였고 네 발이 부릍지 아니하였느니라"라고 말씀하고 있듯이, 하나님께서는 광야 40년 동안 처음 입었던 옷이 낡아지지 않고 계속 유지되도록 은혜를 베풀어 주셨던 것입니다(느 9:21). 우리가 이런 은혜를 받는다면 매년 몇 벌씩 사 입어야 할 옷값이 들지 않을 것입니다. 2011년도 통계청 자료에 의하면, 대한민국 1인당 월(月) 의복비는 약 5만 원입니다. 그러므로 1년에 60만 원(5만 원×12개월), 40년이면 2,400만 원입니다. 따라서 200만 명의 40년 동안의 의복비도 약 48조 원(2,400만 원×200만 명)입니다.

④ 200만 명의 40년 의료비

오늘날 우리는 몸에 이상이 생기면 병원에 가거나 약을 먹습니다. 어떤 사람은 한의원에 가거나, 요양원에 가기도 합니다. 그런데 하나님께서는 광야 40년 동안 이스라엘 백성을 질병으로부터 보호해 주셨습니다. 출애굽 후에 마라에서도 "가라사대 너희가 너희 하나님 나 여호와의 말을 청종하고 나의 보기에 의를 행하며 내 계명에 귀를 기울이며 내 모든 규례를 지키면 내가 애굽 사람에게 내린 모든 질병의 하나도 너희에게 내리지 아니하리니 나는 너희를 치료하는 여호와임이니라"(출 15:26)라고 선포하셨습니다. 시내 산 아래에 머무를 때도 "너의 하나님 여호와를 섬기라 그리하면 여호와가 너희의 양식과 물에 복을 내리고 너희 중에 병을 제하리니"라고 말씀하셨습니다(출 23:25). 이러한 은혜를 주셨다고 할 때, 그것을 숫자로 환산하면 엄청난 금액이 나오게 됩니다. 2011년도 통계청 자료에 의하면, 대한민국 1인당 월(月) 의료비는 약 5만 원입니다. 그러므로 1년에 60만 원(5만 원×12개월), 40년이면 2,400만 원입니다. 따라서 200만 명의 40년 동안의 의료비는 약 48조 원 (2,400만 원×200만 명)입니다.

⑤ 200만 명의 40년 광열비

하나님께서는 광야에서 낮에는 구름 기둥으로 그늘을 만들어 주시고, 밤에는 불 기둥으로 따뜻하게 해주셨습니다(출 13:20-22, 민 9:15-23, 14:14, 신 1:33, 느 9:12, 19, 시 105:39). 오늘날로 말하면 광열비(전기세와 연료비)가 들지 않도록 역사하셨던 것입니다. 2011년도 통계청 자료에 의하면, 대한민국 1인당 월(月) 수도·광열비는 약 7만 원입니다. 계산 편의상 수도비와 광열비를 구분하지 않고 하나로 묶어서 계산할 때, 1년에 84만 원(7만 원×12개월)이요, 40년이면 3,360만 원입니다. 그러므로 200만 명의 광열비는 약 67조 원 (3,360만 원×200만 명)입니다.

식료품비부터 광열비까지 이 모든 것을 합산해 보면, 하나님께서는 1인당 40년 동안 약 3억 6천 1백 6십 6만 원씩(2억 4,000만 원 +1,606만 원+2,400만 원+2,400만 원+2,400만 원+3,360만 원)에 해당하는 은혜를 베풀어 주셨으며, 이것을 200만 명분으로 환산하면 약 723조 원 이상에 해당하는 은혜를 베풀어 주신 것입니다. 만약 5인 가족 단위로 계산한다면, 한 가족당 18억 830만 원씩 은혜를 베풀어 주신 것입니다. 그러나 실제로는 이외에 계산되지 않는 은혜가 더욱 큰 것입니다.

이 은혜는 지난날 광야에서 이스라엘 백성에게 주신 것으로 끝나지 않았습니다. 오늘 우리에게도 숨쉬는 순간마다 동일하신 하나님께서 동일한 무게로 부어 주고 계십니다. 그 은혜가 아니면 한 순간도 살 수 없습니다. 시편 17:8에서 "나를 눈동자같이 지키시고 주의 날개 그늘 아래 감추사"라고 말씀하고 있습니다. 사도 바울은 고린도전서 15:10에서 "그러나 나의 나 된 것은 하나님의 은혜로 된 것이니 내게 주신 그의 은혜가 헛되지 아니하여 내가 모든 사도보다 더 많이 수고하였으나 내가 아니요 오직 나와 함께하신 하나님의 은혜로라"라고 고백하였습니다. 그러나 하나님을 알되 하나님으로 영화롭게도 아니하며 감사치도 아니하는 사람(롬 1:21)은 하나님을 떠난 자입니다. 우리는 시편 기자의 "여호와께서 내게 주신 모든 은혜를 무엇으로 보답할꼬"(시 116:12)라는 고백처럼, 오늘 각자 나에게 베풀어 주신 형언할 수 없이 크신 은혜를 기억하면서, 늘 감사가 차고 넘치는 삶을 살아야 할 것입니다.

6. 만나를 거두는 법칙

Regulations in gathering the manna

(1) "아침마다"(출 16:7, 8, 12, 21)

이스라엘 백성은 "아침마다 각기 식량대로" 만나를 거두었습니다(출 16:21). "아침마다"는 히브리어로 '아침, 새벽'을 뜻하는 '보케르'(בֹּקֶר)를 반복하여 '바보케르 바보케르'(בַּבֹּקֶר בַּבֹּקֶר)이며, 매일 아침 거두었음을 강조한 것입니다. 전 백성은 "진 사면에"(출 16:13) 내린 그날의 양식을 거두기 위해 아침 일찍 부지런히 나가야 했습니다. 해가 뜨겁게 쪼이면 만나가 스러졌(녹았)으므로(출 16:21) 늦게 일어나면 거둘 것이 전혀 없기 때문에 그날 하루는 아주 굶게 됩니다. 게으른 자는 신령한 양식을 먹을 수 없고, 오직 부지런한 자가 풍족함을 얻습니다(잠 13:4). 그러므로 하나님께서 은혜 주실 때 기회를 붙잡아야 합니다(고후 6:2).

(2) "이슬이 마른 후에"(출 16:13-14)

"밤에 이슬이 진에 내릴 때에" 만나도 같이 내렸습니다(민 11:9). 만나는 백성이 모두 잠들어 있는 어두운 "밤에"(לַיְלָה, 라일라) 내렸습니다. 만나는 밤에 이슬과 함께 내려서 이슬에 숨겨져 있다가, 해가 솟은 후 광야의 온도가 높아지면서 이슬이 증발하고 나면, 광야 지면에 작고 둥글며 서리같이 세미한 모습으로 드러났습니다(출 16:14). 그때 백성은 만나를 보고 거두었습니다. 한편, 이슬은 연간 강수량이 부족한 팔레스타인에서 농작물에 더 없이 소중한 것으로, 하나님의 은혜를 나타냅니다(신 33:13, 시 133:3, 사 26:19, 미 5:7).

(3) "일용할 것을 날마다"(출 16:4)

이스라엘 백성에게 허락된 만나는 하루분씩의 양식이었습니다. "아침까지 그것을 남겨 두지 말라"(출 16:19)라는 말씀에 불순종하여 당일에 먹지 않고 다음날 아침까지 남겨 둔 것은 벌레가 생기고 냄새가 났습니다(출 16:20). "벌레가 생기고 냄새가 난지라"는 히브리어로 '바야룸 톨라임 바이브아쉬'(וַיָּרֻם תּוֹלָעִים וַיִּבְאַשׁ)이며, '그리고 벌레들이 기승을 부리고 악취가 났다'라는 뜻입니다. 예수님께서도 기도를 가르치실 때 "오늘날 우리에게 일용할 양식을 주옵시고"(마 6:11)라고 하셨습니다. 우리가 구할 것은 하루하루 일용할 양식이지, 필요 이상의 것은 모두 욕심입니다. 이튿날의 부족을 걱정하여 물질을 쌓아 두려 하지 말고, 그날에 만족하고 감사하라는 귀한 가르침입니다. 아직 일어나지 않은 내일의 문제를 오늘 해결해 보려고 염려하고 조급해 하는 것은 너무나 어리석은 일입니다. 한 날의 괴로움은 그날에 족한 것입니다(마 6:34).

당일에 진 사면에 거두지 않은 만나는 자연적으로 녹아 없어져 날마다 진 사면이 깨끗해졌습니다(출 16:21). 부질없는 인간의 욕심이 낄 때 벌레들이 들끓어 기승을 부리고 불쾌한 악취를 풍기는 것입니다. 그러나 감사하고 만족하며 순종하는 마음은, 좋은 향기가 되어 사람의 심령에 기쁨과 상쾌함을 주고, 모든 염려의 먹구름을 순식간에 사라지게 합니다.

(4) '제6일에는 날마다 거두던 것의 갑절'(출 16:5, 22)

만나는 7일을 주기로 약 40년 동안 한 주도 빠짐없이 내렸습니다. 평일에는 1오멜씩(2.34리터), 제6일에는 2오멜씩(4.68리터) 만나를 거두었습니다(출 16:16, 22, 29). 그런데 말씀에 불순종하여, 평일에 거둔 만나를 다음날까지 남겨 두면 벌레가 나고 악취가 나던 것이(출 16:20), 제6일에 말씀에 순종하여 안식일을 위해 갑절로 거둔 것은 썩지 않고 신선하게 보존되었습니다(출 16:24). 그리고 제7일만 되면 만나는 어김없이 멈추었습니다(출 16:25-27).

여기에는 하나님께서 이스라엘 백성이 깨닫기를 원하시는 중요한 섭리가 있었습니다. 하나님께서는 이스라엘 백성이 안식일을 거룩히 지키기를 원하셨던 것입니다.

안식일의 규례는 이후에 시내 광야에서 십계명을 통해 주어졌지만(출 20:8-11, 신 5:12-15), 그 이전부터 이스라엘 백성은 만나를 거두는 법칙을 통해서 안식일을 준수하고 있었던 것입니다. 안식일은, 하나님께서 6일 동안의 창조 사역을 마치시고 일곱째 날에 안식하신 것(창 2:1-3, 히 4:4)을 기념하여 사람들에게 지키게 하심으로, 하나님께서 모든 만물의 주인이심을 확고히 인식케 하며, 성도들이 누릴 천국에서의 영원한 안식을 소망하게 해 주셨습니다. 안식일은 하나님께서 특별히 복 주시고 거룩하게 하신 날입니다(창 2:2-3).

이스라엘이 하나님의 명령을 좇아 광야에서 만나를 거두는 법칙은 정확히 7일 주기였습니다. 제6일에는 만나가 다른 날의 갑절이 내렸고(출 16:5, 22, 29), 제7일에는 내리지 않았습니다(출 16:23-27). 싫든 좋든 간에 하늘에서 내리는 만나를 먹으려면 이 법칙을 따라야 했고, 무조건 안식일을 지킬 수밖에 없었습니다. 광야 노정은 한마디로 만나를 통한 7일 주기의 반복, 곧 안식일 준수 훈련이었습니다(출 16:29-30). 하나님께서 정해 주신 법칙대로 만나를 거두게 하심으로써, 이스라엘 백성에게 안식일 준수 명령에 절대 복종하도록 철저하게 연단하셨습니다(신 8:16).

이스라엘 백성이 애굽의 통치를 받는 동안에는 안식일을 지키지 않았을 것입니다. 이에 하나님께서는 만나를 주시고 그것을 거두는 가장 강한 방법으로, 안식일 준수에 대해 엄격하게 훈련하셨습니다. 이스라엘은 40년 동안의 계속적인 안식일 준수 훈련을 통하여 그것이 전 국민적인 관습으로 자리잡게 되었습니다.[29]

오늘날 우리도 하나님의 말씀에 순종치 않고 안식일을 범하면 애굽의 종살이 신세를 끝까지 면치 못합니다. 애굽 종살이 430년이 계속 따라다닙니다. 이스라엘 백성은 안식일을 지키면서 천지 창조를 기억할 뿐 아니라, 애굽에서 종 되었던 데서 속량해 주신 구속 역사를 기억할 수 있었던 것입니다(출 6:5, 13:3, 14, 20:2,

레 26:13, 신 5:6, 15, 6:12, 21, 7:8, 8:14, 13:5, 10, 15:15, 16:12, 24:18, 22, 수 24:17, 삿 6:8, 렘 34:13, 미 6:4).

(5) "남음이 없고", "부족함이 없이"

출애굽기 16:17-18에 "이스라엘 자손이 그같이 하였더니 그 거둔 것이 많기도 하고 적기도 하나 ¹⁸ 오멜로 되어 본즉 많이 거둔 자도 남음이 없고 적게 거둔 자도 부족함이 없이 각기 식량대로 거두었더라"라고 말씀하고 있습니다. 만나를 많이 거두었든지 적게 거두었든지 각자 장막에 가지고 와서 오멜로 측량해 보니, 남는 사람도 없었고 모자란 사람도 없었다는 것입니다. 만나를 거둘 때는 분명히 각자의 분량이 달랐는데도 오멜로 측량했을 때는 각자에게 적합한 분량이 된 것입니다. 이것은 만나를 거두는 과정에서 역사하신 하나님의 놀라운 섭리입니다. 욕심으로 많이 거두었다고 해서 많이 먹이지 않으셨고, 적게 거두었다고 해서 굶게 하지 않으셨습니다.

사도 바울은 만나를 거두는 신비한 섭리를 예로 들어, "이제 너희의 유여한 것으로 저희 부족한 것을 보충함은 후에 저희 유여한 것으로 너희 부족한 것을 보충하여 평균하게 하려 함이라 ¹⁵ 기록한 것같이 많이 거둔 자도 남지 아니하였고 적게 거둔 자도 모자라지 아니하였느니라"라고 기록하고 있습니다(고후 8:14-15). 자신에게 넘치는 것이 있다면 쌓아 두지 말고 아낌없이 부족한 이웃에게 베풀어서 모두가 균등하게 해야 한다고 말씀한 것입니다. 잠언 3:27-28에도 "네 손이 선을 베풀 힘이 있거든 마땅히 받을 자에게 베풀기를 아끼지 말며 ²⁸ 네게 있거든 이웃에게 이르기를 갔다가 다시 오라 내일 주겠노라 하지 말며"라고 말씀하고 있습니다

(참고-행 2:44-45, 4:32-35).

하나님의 말씀대로 살지 않고 욕심으로 재물을 많이 쌓아 놓았다 해서 그것이 제 것이 되는 것이 아닙니다. 일용할 양식 외에 나머지는 내 것이 아닙니다. 마땅히 돌아가야 할 '내 이웃의 몫'입니다. 이웃의 몫을 탐욕으로 소유하면 결코 그것이 남아 있지 못하고 부패하며, 죄를 낳고 사망을 낳게 될 뿐입니다(약 1:15, 참고-눅 12:15-21). 참성도는 정함이 없는 재물에 마음을 두지 말고, 오직 예수 믿는 믿음을 지키고 선한 일을 행하는 데만 전력을 기울여야 합니다(딤전 6:17-19).

실로 '오멜'은 예수 그리스도의 사랑의 척도입니다. 많이 거둔 자나 적게 거둔 자 모두에게 균일하며 언제나 부족함이 없습니다. 하늘에서 내려온 참만나이신 예수 그리스도께서는 우리를 언제나 부족함이 없게, 부요하게 해주시는 분입니다(고후 8:9). 또한 유대인이나 헬라인이나 차별이 없이, 한 주(主)께서 모든 사람의 주(主)가 되사, 저를 부르는 모든 사람에게 부요하신 분입니다(롬 10:12).

7. 만나를 주신 목적
The purpose of giving the manna

(1) 이스라엘 백성의 육적 양식이었습니다(출 16:3-4, 느 9:15).

어느 시대나 사람 사는 땅에 먹는 문제가 해결되지 않으면 원망이 일어나고 시비가 그치지 않습니다. 사람이 살 수 없는 땅 광야에서는 무엇보다 배고픈 문제가 가장 컸습니다. 신 광야에 이르러 백성은 모세와 아론에게 "우리가 애굽 땅에서 고기 가마 곁에 앉았던 때와 떡을 배불리 먹던 때에 여호와의 손에 죽었더면 좋았을 것을 너희가 이 광야로 우리를 인도하여 내어 이 온 회중으로 주려 죽게 하는도다"(출 16:3)라고 원망하기 시작하였습니다. 그러자 하나님께서는 "아침에는 떡으로 배불리시리니"(출 16:8, 12)라고 약속해 주셨습니다. 만나는 분명 광야에서 저들의 주린 배를 위한 썩어져 가는 육신의 양식이므로(요 6:27, 31), '조상들이 만나를 먹고 영원히 살지 못하고 결국에는 죽었다'라고 하였습니다(요 6:49, 58). 만나는 하나님께서 "광야에서 너희에게 먹인 양식"(출 16:32)이요, 광야에서 하나님께서 차려 주신 신비로운 식탁(食卓)이었습니다(참고-시 78:19). 과연 이스라엘 백성은 광야생활 40년 내내 조금도 부족함이 없었습니다(신 2:7).

　분명 하나님만 믿고, 하나님의 나라와 하나님의 의를 먼저 구하는 성도에게는 부족함이 없는 형통의 축복이 있습니다(마 6:30-33).

(2) 사람이 떡으로만 사는 것이 아니요 여호와의 입에서 나오는 모든 말씀으로 사는 줄을 깨닫게 해 주셨습니다(신 8:3).

　하나님의 말씀에는 '죽지 않는 영원한 생명'이 있습니다(요 6:58, 63, 8:51, 고전 15:51-55). 우리의 일용할 양식은 떡이 아니요, 하나님의 말씀입니다(마 4:4). 예수님께서는 제자들이 동네에서 먹을 것을 가지고 와서 잡수실 것을 권할 때, "내게는 너희가 알지 못하는 먹을 양식이 있느니라"라고 말씀하셨습니다(요 4:32). 그때 제자들이 "누가 잡수실 것을 갖다 드렸는가" 하매, 예수님께서 "나의 양식은 나를 보내신 이의 뜻을 행하며 그의 일을 온전히 이루는 이것이니라"라고 말씀하셨습니다(요 4:33-34). 우리의 참 양식도 하나님의 말씀대로 하나님의 일을 이루는 것이어야 합니다(요 4:34, 롬 14:6-8, 고전 10:31). 떡을 먹을 때도, 떡을 창조하신 말씀을 먹어야 건강합니다(히 11:3). 하나님의 말씀으로 사는 사람은 말씀으로 배부른 사람입니다. 하나님의 말씀을 들을 때 맛이 나면 살 맛도 나게 됩니다. 그러므로 매일매일 살아갈 때, 하나님의 말씀에서 살 소망을 얻고, 그 말씀으로 은혜를 받는 일에 힘쓰며, 말씀으로 풍성한 삶을 살아야 합니다.

(3) 이스라엘 백성을 낮추어 하나님의 명령을 지키는지 아니 지키는지 시험하고 마침내 복을 주기 위해서입니다(신 8:2, 16).

광야생활에서 생존하려면 싫든지 좋든지 하나님께서 정하신 만나의 법칙을 조금도 어김없이 정확하게 복종해야 합니다. 광야에는 자기 힘으로 해결할 수 있는 것이 하나도 없습니다. 하나님께서는 만나의 규례를 주시면서 "그들이 나의 율례를 준행하나 아니하나 내가 시험하리라"라고 말씀하셨습니다(출 16:4). 이스라엘을 시험하신 궁극적인 이유는 '마침내 복'을 주시기 위함이었습니다(신 8:16). '마침내'는 '뒷부분, 끝'이라는 뜻의 '아하리트'(אַחֲרִית)로서, 이전에는 상상할 수도 없는 엄청난 복을 의미합니다(참고-욥 42:12). 우리가 하나님을 전적으로 의지하여 하늘에서 주시는 양식만 의존하며 살 때, 땅의 욕심을 버리게 되고 자연히 그 마음은 지극히 겸손하게 됩니다. 하나님께서는 하나님의 말씀 앞에 겸손한 자에게 재물과 영광과 생명을 더하십니다(잠 22:4).

8. 광야 노정에서 만나에 대한 끊이지 않는 불평

The endless grumbling regarding the manna during the
wilderness journey

(1) 광야 초기 '기브롯 핫다아와'에서(민 11:4-35)

이스라엘 백성은 틈만 나면, 광야에서 자기를 죽지 않고 살게 해
준 이 소중한 생명의 만나를 무시하고 싫어하고 지겹다고 원망하
였습니다. 그들은 만나를 먹기 시작한 지 약 1년 되었을 때에 '기브
롯 핫다아와'(12번째 진친 곳 - 민 33:16-17)에서 "이제는 우리 정력이
쇠약하되 이 만나 외에는 보이는 것이 아무것도 없도다"(민 11:6)라
고 하며, 자신들의 정력이 쇠약한 이유가 만나만 먹었기 때문이라
고 불평하면서 울며 고기를 요구하였습니다. 이 일로 인하여 하나
님께서는 "바람이 여호와에게로서 나와 바다에서부터 메추라기를
몰아 진 곁 이편 저편 곧 진 사방으로 각기 하룻길 되는 지면 위 두
규빗쯤에 내리게" 하셨습니다(민 11:31). 그리고 백성이 "종일 종야
와 그 이튿날 종일토록 메추라기"(민 11:32)를 모았고, "고기가 아직
잇사이에 있어 씹히기 전에 여호와께서 백성에게 대하여 진노하사
심히 큰 재앙으로" 치시고, 탐욕을 낸 백성을 거기 장사함으로 그
곳 이름을 '기브롯 핫다아와' 곧 '탐욕의 무덤'이라 하였습니다(민
11:33-34).

(2) 광야 말기 '부논'에서(민 21:4-9)

이스라엘 백성은 만나를 먹기 시작한 지 약 39년이 넘었을 무렵,
부논(35번째 진친 곳 - 민 33:42-43)에 진쳤을 때도 만나에 대하여 불
평을 했습니다. 이때는 애굽 땅에서 나온 지 40년(주전 1407년) 5월 1
일, 호르산에서 아론이 죽은 후였습니다(33번째 진친 곳 - 민 20:22-29,

33:38-39). 이스라엘 백성은 또다시 애굽을 그리워하면서 "이곳에는 식물도 없고 물도 없도다 우리 마음이 이 박한(קְלֹקֵל, 켈로켈: 욕지기가 나는) 식물을 싫어하노라(קוץ, 쿠츠: 몹시 지겨워 질색하다)"라고 하나님과 모세를 향하여 원망하였습니다(민 21:5). 이에 하나님께서 불뱀들을 백성 중에 보내어 백성을 물게 하시므로 백성 중에 죽은 자가 많았습니다(민 21:6). 저들이 이토록 불평했던 만나는 가나안 땅에 들어가서 그 땅 소산을 먹은 다음날부터 내리지 않았으므로, 다시는 볼 수도 먹을 수도 없었습니다(수 5:10-12).

유구한 역사 속에서 세계 최초로 체계적 정리
Systematically organized for the first time in history

9. 만나의 간수법 두 가지
Two laws regarding the preservation of the manna

하나님의 명령대로 보관해 둔 만나가 광야생활 약 40년 동안 썩지 않고 보존된 것은 신비로운 기적입니다. 평일에 만나는 하루만 지나면 벌레가 생기고 냄새가 나서 도저히 먹을 수 없었기 때문입니다. 이는 만나를 간수하도록 명하신 하나님의 말씀의 신비하고 놀라운 능력입니다.

하나님께서는 광야에서 이스라엘에게 먹이신 만나를 기념하기 위해 모세에게 특별한 간수법 두 가지를 명령하셨습니다.

출애굽기 16:32-33 "모세가 가로되 여호와께서 이같이 명하시기를 이것을 오멜에 채워서 너희 대대 후손을 위하여 간수하라 이는 내가 너희를 애굽 땅에서 인도하여 낼 때에 광야에서 너희에게 먹인 양식을 그들에게 보이기 위함이니라 하셨다 하고 33 또 아론에게 이르되 항아리를 가져다가 그 속에 만나 한 오멜을 담아 여호와 앞에 두어 너희 대대로 간수하라"

여기 "간수하라"라는 명령이 32절과 33절에 각각 기록되어 있는데, 이는 히브리어로 '미쉬메레트'(מִשְׁמֶרֶת)로서, '보호, 파수'라는 뜻을 가지고 있으며, '지키다, 보관하다'라는 뜻의 '샤마르'(שָׁמַר)에서 파생되었습니다. 32절의 "채워서"는 70인경에 '플레사테'(Πλήσατε)로 번역되어 있는데, 이는 '핌플레미'(πίμπλημι)의 2인칭 복수 명령법입니다. 한편, 33절의 "가져다가"는 헬라어로 '람바노'(λαμβάνω)로 번역되어 있는데, 이는 2인칭 단수 명령법입니다. 따라서, 32절은 이스라엘 백성에게 "간수하라" 명령하신 것이고, 33절은 아론 한 사람에게 "간수하라" 명령하신 것입니다. 이후 언약궤 속에 넣을 만나는 금 항아리에 담아 증거판 앞에 보관하였으며(출 16:33-34, 히 9:4), 이스라엘 백성 또한 각자의 집에 대대로 후손들을 위해 반드시 만나를 보관하도록 하셨던 것입니다.

(1) 이스라엘 백성 각 가정에 간수하라는 명령

출애굽기 16:32 상반절에서 "이것을 오멜에 채워서 너희 대대 후손을 위하여 간수하라"라고 명령하셨습니다. 이는 증거판 앞에 둔 만나 담은 항아리와는 별도의 간수법으로(출 16:33-34), 이스라엘 백성 각 가정에 만나를 간수하라는 명령입니다. 이사야 59:21에 "내가 그들과 세운 나의 언약이 이러하니 곧 네 위에 있는 나의 신과 네 입에 둔 나의 말이 이제부터 영영토록 네 입에서와 네 후손의 입에서와 네 후손의 후손의 입에서 떠나지 아니하리라"라고 말씀하셨듯이, 만나를 간수하여 두고 보게 하셨던 것은 하나님께서 베풀어 주신 은혜를 영원히 잊지 않게 하기 위함입니다. 왜냐하면 언약궤 속에 있

는 금항아리에 담긴 만나는 그 누구도 볼 수 없기 때문입니다. 지성
소 안에 있는 언약궤는, 그 내용물은 고사하고 아무도 언약궤 자체
를 볼 수가 없습니다(레 16:2, 13, 민 4:20, ^{참고}민 17:12-13).

출애굽기 16:32 하반절에는 만나를 간수해야 할 이유를 "...이는
내가 너희를 애굽 땅에서 인도하여 낼 때에 광야에서 너희에게 먹
인 양식을 그들에게 보이기 위함이니라"라고 분명히 기록하고 있
습니다. 여기 '보이다'는 히브리어 '라아'(רָאָה)의 미완료형으로, 이
것은 후손들이 육신의 눈으로 직접 계속적으로 보는 것을 의미합니
다(^{참고}창 3:6, 6:2). 이 명령대로라면 후손들이 각 집안에 보관된 만
나를 눈으로 분명히 볼 수 있었던 것입니다.

(2) 대제사장 아론에게 언약궤 속에 간수하라는 명령

모세는 하나님께서 명령하신 대로 아론에게 "...항아리를 가져다
가 그 속에 만나 한 오멜을 담아 여호와 앞에 두어 너희 대대로 간
수하라"라고 명하였고, 아론은 명하신 대로 그것을 증거판 앞에 두
어 간수하게 하였습니다(출 16:33-34).

여기 "항아리"는 히브리어로 '친체네트 아하트'(צִנְצֶנֶת אַחַת)이며,
'하나'라는 뜻을 가진 '아하트'를 써서, 만나를 보관할 수 있는 것은
오직 그 항아리 하나뿐임을 강조하고 있습니다.

그 외에 다른 방법과 다른 목적으로 누군가가 성막에 만나를 보
관하더라도 그 만나는 벌레가 생기고 악취가 났을 것입니다. 그러
나 아론이 하나님의 말씀에 순종하여 가져온 그 항아리에 담아 증
거판 앞에 보관한 만나만은 벌레도 생기지 않고 악취도 나지 않으
며 없어지지도 않았습니다. 평일에 거둔 만나는 이튿날까지 남겨
두면 벌레가 생기고 냄새가 났지만(출 16:19-20), 제6일에 거둔 만

나는 그 이튿날에도 신선하게 유지되어, 벌레가 생기지 않고 악취도 풍기지 않았던 것입니다(출 16:23-24). 이 모두가 하나님 말씀의 권능에서 나오는 신기한 역사입니다.

10. 만나의 구속사적 교훈
The redemptive-historical teaching of the manna

만나는 하나님께서 타락한 인간에게 직접 하늘에서 내려 주신 최고의 식물로서, 지상에 있는 식물 중에 최고의 맛이었습니다.

(1) 예수님은 하늘에서 내려온 떡으로 신령한 양식입니다.

예수님께서는 광야 시대의 만나와 비교하여 자신을 "내 아버지가 하늘에서 내린 참떡"(요 6:32), "하나님의 떡"(요 6:33), "하늘로서 내려온 떡"(요 6:41, 50-51, 58), "생명의 떡"(요 6:35, 48)이라고 소개하셨습니다. 요한복음 6:49-50에서 "너희 조상들은 광야에서 만나를 먹었어도 죽었거니와 50 이는 하늘로서 내려오는 떡이니 사람으로 하여금 먹고 죽지 아니하게 하는 것이니라"라고 말씀하고 있습니다. 예수님께서는 하늘에서 내려오신 분으로(요 3:13, 6:38, 41-42), 사람에게 가장 소중한 영생의 떡을 주시는 분입니다. 곧 영원히 죽지 않는 영생의 만나, 곧 영생의 말씀을 가지신 분입니다(요 6:68). 요한복음 6:27에서도 "영생하도록 있는 양식"을 인자가 준다고 말씀하셨습니다. 그러므로 우리는 끝까지 예수님을 믿고 영생의 말씀을 붙잡아야 합니다(요 6:29, 6:66-69).

(2) 예수님은 우리의 모든 필요를 아시고 충족시켜 주시는 분입니다.

이스라엘 백성이 신 광야에 이르러 양식이 떨어져 원망하자, 하나님께서는 탐욕대로 원망하는 어리석은 백성을 금방 멸하지 않고, 자비를 베풀어 신속하게 응답하고 놀라운 해결책을 허락해 주셨습니다. 출애굽기 16:7에서 "아침에는 너희가 여호와의 영광을 보리니 이는 여호와께서 너희가 자기를 향하여 원망함을 들으셨음이라"라고 말씀하고 있습니다. 원망을 들으시고 바로 다음날 아침에 만나로 '배부르게' 먹이셨던 것입니다(출 16:8, 12, 17-18). 예수님의 공생애 역사를 볼 때, 놀라운 기적으로 수많은 사람들을 배부르게 하셨습니다. 예수님께서는 허기진 무리들을 외면치 않으시고 오병이어로 기적을 일으켜, "저희의 원대로" 배부르게 먹이셨습니다(요 6:11-12). 배부른 후에 "남은 조각이 열두 바구니에 찼더라"라고 기록하고 있습니다(요 6:13). 예수님이야말로 우리의 필요한 것을 아시고 만족스럽게 채워 주시는 분임을 깨닫게 됩니다(마 6:25-34, 7:7-11, 빌 4:6-7).

(3) 예수님은 우리의 일용할 양식이 되십니다.

광야 40년 생활은 우리의 거친 인생살이 나그네길을 상징합니다. 이스라엘이 광야에서 매일 내린 만나에 의해서 생명을 유지한 것은, 우리 성도가 나그네같이 이 땅에 사는 동안(창 47:9, 대상 29:15, 시 119:54, 벧전 1:17, 2:11) 매일 예수 그리스도를 지속적으로 의지해야만 진정한 생명을 유지할 수 있음을 보여 줍니다. 예수님을 의지하는 사람은 매일매일 예수님의 말씀을 양식으로 삼고 살아가는 사람입니다. 마태복음 4:4에 "사람이 떡으로만 살 것이 아니요 하나님의 입으로 나오는 모든 말씀으로 살 것이라"라고 말씀하고 있습니다(신 8:3). 복 있는 사람은 "오직 여호와의 율법을 즐거워하여 그 율법을 주야로 묵상하는 자"입니다(시 1:2). 하나님께서는, 마지막 때 이기는 자에게 감추었던 만나를 주신다고 약속하셨습니다(계 2:17). 날마다 하나님의 말씀을 일용할 양식으로 삼아 살아가는 성도는, 반드시 이기는 자가 되어 감추었던 만나를 먹는 주인공이 될 것입니다.

2. 언약의 두 돌판(증거판)

שְׁנֵי לֻחֹת הַבְּרִית (셰네 루호트 하에두트)

δυσί πλάκες τῆς διαθήκη

The two stone tablets of the covenant (the testimony)

출 25:16, 21, 32:15-16, 34:28-29, 40:20, 신 10:1-5, 히 9:4

"증거판을 궤 속에 둘지며"
(출 25:16, 21, 40:20, 신 10:1-5)
"모세가 돌이켜 산에서 내려오는데 증거의 두 판이 그 손에 있고 그 판의 양면 이편 저편에 글자가 있으니"(출 32:15)

<앞판의 모습>

<뒷판의 모습>

*십계명이 새겨진 모습은 추정된 것임.

    이스라엘 백성의 금송아지 우상 숭배로 인해 파기된 언약이 하나님의 은혜로 회복된 후, 하나님께서는 모세를 다시 불러 이전에 주셨던 것과 똑같은 십계명을 친수로 기록해 주시고(출 34:1, 28), 그것이 기록된 새로운 두 돌판을 궤 속에 넣으라고 명령하셨습니다(신 10:1-5).

    그 십계명은 "언약의 말씀"으로 불렸습니다(출 34:28, 신 4:13). '언약의 말씀'이 기록된 두 돌판은 "언약의 돌판"이라 불렸으며(신 9:9, 11, 15, 참고-히 9:4), 이 '언약의 돌판'이 보관된 궤를 "언약궤"라고 불렸습니다(신·구약 43회 기록).

1. 모세의 3차에 걸친 40일 기도
Three separate forty-day prayers by Moses

모세는 시내산 언약의 핵심 내용인 십계명을 받기 위하여 가파른 시내산을 총 여덟 차례나 오르내렸습니다(출 19:1-34:35). 그 여덟 번 중에 제6차와 제8차 등정을 통하여 하나님께서 직접 쓰신 십계명 두 돌판을 받게 되는데, 이 과정에서 모세는 혼신의 힘을 기울여 세 번의 40일 기도를 올렸습니다. 두 번은 금식기도요, 한 번은 중보기도였습니다. 첫 번째 40일 금식기도는 제6차 시내산 등정에서(출 24:12-18, 신 9:8-14), 두 번째 40일 금식기도는 제8차 시내산 등정에서(출 34:1-28, 신 9:18, 10:1-4) 올렸습니다. 제7차 시내산 등정에서는 40일 중보기도를 올렸습니다(출 32:30-33:3, 신 9:25-29, 10:10-11).

(1) 모세의 첫 번째 40주야 금식기도(제6차 시내산 등정)
- 출애굽 원년(주전 1446년) 3월 8일부터 4월 17일까지 -

이스라엘 백성은 애굽에서 430년간 고통과 고난의 역사를 청산하고, 이제 자유하는 사람들로서 새로운 역사를 설계하는 중차대한 시기를 맞고 있었습니다. 모세는 시내산에 제6차로 올랐을 때, 40주야 떡도 먹지 아니하고 물도 마시지 않으면서 온전히 하나님께 기도를 올렸습니다(출 24:15-18, 신 9:9, 11). 40일 동안의 밤낮이 지나고 하나님께서는 친히 다듬은 두 돌판의 이편 저편에 친수로 십계명을 기록해 주셨습니다(출 24:12, 31:18, 32:15-16, 신 9:10-11).

모세는 하나님께서 만드시고 기록하신 십계명 두 돌판을 받아 가지고 시내산에서 내려왔습니다. 그런데 이스라엘 백성은 모세가 산에서 내려옴이 더딤을 보고, 자신들을 인도할 신을 만들기 위해 모든 백성이 귀의 금고리를 빼어 모아, 자기들을 위하여 송아지 형상의 우상을 만들었습니다(출 32:1-4). 이때 모세는 시내산에서 내려와 진에 가까이 이르러 송아지와 그 춤추는 것을 보고 대노하여, 하나님께서 새겨 주신 그 증거의 두 판을 산 아래로 던져 깨뜨렸고, 그들이 만든 금송아지를 불살라 부수어 가루를 만들어 물에 뿌려 이스라엘 자손에게 마시도록 하였습니다(출 32:15-20).

(2) 모세의 40일 중보기도(제7차 시내산 등정)
- 출애굽 원년(주전 1446년) 4월 18일부터 5월 28일까지 -

십계명 두 돌판이 파기된 것은 곧 하나님과 이스라엘 백성 사이에 맺은 언약이 파기된 것을 의미했습니다. 모세는 다시 제7차로 시내산에 올라 40일 중보기도를 올렸습니다(출 32:30-33:3, 신 9:25-29). 모세가 이스라엘 백성을 위해 40일 동안 눈물로 드린 중보기도는 마침내 하나님의 마음을 움직이고 하나님의 뜻을 돌이키게 하였습니다. 신명기 10:10-11에서 "내가 처음과 같이 사십 주야를 산에 유하였고 그때에도 여호와께서 내 말을 들으사 너를 참아 멸하지 아니하시고 [11] 여호와께서 내게 이르시되 일어나서 백성 앞서 진행하라 내가 그들에게 주리라고 그 열조에게 맹세한 땅에 그들이 들어가서 그것을 얻으리라 하셨느니라"라고 말씀하고 있습니다.

(3) 모세의 두 번째 40일 금식기도(제8차 시내산 등정)
- 출애굽 원년(주전 1446년) 5월 30일부터 7월 10일까지 -

모세가 시내산에 8차로 올랐을 때, 또다시 40주야를 여호와 앞에 엎드려서 떡도 먹지 아니하고 물도 마시지 아니하면서 기도하였습니다(출 34:28, 신 9:18). 이때 하나님께서는 모세에게 처음 것과 같은 두 돌판을 준비케 하시고, 처음 주셨던 판의 내용과 같은 십계명을 그 판에 써서 모세에게 주셨습니다(출 34:1, 28, 신 10:1-5). 출애굽기 34:29에서 "모세가 그 증거의 두 판을 자기 손에 들고 시내산에서 내려오니"라고 말씀하고 있습니다. 여기 '판'이라는 단어는 히브리어 '루아흐'(לוּחַ)로, '널빤지, 판자'를 뜻합니다. 이것은 두 돌판이 두께가 얇은 판이라는 것을 가르쳐 줍니다. 탈무드에서는 두 돌판의 크기에 대하여 다음과 같이 언급하고 있습니다.

「모세가 만든 궤는 길이가 2.5규빗이고 넓이는 1.5규빗이고 높이도 1.5규빗이었는데 한 규빗은 여섯 손바닥이다. 그리고 돌판들은 길이가 여섯 손바닥 너비도 여섯 손바닥이고 두께는 세 손바닥이며 언약궤 안에 길게 누워 있었다(Baba Batra 14a).」[30]

이 탈무드의 기록에 의하면, 돌판은 길이와 너비가 각각 "여섯 손바닥"이므로 1규빗(45.6㎝)×1규빗(45.6㎝)의 정방형이었습니다. 이것은 언약궤의 크기를 볼 때 충분히 일리가 있는 기록입니다. 그러나 돌판의 두께에 대한 탈무드의 기록은 전혀 성경과 맞지 않습니다. 탈무드에서는 돌판의 두께가 세 손바닥이라고 기록하고 있습니다. 성경의 수치를 재는 단위 중 "손바닥"(טֹפַח, 토파흐)은 '6분의 1규빗'(7.6㎝)이므로(출 25:25, 37:12, 왕상 7:26, 대하 4:5, 겔 40:5, 43, 43:13), 세 손바닥은 약 22.8cm입니다. 돌판의 두께가 22.8cm라는 탈무드의 기록은 히브리어 원문과 전혀 맞지 않습니다. 왜냐하면 두 돌판에 사용된 히브리어 '루아흐'는 얇은 판으로서, 이 단어가 구약에서 사용된 용례를 살펴보면 절대로 두꺼운 것을 가리키지 않습니다. '루아흐'는 모세가 시내산 6차 하산 때 산 아래로 던지자 깨어질 정도로 얇은 판이었습니다(출 32:19). 신명기 9:17에서 두 돌판을 깨뜨릴 때 사용된 "깨뜨렸었노라"는 히브리어 '샤바르'(שָׁבַר)의 피엘(강조)형으로 '완전히 박살나다, 산산조각 깨지다'라는 뜻입니다. 또한 '루아흐'는 번제단에 사용된 '널판'(출 27:8, 38:7), 솔로몬 성전의 '금속판'(왕상 7:36), 책의 '서판'(사 30:8) 등 매우 얇은 판을 가리킬 때 사용되었습니다. 히브리어 원문에 '루아흐'와 다른 또 한 종류의 판이 있는데, '케레쉬'(קֶרֶשׁ)입니다. 이 '케레쉬'는 성막에 사용된 널판으로 '루아흐'보다는 두꺼운 판자를 가리킵니다(출 26:15-29, 36:28-34). '케레쉬'는 배의 갑판에 사용될 정도로 두꺼운 판자입니다(겔 27:6). 따라서 탈무드의 기록처럼, '케레쉬'(7.6cm, *Ant.* 3. 116)보다 더 얇은 판인 '루아흐'가 세 손바닥(22.8cm) 두께라는 것은 성경과 전혀 맞지 않습니다. 돌판은 크지 않았고, 두 판을 한 사람이 들 수 있는 정도의 무게였을 것입니다.[31] 이렇게 하나님께서는 모세가 산에 오르내릴 때 충분히 옮길 수 있을 정도로 두 돌판을 얇게 만들어 주셨습니다. 참으로 세세한 부분까지 배려하시는 하나님의 깊은 사랑을 읽을 수 있습니다.

　모세는 이스라엘 백성과 함께 시내 광야에 이르러 산 앞에 장막을 치자마자 산에 올라가서 하나님을 만난 후(출 19:1-3), 마침내 시내산 언약을 체결하였습니다(출 24:4-11). 그리고 곧바로 이어진 첫 번째 40일 금식기도(출 24:12-31:18, 32:15-16, 신 9:8-14), 40일 중보기도(출 32:30-35, 신 9:25-29, 10:10-11), 두 번째 40일 금식기도(출 34:1-28, 신 9:18, 10:1-4)는, 혈기왕성한 젊은이의 체력으로도 결코 감당키 어려운 일이었습니다. 모세의 기도는, 자기 몸을 돌보지 않는 사명적 헌신으로만 가능한 일이었습니다(참고-행 20:24). 또한 이 모든 것은 이스라엘 백성을 통하여 하나님의 언약을 성취하게 하시는 하나님의 강권적인 은혜의 역사로만 가능했던 일입니다.

참고로, 숫자 '40'은 완성과 성취의 기간을 의미하는 것으로, 성경에 자주 언급되었습니다(창 7:12, 50:2-3, 출 16:35, 34:28, 민 13:25, 14:34, 신 8:2, 9:9, 11, 18, 25, 10:10, 삿 3:11, 5:31, 8:28, 13:1, 삼상 4:18, 삼하 5:4, 왕상 11:42, 19:8, 왕하 12:1, 겔 4:6, 욘 3:4, 마 4:2, 행 1:3, 7:30, 13:21). 모세의 생애 120년은 정확하게 40년씩 세 분기로 나뉩니다. 이는 초대 교회 스데반 집사의 설교에서 명백히 구분되어 있습니다. 출생부터 40세까지는 애굽 궁정의 왕자로서 지냈습니다(행 7:21-23). 그리고 40세가 되어서야 처음 그 형제 이스라엘을 돌아볼 생각이 났으며(행 7:23), 그 후 미디안 광야로 도주하여 40년 동안 목자 생활을 하였습니다(행 7:29-30, ^{참고-}출 3:1). 80세가 되어 하나님의 종으로 부름을 받아(출 7:7) 40년 동안 이스라엘 백성을 이끄는 광야의 지도자로 활동하다가(민 14:33, 32:13, 시 95:10), 120세에 그 생애를 마쳤습니다(신 34:7).

40세는 한 인간의 장성한 나이로 여겨졌습니다(출 2:11, 수 14:7, 행 7:23). 40의 배수인 80세는 늙은 나이를 나타내며(출 7:7, 삼하 19:34-35, 시 90:10), 3배수인 120은 인간 수명의 한계로 묘사되기도 하였습니다(창 6:3, 신 34:7).

2. 두 돌판을 다듬고 나무궤를 준비하는 모세
Moses cut out two tablets of stone and made an ark of wood.

시내산 제6차 하산 시에 처음 주셨던 두 돌판이 깨어진 상황에서, 하나님께서는 모세의 중보기도를 들으시고 다시금 새롭게 언약의 두 돌판을 주려 하셨습니다. 다시 한 번 기회를 허락하신 것이므로, 첫 번과 같이 실패해서는 안 되었습니다. 그래서 하나님께서는 모세가 제8차로 시내산에 오르기 전에 두 가지 준비를 명령하셨습니다. 첫째, 두 돌판을 직접 다듬어 가지고 올 것과 둘째, 두 돌판을 넣어 보관할 나무궤 하나를 만들라는 것이었습니다(신 10:1-2).

(1) "처음과 같은 두 돌판을 다듬어 가지고"(신 10:1上)

하나님께서는 모세에게 돌판 둘을 깎되, "처음 것과 같이" 깎아 만들라고 말씀하셨습니다(출 34:1). 신명기 10:1에서도 "여호와께서 내게 이르시기를 너는 처음과 같은 두 돌판을 다듬어 가지고 산에 올라 내게로 나아오고"라고 말씀하셨습니다. 처음에 주셨던 두 돌판은 "하나님이 만드신 것"이었습니다(출 32:15-16). 그러나 두 번째 돌판은, 하나님께서 만드셨던 처음 두 돌판과 같은 모양으로 모세가 그대로 깎아 만든 것입니다.

(2) "또 나무궤 하나를 만들라"(신 10:1下)

하나님께서는 모세를 마지막 제8차 시내산으로 부르실 때 나무궤 하나를 만들라고 지시하셨습니다(신 10:1). 처음에 주신 두 돌판은 나무궤에 보존되지 못하여 깨어졌으나, 두 번째 주실 두 돌판은 나무궤에 안전하게 보관할 것을 미리 말씀해 주셨습니다. 이 나무궤를 '싯딤나무(조각목)'로 만들었다는(신 10:3, 참고-출 25:10, 37:1) 사실과 두 돌비가 신명기가 쓰여진 시기인 "지금까지"(신 10:5)도 그 안에 있었다는 말씀을 볼 때, 아마도 이 궤는 지성소에 보관된 언약궤였을 것입니다.[32]

"또 나무궤 하나를 만들라"(신 10:1)라는 말씀은 히브리어로 '베아시타 레카 아론 에츠'(וְעָשִׂיתָ לְךָ אֲרוֹן עֵץ)인데, '베아시타'는 '만들라'는 뜻이고, '아론 에츠'는 돌판을 안전하게 보관할 나무궤를 말합니다. 한글 개역성경에는 번역되지 않은 '레카'는 '너에 대해서 말하건대'라는 뜻으로, 두 돌판을 보관할 나무궤만은 반드시 모세의 주관 하에 만들 것을 명령한 것입니다. 출애굽기 37:1의 "브살렐이 조각목으로 궤를 만들었으니..."라고 기록된 것을 볼 때, 실제로 궤를 만든 사람은 브살렐이지만, 하나님의 계시를 따라 모세의 주관하에 만들었던 것입니다.

제6차로 시내산에 올라갔을 때 이미 성막 식양을 받았으므로, 모세는 나무궤를 하나님의 계시대로 만들었던 것입니다. 출애굽기 25:10-11에 "그들은 조각목으로 궤를 짓되 장이 이 규빗 반, 광이 일 규빗 반, 고가 일 규빗 반이 되게 하고 11 너는 정금으로 그것을 싸되 그 안팎을 싸고 윗가로 돌아가며 금테를 두르고"라고 말씀하고 있습니다. 모세는 싯딤나무로 궤를 만들어 놓고 시내산에 올랐습니다(신 10:3).

모세는 두 돌판을 처음에 하나님께서 다듬어 주셨던 그 모습 그대로 순종하여 다듬었으며, 나무궤까지 모두 완성한 후에 하나님의 자비를 구하는 겸손한 마음으로 시내산에 올랐습니다.

3. 두 번째 받은 증거의 두 판
The two tablets of the testimony that were received for the second time

(1) "처음 판에 쓴 말을 내가 그 판에 쓰리니"(신 10:2上)

하나님께서는 이스라엘 전 백성에게 음성으로 들려주셨던 그 십계명 전문을 두 돌판에 각각 새겨 주셨습니다. 출애굽기 34:1 하반절에서 "...네가 깨뜨린바 처음 판에 있던 말을 내가 그 판에 쓰리니"라고 말씀하셨습니다(신 10:2). 두 번째 돌판에 기록한 십계명도 처음에 주신 말씀과 똑같은 내용이었습니다. 신명기 10:4 하반절에서 "...십계명을 처음과 같이 그 판에 쓰시고 그것을 내게 주시기로"라고 말씀하고 있습니다.

십계명은 하나님께서 인간에게 주신 언약이므로, 더 추가하거나 뺄 것 없이 처음 주셨던 그대로 주신 것입니다. 두 돌판은 깨어졌어도 그 안에 기록한 내용은 전혀 깨어지거나 변함이 없고, 어제나 오늘이나 영원토록 동일한 것입니다(말 3:6, 히 13:8). 변하는 것은 결코 진리가 아닙니다. 하나님의 말씀은 한 시대만 아니라 만대까지 그 말씀을 믿는 자에게 진리와 생명으로 살아서 역사하십니다(참고-사 41:4).

(2) "그 판의 양면 이편 저편에 글자가 있으니"(출 32:15)

하나님께서 십계명을 처음에 기록하신 방식은, "그 판의 양면 이편 저편에 글자가 있으니"(출 32:15)라고 말씀하고 있습니다. 돌판의 한 편만 아니고 "이편 저편" 양면에 다 기록하셨던 것입니다. 처음 주신 두 돌판의 것과 같은 내용을 쓰신 것이라면(출 34:1), 두 돌판에 새기는 방식도 첫 번째와 동일하였을 것입니다. 당시 고대 근동 지역에서 조약이나 언약을 체결하는 방식은, 체결 시에 각 당사자가 조약 전문을 기록한 사본을 받도록 되어 있었습니다.[33] 이로 보아 한 돌판은 하나님 편을 위한 것이고 또 다른 돌판은 이스라엘 편을 위한 것으로, 십계명 내용 전부를 각각 기록했을 것입니다.[34] 모세는 그 증거의 두 판을 자기 손에 들고 시내산에서 내려왔습니다(출 34:29).

(3) "그 판을 내가 만든 궤에 넣었더니"(신 10:5)

시내산에 올라 40주야 금식기도를 마친 모세는 다시 받은 그 새로운 두 돌판을 나무궤 속에 넣어 보관하였습니다. 이때는 출애굽 원년 7월 10일(주전 1446년, 출애굽 한 지 172일째: 대속죄일)입니다(출 34:29-35, 신 10:5). 이날은 모세가 시내산 제8차 등정을 마치고 내려온 날입니다.

> **신명기 10:2** "네가 깨뜨린 처음 판에 쓴 말을 내가 그 판에 쓰리니 너는 그것을 그 궤에 넣으라 하시기로"

신명기 10:5에는 "내가 돌이켜 산에서 내려와서 여호와께서 내게 명하신 대로 그 판을 내가 만든 궤에 넣었더니 지금까지 있느니라"라고 말씀하고 있습니다. 여기 "내게 명하신 대로"는 히브리어 '차바'(צָוָה)의 '피엘(강조)형'으로, 하나님께서 모세에게 아주 강력하게 명령하셨음을 나타냅니다. 또한 "지금까지 있느니라"는 히브리어 '바이흐유 샴'(וַיִּהְיוּ שָׁם)으로, '거기에 있다'라는 뜻입니다. 즉, 하나님께서 명령하신 바로 그 장소에 있다는 것을 강조한 것입니다.

신명기 10:5의 "내가 만든 궤"는 모세가 산 위에 오르기 전에 만들어 두었던 그 나무궤를 말하며, 싯딤나무(조각목)로 만든 것이었습니다(출 25:10, 37:1, 신 10:3).

하나님께서는 모세가 제6차 시내산에 올랐을 때 "내가 네게 줄 증거판을 궤 속에 둘지며"(출 25:16), "증거판을 궤 속에 넣으라"(출 25:21)라고 명령하셨습니다. 이에 모세는 언약궤를 완벽하게 완성한 후 출애굽 2년 1월 1일 성막을 세운 뒤(출 40:17), "증거판을 궤 속에" 다시 넣어 두었습니다(출 40:20). 그 명칭은 "여호와의 언약 넣은 궤"(왕상 8:21)라고 불렸습니다.

4. '두 돌판' 보관의 구속사적 교훈
The redemptive-historical teaching of the preservation of the two tablets of stone

십계명 두 돌판을 안전하게 나무궤에 보관하도록 하신 것은, 구속사적으로 우리에게 주시는 교훈이 큽니다.

첫째, 십계명을 포함한 모든 율법을 마음에 새기라는 상징적 의미를 가지고 있습니다. 하나님의 말씀은 심령에 영원히 새겨 간직해야 합니다(렘 31:33, 고후 3:3). 하나님의 말씀을 마음에 새긴 자는, 그 말씀이 죄를 범하지 않도록 그를 지켜 주십니다(시 119:133). 시편 119:11에서는 "내가 주께 범죄치 아니하려 하여 주의 말씀을 내 마음에 두었나이다"라고 말씀하고 있습니다.

둘째, 하나님의 말씀은 더하거나 빼서는 안 된다는 사실을 교훈합니다(계 22:18-19). 두 돌판을 나무궤에 보관하게 하심으로, 하나님께서 친수로 새겨 기록하신 것 외에 다른 말씀을 추가하거나, 거기 새겨 있는 말씀을 함부로 지우거나 변질시키지 못하도록 하신 것입니다(신 4:2, 12:32, 잠 30:6, 전 3:14, ^참고^계 22:18-19). 마음으로 하나님의 말씀을 의심하는 것은 말씀을 가감하는 큰 죄요, 거짓말하는 죄입니다(창 3:3-4, 요 8:44).

셋째, 하나님의 말씀을 빼앗기지 말고 그 말씀대로 지키며 살라는 것입니다(신 17:18-20). 잠언 4:13에서 "훈계를 굳게 잡아 놓치지 말고 지키라 이것이 네 생명이니라"라고 말씀하고 있습니다(^참고^신 6:3, 잠 4:20-22). 말씀을 잘 지키려면 말씀을 잘 간직해야 합니다. 요한복음 14:21에서 "나의 계명을 가지고 지키는 자라야 나를 사랑하는 자니..."라고 말씀하고 있습니다. 현대인의 성경에서는 "내 계명을 간직하여 지키는 사람..."이라고 번역하였습니다(^참고^왕상 2:3, 눅 2:19).

세상이 변하고 오랜 세월이 흘러도 하나님의 구원 역사가 완성되는 그날까지 변하지 않는 것은 하나님의 말씀입니다. 그러므로 하나님의 말씀이 기록된 신·구약 66권만이 우리 삶의 유일무이한 절대 기준이요, 신·구약 66권만이 하나님의 절대적인 말씀입니다. 성경은 모든 시대를 초월하여 완전 무오하고, 영원한 것이며, 성경의 신적 권위도 오직 성경 자체에 있습니다. 하나님의 교회와 그의 성도들이 날마다 하나님의 말씀으로 세력을 얻어 가면 결코 망하는 법이 없고, 그 말씀과 함께 세상 끝까지 영원히 살아 남게 됩니다. 예수님의 말씀은 영생과 직결되어 있습니다(요 5:24-25, 6:63, 68, 11:25-26, 17:3, 롬 5:21, 요일 5:13). 예수님께서는 "진실로 진실로 너희에게 이르노니 사람이 내 말을 지키면 죽음을 영원히 보지 아니하리라"(요 8:51)라고 약속하셨습니다.

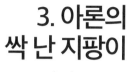

3. 아론의 싹 난 지팡이

מַטֵּה אַהֲרֹן פָּרַח
(마테 아하론 포레아흐)
ἡ ῥάβδος Ἀαρών ἡ βλαστήσασα
Aaron's rod which budded
민 17:8-11, 히 9:4

"아론의 지팡이는 증거궤 앞으로 도로 가져다가 거기 간직하여
패역한 자에 대한 표징이 되게 하여"(민 17:10)

민수기 16장은 모세와 아론의 지도권에 도전했던 고라와 다단과 아비람의 반역과 그들의 죽음을 기록하고 있습니다. 광야생활 말기, 곧 가데스 바네아 반역 사건(주전 1445년 - 민 14장)이 있은 지 약 38년이 되어 갈 무렵(주전 1407년), 그 이전과는 비교가 되지 않는 거국적인 반란이 일어났습니다.

첫째, 모세와 아론의 정치·종교적 지도권에 도전하는 지도자들의 반란이 있었습니다(민 16:1-40).

둘째, 이와 연관되어 일어난 일반 백성의 어리석은 원망과 무모한 도전이 있었습니다(민 16:41-50).

이에 하나님께서는 모세에게 명하여 각 지파별로 하나씩 지팡이를 가져오게 하여, 해당 지파의 족장 이름을 각각 그 지팡이에 쓰게 하고(민 17:1-2), 레위의 지팡이에는 아론의 이름을 쓰게 하였습니다(민 17:3). 그리고 12개의 지팡이를 회막 안 증거궤 앞에 두었습니다. 그러자 단 하루 만에 아론의 지팡이에만 움이 돋고 순이 나고 꽃이 피고 살구 열매가 열리는 기적이 일어났습니다(민 17:4-8).

이로써 하나님께서는 아론과 그 후손들을 모든 이스라엘 위에 뛰어나게 하시고, 아론 외에는 그 누구도 하나님의 성소에 가까이할 수 없도록 하셨습니다(민 17:9-13).

1. 반역 주동 세력 고라 당의 조직
The organization of Korah's faction, the leading rebel forces

출애굽 이후 광야 40년 생활 동안 이스라엘을 위태롭게 했던 반란 사건들이 많이 있었습니다. 그 중에서 고라 일당의 반역은 출애굽 후 자주 있었던 여러 반역 사건 중에 가장 조직적인 것이었는데, 바로 "당(黨)을 짓고"(민 16:1) 모세와 아론을 거스린 것이었습니다. "당을 짓고"(לָקַח, 라카흐)는 '소유로 삼다, 포로로 하다'란 뜻입니다. 당을 지었던 그들은 이스라엘의 다른 지도자들까지 설득하여 자기 편으로 만들고, 모세와 아론과 장로들을 공격하였습니다. "함께 일어나서 모세를 거스리니라"(민 16:2下), "모여서 모세와 아론을 거스려..."(민 16:3)라고 말씀하고 있습니다. 민수기 16:2에서 '거스리다'(פָּנִים, 파님)는 '얼굴, ~앞에'라는 뜻으로, 직역하면 "그들이 모세의 면전에 맞서서 일어섰다"입니다. 즉 당을 짓고 모세의 면전에서 강하게 반역했음을 뜻합니다. 지금까지의 반역과는 달리, 무리가 모여 당을 지었다는 사실은 분명한 선동자와 그에 동조하는 지도자들, 그리고 이들을 따르는 매우 큰 세력(조직)이 이미 형성되어 있었다는 것을 의미합니다.

(1) 반역 주동자: '고라'(민 16:5-6, 16)

모든 반역과 죄의 시작은 고라 한 사람이었습니다. '고라'(קֹרַח,

Korah)는 '우박, 대머리'라는 뜻이며, 모세와 아론처럼 레위 사람이 었습니다. 그에 대하여 "레위의 증손 고핫의 손자 이스할의 아들 고 라"(민 16:1)라고 상세하게 소개하고 있습니다. 고라는 자신의 반역 에 사람들이 동참하도록 유혹하고 끌어들였습니다. "고라와 그 모 든 무리..."(민 16:5), "너 고라와 너의 모든 무리"(민 16:6), "고라에게 이르되 너와 너의 온 무리..."(민 16:16)라고 기록하고 있습니다.

고라는 성막의 기물을 운반하고 관리하는 일을 담당하던 고핫 자손의 한 사람이었습니다(민 3:27-32, 16:1). 또한 모세와 아론의 친 사촌 형제였습니다(출 6:18-24). 그는 레위인이었기 때문에 아론 의 자손들만 제사장이 되는 특권이 있는 것이 늘 못마땅했습니다 (참고·민 3:32). 자신도 그들만큼 정치, 종교적 위치를 차지할 수 있다 고 생각하여 반란을 주도하였습니다. 고라의 무리들은 하나님께 서 위임하신 신적 권위를 무시하고, 모세와 아론에게 "너희가 어 찌하여 여호와의 총회 위에 스스로 높이느뇨"라고 도전했습니다 (민 16:3下). 이들은 함께 일어나 하나님의 총회를 분열시켰으며(민 16:2), 육신의 혈통으로 영적 직분을 취하려 하였습니다(민 16:1-3, 10). 특히 대제사장 아론을 원망하고 질투하면서, 온 회중이 여호와 의 거룩한 무리로서 모두가 제사장의 직분을 수행할 자격이 있다 고 주장하였습니다(민 16:3, 10-11, 시 106:16).

(2) 핵심 지도자: '다단, 아비람, 온'(민 16:1)

고라의 반역 행위에 적극적으로 동조하였던 자들은 엘리압의 아 들 '다단, 아비람', 그리고 벨렛의 아들 '온'이며, 이들은 모두 르우 벤 자손이었습니다(민 16:1, 신 11:6).

민수기 26:9에 "...다단과 아비람은 회중 가운데서 부름을 받은 자"라고 말씀하고 있습니다. 여기서 "부름을 받은 자"는 이스라엘의 지도자로서 직무를 수행하도록 특별히 선택된 자를 의미하는 말입니다. 한편, '다단'(דָתָן, Dathan)은 '샘, 원천'이라는 뜻이고, '아비람'(אֲבִירָם, Abiram)은 '나의 아버지는 높으시다'라는 뜻입니다. 시편 106:17에서는 당시 거역하던 무리를 "아비람의 당"이라고 하였습니다. 벨렛의 아들 '온'(אוֹן, On)은 '능력' 혹은 '태양'이라는 뜻입니다. 그들의 선조인 르우벤은 이스라엘의 장자였으나, 서모 빌하를 범하여 장자의 신분을 상실하고 말았습니다(창 29:32, 35:22, 49:3-4, 대상 5:1-2). 그러나 그들은 인간적인 생각으로, 르우벤의 자손인 자신들이 장자로서 정권을 차지할 권리가 있다고 생각했을 것입니다. 이들은 모세와 아론의 주도 하에 움직이는 것에 불만을 품고 선뜻 반역에 가담하였을 것입니다(민 16:12-14). 실로 하나님의 주권을 무시한 교만한 처사였고, 그것은 분명히 "고라의 패역"(유 1:11)에서 비롯된 것입니다.

(3) 함께 일어난 자: 회중에 유명한 어떤 족장 250인(민 16:2)

민수기 16:2에 보면, 고라를 중심으로 한 모반 세력 곧 "회중에 유명한 어떤 족장 250인"이 고라와 함께 일어나 모세를 거스렸다고 말씀하고 있습니다. 족장들 250인을 가리켜 "이스라엘 자손 총회에 택함을 받은 자"라고 하였는데, 이것은 그들이 일종의 모사들이었다는 사실을 의미할 수도 있습니다.[35] '유명한(사람들)'은 직역하면 '이름의 사람들'입니다. 250인은 족장들 가운데서도 백성의 신임을 받는 지도자였습니다(민 16:2). 민수기 1:16에서는 "그들은 회중에서 부름을 받은 자요 그 조상 지파의 족장으로서 이스라엘 천만인의 두령이라"라고 기록하고 있습니다.

족장들 250인 외에도 고라와 함께한 무리의 수효는 총회에 위협이 될 정도로 크고 그 세력이 대단하였습니다. 고라와 함께한 무리가 얼마나 많았는지, 민수기 16:19에 "고라가 온 회중을 회막문에 모아" 놓았다고 기록하고 있습니다. 고라가 회막문 앞으로 모이게 한 "온 회중"은 이스라엘 각 지파와 족속의 대표자들을 가리킵니다. 여기에는 처음부터 반역에 참여했던 자들뿐만 아니라, 아직 반역에 적극적으로 가담하지는 않았지만 평상시 모세와 아론을 향해 적대하는 마음을 가지고 있었던(민 14:1-4, 10, 36) 나머지 회중이 모두 포함되었습니다. 고라 당은 자신들의 숫자가 많은 것을 내세워 매우 교만해져 있었던 것입니다.

2. 고라 당의 죄
The sins of Korah's faction

(1) 자기 분수를 알지 못하고 지나친 욕심을 부렸습니다.

고라는 모세와 아론을 가리켜, "분수에 지나도다"(민 16:3)라고 말하였는데, 여기서 "분수에 지나도다"라는 말은, '스스로 큰 체한다'는 뜻입니다. 아무것도 아닌 것이 건방지게 우쭐댄다는 것입니다. 즉 그들의 마음에 지도자를 멸시하고 자기들을 과시하는 교만이 생긴 것입니다.

모세는 저들의 거스르는 소리에 즉각적으로 대응하지 않고 하나님 앞에 꿇어 엎드렸으며(민 16:4), 고라와 그 모든 무리에게 "아침에 여호와께서 자기에게 속한 자가 누구인지, 거룩한 자가 누구인지 보이시고, 그 자를 자기에게 가까이 나아오게 하시되 곧 그가 택하신 자를 자기에게 가까이 나아오게 하시리니"(민 16:5)라고 답

변하였습니다. 그리고 고라와 그의 모든 무리가 향로를 취하고 거기에 불을 담고 그 위에 향을 두면, 그때에 여호와의 택하신 자는 거룩하게 되리라고 말하였습니다(민 16:6-7). 하나님께서 택한 자와 택하지 않은 자가 표면적으로 드러나게 되리라는 말씀입니다.

그리고 모세는 저들이 자신과 아론을 향해 거스리며 했던 "분수에 지나도다"(민 16:3)라는 말 그대로, 고라 당을 향해 "너희가 너무 분수에 지나치느니라"(민 16:7下)라고 책망하였습니다. 이는 히브리어로 '라브 라켐'(רַב־לָכֶם)이며, 수(數)나 양(量)에 있어서 '크다, 많다, 충분한 것 그 이상이다'라는 뜻입니다. 분수(分數)는 사물을 분별하는 슬기요, 자기 신분에 알맞는 한도요, 각자가 이를 수 있는 한계를 가리킵니다. 야곱은 죽기 직전에 12아들의 앞날을 축복할 때, 자식이라고 해서 무조건 좋은 말로 축복한 것이 아니라, "그들 각인의 분량대로" 축복하였습니다(창 49:28). 자기 분량을 넘어 욕심을 부리는 것은 어리석은 일이요, 경우에 따라 사악한 월권 행위가 될 수도 있습니다. 하나님께서는 각 사람에게 나눠 주신 믿음의 분량대로 지혜롭게 행하고, 그 이상을 자랑하지 말라고 말씀하셨습니다(롬 12:3, 고후 10:13).

(2) 자기 직분에 감사하지 않고 타인의 직분을 탐했습니다.

모세는 "이스라엘의 하나님이 이스라엘 회중에서 너희를 구별하여 자기에게 가까이하게 하사 여호와의 성막에서 봉사하게 하시며 회중 앞에 서서 그들을 대신하여 섬기게 하심이 너희에게 작은 일이겠느냐 10 하나님이 너와 네 모든 형제 레위 자손으로 너와 함께 오게 하신 것이 작은 일이 아니어늘 너희가 오히려 제사장의 직분을 구하느냐"(민 16:9-10)라고 하여, 저들이 맡은 임무의 귀중성을 깨우쳐 주었습니다. 받은 직분에 감사하지 않고 충성하지 않으면, 그 사람은 무엇을 해도 만족함이 없고 불평만 가득하게 됩니다. 맡은 임무에 충성치 못하는 자는 결국 타인의 직분을 탐하고 시기합니다. 고라당은 유다서 1:6 말씀대로 "자기 지위를 지키지 아니하고 자기 처소를 떠난" 자들입니다.

3. 다단과 아비람의 사악한 궤휼
The wicked schemes of Dathan and Abiram

(1) 모세의 소환에 "올라가지 않겠노라"라고 불응했습니다.

고라의 항변에 답변한 모세는, 고라와 행동을 같이한 다단과 아비람을 소환했습니다(민 16:12上). 그들은 "우리는 올라가지 않겠노라"(민 16:12下)라고 당돌하게 거부하며 모세의 권위를 노골적으로 무시했습니다. 여기서 '않겠다'는 뜻의 '로'(לֹא)는 히브리어 부정어 가운데서 가장 강력한 부정의 의미를 지닌 것입니다. 따라서 다단과 아비람이 모세의 부름에 '올라가지 않겠다'고 한 것은 일차적으로는 모세의 권위에 대한 전적인 도전이요, 근본적으로는 여호와하나님의 다스리심을 인정하지 않는 태도였습니다. 그들은 모세의 권위에 대하여 집중적으로 불만을 토하면서, 자신들의 악한 욕망을 여지없이 드러내었던 것입니다.

(2) 젖과 꿀이 흐르는 땅은 가나안이 아니고 '애굽'이라고 말했습니다.

다단과 아비람은 자신들이 멸시와 천대를 받던 애굽 땅을 오히려 젖과 꿀이 흐르는 땅이라고 칭송하고, "네가 우리를 젖과 꿀이 흐르는 땅에서 이끌어내어 광야에서 죽이려 함이 어찌 작은 일이기에…"라고 어리석은 말을 늘어놓았습니다(민 16:13上). 다단과 아비람은, 하나님으로 말미암는 풍요를 상징하는 "젖과 꿀이 흐르는 땅"이란 표현을 놀랍게도 그들이 영적, 육적으로 종살이하던 애굽 땅에 대해 사용하고 있습니다. 즉 그들은 종으로 멸시와 천대를 받았지만, 광야에서보다는 조금 더 잘 먹고 조금 더 편안히 살 수 있었던 애굽 시절을 그리워했던 것입니다.

(3) 모세에게 '스스로 우리 위에 왕(王)이 되려 하는 자'라고 비난했습니다.

이들은 모세에게 "오히려 스스로 우리 위에 왕이 되려 하느냐"라고 모세의 지도권에 도전장을 내밀었습니다(민 16:13下). 참으로 극악무도한 말입니다. 이는 평소 모세에 대한 주변 지도자들의 오해와 시기 질투가 얼마나 극에 달해 있었는가를 잘 보여 줍니다. 모세는 처음부터 스스로 왕이 되려 한 적이 단 한 번도 없으며, 하나님께서 직접 세우신 하나님의 사람이요, 하나님의 권한을 위임받은 자였습니다(출 19:7-9, 민 12:7-8).

(4) '모세는 참지도자가 아니며, 약속을 지키지 않는 자'라고 비난했습니다.

악이 극에 달한 저들은 젖과 꿀이 흐르는 약속의 땅을 완전히 불신하면서, '모세가 가나안 땅으로 인도한다는 허황된 약속만 해놓고, 이 사람들의 눈을 빼려 한다'고 공격하였습니다(민 16:14). 이는 '우리도 볼 수 있는 눈을 가지고 있는데, 네가 우리를 앞 못보는 맹인 취급을 하느냐'라는 의미로, 모세를 가리켜 '이스라엘 백성을 속이는 사기꾼'이라고 선동한 것입니다. 민수기 16:14을 공동번역에서는 "당신은 우리를 젖과 꿀이 흐르는 땅으로 데려가지도 못했고 우리가 차지할 밭이나 포도원을 나누어 주지도 못하였소. 이 백성을 장님으로 만들 셈이오? 우리는 못 가오"라고 번역하고 있습니다.

(5) 회중을 동원하여 모세와 아론을 대적하려는 은밀한 계획을 세웠습니다.

다단과 아비람의 패역한 모습을 보고 모세는 무척 화가 났음에도 불구하고 사람들에게 자신의 진노를 드러내지 않고, 하나님께 나아가 기도를 드렸습니다(민 16:15上). 모세는 '교만하고 불순종하는 저들의 예물을 돌아보지 말아 달라'고 기도하였습니다(민 16:15). 그리고 고라에게 "너와 너의 온 무리는 아론과 함께 내일 여호와 앞으로 나아오되 너희는 각기 향로를 잡고 그 위에 향을 두고 각 사람이 그 향로를 여호와 앞으로 가져오라"라고 하였습니다(민 16:16-17). 분향은 본래 하나님께서 택하신 제사장만이 할 수 있는 일이므로, 모세는 분향을 통해서 하나님께서 받으시는 향이 누구의 것인지 밝히고자 했던 것입니다.

모세가 명하기를 마치자, 그들이 각기 향로를 취하여 불을 담고 향을 그 위에 두고 회막문에 섰습니다(민 16:18). 그러나 이들이 회막문 앞에 선 것은 모세의 말에 순종해서가 아니었고, 또 여호와의 심판을 달게 받기 위함도 아니었습니다. 그들은 자기들의 감정을 감추고 속으로 악한 궤휼을 품고 나아왔습니다(잠 26:24-26). 모세와 아론이 회중과 더불어 회막문에 섰을 때, 그들은 갑자기 온 회중을 회막문에 모아 놓고 그 두 사람을 대적하려 하였습니다(민

16:19上). 처음에는 모여서 모세와 아론에게 "너희가 분수에 지나도 다"하며 말로 거스리더니(민 16:3), 모세가 소집하는데도 끝까지 완 고하게 불응하며, 모세를 사기꾼으로 매도했습니다(민 16:13-14). 그 리고 마침내 모세와 아론을 직접 대적한 것입니다(민 16:19).

민수기 16:19에 '그 두 사람을 대적하다'라는 말을 통해 고라가 많은 회중을 불러 모은 '저의'가 분명하게 드러납니다. 고라가 각 지파의 나머지 대표자들 즉 회중들을 모두 모은 것은, 이렇게 모인 군중의 힘을 입어 자신이 지도자로서의 지혜와 능력이 모세와 아 론보다 한층 더 높은 단계에 있다는 사실을 인정받으려 한 것이었 습니다. 이는 모세와 아론을 밀어내기 위한 아주 조직적인 반역이 었습니다. 모세와 아론에 대한 도전은 곧 하나님께 대한 도전이었 습니다. 이에 대해 모세는 민수기 16:11에 "너와 너의 무리가 다 모 여서 여호와를 거스리는도다", 민수기 16:30 하반절에 "...이 사람 들이 과연 여호와를 멸시한 것인 줄을 너희가 알리라"라고 말씀하 고 있습니다.

4. 직접 현장에 개입하신 하나님의 심판
God's judgment that directly intervened in the situation

(1) "여호와의 영광이 온 회중에게 나타나시니라"

고라가 회막문에 온 회중을 모으고 모세와 아론을 대적하려는 찰 나에 여호와의 영광이 나타났습니다(민 16:19下). 하나님의 심판을 기다리는 모세와 아론, 모든 회중들 그리고 고라와 그가 모아 놓은 무리들에게 극적으로 나타나셨던 것입니다. "나타나시니라"에 해 당하는 히브리어 '라아'(רָאָה)의 일차적인 뜻은 '보다'(see)로서, 사람의 육안으로 볼 수 있도록 하나님께서 나타나셨다는 뜻입니다(창 16:13, 32:30, 출 16:10, 참고-출 40:34, 38).

모세는 광야의 아버지요 최고의 지도자였으나, 하나님의 말씀을 거스르는 다수의 군중과 폭력적인 반역자들을, 자신의 지휘권으로는 도저히 통제할 수 없을 때가 자주 있었습니다. 진퇴양난의 위기가 닥칠 때마다 모세는 간절히 기도를 올렸고, 하나님께서는 그 현장에 자신의 영광을 나타내어 주심으로 하나님의 사람을 주권적으로 보호해 주시고 문제를 해결해 주셨습니다(출 14:15-21, 15:24-25, 민 14:4-10, 16:41-42).

광야생활 초기 바란 광야 가데스에서 12정탐꾼이 가나안 정탐을 마친 후, 악평하는 10명의 정탐꾼의 보고를 듣고 온 백성이 한 장관을 세워 애굽으로 돌아가자며 거세게 원망하였습니다(민 13:25-14:4). 이에 모세와 아론이 온 회중 앞에서 엎드렸고(민 14:5), 그 땅을 정탐한 여호수아와 갈렙이 옷을 찢으며, "그 땅 백성을 두려워하지 말라 그들은 우리 밥이라 그들의 보호자는 그들에게서 떠났고 여호와는 우리와 함께하시느니라 그들을 두려워 말라"라고 하자 온 회중이 그들을 돌로 치려는 동시에 이때 여호와의 영광이 회막에서 이스라엘 모든 자손에게 나타나셨습니다(민 14:6-10). 이처럼 하나님께서는 가장 큰 위기의 순간에 직접 현장에 개입하여 주셨습니다(시 37:28, 145:20).

(2) "내가 순식간에 그들을 멸하려 하노라"

그리고 하나님께서는 모세와 아론에게, "너희는 이 회중에게서 떠나라 내가 순식간에 그들을 멸하려 하노라"(민 16:20-21)라고 말씀하셨습니다. 그때 거기 모인 회중은 반역을 꾀하며 조직적으로 모인 무리들이 대부분이었으므로, 그 회중으로부터 떠나라고 명하신 것입니다. 그들이 저지른 죄악이 너무나 극악무도하여 하나님께서는 순식간에(즉시, 한꺼번에) 흔적도 없이 완전히 없애 버리겠다고 심판을 선언하셨습니다. 하나님께서는 그들을 벌하심에 있어 "순식간에"란 시간상의 표현을 사용하심으로, 모든 회중을 향한 하나님의 진노가 얼마나 심하였는가를 잘 보여 주고 있습니다. 고라의 무리들이 저지른 죄악이 하나님 보시기에 너무나 극악무도한 것이었기에, 그들을 심판할지 말지에 대해서 조금도 고려할 필요가 없다는 의미입니다.

이에 모세와 아론은 "한 사람이 범죄하였거늘 온 회중에게 진노하시나이까"(민 16:22)라고 기도하였습니다. 모세가 말하고 있는 "한 사람"이란 반란의 주동자인 고라를 지칭합니다. 온 회중 역시 고라의 추종자들이 분명하였지만, 하나님의 진노를 불러일으키게 한 구체적인 원인 제공자는 '고라' 한 사람이기에, 모세는 기도로 회중을 구원하고자 했던 것입니다.

(3) "너희는 고라와 다단과 아비람의 장막 사면에서 떠나라"

민수기 16:21에 "너희는 이 회중에게서 떠나라 내가 순식간에 그들을 멸하려 하노라"라고 말씀하시는데, 여기서 "너희"는 모세와 아론입니다. 그러나 모세의 중보기도 후에 민수기 16:24에서 하나님께서는 모세를 통해 "너희는 고라와 다단과 아비람의 장막 사면에서 떠나라"라고 말씀하셨는데, 여기서 "너희"는 회막문 앞에 있었던 회중을 말합니다. 이것은 지금이라도 고라 당의 무리 중에서 철수하면(떠나면) 심판을 면하게 해 주실 것이며, 주동자만을 징계하시겠다는 결정입니다(민 16:23-24). 모세는 회중들에게 이 말씀을 전하기 위해 즉시 일어나 다단과 아비람에게 갔고(민 16:25), 거기에 모여 있는 회중들에게 "이 악인들의 장막에서 떠나고 그들의 물건은 아무것도 만지지 말라 그들의 모든 죄 중에서 너희도 멸망할까 두려워하노라"(민 16:26)라고 일렀습니다. 이에 무리들이 그들의 장막 사면에서 급히 떠났습니다.

한편, 민수기 16:27에는 "다단과 아비람은 그 처자와 유아들과 함께 나와서 자기 장막문에 선지라"라고 기록하고 있습니다. 여기서 "선지라"는 '똑바로 서다, 고정되다'라는 뜻을 가진 히브리어 '나차브'(נִצָּב)의 수동형 분사로, 다단과 아비람의 가족 전원이 두려움 없이 똑바로 서 있는 모습을 가리킵니다. 아직도 반역의 기세를 전혀 누그러뜨리지 않은 완고함을 나타냅니다.

참으로 한 번 악해진 자는 더욱 악하여져서 다시 새로워지기가 어렵고, 스스로 멸망의 길과 구덩이로 들어가 자멸하게 됩니다(딤후 3:13, 계 22:11). 민수기 16:38에서 "사람들은 범죄하여 그 생명을 스스로 해하였거니와..."라고 말씀하고 있습니다. 그 악한 마음과 행동은 사단의 도구로 이용 당하는 것이요, 사단은 결국 자신이 이용한 자의 말로를 아주 비참하게 만듭니다(계 17:16).

5. 반역한 고라와 족장 250인의 비참한 최후
The wretched end of the rebellious Korah and the 250 leaders of the congregation

고라 일당의 죄는 그들에게서 그치지 않고 많은 사람들에게 영향을 미쳐 비참한 심판으로 이어졌습니다. 이때 모세는 자신이 지금까지 한 모든 일이 여호와께서 행하게 하신 것이고, 자기 임의로

한 적이 없다는 것을 전하면서(민 16:28), 이제 그들이 당할 벌이 보통의 평범한 벌이 아니고 기상천외한 방법으로, 곧 산 채로 음부에 빠져서 처참하게 죽을 것이라고 예언하였습니다(민 16:29-30). 이 모든 말을 마치는 동시에, 반역자들에 대해 꾹 참고 계셨던 하나님의 격렬하고 급작스러운 심판이 시작되었습니다.

(1) 땅이 갈라졌습니다.

고라 일당이 서 있던 그 장소, 그 땅이 갈라졌습니다(민 16:31, 시 106:17). '갈라지다'는 히브리어로 '바카'(בָּקַע)이며, '쪼개다, 깨뜨려 열다, 박살나다'라는 뜻입니다. 여기에서는 '바카'의 수동(니팔)형이 사용되어 하나님의 강권적인 역사에 의해서 땅이 갈라졌음을 나타냅니다.

(2) 땅이 그 입을 열었습니다.

'땅이 그 입을 열었다'(the earth opened its mouth)라고 말씀하고 있습니다(민 16:32, 26:10). '열다'는 히브리어 '파타흐(פָּתַח)'이며, '넓게 열다, 구멍을 뚫다'라는 뜻입니다. 와우계속법이 사용되어, 땅이 갈라지면서 곧바로 크게 열렸음을 나타냅니다.

(3) 땅이 삼켰습니다.

땅이 그 입을 열더니, 고라와 아비람과 다단, 그 가족과 고라에게 속한 모든 사람과 그 물건을 삼켰습니다(민 16:32, 26:10, 시 106:17). '삼키다'는 '발라'(בָּלַע, swallowed)이며, '음식을 먹어 삼키다, 먹어 치우다, 빨아들이다'라는 뜻입니다(욘 1:17). 여기에서도 와우계속법이 사용되어, 땅이 갈라지면서 곧바로 크게 열렸고, 땅이 열리면서 곧바로 삼켰음을 나타냅니다. 범죄자들이 피할 겨를이 없이 순식간에 진행되었던 것입니다.

(4) 산 채로 음부에 빠졌습니다.

그들과 그 모든 소속된 것들이 산 채로 음부에 빠졌습니다(they and all that belonged to them went down alive to Sheol). 고라와 다단과 아비람과 그의 가족들이 땅 속으로 끌려들어가 모두 생매장 당했다는 것입니다(민 16:33).

(5) 땅이 그 위에 합했습니다.

그들과 그 모든 소속이 땅 속으로 모두 끌려들어간 뒤에 땅이 그 위에 합했습니다(민 16:33). 여기 '합하니'는 히브리어 '카사'(כָּסָה)로, '덮다, 숨기다, 감추다'라는 뜻입니다. 시편 106:17에서는 "덮었으며"로 번역되었습니다. 특히 민수기 16:33에서는 동사 강의능동(피엘)형 와우계속법이 사용되고 있습니다. 이것은 땅이 강하게 합쳐지면서 범죄자들의 모습이 순식간에 보이지 않게 되었다는 뜻입니다(창 7:19, 24:65). 범죄자들은 두 번 다시 빛을 보지 못하게 된 것입니다.

(6) 그들은 총회 중에서 망하였습니다.

민수기 16:33에 "그들이 총회 중에서 망하니라"라고 기록하고 있습니다. "망하니라"는 히브리어 '아바드'(אָבַד, perished)로, '소멸되다, 멸망 당하다'라는 뜻입니다. 범죄자들은 우연히 일어난 자연 재해로 죽은 것이 아니라, 하나님의 진노로 완전히 파멸한 것입니다.

(7) 여호와의 불에 소멸된 족장 250인

고라의 반역에 동조한 족장 250인과 모세, 그리고 아론에게 각자의 향로에 불과 향을 담아 회막문에 서게 하신 하나님께서는(민 16:17-18), 먼저 땅을 갈라지게 하여 고라 일당을 산 채로 음부에 빠뜨려 멸망시키신 후(민 16:31-33), 여호와의 불이 나와 분향하는 족장 250인을 소멸시켜 그들을 심판하셨습니다(민 16:35).

이 모든 심판이 그 자체로 징계가 되게 하신 것입니다. 민수기 26:10에서 "땅이 그의 입을 열어서 그 무리와 고라를 삼키매 그들이 죽었고 당시에 불이 이백 오십 명을 삼켜 징계가 되게 하였으나"라고 말씀하고 있습니다. 여기서 '징계'는 히브리어로 '네스'(סֵנ)이며, 어떤 집단행동이나 중요한 정보 전달을 위해 사람들을 모으는 데 사용되는 깃발이나 기호를 뜻합니다(사 5:26, 11:10, 13:2, 18:3, 30:17, 31:9, 49:22, 62:10). 공동번역에서는 '본보기', 영어성경 NIV에서는 '경고의 표적'(warning sign)으로 표현하고 있습니다. 즉 이 사건은 범죄의 무서움을 경고하고 '죄를 막아 앞으로는 (이스라엘 백성이) 새롭게 살 수 있도록 하는 하나의 본보기가 되었다'라는 뜻입니다.

특별히, 하나님께서는 향로를 쳐서 제단을 싸는 편철(片鐵: 쇳조각)을 만들도록 명령하시면서, 그것이 "이스라엘 자손에게 표가 되리라"라고 말씀하셨습니다(민 16:37-38). 제사장 엘르아살은 불 탄 자들이 드렸던 놋향로를 취하여 쳐서 제단을 싸서 이스라엘 자손의 기념물이 되게 하였습니다(민 16:39-40). 250개의 향로를 모두 쳐서 제단에 붙인 이유는, 이 비극적인 사건을 영원히 기억하도록 눈에 보이는 표를 삼기 위해서입니다. 새로 싼 놋덮개는, 아론의 후손들 외에 아무나 그 향을 바치려고 하나님 앞에 접근하면 안 된다는 것을 상기시켜 주는 표징이 되었을 것입니다. 이러한 사건들은 이스라엘 백성으로 하여금 모세와 아론이 하나님께서 세우신 지도자라는 것을 확신케 하는 데 결정적인 역할을 하였습니다.

6. 일반 백성에 의한 두 번째 반역
The second rebellion by the people

고라 당이 그 죄에 대한 대가로 처참하게 저주를 받아 죽는 상황에서, 철없는 백성은 이를 보고 통회하기는커녕 오히려 그 책임을 모세와 아론에게 돌리면서 원망하다가, 14,700명이 염병에 걸려 죽는 심각한 참상이 연속적으로 발생하였습니다(민 16:41-50).

(1) 염병의 시작

이스라엘 백성은 이 일을 다 목도하고도 "너희가 여호와의 백성을 죽였도다"라고 하면서, 오히려 모세와 아론을 원망하였습니다(민 16:41). 회중이 모여 모세와 아론을 칠 때에 구름이 회막을 덮었고 여호와의 영광이 나타났습니다(민 16:42). "모여 ...칠 때에"라고 한 것은, 상대방을 무시하거나 반대하며 대항하는 것으로, 모세와 아론에게 고라 당이 죽은 책임을 묻고 그들을 궁지에 몰아넣으려 했다는 것입니다.

이스라엘의 패역함 때문에 하나님의 분노가 얼마나 심하였는지, "내가 순식간에 그들을 멸하려 하노라"(민 16:45)라고 하셨고, 곧바로 염병은 시작되었습니다(민 16:46下).

(2) 대제사장 아론의 중보 - "죽은 자와 산 자 사이"

당시 이스라엘 백성은 고라 당이 하나님의 심판을 받아 참혹하게 죽는 것을 보고도, 그 원인을 모세와 아론에게 돌리고 하나님의 판결에 불만을 표시했습니다. 이것은 반역했던 그 무리보다 더 큰 패역이었습니다. 그래서 하나님께서는 고라 당을 멸할 때처럼(민 16:21) 또다시 모세와 아론에게 "너희는 이 회중에게서 떠나라 내가 순식간에 그들을 멸하려 하노라"라고 말씀하시며 온 회중을 향한 심판을 선포하셨습니다(민 16:45).

저들은 고라 당의 반역 행위가 얼마나 큰 죄인가를 제대로 인식하지도 못했고, 하나님의 말씀으로 옳고 그름을 분별할 줄도 몰랐기 때문에, 결국에는 염병에 걸려 죽을 수밖에 없게 되었습니다. 백성이 염병에 걸려 죽어 가는 사태의 심각성과 심판의 급박함을 인식한 아론은, 모세의 명에 따라 향로에 단의 불을 담아 회중에게로 달려가서 백성을 속죄하고 죽은 자와 산 자 사이에 섰으며, 그러자 염병이 그쳤습니다(민 16:47-48).

아론은 죽은 자와 산 자 사이에 서서, 하나님의 진노를 막아 보려고 몸부림쳤습니다. 염병으로 이미 죽은 사람들에게 살아 있는 사람들이 전염되어 염병에 걸리지 않도록, 아론은 그 사이에서 온몸으로 막은 것입니다. 하나님의 진노가 가라앉도록 힘을 다해 속죄의 향을 올리고, 회중 가운데 임한 재앙이 멈추기를 기도하였습니다. 만일 아론의 중보가 없었다면 백성은 모두 죽고 말았겠지만, 아론의 중보 덕분에 염병으로 멸망 받은 사람은 14,700명에서 그쳤습니다(민 16:49-50上).

(3) 염병 사건의 구속사적 교훈

아론이 향로를 가지고 달려가 선 곳은, 방금 전에 자기를 원망하면서 살인자라고 욕했던 자들이 있는 곳이요, 자기를 대적하여 치려 했던 살벌한 군중들이 있는 곳이었습니다. 그리고 하나님의 심판을 받아 염병에 걸려 신음하며 죽은 시체가 널려 있는 현장이었습니다. 자신을 향한 살인과 증오와 멸시가 도사린 곳이요, 자기를 배척했던 곳, 원망과 한숨으로 얼룩진 곳이었습니다. 바로 그곳에, 아론은 향로에 불을 담고 그 위에 향을 두어 가지고 급히 뛰어간 것입니다(민 16:47-48).

향은 기도를 상징하는 것입니다(계 5:8, 8:3). 제사장의 사명을 담당하는 목회자들은 성전 안에만 머물러 있으면 안 됩니다. 그 백성이 죽어 가는 현장으로 뛰어 들어가 기도하고, 최선을 다해 살려내어야 합니다. 목회하는 중에 예수님보다 목회자 자신을 더 따르는 자가 생겼다면 그는 실패한 것입니다. 참목자의 사명은 성도들이 오직 예수님만 바라보게 하고, 자신을 통해 예수님만 존귀와 영광과 칭송을 받도록 해야 합니다(빌 1:20).

참으로 아론은 목숨을 다해 자신의 사명에 최선을 다했기에, 하나님께서는 그의 지팡이에 움이 돋고 순이 나고 꽃이 피고 열매가 열리는 표징을 허락해 주셨습니다(민 17:1-11).

산 자와 죽은 자 사이에 섰다 함은, 아론의 중보자 사역을 뚜렷하게 보여 줍니다. 인간은 저마다 너무도 무지하고 어리석어서 스스로 멸망을 자초하는 자리에 자주 서 있습니다. 생명의 주이신 예수님께서는 죄에 연약한 인간을 위하여 참중보자로서 십자가에 죽으셨고, 지금도 우리를 위하여 중보하며 간구하고 계십니다(롬 8:34, 딤전 2:5).

7. 하나님의 주권적 선택

(아론의 지팡이에만 움이 돋고 순이 나고 꽃이 피고 열매가 열림)

God's sovereign choice (Only the rod of Aaron sprouted,
put forth buds, produced blossoms, and bore ripe almonds.)

성경에는 지팡이가 여러 번 등장합니다. 지팡이(מַטֶּה, 마테)는 대개 몸을 의지하는 데 사용하는 것이므로, 하나님의 인도와 보호를 상징합니다(출 17:9, 시 23:4). 그리고 하나님의 임재와 능력을 뜻하며(출 7:9-10:13), 하나님의 심판의 도구를 의미합니다(욥 9:34, 시 89:32, 사 10:5, 30:32). 그 밖에도 통치자의 절대 권력이나 지도자의 권위(權威)를 상징하기도 합니다(창 49:10, 출 4:17, 17:8-16, 시 110:2). 특별히 "하나님의 지팡이"(출 4:20), "주의 지팡이"(시 23:4, 미 7:14), '야곱의 지팡이'(히 11:21) 등의 표현이 있습니다. 이렇게 하나님께서는 '지팡이'를 통해서 구속사적 뜻을 계시하시는 경우가 많이 있습니다.

(1) 열두 지파 족장의 이름을 쓴 열두 개의 지팡이(민 17:6)

하나님께서는 이스라엘 백성이 모세와 아론을 향하여 원망하지 않도록(민 17:5) 한 가지 중대한 명령을 내리셨습니다. 그것은 이스라엘 12지파 족장들에게 지팡이 하나씩을 취하여 거기에 각 족장의 이름을 써서 증거궤 앞에 두라는 명령이었습니다(민 17:1-4).

'이름'은 그 사람의 전 인격을 대표합니다. 각 지팡이에 이름을 쓰게 한 것은, 그 사람이 각 지파를 대표하여 전 인격적으로 하나님 앞에 나아감을 상징합니다. 특히 하나님께서는 레위 지파의 지팡이에는 반드시 아론의 이름을 쓰도록 명하셨는데, 그것은 레위 지파 가운데 고라가 아론의 제사장직을 탐냈던 것을 염두에 두셨기 때문입니다. 하나님께서는 이 중대한 명령에 이어서 "내가 택한 자"의 지팡이에만 싹이 날 것을 약속하셨습니다(민 17:5). 여기에서 "내가 택한"은 히브리어로 '에브하르'(אֶבְחַר)이며, '선택하다'라는 의미를 지닌 동사 '바하르'(בָּחַר)의 칼 미완료 1인칭 단수입니다. 여기에서 '바하르'는 인간의 일시적인 선택이 아니라, 하나님의 의지가 담긴 지속적인 선택을 말하며, 이는 하나님께서 불러 선택한 자들만 제사장으로서 계속 일할 수 있음을 나타냅니다 (신 18:5, 21:5, 참고-신 7:6, 시 78:68, 135:4).

하나님께서는 이 사건을 통해 싹이 나는 지팡이의 소유자에게 제사장으로서의 권위가 있다는 것을 보여 주셨으며, 이로써 이스라엘 자손이 모세와 아론에 대하여 원망하는 말을 그치게 하시고 죽음을 면하게 해 주셨습니다(민 17:10).

(2) 지팡이를 둔 장소: 증거의 장막 안(지성소) 증거궤 앞

이스라엘 족장들이 각기 종족대로 지팡이를 하나씩 모세에게 주었고, 모세는 그 지팡이들을 "증거의 장막 안 여호와 앞에" 두었습니다(민 17:6-7). 이는 모든 이스라엘 백성이 여호와 앞에서 여호와의 처분을 기다리는 자리에 섰음을 보여 줌과 동시에, 지팡이를 통해 하나님의 뜻을 나타낼 것을 예시한 것입니다.

"증거의 장막 안 여호와 앞"(민 17:7)은 하나님께서 임재하고 계시는 거룩한 곳으로, 오직 대제사장만이 들어갈 수 있는 곳입니다 (레 16장, 히 9:7).

그런데 민수기 17:10에서는 더 구체적으로 "증거궤 앞"이라고 기록하고 있습니다(민 17:4). "증거궤"에 해당하는 '하에두트'(הָעֵדֻת)는 십계명이 쓰인 두 개의 돌판(증거판)을 가리키며, "증거궤 앞"은 여호와께서 자기 백성을 만나는 곳일 뿐만 아니라 여호와의 뜻이 계시되는 곳입니다(출 25:21-22, 30:36).

하나님께서는 반역한 고라 당에 동조하여 흔들리는 이스라엘 백성에게, 누가 이스라엘을 대표해서 지성소에 들어와 하나님을 만날 수 있는 대제사장의 자격이 있는지 분별시키기 위하여, 모세에게 '지팡이를 증거궤(הָעֵדֻת, 증거판) 앞에 두라'고 하셨던 것입니다. 그리하여 이스라엘 12지파 중에 하나님을 대면하여 중보할 수 있는 자는 아론 한 사람뿐이요, 아론만이 지성소에 들어가서도 죽지 않고 살 수 있는 자임을 증거하셨습니다. 만일 지성소에 아론과 그 자손 외에 다른 이가 들어가면 죽게 됩니다(민 17:12-13, 참고-레 16:2, 13).

(3) "움이 돋고 순이 나고 꽃이 피어서 살구 열매가 열렸더라"

이튿날 모세가 증거의 장막(지성소)에 들어가 본즉, 불과 하룻밤 사이에 열두 지팡이 가운데 유독 레위 지파 아론의 지팡이에만 움이 돋고, 순이 나며, 꽃이 피고, 살구 열매가 열렸습니다(민 17:8). 자연의 법칙대로라면 움이 돋고 순이 나면서부터 열매를 맺기까지는 나무 상태에 따라 1년 이상의 기간이 필요합니다. 그런데 아론의 지팡이에는 1년 혹은 수년에 걸쳐 일어날 변화가 단 하룻밤 사이에 일어난 것입니다. 그것도 뿌리와 생명력이 전혀 없는 마른 지팡이에 이 같은 놀라운 기적이 일어난 것입니다. 이처럼 하나님의 권능이 아론의 지팡이에만 나타남으로써, 아론만이 갖는 제사장직의 정통성이 증명되었습니다.

① "움이 돋고"(sprouted)

　"움이 돋고"는 히브리어로 '싹이 나다'라는 뜻을 가진 '파라흐'(פָּרַח)입니다. '파라흐'는 식물의 싹이나 몸의 피부병이 돋아나는 모습을 나타냅니다(창 40:10, 출 9:9, 민 17:5, 욥 14:9). 이 단어는 의인이 번성하고 흥왕할 것을 뜻하기도 합니다(시 92:12-13).

② "순이 나고"(put forth buds)

　"순이 나고"는 히브리어로 '요체 페라흐'(יֹצֵא פֶרַח)입니다. '요체'는 '야차'(יָצָא)의 히필형으로 사역 동사이며, 그 뜻은 '나오게 하다, 나게 하다, 이끌어 내다'입니다. 즉 하나님께서 순이 나오게 하셨다는 것을 의미합니다. 이 단어는 강이 에덴에서 "발원"하였다(창 2:10)는 의미와, 하나님께서 이스라엘 백성을 인도해 내셨다는 의미로 사용되기도 하였습니다(출 12:42, 51, 16:6).

③ "꽃이 피어"(produced blossoms)

　"꽃이 피어"는 히브리어로 '야체츠 치츠'(יָצֵץ צִיץ)입니다. '야체츠'는 '추츠'(צוּץ)의 파생어로, '싹트다, 꽃이 피다'와 '빛나다, 번창하다, 흥왕하다'라는 뜻입니다. 이는 꽃이 만발한 모습을 나타냅니다(참고-시 72:16, 92:7). '치츠'도 역시 '추츠'에서 파생하였으며 '꽃'이라는 뜻이 있습니다. 특별히 대제사장만이 이마에 매는, 정금으로 된 '패'를 가리킬 때도 이 단어가 사용되었습니다(출 28:36, 39:30).

　대제사장의 정금 패에 "여호와께 성결"이라는 글이 쓰여 있는 것처럼, 아론의 지팡이에 핀 흰색의 살구꽃은 제사장직의 구별됨과 거룩함을 가리키고 있습니다(출 28:36).

④ "살구 열매가 열렸더라"(bore ripe almonds)

이는 히브리어로 '이그몰 쉐케딤'(וַיִּגְמֹל שְׁקֵדִים)입니다. '이그몰'의
기본형 '가말'(גָּמַל)은 '성취하다, 끝내다, 열매 맺다'라는 뜻으로, 무
엇인가를 완성하고 생산하는 일을 의미합니다.

아론의 싹 난 지팡이

아론의 지팡이에는 살구 열
매가 열리는 기적이 일어났습
니다. '살구나무'의 히브리어
는 '깨어나다'(awake)라는 뜻을
가진 '샤케드'(שָׁקֵד: 편도나무,
아몬드나무, 한글개역에는 살구
나무로 번역됨)입니다. 이는 모
든 것이 죽은 듯한 겨울이 지
나자마자 제일 먼저 겨울잠

에서 깨어나 흰 꽃을 터뜨려 봄 소식을 전한다는 사실에서 유래한
것입니다. 살구나무가 한겨울에 꽃을 피워 새로 오는 봄을 알리듯이,
하나님의 말씀은 어떤 악조건 속에서도 반드시 성취된다는 사실을
알려 줍니다. 예레미야 선지자도 하나님께 소명을 받을 때, 환상 가
운데 살구나무 가지를 보았습니다(렘 1:11-12). 하나님께서는 그에게
영적으로 잠들어 있는 이스라엘 백성을 하나님의 말씀으로 깨우는
시대적 사명을 주신 것입니다 .

하나님께서는 아론의 마른 막대기에 열매가 열리게 하심으로, 아
론에게만 백성을 깨우는 대제사장의 직분을 부여하셨음을 분명하
게 보여 주셨습니다. "이러므로 그의 열매로 그들을 알리라"(마 7:20)
라는 예수님의 말씀대로, 살구 열매가 열린 아론의 지팡이를 통해
누가 이스라엘의 참중보자인가를 확실하게 밝혀 준 것입니다.

(4) 아론의 주권적 선택

모세가 그 지팡이 전부를 여호와 앞에서 이스라엘 모든 자손에게로 취하여 내자, 그들이 마른 지팡이 열한 개와, 아론의 싹 난 지팡이를 공개적으로 확인하고 각각 자기 지팡이를 취하였습니다 (민 17:9). 그리고 여호와께서 모세에게 당부하시기를, "아론의 지팡이는 증거궤 앞으로 도로 가져다가 거기 간직하여 패역한 자에 대한 표징이 되게" 하라고 말씀하셨고, 모세는 명하신 대로 그것을 회막 안 증거궤 앞에 가져다 놓아 표징이 되도록 하였습니다(민 17:10-11). "표징"은 히브리 원어로 '오트'(אוֹת)이며, '신호, 기념, 증거, 표, 증표' 라는 뜻으로, 아론의 싹 난 지팡이가 어그러진 백성을 깨우치기 위한 교훈적 상징물임을 보여 주고 있습니다. 표징은 '경고'(현대인의 성경) 또는 '표적'(표준새번역)으로도 번역되었습니다.

이제 '증거궤 앞에 간직될 아론의 지팡이'는 아론과 그 후손을 선택하신 것이 하나님의 확고한 뜻이며, 앞으로도 계속해서 그들을 사용하시고 하나님의 권능을 부여해 주신다는 것을 분명히 재확인시켜 주시는 표징이 되었습니다. 그러므로 아론 외에 다른 사람이 성소 안으로 가까이 나아갔다가는 죽음을 면치 못합니다(민 17:12-13). 그러나 이러한 "표징"을 기억하고 자신의 죄악된 자리에서 돌이키는 자에게는 생명이 약속됩니다. 인간을 향한 하나님의 궁극적인 계획은 멸망이 아니라 생명입니다(요 3:16-17).

8. 아론의 싹 난 지팡이의 구속사적 교훈
The redemptive-historical teaching of Aaron's rod that budded

아론의 제사장직은 아론 자신이 인간적으로 성취한 것이 아니라, 하나님께서 주권적으로 제정하신 질서요 원칙이었습니다. 아론은 확실히 대제사장으로서 메시아 예수 그리스도를 예표하며(히 6:20, 7:17), 아론의 싹 난 지팡이 역시 예수 그리스도의 구속 사역을 예표합니다.

(1) 예수 그리스도의 부활을 예표합니다.

아론의 제사장적 권위가 싹 난 지팡이로 증명되었듯이, 예수 그리스도의 신적 권위는 부활로 확증되었습니다(롬 1:3-4).

죽은 나무에 생명의 싹이 돋고 꽃이 피고 열매가 열렸다는 것은, 바로 예수 그리스도의 부활에 대한 예표입니다. 예수 그리스도께서는 죽은 자 가운데서 삼 일 만에 다시 사심으로 부활의 첫 열매가 되셨고(고전 15:20, 23), 자기에게 나아오는 모든 사람을 생명의 부활로 인도하여 주십니다(요 11:25-26). 사도행전 13:34에서는 "하나님께서 죽은 자 가운데서 저를 일으키사 다시 썩음을 당하지 않게 하실 것"을 가리키셨다고 말씀하고 있습니다(골 2:12). 죄와 허물로 인해 사망이 우리를 삼키려 할지라도 하나님께서 구원의 능력을 베풀어 주시면, 무능하고 쓸모 없는 사람도 참되고 영원한 생명을 소유할 수 있다는 교훈을 줍니다.

그러므로 예수 그리스도야말로 죄와 사망을 극복할 수 있는 유일한 길이요, 영원한 생명을 얻게 하시는 능력자입니다(요 14:6, 행 4:12).

(2) 예수 그리스도의 복음 확장을 예표합니다.

민수기 17:8을 보면 아론의 지팡이에 움이 돋고 순이 나고 꽃이 피어서 살구 열매가 열렸다고 했습니다. 첫 단어인 "움이 돋고"라고 번역된 '파라흐'(פָּרַח)만을 제외하고는 모든 사건이 순차적으로 계속되는 것을 뜻하는 '와우계속법'으로 연결되어 있습니다. 이렇게 아론의 지팡이에 '순이 나고 꽃이 피어 열매가 열렸다'는 것은 번영과 형통, 축복이 빠르게 확산되는 것을 의미합니다.

한편, 이사야 27:6에는 여호와의 구원을 포도원에 비유하여 "후일에는 야곱의 뿌리가 박히며 이스라엘의 움이 돋고 꽃이 필 것이라 그들이 그 결실로 지면에 채우리로다"라고 노래하고 있습니다 (참고-사 37:31, 호 14:5-7). 여기서 '야곱과 이스라엘'은 하나님의 선민을 지칭하는 말로, 신약 시대의 영적 이스라엘 즉 교회를 가리킵니다. "지면"을 가리키는 히브리어 '페네 테벨'(פְּנֵי-תֵבֵל)은 '사람이 거주할 수 있는 모든 땅의 표면'을 가리킵니다. 그리고 "채우리로다"(מָלֵא, 말레)는 '가득 채우다, 가득하다'라는 뜻으로, 어떤 것이 넘치기 직전으로 가득한 상태입니다(창 1:28).

이는 궁극적으로, 구속 받은 하나님의 백성과 주의 몸 된 교회가 크게 번성하여, 마침내 온 세상에 큰 영향을 끼치게 될 것을 예언한 것입니다(마 13:31-33). 꽃이 만발하고 결실이 충만한 것처럼, '후일에' 예수 그리스도의 복음 증거와 성령의 권능이 충만한 교회는, 이렇게 생명의 역사가 왕성하게 뻗어 나가 많은 결실을 맺게 될 것입니다(롬 16:5, 고전 16:15, 약 1:18, 계 14:4).

예수님께서는 "이 천국 복음이 모든 민족에게 증거되기 위하여 온 세상에 전파되리니 그제야 끝이 오리라"(마 24:14)라고 말씀하셨습니다. 따라서 "그리스도의 복음을 편만하게 전하였노라"(롬 15:19)라고 고백한 사도 바울과 같이, 이 천국 복음이 온 세상에 전파되기까지 우리도 예수 그리스도의 복음의 확장을 위하여 힘쓰는 성도가 되어야 할 것입니다.

4. 세 가지 내용물의 배치와 사라짐

Placement of the three holy things and their subsequent disappearance

아론의 싹 난 지팡이

만나 담은 금항아리

이편 저편에 십계명을 새긴 두 돌판

성경에서 세 가지 내용물에 대하여 말씀하신 순서를 볼 때, 하나님께서는 만나 담은 항아리를 언약궤 속에 넣으라고 제일 먼저 말씀하셨고, 그 다음에 언약의 두 돌판을 넣으라는 말씀을 하셨으며, 마지막으로 아론의 싹 난 지팡이를 넣으라고 말씀하셨습니다 (출 16:33-34, 25:21, 민 17:10, 신 10:1-5).

언약궤는 채를 꿴 상태로 남북 방향으로 놓여졌으며, 그 언약궤 안에는 세 가지 내용물이 질서 있게 놓여졌습니다. 하나님께서는 질서의 하나님이십니다. 예수님께서도 오병이어의 기적을 일으키실 때에, 무질서하게 우왕좌왕하게 놓아 두지 않고 떼를 지어 오십 명씩 앉게 하신 다음, 음식을 먹게 하셨습니다(눅 9:14). 고린도전서 14:33 표준새번역에서 "하나님은 무질서의 하나님이 아니시

오"라고 말씀하고 있으며, 고린도전서 14:40에서 "모든 일을 적절
하게 또 질서 있게 해야 합니다"라고 말씀하고 있습니다. 이와 같
이 하나님께서는 언약궤 안에 들어갈 세 가지 내용물의 위치를 정
확하게 지정해 주시고 배치하셨을 것입니다.

1. 만나 담은 항아리의 위치
The location of the jar holding the manna

만나 담은 금항아리는 두 돌판과 함께 광야에서 약 39년 동안
언약궤 안에 놓여졌습니다. 이스라엘 백성이 신 광야에 도착한 것
은 출애굽 한 지 한 달이 지난 2월 15일이었습니다(출 16:1, 4). 그
리고 그 다음날부터 만나를 내려 주셨으며, 하나님께서 아론에게
"항아리를 가져다가 그 속에 만나 한 오멜을 담아 여호와 앞에 두
어 너희 대대로 간수하라"라고 말씀하셨습니다(출 16:33). 이에 아론
은 "여호와께서 모세에게 명하신 대로 그것(만나 담은 항아리)을 증
거판 앞에 두어 간수하게" 하였습니다(출 16:34). 여기 "증거판 앞"
이라는 표현은 히브리어 '리프네 하에두트'(לִפְנֵי הָעֵדוּת)이며, "증
거판"은 십계명을 기록한 두 돌판을 가리킵니다(출 31:18). 그러므로
만나 담은 항아리는 훗날 언약궤 속에 넣되, 두 돌판 앞에 두어 간
수하였을 것입니다.

2. 아론의 싹 난 지팡이의 위치
The location of Aaron's rod that budded

시내산 언약 체결 이후 약 38년이 지난 광야 말기, 이스라엘 백

성이 모세와 아론을 원망하자 하나님께서는 이스라엘 각 종족을 따라 지팡이를 하나씩 취하여 거기에 각 지파의 족장 이름을 쓰고, 레위의 지팡이에는 아론의 이름을 쓰도록 명령하신 후 12지팡이를 증거궤 앞에 두도록 명령하셨습니다(민 17:1-4). 택한 자의 지팡이에 만 싹이 나게 하여, 이스라엘 백성이 모세와 아론에 대하여 원망하는 말을 그치게 하시겠다는 것입니다(민 17:5). 모세가 하나님의 말씀대로 12지팡이를 증거의 장막 안 여호와 앞에 두었다가 이튿날 들어가 본즉, 12지팡이 중에서 아론의 지팡이에만 움이 돋고 순이 나고 꽃이 피어서 살구 열매가 열렸습니다(민 17:6-8). 족장들은 각각 자기 지팡이를 취했고, 하나님께서는 '아론의 싹 난 지팡이만을 증거궤 앞으로 도로 가져다가 보관하라'라고 명령하시면서 '이것이 패역한 자에 대한 표징이 되어 하나님께 대한 원망을 그치고 죽지 않게 할 것'이라고 말씀하셨습니다(민 17:9-10).

여기 아론의 싹 난 지팡이를 '증거궤 앞에' 보관하라는 말씀은, 히브리서 9:4에 그것이 '증거궤 안에' 있다는 말씀과 모순되는 것처럼 보입니다. 그러나 민수기 17:10의 "증거궤"라는 단어는 히브리어 '에두트'(עֵדוּת)로, 십계명이 기록된 두 개의 돌판을 가리킬 때 사용된 용어입니다(출 31:18, 32:15, 34:29). 그러므로 히브리어 원문에 의하면, "증거궤 앞에" 보관하라는 말씀이 아니라, '증거판 앞에' 보관하라는 말씀이 더 정확한 번역입니다. 즉, 아론의 싹 난 지팡이는 언약궤 안에 있는 증거판 앞에 보관되었던 것입니다.

한편, 12지파의 지팡이들이 모두 하루 동안은 언약궤 속에 들어가 있었다는 것을 알 수 있습니다. 흔히 사람들은 "그 지팡이를 회막 안에서 내가 너희와 만나는 곳인 증거궤 앞에 두라"(민 17:4)는 말씀에 입각하여 12지파의 지팡이가 언약궤 앞에 놓여진 것으로 해석

합니다. 그러나 이것은 잘못된 해석입니다. 왜냐하면 민수기 17:4의 "증거궤 앞"이라는 히브리어 역시 '리프네 하에두트'(לִפְנֵי הָעֵדוּת)로, 민수기 17:10의 "증거궤 앞"이라는 표현과 같기 때문입니다. 민수기 17:10이 '증거판 앞'이라는 뜻이라면, 민수기 17:4 역시 '증거판 앞'이라는 뜻으로 해석되어야 합니다.

이상의 말씀을 종합해 볼 때, 언약궤 안에는 두 돌판이 놓였으며, 그 앞에 만나를 담은 항아리가 놓였습니다. 그리고 출애굽 후 약 38년이 지난 광야 말기에, 하나님께서는 그 앞에 아론의 싹 난 지팡이를 놓게 하셨습니다(민 17:10).

3. 세 가지 내용물의 사라짐
The disappearance of the three objects

(1) 만나 담은 항아리와 아론의 싹 난 지팡이가 사라진 때

솔로몬 성전이 완성될 때 성전 내 기물들은 모두 다시 만들었지만, 언약궤만은 모세가 만든 그 언약궤 그대로 옮겨 왔습니다. 언약궤를 지성소로 옮길 때, 언약궤 안에는 두 돌판 외에는 다른 것이 없었습니다. 열왕기상 8:9에서 "궤 안에는 두 돌판 외에 아무것도 없으니 이것은 이스라엘 자손이 애굽 땅에서 나온 후 여호와께서 저희와 언약을 세우실 때에 모세가 호렙에서 그 안에 넣은 것이더라"라고 말씀하고 있습니다. 아마도 이스라엘이 사사 시대의 암흑기를 거쳐, 주전 1102년 블레셋과의 아벡 전투 중에 언약궤를 빼앗기면서(삼상 4:1-11), 언약궤 안에 있던 아론의 싹 난 지팡이와 만나를 담은 항아리를 잃어버리게 된 것으로 보입니다.

(2) 두 돌판이 사라진 때(주전 586년)

솔로몬 성전이 완성되고 언약궤를 성전으로 옮길 때에는 언약궤 속에는 언약의 두 돌판만이 들어 있었습니다(왕상 8:9). 그러나 주전 586년 느부갓네살 19년 5월 7일(혹은 10일)에 예루살렘성전이 파괴되고 불태워질 때, 두 돌판은 언약궤와 함께 사라졌습니다(왕하 25:8-17, 렘 52:12-23, ^{참고-}렘 3:16). 두 돌판이 모세에게 처음 주어진 이후 역사적으로 보존되었던 기간을 정리해 보면, 하나님께로부터 직접 받은 주전 1446년부터 그것이 없어진 주전 586년까지 860년간 존재한 것입니다. 도중에 블레셋에게 언약궤를 빼앗겼던 약 100년을 제하면, 두 돌판이 하나님의 성막과 성전에서 보존되었던 기간은 대략 760년입니다.

세 가지 성물, 만나 담은 항아리와 아론의 싹 난 지팡이와 두 돌판이 사라진 것은 이들을 담고 있었던 언약궤의 역사와 다분히 관련이 있으며, 더 나아가 언약궤가 보관되었던 성막의 역사와 관련되어 있습니다. 이제 다음 장에서는 성막 이동의 역사와 언약궤 이동의 역사에 대하여 자세히 살펴보겠습니다.

제 5 장

언약궤의 회복과 시온성 점령

The Recovery of the Ark of the Covenant and
the Conquest of the City of Zion

언약궤의 회복과 시온성 점령

THE RECOVERY OF THE ARK OF THE COVENANT AND THE CONQUEST OF THE CITY OF ZION

성막이 완성된 것은 출애굽 제2년(주전 1445년) 정월 1일이었습니다(출 40:2, 17). 성막이 그 기능을 마친 때는 솔로몬이 고정된 성전을 완공한 주전 959년으로, 성막은 약 486년 동안 이스라엘 백성의 신앙 중심지 역할을 하였습니다. 성막은 시내 광야에서 처음 세워진 후 한 곳에 머물러 있지 않고, 이스라엘 백성과 함께 이동하면서 광야에서 진을 칠 때마다 길갈을 제외하고 30번 이동하였습니다. 가나안에 도착한 다음에는 길갈과 실로, 놉, 기브온을 거쳐서 예루살렘에 세워졌습니다. 그러나 주전 1102년 아벡 전투에서 블레셋에게 언약궤를 빼앗겨 이스라엘에서 하나님의 영광이 떠난 후("이가봇", 삼상 4:19-22), 성막과 언약궤는 분리되어 각각 이동하게 되었는데, 그 기간은 언약궤가 다윗성에 들어오기까지 약 100년 4개월이나 됩니다. 이 기간 동안 언약궤는 블레셋 땅에 있은 지가 7개월(아스돗, 가드, 에그론)이고, 그 후에 이스라엘 땅으로 돌아와 벧세메스, 기럇여아림에 아비나답의 집, 오벧에돔의 집을 거쳐서 마침내 다윗성(시온성)으로 돌아왔습니다(삼상 5:1-7:2, 삼하 6:1-17).

다윗성은 예루살렘이며 여부스(여브스) 족속의 본거지(수 15:63,

18:28, 삿 1:21, 19:10, 삼하 5:6, 대상 11:4)로, 난공불락의 요새였던 곳입니다. 가나안 정복 후 약 400년 만에 다윗이 예루살렘에서 여부스 거민을 내쫓고 마침내 시온산 성을 점령했는데, 이것이 다윗성입니다. 다윗은 이곳을 이스라엘의 수도로 삼고(삼하 5:6-10, 대상 11:4-9), 하나님의 궤를 위하여 장막을 치고 하나님의 궤를 안치하는 역사적인 구속 사업을 완수하였습니다(삼하 6:12-19, 대상 15:1-28, 16:1-4, 대하 1:4).

I
성막 이동의 역사
THE HISTORY OF THE MIGRATION OF THE TABERNACLE

1. 광야 시대
The wilderness era

(1) 기간

성막이 처음 세워진 것은 출애굽 2년(주전 1445년) 정월 1일이었습니다(출 40:2, 17). 그리고 출애굽 40년(주전 1407년) 11월 1일에 모세는 요단강을 건너기 직전, 광야에서 마지막으로 진을 쳤던 모압 평지에서 이스라엘 제2세대에게 하나님의 율례를 선포하였습니다(신 1:3, 5). 성막은 이렇게 약 39년 동안 광야에서 계속 이동하면서, 진치는 곳에 세워졌습니다.

(2) 내용

성막이 시내 광야에서 처음으로 완성된 후에 광야에서 30번 진을 쳤던 장소들은 모두 하나님께서 명령하신 곳이었습니다. 민수기 33:2에서 "모세가 여호와의 명대로 그 노정을 따라 그 진행한 것을 기록하였으니 그 진행한 대로 그 노정은 이러하니라"라고 말씀하고 있습니다.

이스라엘 백성은 새로운 장소에서 진을 칠 때마다 진 중앙에 성막을 세웠습니다. 민수기 2:1-2에서 "여호와께서 모세와 아론에게 일러 가라사대, ² 이스라엘 자손은 각각 그 기와 그 종족의 기호 곁에 진을 치되, 회막을 사면으로 대하여 치라"라고 말씀하고 있습니다.

출애굽 2년(주전 1445년) **1월 1일, 시내 광야 첫 성막** / 출 40:2, 17	
출애굽 2년(주전 1445년) **2월 20일, 시내 광야 출발** / 민 10:11-12	

성막 완성 후 광야에서의 성막 이동 (30회) 민 33:16-49	① **기브롯 핫다아와**, קִבְרוֹת הַתַּאֲוָה, Kibroth-hattaavah / 민 11:31-35, 33:16-17, 신 9:22
	② **하세롯**, הַצֵרוֹת, Hazeroth / 민 11:35下, 12:1-16, 33:17-18, 참고-신 1:1
	③ **릿마**, רִתְמָה, Rithmah / 민 13:1-33(가데스), 33:18-19, 신 1:19-46, 수 14:7(가데스)
	④ **림몬 베레스**, רִמֹּן פֶּרֶץ, Rimmon-perez / 민 33:19-20
	⑤ **립나**, לִבְנָה, Libnah / 민 33:20-21, 신 1:1(라반)
	⑥ **릿사**, רִסָּה, Rissah / 민 33:21-22
	⑦ **그헬라다**, קְהֵלָתָה, Kehelathah / 민 33:22-23
	⑧ **세벨 산**, הַר-שָׁפֶר, Mount Shepher / 민 33:23-24
	⑨ **하라다**, הֲרָדָה, Haradah / 민 33:24-25
	⑩ **막헬롯**, מַקְהֵלֹת, Makheloth / 민 33:25-26
	⑪ **다핫**, תָּחַת, Tahath / 민 33:26-27
	⑫ **데라**, תֶּרַח, Terah / 민 33:27-28
	⑬ **밋가**, מִתְקָה, Mithkah / 민 33:28-29
	⑭ **하스모나**, חַשְׁמֹנָה, Hashmonah / 민 33:29-30
	⑮ **모세롯**, מֹסֵרוֹת, Moseroth / 민 33:30-31, 신 10:6(모세라)
	⑯ **브네야아간**, בְּנֵי יַעֲקָן, Bene-jaakan / 민 33:31-32, 신 10:6(브에롯 브네야아간)

성막 완성 후 광야에서의 성막 이동 (30회)

민 33:16-49

⑰ **홀하깃갓**, חֹר הַגִּדְגָּד, Hor-haggidgad / 민 33:32-33, 신 10:7(굿고다)

⑱ **욧바다**, יָטְבָתָה, Jotbathah / 민 33:33-34, 신 10:7

⑲ **아브로나**, עַבְרֹנָה, Abronah / 민 33:34-35

⑳ **에시온게벨**, עֶצְיוֹן גֶּבֶר, Ezion-geber / 민 33:35-36, 신 2:8, 참고-왕상 9:26, 22:48, 대하 8:17, 20:35-37

㉑ **가데스**, קָדֵשׁ, Kadesh / 민 20:1-22, 27:12-14, 33:36-37

㉒ **호르 산**, הֹר הָהָר, Mount Hor / 민 20:22-29, 21:4, 33:37-41, 신 32:50-51, 참고-민 34:7-8

㉓ **살모나**, צַלְמֹנָה, Zalmonah / 민 33:41-42

㉔ **부논**, פּוּנֹן, Punon / 민 33:42-43

㉕ **오봇**, אֹבֹת, Oboth / 민 21:10-11, 33:43-44

㉖ **이예아바림(세렛 시내)**, עִיֵּי הָעֲבָרִים, Iye-abarim / 민 21:11, 33:44-45(이임)

㉗ **디본 갓**, דִּיבוֹן גָּד, Dibon-gad / 민 33:45-46

㉘ **알몬 디블라다임**, עַלְמוֹן דִּבְלָתָיְמָה, Almon-diblathaim / 민 33:46-47, 참고-렘 48:22(벧디불라다임)

㉙ **아바림 산**, הַר עֲבָרִים, Mountains of Abarim / 민 27:12-23, 33:47-48, 신 32:49-52, 참고-렘 22:20

㉚ **모압 평지**, עַרְבָה מוֹאָב, The plains of Moab / 민 22:1, 26:3-4, 26:63-65, 31:12, 33:48-49, 50-56, 35:1-34, 36:1-13, 신 1:5, 29:1, 34:1, 5-8, 수 13:32-33

출애굽 41년(주전 1406년) **1월 10일, 길갈 도착** / 수 4:19, 5:10

새로운 장소로 진행할 때마다 항상 성막의 중심인 언약궤가 앞서 진행하였습니다. 민수기 10:33-34에서 "그들이 여호와의 산에서 떠나 삼 일 길을 행할 때에 여호와의 언약궤가 그 삼 일 길에 앞서 행하며 그들의 쉴 곳을 찾았고 ³⁴ 그들이 행진할 때에 낮에는 여호와의 구름이 그 위에 덮였었더라"라고 말씀하고 있습니다. 이처럼 광야 40년 동안 성막은 '이동하는 성전'으로서 이스라엘 신앙의 구심점이 되었습니다.

2. 길갈 시대
The Gilgal era

(1) 기간

모압 평지에 진을 쳤던 이스라엘 백성은 주전 1406년 정월 10일에 마침내 요단강을 건너서 가나안 땅 길갈에 처음으로 진을 쳤습니다(수 4:19, 5:10). 그 후 약 6년 동안 성막은 길갈에 있다가 실로로 옮겨졌는데, 이 6년은 가나안 주요 거점을 정복하기 위한 전쟁 기간으로, 갈렙의 나이를 통해서 알 수 있습니다. 주요 거점 정복이 끝나고 지파별로 기업을 분배받을 때, 갈렙은 여호수아에게 산지 헤브론을 요구하면서 '내 나이가 현재 85세인데 가데스 바네아에서 가나안 땅을 정탐한 이후 광야생활을 거쳐 오늘에 이르기까지 하나님이 45년 동안 나를 생존하게 하셨다'고 고백하였습니다.

> **여호수아 14:10** "이제 보소서 여호와께서 이 말씀을 모세에게 이르신 때로부터 이스라엘이 광야에 행한 이 사십오 년 동안을 여호와께서 말씀하신 대로 나를 생존케 하셨나이다 오늘날 내가 팔십오 세로되"

그는 주전 1445년, 40세에 가나안 정탐꾼으로 선택을 받았으므로(민 13:1-2, 6, 수 14:6-7), 갈렙이 85세가 된 해는 주전 1400년이었습니다. 그러므로 주전 1406년에 가나안에 입성한 후 주전 1400년까지 약 6년 동안 가나안 거점 정복 전쟁이 진행되었던 것입니다.

따라서 성막은 약 6년 동안 길갈에 있었으며, 가나안 땅이 이스라엘 자손에게 복종하게 된 주전 1400년경 실로로 옮겨졌습니다(수 18:1).

(2) 내용

길갈은 "애굽의 수치를 너희에게서 굴러가게 하였다"(수 5:9)라는 의미를 담고 있는데, '구르다, 굴러 떨어지다'라는 뜻의 동사 '갈랄'(גָּלַל)에서 유래하였습니다. 이스라엘 백성은 가나안에 도착하여 "여리고 동편 지경 길갈"에 진을 치고, 그곳에 열두 돌의 기념비를 세웠으며(수 4:19-24), 여호수아는 부싯돌로 칼을 만들어 이스라엘 자손에게 할례를 행하였습니다(수 5:2-9). 정월 10일에 이스라엘 자손이 길갈에 진을 쳤고, 1월 14일 저녁에는 여리고 평지에서 유월절을 지켰으며, 유월절 이튿날(1월 15일)에 그 땅 소산을 먹고, 그 땅 소산을 먹은 다음날(1월 16일)에 만나가 그쳤습니다(수 5:10-12).

그 후 성막이 실로로 옮겨지기 전까지, 길갈은 가나안 정복 전쟁의 교두보(橋頭堡: 아군의 작전의 기반이 되게 하는 거점) 역할을 하였습니다. 여호수아가 여리고에 가까왔을 때는 여호와의 군대장관을 만났으며(수 5:13-15), 믿음으로 7일 동안 여리고를 돌아 난공불락의 여리고 성을 무너뜨렸고(수 6장, 히 11:30), 아간의 범죄 사건 후에(수 7:1-26) 마침내 아이 성도 점령하였습니다(수 8:1-29).

기브온 거민들이 여호수아가 "여리고와 아이에 행한 일을 듣고" 화친을 하기 위해 왔을 때에도, 이스라엘 백성의 진은 길갈에 있었습니다(수 9:3-16). 여호수아 9:6에서 "그들이 길갈 진으로 와서 여호수아에게 이르러 그와 이스라엘 사람들에게 이르되 우리는 원방에서 왔나이다 이제 우리와 약조하사이다"라고 말하고 있습니다. 아모리 다섯 왕이 기브온 족속을 치러 왔을 때에도 기브온 족속은 길갈 진에 있는 여호수아에게 도움을 요청했습니다(수 10:5-7). 여호수아는 아모리 사람과의 전쟁에서 승리하고(수 10:7-14) 온 이스라엘과 더불어 길갈 진으로 돌아왔습니다(수 10:15). 여호수아가 가나안 족속과의 전쟁(수 10:28-42)에서 승리하고 돌아올 때에도 "여호수아가 온 이스라엘로 더불어 길갈 진으로 돌아왔더라"(수 10:43)라고 길갈을 반복적으로 언급하고 있습니다. 이것은 가나안 정복 전쟁을 할 때 이스라엘의 진이 길갈에 있었고, 그곳이 정복 전쟁의 중심이었음을 알려 주고 있습니다.

갈렙은 그의 나이 85세에 여호수아에게 산지 헤브론을 요구하였습니다(수 14:6-14). 이때는 주전 1400년으로 가나안에 입성한 지 약 6년이 지난 때입니다. 여호수아 14:6에서 "때에 유다 자손이 길갈에 있는 여호수아에게 나아오고 그니스 사람 여분네의 아들 갈렙이 여호수아에게 말하되"라고 말씀하고 있습니다. 이 말씀도, 주전 1400년까지는 이스라엘의 진이 길갈에 있었으며, 진의 중심인 성막 역시 길갈에 있었음을 알게 해 줍니다.

3. 실로 시대
The Shiloh era

(1) 기간

주전 1400년경 성막은 길갈에서 실로로 옮겨졌습니다. 여호수아 18:1-2에서 "이스라엘 자손의 온 회중이 실로에 모여서 거기 회막을 세웠으니 그 땅이 이미 그들의 앞에 돌아와 복종하였음이나

²이스라엘 자손 중에 그 기업의 분배를 얻지 못한 자가 오히려 일곱 지파라”라고 말씀하고 있습니다.

당시는 요단 동편은 므낫세 반 지파와 르우벤, 갓 지파가 모세를 통해 요단 동편에서 이미 기업으로 분배받았고(수 13:8-31, 14:3, 18:7), 요단 서편은 유다 지파와 에브라임, 므낫세 반 지파에게 기업으로 분배된 후였으며(수 14-17장), 나머지 일곱 지파(베냐민, 시므온, 스불론, 잇사갈, 아셀, 납달리, 단)에 대한 기업 분배가 아직 이루어지지 않은 때였습니다(수 18:2). 유다 지파의 갈렙이 주전 1400년, 85세에 헤브론을 기업으로 분배받았고(수 14:10-14), 그때 ‘그 땅의 전쟁이 그쳤다’는 기록을 볼 때(수 14:15^下), 실로로 회막이 옮겨진 것은 주전 1400년 이후가 될 것으로 보입니다.

그 후 약 298년(주전 1400-1102년) 동안 성막은 실로에 있었습니다. 이때는 대체로 사사 시대에 해당하는데, 이스라엘과 베냐민 지파의 전쟁 당시 언약궤가 일시적으로 벧엘로 옮긴 적도 있습니다(삿 20:26-28). 그러다가 주전 1102년경 아벡 전투에서 블레셋에게 언약궤를 빼앗긴 후(삼상 4:1-11)에 성막은 놉으로 옮겨졌습니다(삼상 21:1-6, 22:11, 19). 블레셋에게 언약궤를 빼앗긴 때가 주전 1102년경이라는 것은, ‘언약궤 이동의 역사’ 부분에서 자세히 살펴보겠습니다.

(2) 내용

성막은 길갈에서 약 32㎞ 떨어진 실로로 옮겨져 세워졌습니다(수 18:1). 사사기 18:31에서는 “하나님의 집”이 실로에 있었다고 말씀하고 있습니다. 예레미야 7:12에서는 “내가 처음으로 내 이름을 둔 처소”가 실로였다고 기록하고 있습니다.

그렇다면 왜 길갈에 있던 성막이 실로로 옮겨지게 되었을까요?

아직 일곱 지파에 대한 기업 분배가 이루어지지 않은 상태에서 가나안 정복 전쟁을 마무리하기 위해서는, 지리적으로 가나안의 중심지인 실로로 성막과 진을 옮기는 것이 필요했을 것입니다. 길갈은 요단강 쪽으로 치우쳐 있어서, 가나안 땅 전체를 정복하기 위한 중앙 본부로는 너무 멀었기 때문입니다. 실로는 가나안의 중심지였으므로, 가나안 정복 전쟁이 끝난 후에 백성이 한데 모이고 통합하는 데에도 훨씬 유리한 곳이었습니다. 실제로 실로에 제단이 있음에도 불구하고, 요단 동편에 있던 르우벤 자손과 갓 자손과 므낫세 반 지파가 요단강변에 큰 단을 쌓아서 오해가 생겼을 때(참고-수 22:10, 21-29), 이 일에 대한 대책을 강구하기 위하여 이스라엘 온 회중이 모인 곳도 실로였습니다(수 22:11-12).

성막을 실로로 옮긴 후에 여호수아가 제일 먼저 한 일은, 아직 가나안 땅 분배를 받지 않은 일곱 지파를 질책하면서 각 지파에서 3명씩 대표를 선정하고 "... 일어나서 그 땅에 두루 다니며 그 기업에 상당하게 그려 가지고 내게로 돌아올 것이라"라고 명령한 것이었습니다(수 18:3-4). 여호수아의 당부를 받은 21명은 그 땅을 비밀리에 탐지하면서 "그 남은 땅을 일곱 부분으로 그려" 가지고 돌아왔습니다(수 18:5-9). 요세푸스의 기록에 의하면, 그 지도를 그리는 데는 약 7개월이 소요되었다고 하는데(Ant. 5.79), 그 지도는 '책'(סֵפֶר, 세페르)이 될 정도로 내용이 자세하고 많은 분량이었던 것으로 추정됩니다(수 18:9下). 그들은 실로 진에 돌아와 여호수아에게 나와서 보고하였고, 여호수아는 그들을 위하여 "실로 여호와 앞에서 제비를 뽑고" 거기서 이스라엘 지파별로 땅을 분배하였습니다(수 18:10). 여호수아 19:51에서는 "제사장 엘르아살과 눈의 아들 여호수아와 이스라엘 자손 지파의 족장들이 실로에서 회막문 여호와 앞에서 제비 뽑아 나눈 기업이 이러하니라 이에 땅 나누는 일이 마쳤더라”라고 말씀하고 있습니다.

이후로 실로가 이스라엘 백성 신앙생활의 중심지가 되었습니다. 매년 “여호와의 절기”가 실로에서 지켜졌으며(삿 21:19), 엘리 제사장의 시대에도 “여호와의 집”은 실로에 있었고, 백성이 예배드리러 오는 장소로 기록되어 있습니다(삼상 1:3, 9, 24).

4. 언약궤와 성막의 분리와 놉 시대
The separation of the ark of the covenant and the tabernacle, followed by the Nob era

(1) 기간

놉은 예루살렘 북동쪽 2km 지점에 위치한 베냐민 지파의 성읍이었습니다(느 11:31-32). 성경에 정확한 시점은 기록되어 있지 않지만, 블레셋에게 언약궤를 빼앗긴 후에 성막은 놉으로 옮겨진 것으로 보입니다(참고-삼상 21:1, 6, 22:11, 19). 주전 1102년경 엘리 제사장 시대에 블레셋과의 전쟁(아벡 전투)에서 이스라엘이 패하여 4천 명 가량의 군사가 죽임을 당하였습니다(삼상 4:1-2). 그러자 실로에 있던 언약궤를 전쟁터까지 메고 나갔는데, 오히려 이스라엘 보병 3만 명이 엎드러지고 블레셋 사람들에게 언약궤를 빼앗기는 사태가 벌어지고 말았습니다(삼상 4:3-11上). 이날 하나님의 언약궤와 함께 거기 있었던 엘리의 두 아들 홉니와 비느하스는 죽임을 당하였고, 이 소식을 들은 엘리 제사장도 자기 의자에서 자빠져 목이 부러져 죽고 말았습니다(삼상 4:11下, 17-18). 이때부터 성막과 언약궤는 분리되어 서로 다른 지역에 있게 되었고, 언약궤가 없어진 실로의 성막은 성막으로서의 구실을 제대로 할 수 없었을 것이며, 그 무렵에 놉으로 옮겨졌을 것입니다.

놉에 있던 성막은, 사울이 놉에 있는 제사장 85명을 죽인 사건 후에(삼상 22:11-19) 기브온으로 옮겨진 것으로 추정됩니다(대상 16:39, 21:29). 이때는 대략 주전 1020년 어간이었습니다.[36] 그러므로 대략 주전 1102년부터 주전 1020년경까지 약 82년 동안 성막은 놉에 있었습니다.

(2) 내용

'놉'(נֹב)은 '높은 곳, 산당'이라는 뜻을 가지고 있으며, 예루살렘이 내려다보이는 곳에 있었습니다(참고-사 10:32). 사울왕 시대에 놉에는 제사장들이 있었습니다. 사울왕을 피해 도망가던 다윗은 놉에 가서 제사장 아히멜렉을 만나 그가 주는 진설병을 먹었습니다(삼상 21:1-6). 진설병이 놉에 있었던 것을 볼 때, 실로에 있던 성막이 놉으로 옮겨진 것은 확실합니다.

다윗이 놉에 이르렀을 때, 제사장 아히멜렉은 떨면서 "어찌하여 네가 홀로 있고 함께하는 자가 아무도 없느냐"(삼상 21:1)라고 물었습니다. 이때 다윗은 임기응변으로 사울왕이 비밀리에 맡긴 일을 수행하기 위해서 왔다고 거짓말을 하였습니다. 아히멜렉은 그 말을 믿고 다윗을 도와주었는데, 다윗의 이 거짓말은 예상 밖의 결과를 낳게 되었습니다. 사울의 목자장인 에돔 사람 "도엑"이 다윗이 놉에 온 것을 알고 있었는데(삼상 21:7), 그는 제사장 아히멜렉이 다윗을 숨겨 주고 그의 편의를 도모해 준 사실을 사울왕에게 고했습니다. 사울왕은 도엑을 시켜 제사장 아히멜렉과 놉 땅의 제사장 85

명과 놉의 남녀, 아이들과 젖 먹는 자들, 소와 나귀와 양까지 모조리 죽였습니다(삼상 22:9-19). 그 결과 놉이 성막을 모시는 장소로서의 기능을 상실하게 되자, 성막은 기브온에 옮겨진 것으로 추정됩니다(대상 16:39, 21:29).

5. 기브온 산당 시대
The era of the high place at Gibeon

(1) 기간

기브온은 히위 족속들이 살던 가나안 4대 성읍 가운데 하나였으며(수 9:17, 10:2, 11:19), 예루살렘에서 북서쪽으로 8km 지점에 있습니다. 주전 1020년경에 놉의 제사장 85명이 죽임을 당하면서 놉은 성막을 모신 장소로서의 기능을 상실하고, 성막이 기브온으로 옮겨진 때부터 솔로몬이 주전 959년 고정 성전을 완성하기까지 약 60년간 기브온에 성막이 있었습니다.

기브온의 성막은 "기브온 산당 회막"(대하 1:13)이라 불리었습니다. 역대상 16:39에서 "제사장 사독과 그 형제 제사장들로 기브온 산당에서 여호와의 성막 앞에 모시게 하여"라고 말씀하고 있으며, 역대상 21:29에는 "옛적에 모세가 광야에서 지은 여호와의 장막과 번제단이 그때에 기브온 산당에 있으나"라고 말씀하고 있습니다.

(2) 내용

솔로몬이 일천 마리의 번제물을 드린 곳은 기브온 산당이었습니다(왕상 3:3-15, 대하 1:2-13). 열왕기상 3:4에서는 "이에 왕이 제사하러 기브온으로 가니 거기는 산당이 큼이라 솔로몬이 그 단에 일천 번제를 드렸더니"라고 말씀하고 있습니다. 당시는 성전이 아직 건축되지 않은 때였으므로, 백성과 솔로몬은 불가피하게 산당에서 제사하고 분향하였습니다(왕상 3:2-3). 기브온에서 하나님은 솔로몬의 꿈에 나타나시고 그에게 지혜롭고 총명한 마음과 부와 영광을 약속해 주셨습니다(왕상 3:5-14). 솔로몬은 이 약속을 받은 후 즉시 예루살렘으로 가서 여호와의 언약궤 앞에 서서 번제와 수은제를 드리고 모든 신복을 위하여 잔치하였습니다(왕상 3:15).

이와 같이 솔로몬 성전이 완공되기 전까지, 이스라엘에는 하나님께 제사를 드리는 공식적인 장막이 두 곳에 있었습니다. 하나는 기브온 산당에 있던 '하나님의 회막'(אֹהֶל מוֹעֵד - 대하 1:3)이고, 다른 하나는 다윗이 예루살렘에 '하나님의 궤를 위하여 쳤던 장막'(אֹהֶל - 대하 1:4)입니다. 기브온 산당의 회막은 출애굽 한 후 여호와의 종 모세가 광야에서 지은 것으로, 훌의 손자 우리의 아들 브살렐이 지은 놋단(출 38:1-7)이 그곳에 있었습니다(대하 1:3, 5-6). 그리고 예루살렘의 장막은 다윗이 언약궤를 오벧에돔의 집에서 다윗성으로 옮기면서, 그 언약궤를 두었던 곳으로, 그날 다윗은 그 장막에서 번제와 화목제를 드렸습니다(삼하 6:17).

다윗은 언약궤를 예루살렘 다윗성에 안치한 후, 하나님을 더욱 온전히 섬기기 위하여, "레위 사람을 세워 여호와의 궤 앞에서 섬기며 이스라엘 하나님 여호와를 칭송하며 감사하며 찬양하게" 하였는데(대상 16:4), "아삽과 그 형제를 여호와의 언약궤 앞에 머물러 항상 그 궤 앞에서 섬기"게 하였습니다(대상 16:37). 아삽을 두목으로, 스가랴, 여이엘, 스미라못, 여히엘, 맛디디아, 엘리압, 브나야, 오벧에돔, 여이엘이 비파와 수금을 타고, 아삽은 제금을 힘 있게 치고, 제사장 브나야와 야하시엘은 항상 하나님의 언약궤 앞에서 나팔을 불게 하였습니다(대상 16:5-6). 언약궤를 지키는 문지기로는, 오벧에돔과 그 형제 68인과 여두둔의 아들 오벧에돔과 호사를 세웠습니다(대상 16:38).

다윗은 다윗성에 있던 언약궤의 관리뿐만 아니라, 장차 솔로몬 성전에서 언약궤와 성막이 하나로 합쳐질 때까지, 기브온 산당에 있는 성막의 관리도 결코 소홀히 하지 않았습니다. 다윗 당시 대제사장은 사독과 아비아달 두 사람이었습니다(삼하 20:25, 왕상 4:4, 대상 15:11, 참고-삼하 15:29, 35, 17:15, 19:11).

다윗은 제사 장소가 둘로 나뉘어져 있는 상황에서, 사독과 아비아달 두 대제사장에게 각각 그 섬기는 직무를 분담시켰던 것으로 보입니다(대상 24:3). 이다말 계열의 제사장 아비아달에게 언약궤의 관리를 주로 맡겼으며(삼하 15:29, 왕상 2:26), 엘르아살 계열의 제사장 사독에게 기브온 산당에 있는 여호와의 성막 관리를 맡겼습니다(대상 16:39).

다윗은 기브온 산당에 있는 장막에서 제사장 사독과 그 형제 제사장들로 하여금 아침과 저녁으로 번제를 드리고, 여호와의 율법에 기록한 대로 다 준행하도록 했습니다(대상 16:39-40). 사독과 그 형제 제사장들과 함께 세운 자들, 곧 "헤만과 여두둔과 그 남아 택함을 받고 녹명된 자"는 하나님께 감사하는 일을 맡았습니다(대상 16:41). 헤만과 아삽과 여두둔(에단)은 솔로몬 성전의 4,000명 찬양대(대상 23:5)의 총지휘자들이었습니다(대상 6:31-48, 25:1-8). 또 '헤만과 여두둔'을 세워 나팔과 제금들과 하나님을 찬송하는 악기들을 가지고 소리를 크게 내게 하였고, '여두둔의 아들'은 문을 지키게 하였습니다(대상 16:42).

이처럼 다윗 시대에는, 언약궤는 다윗성에 있고(삼하 6:12-17, 대상 15:1, 25-29上, 참고-왕상 8:1), 성막은 기브온에 따로 있는(대상 16:39) 비정상적인 상황이 계속되었습니다. 후에 솔로몬 성전이 완성됨으로써 언약궤와 성막이 다시 한 곳에서 합쳐지게 되었고, 분산된 기구들을 모아서 성전에 안치하였습니다(왕상 8:1-11).

성막이 완성된 주전 1445년부터 솔로몬 성전이 완성된 주전 959년까지 약 486년 동안, 성막은 이스라엘 백성이 하나님을 만나는 지극히 거룩한 장소로 민족의 구심점 역할을 하였습니다. 그리고 솔로몬 성전이 완성된 후 이동식 성전은 막을 내리고, 성막의 기능과 역할은 고정식 성전으로 대체되었습니다.

6. 솔로몬 성전 이후
Solomon's temple and thereafter

솔로몬 성전은 주전 959년에 완공되어, 주전 586년 바벨론의 제3차 침략 때 불살라지고 하나님 전의 대소 기명들과 모든 보물이 다 바벨론으로 옮겨지고 말았습니다(왕하 25:8-17, 대하 36:18-20, 렘 39:8-10, 52:12-23). 솔로몬 성전은 약 373년 동안 이스라엘 백성의 신앙 중심지 역할을 담당하였던 것입니다.

바벨론에 포로로 끌려간 이스라엘 백성은 주전 537년 귀환하여, 주전 536년 2월에 성전 지대를 놓고 성전 건축 역사를 시작하였습니다(스 3:8-13). 그러나 대적들의 방해로 성전 건축은 16년 동안 중단되었다가(스 4:23-24), 주전 520년 다리오왕 2년 6월 24일 성전

공사가 다시 시작되었고(스 5:2, 학 1:14-15), 주전 516년 다리오왕 6년 12월 3일에 마침내 완성되었습니다(스 6:15). 이것이 스룹바벨 성전입니다.

스룹바벨 성전은 훗날 주전 20년경, 헤롯 대왕이 유대인의 환심을 사려고 개축하기 시작했는데, 그때부터 헤롯 성전으로 불리었습니다. 예수님께서 유월절을 지키기 위해 예루살렘에 오셨을 때 "이 성전을 헐라 내가 사흘 동안에 일으키리라"라고 선포하셨습니다(요 2:19). 유대인들은 "이 성전은 사십륙 년 동안에 지었거늘 네가 삼 일 동안에 일으키겠느뇨"라고 힐문했지만, 예수님께서는 "성전 된 자기 육체를 가리켜 말씀하신 것"입니다(요 2:20-21). 그 후 헤롯 성전은 주후 64년에 완공되었으나, 주후 70년 디도(Titus) 장군이 이끄는 로마 군대에 의해 완전히 불타 버리고 말았습니다. 성전의 실체로 오신 예수님을 영접하지 않은 당연한 결과였습니다. 예수님께서는 예루살렘성전의 파괴를 미리 내다보시고 슬피 우시면서, "너도 오늘날 평화에 관한 일을 알았더면 좋을 뻔하였거니와 지금 네 눈에 숨기웠도다 43 날이 이를지라 네 원수들이 토성을 쌓고 너를 둘러 사면으로 가두고 44 또 너와 및 그 가운데 있는 네 자식들을 땅에 메어치며 돌 하나도 돌 위에 남기지 아니하리니 이는 권고 받는 날을 네가 알지 못함을 인함이니라"라고 탄식하셨습니다(눅 19:42-44). 오늘도 예수님을 모시지 않는 성전이 있다면, 그것은 언젠가는 파괴되고야 말 것입니다.

II
언약궤 회복의 역사
THE HISTORY OF THE RECOVERY
OF THE ARK OF THE COVENANT

이스라엘이 언약궤를 빼앗긴 때는, 영적 암흑이 극에 달했던 사사 시대 가운데 블레셋의 압제를 받을 때였습니다(^{참고}삿 10:7, 13:1, 삼상 7:13-14). 이스라엘은 블레셋과의 전투(아벡 전투 - 주전 1102년)에서 언약궤를 앞세우고 나갔다가 빼앗기게 됩니다(삼상 4:1-22). 언약궤를 앞세웠는데도 패전한 것은 만고의 치욕이었습니다.

당시 엘리의 패역한 자식들은 몸에 제사장의 거룩한 옷을 입고도(삼상 2:28), 그 손으로 제물을 횡령하며(삼상 2:12-17, 29), 회막문에서 수종드는 여인과 동침하기를 서슴지 않을 만큼 극도로 타락한 상태였습니다(삼상 2:22). 엘리의 며느리 비느하스의 아내는 잉태하여 산기가 가까웠는데, 언약궤를 빼앗긴 일과 시부와 남편의 사망 소식을 듣고 갑자기 아파서 해산하고, 그 아들 이름을 '이가봇'이라 하고, "영광이 이스라엘에서 떠났다"(삼상 4:19-22)라고 외치면서 죽었습니다.

이스라엘 민족의 최고 지도자인 제사장 엘리 집안이 이렇게 망하고, 이스라엘 천지에는 곡성이 사무쳤습니다. 이후로 지성소에는 하나님의 언약의 표징인 언약궤가 없는 상태로 약 100년의 세월이 흘러갔습니다.

엘리 제사장 시대에 이스라엘이 깊은 흑암 중에 헤매고 있을 때, 하나님께서는 사무엘 선지자를 준비하고 계셨습니다. 당시 이스라엘은 영적으로 '여호와의 말씀이 희귀하여 이상이 흔히 보이지 않는'(삼상 3:1) 암흑 그 자체였습니다. 급기야 전쟁 중에 블레셋에게 언약궤를 빼앗기는 국가적 수치를 당하고, 나라는 풍전등화의 위기에 놓여 있었습니다.

아벡 전투가 있을 당시 사무엘의 나이는 약 30세였습니다. 사무엘상 3:19에서 "사무엘이 자라매 여호와께서 그와 함께 계셔서 그 말로 하나도 땅에 떨어지지 않게 하시니"라고 말씀하고 있습니다. 여기 "사무엘이 자라매"라고 한 것은, 사무엘이 소명 받은 후에 많은 시간이 경과하여 성장해 있음을 암시해 줍니다. 이스라엘의 최북단 "단"부터 최남단 "브엘세바"까지 온 나라가 사무엘을 선지자로 세운 줄 알았으니(삼상 3:20), 이때 사무엘이 제사장을 겸한 선지자로서, 공식적인 활동을 시작한 나이는 30세였을 것입니다. "예수께서 가르치심을 시작할 때에 30세쯤 되시니라"(눅 3:23)라고 했고, 역시 제사장을 겸한 에스겔 선지자도 30세에 선지자 활동을 시작하였습니다(겔 1:1). 다윗도 10년간 도피 생활을 마치고 30세에 왕으로 즉위하였습니다(삼하 5:4-5).

역사가 요세푸스는 하나님의 부르심을 처음 받을 때, 아이 사무엘의 나이를 12세로 기록하고 있습니다(*Ant.* 5.348). 하나님께서 부르실 때, 사무엘은 "하나님의 궤 있는 여호와의 전 안에" 누워 있었습니다(삼상 3:3). 사무엘은 어려서부터 성전 중심의 생활을 했던 것입니다. 사무엘을 부르신 하나님께서는 엘리 가문의 저주를 선포하시면서, "듣는 자마다 두 귀가 울리리라"(삼상 3:11下)라고 말씀하셨습니다. 이것은 이 예언이 성취되어 충격적인 사건을 들을 때, 사람마다 하나같이 놀란다는 말씀입니다. 그 저주의 내용에 대하여, 사무엘상 3:13-14에서 "내가 그 집을 영영토록 심판하겠다고 그에게 이른 것은 그의 아는 죄악을 인함이니 이는 그가 자기 아들들이 저주를 자청하되 금하지 아니하였음이니라 14 그러므로 내가 엘리의 집에 대하여 맹세하기를 엘리 집의 죄악은 제물이나 예물로나 영영히 속함을 얻지 못하리라 하였노라"라고 말씀하고 있습니다.

12세 아이 사무엘(삼상 3:1-18)이 30세(삼상 3:19-20)가 되었으니, 18년이 지난 것입니다. 여호와께서 엘리 가문에 대하여 하나님의 사람을 통해 엘리에게 하신 말씀(삼상 2:31-36)과, 사무엘에게 전하신 말씀(삼상 3:11-14)은, 18년 만에 정확하게 성취된 것입니다(삼상 4:11-22).

사무엘 선지자의 출생과 생애는, 오래 전부터 계획된 하나님의 절대 섭리였고, 망해 가는 이스라엘 민족을 구원하시기 위한 하나님의 역사였습니다. 사사 시대 말기, 아벡 전투 중에 언약궤를 빼앗기는 국가적 비극과 함께 엘리 제사장이 죽은 후, 사무엘은 공식적으로 활동하게 됩니다. 그는 구속사적으로 매우 중요한 분기점 곧 사사 시대에서 왕정 시대로 넘어가는 시점에서, 두 시대를 연결하는 다리 역할을 담당하며 사역하였습니다.

언약궤는 주전 1102년 아벡 전투에서 블레셋에게 빼앗긴 후(삼상 4:1-11), 블레셋의 아스돗과 가드, 에그론에서 약 7개월 가량 있었습니다(삼상 6:1). 그 후 언약궤는 벧세메스를 거쳐 오랫동안 기럇여아림의 아비나답의 집에 있었습니다(삼상 6:19-7:2). 훗날 다윗은 오벧에돔의 집을 거쳐 언약궤를 다윗성으로 모시고 오게 됩니다

(삼하 6:9-19). 이제 언약궤가 이동하는 과정을, 언약궤가 머문 장소별로 자세히 살펴보겠습니다.

언약궤의 이동 Migration of the Ark of the Covenant	
① **언약궤 빼앗김** / 아벡 전투(주전 1102년) Battle of Aphek / 삼상 4:1-11	
성막과 언약궤의 분리 Separation Between the Tabernacle and the Ark of the Covenant	
② **아스돗**, אַשְׁדּוֹד, Ashdod / 삼상 5:1-8	블레셋 7개월 삼상 6:1
③ **가드**, גַּת, Gath / 수 11:22, 삼상 5:8-9	
④ **에그론**, עֶקְרוֹן, Ekron / 삼상 5:10-12, 6:1-12	
⑤ **벧세메스**, בֵּית שֶׁמֶשׁ, Beth-shemesh / 삼상 6:7-21	
⑥ **기럇여아림(아비나답의 집)**, קִרְיַת יְעָרִים, Kiriath-jearim / 삼상 6:21-7:2, 삼하 6:1-5, 대상 13:1-8	
⑦ **오벧에돔의 집**, בֵּית עֹבֵד אֱדֹם, the house of Obed-edom / 삼하 6:9-11, 대상 13:9-14, 15:25	
⑧ **다윗성**, עִיר דָּוִד, the city of David, 주전 1003년 / 삼하 6:12-17, 대상 15:1-15, 25-29	
⑨ **솔로몬 성전**, הֵיכַל שְׁלֹמֹה, Solomon's temple / 왕상 8:1-11, 대하 5:2-14	
언약궤의 성전 복귀 Restoration of the Ark of the Covenant to the Temple	

1. 언약궤를 빼앗김 (주전 1102년 아벡 전투)

The ark of the covenant is taken (Battle of Aphek in 1102 BC)

이스라엘 백성은 아벡 전투에서 블레셋에게 언약궤를 빼앗기게 됩니다. '아벡'은 히브리어 '아페크'(אֲפֵק)로, '강함, 요새'라는 뜻입니다. 이스라엘은 블레셋 사람과 싸우려고 나가서 에벤에셀 곁에 진을 쳤고 블레셋은 아벡에 진을 쳤습니다. 이 전투에서 블레셋에게 패하여 죽임을 당한 이스라엘 군사가 4천 명 가량 되었습니다(삼상 4:1-2). 이스라엘 백성은 왜 이러한 일이 일어났는지 먼저 하나님께 물어 보아야 했습니다. 그러나 이스라엘 장로들은 "여호와의 언약 궤를 실로에서 우리에게로 가져다가 우리 중에 있게 하여 그것으로 우리를 우리 원수들의 손에서 구원하게 하자"라고 제안하였습니다 (삼상 4:3). 장로들은 전쟁에서 패한 이유가 여호와의 언약궤가 없었 기 때문이라고 생각한 것입니다.

이에 백성이 사람을 보내어 실로에서 언약궤를 가져왔고, 언약 궤가 진에 들어올 때에 "온 이스라엘이 큰 소리로 외치매" 땅이 울 렸습니다(삼상 4:4-5). 이스라엘 백성은 하나님의 언약궤를 진으로 가져왔기 때문에 분명히 승리할 것이라는 확신을 가지고 외쳤던 것입니다. 얼마나 그 소리가 컸던지, 블레셋 사람이 그 외치는 소리 를 듣고 "히브리 진에서 큰 소리로 외침은 어찜이뇨" 하다가 "여호 와의 궤가 진에 들어온 줄"을 깨닫게 됩니다(삼상 4:6). 블레셋 사람 들은 "여호와의 궤"라는 소리를 듣고 두려워하면서 "신(神)이 진에 이르렀도다... 우리에게 화로다 전일에는 이런 일이 없었도다"라고 말하였습니다(삼상 4:7). 게다가 그들은 전에 출애굽 사건에서 여러 가지 재앙으로 애굽인을 치고 이스라엘을 구원했던 역사적 사건을 특별히 기억하고 "우리에게 화로다 누가 우리를 이 능한 신들의 손 에서 건지리요"라고 하면서 하나님께 대한 두려움을 고백했습니 다(삼상 4:8).

그러나 이스라엘 백성은, 기적적인 출애굽 사건과, 시내산에서 맺은 하나님과의 언약과 자신들을 구원해 주신 하나님의 구원 역 사를 누구보다 생생하게 기억하고 있어야 함에도 불구하고 이처럼 이방의 블레셋 사람들이 그 역사를 두렵게 기억하고 있었습니다.

이스라엘 백성은 그 모든 은혜와 언약을 송두리째 잊어버린 채 껍데기 신앙뿐이었습니다. 언약궤를 이용하여 전쟁을 역전시켜 보겠다는 얄팍한 욕심뿐이었고, 경박하고 비겁한 신앙만 남았던 것입니다.

블레셋 지휘관들은 두려움에 사로잡힌 군사들에게 전의를 불태우면서, "너희 블레셋 사람들아 강하게 되며 대장부가 되어라 너희가 히브리 사람의 종이 되기를 그들이 너희의 종이 되었던 것같이 말고 대장부같이 되어 싸우라"라고 외쳤습니다(삼상 4:9). 당시 블레셋이 지배하고 있던 히브리인들에게 패하여, 그들의 종이 되어서는 안 된다고 외친 것입니다.

저들이 힘을 내어 이스라엘을 친 2차전의 결과는 너무나 비참했습니다. 이스라엘이 패하고 살륙이 심히 커서, 1차전 때 죽은 4천 명에 비할 수 없는 3만 명이라는 어마어마한 수의 보병이 블레셋 앞에 순식간에 엎드러지고 말았습니다(삼상 4:10). 3만 명이면 이스라엘의 한 지파 수에 맞먹는 엄청난 숫자(참고-민 26장)였고, 1차 전쟁(4천 명 - 삼상 4:2)보다 7.5배로 큰 인적 피해였던 것입니다.

그러나 이스라엘 사람들에게 전쟁의 참패보다 더 충격적인 사건은 하나님의 궤를 빼앗긴 것이었습니다. 이때 언약궤를 지키던 엘리의 아들들인 홉니와 비느하스도 죽임을 당했습니다(삼상 4:11, 참고-삼상 2:34). 엘리 제사장은 '전쟁에서 패배하여 홉니와 비느하스가 죽고 하나님의 궤를 빼앗겼다'는 소식을 듣고 자기 의자에서 자빠져 문 곁에서 목이 부러져 죽었습니다(삼상 4:17-18). 엘리의 며느리, 비느하스의 아내는 잉태하여 산기가 가까웠는데, 하나님의 궤를 빼앗긴 것과 엘리 제사장과 남편이 죽었다는 소식을 듣고, 갑자기 아파서 몸을 구푸려 해산하고 이르기를 "영광이 이스라엘에서 떠났다"

하고 아이 이름을 '이가봇'(אִיכָבוֹד, 이카보드)이라고 부르며 죽었습니다(삼상 4:19-22). 언약궤는 하나님의 임재를 상징합니다(출 25:22). 하나님의 언약궤를 빼앗겼다는 것은 하나님의 영광스런 임재를 더 이상 볼 수 없게 된 것이므로, 이스라엘에게는 역사상 가장 큰 위기였습니다. 그러므로 엘리의 며느리는 "영광이 이스라엘에서 떠났다"라고 말한 것입니다.

'블레셋'은 아브라함 때부터 이스라엘을 대적하여 끊임없이 괴롭혀 온 막강한 적대 세력이었습니다. 그들은 아브라함(창 21:32), 모세(출 13:17), 삼손(삿 13:1-16:31), 사무엘(삼상 7:7-14), 사울(삼상 13-31장), 다윗(삼상 17장, 삼하 5:17-25) 시대에 이르기까지 계속해서 이스라엘을 괴롭혀 왔습니다. 아벡 전투에서 언약궤를 빼앗기던 주전 1102년은 블레셋이 이스라엘을 압제한 지 약 20년째였으며, 사사 삼손의 통치 말년이었습니다.[37]

아벡 전투에서 빼앗긴 하나님의 언약궤를, 다윗성 휘장 가운데로 다시 모셔 오기까지는 대략 100년 4개월이 걸렸습니다.

2. 블레셋 지방으로 간 언약궤
The ark of the covenant goes to Philistia

아벡 전투에서 빼앗긴 언약궤는 블레셋 지방에 7개월 동안 있었습니다. 사무엘상 6:1에서 "여호와의 궤가 블레셋 사람의 지방에 있은 지 일곱 달이라"라고 말씀하고 있습니다. 블레셋은 언약궤를 가지고 자기 땅으로 돌아올 때, 포로를 잡은 듯 승리감에 도취하여 즐거워했을 것입니다. 언약궤만 있으면 블레셋이 더 강한 민족이 되리라고 확신한 저들은, 언약궤를 아스돗의 다곤 신전에 두고 우상처럼 숭배하였습니다(삼상 5:1-2, 5). 그러나 블레셋은 엄청난 재앙과 심판을 당해야 했습니다(삼상 5:6-12). 하나님을 대적하는 불신앙의 블레셋을 언약궤가 머문 일곱 달 동안 엄중히 심판하시어, 상황은 역전되고 말았습니다.

언약궤는 7개월 동안 블레셋 땅에서 주요 도시를 중심으로 숨가쁘게 이동하였습니다. 저들은 하나님의 궤를 다른 장소로 옮기면 블레셋에 임한 재앙이 멈출 것이라고 생각했으나, 오히려 장소를 옮길 때마다 더 큰 재앙과 치명적인 파괴력으로 그 땅은 사망의 환난을 당하고, 죽지 아니한 사람들은 독종으로 치심을 받아 성읍의 부르짖음이 하늘에 사무쳤습니다(삼상 5:6, 9, 11-12). 블레셋은 속수무책으로 주요 도시들이 완전히 망하거나 폐허가 되는 비참한 지경이 되고 말았으며, 결국 하나님의 궤를 이스라엘로 되돌려 보낼 수밖에 없었습니다.

하나님께서는 아스돗, 가드, 에그론 성읍에 엄습했던 3중 환난을 통하여, 언약궤와 함께 '하나님의 손'(삼상 5:6, 7, 9, 11)이 강하게 역사하고 있음을 보여 주셨습니다. 여호와의 '손'(יָד, 야드)은 하나님의 역사를 이루는 능력과 권세를 상징합니다(대상 29:12, 시 78:42, 89:13). 하나님께서는 이스라엘을 '강한 손과 편 팔'로 출애굽 시켰으며(출 6:1, 6, 7:5, 9:3, 13:3, 14, 32:11, 신 4:34, 5:15, 6:21, 7:8, 19, 9:26, 11:2, 26:8, 왕하 17:36), 광야에서 원망하던 백성도 하나님의 손으로 치셨습니다(신 2:15). 또한 광야에서 먹을 고기가 없다며 불평하는 이스라엘 백성에게, 하나님께서는 "여호와의 손이 짧아졌느냐"(민 11:23)라고 말씀하시면서 메추라기를 몰아오심으로, 하나님의 놀라운 능력과 권세를 보여 주셨습니다. 예수님께서도 하나님의 손을 힘입어 귀신을 쫓아내셨습니다(눅 11:20).

(1) 아스돗 / אַשְׁדּוֹד / Ashdod

아스돗은 욥바와 가사 사이에 있으며, 블레셋의 5대 도시 중 하나로, 블레셋이 점령하기 전에는 아낙 자손이 살던 곳입니다(수 11:22, 13:3). 아스돗은 '견고한 곳'이라는 뜻이며, 해변에서 4km, 에벤에셀의 남서쪽으로 약 56km 되는 지점에 위치합니다.

블레셋 사람들은 하나님의 궤를 빼앗아 가지고 맨 먼저 아스돗에 이르렀습니다(삼상 5:1). 당시 블레셋 사람들이 섬겼던 신은 풍요와 다산을 상징하는 다곤(Dagon)이었습니다(삿 16:23, 대상 10:10). 그들은 다곤의 당(堂)으로 들어가 다곤 곁에 하나님의 궤를 두었습니다(삼상 5:2). 여기 '곁'은 히브리어 '에첼'(אֵצֶל)로, '측면, 변두리'를 의미합니다. 그들은 다곤신을 중심부에 두고 언약궤는 다곤신의 보조물로 두면서, 효과적인 신적 능력이 나타날 거라고 기대했을 것입니다. 그런데 하나님의 궤를 다곤 곁에 둔 그 이튿날 아침에 일찌기 일어나 본즉, 다곤이 하나님의 궤 앞에 엎드러져 그 얼굴이 땅에 닿아 있었습니다(삼상 5:3). 아스돗 사람들은 너무 놀라 자신들의 신 다곤을 일으켜 다시 그 자리에 세워 놓았으나, 다음날 아침 일찌기 다시 가서 본즉, 이번에는 다곤이 여호와의 궤 앞에 엎드러져 얼굴이 땅에 닿았을 뿐만 아니라, 머리와 두 손목이 끊어져 문지방에 있고, 몸뚱이만 남아 있었습니다(삼상 5:4). '엎드러지다'는 히브리어 '나팔'(נָפַל)로, '전쟁터에서 패하다'(사 10:4), '넘어지다'(시 37:24, 사 9:10)라는 뜻입니다. 저들은 다곤을 최고의 신으로 중요하게 여겼으나, 하나님께서는 무서운 파괴력으로 다곤을 박살냈습니다. 잘린 머리와 두 손목이 문지방까지 내던져진 것은 우연히 된 것이 아니라, 그곳을 넘나드는 사람들에게 밟히도록 하나님께서 의도적으로 역사하신 것입니다. 하나님께서는 다곤의 머리를 베어 버림으로써 모든 우상은 아무 사고나 판단도 못하는 허무한 것임을, 다곤의 손목을 끊음으로써 모든 우상은 아무 능력도 나타 내지 못하는 무능한 것임을 확실히 보여 주셨습니다(참고-사 41:29, 계 9:20). 그럼에도 블레셋 사람들은 우상의 허무함과 무능함을 깨 닫지 못하고, 그 머리와 손목이 나뒹굴었던 문지방을 더욱 신성시 하여 오늘까지 문지방을 밟지 못하고 넘어가는 미련한 짓을 계속 하고 있습니다(삼상 5:5).

이것은 재앙의 시작에 불과했습니다. "여호와의 손"이 아스돗 사 람에게 엄중히(호되게, 무섭게) 더하사 독종의 재앙이 아스돗과 그 지경을 쳐서 망하게 하였습니다(삼상 5:6). "독종"은 히브리어 '오 펠'(עֹפֶל)로 일종의 종기인데, 겨드랑이나 사타구니의 임파선에 염 증이 생겨 부어 오르는 병으로 보기도 하고, 변통(便痛)이나 치질(痔 疾)로 추정하기도 합니다. '망(亡)하다'는 히브리어 '샤멤'(שָׁמֵם)으 로, '경악하다, 아연실색(啞然失色)케 하다'라는 뜻입니다. 독종이 수 많은 사람들에게 순식간에 퍼져 나가자, 아스돗 사람들은 독종에 시 달려 대경실색(大驚失色)하며 넋을 잃고는 "이스라엘 신의 궤를 우 리와 함께 있게 못할지라"라고 했는가 하면, "그 손이 우리와 우리 신(神) 다곤을 친다"라고 말했습니다(삼상 5:7). 끔찍하고 무서운 재 앙에 놀라며 시달린 저들은, 블레셋의 모든 방백을 모아 하나님의 궤를 가드로 옮겨 가도록 결정했습니다(삼상 5:8).

(2) 가드 / נַּת / Gath

가드는 아스돗 동쪽 19㎞ 지점에 위치하는 블레셋 사람의 5대 도시 중 하나로, '술 짜는 틀'이란 뜻을 가지고 있습니다(수 11:22, 13:3). 후에 사무엘 선지자가 회복한 성읍이며, 골리앗의 고향으로 유명합니다(삼상 7:13-14, 17:4).

하나님의 궤 때문에 임한 무서운 재앙으로 아스돗과 그 지경이 망하게 되자, 블레셋 방백들은 "우리가 이스라엘 신의 궤를 어찌할꼬"(삼상 5:8)라고 하며, 이러지도 못하고 저러지도 못하는 상황에 직면하였습니다. 일단의 대응책은 장소를 옮겨 보는 것이었습니다. 그러나 아스돗에서 독종의 재앙을 몰고 왔던 언약궤가 가드로 옮겨졌을 때, 여호와의 손이 심히 큰 환난을 그 성에 더하셨습니다(삼상 5:8-9). 여기 "성(城)"은 히브리어 '이르'(עִיר, city)이며, 비교적 큰 도시로 많은 인구와 조직적 정치 체제를 갖춘 성읍을 말합니다. 이는 아스돗과 그 지경을 쳤던 것보다 그 징벌이 심각했음을 보여 줍니다. 큰 도시 한복판에 하나님의 징벌이 쏟아졌습니다. 하나님의 손은 강력하여 성읍 사람의 작은 자와 큰 자를 다 쳐서 독종이 나게 하셨습니다(삼상 5:9). 이에 가드 사람들은 곧장 언약궤를 블레셋의 또 다른 큰 도시였던 에그론으로 옮기는 무지한 행동을 반복하였습니다(삼상 5:10).

(3) 에그론 / עֶקְרוֹן / Ekron

에그론은 블레셋 사람의 5대 도시 중 북쪽에 위치한 성읍이며 (수 13:3, 삼상 6:16-17), '불모의 땅'이라는 뜻을 가지고 있습니다.

블레셋의 주요 도시마다 재앙을 몰고 왔던 문제의 언약궤가 에그론에 도착하자, 에그론 사람들은 부르짖기를 "이스라엘 신의 궤를 우리에게로 가져다가 우리와 우리 백성을 죽이려 한다"라고 하였습니다(삼상 5:10). 언약궤가 들어오는 것을 보고 아예 재앙이 닥친 상황으로 판단한 에그론 사람들은 '우리와 우리 백성을 망하게 하려는 것이 아니냐'라고 하며, 성읍 전체가 불만을 표출하였습니다. 이에 에그론 사람들은 블레셋 모든 방백을 모으고, '이스라엘 신의 궤를 보내어 본처로 돌아가게 해서 현재 당하고 있는 죽임을 면하자'고 제의했습니다(삼상 5:11上). 그들의 불길한 예감은 곧장 현실로 나타났는데, 이전보다 더 심한 환난으로 "온 성(עִיר, 이르: 큰 도시)이 사망의 환난"을 당하고 말았습니다(삼상 5:11下). 하나님의 손이 엄중 (嚴重: 몹시 엄함)하시므로(삼상 5:11下), 죽지 아니한 사람들은 독종으로 치심을 받아 성읍의 부르짖음이 하늘에 사무쳤습니다(삼상 5:12). 온 도시가 죽음의 공포에 휩싸여 얼마나 괴롭고 절박했는지, 그들은 하늘에 사무칠 정도로 부르짖었던 것입니다.

이에 에그론 사람들이 제사장들과 복술자들을 불러서 "우리가 여호와의 궤를 어떻게 할꼬 그것을 어떻게 본처로 보낼 것을 우리에게 가르치라"라고 물었습니다(삼상 6:2). 이에 제사장들과 복술자들은 다음과 같이 답변을 했습니다.

첫째, **속건제를 드리도록 했습니다**(삼상 6:3).

속건제를 드린다는 것은 자신들의 죄를 인정한 것입니다. 블레셋 사람들이 언약궤를 강탈한 도적 행위에 대한 보상의 뜻이었습니다 (참고-레 5:15-16). 속건 제물은 블레셋 사람의 방백의 수효대로 금독종 다섯과 금쥐 다섯이었습니다(삼상 6:4). "금독종"은 사람들을 죽인 그 종처의 모양을 금으로 만든 것이고, "금쥐"는 받은 재앙이 쥐와 관련된 것으로 보입니다(삼상 6:5).

둘째, 새 수레를 만들고 멍에 메어 보지 아니한
　　　젖 나는 소 둘을 끌어다가 수레를 소에 메우고,
　　　그 송아지들은 떼어 집으로 돌려보내었습니다(삼상 6:7).

　"새 수레"는 한 번도 사용해 보지 않은 것으로, 제대로 작동될 수 있을지 확실치 않음을 암시합니다. "멍에 메어 보지 아니한 젖 나는 소 둘"은, 세속적인 일에 혹은 사람을 위한 일에 한 번도 사용된 적이 없음을 뜻합니다. 그런 소들이 젖을 물려야 할 새끼를 놔두고 간다는 것은, 짐승이 자기 새끼를 사랑하는 본성을 제어하고 간다는 것인데, 그렇다면 이 일이 분명히 하나님의 역사인 것을 말해 준다는 것입니다. 게다가 이러한 조건을 가진 암소 두 마리가 에그론부터 벧세메스까지 약 20km의 오르막길을 보조를 맞추어 함께해야 한다는 것은 더욱 어려운 일이었습니다.

　이렇게 제사장들과 복술자들은 하나님을 시험하는 몇 가지 조건을 제시하면서, 만일 소들이 끄는 수레가 벧세메스로 가면 이 큰 재앙은 여호와가 내린 것이지만, 그렇지 않으면 우리를 친 것이 여호와의 손이 아니라 우연히 만난 것으로 알겠다는 판단 조건을 제시하였습니다(삼상 6:9). 그런데 놀랍게도 여호와의 궤와 금쥐와 독종의 형상을 담은 상자를 싣고 가는 암소들은 송아지 때문에 울면서 갔지만, 수레를 끌고 좌우로 치우치지 않았고, 곧바로 행하여 대로(大路)로 가며 벧세메스로 올라갔습니다(삼상 6:11-12). 이는 블레셋 땅에 내린 모든 재앙이 전적으로 하나님의 기적적인 간섭으로 이루어진 일이었음을 보여 줍니다.

3. 벧세메스에 도착한 언약궤
The ark of the covenant arrives at Beth-shemesh

"암소가 벧세메스 길로 바로 행하여 대로로 가며, 갈 때에 울고 좌우로 치우치지 아니하였고 블레셋 방백들은 벧세메스 경계까지" 따라갔습니다(삼상 6:12). 벧세메스 사람들이 골짜기에서 밀을 베다가 눈을 들어 궤를 보고는 기뻐하며 나가 맞았습니다(삼상 6:13). 수레는 "벧세메스 사람 여호수아의 밭 큰 돌 있는 곳"에 이르러 섰으며, 무리가 수레의 나무를 패고 그 소를 번제로 여호와께 드렸습니다(삼상 6:14). 레위인이 여호와의 궤와 그 궤와 함께 있는 금 보물 담긴 상자를 내려다가 큰 돌 위에 두었으며, 그날에 벧세메스 사람들이 여호와께 번제와 다른 제사를 드렸습니다(삼상 6:15). 블레셋 다섯 방백은 이것을 모두 확인하고 그날에 에그론으로 돌아갔습니다(삼상 6:16).

그런데 이때 벧세메스 사람들이 한 가지 무서운 실수를 범하였는데, 언약궤를 보고 너무 기뻐한 나머지 언약궤 안의 물건들에 대한 우려 혹은 호기심으로 "여호와의 궤를 들여다본" 것입니다(삼상 6:19). 여호와의 궤를 들여다보았다는 것은 궤의 뚜껑 곧 속죄소를 열었다는 것입니다. 속죄소를 번쩍 들어올리는 순간, 순식간에 하나님께서 (5만) 70인을 죽이셨습니다. "여호와께서 백성을 쳐서 크게 살륙하셨으므로" 백성이 애곡하였습니다(삼상 6:19). 강신택 박사는 그의 히브리어 대역성경에서 "그리고 그는 백성 중에서, 5만 명(중에서), 70인을 치셨다"(삼상 6:19)라고 번역하였습니다.[38]

언약궤가 7개월 만에 이스라엘 영토 내로 들어오는 감격의 순간, 언약궤를 함부로 다룬 자들에게 하나님의 준엄한 심판이 내려진 것입니다. 여기 "쳐서"(נָכָה, 나카)와 "살륙"(מַכָּה, 막카)이라는 단어는, 아벡 전투에서 이스라엘이 언약궤를 함부로 다루다가 4천 명 가량 "죽임"(נָכָה, 나카)을 당했던 일과 3만 명이 "살륙"(מַכָּה, 막카)을 당했던 일에 동일하게 쓰이고 있습니다(삼상 4:2, 10). 또한 언약궤를 빼앗아간 블레셋을 하나님께서 '치신 일'(נָכָה, 나카)과 그들에게 '재앙'(מַכָּה, 막카)을 내리셨던 때에도 동일하게 쓰였습니다(삼상 4:8, 5:6, 9). 하나님께서는 선민이라고 해서 무조건 죄를 용서하시거나, 이방인이라고 해서 무조건 재앙을 내리시는 분이 아니라, 지극히 공의로우신 분입니다(신 32:4, 시 9:8, 89:14, 111:7). 하나님의 법을 거스르면 누구든지 하나님의 진노와 재앙을 피할 수 없습니다(신 8:11-20, 28:15-68).

민수기 4:20에서 "그들은 잠시라도 들어가서 성소를 보지 말 것은 죽을까 함이니라"라고 말씀하고 있습니다. 하나님께서는 율법을 통해 언약궤를 메고 가는 직분을 맡은 고핫 자손이라 할지라도, 성소(הַקֹּדֶשׁ, 하코데쉬: 그 거룩한 것=언약궤)를 함부로 보면 죽임을 당한다고 경고하셨습니다. 벧세메스 사람들은 "이 거룩하신 하나님 여호와 앞에 누가 능히 서리요 그를 우리에게서 뉘게로 가시게 할꼬"라고 말하며(삼상 6:20), 사자들을 기럇여아림 거민에게 보내어 "블레셋 사람이 여호와의 궤를 도로 가져왔으니 너희는 내려와서 그것을 너희에게로 옮겨 가라"라고 말하였습니다(삼상 6:21).

하나님의 임재의 상징인 언약궤가 이스라엘에게 이용 당하는 가운데 블레셋에게 빼앗겼으나, 하나님께서는 스스로 블레셋을 물리치시고 7개월 만에 다시 이스라엘로 돌아오게 하셨습니다. 하나님께서는 사람들처럼 장소에 갇혀 계신 분이 아니라, 자신의 뜻에 따라 주권적으로 일하시는 분임을 보여 주십니다. 사사 시대에서 왕정 시대로 넘어가는 과도기에, 언약궤를 통해 역사하시던 하나님께서 친히 적군 블레셋을 심판하신 후에 다시 이스라엘 땅으로 돌아오신 것은, 이스라엘 백성에게 진정한 사사와 진정한 왕은 궁극적으로 여호와 한 분밖에 없다는 사실을 확인시켜 주신 것입니다.

4. 기럇여아림 아비나답의 집으로 간 언약궤
The ark of the covenant goes to Abinadab's house in Kiriath-jearim

벧세메스 사람들이 사자들을 기럇여아림 거민에게 보내어 "블레셋 사람이 여호와의 궤를 도로 가져왔으니 너희는 내려와서 그것을 너희에게로 옮겨가라"라고 요청했습니다(삼상 6:21). "기럇여아림"은 '성읍'이라는 뜻의 '기럇'(קִרְיַת)과 '삼림'이라는 뜻의 '여아림'(יְעָרִים)의 합성어로, '삼림의 성읍'이라는 의미를 가지고 있습니다(참고-시 132:5-6). 이곳은 예루살렘 서쪽 약 11㎞ 지점에 위치하며, 기럇 바알(수 15:60, 18:14), 바알라(수 15:9, 대상 13:6), 바알레유다(삼하 6:2)라고도 불리었습니다.

기럇여아림 사람들이 와서 여호와의 궤를 옮겨 산에 사는 아비나답의 집에 들여놓고, 그 아들 엘리아살을 거룩히 구별하여 여호와의 궤를 지키게 하였더니, 궤가 기럇여아림에 들어간 날부터 이십 년 동안이나 오래 있었습니다(삼상 7:1-2).

언약궤가 아비나답의 집에 있은 지 20년이 될 무렵에, 사무엘 선지자는 이스라엘 온 족속에게 말씀을 선포하였습니다. 영적 암흑 속에 헤매고 있던 이스라엘은 점점 더 타락하여 이방 신들과 아스다롯을 섬기고 있었습니다. 이에 사무엘 선지자는, 우상을 제하고 하나님만 섬기면 블레셋 사람의 손에서 건져내시리라고 하신 하나님의 말씀을 이스라엘 온 족속에게 선포하였습니다(삼상 7:3). 이에 온 이스라엘이 사무엘 선지자의 명령을 좇아 우상을 제하고 여호와만 섬기면서, 미스바에 모여 그날에 거족적으로 금식하며 회개하였습니다(삼상 7:4-6).

온 이스라엘이 미스바에 모였다는 소식을 들은 블레셋 사람들이 이스라엘을 치러 올라왔습니다(삼상 7:7). 사무엘 선지자가 젖 먹는 어린 양을 취하여 온전한 번제를 드리고, 블레셋 사람의 손에서 구원하여 주시기를 기도하였을 때, 하나님께서 응답하여 주셨습니다(삼상 7:8-9). 그래서 블레셋이 이스라엘과 싸우려고 가까이 왔을 때, 하나님께서 큰 우레를 발하여 그들을 어지럽게 하여 이스라엘 앞에 패하도록 하셨습니다(삼상 7:10). 이에 이스라엘이 블레셋 사람들을 따라가 벧갈 아래에 이르기까지 쳤으며, 사무엘이 돌을 취하여 미스바와 센 사이에 세워 "여호와께서 여기까지 우리를 도우셨다" 하고, 그 이름을 "에벤에셀"이라 하였습니다(삼상 7:11-12). 결국 블레셋이 완전히 굴복하여 다시는 이스라엘 경내에 들어오지 못하였고, 여호와의 손이 사무엘의 사는 날 동안 블레셋 사람을 막아 주시므로 빼앗겼던 땅을 도로 찾았습니다(삼상 7:13-14).

미스바 전투가 있었던 때는 구체적으로 어느 시대, 어느 연대에 해당할까요? 사무엘상 7:13-14에서 "이에 블레셋 사람이 굴복하여 다시는 이스라엘 경내에 들어오지 못하였으며 여호와의 손이 사무엘의 사는 날 동안에 블레셋 사람을 막으시매 14 블레셋 사람이 이스라엘에게서 빼앗았던 성읍이 에그론부터 가드까지 이스라엘에게 회복되니 이스라엘이 그 사방 지경을 블레셋 사람의 손에서 도로 찾았고 또 이스라엘과 아모리 사람 사이에 평화가 있었더라"라는 말씀을 볼 때, 이때는 블레셋의 압제 40년이 끝나는 때인 것을 알 수 있습니다(삿 13:1). 미스바 전투의 승리로 인해 블레셋의 압제 40년이 끝나는 시점은, 사사 시대의 연대를 통해 계산하면 주전 1082년입니다.[39] 이때는 빼앗긴 언약궤가 기럇여아림 아비나답의 집에 있은 지 20년 되었을 때입니다(삼상 7:2). 그러므로 언약궤를 빼앗겼던 아벡 전투(삼상 4장)와 미스바 전투(삼상 7장) 사이에는 약 20년 이상의 시간적 간격이 있었던 것입니다. 아벡 전투로부터 20년 이상 흘렀으므로 사무엘의 나이도 이제 중년의 나이(50세)가 되었습니다.

5. 다윗이 언약궤를 찾아오기까지
Until David recovers the ark of the covenant

(1) 미스바 전투로부터 사울의 통치가 끝날 때까지

미스바 전투 이후 사무엘 선지자의 사역은 매우 오랫동안 지속되었습니다. 사무엘이 사는 날 동안에 이스라엘의 선지자로 활동하면서 "해마다 벧엘과 길갈과 미스바로 순회하여 그 모든 곳에서 이스라엘을 다스렸고 라마로 돌아왔으니 이는 거기 자기 집이 있음이라 거기서도 이스라엘을 다스렸으며 또 거기 여호와를 위하여 단을 쌓았더라"라고 말씀하고 있습니다(삼상 7:15-17).

성경에는 미스바 전투 이후 사무엘상 7:15-17에서 사무엘의 생애를 요약하여 설명한 후에, 사무엘상 8장 이후부터 갑자기 사무엘이 늙었다는 사실을 세 번이나 강조하고 있습니다.

① 사무엘상 8:1에서 "사무엘이 늙으매"라고 기록하면서 그의 아들들을 이스라엘의 사사로 삼았다고 기록합니다.

② 사무엘상 8:5에서는 백성이 사무엘에게 "보소서 당신은 늙고
   당신의 아들들은 당신의 행위를 따르지 아니하니..." 왕을 세
   워 달라고 요청하였습니다.
③ 사무엘 선지자 자신도 그의 고별 설교 자리에서 백성에게
   "나는 늙어 머리가 희었고"(삼상 12:2) 라고 고백하였습니다.

백성의 눈에 비친 사무엘은 매우 늙은 나이였고, 사무엘 자신이
보아도 늙어서 활동하기 어려웠던 것입니다. 이때 사무엘 선지자
의 나이는 82세입니다. 미스바 전투(주전 1082년)로부터 사울이 왕
으로 기름부음을 받기까지(주전 1050년) 32년이 흘렀기 때문입니
다. 사무엘은 사무엘상 11:15에서 사울에게 기름을 부어 왕이 되게
한 다음에, 사무엘상 12:2에서 "이제 왕이 너희 앞에 출입하느니라
보라 나는 늙어 머리가 희었고 내 아들들도 너희와 함께 있느니라"
라고 마지막 설교를 하였습니다.

사울왕은 주전 1050년 40세에 기름부음을 받아 왕이 되어 40년
간 통치하였습니다(삼상 10:1, 13:1, 행 13:21). 사무엘 선지자는 사울
통치 말년에 죽는데, 다윗은 도피 생활 중 사무엘이 죽었다는 소식
을 듣고 멀리 바란 광야로 도망쳤습니다(삼상 25:1). 이때는 약 주전
1015년이며,[40] 사무엘의 향년은 약 117세로 추정됩니다(주전 1132년
출생).

(2) 다윗의 헤브론 통치와 예루살렘 통치

주전 1010년에 사울의 40년 통치가 끝나고 다윗은 30세에 왕이
되어 헤브론에서 7년 6개월 동안 유다를 다스렸습니다. 그러므로
다윗의 헤브론 통치는 주전 1010년부터 주전 1003년까지입니다.

헤브론 통치를 마친 후, 다윗은 온 이스라엘의 왕이 되어서 예루살렘에서 주전 1003년부터 주전 970년까지 약 33년 동안 통치하였습니다(삼하 5:4-5, 왕상 2:11, 대상 3:1-4).

그런데 이스라엘이 다윗에게 기름을 부어 이스라엘 왕을 삼았다는 소식을 블레셋 사람이 듣고 다윗을 찾으러 다 올라오므로, 다윗과 블레셋 사이에 전쟁이 일어났습니다(삼하 5:17). 이때 다윗이 블레셋을 치고 "여호와께서 물을 흩음같이 내 앞에서 내 대적을 흩으셨다"하고 이곳의 이름을 "바알브라심"이라 칭하였습니다(삼하 5:20). 이어 블레셋 사람들이 다시 올라오므로 다윗이 하나님께 기도했는데, "뽕나무 수풀 맞은편에서 저희를 엄습하되 뽕나무 꼭대기에서 걸음 걷는 소리가 들리거든 곧 동작하라" 하신 말씀에 순종하였더니, 하나님께서 이스라엘 백성을 앞서 블레셋 군대를 치셨으므로 승리하였습니다(삼하 5:22-25).

이 전쟁 직후에 다윗은 3만 명을 모으고 바알레유다(기럇여아림) 아비나답의 집에서 언약궤를 모시고 나옵니다(삼하 6:1-3). 그러므로 미스바 전투(주전 1082년)로부터 다윗이 언약궤를 처음으로 운반했던 주전 1003년까지 대략 79년 6개월 정도가 걸린 것입니다(미스바 전투부터 사울왕 즉위까지 32년 + 사울 통치 40년 + 다윗의 헤브론 통치 7년 6개월).

6. 오벧에돔의 집에서 3개월
The ark of the covenant remains in Obed-edom's house for three months

사무엘하 6장과 역대상 13장을 보면, 다윗왕이 예루살렘을 도읍으로 정한 후, 바알레유다(기럇여아림)에 머물러 있은 지 오래 되었던 하나님의 언약궤를 예루살렘에 옮기고자 하였습니다(삼하 6:2).

다윗왕은 천부장, 백부장 곧 모든 장수로 더불어 의논하고 이스라엘 온 회중의 동의를 얻은 후(대상 13:1-4), 3만 명을(군사 및 백성으로 구성) 엄선하여 데리고 친히 언약궤를 옮기고자 내려갔습니다(삼하 6:1-2).

하나님의 궤를 새 수레에 싣고 아비나답의 아들(실제로는 손자로 추정 - 삼상 7:1, 삼하 6:3) 웃사와 아효(아히오 - 대상 13:7)가 수레를 몰아 예루살렘으로 향하였습니다. 그런데 수레가 나곤(기돈 - 대상 13:9)의 타작마당에 이르렀을 때 예상치 않은 사건이 벌어졌는데, 갑자기 소들이 날뛰어 언약궤가 땅에 떨어질 위험에 처한 것입니다. 이때 수레를 끌던 웃사가 손을 내밀어 언약궤를 붙들었습니다(삼하 6:6, 대상 13:9). 그러자 여호와께서 웃사의 잘못함을 인하여 그를 치시므로 그가 궤 곁에서 죽고 말았습니다. 사무엘하 6:7-8에서 "여호와 하나님이 웃사의 잘못함을 인하여 진노하사 저를 그곳에서 치시니 저가 거기 하나님의 궤 곁에서 죽으니라 8 여호와께서 웃사를 충돌하시므로 다윗이 분하여 그곳을 베레스웃사라 칭하니 그 이름이 오늘까지 이르니라"라고 말씀하고 있습니다. "충돌"은 한자로 '찌를 충(衝), 갑자기 돌(突)'이며 '서로 부딪치거나 의견이 맞지 않아 맞서는 상태'를 뜻합니다.

그렇다면 언약궤를 운반하는 과정에서 무슨 잘못이 있었던 것입니까?

첫째, **언약궤를 수레에 싣고 온 것이 잘못되었습니다.**

언약궤는 고핫 자손이 어깨에 메어야 하는 것입니다(민 3:30-31,

7:9, 10:21, 신 31:9, 대상 15:2). 민수기 4:15에서 "행진할 때에 아론과 그 아들들이 성소와 성소의 모든 기구 덮기를 필하거든 고핫 자손이 와서 멜 것이니라 그러나 성물은 만지지 말지니 죽을까 하노라 회막 물건 중에서 이것들은 고핫 자손이 멜 것이며"라고 말씀하고 있기 때문입니다. 다윗이 하나님의 언약궤를 새 수레에 실었던 이유는, 이전에 블레셋 사람이 언약궤를 이스라엘에 반환할 때 젖 나는 소 둘을 끌어다가 새 수레를 메웠던 이방의 풍습을 따라 한 것으로 보입니다(삼상 6:10-16).

둘째, **언약궤를 만진 것이 잘못되었습니다.**

웃사는 언약궤를 보호하고자 하는 의도로 언약궤를 만졌을 것입니다. 그러나 민수기 4:15에서 분명하게 "성물은 만지지 말지니 죽을까 하노라"라고 말씀하고 있습니다. 아무리 선한 의도라고 할지라도 하나님의 말씀과 어긋나는 행동을 해서는 안 되는 것입니다.

이스라엘은 언약궤를 빼앗긴 후 언약궤의 운반과 관련된 하나님의 율법을 모두 망각하고 있었습니다. 언약궤를 잃어버린 후로 하나님의 언약마저 다 잊어버렸던 것입니다. 역대상 15:13에서 웃사의 충돌 사건에 대하여, "전에는 너희가 메지 아니하였으므로 우리 하나님 여호와께서 우리를 충돌하셨나니 이는 우리가 규례대로 저에게 구하지 아니하였음이니라"라고 말씀하고 있습니다. 그러므로 다윗이 언약궤를 모시려는 1차 시도에서 뜻하지 않게 발생한 웃사의 충돌 사건은 시내산 언약에서 주신 율법에 근거한 하나님의 철저한 심판이었던 것입니다.

웃사가 죽자, 다윗은 여호와를 두려워하여 "여호와의 궤가 어찌 내게로 오리요"라고 말하며 여호와의 궤를 옮겨 다윗성 자기에게로 메어 가기를 즐겨 하지 아니하고 치우쳐 가드 사람 오벧에돔의 집으로 메어 갔습니다(삼하 6:9-10, 대상 13:12-13). 여기 "치우쳐"라는 독특한 단어는 '뻗치다, 기울다'라는 뜻을 가진 '나타'(נָטָה)의 히필(사역)형으로, 언약궤가 오벧에돔의 집으로 향하도록 하나님께서 방향을 정하였음을 함축하고 있습니다. 민수기 10:33을 볼 때도, 이스라엘 백성이 광야에서 40년 동안 유리(민 32:13)할 때 "여호와의 언약궤가 그 삼일 길에 앞서 행하며 그들의 쉴 곳"을 찾았듯이, 여호와의 궤가 가드 사람 오벧에돔의 집으로 방향을 정하여 석 달을 그곳에 있었던 것입니다. 그리고 하나님께서는 오벧에돔의 온 집과 모든 소유에 복을 주셨습니다(삼하 6:11, 대상 13:14).

7. 언약궤를 다윗성에 모신 다윗
David brings the ark of the covenant into the city of David

다윗은 언약궤가 오벧에돔의 집으로 간 후에, 여호와께서 하나님의 궤를 인하여 오벧에돔의 집과 그 모든 소유에 복을 주셨다는 소식을 듣게 됩니다. 이에 다윗이 오벧에돔의 집으로 가서 하나님의 궤를 기쁨으로 메고 다윗성으로 올라왔습니다(삼하 6:12).

이때 여호와의 궤를 멘 사람들이 여섯 걸음을 걸었을 때, 다윗이 "베 에봇"을 입고 소와 살진 것으로 제사를 드리고, 여호와 앞에서 힘을 다하여 춤을 추었습니다(삼하 6:13-14). 다윗과 온 이스라엘 족속이 즐거이 부르며 나팔을 불고 여호와의 궤를 메어 왔던 것입니다(삼하 6:15). 그런데 사울의 딸 미갈은 다윗이 여호와 앞에서 뛰놀며 춤추는 것을 보고 심중(心中)에 다윗을 업신여겼으며, 그 대가로 죽는 날까지 자식이 없었습니다(삼하 6:16, 23). 마침내 여호와의 궤가 다윗이 임시로 설치한 장막 가운데로 들어가매, 다윗이 번제와 화목제를 드리고 여호와의 이름으로 백성을 축복하였으며, 모든 백성에게 떡 한 개와 고기 한 조각과 건포도 떡 한 덩이씩을 나눠 주었습니다(삼하 6:17-19).

　다윗은 이스라엘이 하나님과 시내산에서 맺은 언약의 표징인 언약궤를 수도 다윗성으로 옮겨 옴으로 다시금 언약을 회복하고, 이 나라는 하나님이 다스리시는 국가임을 백성에게 나타내 보일 수 있었습니다. 이렇게 언약궤가 평안하게 다윗성으로 돌아왔을 때, 하나님께서는 사방의 모든 대적을 파하시고 다윗왕으로 궁에 평안히 거하게 하셨습니다(삼하 7:1). 역대상 6:31에서는 "언약궤가 평안한 곳을 얻은 후"라고 말씀하고 있습니다. 그 후 하나님께서는 다윗과 언약을 체결하시고, "네 수한이 차서 네 조상들과 함께 잘 때에 내가 네 몸에서 날 자식을 네 뒤에 세워 그 나라를 견고케 하리라 13 저는 내 이름을 위하여 집을 건축할 것이요 나는 그 나라 위를 영원히 견고케 하리라"(삼하 7:12-13)라고 약속하셨습니다. 여기 약속된 자손은 일차적으로 솔로몬이지만, 궁극적으로 메시아를 가리킵니다. 다윗은 언약궤를 찾아옴으로 그 후손에서 메시아가 오리라는 언약을 받은 것입니다.

　이상의 고찰을 통해서 볼 때, 언약궤는 블레셋 지방에서 7개월, 아비나답의 집에서 미스바 전투가 일어나기까지 20년 동안 있었습니다. 그리고 미스바 전투로부터 사울의 통치가 끝날 때까지 약 72년 동안 아비나답의 집에 있었으며, 또 다윗이 헤브론에서 7년 6

개월 동안 통치할 때도 아비나답의 집에 있었습니다. 다윗의 헤브론 통치가 끝나고 블레셋과의 전쟁에서 이긴 후, 마침내 언약궤는 아비나답의 집에서 나와 오벧에돔의 집에서 3개월 동안 있었습니다. 이것을 종합하면, 언약궤는 이스라엘이 아벡 전투(주전 1102년)에서 블레셋에게 빼앗긴 후, 대략 100년 4개월 만에 다윗성의 장막 가운데 들어오게 된 것을 알 수 있습니다.

하나님께서는 하나님의 뜻이 담긴 율법을 좇아 그 뜻을 분별하고 실행하는, 온전한 순종을 가장 기뻐하십니다(신 30:9). 이것은 언약궤를 잘 모셨던 오벧에돔과 그 집과 소유물들, 그리고 다윗왕을 통해 온 나라까지 큰 복을 받았던 것을 통해서 알 수 있습니다(삼하 6:10-12, 대상 13:13-14). 그러므로 우리는 언약궤를 성전에 옮겨오듯이, 하나님의 말씀을 우리의 심령에 새겨서 다시는 빼앗기지 않고 마음에 잘 담아 두고 간수해야 하겠습니다(단 12:4, 눅 2:19, 51, ^{참고}창 37:11). 하나님의 언약을 기억하고 그 말씀대로 순종하는 자에게, 하나님께서는 그 자신과 가정과 그 모든 소유에 영원히 축복하시고 인자하심을 나타내 주십니다(시 25:10, 89:28, 103:17-18, 106:45, 단 9:4).

8. 솔로몬 성전의 언약궤
The ark of the covenant of Solomon's temple

솔로몬은 주전 966년부터 주전 959년까지 약 6년 6개월 정도 걸려서 성전을 건축하고(왕상 6:1, 37-38, 대하 3:2), 다윗의 임시 장막에 보관된 언약궤를 옮겨 왔습니다(대하 5:2-14). 열왕기상 8:6에서

"제사장들이 여호와의 언약궤를 그 처소로 메어 들였으니 곧 내전 지성소 그룹들의 날개 아래라"라고 말씀하고 있습니다. 이때 이 언약궤 안에는 두 돌판 외에는 다른 것이 없었습니다(왕상 8:9).

그 후 언약궤는 솔로몬 성전 안에 있다가, 주전 586년 성전이 바벨론 군대에 의해 파괴될 때 사라져 버렸습니다. 성전이 파괴될 때 언약궤는 바벨론 군대에게 빼앗긴 것이 아니라, 누군가에 의해서 사라진 것으로 추정됩니다. 왜냐하면 바벨론 사람들이 성전에서 가지고 간 전리품의 목록에 언약궤가 빠져 있기 때문입니다(왕하 25:13-17, 렘 52:17-23).

9. 성전에 복귀되지 않은 언약궤
The ark of the covenant that was not restored to the temple

언약궤는 주전 586년에 사라진 후 성전으로 복귀되지 않았습니다. 그러므로 바벨론 포로 귀환 후 지어진 스룹바벨 성전(제2성전)과 헤롯 성전의 지성소에는 언약궤가 없었습니다. 유대 전통에 의하면 돌이 세워져 있었고, 대속죄일에 대제사장이 향로를 그 위에 올려 놓았다고 합니다.[41] 주후 70년에 예루살렘을 함락시킨 디도 장군의 업적을 기리기 위해 세워진 로마의 건축물인 'Arch of Titus(디도의 개선문)'에는 디도 장군이 개선 행렬을 하는 장면이 새겨져 있는데, 거기에 등대와 떡상은 들고 가는 것이 보이지만, 언약궤는 보이지 않습니다.[42]

이스라엘 백성에게 언약궤 없는 성전은 상상할 수 없었을 것입니다. 그러나 학개 선지자는 언약궤 없는 그 성전을 가리켜 "이제 이것이 너희에게 어떻게 보이느냐 이것이 너희 눈에 보잘것이 없지 아니하냐?"(이제 이 성전이 너희에게 어떻게 보이느냐? 이것이, 너희 눈에는 하찮게 보일 것이다[표준새번역])라고 하였습니다(학 2:3). 스룹바벨 성전은 큰 돌들과 나무로만 지어져 초라한 데다가, 가장 중요한 언약궤가 없어 이스라엘에게 보잘것없어 보였을 것입니다. 그러나 학개 선지자는 마음을 굳세게 하라고 세 번이나 거듭 강조하면서 성전 건축을 독려하였습니다(학 2:4). 이어서 "너희가 애굽에서 나올 때에 내가 너희와 언약한 말과 나의 신이 오히려 너희 중에 머물러 있나니 너희는 두려워하지 말지어다 6 나 만군의 여호와가 말하노라 조금 있으면 내가 하늘과 땅과 바다와 육지를 진동시킬 것이요 7 또한 만국을 진동시킬 것이며 만국의 보배가 이르리니 내가 영광으로 이 전에 충만케 하리라 만군의 여호와의 말이니라... 9 이 전의 나중 영광이 이전 영광보다 크리라..."라고 선포하였습니다(학 2:5-9). 구약의 마지막 책 말라기서에도 "...또 너희의 구하는바 주가 홀연히 그 전에 임하리니 곧 너희의 사모하는바 언약의 사자가 임할 것이라"(말 3:1下)라고 말씀하여, 장차 나타나실 영광의 주를 맞이할 성전이라는 특별한 의미를 부여했습니다.

학개 선지자는 언약궤가 없는 성전일지라도 하나님의 영광이 임재하시는 데 아무런 문제가 되지 않으며, 도리어 그 성전의 나중 영광이 이전 영광보다 더 크리라고 충격적인 예언을 선포했습니다. 이것은 오래도록 이스라엘의 삶 속에 함께했던 언약궤를 무시하는 말씀이 아니라, 앞으로의 제사(예배)는 더 이상 언약궤 중심이 아니고, 성전의 실체이신 예수 그리스도께서 중심이 되어야 할 것을 깨우쳐 준 것입니다(요 2:19-21, 계 21:22).

Ⅲ
시온성의 정복
THE CONQUEST OF THE CITY OF ZION

1. 시온의 위치
The location of Zion

'시온'(צִיּוֹן, Zion)은 예루살렘 남동쪽 끝에 위치한 낮은 언덕으로, 구체적으로는 기드론(Kidron) 골짜기와 티로포에온(Tyropoeon) 골짜기가 합류하는 지점입니다. 솔로몬 성전은 티로포에온 골짜기 동쪽의 높은 언덕이 있는 모리아산에 위치합니다(대하 3:1).[43] 시온성은 그 자체로는 790m의 작은 언덕에 불과하여 전혀 특별한 것이 없지만, 성경의 많은 곳에서 이 산을 가리켜 성산(聖山)이라고 부르고 있습니다(시 2:6, 78:68-69, 87:1-2, 사 60:14, 욜 2:1, 3:17, 옵 1:17, 미 4:2, 슥 8:3). 시온의 뜻은 '요새'(要塞) 또는 '보호받는'입니다. 지리적으로는 지중해에서 동쪽 약 53㎞, 사해에서 서쪽 약 23㎞에 위치하며, 지형적으로는 그 지명의 뜻처럼 천혜(天惠)의 요새로, 적들의 침입을 쉽게 방어할 수 있는 난공불락의 성읍입니다.

그곳은 본래 가나안 땅에 마지막까지 남아 있던 여부스 족속의 본거지였습니다(수 15:63, 삿 1:21, 19:10, 대상 11:4-5). 여부스 족속은 반드시 멸절해야 할 가나안 7족속 중의 하나였는데(신 7:1), 이스라엘이

가나안 정복 전쟁 때 여부스(예루살렘) 왕 아도니세덱을 죽이기는 했
으나, 성읍을 완전히 정복하지는 못했습니다(수 10:1-27, 15:63). 그렇
게 여부스족을 정복하지 못한 채로 약 400년이 지난 주전 1003년,
다윗이 온 이스라엘의 왕이 된 직후에 시온성을 점령하였습니다.
그리고 그 시온성을 다윗성이라 칭한 후, 그곳을 온 이스라엘의 수
도로 삼았습니다(삼하 5:6-10, 대상 11:4-9). 다윗의 시온성 정복을 기
점으로, 여호수아에 의해 시작된 가나안 정복 사업은 마침내 완결
되었습니다.

　다윗은 그곳에 장막을 설치하고 여호와의 언약궤를 안치하였는
데(삼하 6:1-19, 대하 1:4), 솔로몬 성전으로 옮겨지기까지 언약궤는
계속 그곳에 안치되어 있었습니다. 주전 959년 솔로몬 성전이 세
워지고 그곳으로 언약궤를 옮긴 후(왕상 8:1-21), 시온은 다윗성이
위치한 곳에서 성전이 세워진 북쪽 전체까지 확대되었습니다.
　이후로 '시온'은 성전과 동일시되어, 하나님께서 임재하사 그 거
처로 삼으신 거룩한 장소를 상징하는 표현이 되었습니다(시 2:6,
48:2, 132:13, 사 60:14). 또 지명으로만 사용된 것이 아니라 예루살렘
성읍의 거민, 선민 이스라엘 전체를 가리키는 명칭으로도 사용되
었습니다(사 40:9, 렘 51:35, 슥 2:7).

　시온은 일차적으로는 이스라엘의 수도 예루살렘을 상징하지만,
내용적으로는 하나님의 궤가 있는 거룩한 장소 곧 성전을 뜻하며,
또 그곳에 거하는 하나님의 백성을 뜻합니다.
　구속사적 경륜에서 볼 때는, 장차 메시아가 의로 통치하는 하나
님의 나라, 세계 만민이 하나님의 백성이 되는 우주적인 나라를 상

징합니다(시 2:6, 110:1-7). 또한 시온은 '여호와의 날'(the day of the Lord)에 그리스도께서 통치하실 거룩한 곳, 택한 백성의 피난처이며(욜 2:1, 15-16, 32), 그의 성도들이 예수 그리스도와 함께 영원히 거할 안전한 도성이요(사 33:20), 곧 살아 계신 하나님의 도성인 하늘의 예루살렘입니다(히 12:22, 계 14:1). 그곳은 죄인들과 경건치 않은 자들에게는 두려워 떠는 곳이지만(사 33:14, 욜 2:1), 구속된 자들에게는 그 머리 위에 영영한 기쁨이 떠나지 않는 안식처요 피난처가 됩니다(사 51:11).

2. 시온의 역사
The history of Zion

시온산의 정확한 위치에 대해서는 역사적으로 약간의 논쟁이 있었습니다. 처음에는 예루살렘 남동쪽의 산성만을 '시온'이라고 불렀지만, 훗날 시온이라는 이름은 성전이 위치한 산과 밀접한 관계를 갖게 됩니다(시 20:2, 46:4). '시온'으로 불린 각 장소에서 일어난 역사적 사건을 살펴보면 다음과 같습니다.

(1) 멜기세덱 왕이 통치했던 "살렘"(Salem)

"살렘"은 아브라함 시대에 멜기세덱이 통치하는 곳이었습니다(창 14:18, 히 7:1). "살렘"의 히브리어 '샬렘'(שָׁלֵם)은 '평화'라는 뜻이며, 예루살렘과 동의어로 사용됩니다. 멜기세덱이 왕으로 통치했던 그 살렘은 훗날의 시온이요, 예루살렘입니다. 시편 76:2에 "그 장막이 또한 살렘에 있음이여 그 처소는 시온에 있도다"라고 말씀하고 있습니다.

(2) 아브라함이 이삭을 바쳤던 '모리아산'(여호와의 산)

"모리아"(מוֹרִיָּה)는 '여호와의 계시'라는 뜻으로, 하나님께서는 일찌기 아브라함의 아들 이삭의 번제 사건을 통해, 그곳을 시온산의 이전 명칭인 '모리아의 한 산'(창 22:2), "여호와의 산"(창 22:14)이라 칭하셨습니다.

아브라함은 하나님으로부터 독자 이삭을 번제로 바치라(창 22:2)는 청천벽력 같은 명령을 받았으나, 이에 순종하여 아낌없이 바침으로 언약의 최종 확증을 받게 됩니다(창 22:1-18). 창세기 22:12에서 "사자가 가라사대 그 아이에게 네 손을 대지 말라 아무 일도 그에게 하지 말라 네가 네 아들 네 독자라도 내게 아끼지 아니하였으니 내가 이제야 네가 하나님을 경외하는 줄을 아노라"라고 말씀하시면서 아브라함의 믿음을 인정하셨습니다. 아브라함은 수풀에 뿔이 걸린 숫양을 이삭 대신 번제로 드리고 그 땅 이름을 여호와 이레(여호와께서 준비하심)라고 불렀습니다(창 22:13-14). 하나님께서는 아브라함에게 '여호와 이레의 축복'(창 22:14), '큰 복의 축복'(창 22:17), '네 씨가 크게 성하여 그 대적의 문을 얻는 축복'(창 22:17), '네 씨로 말미암아 천하 만민이 복을 얻는 축복'(창 22:18)을 주셨습니다.

(3) 사사 시대의 "여부스"(삿 19:10)

"여부스"의 히브리어 '예부스'(יְבוּס)는 '짓밟힌, (발로) 밟힌 곳, 타작마당'이라는 뜻입니다. 가나안 정복 전쟁 시에 예루살렘 왕 아도니세덱이 가나안 남부 동맹군(아모리 다섯 왕)을 조직하여 예루살렘에 거하고 있던 기브온을 공격하였습니다. 기브온이 절박한 위기에서 여호수아에게 원군 요청을 하자, 여호수아는 예루살렘이 중요한 도성임을 인식하고 기꺼이 출전하게 됩니다(수 10:1-10). 이때 하나님께서 돌처럼 크고 단단한 우박("큰 덩이 우박")을 대적들 위에 사정없이 내려 수많은 적군을 죽였습니다(수 10:11). 그리고 여호수아가 이스라엘 목전에서 여호와께 고하기를, "태양아 너는 기브온 위에 머무르라 달아 너도 아얄론 골짜기에 그리할지어다"라고 하자, 실제로 태양과 달이 백성이 그 대적에게 원수를 갚기까지 머물러 섰습니다(수 10:12-13). 이것은 하나님께서 이스라엘을 위하여 싸우신 전무후무한 대역사였습니다(수 10:14). 이스라엘은 대적의 뒤를 따라가 그 후군을 쳐서 크게 도륙하여 거의 진멸하였고, 모든 백성은 평안히 막게다 진으로 돌아왔습니다(수 10:19-21). 그리고 여호수아는 막게다 굴에 숨어 있던 아도니세덱을 비롯한 다섯 왕을 큰 돌로 막아 두었다가 끌어내게 하여, 이스라엘 군장들에게 그 왕들의 목을 발로 밟게 한 후 쳐 죽여 해가 지도록 다섯 나무에 매어 달았습니다(수 10:22-26). 그리고 해 질 때에 나무에서 내려 막게다 굴에 들여 던지고 굴 어귀를 큰 돌로 막았습니다(수 10:27). 다섯 왕이 목숨을 부지하려고 숨었던 막게다 굴이 꼼짝없이 갇힌 감옥이 되더니, 끝내는 영원히 나올 수 없는 무덤이 되고 말았던 것입니다.

이렇게 여호수아는 예루살렘성을 점령하고(수 12:7-10), 예루살렘 남쪽 일부에 유다 자손이 거하였습니다(수 15:1, 8). 그리고 여호수아는 여부스 곧 예루살렘 지역을 베냐민 지파에게 기업으로 주었습니다(수 18:28). 한때는 유다 지파가 예루살렘성을 쳐서 취하기도 했습니다(삿 1:7-8). 그러나 유다 지파와 베냐민 지파는 거기 사는 여부스 사람들이 너무 거세어서 결국 쫓아내지 못하였고, 그곳은 여부스 사람들의 도성이 되고 말았습니다(수 15:63, 삿 1:21, 19:10-12, 대상 11:4). 그러므로 사사기 19:10 하반절에 "...여부스는 곧 예루살렘이라..."라고 말씀하고 있습니다(수 15:8, 18:28).

*유구한 역사 속에서 세계 최초로 체계적 정리 발표

이해도움 5

THE TRANSFORMATION OF ZION (1003-959 BC)

시온(ציון)의 변천(주전 1003-959년)

1 다윗 시대의 시온(예루살렘, 주전 1003년 이후)
Zion in the days of David (Jerusalem, after 1003 BC)

"다윗이 시온 산성을 빼앗았으니 이는 다윗성이더라 ⁹다윗이 그 산성에 거하여 다윗성이라 이름하고 밀로에서부터 안으로 성을 둘러 쌓으니라" (삼하 5:7, 9)

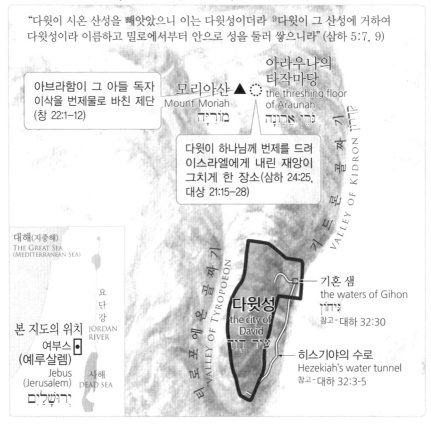

아브라함이 그 아들 독자 이삭을 번제물로 바친 제단 (창 22:1-12)

모리아산
Mount Moriah
מוֹרִיָּה

아라우나의 타작마당
the threshing floor of Araunah
גֹּרֶן אֲרַוְנָה

다윗이 하나님께 번제를 드려 이스라엘에게 내린 재앙이 그치게 한 장소(삼하 24:25, 대상 21:15-28)

VALLEY OF KIDRON

대해(지중해)
THE GREAT SEA (MEDITERRANEAN SEA)

요단강
JORDAN RIVER

본 지도의 위치
여부스
(예루살렘)
Jebus (Jerusalem)
יְרוּשָׁלַיִם

사해
DEAD SEA

VALLEY OF TYROPOEON

다윗성
the city of David
עִיר דָּוִד

기혼 샘
the waters of Gihon
גִּיחוֹן
참고-대하 32:30

히스기야의 수로
Hezekiah's water tunnel
참고-대하 32:3-5

① 다윗 시대의 시온(예루살렘) – 예루살렘 남동쪽 끝에 위치한 높이 790m의 낮은 언덕, 기드론 골짜기와 티로포에온 골짜기의 합류 지점이며, 천혜(天惠)의 요새로서 적들의 침입을 쉽게 방어할 수 있는 난공불락의 성읍이었다. 다윗왕은 헤브론에서 7년 6개월 동안 다스린 뒤 시온 산성을 점령하고 다윗성이라 칭하고 수도로 삼았으며, 그곳에 장막을 치고 언약궤를 모셨다(삼하 5:5-10, 대상 11:4-9).

② 솔로몬 시대의 시온(예루살렘) – 주전 959년, 솔로몬 성전이 세워지고 그곳으로 언약궤를 옮긴 이후(왕상 8:1-21), 다윗성이 위치한 곳에서부터 성전이 세워진 곳으로, 또는 다윗성을 포함하여 북쪽 전체까지 확대되었다. 이후로 '시온'은 성전과 동일시되어 하나님께서 임재하사 그 거처로 삼으신 거룩한 장소, 곧 성산(聖山)이 되었다(시 2:6, 48:2, 78:68-69, 87:1-2, 132:13-14, 사 60:14, 욜 2:1, 3:17, 옵 1:17, 미 4:2, 슥 8:3).

:: 예루살렘은 의의 왕 멜기세덱이 통치할 때 "살렘"으로 불렸다(창 14:18, 참고-시 76:2, 히 7:1). 그리고 가나안 족속 중 여부스인들이 시온을 차지한 뒤 주변에 성벽을 쌓고 '여부스'라고 불렀다(삿 19:10, 대상 11:4).

2 솔로몬 시대의 시온(예루살렘, 주전 959년 이후)
Zion in the days of Solomon (Jerusalem, after 959 BC)

"솔로몬이 여호와의 언약궤를 다윗성 곧 시온에서 메어 올리고자... [13]주께서 영원히 거하실 처소로소이다 하고 [21]...여호와의 언약 넣은 궤를 위하여 한 처소를 설치하였노라" (왕상 8:1, 13, 21)

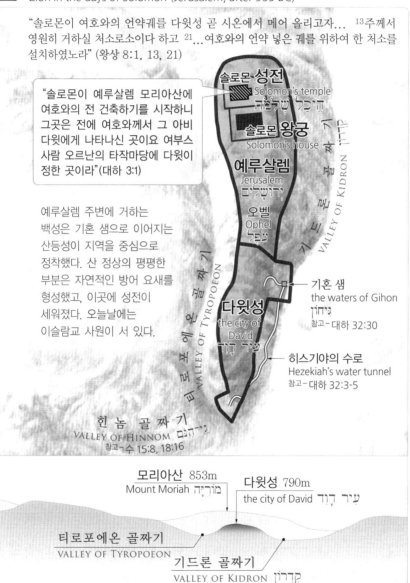

"솔로몬이 예루살렘 모리아산에 여호와의 전 건축하기를 시작하니 그곳은 전에 여호와께서 그 아비 다윗에게 나타나신 곳이요 여부스 사람 오르난의 타작마당에 다윗이 정한 곳이라" (대하 3:1)

예루살렘 주변에 거하는 백성은 기혼 샘으로 이어지는 산등성이 지역을 중심으로 정착했다. 산 정상의 평평한 부분은 자연적인 방어 요새를 형성했고, 이곳에 성전이 세워졌다. 오늘날에는 이슬람교 사원이 서 있다.

솔로몬 성전
Solomon's temple
הֵיכַל שְׁלֹמֹה

솔로몬 왕궁
Solomon's house

예루살렘
Jerusalem
יְרוּשָׁלַיִם

오벨
Ophel
עֹפֶל

기혼 샘
the waters of Gihon
גִּיחוֹן
참고- 대하 32:30

히스기야의 수로
Hezekiah's water tunnel
참고- 대하 32:3-5

다윗성
the city of David
עִיר דָּוִד

VALLEY OF KIDRON

기드론 골짜기

티로포에온 골짜기
VALLEY OF TYROPOEON

힌놈 골짜기
VALLEY OF HINNOM
גֵּי־הִנֹּם
참고-수 15:8, 18:16

모리아산 853m
Mount Moriah מוֹרִיָּה

다윗성 790m
the city of David עִיר דָּוִד

티로포에온 골짜기
VALLEY OF TYROPOEON

기드론 골짜기
VALLEY OF KIDRON קִדְרוֹן

(4) 다윗이 시온을 정복하고 '다윗성'으로 개명

예루살렘은 다윗과 깊은 연관을 가지고 있습니다. 다윗은 블레셋 사람 골리앗을 쓰러뜨린 뒤에 골리앗의 머리를 예루살렘으로 가져갔습니다(삼상 17:54). 그 후 다윗은 주전 1003년 온 이스라엘의 왕이 된 직후 예루살렘의 시온성을 정복하고 '다윗성'이라 불렀습니다(삼하 5:6-10, 대상 11:4-9). 역대상 11:4-5에서 "다윗이 온 이스라엘로 더불어 예루살렘 곧 여부스에 이르니 여부스 토인이 거기 거하였더라 ... 5 다윗이 시온 산성을 빼앗았으니 이는 다윗성이더라"라고 말씀하고 있습니다. 다윗은 성을 빼앗은 후 밀로에서부터 두루 성을 쌓았습니다(대상 11:8).

다윗은 오벧에돔의 집에서 다윗성으로 언약궤를 메어 올리고 임시로 만든 장막에 안치한 후, 번제와 화목제를 여호와 앞에 드렸습니다(삼하 6:12-18ㄴ). 그 후 다윗은 여러 나라와의 전쟁에서 승리하게 되는데, 특히 소바 왕 하닷에셀의 온 군대를 파하고(삼하 8:3-4) 하닷에셀의 신복들이 가진 금방패를 빼앗아 예루살렘에 갖다 두었습니다(삼하 8:7, 참고-대하 12:9).

(5) 회개하고 번제를 드린 '오르난의 타작마당'

다윗은 말년에 요압을 시켜 이스라엘 백성을 계수한 일로 하나님의 징계를 받았습니다. 이 징계 앞에 다윗이 회개하고 번제를 드렸던 곳이 '오르난의 타작마당'입니다(삼하 24장, 대상 21장). "오르난"(אָרְנָן, Ornan)은 '강한, 재빠른'이라는 뜻이며, 다윗에게 타작마당을 팔았던 여부스 사람 오르난은(대상 21:15-25), 여부스식 이름으로는 '아라우나'(אֲרַוְנָה, Araunah)라고 합니다(삼하 24:16, 18). 다윗의 인구 조사로 인하여 하나님께서 이스라엘을 치시므로 다윗이 그 마음에 자책하고 돌이켜 "큰 죄를 범하였나이다", "심히 미련하게 행하였나이다"라고 그 교만을 참회하며 회개하였습니다(삼하 24:10, 17, 대상 21:1, 7-8, 17). 이때 3일간의 온역으로 단에서 브엘세바까지 이스라엘 백성 7만 명이 죽는 국가적 대참사를 겪어야 했습니다(삼하 24:11-15, 대상 21:9-14). 성경에는 특별히 예루살렘의 대량 살륙이라는 급박한 위기에서 벗어나게 한 전환적 장소, 곧 예루살렘에 대한 재앙 철회 명령을 받은 여호와의 사자가 섰던 그 장소를 명시하고 있습니다. 바로 "오르난(아라우나)의 타작마당"(삼하 24:16, 대상 21:15)입니다. 타작마당은 일반적으로 바람이 잘 통하는 고지대에 위치해 있으므로, 여호와의 사자가 선 곳은 예루살렘 도성이 내려다 보이는 모리아산이었을 것입니다. 역대상 21:16에는 "...여호와의 사자가 천지 사이에 섰고 칼을 빼어 손에 들고 예루살렘 편을 가리켰는지라..."라고 기록하고 있습니다. 다윗이 그곳에서 번제를 드린 후, 그곳을 가리켜 "이는 여호와 하나님의 전이요 이스라엘의 번제단"(대상 22:1)이라고 불렀습니다.

그리고 솔로몬 시대에 이르러서는 드디어 하나님의 임재의 상징적 처소인 성전이 세워졌습니다. 역대하 3:1에 "솔로몬이 예루살렘 모리아산에 여호와의 전 건축하기를 시작하니 그곳은 전에 여호와께서 그 아비 다윗에게 나타나신 곳이요 여부스 사람 오르난의 타작마당에 다윗이 정한 곳이라"라고 말씀하고 있습니다.

(6) 언약궤를 성전으로 옮긴 후 "예루살렘"으로도 불리움

다윗은 생전에 자신은 화려한 백향목 궁에 거하는데, 하나님의 궤는 초라한 장막에 거하는 사실을 가슴 아파하면서 여호와를 위한 성전 건축을 작정한 바 있습니다(삼하 7:1-3, ^{참고}대하 6:7). 이에 대해 하나님께서는 "이 마음이 네게 있는 것이 좋도다"(대하 6:8)라고 인정하셨지만, 실제 건축은 허락하지 않으셨습니다. 이는 다윗이 전쟁에서 사람의 피를 심히 많이 흘렸기 때문입니다(대상 22:8). 그리하여 성전은 그의 아들 솔로몬에 의해 약 6년 6개월[44] 만에 완공되었으며, 마침내 그곳에 언약궤가 안치되었습니다. 열왕기상 8:1에서 "솔로몬이 여호와의 언약궤를 다윗성 곧 시온에서 메어 올리고자 하여"라고 말씀하고 있습니다(대하 5:2). 분명히 언약궤를 다윗성 곧 시온에서 메어 올렸다고 기록하고 있습니다. 그런데 솔로몬이 북쪽 여부스 사람 오르난의 타작마당(대하 3:1)이 위치한 모리아 산에 성전을 건축한 후부터는 '시온'이라는 이름이 이곳에도 적용됩니다. 언약궤가 솔로몬 성전으로 옮겨진 후에는 '시온'이라는 이름도 성전 산에까지 확대되어 적용된 것입니다. 따라서 포로기 전의 모든 선지자들이 말한 '시온'은 항상 성전이 있는 산을 의미했습니다(사 4:5, 8:18, 렘 31:6, 미 4:7 등).[45] 그러나 그 후시대에는 시온이 성전 산만을 의미하지 않고 예루살렘과 동일하게 사용되기도 하였습니다.

다윗이 예루살렘성읍을 통일 이스라엘의 수도로 삼은 이래로 예루살렘은 역사적으로 팔레스틴 지역에서 가장 중요한 성읍이 되었으며, 오늘에 이르기까지 '위대한 왕의 성읍'("큰 왕의 성")으로 알려져 있습니다(시 48:2). 성경에서는 이스라엘 백성의 종교적, 정치적 중심지일 뿐만 아니라, 하나님께서 특별하게 택하신 성읍으로서 매우 중요하게 언급되고 있습니다.

하나님께서는 영원 전부터 택하여 구속사적으로 큰 뜻을 이루시기 위한 그 장소를 보존해 오시다가, 다윗왕을 통해 점령하도록 역사하셨습니다. 그래서 시편 78:68-69에는 "오직 유다 지파와 그 사랑하시는 시온산을 택하시고, 69 그 성소를 산의 높음같이, 영원히 두신 땅같이 지으셨으며"라고 노래하였습니다. 그리고 시편 87:2에서 "여호와께서 야곱의 모든 거처보다 시온의 문들을 사랑하시는도다"라고 말씀하신 것은, 이스라엘 땅 전체도 중요하지만 "시온의 문들" 곧 예루살렘을 특별한 소유로 삼고 더욱 사랑하셨다는 것입니다.

3. 다윗의 시온성 점령의 대역사
David's amazing feat of conquering the city of Zion

다윗은 하나님의 마음에 합한 자로서(행 13:22), 하나님의 뜻에 따라 이스라엘 역사상 가장 강대한 국가를 이루었던 위대한 왕입니다. 다윗은 주전 1025년(다윗 15세) 사무엘에게 기름부음을 받고(삼상 16:1, 13), 블레셋과의 전쟁에서 골리앗을 쳐 죽였습니다(삼상 17:1-51). 그 후 얼마 지나지 않아 시작된 사울왕을 피하는 약 10년간의 도피 생활을 통해 숱한 오해와 시련, 죽음의 위기를 수없이 겪는 연단 끝에 비로소 유다의 왕이 되었습니다. 주전 1010년 30세에 왕위에 나아가 헤브론에서 7년 6개월 동안 통치한 후(삼하 2:11), 주전 1003년에 온 이스라엘의 왕으로 추대되어 예루살렘에서 33년간 다스렸습니다(삼하 5:4-5, 왕상 2:11, 대상 3:4, 29:27).

헤브론에서 통치한 지 약 7년이 지났을 때, 하나님의 정하신 때가 되어 하나님께서 왕으로 세워 주신 다윗에게, 이스라엘 12지파가 찾아왔습니다(삼하 5:1, 대상 11:1). 이들은 하나님께서 다윗에게 하셨던 약속, "네가 내 백성 이스라엘의 목자가 되며 이스라엘의 주권자가 되리라"라는 말씀을 기억하였던 것입니다(삼하 5:2, 대상 11:2). 이에 다윗은 여호와 앞에서 이스라엘 모든 장로와 함께 언약을 세우고 그들로부터 기름부음을 받아, 전에 사무엘 선지자로 전하신 말씀대로 이스라엘의 왕이 되었습니다(삼하 5:3, 대상 11:3).

헤브론 통치를 마치고 예루살렘에서 명실상부하게 온 이스라엘의 왕으로 즉위한 다윗이 제일 먼저 한 일은, 시온성을 정복하고 수도(首都)를 예루살렘으로 옮긴 것이었습니다. 예루살렘은 이스라엘 중심부에 위치하여 국가적 종교 행사에 온 국민이 함께 모일 수 있었고, 지형 특성상 그 성벽이 절벽처럼 가파른 언덕 위에 세워져 있으며 주변에는 깊은 골짜기가 있어, 천혜의 요새로서 외부의 침입을 쉽게 방어할 수 있었습니다.

그런데 다윗이 온 이스라엘로 더불어 예루살렘 곧 여부스에 이르렀을 때, 여부스 토인(土人)이 거기 거하고 있었으므로(대상 11:4), 그 성을 탈환하는 것은 결코 쉬운 일이 아니었습니다. 시온은 철통같이 요새화되어 있었기에 자신만만했던 여부스인들은 공격해 온 다윗을 조롱하며 "...가로되 네가 이리로 들어오지 못하리라 소경과 절뚝발이라도 너를 물리치리라"라고 장담하였습니다(삼하 5:6). 다윗은 군사들에게 성을 쳐서 점령하는 자를 두목과 장관으로 삼겠다고 선언하였는데, 이때 요압이 먼저 올라갔으므로 두목이 되었습니다(대상 11:6). 다윗은 여부스 사람을 칠 때 "수구(水口)로 올라가서"(삼하 5:8) 치라고 말하였습니다. 이는 난공불락의 요새인 시온 산성을 함락하기 위해 다윗이 세밀한 지형 탐사를 한 결과, 성 안으로 침입할 수 있는 유일한 통로인 배수로를 발견하고, 그리로 그의 군사들을 올려 보낸 것입니다. 마침내 다윗은 그 종자들과 함께 그 성을 치고, 여부스 족속을 내어 쫓고, 시온성을 빼앗는 데 성공하였습니다(대상 11:5).

> **사무엘하 5:6-7** "왕과 그 종자들이 예루살렘으로 가서 그 땅 거민 여부스 사람을 치려 하매 그 사람들이 다윗에게 말하여 가로되 네가 이리로 들어오지 못하리라 소경과 절뚝발이라도 너를 물리치리라 하니 저희 생각에는 다윗이 이리로 들어오지 못하리라 함이나 ⁷ 다윗이 시온 산성을 빼앗았으니 이는 다윗성이더라"

시온성은 공격하기에 매우 어려운 악조건의 곳이었지만, 다윗은 여부스 사람들의 강한 군사력에 아랑곳하지 않고 전능하신 하나님만을 의지하는 신앙으로 목숨을 걸고 출전하여 마침내 시온성을 탈취하였습니다.

이후에 두로 왕 히람이 다윗에게 건축 기술자와 자재들을 보내어 다윗의 궁을 건축하게 하였습니다(삼하 5:11). 다윗은 헤브론에서 6명의 아들을 낳았으며(삼하 3:2-5, 대상 3:1-4), 헤브론에서 올라온 후 예루살렘에서는 더 많은 자식(13명 이상)을 얻었습니다(삼하 5:13-16, 대상 3:5-9, 14:4-7, ^{참고}-대하 11:18).

한편, 당시 두 번에 걸쳐 블레셋과 큰 전투가 벌어졌으나, 다윗은 하나님의 전적인 도우심으로 승리를 거두고 블레셋 군대를 게바(기브온)에서 게셀까지 몰아냄으로써, 하나님께서 세우신 나라를 더욱 굳건하게 하였습니다(삼하 5:17-25, 대상 14:8-17). 다윗 시대에 이러한 왕성한 대역사는 만군의 하나님 여호와께서 다윗과 함께하신 결과였습니다(삼하 5:10, 대상 11:9).

　여부스 족속을 내몰고 시온성을 정복한 목적은, 궁극적으로 하나님의 거룩한 언약궤를 모실 자리를 마련하기 위함이었습니다(삼하 6:12-19, 대상 15:1). 언약궤를 모신 후 하나님께서는 다윗을 사랑하사 언약을 체결하시고 그의 자손을 통해 성전을 건축할 것이며, 나라의 위를 영원히 견고하게 해주시겠다고 약속하셨습니다(삼하 7:12-16). 다윗은 시온성을 탈환한 것으로 만족하지 않고 언약궤를 모실 만한 성전을 지을 수 있도록 준비하였습니다(대상 17:1-2, 22:14-19, 29:16). 그리고 그의 아들 솔로몬이 마침내 그곳에 하나님의 성전을 세움으로(왕상 6:1, 37-38, 대하 3:1-2), 솔로몬 성전에 하나님의 궤를 모실 수 있었습니다(왕상 8:1-11, 대하 5:2-14).

　다윗이 시온을 정복하여 수도로 세우는 대역사는, 하나님께서 오래 전부터 시온성을 택하시고 하나님의 강력한 주권에 따라 이루어진 것이었습니다. 이것은 장차 예수님께서 성육신 하시어 예루살렘에 오셔서 구속 사역을 행하실, 하나님의 예정된 섭리 가운데 이루어진 것입니다.

4. "시온"의 의미의 점진적 발전
The progressive development of the meaning of Zion

　"시온"은 구약성경에 160회, 신약성경에 7회(마 21:5, 요 12:15, 롬 9:33, 11:26, 히 12:22, 벧전 2:6, 계 14:1) 언급되고 있습니다. 시편에는 '시온시(詩)'로 분류된 시가 8편 나오는데(시 42, 43, 87, 121, 122, 125,

126, 129편), 모든 시에는 시온을 향한 그리움이 사무쳐 있고, 시온의 축복과 시온의 영광, 시온의 회복을 노래하고 있습니다. 또한 하나님께서 적들의 공격으로부터 시온성을 보호해 주실 것을 확신하고, 더 나아가 세계 만민의 구원이 시온에서 일어날 것이라고 예언하고 있습니다.

(1) 하나님께서 임재하시는 거룩한 곳

20세 이상의 이스라엘 남자들은 1년에 3차, 유월절(무교절), 칠칠절(오순절, 맥추절), 초막절(장막절, 수장절) 절기에 성전에 반드시 올라가도록 되어 있습니다(출 23:14-17, 34:18-23, 레 23:4-8, 34-43, 신 16:16). 그들은 성전이 있는 예루살렘까지 올라가면서 '성전에 올라가는 노래'로 알려진 15개의 시편을 노래했습니다(시편 120-134편). 유대인의 3대 명절인 유월절, 칠칠절, 초막절이 가까우면 각 지역의 제사장들은 이렇게 외치며 순례자들을 불러 모았습니다.

"사람이 내게 말하기를 여호와의 집에 올라가자 할 때에 내가 기뻐하였도다"(시 122:1, 렘 31:6)

이스라엘 사람은 '시온에 올라가자!'라는 말만 들어도, 하나님께서 임재하여 계시는 성전을 생각하며 벅찬 감격과 흥분에 빠지곤 하였습니다.

시온을 '거룩한 곳'이라고 칭함은, 거룩하신 하나님께서 임재하시는 하나님의 처소이기 때문입니다. 시편 2:6에서 "내가 나의 왕을 내 거룩한 산 시온에 세웠다 하시리로다"라고 말씀하고 있으며, 이사야 60:14에서 "이스라엘의 거룩한 자의 시온"이라고 말씀하고 있습니다(욜 3:17, 옵 1:17). 또한 시온에 잃어버렸던 하나님의 궤가 처음으로 모셔졌기 때문입니다. 시온의 전통적 의미는, 다윗이 언약궤를 예루살렘으로 메어 왔던 역사적인 사건을 통하여 시작되었고 거기서 점진적으로 발전한 것입니다.[46]

시편 132편은 언약궤가 시온으로 입성하는 것을 아주 자세히 기록하고 있는 시로, 여호와 하나님이 영원히 그 시온에 안식하신다는 내용입니다. 다윗은 언약궤가 '에브라다의 나무 밭'에 있다는 소식을 듣고 거기에서 찾게 되는데(시 132:6), "나무 밭"은 '삼림의 성읍'이라는 뜻의 "기럇여아림"(삼상 7:1-2, 대상 13:5)을 가리킵니다. 하나님의 궤는, 아벡 전투에서 빼앗긴 후 블레셋에서 7개월 만에 돌아와, 오벧에돔의 집으로 옮겨지기까지 기럇여아림의 아비나답의 집에만 거의 100년 가까이 머물렀습니다. 이토록 오랫동안 잊혀진 언약궤를 찾아오기 위해 다윗은, "여호와여 일어나사 주의 권능의 궤와 함께 평안한 곳으로 들어가소서"(시 132:8)라고 기도하였습니다(참고·민 10:35-36). 언약궤를 다윗성으로 모시는 상황을 시편 132:13-14에는 "여호와께서 시온을 택하시고 자기 거처를 삼고자 하여 이르시기를 14 이는 나의 영원히 쉴 곳이라 내가 여기 거할 것은 이를 원하였음이로다"라고 말씀하고 있습니다.

또한 다윗이 기럇여아림에서 시온으로 언약궤를 호송할 때 불렀다는 시편 24편에서도, 언약궤가 시온(다윗성)에 안치되는 것을 영광의 왕이신 하나님께서 좌정하시는 것으로 노래하고 있습니다(시 24:7-10). 시온에 임재하신 하나님께서는 이스라엘을 통치하시는 왕입니다(יְהוָה מֶלֶךְ, 예호바^{아도나이} 멜레크). 이로부터 시온은 '하나님께서 거하시는 성'(시 48:1-2), '여호와 하나님의 거처로 선택하신 곳'(시 2:6, 9:11, 20:2, 74:2, 78:68, 84:7, 87:2, 99:2, 132: 13-14, 135:21, 사 2:3, 24:23, 렘 31:6), '하나님의 말씀과 그 행하신 일이 선포되는 곳'(시 9:11, 102:21, 사 2:3, 렘 50:28, 51:10)으로 기록되고 있습니다.

(2) 하나님의 백성이 영원히 거할 요동하지 않는 산성

천혜의 요새를 이루어 주변이 높은 산으로 둘러싸인 예루살렘은 하나님의 완벽한 보호를 나타내는 곳으로 여겨져 왔습니다. 이는 시편에 잘 나타나 있습니다. 시편 125:1-2에 "여호와를 의뢰하는 자는 시온산이 요동치 아니하고 영원히 있음 같도다 2 산들이 예루살렘을 두름과 같이 여호와께서 그 백성을 지금부터 영원까지 두르시리로다"라고 말씀하고 있습니다. 이사야 선지자는 메시아가 강림하는 말일에 주변의 높은 산들은 낮아지고 시온산이 있는 예루살렘은 우뚝 솟게 될 것이라고 예언하였습니다(사 2:2).

사무엘하 5:7에서 "다윗이 시온 산성을 빼앗았으니 이는 다윗성이더라"라고 기록하고 있는데, 여기서 "산성"은 히브리어로 '마추드'(מְצֻדָה)입니다. 이 단어는 구약에서 19회 사용되는데, 주로 하나님께서 우리의 요새, 피난처가 되신다는 의미로 사용되었습니다(삼하 22:2, 시 18:2, 31:2-3, 71:3, 91:2, 144:2, 참고-사 14:32, 28:16, 욜 2:32). 요엘 3:16에서도 "나 여호와가 시온에서 부르짖고 예루살렘에서 목소리를 발하리니 하늘과 땅이 진동되리로다 그러나 나 여호와는 내 백성의 피난처, 이스라엘 자손의 산성이 되리로다"라고 말씀하고 있습니다. 특히 시온은 가난한 자들의 피난처였습니다(시 14:6-7). 교만한 자들은 자기 자신을 믿고 의지하며, 하나님을 피난처로 삼지 않으나, 가난한 자들은 오직 하나님의 임재 속에서 위로와 용기를 얻었습니다.

종말론적으로, "시온에 남아 있는 자, 예루살렘에 머물러 있는 자곧 예루살렘에 있어 생존한 자 중 녹명된 모든 사람은 거룩하다 칭함"을 받는다고 말씀하고 있습니다(사 4:3). 하나님께서는 그들에게 절대 보호의 장막이 되셔서 "낮이면 구름과 연기, 밤이면 화염의 빛을 만드시고 그 모든 영광 위에 천막을 덮으실 것이며 6 또 천막이 있어서 낮에는 더위를 피하는 그늘을 지으며 또 풍우를 피하여 숨는 곳이 되리라"라고 말씀하고 있습니다(사 4:5-6).

(3) 세계 만민에게 구원을 베풀 하나님의 기초

성경에는 시온에서 일어날 메시아적 축복과 구원에 대한 내용이 많이 그리고 상세하게 언급되어 있습니다. 이사야 46:13에 "...나의 구원이 지체치 아니할 것이라 내가 나의 영광인 이스라엘을 위하여 구원을 시온에 베풀리라"라고 말씀하고 있습니다.

'시온 시'의 하나로 손꼽히는 시편 87편은, 이스라엘 백성이 바벨론 포로 생활에서 풀려나 고국으로 돌아와 파괴된 예루살렘성전을 복구하는 과정에서 여러 가지 어려움으로 절망에 빠지자, 그들에게 용기를 불어넣기 위해, 시온의 영광스러운 장래에 대해서 예언적으로 노래한 시입니다.

그 내용은 첫째, 하나님의 영광스러운 임재와 통치가 실현된다는 내용입니다(시 87:1-3). 시편 87:1에서 "그 기지가 성산에 있음이여"라고 말씀하고 있습니다. 여기 "기지"는 '기초'를 뜻하는 히브리어 '예수다'(יְסוּדָה)에 연계형 3인칭 어미가 붙어서 '그의 기초'라는 뜻입니다. 시온이 하나님의 기초라는 말씀은, 하나님께서 시온을 통해 전 세계를 구원하실 것을 작정하셨다는 의미이며(참고-사 28:16), 나아가 시온을 통해 전 세계 구원 역사를 진행하신다는 의미입니다. 하나님께서는 시온에 임재하심으로 이 일을 이루실 것입니다. 그래서 이사야 52:8에서 "여호와께서 시온으로 돌아" 오신다고 말씀하고 있으며, 스가랴 8:3에서 "내가 시온에 돌아왔은즉 예루살렘 가운데 거하리니”라고 말씀하고 있습니다. 요한계시록 14:1에서도 “어린 양이 시온산에” 섰다고 말씀하고 있습니다.

둘째, 지존자가 친히 세우신 시온에서 선포되는 구원의 말씀으로, 세계 만민이 하나님을 믿는 하나님의 백성으로 거듭나게 될 것을 예언합니다. 이사야 2:2-3에서 “...만방이 그리로 몰려들 것이라 ... ³ 이는 율법이 시온에서부터 나올 것이요 여호와의 말씀이 예루살렘에서부터 나올 것임이니라”라고 말씀하고 있습니다(미 4:1-2). 시 87:4에서, 줄곧 이스라엘을 괴롭히며 대적하던 나라들, 곧 ‘라합(애굽), 바벨론, 블레셋, 두로, 구스’가 자기들도 ‘시온(거기서)에서 났다’고 고백하게 된다는 것입니다. 5절에서 “이 사람 저 사람”이 ‘시온(거기서)에서 났다’(was born)고 고백하고 있습니다. 더 나아가 6절에서는 “여호와께서 민족들을 등록하실 때에는 그 수를 세시며 ‘이 사람이 거기(시온)서 났다’ 하시리로다(셀라)”라고 예언하고 있습니다. 여기 ‘민족들을 등록하신다’는 것은 하나님께서 구원 받은 자들을 생명책에 기록하시는 것을 말씀한 것입니다(계 20:12, 15, 21:27, 참고·빌 4:3).

또 하나님께서는 그 수를 하나도 빠짐없이 세신다고 말씀하고 있습니다. 그 수를 세신다 함은, 시온을 통한 구원의 복음이 모든 민족에게 제한 없이 주어졌으나, 구원 받을 자의 수가 정하여져 있다는 것을 뜻합니다(요 1:12, 행 13:48, 롬 1:16). 이것은 로마서 11:12의 ‘저희(유대인)의 충만한 수’와, 로마서 11:25의 “이방인의 충만한 수”라는 말씀과도 같습니다.

이렇게 하나님의 나라에 등록되어 그 수(數)가 세신 바 된 그 백성은 노래하고 춤추면서, “나의 모든 근원이 네게(시온에게) 있다”

라고 하며, 하나님께 벅찬 감사와 찬양을 드리게 된다고 노래하고 있습니다(시 87:7, 참고-엡 3:1-13). 이것은 예수 그리스도의 피로 사신 교회를 통해, 세계 열방(이방 나라들)이 하나님께 경배할 것을 예언한 것입니다(사 19:18-25, 49:6-7, 56:1-8, 행 28:28).

이사야 선지자는 "시온은 구로하기 전에 생산하며 고통을 당하기 전에 남자를 낳았으니 8 이러한 일을 들은 자가 누구이며 이러한 일을 본 자가 누구이뇨 나라가 어찌 하루에 생기겠으며 민족이 어찌 순식간에 나겠느냐 그러나 시온은 구로하는 즉시에 그 자민을 순산하였도다"(사 66:7-8)라고 예언하였습니다. 예수 그리스도의 구속 사역으로 세우신 시온성과 같은 교회를 통해 선포되는 복음 운동으로, 하나님의 말씀이 누룩처럼 순식간에 퍼져 나가 택하신 세계 만민을 구원하여 시온의 영광을 풍성히 회복할 것을 예언한 것입니다(사 66:10-14).

(4) 종말적 하나님의 도성

시온은 종말적으로 새 하늘과 새 땅에서 이루어지는 새 예루살렘을 가리킵니다. 새 언약 아래 있는 성도들이 갈 곳에 대하여 히브리서 12:22에서는 "너희가 이른 곳은 시온산과 살아 계신 하나님의 도성인 하늘의 예루살렘"이라고 말씀하고 있습니다(계 21:1-2).

이 종말적인 새 도성은 어떤 곳입니까?

첫째, 사망과 애통과 곡과 아픈 것이 없는 곳입니다.

요한계시록 21:4에서 "모든 눈물을 그 눈에서 씻기시매 다시 사망이 없고 애통하는 것이나 곡하는 것이나 아픈 것이 다시 있지 아니하리니 처음 것들이 다 지나갔음이러라"라고 말씀하고 있습니다. 요한계시록 7:17에서 "하나님께서 저희 눈에서 모든 눈물을 씻어 주실 것"이라고 말씀하고 있습니다. 모든 죄악의 세력으로부터 승리한 성도들은 하나님의 장막에서 하나님과 함께 거하면서 모든 눈물을 씻고, 구원의 감격 속에 기쁨의 축제만을 누리게 될 것입니다(시 87:7).

둘째, 우는 소리와 부르짖는 소리가 다시는 들리지 않는 곳입니다.

이사야 65:17-19에서 "보라 내가 새 하늘과 새 땅을 창조하나니 이전 것은 기억되거나 마음에 생각나지 아니할 것이라 ... ¹⁹ 내가 예루살렘을 즐거워하며 나의 백성을 기뻐하리니 우는 소리와 부르짖는 소리가 그 가운데서 다시는 들리지 아니할 것이며"라고 말씀하고 있습니다. 그러므로 성도는 시온에서 모든 고통이 사라지고 오직 영영한 즐거움과 기쁨만을 누리게 될 것입니다. 이사야 51:11에서 "여호와께 구속된 자들이 돌아와서 노래하며 시온으로 들어와서 그 머리 위에 영영한 기쁨을 쓰고 즐거움과 기쁨을 얻으리니 슬픔과 탄식이 달아나리이다"라고 말씀하고 있습니다.

셋째, 하나님 백성의 영원한 구원의 안식처입니다.

요엘 2:32에서 "누구든지 여호와의 이름을 부르는 자는 구원을 얻으리니 이는 나 여호와의 말대로 시온산과 예루살렘에서 피할 자가 있을 것임이요 남은 자 중에 나 여호와의 부름을 받을 자가 있을 것임이니라"라고 말씀하고 있습니다(시 125:2). 시온은 영원한 임마누엘의 복된 장소입니다. 요한계시록 21:3에서 "하나님이 저희와 함께 거하시리니", "하나님은 친히 저희와 함께 계셔서"라고 거듭 말씀하고 있습니다.

넷째, **영광의 주님께서 계시는 곳입니다.**

요한계시록 14:1을 보면 재림하시는 주님(어린 양)께서 시온산에서 계십니다. 성도는 그곳에서 영원한 임마누엘의 축복을 누리게 될 것입니다. 이사야 59:20에서 "여호와께서 가라사대 구속자가 시온에 임하며 야곱 중에 죄과를 떠나는 자에게 임하리라"라고 말씀하고 있으며, 로마서 11:26에서도 "구원자가 시온에서 오사 야곱에게서 경건치 않은 것을 돌이키시겠고"라고 말씀하고 있습니다. 시온에 계신 예수님을 믿는 자는 절대로 급절하지 않고 부끄러움을 당치 않습니다(사 28:16, 벧전 2:6). 오직 "보배롭고 요긴한 모퉁이 돌"(벧전 2:6), "귀하고 견고한 기초 돌"(사 28:16)이신 예수님만 믿는 가운데, 모두가 하나님의 새로운 도성, 영원한 새 예루살렘, 시온의 주인공들이 다 되시기를 간절히 소망합니다.

5. 시온성 점령의 구속사적 의미
The redemptive-historical significance of the conquest of the city of Zion

다윗은 약 400년간 이방 족속 여부스 사람들이 차지하고 있던 시온성을 점령하여 다윗성이라 이름하고(삼하 5:6-10, 대상 11:4-9), 하나님의 궤를 위한 장막을 그곳에 치고, 하나님의 궤를 다윗성에 안치하였습니다(삼하 6:12-19, 대상 13:5, 15:1-28). 이때는 언약궤가 블레셋에 빼앗긴 지 약 100년 4개월 만에 시온산에 도착하는 역사적인 순간입니다.

역대하 1:4 "다윗이 전에 예루살렘에서 하나님의 궤를 위하여 장막

을 쳤었으므로 그 궤는 다윗이 이미 기럇여아림에서부터 위하여 예
비한 곳으로 메어 올렸고"

먼 훗날 히브리서 기자는 시온산에 구속사적으로 큰 의미를 부
여하여 말씀하였습니다.

히브리서 12:18-23 "너희의 이른 곳은 만질 만한 불 붙는 산과 흑운
과 흑암과 폭풍과 ¹⁹ 나팔 소리와 말하는 소리가 아니라 그 소리를 듣
는 자들은 더 말씀하지 아니하시기를 구하였으니 ²⁰ 이는 짐승이라
도 산에 이르거든 돌로 침을 당하리라 하신 명을 저희가 견디지 못함
이라 ²¹ 그 보이는 바가 이렇듯이 무섭기로 모세도 이르되 내가 심히
두렵고 떨린다 하였으나 ²² 그러나 너희가 이른 곳은 시온산과 살아
계신 하나님의 도성인 하늘의 예루살렘과 천만 천사와 ²³ 하늘에 기
록한 장자들의 총회와 교회와 만민의 심판자이신 하나님과 및 온전
케 된 의인의 영들과"

다윗이 왕위에 오른 직후 시온성을 탈환한 것은, 다윗의 자손 예
수님께서 이 땅에 오셔서 십자가와 부활로 승리하여 하늘에 오르
시고 자기 보좌에 앉으사, 자기 백성을 저희 죄에서 구원하실 구속
사건을 예표합니다. 예수님께서 십자가 상에서 "다 이루었다"(요
19:30)라고 선포하심으로 자기 백성을 향한 속죄의 성취와 율법의
완성을 선언하셨습니다. 십자가의 대속으로 말미암아 이 세상 임
금은 심판을 받고, 왕 노릇 하던 사망의 보좌에서 완전히 쫓겨나고
말았습니다(요 12:31, 16:11, 고전 15:26). 그리고 예수님께서는 선택하
신 백성을 구원하여 보배로운 정금 같은 시온의 아들들(택하신 족
속, 왕 같은 제사장, 거룩한 나라, 그의 소유된 백성)로 삼으시고(벧전 2:9,

참고-애 4:2), 자기 피로 사신 교회를 세우셨습니다(행 20:28).

시편 110편은 예수 그리스도를 통해 시온에서부터 이루어질 구속 경륜을 노래하고 있습니다. 하나님께서는 속죄 사역을 성취하신 예수 그리스도에게 "너는 내 우편에 앉으라"라고 말씀하셨습니다(시 110:1). 메시아가 원수를 정복하고 통치권을 세운 곳이 바로 "시온에서부터"라고 말씀하고 있습니다(시 110:2). 또한 메시아가 장차 멜기세덱의 반차를 좇아 영원한 제사장으로 오셔서 원수를 굴복시키는 "주의 권능의 날에" 주의 백성이 거룩한 옷을 입고 즐거이 헌신하게 될 것이라고 말씀하고 있습니다(시 110:3-4). 멜기세덱은 살렘 왕이며 지극히 높으신 하나님의 제사장으로(창 14:18), 이는 장차 올 메시아의 제사장의 사역과 왕의 사역을 보여 줍니다(히 5:6, 6:20).

시온은 여호와께서 세우셨고(사 14:32), 시온에서 자신을 나타내시고(암 1:2), 시온에서 구원을 보내십니다(시 14:7, 53:6). 다윗의 왕권이 시온에서부터 시작되고 확립되었습니다(시 2:6, 74:2). 예수 그리스도께서 자기 피로 사서 이 땅에 세우신 교회(행 20:28)들이, 바로 하나님께서 자기 백성을 구원하시는 오늘의 시온입니다. 예레미야 선지자도, 시온은 하나님의 자녀로 회복된 공동체가 예배드리는 모임의 장소라고 예언한 바 있습니다(렘 31:6, 12, 23).

사도 바울은 예루살렘을 가리켜 자유자, 곧 우리 어머니라고 하면서 우리가 그 자유자의 자녀가 되었다고 설명하였습니다(갈 4:26, 참고-빌 3:20, 히 11:16). 그래서 성경에는, 어머니 같은 시온성에 거하는 백성을 가리켜 '시온의 아들들'(시 149:2, 애 4:2, 욜 2:23), '시온의 딸들'(사 3:16-17, 4:4, 슥 9:9, 요 12:15)이라고 불렀습니다. 또한 "딸 같은 시온"(시 9:14), "딸 시온"(사 1:8, 렘 4:31, 6:2, 미 1:13)이라 표현하였습니다. 이것은 하나님께서 자기의 언약 백성으로서 예루살렘 거민들(혹은 이스라엘 백성)을 뜨겁게 사랑하시는 지극한 사랑의 마음을 반영한 표현들입니다(시 78:68, 87:2). 이사야 51:16에도 "…시온에게 이르기를 너는 내 백성이라…"라고 말씀하고 있습니다.

거룩한 시온산에 선 백성은 종말에 구원 받은 자들의 총회, 곧 "장자들의 총회"입니다(히 12:22-23). 요한계시록 14:1에서는 "또 내가 보니 보라 어린 양이 시온산에 섰고 그와 함께 십사만 사천이 섰는데…"라고 말씀하고 있습니다.

예수님의 십자가의 피로 구원받은 성도는 복음의 비밀을 맡은 장자들입니다(롬 3:2, 엡 6:19). 일사각오의 순교 정신을 가지고, 만세 전에 구원 받기로 작정된 자들에게 땅 끝까지 복음을 전해야 합니다(행 1:8, 13:48). 디모데후서 4:1-2에서 "하나님 앞과 산 자와 죽은 자를 심판하실 그리스도 예수 앞에서 그의 나타나실 것과 그의 나라를 두고 엄히 명하노니 2 너는 말씀을 전파하라 때를 얻든지 못 얻든지 항상 힘쓰라 범사에 오래 참음과 가르침으로 경책하며 경계하며 권하라"라고 명령하신 그대로, 생명의 복음을 목숨 다할 때까지 전하고 또 전하여야 합니다. 또한 시온산에 선 하나님의 장자들처럼, 하나님의 계명을 지키고 예수의 믿음을 지키며 믿음의 정절을 지켜서(히 12:22-23, 계 14:1-4, 12), 죄 많은 세상과 싸워 완전히 승리하는 그날까지, 오직 믿음으로 끝까지 인내해야 합니다(계 13:10, 14:12).

교회를 통한 구속 운동

Conclusion:
The Work of Redemption Through the Church

교회를 통한 구속 운동
THE WORK OF REDEMPTION THROUGH THE CHURCH

성경은 예수 그리스도를 통해 인간을 구원하시려는 하나님의 계획과 그 계획의 역사적 실현을 자세히 기록한 구속사입니다. 구속사는 예수 그리스도의 죽으심과 부활을 중심으로 타락한 죄인들을 구원하시는 전체 구속 운동을 가리킵니다. 우리는 지금까지 성막을 통한 구속 운동에 대하여 살펴보았습니다. 구체적으로 성막의 외부 구조, 성막의 성물들 그리고 언약궤를 통한 하나님의 구속 운동에 대하여 상고하였습니다.

성막은 주전 1445년부터 솔로몬 성전이 완공된 주전 959년까지, 약 486년 동안 이스라엘 백성의 신앙의 중심지였습니다. 성막에서 제사장이 백성을 대표하여 모든 제사를 인도하여서 하나님의 구속 운동은 지속되었습니다. 이러한 구속 운동은 오늘날 교회를 통해서 계승되고 있습니다. 신약 시대 성도는 교회라는 성막에서 자신들이 신령한 제사장이 되어서(롬 15:16, 벧전 2:5, 9, 계 1:6), 하나님께 각양 모습으로 제사(예배)를 드리고 있는 것입니다(롬 12:1).

이제 전체 구속 운동 속에서 성막이 차지하는 위치를 살펴보는 가운데, 성막을 통한 구속 운동이 오늘날 교회 운동을 통해서 어떻게 성취되어 가고 있는지를 살펴보겠습니다.

1. 에덴동산과 구속 운동
The garden of Eden and the work of redemption

구속 운동의 시작은 에덴동산으로 거슬러 올라갑니다. 에덴동산은 훗날 나타나는 '성소'와 유사한 곳이었습니다. 왜냐하면 성소에 하나님께서 거하시듯이(출 25:8), 에덴동산에 하나님께서 거하셨기 때문입니다. 창세기 3:8에서 "동산에 거니시는 여호와 하나님"이라고 말씀하고 있습니다. 여기 "거니시는"은 히브리어 '할라크'(הָלַךְ)의 히트파엘(재귀강조) 분사형으로서, 하나님께서 계속적으로 에덴동산에 임재하셨음을 의미합니다. 이러한 형태는 하나님께서 성소에 임재하셨음을 나타낼 때도 동일하게 사용되었습니다(삼하 7:6).

또한 하나님께서 아담으로 하여금 에덴동산을 다스리며 지키게 하셨는데(창 2:15), 여기 "다스리며"는 히브리어 '아바드'(עָבַד)이며, "지키게"는 히브리어 '샤마르'(שָׁמַר)입니다. 이 두 동사는 성소에서 제사장이나 레위인들이 일하는 것을 나타낼 때에도 사용되었습니다(민 3:7-8, 8:26, 18:7). 에덴동산은 참으로 성소와 같은 곳으로서, 하나님의 임재를 체험하고 하나님 앞에 예배드리는 장소였습니다. 그런데 아담과 하와가 타락하므로 하나님과의 관계가 깨어지고, 하나님께서는 이들을 에덴동산 밖으로 내어 쫓으셨습니다. 그리고 에덴동산 밖에서 다시 구속 운동을 시작하셨던 것입니다(창 3:23).

아담과 하와가 에덴동산에서 쫓겨난 후, 그들의 두 아들 가인과 아벨은 하나님께 제사를 드렸습니다. 하나님께서는 아벨의 제사는 열납하셨으나 가인의 제사는 열납하지 않으셨습니다(창 4:1-5). 이것은 '제사라는 형태'를 통하여 구속 운동이 이어져 내려왔음을 어느 정도 보여 주고 있습니다. 히브리서 11:4에서는 "믿음으로 아벨은 가인보다 더 나은 제사를 하나님께 드림으로 의로운 자라 하시는 증거를 얻었으니 하나님이 그 예물에 대하여 증거하심이라 저가 죽었으나 그 믿음으로써 오히려 말하느니라"라고 말씀하고 있습니다.

아담으로부터 10대째 인물 노아는, 하나님으로부터 아직 보지 못한 일에 대한 경고를 받아 명하신 대로 다 준행하여 방주를 예비함으로, 그와 그의 집이 다 구원을 받았습니다(창 6:13-7:5, 히 11: 7). 또한 노아 후 10대째 인물인 아브라함은 하나님의 인도를 받아 이동하는 곳마다 제단을 쌓고(창 12:7-8, 13:18), 마침내 모리아 정상에서 장차 이루어질 구속의 복음(언약)을 받고, 거기서 "여호와이레"를 체험하였습니다(창 22:1-14). 아담과 하와가 에덴동산에서 쫓겨난 후 족장 시대에 이르기까지, 하나님의 구속 운동은 주로 하나님께서 쓰시는 사람과 그의 가정을 통하여 진행되었습니다.

2. 성막을 통한 구속 운동
The work of redemption through the tabernacle

하나님께서는 430년 동안 애굽에서 종살이하던 이스라엘 민족을 출애굽 시키기 위하여 모세를 지도자로 세우셨습니다. 이스라엘 백성이 모세의 인도로 출애굽 하여 시내산에 도착하였을 때, 하나님은 모세를 통해 하나님을 만날 수 있는 장소, 하나님께 예배 드리는 장소인 성막의 식양을 알려 주셨습니다(출 25:22, 29:42-43, 30:6, 36, 39:32, 레 16:2, 민 17:4). 출애굽기 29:42-43에서 "... 내가 거기서 너희와 만나고 네게 말하리라 [43] 내가 거기서 이스라엘 자손을 만나리니 내 영광을 인하여 회막이 거룩하게 될지라"라고 말씀하고 있습니다.

성막이 완성되었을 때 "여호와의 영광이 성막에 충만하매"(출 40:34), "여호와의 영광이 성막에 충만함이었으며"(출 40:35)라고 말씀하고 있습니다. 참으로 성막은 하나님께서 임재하시는 장소였습니다.

하나님께서는 성막 뜰의 번제단, 물두멍, 성소 안의 떡상, 등대, 분향단, 지성소 안의 언약궤, 그리고 제사장의 의복, 제사 규례 등을 통하여, 이 모든 것의 실체이신 예수 그리스도를 통한 구속 사역을 나타내셨습니다(출 36:8-39:43).

사도행전 7:38에서 "광야 교회"라고 말씀하고 있습니다. 이것은 헬라어로 '엔 테 엑클레시아 엔 테 에레모'(ἐν τῇ ἐκκλησίᾳ ἐν τῇ ἐρήμῳ)로, '광야에 있는 교회에서'라는 뜻입니다. 하나님께서는 광야에서 성막과 제사장 제도, 제사 규례를 주셨는데, 이 모든 것을 교회에 주셨습니다. 이처럼 하나님께서는 성막과 같은 교회의 모습을 통해 본격적으로 구속 운동을 전개하셨습니다.

3. 성전을 통한 구속 운동
The work of redemption through the temple

솔로몬 성전 건축은 솔로몬이 왕이 된 지 4년 2월 2일에 시작하여 제11년 불월(종교력 8월)에 완성되었는데(왕상 6:1, 37-38, 대하 3:2), 그것은 이스라엘 역사의 심장과 동맥이었으며, 모든 정치·경제·사회·문화·신앙의 중심이었습니다. 하나님께서는 솔로몬 성전이 완성된 주전 959년부터 성전이라는 교회의 모습을 통하여 구속 운동을 전개하셨습니다. 성전 역시 하나님께서 임재하시는 장소였습니다. 주께서 "계실 전"이요, "주께서 영원히 거하실 처소"였습

니다(왕상 8:13). 솔로몬이 언약궤를 지성소로 옮겼을 때, 하나님의
영광이 성전에 가득하였습니다. 열왕기상 8:11에서 "... 이는 여호와
의 영광이 여호와의 전에 가득함이었더라"라고 말씀하고 있습니
다. 하나님께서는 성전이 완성되었을 때, 하나님의 임재를 나타내
는 세 가지를 성전에 두시겠다고 약속하셨습니다.

첫째, 하나님의 이름입니다.

열왕기상 9:3에서 "...내가 너의 건축한 이 전을 거룩하게 구별하
여 나의 이름을 영영히 그곳에 두며"라고 말씀하고 있습니다(왕상
3:2, 5:5, 8:16-20, 29, 44, 48, 9:7). 구약에서 이름은 존재 자체를 나타
냅니다. 이름을 없앤다는 것은 그 이름을 가진 존재 자체를 완전히
말살하는 것과 같습니다(신 7:24, 9:14). 그러므로 하나님의 이름을
두신다는 것은 곧 하나님의 임재하심을 나타내는 것입니다.

둘째, 하나님의 눈입니다.

솔로몬은 열왕기상 8:29에서 "... 이 전을 향하여 주의 눈이 주야
로 보옵시며 종이 이곳을 향하여 비는 기도를 들으시옵소서"라고
기도하였습니다(왕상 8:52). 하나님께서는 "나의 눈"이 항상 성전에
있겠다고 약속하셨습니다(왕상 9:3). 하나님의 눈은 하나님의 속성
을 나타냅니다. 하나님의 눈은 영원하신 눈이며(신 11:12), 온 땅을
두루 보시는 전능하신 눈이며(대하 16:9, 슥 4:10), 악인과 선인을 감
찰하시는 눈이며(잠 15:3, 참고-잠 5:21), 의인을 향하여 구원을 베푸시
는 눈입니다(시 34:15, 참고-시 33:18-19). 성전에 하나님의 눈을 두신다
는 것은 성전에 임재하시어 백성의 형편과 처지를 다 헤아려 주시
고 그 기도에 응답하시겠다는 말씀입니다.

셋째, 하나님의 마음입니다.

열왕기상 9:3에서 "나의 마음이 항상 거기 있으리니"라고 말씀하고 있습니다. 하나님의 마음은 하나님 자신을 가리키는 표현으로 사용됩니다. 예레미야 3:15에서 "내가 또 내 마음에 합하는 목자를 너희에게 주리니 그들이 지식과 명철로 너희를 양육하리라"라고 말씀하고 있습니다. 여기 "마음"은 바로 하나님 자신을 가리키고 있습니다. 그러므로 하나님의 마음이 항상 성전에 계시겠다는 말씀은, 하나님께서 항상 성전에 임재하시겠다는 말씀인 것입니다.

솔로몬 성전은 주전 586년 바벨론에 의해서 파괴되었습니다. 그러나 이스라엘 백성은 주전 537년에 바벨론 유수에서 돌아온 후 주전 516년에 스룹바벨 성전을 완성하였습니다(스 6:15). 스룹바벨 성전은 훗날 주전 20년경, 유대인의 환심을 사려고 헤롯 대왕에 의해 개축되어 헤롯 성전이라 불리었으며, 예수님께서 초림하셨을 때 존재했던 성전이었습니다. 이제 예수님께서 오심으로 하나님의 구속 운동은 새로운 국면을 맞게 됩니다.

4. 교회를 통한 구속 운동
The work of redemption through the church

예수님께서 성육신 하신 이후의 하나님의 구속 운동은 교회를 통해 진행되었습니다. 예수님께서는 베드로가 "주는 그리스도시요 살아 계신 하나님의 아들이시니이다"라고 고백하자(마 16:16), "너는 베드로라 내가 이 반석 위에 내 교회를 세우리니 음부의 권세가 이기지 못하리라"라고 말씀하셨습니다(마 16:18). 여기에서 예수님께서는 베드로라는 한 사람 위에 교회를 세우겠다고 말씀하신 것이 아니라, 베드로가 고백한 신앙 위에 교회를 세우겠다고 말씀하신 것입니다. 문법적으로 볼 때도 '베드로'는 헬라어 '페트로스'(Πέτρος)로 남성명사이지만, '반석'은 헬라어 '페트라'(πέτρα)로 여성명사입니다. 그러므로 예수님께서 말씀하신 '반석'은, '베드로' 개인을 가리켜 말씀하신 것으로 볼 수 없습니다.

교회는 헬라어로 '에클레시아'(ἐκκλησία)입니다. 이 단어는 '에크'(ἐκ: ...로부터)와 '칼레오'(καλέω: 부르다, 소집하다)가 합성된 것으로, '...로부터 불러낸 자들, 호출되어 나온 자들'이라는 뜻입니다. 그러므로 에클레시아는 '성령의 역사로 중생하여 세상에서 호출되어 나온 성도들의 모임'이며(고전 1:2, 3:9, 16-17, 6:19, 엡 2:21-22, 살전 1:1), 나아가 '성도들 전체로 구성된 우주적인 교회'를 가리킵니다(고전 10:32, 12:28, 엡 4:4, 5:23-27, 골 1:18, 24). 에클레시아는 결코 건물로서의 교회나 특정한 교파로서의 교회를 의미하지 않습니다. 하나님께서는 에클레시아 곧 교회를 통하여 신약 시대 구속 운동을 진행시키셨습니다. 구약 시대 성막의 제사장은 신령한 제사장인 성도로 대체되었습니다(롬 15:16, 벧전 2:5, 9, 계 1:6). 성막에서 이루어진 제사 규례는 성도가 드리는 각종 예배로 대체되었습니다. 성도는 자신의 모든 삶을 제사로 하나님께 드려야 하며(롬 12:1), 정성스러운 예물을 하나님께 제사로 드려야 하며(빌 4:18), 찬양을 하나님께 제사로 드려야 하며(히 13:15), 선을 행함과 나눠 줌을 하나님께 제사로 드려야 합니다(히 13:16).

때를 따라 작정된 역사를 이루시는 하나님의 구속 운동은, 예수님의 십자가의 죽으심과 부활 그리고 승천 후에, 마침내 마가 요한의 다락방에 성령이 강림하심으로 시작된 교회 운동을 통하여 나타났습니다. 그곳에 오순절 성령의 역사가 시작된 후로(행 2:1-4), 교회를 통한 구속 운동은 예루살렘뿐만 아니라 온 유다와 사마리아와 땅 끝까지 퍼져 나가고 있습니다(행 1:8).

구속 운동을 담당했던 참교회는 말씀이 올바르게 선포되며(행 6:7, 12:24, 19:20), 성례가 바로 거행되며(고전 10:16-17, 21, 11: 23-29), 권징이 성실하게 시행되며(고전 5:13, 갈 6:1, 엡 5:11-13, 살전 5:14-15, 살후 3:14-15, 딤전 1:20, 5:20, 딛 1:10-11, 3:10-11), 참예배를 드리면서(요 4:22-24) 배교와 불신앙에 대하여 선한 싸움을 싸우는 교회였습니다(엡 6:11-13, 딤전 1:18, 6:12, 딤후 4:7).

지금까지 교회와 그 성도들을 통한 하나님의 구속 역사는, 태초에 세우신 구속 경륜에 따라 지금까지 한 치의 오차도 없이 진행되어 왔습니다(참고-사 41:4). 하나님 속에 감취었던 비밀의 경륜과 하나님의 각종 지혜가 주님의 몸 된 교회를 통해 드러나고 있으며(엡 3:8-11), 만세와 만대로부터 옴으로 감취었던 비밀이 그의 성도들에게 나타나고 있습니다(골 1:26). 하나님의 이러한 구속 운동이 실현되지 않는 곳은 결코 교회라고 할 수 없습니다.

교회가 전 세계에 전파할 내용은 오직 하나님의 비밀이시며 풍성한 영광의 소망이신 예수 그리스도뿐입니다(골 1:27, 2:2-3). 교회는 예수 그리스도를 전함으로, 온 세계와 땅 끝까지 만물을 생명으로 충만케 하시는 하나님의 역사를 일으켜야 합니다(엡 1:23).

오직 예수 그리스도의 이름이 충만해야 참교회입니다(고전 1:2).

오직 하나님의 구속 경륜이 선포되어야 참교회입니다(골 1:25-29).

오직 예수 그리스도의 영원한 생명이 충만해야 참교회입니다 (요 10:10).

오직 십자가의 피의 복음이 힘차게 선포되어야 참교회입니다 (갈 6:14).

오직 말씀의 반석 위에 세워진 교회가 참교회입니다(마 16:18).

오직 예수 그리스도의 남은 고난을 자기 십자가로 감당하는 교회가 참교회입니다(골 1:24, 참고-마 10:38, 16:24, 막 8:34, 눅 9:23, 14:27).

오직 사도들과 선지자들의 터 위에 세우심을 입은 교회가 참교회입니다(엡 2:20).

오직 주를 경외함과 성령의 위로로 진행하는 교회가 참교회입니다(행 9:31).

오직 하나님께서 자기 피로 사신 교회가 참교회입니다(행 20:28).

오직 그리스도 예수 안에서 거룩하여지는 교회가 참교회입니다 (고전 1:2).

오직 진리의 기둥과 터가 되는 교회가 참교회입니다(딤전 3:15).

오직 구속 경륜을 따라 하나님의 말씀을 이루는 교회가 참교회입니다(골 1:25).

오직 성령이 하시는 말씀을 듣는 교회가 참교회입니다(계 2:7, 11, 17, 29, 3:6, 13, 22).

오직 하나님의 구속 운동의 도구로 쓰임 받는 교회가 참교회입니다(엡 3:9-10).

오직 예수 그리스도만을 중심한 교회가 하나님의 말씀이 선포되는 참된 교회요, 하나님의 영원한 언약의 약속이 있는 교회입니다. 이러한 교회야말로 구속사의 각 시대마다 그 시대의 핵이요, 중심이요, 구심점이 될 것입니다. 이제 이 땅에 있는 주님의 몸 된 교회들이 오직 하나님의 영원하신 구속사적 경륜을 성취시키는 교회들이 되기를 소망합니다. 주님의 모든 성도와 교회들이, 구속 운동의 주인공으로서 하나님의 오른손에 붙잡혀(출 15:6, 12, 시 20:6, 37:24, 48:10, 63:8, 73:23, 98:1, 사 41:10, 13, 63:12, 행 2:33), 하나님의 나라가 이루어질 때까지 영원토록 크게 쓰임 받는 위대한 역사만이 충만하시기를 간절히 소원합니다. 할렐루야!

각 장에 대한 주(註, reference)

제1장 하나님의 비밀 예수 그리스도

1) 조영엽, 「기독론」, 개정 5판 (2012, 기독교문서선교회), 113.

제2장 성막 개요와 성막 외부 구조

2) 이종수, 「광야의 성막」 (기독교문사, 1999), 61.

3) 현현(顯現, 나타날 현, 나타날 현): 명백하게 나타남. 신적 존재가 현세에 드러나는 것을 뜻함.

4) 출애굽기 24:16에서 "여호와의 영광이 시내산 위에 머무르고..."라고 할 때 "머무르고"도 히브리어 '샤칸'(שָׁכַן)이며, 출애굽기 40:34에서 "... 구름이 회막에 덮이고 ..."라고 할 때 "덮이고"도 히브리어로 '샤칸'(שָׁכַן)입니다. 그 외에도 하나님께서 거하시는 처소(성막)를 가리킬 때(신 16:2, 6, 11, 26:2, 시 78:60, 사 43:7, 9), 그 백성과 함께 거하겠다고 하실 때(왕상 6:13, 사 57:15, 슥 2:10-11), 예루살렘(시온)에 거하겠다고 하실 때(대상 23:25, 느 1:9, 시 68:16, 74:2, 135:21, 사 8:18, 33:5, 욜 3:17, 21, 슥 8:3) 등 '하나님의 영광의 임재' 및 '함께 거하심'을 가리킬 때 광범위하게 쓰였습니다.

5) 사람의 머리나 몸 또는 어떤 물체에 기름을 붓거나 바르는 것(기름부음)과 예물

6) Douglas K. Stuart, *Exodus*, vol. 2, The New American Commentary (Nashville: Broadman & Holman Publishers, 2007), 598.

7) 구약장절 원어분해성경 2, John Joseph Owens (서울 : 로고스, 1995), 392.

8) A. R. S. Kennedy, "Tabernacle," *A Dictionary of the Bible*. ed. J. Hastings, 9th ed. (New York: Charles Scribner's Sons, 1902), 412.

9) 강신택, 「강신택 박사의 히브리어 한글 대역 구약성경」, vol. 1 (Poulsbo, WA; Five Words Bible Society, 2004), 176.

10) Rashi, *Commentary on the Torah*, vol. 2, trans. Yisrael Herczeq (Brooklyn, NY: Mesorah Publications, 1995), 372. Also, Menachem Makover, *The Mishkan Treasury, The Tabernacle and Its Vessels: Their Design and Inner Meaning* (Jerusalem: Dani Books, 2010), 24-25.

제3장 성막의 성물들

11) U. Cassuto, *A Commentary on the Book of Exodus* (Jerusalem: The Magnes Press, 1997), 343.

12) F. Duane Lindsey, *Leviticus*, in The Bible Knowledge commentary: An Exposition of the Scriptures, ed. J. F. Walvoord and R. B. Zuck, Le 24:1-4(Wheaton, IL: Victor Books, 1985).

13) Phillip J. Budd, *Numbers*, vol. 5, Word Biblical Commentary (Dallas: Word, Incorporated, 1998), 87. Also, Wilhelm Gesenius and Samuel Prideaux Tregelles, *Gesenius' Hebrew and Chaldee Lexicon to the Old Testament Scriptures* (Bellingham, WA: Logos Bible Software, 2003), 456.

14) W. H. Gispen, 「반즈 성서주석 출애굽기」, 최종태 역 (크리스챤서적, 1992), 471.

15) Rashi, *Torah*, vol. 2, 419.

16) Stuart, *Exodus*, 646.

17) Stuart, *Exodus*, 646.

18) Stuart, *Exodus*, 646-47.

제4장 언약궤와 세 가지 성물들

19) Carl Friedrich Keil and Franz Delitzsch, *Commentary on the Old Testament*, Ex 25:17-19 (Peabody, MA: Hendrickson, 2002), 431.

20) Willem VanGemeren, ed., *New International Dictionary of Old Testament Theology & Exegesi*s, vol. 2 (Grand Rapids, MI: Zondervan Publishing House, 1997), 717.

21) H. D. M. Spence-Jones, ed., *1 Kings*, The Pulpit Commentary (Bellingham, WA: Logos Research Systems, Inc., 2004), 119-21.

22) 그러므로 그룹은 신성의 충만함을 나타내는 것(Bahr)이 아니고, 지구의 모든 생명체를 상징하는 것(Hengstenberg)도 아니고, 천사의 본질을 나타내는 것(Calvin)도 아니고, 예수 그리스도의 신성을 상징하는 것(Wordsworth)도 아닙니다.

23) H. D. M. Spence-Jones, ed., *Genesis*, The Pulpit Commentary (Bellingham, WA: Logos Research Systems, Inc., 2004), 73-74.

24) Augustus Hopkins Strong, *Systematic Theology* (Bellingham, WA: Logos Research Systems, Inc., 2004), 449-50.

25) Donald Guthrie, Hebrews: *An Introduction and Commentary*, Tyndale New Testament Commentaries (Downers Grove, IL: InterVarsity Press, 1983), 184.

26) 일반적으로 물건의 겉부분에 여러 가지 형상이 어우러져 이룬 모양

27) Cassuto, *Exodus*, 195.

28) 광야 시대에 사용된 달력은 종교력으로 보통 1년이 354일이지만, 여기에서는 오늘날 우리가 사용하는 달력을 기준으로 1년을 365일로 계산함으로써, 현대인의 입장에서 보다 이해하기 쉽게 표현하였습니다.

29) H. D. M. Spence-Jones, ed., *Exodus*, vol. 2, The Pulpit Commentary (London; New York: Funk & Wagnalls Company, 1909), 53.

30) Jacob Neusner, *The Babylonian Talmud: A Translation and Commentary*, vol. 15 (Peabody, MA: Hendrickson Publishers, 2011), 52.

31) Cassuto, *Exodus*, 417-18.

32) Eugene H. Merrill, *Deuteronomy*, vol. 4, The New American Commentary (Nashville: Broadman & Holman Publishers, 1994), 198.

33) Meredith Kline, "The Two Tables of the Covenant," *Westminster Theological Journal* 22 (1960), 139.

34) Stuart, *Exodus*, vol. 2, 656.

35) L. E. Binns, *The Book of Numbers*, Westminster Commentaries (London: Methuen, 1927), 100. Also, G. B. Gray, A Critical and Exegetical Commentary on Numbers (Edinburgh: T&T Clark, 1986), 9, 196.

제5장 언약궤의 회복과 시온성 점령

36) 다윗이 자신을 죽이려는 사울을 피해 사무엘이 있는 라마로 도피하기 시작하여 기브아에 있는 요나단에게 갔을 때, 자신을 죽이려는 사울의 살해 의지를 확인하고 바로 '제사장의 성읍' 놉 땅으로 갔을 때의 사건이므로, 이때는 주전 1020년이 됩니다(박윤식, 「영원히 꺼지지 않는 언약의 등불」, 308-313).

37) 박윤식, 「영원히 꺼지지 않는 언약의 등불」, 214.

38) 강신택, 「히브리어 한글 대역 구약성경」, vol. 2, 582.

39) 박윤식, 「영원히 꺼지지 않는 언약의 등불」, 216.
미스바 전투가 일어난 주전 1082년부터 20년 7개월(언약궤가 아비나답의 집과 블레셋에 있었던 기간 - 삼상 6:1, 7:2)을 거슬러 올라가면 언약궤를 빼앗긴 아벡 전투가 일어난 때가 주전 1102년경임을 알 수 있습니다. 이때는 사무엘이 온 이스라엘의 선지자로 세움을 입었던 때로(삼상 3:20), 당시 사무엘의 나이를 30세로 추정한다면(참고·민 4:3, 겔 1:1, 눅 2:42, 3:23, 삼상 3:1), 그의 출생년도도 추정 가능합니다(주전 1132년).

40) 원용국, 「사무엘서 주석」 (호석출판사, 1995), 29., '다윗이 바란 광야로 도피했던 때는 대략 주전 1015년이다.' (박윤식, 「언약의 등불」, 321, 330).

41) Allen C. Myers, *The Eerdmans Bible Dictionary* (Grand Rapids, MI: Eerdmans, 1987), 85.

42) David E. Aune, *Revelation 1-5*, vol. 52A, Word Biblical Commentary (Dallas: Word, Incorporated, 1998), 357.

43) 구체적으로는, 예루살렘 남동쪽에 위치한 구릉 위에 성벽으로 둘러싸인 약 11에이커(약 44,500m²)의 땅을 의미합니다(Walter A. Elwell and Barry J. Beitzel, *Baker Encyclopedia of the Bible* (Grand Rapids, MI: Baker Book House, 1988), 2201.).

44) 박윤식, 「신비롭고 오묘한 섭리」, 구속사 시리즈 4 (휘선, 2011), 136-137.

45) Geoffrey W. Bromiley. ed., *International Standard Bible Encyclopedia: E-J*, vol. 2 (Revised ed.) (Grand Rapids, MI: Wm. B. Eerdmans Publishing, 1982), 1006.

46) Kiwoong Son, *Zion Symbolism in Hebrews: Hebrews 12:18-24 as a Hermeneutical Key to the Epistle* (Milton Keynes: Paternoster, 2005), 30.

원어
히브리어·헬라어

ㄱ

게네아 / 83

ㄴ

나다브 / 108
나사 / 108, 340
나싸크 / 293
나카 / 293, 511, 512
나타프 / 313
나탄 베립보 / 126
나탓타 알 / 292
나팔 / 83, 172, 213, 285,
    495, 520
네세크 / 293
니카오 / 79

ㄷ

다아트 / 124
독사 / 100
디카이오마 / 154

ㄹ

라바 / 206, 308
라반 / 298, 314, 406, 484
라카흐 / 276, 448
레보나 / 298, 314

레움마트 / 291
레헴 / 288, 294, 297
로쉬 / 165, 186, 346
로 티크베 / 224
루아흐 / 438
룰라아 / 251
룸 / 107
리숀 / 346
리프네 / 475, 477

ㅁ

마사크 / 139, 161
마아라브 / 169
마아세 / 268
마알 / 258
마콤 / 329
마하샤바 / 125
마흐타 / 221, 276
말레 / 124, 473
메낙키트 / 293
메노라 / 267
메누하 / 333
메슐라보트 / 193
멜카흐 / 276
모에드 / 96, 342
미멘나 / 271
미쉬메레트 / 430
미쉬칸 / 94, 98, 244, 252
미쉬칸 하에두트 / 95

미스게레트 / 290
미즈라흐 / 169
미즈바흐 하올라 / 205
미즈베아흐 / 206, 307
미크다쉬 / 97
미크샤 / 274, 388
미크세 / 244, 264
미크세 라오헬 / 256
미크세... 밀마엘라 / 258
민 / 93, 207, 258, 271
민네게드 / 93

ㅂ

바라흐 / 190
바보케르 / 282, 420
바브 / 150, 165, 167
바하체레카 / 181
베리아흐 / 189
베리힘 / 189
베콜 마스에헴 / 139
벤 하아르바임 / 283
보케르 / 283, 420

ㅅ

사라흐 / 254
사카크 / 161, 391
샤크 / 248, 262
삭코스 / 248, 263
샤마르 / 331, 430, 554

샤메루 / 331
샤바르 / 439
샤칸 / 94, 138, 363, 563
샤케드 / 271, 470
샬라브 / 193
샴 / 329, 386
세몰 / 169
셰니 / 347
셰쉬 / 114, 161, 246
소크 / 98
쉐멘 / 401
쉐키나 / 138
쉐헬레트 / 313
슐한 하파님 / 289
스케네 / 94, 363
스케노마 / 94
스케노스 / 94
스케노오 / 99, 356, 365

ㅇ

아드 / 207
아라크 / 279
아르가만 / 159
아바드 / 461, 554
아보다 / 343
아사 / 268, 411
아이온 / 83
아일 / 115
아체 쉿팀 / 116
아칼 / 300
암마 / 104
야드 / 193, 505
야민 / 169, 347
야타브 / 279

야테드 / 151
얌 / 348
에이도 / 79
에클레시아 / 559
에트 / 234, 260, 295, 342
에하드 / 142, 186, 273
엘물 / 280
예리아 / 245
오예브 / 334
오트 / 471
오헬 / 95, 98, 244, 257, 342
오헬 모에드 / 96, 342

ㅈ

자라흐 / 169
자오 / 174
자크 / 281
제르 / 290

ㅊ

차드 / 310
차파 / 183
차판 / 348
차폰 / 348
첼라 / 310

ㅋ

카다로스 / 303
카다론 / 303
카라스 / 251
카라트 / 319
카라티 베셈 / 124
카란 / 310
카베드 / 138

카보드 / 100, 138
카사 / 264, 292, 461
카사프 / 181
카샤 / 274
카타르 / 307, 316
카팔 / 254
카프 / 292
칼레오 / 559
칼릴 / 337
케데마 미즈라하 / 169
케뎀 / 169, 346
케레쉬 / 182, 439
케레스 / 167, 251
케렌 / 310
케아라 / 292
케토레트 / 307
케토레트 자라 / 317
켄 / 186
켈라 / 149
켈릴 테켈레트 / 337
코데쉬 / 153, 299, 311, 342
코데쉬 카다쉼 / 294, 312
코데쉬 하코다쉼 / 153, 289
코페르 / 194
쿠르 / 230
쿤 / 298
크뤼시온 카다론 / 303
크립토 / 79, 405
큰 규빗 / 104
키요르 / 230

ㅌ

타미드 / 224, 305, 316, 330
타바 / 114, 192, 246

타바아트 / 186, 192
타베크 / 196
타브니트 / 102
타암 / 186
타하쉬 / 115, 249, 250
타하트 / 207, 271
테루마 / 107
테만 / 347
테부나 / 124
테차페 / 183
테켈레트 / 114, 159
토아밈 / 186
토파흐 / 104, 438
톨라아트 / 114, 160
투르 / 333
투카드 / 223, 224
튀포스 / 361

ㅍ

파님 / 294, 448
파로케트 / 166
파타흐 / 156, 460
페라흐 / 270
페레크 / 166
페트라 / 559
페트로스 / 559
프로스파토스 / 174

ㅎ

하나크 / 141
하누카트 / 141
하마아라케트 / 297
하미스게레트 / 291
하샤브 / 247, 261

하슈크 / 150
하체르 / 178
하츠로트 예호바 / 181
하캄 / 127
하케토레트 / 307
하코데쉬 / 375, 512
하타 / 220, 276
할라 / 297
할라크 / 554
할랄 / 297
헬베나 / 314
호크마 / 124, 127
휘포데이그마 / 361

숫자

0.5규빗 / 189, 200
0.25규빗 / 103, 119, 189, 253, 255
0.75규빗 / 184, 189
1/4힌 / 293
1/6규빗 / 104, 117, 120, 290
1규빗 / 103, 116, 254, 272, 289, 297, 307, 438
1.5규빗 / 103, 116, 120, 183, 188, 199, 208, 289, 438
1달란트 / 103, 118, 122, 184, 194, 273
10규빗 / 103, 117, 119, 156, 183, 188, 198, 232, 256, 392
10세겔 / 143

10폭 / 114
10.5규빗 / 253, 256
11년 불월 / 556
12개의 떡 / 280, 289, 292, 295
12지파 / 93, 141, 142, 158, 212, 289, 305, 466, 536
15규빗 / 148, 157, 177
100규빗 / 103, 147, 157, 178, 200, 356
100명 / 346
120세겔 / 143
130세겔 / 143
144,000 / 171
108,100명 / 346
151,450명 / 345
157,600명 / 346
186,400명 / 345
2,400세겔 / 118, 122, 143
2,630명 / 336
2,750명 / 336
20개의 널판 / 199
20규빗 / 114, 156, 198, 252
22개 / 270, 272
28규빗 / 114, 245, 253, 255
250명 / 221
250인 / 214, 450, 459, 462
3규빗 / 103, 117, 206, 208, 272
3대 / 348, 539
3일 길 / 331
3년 6개월 / 328
30규빗 / 114, 190, 199, 201, 231, 245, 252, 254, 256

38년 / 175, 447, 475, 477
3, 200명 / 336
3억 원 / 273
4규빗 / 114, 231, 245, 254
4대 / 348, 493
4대의 진영 / 350
40규빗 / 245, 253
44규빗 / 246, 256
450명 / 336
486년 / 89, 145, 224, 225, 481, 496, 553
45억 원 / 273
5개의 기둥 / 157
5규빗 / 103, 114, 117, 146, 149, 156 157, 178, 206, 231, 392
50개 / 120, 123, 167, 251, 254
50규빗 / 103, 147, 148, 157, 178, 199, 200, 356
56개의 기둥 / 178
5만 원 / 273, 417, 418, 419
6개씩 / 296
6, 200명 / 336
603, 550명 / 106, 121, 346
7개의 등잔 / 118, 269
7월 10일 / 106, 320, 437, 444
70세겔 / 143
70인경 / 99, 100, 405, 406, 430
7, 500명 / 336
8km / 344, 493
8개 / 119, 188, 200, 270
8, 600명 / 336

넷째 짐승 / 327
여섯째 인 / 263
일곱 나팔 / 285
일곱 눈 / 285
일곱 대접 / 285
일곱 영 / 285
일곱 인 / 285
일곱 천사 / 284
일곱 촛대 / 286
족장 12인 / 346
주전 516년 / 497, 558
주전 537년 / 496, 558
주전 586년 / 277, 478, 496, 523, 558
주전 959년 / 89, 225, 380, 481, 493, 496, 522, 526, 553, 556
주전 1445년 / 87, 88, 225, 331, 447, 481, 483, 484, 486, 496, 553

주요단어

ㄱ
가나안 땅 / 215, 334, 348, 360, 374, 399, 400, 454, 486, 487, 490, 525
가는 베실 / 114, 128, 161, 246, 247
가늘게 꼰 베실 / 148, 158, 159, 161, 166, 244, 246, 249, 253, 260, 261
가름대 / 119, 121, 145, 150, 151, 155, 163, 164, 178, 183, 193
가시 면류관 / 228, 264, 404, 412, 413
가인 / 554, 555
가죽 / 96, 115, 140, 217, 222, 228, 245, 248, 249, 250, 257, 258, 264, 265, 337, 339, 340, 341, 342, 356, 382, 394, 412
가죽신 / 250
가죽 옷 / 394
가지 / 269, 270, 271, 272, 273, 274, 275, 277, 284, 286, 470
가축 / 262
간검 / 277, 279, 287
갈고리 / 119, 120, 121, 122, 123, 132, 150, 151, 163, 165, 167, 178, 218, 219, 248, 252, 254, 259, 260
갈대 / 228, 371, 412, 413
감독 / 126, 159, 335, 343
감동시키사 / 126
감람나무 / 118, 285, 377
감람유 / 118, 276, 281, 282, 285
감사 / 206, 276, 295, 306, 324, 365, 372, 420, 422, 452, 453, 494, 495, 544
감사의 예물 / 206
감추었던 만나 / 77, 79, 405, 434
갓 / 144, 345, 347, 489, 490

강도의 굴혈 / 181
강림 / 213, 541, 560
거룩한 곳 / 97, 153, 299,
    300, 301, 305, 306,
    467, 527, 539
거룩한 공간 / 345
거룩한 떡 / 294, 301, 302
거룩한 봉사 / 230
거룩한 분향단 / 315, 322
거룩한 불 / 220
거룩한 산 제물 / 230, 360
거룩한 성품 / 261
거룩한 옷 / 498, 548
거룩한 장소 / 94, 153, 179,
    301, 320, 369, 496, 526
거룩한 향 / 315, 322, 323
거룩한 향연 / 322
거제 / 107, 299
거하시매 / 99, 356, 365
검 / 225
검은색 / 247, 248, 263
게달의 장막 / 248
게르손 / 140, 245, 257, 335,
    336, 342, 349, 350
겸손 / 113, 150, 234, 344,
    427, 442
경건의 비밀 / 78
경외 / 90, 149, 168, 211,
    336, 387, 528, 561
계시 / 83, 87, 89, 98, 100,
    130, 131, 132, 170, 193,
    213, 349, 354, 369,
    393, 397, 405, 442,
    466, 528

고 / 103, 115, 117, 119, 120,
    198, 206, 289, 307, 378,
    442
고기 갈고리 / 122, 218, 219,
    341
고난 / 148, 154, 161, 209,
    218, 274, 322, 377, 408,
    410, 411, 436, 561
고라 / 221, 448, 451, 458,
    459, 466, 468
고라 일당 / 221, 448, 459,
    460, 462
고리 / 119, 121, 150, 165,
    167, 186, 188, 209, 236,
    251, 290, 380, 382, 384
고운 가루 / 143, 295, 296,
    297, 300
고운 기름 / 292, 314
고핫 / 140, 298, 335, 341,
    348, 382, 449, 512, 518
골격 / 116, 140, 182, 245,
    250, 253, 255, 260
골고다 언덕 / 67, 226, 414
골로새서 / 77, 83, 407
골리앗 / 211, 507, 532, 535
공교한 일 / 125, 128
공교히 / 159, 166, 246, 261,
    391
공로 / 174, 238, 241, 319,
    375, 395
공생애 / 78, 181, 243, 433
공의 / 160, 207, 215, 216,
    386, 394, 512
공의의 심판 / 215

관유 / 118, 130, 134, 153,
    313, 342
관제 / 292, 293, 294
광야 / 87, 92, 106, 123, 133,
    145, 155, 177, 224, 236,
    257, 265, 296, 313, 329,
    364, 370, 376, 396,
    428, 447, 475, 481, 493,
    556
광야 교회 / 556
교만 / 211, 212, 302, 323,
    328, 450, 451, 533, 541
교만의 뿔 / 211, 328
교회 / 59, 79, 91, 149, 155, 179,
    197, 220, 275, 302, 320,
    327, 360, 409, 446, 473,
    544, 553, 558, 561
교회사 / 64
교회의 지체 / 242, 361
구름 기둥 / 139, 242, 329,
    330, 354, 419
구멍 / 192, 230, 277, 297,
    370, 460
구속 / 196, 227, 240, 284,
    294, 395, 538, 553, 555,
구속 경륜 / 196, 240, 294,
    395, 560, 561
구속사 / 68, 113, 196, 365,
    553, 562
구속 사업 / 482
구속 사역 / 284, 356, 472,
    538, 544, 556
구속사적 경륜 / 67, 77, 315,
    317, 359, 397, 526, 562

구속 역사 / 197, 240, 390, 423, 560
구속 운동 / 59, 64, 553, 558
구속의 날 / 81
구속의 역사 / 59
구속의 은총 / 238
구원 / 80, 88, 101, 146, 167, 172, 196, 211, 217, 225, 236, 243, 262, 322, 351, 372, 394, 411, 446, 472, 539, 542, 545
구원의 문 / 159, 168, 170, 172
구원의 뿔 / 211
구원의 성벽 / 179
구원하는 비밀 / 81
군대장관 / 210, 487
굵은 베옷 / 262, 263
궁정 / 154, 178, 181, 440
권세 / 160, 175, 182, 211, 227, 261, 265, 327, 390, 398, 409, 505
권징 / 560
규례 / 82, 106, 131, 223, 234, 278, 295, 306, 382, 399, 418, 427, 519, 556
규빗 / 103, 104, 114, 146, 156, 169, 245, 272, 289, 307, 356, 376, 428
그룹 / 91, 119, 144, 159, 166, 244, 253, 274, 321, 373, 386, 523
그리스도 / 56, 77, 88, 99, 144, 154, 170, 172, 192,

207, 224, 236, 242, 274, 282, 302, 318, 320, 339, 365, 387, 404, 425, 433, 472, 524, 544, 553
그리스도의 복음 / 225, 472
그리스도인 / 240
그물망 / 217
그핫 자손 / 296
금갈고리 / 165, 167, 247, 251
금고리 / 58, 66, 119, 189, 290, 310, 376
금관 / 285
금등대 / 103, 267, 269, 273, 277, 284
금촛대 / 358
금테 / 119, 209, 290, 310, 378, 442
금항아리 / 205, 312, 320, 371, 385, 397, 430, 475
금향단 / 134, 308
금향로 / 311, 318, 322, 328
기념물 / 215, 292, 298, 314, 462
기둥 / 116, 117, 135, 145, 162, 167, 178, 336
기둥머리 / 121, 149, 163
기둥머리 싸개 / 58, 149, 151, 166
기름 / 118, 134, 281, 295, 401
기름 그릇 / 339
기름부은 자 / 212
길갈 / 349, 481, 486
꼴 / 170, 172

꽃 / 268, 270, 274, 392, 447, 466, 469
꽃받침 / 270, 273
꿀 / 400, 453

ㄴ

나감향 / 313
나감향의 기도 / 324
나실인 / 172
나카 / 293, 511, 512
나팔 / 83, 172, 213, 285, 495, 520, 547
낙망 / 283
낙성식 / 141
남편 / 146, 175, 183, 190, 199, 288, 347
납달리 / 144, 346, 348, 489
내부앙장 / 114, 120, 158, 164, 202, 244, 250
내소 / 311, 392
내장 / 242
널판 / 103, 117, 130, 135, 158, 182, 253, 267, 336, 343, 439
네모 반듯 / 116, 206, 307
네 발 / 290, 376, 380
노아 / 88, 355, 371, 555
노아 방주 / 104, 241, 371
놋갈고리 / 248, 251, 254
놋그물 / 207, 209, 271
놋단 / 206, 224, 494
놋말뚝 / 152, 258, 356
놋바다 / 232

놋받침 / 145, 157, 165, 168
놋뱀 / 215
놋 번제단 / 226
놋쇠 / 215
놋제단 / 210, 215, 220
놋향로 / 215, 462
누룩 / 296, 544
느부사라단 / 221
니느웨 / 262

ㄷ

다단 / 214, 447, 449, 453,
　　458
다른 향 / 313, 314, 316
다윗 / 109, 210, 237, 248,
　　264, 286, 301, 334, 373,
　　380, 482, 492, 504, 515,
　　520, 532, 546
다윗의 장막 / 355
단 / 120, 141, 178, 206, 213,
　　226, 233, 298, 307, 318,
　　328, 341, 364, 464,
　　490, 515
단련 / 215, 303
단 위에서 피운 불 / 318
달란트 / 103, 118, 184, 194,
　　273
대속물 / 80, 404, 410
대속의 능력 / 215
대속 제물 / 193
대속죄일 / 131, 158, 262,
　　311, 318, 387, 444, 523
대야 / 122, 218, 230, 341
대적 / 98, 334, 350, 399,

455, 465, 496, 517, 528,
　　543
대접 / 120, 218, 285, 292, 338
대제사장 / 80, 114, 121, 128,
　　158, 222, 240, 282, 318,
　　320, 357, 383, 387, 413,
　　431, 449, 467, 495, 523
더러운 것 / 407
더운 떡 / 299, 301, 305
덮개 / 96, 115, 130, 135, 151,
　　161, 164, 228, 236, 244,
　　257, 265, 339, 385
덮는 휘장 / 245
덮여 있던 수건 / 359
도구 / 67, 122, 216, 231,
　　250, 274, 292, 319, 371,
　　388, 459, 466, 561
도륙 / 387, 529
도말 / 240, 388
도유식 / 63, 134, 140
도피 생활 / 301, 499, 516, 535
독사 / 100(헬라어원어)
독주 / 293
동방 / 170, 346, 365
동서남북 / 93, 211, 227,
　　232, 284, 344
동정녀 / 78
두 돌판 / 63, 106, 205, 320,
　　372, 376, 384, 435, 441,
　　474, 523
두로 / 262, 537, 543
등 / 212, 256, 267, 280, 285
등대 / 120, 130, 134, 140,
　　205, 218, 267, 284, 306,

339, 523, 556
등대의 빛 / 280
등대 줄기 / 271
등불 / 118, 212, 267, 272,
　　284, 315, 342, 566
등유 / 118
등잔 / 118, 135, 267, 277,
　　339
디베랴 / 304
떡 / 135, 272, 280, 294,
　　305, 339, 398, 411, 426,
　　432, 521
떡상 / 116, 267, 272, 280,
　　289, 295, 302, 358, 523,
　　556
뜰 문 / 114, 134, 148, 157,
　　161, 172
띠 / 58, 117, 130, 140, 145,
　　189, 195, 260, 336, 341

ㄹ

라바 / 206, 308
라반 / 298, 314, 406, 484
라오디게아 / 302
레위기 / 95
레위 사람들 / 335
레위인 / 92, 140, 172, 232,
　　332, 449, 511, 554
레위 지파 / 335, 344, 349,
　　466
로마 군병 / 228, 242, 412
르우벤 / 92, 144, 335, 345,
　　350, 489
르우벤 진영 / 347, 350

ㅁ

마귀 사단 / 216, 318
마지막 제단 / 227
막 / 94, 115, 132, 151, 164,
　　173, 244, 257, 264
막의 덮개 / 115, 151, 245,
　　249, 257, 264
만나 / 63, 77, 205, 296, 312,
　　320, 371, 396, 415, 420,
　　429, 474
만나 담은 금항아리 / 396,
　　475
만방 / 212, 543
만세와 만대 / 77, 83, 560
만왕의 왕 / 81, 160, 229, 341
만유 / 99
만주의 주 / 81, 229
말뚝 / 58, 66, 96, 115, 145,
　　151, 164, 246, 257, 336,
　　343
말씀 / 91, 99, 180, 237,
　　303, 426
말씀의 떡 / 304
망령 / 220
맹세 / 437, 500
메는 틀 / 336, 340
메시아 / 80, 155, 170, 355,
　　403, 472, 521, 541, 548
면류관 / 65, 228, 264, 404,
　　412, 413
모리아 / 525, 528, 533, 555
모세 / 102, 136, 144, 349,
　　436, 441, 453
모세의 율법 / 82, 358

모압 / 262, 344, 483, 486
모압 싯딤 / 172
모욕 / 413
모퉁이 / 122, 183, 200, 208,
　　290, 310
모형도 / 61
목회자 / 58, 220, 287, 465
몸의 성결 / 301
무교병 / 296
무늬 놓아 짠 / 251
문둥병자 / 345
문장 / 114, 121, 130, 151,
　　156, 257, 336
물 댄 동산 / 237
물두멍 / 103, 122, 130, 132,
　　153, 178, 230, 237, 358
물매 / 149
물맷돌 / 149, 212
물 세례 / 239
물항아리 / 231
므낫세 / 144, 212, 348, 375,
　　489
므라리 / 257, 335, 336, 343,
　　349, 383
민족의 등불 / 212
밀알 / 80, 404
밑판 / 268, 272

ㅂ

바다 / 231, 237, 241, 524
바리새인 / 80, 176, 301, 403
바벨론 / 160, 221, 277, 360,
　　380, 496, 523, 543, 558
박살나다 / 439, 460

반석 / 417, 559, 561
반열 / 238
받침 / 121, 135, 153, 232,
　　260, 336
밧세바 / 240
방백 / 159, 507, 511
방부제 / 314
방어 / 161, 349, 391, 525,
　　536
방주 / 88, 104, 241, 371, 555
번제 / 217, 293, 316, 494,
　　495, 511, 521, 528, 532
번제단 / 103, 117, 130, 141,
　　177, 205, 214, 317, 341,
　　358, 439, 493, 556
번제물 / 143, 214, 493
범죄 / 66, 88, 166, 378,
　　394, 445, 458, 487
법궤 / 49, 372
법규 / 331
베냐민 / 144, 348, 351, 491,
　　529
베드로 / 239, 278, 303, 558
벧여시못 / 344
보배로운 피 / 236, 264, 378
보좌 / 175, 205, 236, 316,
　　363, 388, 394, 547
보혈 / 81, 160, 243, 264,
　　339, 388, 395
보호 / 98, 150, 153, 161,
　　182, 195, 244, 271, 351,
　　391, 418, 430, 457, 466,
　　519, 541
복식 / 160

봉헌 / 130, 133, 140, 172, 232
부대 깃발 / 350
부삽 / 122, 217, 277, 341
부속 기구 / 120, 216, 221,
　　228, 273, 277, 291, 341
부정 / 167, 224, 234, 235,
　　239, 301, 318, 381
부정한 자 / 345
부활 / 78, 82, 225, 229, 240,
　　241, 243, 318, 322, 472,
　　547
북편 / 146, 171, 183, 190,
　　199, 288, 348
분깃 / 219, 301
분향 / 118, 221, 283, 307,
　　311, 316, 342, 455
분향단 / 103, 120, 130,
　　209, 267, 306, 307,
　　308, 310, 311, 317, 318,
　　320, 327
불 옮기는 그릇 / 122, 220,
　　228, 341
불집게 / 120, 273, 276
붉은 물들인 숫양의 가죽 /
　　115, 245, 257, 265
붉은 용 / 327
붓는 병 / 292
붓는 잔 / 120, 290, 293, 339
브살렐 / 107, 123, 126, 273,
　　306, 384, 442, 494
블레셋 / 477, 481, 491, 498,
　　501, 503, 504, 517, 535
비느하스 / 220, 491, 498,
　　503

비둘기 / 181, 226
빛 / 68, 138, 256, 274, 280,
　　282, 284, 404
뼈 / 242, 412
뺨 / 104
뿔 / 120, 122, 210, 212, 226,
　　307, 310, 327
뿔의 축복 / 212

ㅅ

사가랴 / 180, 311
사단의 뿔 / 211
사독 / 383, 493, 495
사두개인 / 80
사랑의 뿔 / 211
사마리아 여인 / 237
사망 권세 / 211
사무엘 / 279, 325, 499,
　　507, 513, 535, 566
사사 시대 / 218, 360, 477,
　　498, 500, 512, 528
사역 / 80, 180, 217, 222,
　　239, 243, 261, 282, 320,
　　356, 387, 411, 423, 465,
　　472, 515, 544
사죄의 뿔 / 211
사환 / 219
삯꾼 / 173
산 제물 / 230, 360
산 증인 / 299
살구꽃 / 271, 469
살구꽃 형상의 잔 / 271
삼일 길 / 331, 520
상한 심령 / 240, 263, 325

새 언약 / 59, 90, 294, 364,
　　544
새로운 떡 / 298, 305
새 사람 / 241, 409
새 예루살렘성 / 285, 303,
　　355, 362
새 하늘과 새 땅 / 362, 365,
　　395, 544
샘물 / 237, 407
생명나무 / 170, 261, 389
생명수(샘) / 69, 237, 364
생명의 떡 / 296, 303, 339,
　　358, 432
생명의 만나 / 403, 405,
　　411, 428
생명의 부활 / 229, 472
생명의 빛 / 284
생명의 뿔 / 211
생명의 속전 / 194
생선문 / 175
생수 / 237, 416
생수의 강 / 238
생축 / 217
서기관 / 80, 176, 407, 413
서원 / 172
서쪽(서편) / 115, 117, 122,
　　147, 169, 170, 178, 183,
　　188, 199, 256, 346, 356,
　　493, 513, 525
선물 / 64, 198, 305
선지자 / 80, 118, 155, 170,
　　175, 180, 197, 237, 262,
　　271, 285, 365, 377, 411,
　　470, 499, 507, 513, 524,

541, 561, 566
선한 싸움 / 65, 560
선혈이 뛴 옷 / 81
성결 / 149, 168, 194, 233, 301, 315, 340, 382
성경과 비밀 / 82
성도의 기도 / 283, 298, 316, 322, 328
성령 / 79, 124, 197, 225, 276, 281, 361, 402, 473, 559, 560
성령의 불 / 225
성령의 임재 / 281
성례 / 560
성막(장막) / 246
성막 건축 / 112, 123, 130, 155
성막 건축 예물 / 107
성막 덮개 / 257
성막 뜰 / 95, 103, 121, 131, 146, 150, 177, 205
성막 문 / 117, 157, 164, 171, 308, 341
성막 봉헌 도유식 / 140
성막 성전 / 358
성막 울타리 / 121, 153, 199
성막 해체 / 335
성막의 널판 / 117, 195
성문 장로 / 175
성물 / 205, 230, 235, 267, 319, 335, 337, 369, 396, 519, 553
성별 / 118, 153, 220, 320
성소 / 90, 96, 112, 115, 153,

158, 171, 198, 252, 267, 320, 336, 361, 369, 381, 554
성소 기둥 / 117
성소 널판 / 103
성스러운 직분 / 219
성육신 / 78, 144, 243, 356, 538, 558
성육신의 비밀 / 78
성읍 장로 / 175
성체 / 412
세례 / 240
세례 요한 / 239, 284
세리 / 323
세마포 / 146, 157, 406
세마포 장 / 103, 121,150, 154,157,178
세살 갈고리 / 218
세상의 등대 / 286
셈의 장막 / 355
소 / 140, 143, 181, 213, 232, 335, 343, 390, 493, 510, 519
소금 / 295, 315
소금 언약 / 315
소제 / 292, 300, 314, 316
소제물 / 143, 296, 315, 342
소제의 예물 / 296
소합향 / 313, 324
소합향의 기도 / 324
속건제 / 219, 509
속죄 사역 / 217, 224, 239, 243, 387, 548
속죄소 / 103, 119, 135, 144,

166, 261, 274, 308, 318, 320, 369, 382, 385, 388, 391
속죄소 앞의 분향단 / 320
속죄제 / 171, 210, 219, 222, 300, 318, 363, 387
속죄 제물 / 143, 171, 174, 227, 262, 387
손가락 / 104, 387
손바닥 / 104, 117, 120, 184, 290, 412, 438
솔로몬 / 88, 481, 493, 534, 557
솔로몬 성전 / 104, 165, 200, 221, 311, 358, 363, 375, 392, 439, 477, 496, 522, 558
수레 / 140, 335, 510, 518
수를 놓은 것 / 247
수리엘 / 336
수소 / 143
수송아지 / 143, 212, 387
수송아지의 피 / 387
수종 / 232, 233, 498
순결성 / 235, 282
순결한 기름 / 281, 342
순결한 등대 / 281
순결한 떡상 / 305
순결한 삶 / 161, 261
순교 / 294, 549
순금등대 / 285
순종 / 88, 90, 110, 111, 113, 135, 136, 229, 266, 292, 331, 376, 408, 421, 422,

431, 442, 517, 522, 528
순청색 보자기 / 337, 338, 382
숟가락 / 120, 143, 290, 291, 292, 338
숫양 / 143, 528
숫양의 가죽 / 115, 245, 248, 249, 257, 263, 265, 264
숫염소 / 143, 171, 262
스가랴 / 155, 285, 365, 494, 542
스룹바벨 성전 / 104, 358, 497, 523, 558
스불론 / 144, 170, 345, 346, 347, 350, 489
승천 / 225, 243, 318, 322, 560
시기 / 396, 436, 442
시내 광야 / 106, 140, 224, 260, 349, 396, 422, 439, 481, 483, 484
시내산 / 87, 89, 102, 106, 223, 268, 306, 331, 344, 376, 436, 437, 438, 439, 441, 442, 444, 445, 475, 502, 521, 555
시내산 언약 / 436, 475, 519
시므온 / 345, 347, 350, 489
시위대 장관 / 221
식양 / 84, 88, 98, 102, 130, 132, 133, 146, 268, 359, 361, 442, 555
신성 / 78, 159, 193, 379, 565

신앙 고백 / 144, 240
신앙 공동체 / 240, 320
신앙생활 / 89, 327, 491
심령 / 240, 263, 276, 305, 315, 325, 422, 445, 522
심지 / 276, 277, 279
심판 / 81, 148, 149, 165, 168, 215, 216, 221, 225, 241, 263, 271, 284, 328, 371, 456, 500, 549
심판대 / 239
심판의 불 / 221
십계명 / 107, 205, 369, 384, 435, 443, 475
십자가 / 80, 155, 173, 195, 216, 238, 294, 318, 404, 413, 547, 560
십자가 대속 / 80, 198, 358
십자가와 비밀 / 80

○

아가페 사랑 / 197
아담 / 170, 355, 363, 389, 554
아도니야 / 210
아라비아 / 314, 348
아람 / 262
아론 / 262, 272, 282, 300, 315, 336, 363, 370, 396, 431, 447, 464, 471
아론의 싹 난 지팡이 / 205, 320, 371, 385, 396, 447, 471, 476
아리마대 요셉 / 154

아마 / 161
아벡 전투 / 373, 381, 477, 481, 489, 491, 498, 501, 522, 540
아벨 / 554
아벨싯딤 / 344
아브라함 / 83, 96, 109, 504, 527, 555
아브라함의 장막 / 355
아비람 / 214, 447, 453, 461
아비후 / 221
아셀 / 348, 351, 489
아셀 지파 / 144
아침마다 / 112, 224, 279, 282, 316, 420
아히멜렉 / 301, 492
악행 / 239
안수 / 171
안식 / 131, 335, 423, 540
안식일 / 97, 131, 141, 153, 295, 298, 305, 422
안식처 / 123, 333, 527, 545
암몬 / 262
앙장 / 96, 114, 140, 158, 170, 244, 264, 335, 391
앙장과 덮개 / 3, 130, 163, 244
야곱 / 96, 349, 379, 452, 466, 473, 535, 546
양문 / 175
양심의 거울 / 239
양편 / 120, 149, 163, 186, 209, 255, 310, 388
언약 / 77, 89, 92, 100, 180,

196, 265, 286, 294, 305, 315, 331, 372, 435, 474, 521
언약궤 / 103, 116, 205, 329, 331, 350, 369, 396, 431, 435, 474, 477, 481, 489, 491, 498
언약의 두 돌비 / 369, 396
언약의 불변성 / 309, 315
언약의 비석들 / 312, 371, 396
언약의 소금 / 315
언약의 피 / 90, 265
에덴동산 / 170, 261, 355, 389, 407, 554, 555
에돔 / 80, 492
에베소서 / 194, 317
에봇 / 113, 121, 338, 341, 520
에봇 위에 매는 띠 / 341
에브라임 / 92, 144, 212, 345, 348, 349, 350, 351, 411, 489
에브라임 진영 / 348, 349, 350
에스겔 / 104, 170, 200, 237, 499
에스겔 성전 / 392
엘르아살 / 300, 335, 342 462, 490
엘리 / 219, 491, 498, 500
엘리야 / 328, 411, 414
엠마오 / 82
여호와 / 83, 107, 134, 171,

268, 315, 373, 456, 467, 505, 527
여호와 앞 순결한 상 / 289
여호와의 궁정 / 154, 181
여호와의 권능 / 212
여호와의 불 / 223, 462
여호와의 산 / 331, 485, 528
여호와의 전 / 98, 279, 499, 533, 557
여호와 이레 / 528
연지충 / 160
연하였고 / 270
연합 / 113, 155, 193, 240, 252, 361
열두 지파 족장 / 466
열방 / 212, 411, 544
염병 / 221, 463
염소의 피 / 160, 318, 387
염소털 / 96, 114, 244, 254, 262
영광의 주 / 80, 524
영생 / 79, 173, 237, 304, 432, 446
영원한 구원 / 175, 545
영원한 규례 / 278, 300, 306
영원한 대제사장 / 358
영원한 생명 / 101, 174, 305, 403, 408, 426, 472, 561
영원한 속죄 / 175, 224, 226, 357
영원한 언약 / 196, 286, 298, 305, 562
영원한 장막 / 100, 363, 365

영원한 축복 / 363
영적 예배 / 229
영혼의 등불 / 280, 287
영혼의 빛 / 358
예레미야 / 271, 364, 470
예물 / 107, 113, 142, 206, 222, 238, 296, 357, 455, 500, 555, 559
예표 / 172, 226, 240, 262, 360, 377, 392, 472, 547
옛 사람 / 241, 409
옛 언약 / 59
오멜 / 397, 415, 425, 430, 475
오순절 / 539, 560
오홀리압 / 125, 384
온전한 / 337
온전한 헌신 / 110
올리다 / 108, 218, 340, 383
완성 / 87, 93, 106, 112, 129, 137, 177, 284, 369, 440, 470, 484, 496, 547, 556
왕 같은 제사장 / 90, 173, 547
외부앙장 / 96, 115, 123, 164, 245, 254, 261
외식 / 168, 176, 323, 407
요단강 / 240, 333, 374, 376, 483
요셉 / 79, 154, 212, 371
요시야 / 375
요압 / 210, 532, 536
요제 / 299
용서의 뿔 / 211

우상 숭배 / 435
울타리 / 121, 132, 146, 153,
　　205, 391
웃덮개 / 115, 151, 164, 246,
　　258, 265
월삭 / 213
위엄 / 212, 309, 321, 341,
　　372
위임식 / 130, 134, 172, 222,
　　262
윗고리 / 186, 200
유교병 / 296
유다 진영 / 346, 350
유대인의 왕 / 228, 413
유월절 / 399, 410, 487, 539
유월절 양 / 242, 283
유출병 / 171, 345
유향 / 292, 298, 314, 326
유향 나무 / 292, 298, 314
유향의 기도 / 326
육신의 생각 / 409
율례 / 427, 483
율법 / 82, 239, 299, 331,
　　358, 386, 434, 445,
　　495, 522, 543
은 갈고리 / 150
은 나팔 / 172, 274
은 바리 / 143
은반 / 143
은받침 / 122, 130, 145, 157,
　　167, 183, 194, 253
은총 / 182, 238
은혜 / 84, 108, 113, 129,
　　154, 175, 237, 280, 294,

324, 356, 372, 385, 394,
　　416, 427, 440, 503
은혜 언약 / 350
음행 / 172
의의 옷 / 229, 413
이가봇 / 220, 481, 504
이다말 / 118, 300, 335,
　　343, 495
이사야 / 80, 170, 237, 377,
　　541, 544
인내 / 149, 274, 409, 549
인성 / 78, 161, 192, 265, 377
인장 반지 / 192
일곱 등불 / 276, 282, 286
일곱 등잔 / 267, 277, 283
일곱 뿔 / 211
잇사갈 / 144, 170, 346, 489

ㅈ

자복 / 264
자색 / 114, 128, 148, 158,
　　166, 227, 244, 260, 341,
　　413
자색 보자기 / 227, 341
잔 / 120, 211, 270, 277, 293,
　　338
장로 / 175, 262, 413, 448,
　　502, 536
장막 / 94, 102, 125, 140,
　　151, 178, 236, 246, 254,
　　330, 342, 355, 361, 381,
　　415, 458, 467, 476, 494,
　　521, 527, 541, 545
장막절 / 539

장자 / 212, 450, 547
장자의 축복 / 212
재 / 209, 216, 228, 277,
　　300, 341, 411
재를 담는 통 / 122, 216
재림 / 101, 155, 236, 278,
　　285, 303, 365, 406, 546
재주 / 124
재판장 / 65
저녁부터 / 277, 331
전가 / 228
전제 / 293, 316
절기 / 87, 96, 213, 262, 491,
　　539
점검 / 132, 285
정결 / 171, 231, 233, 281,
　　292, 312, 314, 378, 406
정결 의식 / 234
정결한 유향 / 292, 298
정금 / 103, 119, 128, 267,
　　273, 290, 302, 308, 377,
　　442, 469, 547
정금 같은 믿음 / 302
정수리 / 212
정욕 / 229, 308, 323, 326
정한 절기 / 213
제단의 불 / 217
제도 / 236, 268, 274, 556
제물 / 87, 171, 180, 206,
　　213, 221, 226, 262, 307,
　　358, 498
제물의 피 / 210, 218, 226,
　　387
제사 / 89, 158, 179, 182, 217,

237, 263, 305, 325, 360,
　494, 553
제사 규례 / 82, 299, 556
제사법 / 300
제사장 / 118, 130, 158, 172,
　210, 222, 234, 267, 299,
　354, 449, 472, 492, 523,
　548, 553
제사장 나라 / 89
제사장 위임식 / 130, 134,
　172, 222
제사장의 몫 / 301
제사장의 의복 / 128, 247,
　556
조각목 / 110, 116, 148, 167,
　183, 193, 214, 290, 308,
　373, 376, 441
족장 / 111, 141, 336, 346,
　383, 447, 459, 462,
　466, 476
존전 / 238
종교개혁 / 375
주님의 뜻 / 265
주님의 마음 / 265
주님의 영 / 265
주님의 영혼 / 265
주발 / 218, 291, 338
주석 / 215
주의 은혜의 해 / 282
줄 / 96, 115, 150, 155, 164,
　190, 257, 296
줄기 / 269, 277, 314, 377
중간 띠 / 117, 190, 195
중보기도 / 107, 321, 358,

437, 458
중생 / 238, 243, 559
증거궤 / 132, 277, 306, 372,
　447, 467, 476
증거막 / 95, 138
증거의 수 / 297
증거의 장막 / 96, 467, 476
증거판 / 95, 135, 372, 397,
　435, 475
증표 / 90, 471
지극히 거룩한 것 / 299,
　311
지성물 / 289, 336, 381
지성소 입구에 달린 휘장 /
　337
지성소의 휘장 / 114, 247
지중해 / 159, 313, 346,
　404, 525
지혜 / 124, 127, 224, 407,
　452, 456, 494, 560
직물 / 245, 263
진 밖 / 345
진리의 기둥 / 155, 561
진리의 성령 / 239
진설 / 134, 272, 290, 294,
　302
진설병 / 288, 294, 301, 492
진설병 상 / 103, 120, 130,
　205, 272, 280, 293, 338
진설병을 두는 상 / 288
진액 / 293, 313, 324
질긴 가죽 / 250
징계 / 218, 303, 328, 379,
　414, 462, 532

찔림 / 218, 414

ㅊ

찬송 / 182, 495
참성전 / 358
채 / 116, 117, 119, 209, 228,
　290, 310, 335, 340,
　380, 382
처마 / 254
청색 / 114, 260, 337
청색 보자기 / 338, 340
청색 자색 홍색 실 / 114,
　127, 159, 166, 244, 246,
　250, 260
첼라 / 310
초막 / 98
초막절 / 539
촉 / 145, 184, 193
촉꽂이 / 193
총담 / 263
총회 / 87, 214, 372, 449,
　461, 549
출애굽 / 87, 92, 106, 123,
　129, 137, 140, 241, 260,
　331, 349, 396, 398, 418,
　436, 448, 475, 481, 483,
　494, 505, 555
충성 / 266, 390, 453
취임식 / 172
칠칠절 / 539

ㅋ

큰 규빗 / 104

ㅌ

탐욕 / 219, 399, 401, 425, 428, 433
턱 / 117, 120, 290, 291
테두리 / 209, 290, 291
토단 / 213, 214, 222
통회하는 마음 / 262, 263
특별한 기도 / 262
틀 / 336, 340

ㅍ

판결 흉패 / 159, 341
판장 / 121
판장 받침 / 184
편철 / 215, 462
포도주 / 293, 294
포장 / 146, 155, 178, 343
표적 / 240, 462, 471
풀무 / 215
풍자향 / 314, 325
피 / 80, 89, 160, 174, 218, 226, 242, 264, 294, 318, 387, 394, 544, 548, 561
피 뿌린 옷 / 81
피에 젖은 홍의 / 80

ㅎ

하나님-사람 / 78
하나님의 나라 / 176, 226, 426, 543, 562
하나님의 눈 / 557
하나님의 마음 / 334, 437, 535, 558
하나님의 비밀 / 77, 82, 83, 407, 560
하나님의 오른손 / 562
하나님의 이름 / 220, 557
하나님의 임재 / 92, 137, 166, 289, 294, 297, 330, 363, 374, 381, 390, 395, 466, 504, 557
하나님의 지혜 / 80, 127
하만 / 212
하와 / 389, 394, 554
한나 / 325
한 알의 밀알 / 80, 404
항상 드리는 소제물 / 342
항상 진설하는 떡 / 305, 338
항오 / 92, 347
해달 / 115, 228, 245, 249, 258, 265, 337, 340, 356, 382
해달의 가죽 / 115, 249, 258, 265, 337, 356, 382
해달의 가죽 덮개 / 228, 245, 340
향 / 118, 135, 143, 277, 282, 298, 306, 311, 322, 371, 455, 462, 465
향기 / 292, 313, 319
향기로운 냄새 / 217, 222
향기로운 제물 / 217
향기로운 향 / 135, 282, 316, 318, 324
향단 / 290
향로 / 120, 131, 214, 217, 221, 318, 452, 455, 462, 465, 523
향불 / 220
향연 / 318
향품 / 118, 313, 342
허물 / 91, 218, 229, 238, 264, 414, 472
헌신 / 108, 110, 129, 133, 141, 142, 155, 222, 233, 298, 306, 440, 548
헤롯 왕 / 212
현숙한 여인 / 175
현현 / 100, 138, 330
호렙산 / 89, 411
혼인 잔치 / 285
홉니 / 220, 491, 503
홍색 / 114, 127, 148, 158, 166, 244, 246, 249, 253, 260
홍색 보자기 / 339
홍의 / 80
홍포 / 228, 413
홍해 / 241, 313
화덕 / 215, 295
화로들 / 221
화목 / 179, 180
화목제 / 198, 213, 219, 222, 224, 363, 494, 521, 532
화목 제물 / 143, 171, 213, 394
화염검 / 170, 389
화제 / 219, 222, 292, 298, 300, 314
화평 / 225, 394
확증 / 198, 240, 354, 410,

472, 528
회개 / 154, 234, 238, 262,
    281, 409, 514, 532
회당 / 360
회막 / 88, 91, 134, 145, 156,
    171, 177, 222, 231, 244,
    260, 277, 300, 312, 322,
    332, 342, 356, 363, 383,
    447, 457, 463, 471, 484,
    493, 519, 555
회막문 / 156, 171, 232, 322,
    451, 455, 458, 462, 491,
    498
회막문 앞 번제단 / 322
회막 문장 / 336, 342
회중 / 110, 121, 171, 214,
    274, 300, 398, 426,
    449, 463, 488, 518
홀 / 123, 125, 225, 494
휘장 / 94, 96, 114, 128, 156,
    162, 173, 184, 205, 244,
    247, 257, 277, 308, 320,
    335, 342, 357, 382, 384,
    391, 504
흠향 / 217, 312
희락의 날 / 213
희생 / 155, 160, 168, 181,
    194, 226, 261, 263, 294,
    300, 339, 358, 411
희생 제물 / 89, 179, 209,
    211, 214, 223, 226, 354
희생 제사 / 205
히스기야 / 326, 375
힘 / 110, 112, 125, 133, 150,

154, 163, 176, 186, 197,
211, 215, 224, 264, 283,
305, 315, 324, 334, 344,
347, 375, 394, 401, 411,
424, 436, 456, 464,
473, 494, 505, 520,
549, 561

수정증보판

하나님의 구속사적 경륜으로 본
신묘한 영광의 비밀 성막과 언약궤

초판 1쇄 2013년 10월 3일
3판 2쇄 2022년 12월 31일

저 자 박윤식
발행인 이승현

발행처 휘선
주 소 08345 서울시 구로구 오류로 8라길 50
전 화 02-2684-6082
팩 스 02-2614-6082
이메일 Huisun@pyungkang.com

등록 제25100-2007-000041호
책값 25,000원

Printed in Korea
ISBN 979-11-89611-14-9
ISBN 979-11-964006-3-7 04230 (세트)

※ 낙장·파본은 교환해 드립니다.
이 도서의 국립중앙도서관 출판예정도서목록(CIP)은 서지정보유통지원시스템 홈페이지(http://seoji.
nl.go.kr)와 국가자료공동목록시스템(http://www.nl.go.kr/kolisnet)에서 이용하실 수 있습니다.
(CIP제어번호: CIP2019042703)

휘선은 '사단법인 성경보수구속사운동센터'의 브랜드명입니다.

휘선(暉宣)은 예수 그리스도의 복음의 참빛이 전 세계 속에 흩어져 있는 수많은 영혼들에게 널리 알려
지고 전파되기를 소원하는 이름입니다.